HEYNE BÜCHER

SACHBUCH

Brock Yates

FERRARI –
EINE LEGENDE LEBT

Das aufregende Leben des Enzo Ferrari

Aus dem Amerikanischen von Michael Schmidt

WILHELM HEYNE VERLAG
MÜNCHEN

HEYNE SACHBUCH
19/585

Titel der amerikanischen Originalausgabe:
ENZO FERRARI, THE MAN, THE CARS, THE RACES, THE MACHINE
Erschienen bei Doubleday, a division of Bantam Doubleday Dell
Publishing Group., New York

Das Buch erschien als Hardcover im Wilhelm Heyne Verlag unter dem Titel
ENZO FERRARI. LEBEN UND LEGENDE.

Umwelthinweis:
Dieses Buch wurde auf chlor- und säurefreiem Papier gedruckt.

Ungekürzte Taschenbuchausgabe im Wilhelm Heyne Verlag
GmbH & Co. KG, München

Printed in Germany 1998
Umschlagillustration: Motor Presse, Stuttgart
Umschlaggestaltung: Atelier Adolf Bachmann, Reischach
Gesamtherstellung: Presse-Druck Augsburg

ISBN: 3-453-13208-4

Meiner Mutter
und dem Andenken meines Vaters gewidmet.

Inhalt

Vorwort

Enzo Ferraris öffentliche Auftritte waren zumeist perfekt inszenierte Ereignisse, die nur einem Zweck dienten: das Image des bedeutenden Mannes vorteilhaft zur Geltung zu bringen. Er war eine starke Persönlichkeit und absolut von seiner Fähigkeit überzeugt, die Meute der ehrfürchtigen Kunden, diensteifrigen Lieferanten, zuweilen hartnäckigen Journalisten und neugierigen Fans fest im Griff zu haben. Mit zunehmendem Alter zog sich der »Papst des Nordens«, wie er oft genannt wurde, immer mehr zurück, was seine hoheitsvolle Aura nur verstärkte. Es war kein Zufall, daß dieser einfache Mann aus Modena für seine treuen Anhänger in aller Welt ein nahezu übermenschliches Format gewann, und das wiederum trug den Unternehmungen, die er fast sechzig Jahre lang von Modena aus betrieb, enorme Gewinne ein.

Persönlich bin ich Enzo Ferrari nur einmal begegnet: im Spätsommer 1975. Damals war ich mit Phil Hill nach Maranello gefahren. Dieser große amerikanische Rennfahrer, ein sensibler und nachdenklicher Mann, hatte 1961 für Ferrari die Weltmeisterschaft gewonnen – nach einem tragischen Rennen in Monza, in dessen Verlauf sein Erzrivale und Teamgefährte Wolfgang Graf Berghe von Trips bei einem Unfall ums Leben gekommen war –, hatte ein Jahr später jedoch das Ferrari-Team nach lautstarken Auseinandersetzungen verlassen. Seit diesem Bruch waren dreizehn Jahre vergangen, als Hill und ich nach Maranello kamen, um an einem Dokumentarfilm zu arbeiten. Unerwartet wurde Hill in Ferraris dunkles Büro mit den ganz in Blau gehaltenen Wänden zitiert. Warum ich dann ebenfalls dazugebeten wurde, kann ich mir bis heute nicht erklären, denn da ich als amerikanischer Journalist weder mit Hill noch mit dem Ferrari-Werk offiziell zu tun hatte, schien meine Anwesenheit absolut überflüssig.

Enzo Ferrari war imposanter, als ich erwartet hatte. Mit seinen rund 1,80 Meter war er einen halben Kopf größer als Hill, der, wie viele erfahrene Rennfahrer, ein schmächtiger, beinahe zart gebauter Mann war. Unser Gastgeber, damals gerade 77, bewegte sich mit der herrischen Ungezwungenheit des erfolgreichen Italieners: Das ausgeprägte Kinn vorgereckt, die Brust gewölbt, die Arme ausgebreitet, die großen Hände flach nach oben geöffnet, hieß er uns näherzutreten. Sein straff nach hinten gekämmtes weißes Haar, die gebieterische römische Nase und der graubraune Anzug waren – mir wohlbekannte – Markenzeichen. Überraschenderweise fehlte jedoch seine Sonnenbrille, die er bei öffentlichen Auftritten immer häufiger trug und die ihm die unheilvolle Aura eines alternden *capo* verlieh. Er sah uns strahlend, direkt an. Und dann, fast wie ein Schock für mich, diese sanfte, sonore Stimme. Ich hatte ein volltönendes, kräftiges Organ erwartet, erhoben und herrisch, oder vielleicht auch das durch den Film *Der Pate* populär gewordene Gemurmel eines Marlon Brando – nur nicht diese samtenen Töne, die durch den stillen Raum drangen. Ferraris belfernde Wutanfälle waren Legende, aber an diesem Tag schien er geradezu sprachlos und zahm. Es war ein Tag, an dem er Frieden schließen wollte.

Er kam um seinen gewaltigen, leeren Schreibtisch herum und riß Hill in seine Arme – eine Umarmung, die den Kalifornier schier erstickte –, während ich daneben stand, ein ganz und gar unbehaglicher Zeuge dieser verkrampften, schwierigen und lange überfälligen Wiedervereinigung. Damals verstand ich kaum Italienisch, aber ich bekam doch genug von der Unterhaltung mit, um zu merken, daß sie steif und förmlich war. Die alten Wunden waren noch nicht verheilt. (Als Ferrari und Hill älter wurden, war der Sprung in ihrer Beziehung gekittet, und Hill kam oft nach Maranello.) Die kurze Begegnung endete mit einer weiteren Umarmung, und schließlich wurden uns noch zwei signierte Exemplare von Ferraris inoffiziellen Memoiren, dem sogenannten »Roten Buch«, überreicht. Natürlich hatte ich damals noch keine Ahnung, daß ich eines Tages die großartige Aufgabe übernehmen würde, die Biographie dieses mächtigen und widersprüchlichen Mannes zu schreiben.

Bezeichnenderweise hat Ferrari kaum schriftliche Selbstzeugnisse hinterlassen – außer einer Reihe sorgfältig edierter, imagefördernder, nur für einen kleinen Kreis gedachter autobiographischer Darstellungen, die zwischen 1962 und den frühen achtziger Jahren sporadisch veröffentlicht wurden oder als Privatdruck erschienen. Seine persönliche Korrespondenz befaßte sich im wesentlichen nur mit geschäftlichen Angelegenheiten.

Sehr schnell entdeckte ich, daß es zwei Enzo Ferraris gab: den Privatmann und die kunstvoll stilisierte öffentliche Version. Deshalb habe ich mir vorgenommen, so genau und kritisch ausgewogen wie möglich den wahren Ferrari nachzuzeichnen, der in Wirklichkeit eine Mischung jener beiden Versionen war. Das Bild, das sich daraus ergibt, mag viele seiner Anhänger beleidigen, die ihn gern für einen Halbgott halten möchten: ein Genie, das höchstpersönlich phantastische Autos aus Stahl- und Aluminiumteilen geschaffen hat. Leider war dies nicht der Fall. Daß ich diesen Mythos im folgenden genau analysiere, wird mir zweifellos den Vorwurf eintragen, ich hätte hier die schlimmste Form von Revisionismus und von Enthüllungsjournalismus betrieben.

Doch nichts liegt mir ferner. Ich habe dieses Projekt ohne jede vorgefaßte Meinung begonnen. Man muß allerdings bedenken, daß Enzo Ferrari seit seinem Tod nicht mehr nur ein dahingegangener Sterblicher ist, sondern eine Art Mini-Industrie. Ein gewaltiges Finanzgebäude ist um den Ferrari-Mythos errichtet worden. Konzerne wie Fiat, dem das Unternehmen nun gehört, ebenso wie die gesamte italienische Industrie berufen sich auf diesen Mythos, um ihren Ruf als High-Tech-Unternehmen zu stärken. Außerdem erlebte nach dem Tod des Firmengründers das Sammeln von Automobilen der Marke Ferrari eine wahre Hausse. Hunderte von Dollarmillionen wurden investiert, um selbst die schlichtesten Ferrari-Modelle in den Rang vermeintlicher Kunstwerke zu erheben. Das Bewahren der Aura des Mannes, der solche Maschinen geschaffen hatte, verkam zur reinen Warenspekulation. (Immer wieder bin ich von besorgten Ferrari-Besitzern gefragt worden, ob sich mein Buch nicht nachteilig auf den Wert ihrer Automobile auswirken würde.) Neben jenen, die ein finanzielles Interesse am Ferrari-Mythos haben, gibt es das Heer schlichter Enthusiasten in aller Welt, die Ferrari-Rennwagen begeistert anfeuern und Devotionalien des Teams sammeln, die sich in den ruhmreichen Taten dieser Firma sonnen und die ganz allgemein das Ferrari-Credo propagieren.

Enzo Ferrari ist das Idol einer hirnlosen Fangemeinde geworden, die es an Inbrunst mit der Verehrung für den seligen Elvis oder Leinwandgötter wie James Dean und Marilyn Monroe aufnehmen kann. Folglich wird jede Kritik an diesem Mann einen wütenden Sturm der Entrüstung entfachen. Sei's drum, denn mir geht es nur darum, ein möglichst genaues, objektives und faires Porträt dieses komplexen Mannes zu zeichnen. Und wenn ich damit gewissen Investoren oder Fans zu nahe treten sollte, dann kann ich es auch nicht ändern.

Ich habe mehrere Jahre an diesem Buch gearbeitet. An anderer Stelle habe ich eine ganze Reihe Männer und Frauen aufgeführt, die mich dankenswerterweise bei meinen Recherchen unterstützt und mir großzügig Hintergrundmaterial und persönliche Erinnerungen zur Verfügung gestellt haben. Ihnen allen bin ich überaus dankbar. Einigen anderen aber gilt mein ganz besonderer Dank. Als erstem meinem Lektor David Gernert, der mich auf die Idee brachte, eine Ferrari-Biographie zu schreiben; dann meiner Sekretärin Gayle Young, die stets gutgelaunt blieb, auch wenn sie das Manuskript zu diesem Buch wieder und wieder schreiben mußte; und zu guter Letzt natürlich meiner Frau Pamela. Sie ist mit mir kreuz und quer durch Europa und Amerika gezogen, hat mir beim Übersetzen und bei der Quellensuche geholfen und war mir vor allem stets mein bester Freund und Berater.

Allen, die mich bei diesem Projekt unterstützten, ebenso wie den Hunderten von Männern und Frauen, die im Laufe der Jahre zum Ferrari-Imperium und seiner Mythologie beigetragen haben, gilt mein Dank.

Brock Yates
Wyoming, New York

1

Nachtschwarz lag die Autobahn nach Beaune vor ihm. Im Rückspiegel flimmerten noch einige Lichter von Lyon, während der schwere Renault mit einer gleichmäßigen Geschwindigkeit von 200 km/h dahinjagte. Er würde noch vor Tagesanbruch in Paris sein.

Er war ein hervorragender Fahrer. Selbst mit seinen 82 Jahren konnte er einen Wagen noch mit der gleichen souveränen Entschiedenheit steuern, die ihn dreimal in Le Mans hatte gewinnen lassen. Er war nie ein Sprinter gewesen, nie besonders schnell in den erbarmungslos engen einsitzigen Grand-Prix-Rennwagen. Saß er aber in einem komfortabel ausgestatteten Alfa-Romeo- oder Ferrari-Sportwagen, dann lief es bei ihm wie bei einem Marathonläufer, Stunde um Stunde, Kilometer um Kilometer, während er die Konkurrenz allein mit dem Mumm in seinen Knochen und den Muskelreserven in seinem kompakten Proletarierkörper vernichtend schlug.

Er sah auf die Uhr. Es ging auf drei zu an diesem Morgen des 14. August 1988. Modena – Paris: Er hatte diese Fahrt schon Hunderte von Malen gemacht, und inzwischen war es nichts weiter als ein kurzer rasanter Abstecher auf den flachen italienischen Autostradas und den französischen Autoroutes. Über vierzig Jahre lang war er stets mit dem gleichen Auftrag unterwegs gewesen. Immer war es um die Autos gegangen, diese langgestreckten Biester, die ihm so viel Freude und so viel Leid bereitet hatten. Die Autobahnen rauf und runter, kreuz und quer über den Rücken der Alpen wie ein verrückter Tourist, über die trostlose Weite des

Atlantiks und wieder zurück, und das nur zu einem einzigen Zweck: zu Ruhm und Reichtum für die aufregendsten, überzüchtetsten und geilsten Automobile der Gegenwart, die blutroten Boliden aus Modena und Maranello – die magischen Maschinen von Enzo Ferrari.

Ferrari. Es hatte Zeiten gegeben, oft Monate, ja Jahre, in denen er sich gewünscht hatte, diesen Namen nie gehört zu haben, aber dafür war zuviel Zeit vergangen. Siebzig Jahre, dachte er. Er hatte diesen unglaublichen Mann seit 1918 gekannt, als sie beide als junge Kriegsheimkehrer ihre Nasen in die gleichfalls junge Automobilindustrie von Mailand und Turin steckten. Ferrari hatte Luigi Chinetti zu einem reichen Mann gemacht – sich selbst freilich noch reicher. Ferrari hatte ihn zu einem wichtigen und angesehenen Mann gemacht, während er sich selbst zu Weltruhm aufschwang und ein Halbgott der Angeber und Neureichen wurde, die bereit schienen, ihren Erstgeborenen zu verkaufen, nur um eines seiner Automobile zu bekommen.

Es war alles eine irrwitzig hochgespielte Schau von Emotionen und Egotrips gewesen, und nun war er es leid. Das Duell zwischen ihnen ging schon zu lange, und wenn einer zum Sieger erklärt werden sollte, müßte es Ferrari sein. Aber war Ferrari nicht immer der Sieger? Hatte er es nicht doch stets geschafft, auch wenn er manchmal erst nach wiederholten, blutigen Niederschlägen mit dem entscheidenden K.o.-Schlag die Matte verließ? Wie oft waren sie nicht Sparringspartner gewesen, die sich zwischen den Runden umarmt hatten, in denen er die besten Treffer erzielt hatte – und nun war es vorbei, die alten Kämpfer hatten ihren letzten Kampf gehabt. Keine Konfrontationen mehr, keine bösen Worte, keine lautstarken Auseinandersetzungen, daß die Scheiben klirrten, keine Klagen, Drohungen, kein Hinausstürmen und keine unflätigen Beschimpfungen mehr: Für all das hatte es eine Generalabsolution gegeben, vergeben oder vergessen. Und doch lag noch immer Ferraris Schatten über seinem Leben – ER hatte ihm Ziel und Bedeutung gegeben, und dafür hatte sich all der Wahnsinn gelohnt.

Beide Männer waren hart und unnachgiebig, klassische Italiener, die sich leicht dazu hinreißen ließen, eine freundschaftliche Beziehung mit wüsten Angebereien, häßlichen Beleidigungen und schamlosen Lügen zu sprengen. Während all der Jahre, die er Ferrari gekannt hatte, waren geschäftliche Verhandlungen mit ihm stets ein ausgekochtes, endloses Drama gewesen, mit kunstvollen

Strategien, ausgesetzten Vereinbarungen, ungezügelten Wutausbrüchen, opernhaften Klagen über drohenden Bankrott, gesellschaftlichen Ruin, Familienschande, unheilbare Krankheit und gewaltsamen Tod. In dieser byzantinischen Atmosphäre blühte Ferrari auf, und Männer wie Chinetti lernten entweder zu überleben oder wurden ohne viel Federlesens vernichtet. Und immer war es dabei vor allem um Geld gegangen, vornehmlich um Schweizer Franken oder amerikanische Dollars. Er war davon besessen gewesen, Autorennen zu gewinnen – aber nur wenn die Kasse stimmte.

Als das sorgfältig gestylte Image von Enzo Ferrari Weltgeltung erlangt hatte, verschwanden Chinetti und die anderen alten Partner, die schon vor dem Krieg bei ihm gewesen waren, völlig in seinem Schatten. Ferrari teilte mit niemandem das Rampenlicht, selbst nicht mit dem Mann, der ihm dabei geholfen hatte, für seine Automobile einen Markt zu schaffen, der größer und lukrativer war, als man es jemals zu träumen gewagt hatte. Chinetti verstand sich auf das Kaspertheater der aberwitzigen Firmenpolitik wie kein anderer. Bei seinen zahlreichen Besuchen in Maranello lernte er, wann er schmeicheln oder drohen, herumalbern oder schmollen oder das hochfliegende Ego des Mannes hätscheln und tätscheln mußte, der dem Papst als der berühmtesten und populärsten Persönlichkeit ganz Italiens Konkurrenz machte.

Die streitsüchtige Freundschaft der alten Kämpen war oft bis zum Zerreißen gespannt gewesen, aber dieses Band war unzerreißbar. Chinetti jedenfalls lernte Ferrari nur allzugut kennen – er verstand seine chamäleonhafte öffentliche Persönlichkeit, durchschaute seine besondere Gabe, die Presse und die Öffentlichkeit zu dirigieren, perfekt auf sein Publikum zugeschnittene Ansichten kunstvoll und blumig zu artikulieren, den liebenswerten, heimgesuchten, am Hungertuch nagenden Patriarchen zu spielen – und im nächsten Moment den rücksichtslosen, egomanischen Despoten. Er hatte den öffentlichen Ferrari erlebt, den königlichen Don, diesen geradezu übertrieben ehrbaren Mann, aber er kannte auch nur zu gut den privaten Ferrari, diesen ordinären, rülpsenden, furzenden, fluchenden, angeberischen, tyrannischen *paesano Modenese*, dem seine Herkunft aus der Unterschicht wie ein Kastenzeichen auf die Stirn geschrieben war. Er kannte ihn als perfekten Manipulator der Menschen, besonders der Rennfahrer, die die zinnoberroten Wagen der Scuderia fuhren, während er in der luxuriösen Abgeschiedenheit von Maranello die Erfolge und die Niederlagen seines Teams per Telefon, Telex und Fernsehen überwachte – in den letzten dreißig Jahren war er bei keinem einzigen Autorennen dabeigewesen.

Zweifellos fühlte sich Ferrari inmitten großer Menschenansammlungen nicht wohl, und im Laufe der Jahre beschränkten sich seine öffentlichen Auftritte auf perfekt inszenierte Pressekonferenzen, bei denen er sich mit der launenhaften, oft streitsüchtigen italienischen Sportpresse Wortgefechte lieferte. Seine wahren Freunde konnte man an den Fingern einer Hand abzählen, darunter waren ein paar langjährige, absolut loyale Mitarbeiter. Außerhalb dieses engen Kreises verhielt er sich feudal unnahbar gegenüber dem Schwarm von Bittstellern, Speichelleckern, Kunden, Fans und einer Legion von Rennfahrern, und wie von einem unsichtbaren Thron aus verteilte er Gunstbeweise, klopfte er anderen Leuten auf die Finger, verhängte er Strafen und schlichtete er Auseinandersetzungen.

Einmal war Chinetti gebeten worden, die Bemerkung eines nahestehenden Kollegen zu kommentieren, Ferrari interessiere sich trotz allem öffentlichen Gedöns nicht für seine Fahrer, und viel näher stünden ihm seine Mechaniker in der Werkstatt. Einen Augenblick lang hatte Chinetti geschwiegen und dann erwidert: »Ich glaube nicht, daß er überhaupt jemanden mochte.«

Und jetzt entfernte er sich in rasender Eile von jenem Ort in der Emilia, der von diesem Goliath beherrscht wurde, und irgendwie wußte er, er würde ihn nie wiedersehen. Während er so dahinjagte, mobilisierte er die Reserven seines Durchhaltevermögens, das ihm so gute Dienste geleistet hatte, seit er Automobile bei derart verbotenen Geschwindigkeiten fuhr. Er befand sich gerade auf einer langen, flachen Geraden, als eine heftige Explosion den Renault erschütterte, am Lenkrad riß und ihn aus seinem Sitz fahren ließ. Er bremste stark ab und checkte das schwach erleuchtete Armaturenbrett nach einer möglichen Ursache dieser Detonation. Dieser Donnerschlag hatte den Wagen ohne Vorwarnung getroffen. Er suchte nach einer Erklärung. Der Wagen schien in Ordnung zu sein. Keine merkwürdigen Geräusche oder Schwingungen, es stank nicht nach brennenden Kabeln, siedendem Öl oder verbranntem Lack. Vorsichtig brachte er den Wagen auf dem Seitenstreifen zum Stehen und stieg aus. Es war eine stille, mondlose Nacht. Nur das ferne Surren des Verkehrs störte die friedliche Szenerie. Er ging um den Wagen herum, steifbeinig nach den langen

Stunden hinter dem Steuer. Er inspizierte die Unterseite, dann öffnete er die Motorhaube. Nichts deutete auch nur auf das geringste verdächtige Geräusch hin, ganz zu schweigen von diesem ohrenbetäubenden Knall, der so mysteriös die Nacht erschüttert hatte.

Verblüfft und erleichtert zugleich, daß der Renault unbeschädigt war, stieg er wieder ein und fuhr weiter. Bei Tagesanbruch erreichte er die südlichen Vorstädte von Paris. Der Verkehr nahm zu, und er mußte seine Geschwindigkeit der berüchtigten Anarchie des täglichen Pariser Pendelverkehrs anpassen. Er schaltete das Radio ein. Gerade begannen die Nachrichten.

Sie brachten es als Aufmacher. Nüchtern verkündete die Stimme des Sprechers, daß Enzo Ferrari in den frühen Morgenstunden in seinem Haus in Modena gestorben sei.

Ferrari tot. Man hatte damit rechnen müssen, und doch war es irgendwie ein Schock für ihn. Dieser alte Haudegen, dieser Geizkragen, dieser meisterhafte Manipulator, dieser unermüdliche Kämpfer, diese überwältigende Erscheinung, dieser so unvollkommene und doch immer wieder faszinierende Mann war dahingegangen. Gedankenfetzen wirbelten durch sein Hirn: Was sollte aus der Fabrik werden? Dem Rennprogramm? Seinem Sohn Piero? Seiner Lebensgefährtin Lina? Würde die Aura seiner Autos weiterbestehen, nun, da ihr Lebensspender dahin war? Würden die Technokraten bei Fiat die unverwechselbare Persönlichkeit des Unternehmens zerstören, die der alte Mann über die Jahre hinweg so sorgsam aufgebaut hatte? Was würde davon bewahrt und was vernichtet werden? Er versank ins Grübeln.

Und dann fiel es ihm plötzlich ein. Ungläubig sah er auf die Uhr. Nein, unmöglich. Er war ein rationaler Mensch. Und doch... Dieser Knall auf der Autobahn. Dieser gewaltige, dumpfe Schlag in seinem Renault. Wenn die Rundfunkmeldung korrekt war... ja, wenn sie Enzo Ferraris Todesstunde wirklich genau angegeben hatten... dann hatte diese rätselhafte Explosion fast im selben Augenblick stattgefunden wie Enzo Ferraris letzter Atemzug.

2

Im Februar 1898 wurde Norditalien von einem harten Winter heimgesucht. Am 18. des Monats fegte ein eiskalter Schneesturm von den Alpen durch die Poebene und begrub die kleine Handelsstadt Modena unter einer dreißig Zentimeter hohen Schneedecke. Wegen des schlechten Wetters vergingen zwei Tage, ehe sich Alfredo Ferrari durch die Schneeverwehungen seinen Weg zum Rathaus bahnen konnte, um die Geburt seines zweiten Sohnes Enzo Anselmo ins Standesamtsregister eintragen zu lassen. Darum wurde sein offizielles Alter später um zwei Tage jünger angegeben, was nicht weiter überrascht bei einer Nation, die es im 19. Jahrhundert mit derartigen Eintragungen nicht sehr genau nahm, zumal bei Leuten, die nicht gerade adeliger Herkunft waren.

Der Vater, Alfredo Ferrari, war 1859 in Capri geboren, einem Landstädtchen 18 Kilometer nördlich von Modena, wo die Familie einen kleinen Lebensmittelladen betrieb. Enzos Mutter Adalgisa, geborene Bisbini, stammte aus Forli in der Romagna, sechzig Kilometer südöstlich an der alten Via Emilia gelegen, dieser erstaunlichen, schnurgeraden Römerstraße, die seit ihrem Bau im dritten vorchristlichen Jahrhundert die Lebensader der Region gewesen war.

Als Enzo Ferrari zur Welt kam, war Modena eine trostlose Stadt mit 50 000 Einwohnern, die eher wegen ihrer feuchtwarmen Sommer, drückenden Schwüle und Mückenplagen sowie wegen ihrer harten, nebelverhangenen Winter bekannt war als wegen ihres Weins, des Lambruscos, oder wegen ihrer kulinarischen Spezialität namens *zampone*, eines herzhaften Gerichts aus gefüllten Schweinefüßen. Die Bewohner galten als ziemlich mürrische und (für italienische Verhältnisse) fleißige Leute, die eine geradezu legendäre Geschicklichkeit in allen Handwerkszweigen, besonders aber bei der Metallverarbeitung bewiesen. Auf diese Tradition der Stadt sollte Enzo Ferrari einst einen ungeheuren, fast maßlosen Stolz entwickeln.

Die Familie seines Vaters war nur eine Linie unter Dutzenden von Ferraris, die noch immer über die ganze Region verstreut sind. Heute kommt der Name im Telefonbuch von Modena so häufig vor wie Meier, Müller oder Schmidt in einer deutschen Stadt – über neunhundert Ferraris sind hier eingetragen. Sollte allerdings blaues Blut in Enzo Ferraris Adern geflossen sein, so war ihm das nicht bewußt, oder er verschwieg das in einem geheimnisvollen und bemerkenswert untypischen Anfall von Bescheidenheit.

Bevor er sein eigenes Unternehmen gründete, hatte Alfredo Ferrari eine Ausbildung im metallverarbeitenden Gewerbe absolviert und war einige Jahre lang als technischer Leiter bei der Gießerei Rizzi in Modena angestellt. Über sein Bildungsniveau ist zu wenig bekannt, doch immerhin hatte er in der Zeit, als Enzo und sein Bruder aufwuchsen, gern Umgang mit Lehrern, Universitätsprofessoren, leitenden Angestellten und Ingenieurskollegen.

Ferrari stellte später seinen Vater gern als einen armen Arbeiter dar, der mühsam seinen Lebensunterhalt damit verdiente, daß er für die italienische Staatsbahn primitive Bauten und anderes Zubehör herstellte. Er schreibt, wie er und sein zwei Jahre älterer Bruder Alfredo sich »ein Zimmer über der Werkstatt teilen mußten und morgens durch den Lärm der Hämmer geweckt wurden. Mein Vater beschäftigte je nach Auftragslage zwischen fünfzehn und dreißig Arbeiter und stellte für die Staatsbahn Bahnsteigzubehör und Schuppen her. Er war Manager, Konstrukteur, Verkäufer und Schreibkraft in einer Person«.

Das Haus der Ferraris befand sich in der Via Camurri 264 (heute in Via Paolo Ferrari umbenannt) am nördlichen Stadtrand, neben den Eisenbahngleisen, der Einnahmequelle der Promiata Officina Meccanica Alfredo Ferrari, wie die Firma hieß. In dem langgestreckten, schmalen Backsteingebäude beanspruchten die Maschinenhallen den meisten Platz, während sich die ziemlich geräumigen und komfortablen Wohnräume der Familie im ersten Stock am westlichen Ende befanden. Das Gebäude existiert noch immer, ist weitgehend unverändert (bis auf die neue Hausnummer 85), von der Straße ein wenig zurückgesetzt, die Fensterläden sind verrammelt, und nichts deutet darauf hin, daß in diesem unscheinbaren Haus einst Modenas berühmtester Sohn gelebt hat. Alfredo Ferrari war bestimmt kein wohlhabender Industrieller, aber Enzo Ferrari gibt immerhin zu, daß das Unternehmen seines Vaters genügend abwarf, daß sich die Familie mehr als nur einen bescheidenen Komfort leisten konnte. 1903 besaßen sie bereits ein Auto, einen teuren französischen Einzylinder-De-Dion-Bouton, einen von nur 27 Privatwagen in Modena. Später standen dann zwei weitere Autos in der Familiengarage, und die Ferraris leisteten sich einen Chauffeur, der zugleich Mädchen für alles war. Die beiden Knaben Enzo und Alfredo, genannt Dino, bekamen hochmoderne Drei-Gang-Fahrräder und einen Schlag Brieftauben, mit denen sie sich an Wettkämpfen beteiligten. Als der junge Enzo erleben mußte, daß er nicht athletisch genug war, um beim Sprint auf der 100-Meter-Bahn zu gewinnen, die er mit seinen Freunden im großzügigen Vorgarten seines Elternhauses angelegt hatte, verlegte er sich aufs Schießen. Er sei, wie er später sagte, ziemlich gut beim Tontaubenschießen gewesen und habe die Ratten abgeknallt, die sich an einem Kanal hinter dem Haus herumgetrieben hätten. Außerdem nahm er Fechtstunden in der städtischen Turnhalle. All dies – die Autos, die Räder, die Freizeitaktivitäten der Knaben – deutet nicht gerade auf eine Jugend in tiefster Armut hin.

Tatsächlich gewinnt man aus Ferraris merkwürdig willkürlichen Erinnerungen den allgemeinen Eindruck, daß er eine ziemlich angenehme Kindheit und Jugend verbracht hat. Zwar brach ihm schier das Herz, als seine Deutsche Dogge an einem Knochensplitter erstickte, aber in seinen frühen Jahren hat er wohl kaum etwas Traumatisches erlebt, weder schwere Krankheiten noch Störungen im Familienleben. Allerdings gesteht er, daß er die Schule gehaßt habe. Während Bruder Dino in allen Fächern ein guter Schüler war, brachte Enzo ausgesprochen schlechte Noten nach Hause, so daß er immer wieder eine gehörige Tracht Prügel von seinem Vater bezog, der darauf bestand, daß er eine Fachlehre begann und es später schließlich zum Ingenieur bringen sollte. Ferrari selbst schreibt freilich, er hätte nichts weiter als ein »einfacher Arbeiter« werden wollen.

Insgesamt darf man wohl annehmen, daß Ferrari in einer relativ normalen italienischen Familie aufwuchs, in der Papa Ferrari als unbestrittener Despot herrschte, der von seinen Kindern Respekt verlangte und stillschweigende Unterwürfigkeit von Mama Adalgisa. Unter diesen Bedingungen mußte auch Enzo Ferrari einfach ein klassischer italienischer Macho werden: der überhebliche, tyrannische, sexbesessene, gockelhafte *padrone,* der sich und seinen männlichen Nachkommen wenig abverlangte, aber alles von den weiblichen Mitgliedern seines Clans erwartete: himmlisch vollkommen wie die Madonna zu sein oder anspruchslos willfährig im Schlafzimmer.

Bis zum Ende seines Lebens blieb Ferrari seinen Ursprüngen im späten 19. und frühen 20. Jahrhundert verhaftet. Im Umgang mit anderen Menschen hatte er nichts anderes als den blumigen Stil des alten Italiens gelernt: weit ausholend in den Floskeln der Schmeichelei wie der Verachtung; ein Thema, das sich auch auf Umwegen behandeln ließ, niemals direkt angehend; die wahren Gefühle verbergend.

Mit der Welt des Autorennsports kam er erstmals am 6. September 1908 in Berührung, als sein Vater ihn und seinen Bruder zu einem Rennen bei Bologna mitnahm. Er war gerade zehn Jahre alt, als sie auf der Via Emilia nach Bologna fuhren. Sie wollten dabei sein, wenn zwei der besten Rennfahrer der Welt, Felice Nazzaro und Vincenzo Lancia, ihre starken Fiats über den 52,8 Kilometer langen flachen Rundkurs jagten, der über öffentliche Straßen vor der Stadt verlief – einschließlich der Via Emilia. Lancia hatte gerade die Firma gegründet, die einmal seinen Namen tragen sollte, aber er fuhr noch immer für das Fiat-Team. Er stellte zwar einen Rundenrekord von 135 km/h auf, wobei er seinen Wagen bei Geschwindigkeiten von über 160 km/h über die Poebene prügelte, das Rennen aber gewann Nazzaro, der eine Durchschnittsgeschwindigkeit von stolzen 119,2 km/h erzielte.

Im folgenden Jahr pilgerte der junge Ferrari drei Kilometer über die Felder, um bei seinem zweiten Rennen zuzusehen. Es war ein unbedeutendes Ereignis, das bei Navicello auf der langen Geraden der alten Provinzhauptstadt Modena – Ferrara stattfand. Ferrari erinnerte sich noch daran, wie freiwillige Mitglieder des Automobil-Clubs von Modena eimerweise Wasser auf die Straße spritzten, um zwischen den Rennen der Staubwolken Herr zu werden. Ein sportlicher Fahrer namens de Zara gewann; er kam auf eine Durchschnittsgeschwindigkeit von 140 km/h nach fliegendem Start. Ferrari: »Ich fand diese Rennen unglaublich aufregend.«

Dennoch scheint seine Leidenschaft für Autos und Autorennen

in seiner Jugend andere Interessen nicht in den Hintergrund gedrängt zu haben. Er konnte sich nach wie vor für die Fußballmannschaft von Modena begeistern, und irgendwann scheint ihm eine Karriere als Sportjournalist vorgeschwebt zu haben. Mit siebzehn Jahren schrieb er für die *Gazzetta dello Sport*, Italiens mächtige nationale Sportzeitung, mehrere Beiträge, die einen starken Sinn für Dramatik und eine eigenständige Prosa bewiesen.

Viele Jahre später bekannte Ferrari mehrfach, daß er als Junge von drei Karrieren geträumt habe: als Sportjournalist, als Opernsänger und als Rennfahrer. Das Schicksal wollte es, daß er sich auf keinem dieser Gebiete einen Namen machte, obwohl er dank seines Geschicks, mit Worten umzugehen, und mit seinen scharfzüngig vorgetragenen Meinungen Erfolg in der italienischen Presse hätte haben können. Was das Singen betraf, so hat er sein miserables Gehör offen zugegeben, und niemand hat ihn je eine Arie trällern hören, selbst wenn er ein paar Lambruscos zuviel getrunken hatte. Um so beglückter erinnerte er sich daran, wie ein Tenor namens Bussetti, ein ehemaliger Mechaniker, der dann im Chor an der New Yorker Met gesungen hatte, abends im kleinen häuslichen Eßzimmer etwas zum besten gab. Und bei einem dieser improvisierten Konzerte, erinnerte sich Ferrari, gingen sogar die Lichter aus, als Bussetti ein lang gehaltenes hohes C durch den kleinen Raum schmetterte.

Auch wenn er wie praktisch jeder andere Italiener im Schoß der katholischen Kirche aufwuchs, war Ferrari nie ein religiöser Mensch, und später sollte er das bedauern: »Ich bin zwar ein getaufter Katholik, aber mir fehlt die Gabe des Glaubens, und ich beneide jeden, der darin eine Zuflucht vor seinen Qualen findet.« Er schrieb, daß er den Katechismus »widerwärtig« fand, und erinnerte sich, wie böse der alte Gemeindepfarrer von Santa Caterina wegen seiner offenkundigen Teilnahmslosigkeit werden konnte. Außerdem gab er zu, am Samstag vor seiner Erstkommunion habe er zum ersten- und zum letztenmal seine Sünden gebeichtet – und das, obwohl er seit Jahren mit Dino zur Kirche gebracht worden sei, beide herausgeputzt in ihren blauen Matrosenanzügen.

In Ferraris Erinnerungen und anderen Zeugnissen seiner Jugend deutet nichts auf irgendwelche außerordentlichen Begabungen hin, auf sein noch ungewecktes Genie, nicht einmal auf seine einzigartigen Führungsqualitäten und sein Organisationstalent, das später erblühen sollte. Während seiner ersten zwanzig Lebensjahre war

Enzo Ferrari ein ganz gewöhnlicher italienischer Junge, der sich für Fahrräder, Autorennen und Fußball begeisterte. Und doch wurde auch er in den blutigen Mahlstrom hineingesogen, der Europa verschlingen sollte, nachdem Gavrilo Princip in Sarajevo seine beiden Pistolenschüsse am Morgen des 28. Juni 1914 abgefeuert hatte.

Die Jugend Italiens, besonders im Norden, wo man mit einem angeborenen Haß auf die Österreicher aufgewachsen war, eilte zu den Waffen, auch sie überwältigt von der fatalen Naivität, die über die jungen Männer Frankreichs, Englands und der Mittelmächte gekommen war. Zunächst setzte Dino den Diatto der Familie als Sanitätsfahrzeug ein und brachte Verwundete von der Alpenfront in die Lazarette der Poebene. Als er 19 war, ging er zur italienischen Luftwaffe – eine Entscheidung mit Zufallsfolgen für Bruder Enzo noch lange nach dem Krieg. Dino wurde nämlich dem Bodenpersonal der Schwadron 91 a zugeteilt, deren Insignien aus Schwingen und einem *cavallino rampante,* einem aufsteigenden Pferd, bestanden. Diese Insignien – später Ferraris Firmenemblem – wurden vom berühmtesten As der Staffel, dem gefeiertsten italienischen Fliegerhelden Francesco Baracca (34 Abschüsse), getragen, bevor sein Spad-S-13-Doppeldecker an der Front abstürzte.

Im Februar 1916 hatte Enzo Ferrari seine erste nahe Begegnung mit dem Tod, der ihm von da an sein ganzes Leben lang vertraut war: Sein Vater starb an Lungenentzündung. Der kleine Betrieb in Modena brach zusammen, und Enzo, der weder gelernt hatte noch daran interessiert war, das metallverarbeitende Unternehmen zu führen, schlug sich mit einer Reihe von Gelegenheitsarbeiten durch. Er ließ sich treiben und wartete auf seine Einberufung.

Und dann starb zu seinem Entsetzen auch Dino. Ferrari schreibt, er sei »einer Krankheit, die er sich während seines militärischen Einsatzes zugezogen hatte«, zum Opfer gefallen. Das könnte die Grippe, der Typhus oder irgendeine der vielen anderen Krankheiten und Seuchen gewesen sein, die die Schützengräben und Feldlager des Ersten Weltkrieges heimsuchten.

Während Dino sich freiwillig gemeldet hatte, wurde Enzo zwei Jahre später, mit 19, eingezogen. Er kam zum 3. Gebirgsartilleriebataillon, das damals in den Bergen um das Val Serina nördlich von Bergamo festsaß. Ferrari erwartete, daß er mit seinen Kenntnissen in Maschinenbau einem der Züge zugeteilt werden würde, die die großen Breda-Haubitzen bedienten, die auf den Kämmen des von den Italienern kontrollierten Oberlandes aufgestellt waren. Aber ein Leutnant aus dem Piemont kommandierte ihn statt dessen zu einem Sondertrupp ab, der die Maultiere zu beschlagen hatte, die die Artillerie über das Gebirgsterrain ziehen mußten. Nach drei Monaten fiel er beinahe einer Krankheit zum Opfer, vermutlich einer Brustfellentzündung. Er wurde von der Front in ein Lazarett bei Brescia verlegt, zweimal operiert und anschließend in ein Behelfshospiz für unheilbar Kranke in der Nähe von Bologna überwiesen. Er erinnerte sich noch lange an das kühle, verdunkelte Zimmer im zweiten Stock und an das Gehämmer, als die Sargdeckel zugenagelt wurden. Schließlich wurde Ferrari entlassen, physisch und geistig gebrochen, aber unendlich besser dran als Hunderttausende seiner jungen Landsleute, deren Leichen die Berge im Norden bedeckten.

Bereits vor seiner Entlassung im Jahre 1918 scheint Ferrari ein Erlebnis besonderer Art gehabt zu haben, eine Art Offenbarung, von der in seinen Erinnerungen freilich nicht die Rede ist; derartige Lücken in seiner Lebensgeschichte und in seinen Selbstzeugnissen sind zwar nichts Ungewöhnliches, geben indes zu interessanten Spekulationen Anlaß. Wer war die geheimnisvolle Person oder das Schlüsselerlebnis, die oder das Enzo Ferrari zwischen seinem Eintritt in die Armee im Jahre 1917 und seiner Entlassung ein Jahr später dazu brachte, eine Karriere einzuschlagen, die mit Autos zu tun hatte?

In seiner Autobiographie erinnert er sich, wie er noch vor dem Krieg in einer warmen Sommernacht mit einem Freund namens Pepino vor seinem Elternhaus gesessen habe. Im Licht einer Gaslampe hatten sie ein Foto von Ralph de Palma betrachtet, diesem überaus begabten Italiener, der 1893 nach Amerika ausgewandert war, 1915 sowohl das 500-Meilen-Rennen von Indianapolis als auch 1916 den Vanderbilt-Cup gewonnen hatte und den viele damals für den bedeutendsten Fahrer der Welt hielten. Ferrari behauptet, er habe zu Pepino, dem Sohn eines Modeneser Lebensmittelimporteurs, gesagt: »Ich werde einmal ein bedeutender Rennfahrer werden.« Außerdem soll er wiederholt erklärt haben, die Idee, bei seinen eigenen Wagen von Anfang an V-12-Motoren zu verwenden, sei ihm beim Anblick der faszinierenden Packard-V-12-Kübelwagen gekommen, wie sie die Amerikaner bei Kriegsende eingesetzt hätten. Was auch immer an diesen Geschichten stimmen mag oder nicht – Ferrari frisierte Historisches immer gern so, wie es ihm gerade paßte –, etwas Wahres ist jedenfalls daran: das Interesse an Autos, das bei Kriegsende zu einem zentralen Thema seines Lebens geworden war und das ihn dann weit von zu Hause fortführen sollte.

Nach dem Waffenstillstand tauchte Ferrari in Turin auf und versuchte, bei Fiat unterzukommen. Im Unterschied zu Modena war Turin ein italienisches Industriezentrum, eine von Leben berstende, überfüllte Stadt am Po, die kräftig am Krieg verdient hatte. Als Ferrari im Winter 1918/19 hierherkam, war ganz Norditalien in Aufruhr. Der Krieg hatte offensichtlich die anstehenden Probleme nicht gelöst, und nun meldeten sich die Sozialisten, Kommunisten und völkischen Nationalisten in den Städten lautstark zu Wort. Italien war finanziell am Ende, die Kluft zwischen dem industrialisierten Norden und dem rückständigen ländlichen Süden stellte die ohnehin auf schwachen Füßen stehende nationale Einheit in Frage. Allerorten kam es zu Unruhen. Und bald nahm auch schon in Mailand Mussolinis faschistische Bewegung ihren Anfang.

Ferrari ließ sich anscheinend von diesen stürmischen politischen Veränderungen nicht beeindrucken. Als er nach Turin kam, hatte er nur eins im Sinn: bei den rasch expandierenden Fiat-Werken eine Anstellung zu bekommen. FIAT (Fabbrica Italiana Automobili Torino) war 1899 von Giovanni Agnelli, Emanuele di Bricherasio und dem Conte Carlo Biscaretti di Ruffia gegründet worden. 1907 wurde das Unternehmen umorganisiert, schlicht in Fiat SpA umbenannt und nun von der Familie Agnelli kontrolliert. Aus dem kleinen, regionalen Automobilhersteller war ein Industriegigant geworden, der nicht nur Personenwagen produzierte, sondern Lastwagen, Kugellager, Flugzeug- und Schiffsmotoren, Militärflugzeuge, Lokomotiven, Eisenbahnwaggons und sogar komplette Frachtschiffe. Zu der Zeit, als sich Enzo Ferrari in der Konzernzentrale am Turiner Corso Dante einfand, waren gerade die letzten Vorbereitungen für die Massenproduktion des 1,5-Liter-Tipo 501 im Gange – eines technisch anspruchsvollen, niedrigpreisigen Autos, das auf Jahre hinaus eines der wichtigsten Produkte des Unternehmens werden sollte. Aber mehr nach Enzos Geschmack war Fiats ungebrochenes Interesse am Rennsport. Hier war eine kleine Elite von Konstrukteuren, Mechanikern und Fahrern bereit, es bei den großen europäischen Rennen mit der Konkurrenz von Mercedes, Peugeot, Ballot und dem jungen amerikanischen Unternehmen Duesenberg aufzunehmen. Das Fiat-Konstruktionsteam unter der Leitung des Chefingenieurs Guido Fornaca bestand aus einem Stab erfahrener Ingenieure mit Hochschulabschluß, deren unbestrittener Star der junge Piemonteser Konstrukteur Vittorio Jano war. In dieser stürmischen kreativen Zeit wußte man zwar noch kaum etwas über Metallurgie und Verbrennungsraumtechnik, über Aufhängungsgeometrie, Aerodynamik und andere technische Finessen, die eines Tages eine Schlüsselrolle für die Geschwindigkeit und Haltbarkeit von Automobilen spielen sollten. Gleichwohl war auf dem Gebiet der neuen Technik Fiat der anerkannte Spitzenreiter.

Und ausgerechnet in dieses Milieu steckte der mäßig gebildete, noch immer nicht ganz gesunde und absolut unqualifizierte ehemalige Militärhufschmied an einem Wintertag des Jahres 1918 seine nicht zu übersehende Nase. Der Oberst seines Regiments hatte ihm ein Empfehlungsschreiben mitgegeben, über dessen Inhalt allerdings nichts bekannt ist. Auf jeden Fall nutzte es ihm auch nichts. Der Arbeitsmarkt war überschwemmt von ehemaligen Kriegsteilnehmern, und Ferrari hatte von vornherein keine Chance, als er das mahagonigetäfelte Büro des Ingenieurs Diego Soria betrat. Ferrari beschreibt Soria als einen »kräftigen, untersetzten Mann mit kurzgeschnittenem rotem Haar, das bereits zu ergrauen begann«. Höflich, aber bestimmt erklärt ihm Soria, Fiat sei eine viel zu kleine Firma, um all die Tausende von Kriegsteilnehmern zu beschäftigen, die sich in Turin nach Arbeit umsähen. Doch noch schlimmer war es für Ferrari, daß die vorhandenen Stellungen ausschließlich an die Bewohner der Stadt vergeben wurden.

In seinen Erinnerungen blickt Ferrari auf diese Stunde der Schmach mit Bitterkeit zurück. Er beschreibt, wie er aus dem Fiat-Verwaltungsgebäude in den düsteren Wintertag hinaustaumelte und mit hängenden Schultern durch die geschäftigen Straßen ging, bis er bei einer Bank im Valentino-Park am Ufer des Pos stehenblieb. Dort, im Schatten des gewaltigen Castello del Valentino, habe er den Schnee von der Bank gefegt und sich hingesetzt: »Ich war ganz allein. Mein Vater und mein Bruder lebten nicht mehr. Da begann ich vor lauter Einsamkeit und Verzweiflung zu weinen.«

Eines Tages würde ihm Fiat diese Ehrenschuld begleichen müssen. Die Kränkung, die man ihm angetan hatte, fraß sich in sein Hirn, und im Laufe der Zeit wurde sein Zorn immer größer. Rachsucht beherrschte ihn, und er schwor sich, es den Agnellis und ihren Lakaien mit gleicher Münze heimzuzahlen, ganz gleich, wie viele Jahre darüber vergehen würden.

3

Nur wenige Tage nach seiner Ankunft in Turin entwickelte Enzo Ferrari jene zielstrebige Findigkeit und Überzeugungskraft, die einmal sein Markenzeichen werden sollten. Er griff auf ein bescheidenes Erbe seines Vaters zurück, wie er selbst sagte, als er zur florierenden Gemeinschaft der Automobilhersteller, Fahrer, Mechaniker und Verkäufer stieß, die allesamt Satelliten des Fiat-Konzerns waren. Bei seinen regelmäßigen Besuchen der Bars und Restaurants am Corso Vittorio Emanuele II, in denen der Rennchampion Felice Nazzaro und der nicht minder prominente Fahrer Pietro Bordino verkehrten, freundete sich dieses 21 Jahre alte Greenhorn mit einigen dieser Teufelskerle an, die er als kleiner Junge bei den Provinzrennen in der Emilia erlebt hatte.

Die Bar del Nord in der Nähe der Stazione di Porta Nuova war eine Hochburg des Rennfahrermilieus und der Geschäftemacher, und hier lernte er auch einen Bologneser Autohändler namens Giovanni kennen, der den eifrigen Ferrari auf der Stelle engagierte. Giovanni kaufte Lastwagen aus italienischen Heeresbeständen auf – vorwiegend kleine Laster vom Typ Lancia Zeta – und schlachtete sie bis aufs Fahrgestell aus. Dann transportierte er sie zu einem Mailänder Karosseriebauer, wo diese Fahrgestelle mit Pkw-Karosserien versehen und die fertigen Autos an die seit Kriegsende immer größer werdende Gemeinde der Automobilisten verkauft wurden.

Ferrari wurde als Allroundkraft eingestellt. Erst half er bei der Beseitigung der Lkw-Aufbauten, dann steuerte er die ausgeschlachteten Fahrzeuge in das 140 Kilometer entfernte Mailand.

Wir wissen nicht, wann er das Autofahren gelernt hat, und ganz sicher hatte er kaum Gelegenheit dazu, als er Maultiere bei der Artillerie beschlug. Aber als er nach Turin kam, hatte er zumindest einige Grundkenntnisse in der Handhabung der primitiven, abenteuerlichen und unberechenbaren Autos und Lastwagen seiner Zeit erworben. Bis zum Ende seines Lebens hatte Ferrari stets seine italienische Fahrerlaubnis mit der Nummer 1363 bei sich, woraus man schließen konnte (und sollte), daß er einer der ersten Autofahrer des Landes war und bereits vor seiner Entlassung aus dem Militärdienst gut fahren konnte.

Wie auch immer es um seine Fahrkünste stand, Ferrari ratterte jedenfalls über die holprigen Straßen der Poebene und überführte ausgeschlachtete Lastwagen aus Heeresbeständen zur bescheidenen Carrozzeria Italo-Argentina im Zentrum der riesigen, schmutzigen und politisch umtriebigen Industriemetropole Mailand. Aber das war kaum die richtige Arbeit für einen Mann, der sich um eine Anstellung bei der Elitefirma Fiat bemüht hatte, und er setzte alles daran, weiterzukommen. Wieder frequentierte er die Trattorias, in denen die Rennfahrer und Automobilsportler zusammenkamen, diesmal in Mailand. Und hier traf er eines Tages die erste wichtige Entscheidung in seiner noch jungen Karriere.

Ugo Sivocci war ein draufgängerischer, schnauzbärtiger Typ, ein ehemaliger Radrennfahrer, der in die Welt der Autos übergewechselt war und zuerst für die kleine Mailänder Firma De Vecchi gearbeitet hatte, danach als Cheftestfahrer des neuen Autoherstellers CMN (Costruzioni Meccaniche Nazionali). CMN war während des Krieges gegründet worden und hatte allradgetriebene Artilleriezugmaschinen mit Isotta-Fraschini-Motoren gebaut. Nun hatte sich das an der Via Vallazze gelegene Unternehmen ganz auf in Handarbeit hergestellte Hochleistungssportfahrzeuge umgestellt. Und wie es damals so üblich war, beteiligte sich die Firma an einer ganzen Reihe von Rennwettbewerben und Bergrennen, um die Vorzüge ihrer Produkte vorzuführen. Ferrari verwies auf seine bescheidenen Fahrkünste, wobei er gewiß nicht sein Licht unter den Scheffel stellte, und wurde von Sivocci als Assistent eingestellt. Damit begann sein Aufstieg.

Ihr erster gemeinsamer Auftrag bestand darin, bei der Raid Nord-Sud, einem Langstreckenrennen von Mailand nach Neapel, das Team des Motorradrennfahrers Marco Garelli im Begleitfahrzeug zu unterstützen. Sivocci und sein neuer Helfer mußten bei dieser Veranstaltung Reservetreibstoff, Reifen und Ersatzteile für Garellis Zweizylinder-Zweitakt-Maschine transportieren. Das war kaum ein glanzvoller Auftrag, aber immerhin schnupperte Enzo Ferrari zum erstenmal Rennluft.

Sein erstes Rennen bei einer offiziellen Veranstaltung fuhr er am 5. Oktober 1919, als er mit dem kleinen CMN-Team an einem regionalen Bergrennen von Parma nach Poggio di Berceto teilnahm – einem Wettbewerb auf offener Straße, der über die Distanz von 53 Kilometern in den Apennin führte. Ferrari durfte einen der 2,3-Liter-Tipo-15/20-CMN-Tourenwagen fahren, dessen Karosserie nichts weiter als ein Gehäuse für den Motor war, während die beiden Sitze und ein Paar Reserveräder über den mit Holzspeichen versehenen Hinterrädern aufgehängt waren. Neben sich einen Bordmechaniker, den das Team in Parma angeheuert hatte, jagte Ferrari die kurvenreiche Strecke am Monte Piantonia hinauf und kam als fünfter in seiner Klasse durchs Ziel, wenngleich er im Gesamtergebnis ziemlich weit hinten lag. Das war nicht gerade ein berauschendes Debüt, aber im Hinblick auf die begrenzten Möglichkeiten seines ziemlich primitiven Automobils und wenn man bedenkt, daß er ein Anfänger war, ist die Tatsache, daß er überhaupt im Endklassement auftauchte, durchaus erwähnenswert. Sivocci hingegen wurde Zweiter in der Gesamtwertung.

Sein nächstes Rennen fuhr Ferrari im November 1919, als er und Sivocci von CMN für die Targa Florio gemeldet worden waren, ein offenes Straßenrennen rund um Sizilien, organisiert von Vincenzo Florio, dem Sproß eines mächtigen sizilianischen Clans, dem riesige Ländereien sowie eine Schiffsflotte gehörten und der großen politischen Einfluß auf der Insel ausübte. Das war endlich ein ernsthaftes Rennen. Die Targa, wie sie genannt wurde, war zum erstenmal 1906 veranstaltet worden und bestand aus einer Reihe von Streckenabschnitten rund um die wild zerklüftete, felsenübersäte und von Banditen heimgesuchte Insel. (Dem mächtigen und einflußreichen Florio-Clan war es indes zu verdanken, daß während dieses Ereignisses die Waffen ruhten und keiner der Teilnehmer jemals bedroht wurde.) Ferraris plumper kleiner CMN sah eher wie ein Kübelwagen aus, verglichen mit den exotischeren Maschinen von Fiat und Peugeot, unter denen sich auch ein prachtvoller Vorkriegs-Grand-Prix-Wagen, ein Peugeot L 25, befand, der von dem Rennfahreras André Boillot gesteuert wurde. Als Ferrari und sein Mechaniker Michele Conti an den Start gingen, hatten sie schon die weite Anfahrt nach Sizilien hinter sich (Autotransporter konnte sich CMN nicht leisten) und vier Etappen von jeweils 108 Kilometern vor sich; gegen die schnelleren Wagen konnten sie sich kaum eine Chance ausrechnen.

Immerhin wurde Ferrari aber bei seinem zweiten Rennen Dritter in seiner Klasse und Neunter in der Gesamtwertung – allerdings erst nach einem Protest: Er war von der Polizei aufgehalten worden, weil ausgerechnet während dieses Ereignisses der italienische Premierminister eine Rede in einem sizilianischen Nest halten wollte und Ferrari erst danach weiterfahren durfte.

Bald darauf verließ er die Firma CMN, weil er sich in der italienischen Autoindustrie weiter umsehen und seine Karriere als Rennfahrer vorantreiben wollte. Wie sich das im einzelnen abspielte, wissen wir nicht; immerhin ist bezeugt, daß er im Mai 1920 erneut an einem Parma-Poggio-di-Berceto-Bergrennen teilnahm, diesmal mit einem Auto, das ihm zumindest teilweise gehörte. Es war ein vor dem Krieg gebauter 7,2-Liter-Tipo-TM-Isotta-Fraschini, ein Typ, der auch 1914 am 500-Meilen-Rennen von Indianapolis teilgenommen hatte. (Allerdings hatte sich einer dieser Wagen nach einem Reifenplatzer überschlagen und eine Massenkarambolage verursacht.) Der große Zweisitzer zeichnete sich durch sein Vierrad-Bremssystem aus, während damals die meisten Rennwagen nur Vorderradbremsen hatten, weil das Kabelsystem überaus kompliziert und die Konstrukteure nicht in der Lage waren, die Bremskräfte zwischen Vorder- und Hinterrädern auszugleichen. In dieser Hinsicht war der 130-PS-Isotta eine ganz moderne Konstruktion; wir wissen allerdings nicht, wie und mit wessen Unterstützung Ferrari an sie herangekommen war.

Dagegen kennen wir die Ergebnisse der drei Rennen, die er im Isotta-Fraschini mit seinem Bordmechaniker Guglielmo Carraroli bestritt: Dritter in der Gesamtwertung und Zweiter in der Über-6-Liter-Klasse beim Rennen Parma-Poggio di Berceto und zweimaliges Ausscheiden wegen Problemen mit der Mechanik bei zwei unbedeutenden Rennen im Juni desselben Jahres. Kurz danach verschwand der Isotta in der Versenkung, und Enzo nahm eine Geschäftsbeziehung zu Alfa Romeo auf, die beinahe zwei Jahrzehnte bestehen sollte.

Alfa Romeo war 1909 von Cavaliere Ugo Stella gegründet worden, dem ehemaligen Leiter der italienischen Niederlassung des französischen Autoherstellers Darracq. Stella wollte das heruntergewirtschaftete Zweigwerk bei Portello am Rande von Mailand übernehmen und ein rein italienisches Pkw-Modell mit dem Namen ALFA herstellen (für Anonima Lombardo Fabbrica Automobili). Als Italien dann in den Krieg eintrat, produzierte ALFA Granaten und militärische Raupenfahrzeuge. Damals wurde das Unternehmen von einem hervorragenden Industriellen und Politiker namens Nicola Romeo übernommen, der aus Neapel stammte und Professor für Mathematik in Mailand war, bevor er sich in der Geschäftswelt einen Namen machte. Romeo war ein so glänzender Redner, daß er später im italienischen Senat den Spitznamen »die Sirene« bekam. Er änderte den Namen seiner neuen Autofirma in Alfa Romeo.

Über den ersten Kontakt zwischen Enzo Ferrari und Alfa Romeo wissen wir im einzelnen nur wenig. Zwei Dinge allerdings waren dafür maßgebend: der Kauf eines Autos durch Ferrari und die Anwesenheit eines ausgezeichneten jungen Ingenieurs namens Giorgio Rimini, eines cleveren Sizilianers aus Catania, der in Ferraris Erinnerung stets eine Zigarette zwischen den Lippen hatte. Als ihm Ferrari zum erstenmal begegnete, war Rimini ein Allroundmann bei Alfa: Er war Chef des Rennteams und der Testabteilung, außerdem noch Verkaufsleiter. Ob Ferrari (mit seinen begrenzten Erfahrungen im CMN-Team) als Testfahrer zu Alfa ging, ehe er einen Wagen von Rimini kaufte, oder erst danach, wissen wir nicht. Auf jeden Fall spielte ein 6-Liter-G 1-Alfa-Tourenwagen eine Rolle bei dieser Verbindung.

Das war ein teures Luxusmodell, unerschwinglich für die meisten jungen Männer, die aus einem angeblich armen Elternhaus stammten. Da dies nun schon Ferraris zweite ziemlich exotische Maschine war, deutet alles darauf hin, daß er schon früh über einige Mittel verfügte, entweder aus seiner Erbschaft oder aus seiner Tätigkeit bei CMN und aus der Teilnahme an ein paar Autorennen – wahrscheinlich aber aus all diesen Quellen zusammen. Auch wenn er es mit seinem lebhaften, energischen und überzeugenden Auftreten in der Testabteilung von Alfa Romeo weit bringen sollte, konnte sich Ferrari nur mit großer Mühe vom Image des Provinzlers aus der Unterschicht freimachen. Aber dieses Minderwertigkeitsgefühl wurde mehr als kompensiert durch seine straßenjungenhafte Gerissenheit und durch die geradezu unverschämte Art und Weise, wie er mit gesellschaftlich und beruflich über ihm stehenden Menschen umging, als wäre er bereits doppelt so alt. Rimini hatte das sicher erkannt, denn er nahm ihn ins Alfa-Team auf, wenn auch in einer ausgesprochen untergeordneten Position. Ganz gleich, ob er den G 1-Alfa nun vor oder nach seiner Einstellung kaufte, jedenfalls nahm er am 20. Oktober 1920 am Steuer eines Vorkriegs-Alfa-Romeos Tipo 40-60 an der Targa Florio teil. Er gehörte zu einem dreiköpfigen Team unter dem 28jährigen Giuseppe Campari, einem bulligen, lebensfrohen Mann, der gelegentlich auch als Opernsänger auftrat und ein enger Freund und Partner Ferraris werden sollte.

Immer wieder begegnet man einem Mißverständnis und Mißbrauch des Begriffs »Grand Prix«. »Große Preise« waren seit Jahrzehnten für alle möglichen Wettbewerbe, Produkte, Kunstwerke etc. verliehen worden, ehe der französische Begriff 1906 auch im Automobilsport verwendet wurde. 1895 war der Automobile Club de France (ACF) gegründet worden, und ungefähr seit dieser Zeit gibt es auch den organisierten Automobilsport. Dabei sollte der ACF eine dominierende Rolle im internationalen Rennsport spielen und sechzig Jahre lang das Reglement beherrschen. Am Anfang wurden Autorennen als eine Art »Formula Libre« abgewickelt, das heißt, für die Teilnahme waren keine genauen Motor- und Fahrgestellspezifikationen vorgeschrieben. Aber der technische Fortschritt erforderte ein kompliziertes Regelwerk (und darin waren die Franzosen wahre Meister), damit die Chancengleichheit bei den Wettbewerben gegeben war und die Technik sich weiterentwickeln konnte. 1906 veranstaltete der ACF dann den ersten Grand Prix von Frankreich, und damit war die Basis für den internationalen Automobilsport für die kommenden Jahre geschaffen. Seither durfte als »Grand Prix« nur ein Rennen ausgeschrieben werden, das nach genauen Spezifikationen für die Autos, die Rennstrecke und das Wettbewerbsreglement abgewickelt wurde.

In dieser Hinsicht war die Targa Florio kein Grand-Prix-Rennen, sondern eher ein Formula-Libre-Wettbewerb. Daher wurde für Campari ein reiner Grand-Prix-Wagen gemeldet, für Ferrari hingegen nur ein normaler Straßenwagen. Aber diesmal hatte er mehr Erfolg. Mit seiner schweren Maschine, die an den Vorderrädern mit häßlichen, weit ausladenden Kotflügeln versehen war, damit er und sein Bordmechaniker Michele Conti vor dem Schlamm auf dem 108-Kilometer-Rundkurs geschützt waren, kam er immerhin auf den zweiten Platz im Gesamtklassement des schwierigen Rennens. Auch wenn viele von den schnelleren Wagen ausgeschieden waren, darunter auch der Alfa seines Teamgefährten Campari, war es doch ein aufregendes Finish für den jungen Mann, und für kurze Zeit war er zweifellos davon überzeugt, daß seine Zukunft als Rennfahrer gesichert sei.

Anfang 1921 überredete er Ugo Sivocci, bei CMN auszusteigen und in die Testabteilung bei Alfa einzutreten. Sivocci meisterte die neue Aufgabe mit solcher Bravour, daß Rimini ihn rasch zum Abteilungsleiter beförderte.

Während der frühen zwanziger Jahre war Ferrari ständig zwischen Mailand und Turin unterwegs, und zwar nicht nur bei Autorennen, sondern auch in allen möglichen geschäftlichen Angelegenheiten: Er verkaufte und handelte mit Autos, kaufte Ersatzteile, spionierte bei Fiat herum, hörte sich den neuesten Branchenklatsch an und lieferte Autos an Kunden aus. In späteren Jahren verließ er den engeren Umkreis von Modena und Maranello nicht mehr, aber damals entwickelte er eine rege Reisetätigkeit, die ihn mindestens einmal nach England und Frankreich brachte, und beinahe regelmäßig kam er in ganz Norditalien und in der Schweiz herum. Auf einer dieser Fahrten nach Turin lernte er in der Nähe der Stazione di Porta Nuova eine 21jährige Blondine kennen. Sie hieß Laura Domenica Garello und stammte aus dem Dorf Racconigi, gut 30 Kilometer südlich von Turin. Laura war eine ziemlich pummelige Frau mit blitzenden braunen Augen und lächelte gern ein wenig kokett. Ihr schwerfälliger ländlicher Dialekt verriet ihre Herkunft aus der Arbeiterklasse. Wir wissen nicht, warum und wie die beiden einander in Turin begegneten, aber ihre beiderseitigen guten Bekannten munkelten, daß Laura regelmäßig in die Cafés zum Tanzen ging und gelegentlich als *puttana* in den Bars und Stammkneipen der Rennsportszene herumhing. Ferrari jedenfalls stürzte sich in diese Beziehung und suchte Laura an sich zu binden. Sie begannen miteinander auf Reisen zu gehen, und Laura erschien regelmäßig bei den Rennen, an denen Ferrari teilnahm. Um 1922 sprach man sie mit Signora Ferrari an, obwohl die beiden nicht verheiratet waren. Aus den frühen zwanziger Jahren gibt es eine Reihe von Briefen, die Ferrari an Laura nach Genua und Turin geschrieben hatte. Sie sind bereits an »Sig.a« Enzo Ferrari adressiert, obwohl die Hochzeit erst 1923 stattfand. Wahrscheinlich rechnete er sich im konservativen Milieu von Alfa Romeo größere Chancen aus, wenn man die Frau an seiner Seite für seine Ehefrau hielt als für eine Geliebte mit fragwürdigem Hintergrund.

Während Ferrari bei Alfa Romeo Karrierepolitik betrieb, war Italien in weitaus kompliziertere und hektische innenpolitische Auseinandersetzungen verstrickt. 1919 war der Journalist Benito Mussolini eine mächtige politische Figur geworden, der mit seinen auftrumpfenden Reden und aufrührerischen Artikeln aus den Faschisten eine Partei gemacht hatte, die mit ihrem draufgängerischen Auftreten und mit maßlosen Versprechungen jedermann gewinnen wollte. Unterstützt von den Schlägertrupps seiner Schwarzhemden, organisierte Mussolini im Oktober 1922 seinen berüchtigten Marsch auf Rom. Mussolini übernahm die wankende Regierung von dem diskreditierten Ministerpräsidenten Luigi Facta, und der unbedeutende, willensschwache König Vittorio Emanuele III. übertrug ihm die totalen Machtbefugnisse eines Diktators.

Ferrari schienen diese Ereignisse nicht weiter zu berühren. 1922 kehrte er nach Modena zurück und gründete die Carrozzeria Emilia, Enzo Ferrari & C.ia in einer gemieteten kleinen Garage in der Via Emilia, einen Kilometer östlich vor den Toren der alten Stadt. Merkwürdigerweise verwendete Ferrari den Begriff *carrozzeria* im Namen seiner kleinen Firma, die doch nichts weiter war als eine unbedeutende Verkaufsstelle für Alfas und gebrauchte Sportwagen und die nie etwas mit Karosseriebau zu tun hatte. Um so mehr stellte die Carrozzeria Emilia für ihn eine Geschäftsbasis in seiner geliebten Heimatstadt dar, auch wenn er weiterhin ständig in Mailand und Turin zu tun hatte.

Dank seiner aggressiven Verkaufsmethoden wurde er bald der Exklusivvertreter für Alfa-Romeo-Automobile in der Emilia. Und durch sein wachsendes Ansehen als Rennfahrer verstärkte er geschickt das Markenimage bei der reichen Klientel in der Region.

Während er im Autohandel immer mehr verdiente, ging es mit seiner Rennkarriere allmählich bergab. Rimini ließ ihn 1922 nur noch an drei Rennen teilnehmen, auch wenn er bei zweien hinter dem Steuer eines älteren Alfa Romeo 20-30ES sitzen durfte. Im Juli wurde er vorübergehend seiner Firma untreu und fuhr in einem österreichischen Sportwagen, einem Sechszylinder-Steyr-Puch, bei einem Bergrennen von Aosta auf den Sankt-Bernhard-Paß mit. Sieger dieses Rennens wurde ein unbedeutender Sproß einer prominenten Turiner Karosseriebauer-Familie, Giovan »Pinin« Farina.

Ein Ereignis, das 1922 zweifellos Ferraris Aufmerksamkeit fesselte, war der Bau des riesigen Autodroms von Monza im Villa Reale Park am Stadtrand von Mailand. Seit Jahren schon hatten die führenden Köpfe im italienischen Automobilrennsport Ausschau gehalten nach einem interessanten Austragungsort für ein Grand-Prix-Rennen der Weltklasse, das es mit dem alljährlich stattfindenden Großen Preis von Frankreich aufnehmen konnte.

Dieser gigantische und zuweilen verhängnisvolle Rundkurs von Monza sollte später immer wieder eine wichtige Rolle im Leben Enzo Ferraris spielen. Hier sollte er Triumphe und niederschmetternde Tragödien erleben, aber die Ironie des Schicksals wollte es, daß er auf dieser glatten, schattigen Piste niemals zornig hinter dem Steuer eines Wagens saß. In Monza testete er in den zwanziger und dreißiger Jahren eine Reihe von Alfa Romeos, und nach dem Zweiten Weltkrieg drehte er hier bestimmt auch in seinen eigenen Autos zahllose Runden, aber niemals nahm er selbst an einem Rennen auf diesem berühmten Rundkurs teil. Trotz aller seiner Bemühungen, hier einmal ganz groß herauszukommen – und Monza sollte in Italien das Mekka des Spitzenrennsports werden –, war Enzo Ferrari dazu verdammt, sich mit der Rolle des Zuschauers zu begnügen.

Bei allen Enttäuschungen, die Ferrari in seiner Rennfahrerkarriere erleben mußte, kam er 1923 jedoch einen gewaltigen Schritt in der Welt des Motorsports voran. Er ging eine – freilich nur kurze – Geschäftsverbindung mit Dr. Albert Schmidt ein und übernahm die italienische Vertretung dieses Genfer Automobilbauers und Ingenieurs. Er fuhr mit einer Gruppe leitender Angestellter von Alfa Romeo, darunter auch Rimini, zum Pariser Automobilsalon und besuchte in England die riesige neue Superpiste von Brooklands in der Nähe von Weybridge, wo er auch Mario Lombardi kennenlernte, den britischen Repräsentanten der Reifenfirma Pirelli. Ferrari zufolge war Lombardi »ein Mann, der eine wichtige Rolle in meinem Leben und in meinen Gedanken spielen sollte«. 1923 kam er nur viermal dazu, an einem Rennen teilzunehmen. Aber sein Organisationstalent und seine Führungsqualitäten sollten ihm unerwartete Erfolge bescheren, vor allem weil es ihm gelang, das Alfa-Romeo-Team zu stärken und es zu wahren sportlichen Triumphen zu führen. Es sollte indes Juni werden, ehe sich sein Glück zum Guten wendete. Sein neuer Alfa Romeo Tipo RL/TF war sowohl bei der Targa Florio als auch in Mugello ausgefallen, und so meldete er sich für den Circuito del Savio vor den

Toren von Ravenna mit gedämpften Erwartungen. Sein Bordmechaniker war Giulio Ramponi, der Neffe des großen Campari und im allgemeinen der persönliche Mechaniker und Beifahrer von Antonio Ascari. Ramponi war ein kämpferisches, überaus fähiges Mitglied des Alfa-Teams und sollte gleichfalls (wie Lombardi) eine Dauerrolle im Lebensdrama Ferraris spielen.

Und diesmal war Ferrari das Glück hold. Gegen die Konkurrenz von Amateuren und halbprofessionellen Fahrern gewannen er und Ramponi den Circuito del Savio bei Ravenna, ein 25-Runden-Rennen von 359 Kilometern Länge, nach dem es zu einer folgenreichen Begegnung für Ferrari kam. Dieser Vorfall ist schon dutzende Male nacherzählt worden, und hinter all den Ausschmückungen jeder neuen Version ist die Wahrheit fast nicht mehr auffindbar. Lassen wir also Ferrari die Geschichte mit seinen eigenen Worten erzählen, denen wir noch einige Bemerkungen hinzufügen wollen:

»Als ich 1923 am ersten Circuito del Savio bei Ravenna teilnahm, wurde ich auch dem Conte Enrico Baracca vorgestellt.« Dies war der Vater von Italiens Fliegeras Francesco Baracca, der nach einem Rekord von 34 Abschüssen selbst abgeschossen worden war. »Nach dieser Begegnung wurde ich von der Mutter des Fliegerasses eingeladen, der Contessa Paolina Baracca, die eines Tages zu mir sagte: ›Ferrari, bringen Sie doch das aufsteigende Pferd meines Sohnes an Ihrem Auto an. Es wird Ihnen Glück bringen.‹ Ich habe noch immer Baraccas Foto, mit der Widmung seiner Eltern, in der sie mir das Pferd anvertrauten. Das Pferd war und blieb schwarz, aber ich habe das goldene Feld hinzugefügt, die Farbe von Modena.«

Soweit Ferraris Version der Legende um das *Cavallino,* das aufsteigende Pferd, eines der berühmtesten Firmenlogos des 20. Jahrhunderts. Aber auch diese Fassung ist voller Verfälschungen und Auslassungen. Zunächst einmal war das Pferd nicht Baraccas persönliches Emblem, sondern das seiner Fliegerstaffel 91 a. (Es wurde sogar noch nach dem Zweiten Weltkrieg von der Düsenjägerstaffel Aerobrigata 4 a verwendet und konnte darum kaum von Baraccas Mutter »verliehen« werden.) Wie schon erwähnt, war Ferraris Bruder Alfredo offenbar beim Bodenpersonal der Staffel, und darum hatte die Contessa Ferrari wohl vorgeschlagen, das Wappen zu Alfredos Gedenken zu verwenden. Einer glaubwürdigen Geschichte zufolge hatte Baracca das aufsteigende Pferd zum Wappentier erwählt, nachdem er im November 1916 einen deutschen Piloten über Tolmezzo abgeschossen hatte. Der Deutsche stammte aus Stuttgart und trug das Wahrzeichen seiner Heimatstadt – ebenfalls ein aufsteigendes Pferd – am Rumpf seiner Albatros BII. Man könnte also daraus schließen, daß das von »Ferraristas« so verehrte *Cavallino Rampante* eigentlich deutschen Ursprungs ist – thematisch unmittelbar verwandt mit dem späteren Emblem von Ferraris Stuttgarter Rivalen: Porsche! Jedenfalls weisen beide Logos eine bemerkenswerte Ähnlichkeit auf.

Letzte Ironie der Geschichte des aufsteigenden Pferdes: Ferrari stellte zwar den Augenblick der Übergabe und die Bedeutung dieses Geschenks sehr gefühlvoll dar, ließ es dann jedoch für *neun* Jahre in der Schublade verschwinden – erstmals erschien es auf der Motorhaube eines seiner Rennwagen beim 24-Stunden-Rennen von Spa in Belgien, am 9./10. Juli 1932!

Der italienische Automobilhistoriker Luigi Orsini vertritt in seiner ausgezeichneten Geschichte der Scuderia Ferrari die Ansicht, daß das aufsteigende Pferd Ferrari erst in den dreißiger Jahren unmittelbar vor seiner Verwendung beim Rennen von Spa geschenkt worden sei. Doch Ferrari blieb bei seiner Version: Wiederholt vermittelt er in seinen Selbstzeugnissen den Eindruck, daß er das Geschenk kurz nach seinem Sieg in Ravenna bekommen habe.

Es bleibt also ein Geheimnis, ob ihm das *Cavallino Rampante* 1923 oder 1932 übergeben worden war, wie auch die genaue Herkunft des Emblems im dunkeln bleibt. Allerdings konnte Ferrari später das aufsteigende Pferd nicht mehr als geschütztes Markenzeichen eintragen lassen, weil Stuttgart Urheberrechtsansprüche auf das Tier anmeldete.

Nachdem sie schon mindestens zwei Jahre zusammengelebt hatten, heirateten Enzo Ferrari und Laura Garello am 28. April 1923. Die Trauung fand in einer kleinen katholischen Kirche in der Nähe der Fiat-Lingotto-Werke in einem Turiner Arbeiterviertel statt. Lange hatten sich Lauras Eltern, in Ferraris Worten ein »hart arbeitendes Ehepaar aus bescheidenen Verhältnissen«, gegen diese Verbindung gewehrt. Eine kleine Hochzeitsgesellschaft, alle aus Lauras Familie, wohnte der Zeremonie bei. Ferrari selbst hat dieses Ereignis später mit schockierender Gefühlskälte dargestellt: »Ich habe jung geheiratet, irgendwann um 1920 [sic]. Ich kann mich nicht an das genaue Jahr erinnern, da ich die Heiratsurkunde verlegt habe.« Und dann fügt er in der dritten Person hinzu: »Dieser junge Mann erklärte, für ihn zähle nichts anderes als die Liebe.

Später mußte ich erkennen, daß alles andere durchaus zählt, und zwar eine ganze Menge.«

Geschäftlich profitierte Ferrari ausgerechnet von einem Ereignis, dem er selbst nicht beiwohnte. Im Juni 1923 hatte der Große Preis von Frankreich in Tours stattgefunden, und dabei war es zu einer Auseinandersetzung im starken Fiat-Team gekommen. Luigi Bazzi, ein dreißigjähriger erfahrener Techniker und Motorentuner, hatte sich mit Guido Fornaca, dem Chefingenieur der Firma, überworfen, und als er nach Italien zurückkehrte, schlug ihm sein Freund Ferrari vor, nach Mailand zu kommen und in die Rennabteilung bei Alfa Romeo einzutreten. Immerhin legten Merosi und seine Leute gerade letzte Hand an einen neu entwickelten Grand-Prix-Wagen mit einem Zweiliter-Kompressor-Motor – den GPR oder »P1« –, der am 9. September beim Großen Preis von Europa in Monza vorgestellt werden sollte. Mit seinen – später so legendären – Verführungskünsten gelang es Ferrari, den ruhigen, zuverlässigen und zähen Mann aus Novara zu Alfa Romeo zu holen. Das war der Beginn einer Verbindung, die zwischen den beiden Männern im harten Geschäft der Automobilbranche sechzig Jahre lang bestehen sollte.

Merosis neuer Rennwagen schien Zukunft zu haben. Der »P1«, wie er in den kommenden Jahren genannt werden sollte, war ein hervorragend konstruierter Zweisitzer (nach den Regeln war ein Bordmechaniker noch immer zugelassen). Und als Ascari sich wieder von den Folgen seines Unfalls soweit erholt hatte, daß er das Team um Campari und Sivocci verstärken konnte, schien Alfa Romeo auf dem besten Weg, zur Spitze der Grand-Prix-Hersteller vorzustoßen. Doch dann setzte ein tragisches Ereignis den Hoffnungen des Teams ein jähes Ende. Das Feld der Fiats, Sunbeams, Bugattis, Alfas etc., dem sich auch der großartige amerikanische Indianapolis-Champion Jimmy Murphy in seinem superschnellen Miller mit einem neuentwickelten Achtzylinder-Reihenmotor anschloß, absolvierte einen Tag vor dem Großen Preis von Europa in Monza ein paar Hochgeschwindigkeits-Trainingsrunden. Alle kehrten wohlbehalten an die Boxen zurück – bis auf einen. Ugo Sivocci war mit seinem neuen Alfa-P1 aus einer der superschnellen Kurven von Monza geflogen und ums Leben gekommen. Der Mann, der Ferrari zum Rennsport gebracht und ihm die erste Chance als Rennfahrer gegeben hatte, war tot. Er war der erste von Dutzenden von Männern, die Ferrari fallen sah, Opfer dieses so grausamen Sports. Sivoccis Tod sowie die Tatsache, daß der P1 nicht schnell genug schien, um es mit den schnellsten Wagen aufnehmen zu können, veranlaßten das Alfa-Team, seine Teilnahme zurückzuziehen. So wurde das Rennen von den beiden Fiat-805ern beherrscht, und Dritter wurde Murphy in seinem Miller.

Niedergeschlagen fuhr das Team die paar Kilometer heim ins Werk von Portello. Sie hatten nicht nur eines ihrer Rennfahrerasse und einen guten Freund verloren. Auch der P1 mußte gründlich überholt werden. Bazzi hatte eine Idee: Es gab einen hervorragenden Ingenieur im Fiat-Stab, den man vielleicht abwerben konnte. Sein Name: Vittorio Jano. Doch bei Alfa Romeo kannte man den 33jährigen Turiner natürlich schon, und dank der guten Kontakte zu Fiat (einige hatte Ferrari hergestellt) wußte man, daß der Mann ein Genie war auf dem Gebiet der neuen Kompressormaschinen, die gerade den Motorsport zu beherrschen begannen.

Enzo Ferraris Rolle bei diesem Abwerbungsmanöver ist immer wieder überbewertet worden. Am ehesten wird man sich wohl auf die Version verlassen können, die der bedeutende Automobilhistoriker Griffith Borgeson nach ausführlichen Interviews mit Jano vor dessen Tod 1964 wiedergegeben hat. Demzufolge hat Jano behauptet, Rimini, nicht Ferrari, habe den ersten Kontakt initiiert, an den Ferrari dann im Spätsommer 1923 anknüpfen sollte.

Vittorio Jano arbeitete schnell. Innerhalb weniger Monate hatte er aus Merosis P1 einen der großartigsten Rennwagen aller Zeiten gemacht. Sein P2 war ein Meisterstück, auch wenn er dabei viel von den neuesten Fiat-Rennwagen abgekupfert hatte. Vor allem kannte er die Schwachpunkte der Fiats: schwache Ventilfedern und Motorblöcke, die sich verzogen, wenn sie heiß wurden. Jano wußte auch, wie er das korrigieren konnte. Seine P2s wurden von Zweiliter-Motoren mit acht Zylindern und sechzehn Ventilen angetrieben und entwickelten mit Hilfe der Roots-Kompressoren 135 PS. Er verwendete mechanische Bremsen und »Ballon«-Reifen, die zum erstenmal in Indianapolis eingeführt worden waren.

Das Auto fuhr sofort einen Erfolg heraus. Antonio Ascari war wieder in Hochform und würde es bald mit den ewigen Besten des Rennsports aufnehmen können. Mit Bazzi als Bordmechaniker gewann er in Cremona. Ihr P2 erreichte auf der zehn Kilometer langen Geraden gestoppte 195 km/h und stellte auf diesem komplizierten Straßenrundkurs einen Rundenrekord von 162,2 km/h auf. Unversehens mischte ein neuer Konkurrent im dicht gedrängten Grand-Prix-Feld mit. Das Alfa-Management ließ sich nicht lumpen und engagierte ein starkes Fahrerteam. Zu Ascari und Campari gesellte sich der mit allen Wassern gewaschene französische Altmeister Louis Wagner, der mit seinen 42 Jahren bereits auf eine Rennfahrerkarriere zurückblicken konnte, die bis ins Jahr 1906 zurückreichte, als er den Vanderbilt Cup auf Long Island gewonnen hatte. Zur Mannschaft gehörte auch, als eine Art Nachwuchsfahrer, Enzo Ferrari.

Er kaufte bei seiner Firma einen Tipo-RLSS-Sportwagen und war damit ziemlich erfolgreich: Er gewann den Chilometro Lanciato von Genf und erzielte in Ravenna einen zweiten Start-Ziel-Sieg. Außerdem gewann er den Circuito del Polesine bei Rovigo und wurde beim Corse delle Torricelle Zweiter. Seinen größten Triumph am Steuer erlebte er wohl im Juli 1924 bei Pescara an der Adria. Er wurde zusammen mit Campari als Alfa-Team-Fahrer gemeldet, wobei Campari einen der P2-Grand-Prix-Wagen fuhr und Ferrari einen der 3,6-Liter-Tipo RL / TF-Sportwagen. Dieser schwerere, weniger wendige Wagen aus Merosis Konstruktionsabteilung sollte das schnellere neue Modell, das auf Janos Reißbrett entstanden war, unterstützen.

Aber Campari hatte einen frühen Getriebeschaden, und unversehens lag Ferrari in Führung, weit vor zwei starken Mercedes-Rennwagen, die von den beiden Amateuren Conte Masetti und Conte Bonmartini gesteuert wurden. Campari hatte seinen liegengebliebenen Alfa geschickt in ein Gebüsch am Straßenrand geschoben. Die Konkurrenz glaubte daher, er sei noch immer irgendwo auf dem riesigen Dreiecksrundkurs unterwegs, der eine Gesamtlänge von rund 25 Kilometern hatte und zwei 6,5 km lange Geraden sowie eine Reihe tückischer Kurven aufwies, die sich durch ein paar kleine Dörfer schlängelten. Das Rennen hieß Coppa Acerbo, nach Capitano Tito Acerbo, dem Bruder von Professor Giacomo Acerbo, einem Kabinettsmitglied und mächtigen Bundesgenossen des Duce. Der Pokal war zur Erinnerung an den Capitano gestiftet worden, der im Ersten Weltkrieg gefallen war, und mit diesem Preis war auch die Verleihung des Ordens Cavaliere della Corona d'Italia verbunden. Als Sieger des Rennens war Ferrari also nun zum Cavaliere ernannt worden, eine reine Formalität indes, die im titelsüchtigen Italien nicht viel zu bedeuten hatte.

Immerhin trug dieser Sieg bei Pescara greifbarere Früchte für ihn. Er war gut gefahren, und seine Leistung beeindruckte die

Bosse von Alfa Romeo so sehr, daß er ins reguläre Grand-Prix-Team für den bevorstehenden Großen Preis von Europa berufen wurde, der auf einem Rundkurs von miserablen öffentlichen Straßen bei Lyon stattfinden sollte. Er nahm in einem Team mit Ascari, Campari und Wagner an einem Wettbewerb teil, der unter den wichtigen europäischen Rennen gewiß das prestigeträchtigste und am heißesten umkämpfte war.

Ferrari fuhr zwar mit dem Alfa-Team nach Lyon und trainierte kurz auf dem schwierigen, etwa 22 Kilometer langen Rundkurs, aber dann kehrte er plötzlich ohne jede Vorankündigung per Eisenbahn nach Italien zurück. In seinen Erinnerungen erklärte er vage: »Ich fühlte mich schon das ganze Jahr nicht wohl, ich war einfach zu erschöpft. Tatsächlich ging es mir so schlecht, daß ich kürzertreten und das Rennfahren praktisch aufgeben mußte. Damit begannen die Probleme mit meiner Gesundheit, die mir in den kommenden Jahren ständig zu schaffen machen sollten.« Was waren das für ernsthafte Beschwerden? Einige seiner Biographen haben gemeint, es sei ein Nervenzusammenbruch gewesen; andere glauben, dabei habe es sich um Herzbeschwerden gehandelt, als Spätfolge seiner schweren Erkrankung während des Krieges. Und schließlich ist auch noch die finstere Unterstellung zu erwähnen, dies seien erste Auswirkungen der gefürchteten Syphilis gewesen, und dieses Gerücht – oder war es doch die Wahrheit? – hat ihn bis ins Grab verfolgt.

Giovanni Canestrini, der Doyen des italienischen Sportjournalismus der zwanziger und dreißiger Jahre, hat kurz und bündig erklärt, Ferrari habe Angst gehabt. Er vertrat die Ansicht, daß das hohe Niveau der Konkurrenz und die gefährlichen, unübersichtlichen Straßenkuppen auf diesem Rundkurs bei Lyon dem jungen Rennfahrer aus Modena – der damals gerade 26 Jahre alt war und erst 27 Rennen hinter sich hatte – schlicht und einfach den Schneid abgekauft hätten. Canestrinis Kommentar war veröffentlicht worden und hatte Ferrari so wütend gemacht, daß er sich erst 35 Jahre später(!) mit dem Journalisten wieder versöhnte. In seiner 1977 veröffentlichten, schmeichelhaft unkritischen Biographie bemerkte jedoch auch Gino Rancati über die rennfahrerischen Qualitäten seines langjährigen Freundes Ferrari hintersinnig: »...als Rennfahrer hatte er gewiß seine Grenzen: Er hatte übertriebenen Respekt vor den ihm anvertrauten Autos, und vielleicht wagte er auch nicht das Letzte.«

Was auch immer der wirkliche Grund dafür gewesen sein mag, daß er in Lyon absprang, es minderte jedenfalls erheblich seine Chancen für den Verbleib im Grand-Prix-Team. Er kehrte nach Modena zurück und konzentrierte sich auf den Automobilhandel – und hörte einfach auf, sich weiter um seine ohnehin nicht konsequent aufgebaute Rennfahrerkarriere zu kümmern. Für das Alfa-Team war seine Abwesenheit in Lyon indes kein allzu schmerzlicher Verlust. Campari wurde Sieger, nachdem sein Teamgefährte Ascari in der Endphase des Rennens einen Motorschaden hatte – und immer noch, hinter Henry Segrave in einem Sunbeam, Dritter wurde! Die einst so dominierenden Fiats aber wurden so vernichtend geschlagen, daß sich die Turiner Firma nach der Saison 1924 aus dem Rennsport zurückzog; einige halbherzige Wiederbelebungsversuche ein paar Jahre später konnten an dieser Entscheidung nichts ändern. Wenn man nun an Ferraris tief verwurzelten Sinn für Ehre und an seine Rachsucht denkt, kann man sich gut vorstellen, welche Genugtuung ihm diese Kapitulation jenes Unternehmens bereitet haben mußte, das ihn sechs Jahre zuvor abgewiesen hatte.

Ferrari hat immer wieder erklärt, daß er sich nicht für Politik interessiert habe; und berücksichtigt man seine Abneigung gegenüber Rom und seine allgemeine Geringschätzung für die katholische Kirche – die damals tief in die italienische Politik verstrickt war –, gibt es kaum einen Grund, ihm nicht zu glauben. Er war allerdings mit zahlreichen faschistischen Funktionären befreundet, weil die meisten Leute, die in der heimischen Automobilindustrie Macht und Einfluß hatten, enge Verbindungen zur Partei unterhielten. So wurde Enzo Ferrari mit der Zeit ein zutiefst politischer Mensch, aber nur um seines eigenen Vorteils willen, nicht irgendeiner bestimmten Ideologie zuliebe. Benito Mussolini ist er nur einmal begegnet, Anfang 1924. Der Duce war damals auf dem Höhepunkt seiner Popularität, und auf einer Rundfahrt zwischen Rom und Mailand machte er auch in Modena halt.

Während seiner ganzen Herrschaft blieb Mussolini der Marke Alfa Romeo treu – vielleicht weil sie in jener Stadt hergestellt wurde, in der sich sein Aufstieg zur Macht vollzogen hatte –, und so fuhr er auch, als er nach Modena kam, einen neuen dreisitzigen Alfa-Sportwagen. Als örtlicher Alfa-Repräsentant und prominenteste Rennsportpersönlichkeit der Stadt durfte Ferrari den Duce aus der Stadt geleiten. Er bemühte sich, auf dem regennassen

Kopfsteinpflaster vorsichtig zu fahren, aber seine Geschwindigkeit war noch immer viel zu hoch, als daß der weniger geübte Mussolini mithalten konnte. Nachdem der ebenso eingebildete wie ungeschickte Duce wiederholt ins Schleudern geraten war, verringerte Ferrari das Tempo, bis die Fahrt ein paar Kilometer später endete.

Das Schicksal wollte es, daß auch Alfa Romeo wie Fiat im Motorsport an Bedeutung verlor. Am 26. Juli 1925 kam ihr Starfahrer Antonio Ascari ums Leben, als er beim Großen Preis von Frankreich im Autodrom von Linas-Montlhéry in Führung lag. Kurz nach dem Rennen verkündete Alfa Romeo, man würde die rennsportlichen Aktivitäten für immer einstellen, aus Respekt vor dem gefallenen Champion. Trauer war indes nicht der einzige Grund für diesen Rückzug. Griffith Borgeson vermutet, daß die Entscheidung auf einer wirtschaftlichen Flaute beruhte, bei der die italienische Regierung sich zum Eingreifen gezwungen sah. Anfang 1925 hatten die Faschisten auch Alfa Romeo unter die Fittiche des neu gegründeten IRI (Istituto di Ricostruzione Industriale) genommen, einer riesigen Behörde, die finanzschwachen Unternehmen unter die Arme greifen und sie am Leben erhalten sollte. Wahrscheinlich hatten die IRI-Funktionäre ihren Einfluß geltend gemacht und das teure und risikoreiche Rennsportprogramm eingestellt.

Da Alfa Romeo nun nicht mehr im Rennsport aktiv war, konzentrierte sich Enzo Ferrari ganz auf den Ausbau seines Autohandelsunternehmens. Inzwischen hatte er die Exklusivvertretung für Alfa Romeo in den Regionen Emilia-Romagna und Marche übernommen, und im April 1925 begann er ein großes zweistöckiges Haus an der Via Emilia in ein Geschäft und eine Werkstatt umzubauen. Er und Laura hatten bisher in einer winzigen Wohnung über einem nahegelegenen Restaurant gelebt und wollten nun in das neue Gebäude umziehen. Ihr Leben in diesem engen, von Essensdünsten erfüllten Raum war kaum friedlich gewesen; ständig kam es zum Streit. Zu allem Übel konnten auch Laura und seine Mutter Adalgisa einander nicht ausstehen, so daß Ferrari bei diesen so erbitterten wie sinnlosen Zänkereien immer wieder vermittelnd eingreifen mußte. Dabei nahm ihn der Autohandel völlig in Anspruch, und er war dauernd unterwegs, entweder in Mailand, wo er mit den leitenden Angestellten bei Alfa Romeo in Kontakt bleiben mußte, oder in Bologna, wo er an der Via Montegrappa eine Zweigniederlassung von Alfa eröffnet hatte. Er war immer häufiger in Bologna und machte im Freundeskreis kein Hehl daraus, daß er seine Frau loswerden wollte. In Italien war allerdings eine Scheidung absolut unmöglich; trotzdem gab er sich zu dieser Zeit nicht einmal Mühe, den treu ergebenen Ehemann wenigstens zu mimen. Sowohl in Modena wie in Bologna war er wie ein Besessener hinter den Frauen her. Ferrari war zwar alles andere als ein gutaussehender Mann, aber er hatte großen Erfolg bei Frauen, vor allem dank seines unüberbietbaren Selbstvertrauens und seiner zunehmenden Stärke, andere Menschen für sich zu gewinnen. Damals machte er seine Eroberungen vor allem bei den Huren und leichtlebigen Frauen, die sich in der Rennfahrerszene herumtrieben, aber als er prominenter wurde, verfeinerte sich auch sein erotischer Geschmack.

Da er ja auch ein verhinderter Journalist war, schrieb er nebenbei noch Reportagen und Kommentare für mehrere Motorsportzeitungen, wobei ihm seine guten Kontakte zum Eliteteam der Renntechniker und -mechaniker bei Alfa in Mailand zugute kamen. Jano schloß gerade die Konstruktion eines neuen rassigen Roadsters mit einem kleinen, hochtourigen Sechszylindermotor ab, und Ferrari versicherte seinen Freunden, dieser Wagen würde unschlagbar sein, sowohl auf der Straße wie bei den zahllosen kleineren Rennsportveranstaltungen in Norditalien und Südfrankreich.

Diesen neuen Sportwagenmodellen schien die Zukunft zu gehören; das hielt die alten Rennfahrer des Unternehmens bei der Stange und verhinderte, daß Männer wie Ferrari zu anderen Marken überwechselten. Das galt selbst für Jano und Bazzi, die allmählich den reinrassigen Grand-Prix-Maschinen den Rücken kehrten und sich den lukrativeren, inzwischen von den meisten Firmen produzierten zweisitzigen Sportwagen für den größer werdenden Markt der Autofans zuwandten.

Wenn man einmal von seinen mysteriösen Gesundheitsproblemen absieht, waren die mittleren zwanziger Jahre insgesamt eine Zeit, in der es mit Enzo Ferrari aufwärtsging. Mit seiner ohnehin unbeständigen Rennfahrerkarriere war es zunächst einmal vorbei, und wenn er 1926 auch engen Kontakt mit diesem Sport hielt, nahm er doch an keinem Wettbewerb teil. Um so erfolgreicher baute er seinen Autohandel in Bologna und Modena aus, dank seiner beeindruckenden Persönlichkeit und mit Hilfe rassiger neuer Modelle, die Jano schuf.

Anfang 1927 erwachte sein sportlicher Ehrgeiz wieder, und er kehrte zum Rennsport zurück. Er nahm mit einem älteren Alfa Romeo RLSS am Circuito di Alessandria teil, einem unbedeutenden Sportwagenrennen über 160 Kilometer, und wurde Sieger in der Gran-Turismo-Klasse. Einen Monat später gewann er auf seiner Hausstrecke bei Modena am Steuer eines starken 6C-1500SS-Zweisitzers. Sein Bordmechaniker war sein alter Kampfgefährte bei Alfa Romeo, Giulio Ramponi. Ferrari fuhr den schnellsten Wagen und gewann das 360-Kilometer-Rennen ohne Mühe, wobei er die schnellste Runde auf dem Zwölf-Kilometer-Rundkurs mit 113 km/h fuhr.

Dieses Rennen war eines von Hunderten ähnlicher lokaler Ereignisse, wie sie überall in Europa von den Automobilclubs mittelgroßer Städte veranstaltet wurden. Kaum einer der Topleute im Rennsport nahm davon Notiz. Aber werblich brachte es Ferraris Geschäften unglaublichen Auftrieb und verstärkte sein Ansehen in der Region als einer der aufstrebenden Unternehmer im Autohandel.

Als sein 30. Geburtstag im Februar 1928 nahte, verlieh ihm die italienische Regierung unter der Schirmherrschaft des Marionettenkönigs Vittorio Emanuele III. den Titel eines Commendatore, vermutlich in Anerkennung seiner geschäftlichen Erfolge und seiner sporadisch erbrachten Leistungen als Rennfahrer. Auch 1928 war er wieder aktiv: In Alessandria fuhr er erneut einen Klassensieg heraus, und in Modena gewann er das Gesamtklassement zum zweitenmal in Folge; anschließend kam er in Mugello auf den dritten Platz – und bei all diesen Rennen fuhr er denselben Alfa Romeo wie schon 1927. Bei seinem zweiten Sieg in Modena war der kleine Pepino Verdelli zum erstenmal sein Bordmechaniker, der diese Position des Kopiloten mit Unterbrechungen auch in den kommenden fünfzig Jahren neben Ferrari einnehmen sollte.

[Siehe auch Anmerkungen zum 3. Kapitel, S. 426.]

4

Als die zwanziger Jahre zu Ende gingen, schien das Leben mit all seinen Möglichkeiten dem inzwischen ein wenig korpulent gewordenen, 31 Jahre alten Mann aus der Emilia offenzustehen. Und nicht nur ihm, der ganzen Nation schien es erstaunlich gut zu gehen, und das in der Zeit der Wirtschaftskrise, die nach dem Schwarzen Freitag an der Wall Street im Oktober 1929 über die Welt hereingebrochen war. Das Regime des Duce unternahm alle Anstrengungen, Italien zu einer der führenden Nationen zu machen. So wurden zwischen 1922 und 1930 über 5000 größere staatliche Bauvorhaben in Angriff genommen, darunter auch der Bau der ersten vierspurigen Autobahnen der Welt. Am Ende des Jahrzehnts gab es in Italien Schnellstraßen von über 500 Kilometern Länge, wobei im Straßen- und Tunnelbau modernste Techniken eingeführt worden waren. Auch auf anderen Gebieten wurden große Anstrengungen unternommen. So wurde der Bevölkerungsanteil der Analphabeten, der vor dem Krieg über 40 Prozent betragen hatte, bis 1930 auf nahezu die Hälfte reduziert. Andere Maßnahmen hingegen waren weniger erfolgreich, wie zum Beispiel die Beseitigung der Mafia auf Sizilien, auch wenn Cesare Mori, der Präfekt von Palermo, 1931 etwas voreilig verkündete, dank seines harten Durchgreifens in den vergangenen vier Jahren sei Sizilien von den Banditen total gesäubert.

Ungefähr zur selben Zeit entschieden die Faschisten, daß eine Bevölkerungszahl von 41 Millionen zu niedrig sei für eine künftige Großmacht. 60 Millionen wurden als Ziel gesetzt und eine Reihe von radikalen Sozialmaßnahmen eingeleitet, darunter das Verbot von empfängnisverhütenden Mitteln, die Beschränkung der Auswanderung und eine Zusatzsteuer für Junggesellen. Das gesetzliche Heiratsalter wurde für Jungen auf 16 und für Mädchen auf 14 Jahre gesenkt, und 1932 bekamen Jungverheiratete für eine Fahrt nach Rom einen Preisnachlaß von 80 Prozent. Der erste Muttertag wurde in Italien 1933 eingeführt und sollte an Heiligabend zur weiteren Steigerung des Kindersegens begangen werden. Wir wissen nicht, inwieweit irgendeine dieser Maßnahmen zur Geburt von Ferraris erstem und einzigem Kind im Jahre 1932 beitrug. Im nationalen Maßstab wirkten sich diese Programme indes offenbar aus: 1934 war die Bevölkerung um fast 1,5 Millionen gewachsen, obwohl die Wirtschaftskrise die Geburtenrate unter das Niveau des vorhergehenden Jahrzehnts hatte sinken lassen.

1930 wurden die Einfuhrzölle für Automobile verdoppelt, was im Prinzip amerikanische, deutsche und französische Hersteller vom Wettbewerb ausschloß. Allerdings richtete Henry Ford, der nachweislich mit Mussolini und später mit Hitler sympathisierte, gleich eine italienische Niederlassung in Mailand ein. Am meisten aber profitierte Fiat von den neuen Zollbestimmungen – das Turiner Unternehmen erhielt so das Marktmonopol für die Serienproduktion von Pkws in Italien, und das ist praktisch bis heute so geblieben. Alfa Romeo und ein paar andere kleine Hersteller blieben nur deshalb im Geschäft, weil sie Sportwagen und Luxuskarossen für die Oberschicht produzierten. Als Italien indes seine Waffenproduktion ständig vergrößerte, verlegte sich Alfa allmählich auf die Herstellung von Lastwagen, Spähwagen und Flugzeugmotoren.

Während sich sein Land im Umbruch befand, hatte Enzo Ferrari nur zwei Dinge im Blick: die eng begrenzte Welt der Automobile und das Rennsportfieber, das die Nation erfaßt hatte. Kein Land der Welt gab sich diesem Sport leidenschaftlicher hin, und selbst in den kleinsten Städten gab es Automobilclubs, die regen Zulauf hatten. Sie organisierten alle Arten von Rennen, Bergrennen und Straßenrallyes, und das alles zur Ehre und zum Ansehen ihrer Region. Im Gegensatz dazu hatten die unternehmerisch denkenden Amerikaner Autorennen auf rummelplatzähnliche Pferderennbahnen verlegt, wo man leichter Eintrittsgeld kassieren konnte. An diesen Rennen nahmen meist Mechaniker und Bastler aus der Arbeiterklasse teil. Im konservativen England wiederum waren Autorennen von öffentlichen Straßen verbannt worden und durften nur auf ein paar speziellen Rennbahnen stattfinden, an denen die Reichen und die Superreichen unter sich waren (»die richtige Menge ohne Gedränge«).

In Italien hingegen fand der Motorsport über alle Klassenschranken hinweg begeisterte Anhänger und nahm es an Popularität mit Fußball und Radsport auf. Zwar befand sich sein Zentrum im industrialisierten Norden, aber Rennen wie die Targa Florio auf dem bettelarmen Sizilien oder die Coppa Sila in der ländlichen Stiefelspitze konnten durchaus die ganze Nation fesseln. Die echte wie die Möchtegern-Prominenz stand diesem Sport nahe, und der Duce selbst machte Geld locker, damit Alfa Romeo bei den internationalen Grand-Prix-Wettbewerben für das nationale Prestige kräftig mitmischen konnte. Sein flotter Schwiegersohn, der Conte Galeazzo Ciano, italienischer Außenminister und ehemaliger Liebhaber der Herzogin von Windsor, stiftete für ein Rennen bei Livorno einen Pokal, der nach ihm benannt war. Während es für Adelige eine besondere Ehre war, an Autorennen teilzunehmen, saßen viele Bürgerliche neben ihnen an den Startplätzen – und Ferrari war nur einer von ihnen –, und die gewaltige, allumfassende Liebe zu schnellen Automobilen belebte den Rennsport im Geiste der Gleichheit, wie es ihn im italienischen Alltagsleben sonst nicht gab.

Paradoxerweise führte die glänzende Entwicklung eines anderen Herstellers zur Gründung jenes Rennteams, das Ferraris Namen tragen und ihn zu internationalem Glanz und Ansehen führen sollte. In Bologna gab es die Gebrüder Maserati, fünf motorsportbegeisterte Männer, von denen die beiden Ältesten, Alfieri und Ernesto, bereits seit 1907 Rennerfahrungen gesammelt hatten. Seit 1926 stellten sie ihre eigenen Rennwagen her, und 1929 hatten sie eine *sedici-cilindri*-(Sechzehnzylinder-)Formula-Libre-Maschine konstruiert, indem sie zwei Achtzylindermotoren nebeneinander montierten – eine Konstruktion, die neun Jahre zuvor schon die Gebrüder Duesenberg als erste ausprobiert hatten.

Der Wagen war so ungebärdig und unberechenbar wie ein wildes Tier, aber ein wahres Kraftpaket und phantastisch schnell auf der Geraden. Am 28. September 1929 bestieg der milchgesichtige Baconin Borzacchini den Maserati und erzielte auf einem zehn Kilometer langen Streckenabschnitt außerhalb von Cremona eine Durchschnittsgeschwindigkeit von 247,8 km/h. (Borzacchini, als einer der besten italienischen Fahrer ein Volksheld, mußte später den absurden Vorbehalten der Faschisten gegen die Ähnlichkeit seines Namens mit dem des russischen Revolutionärs Bakunin nachgeben und sich fortan Mario Umberto nennen.) 1929 war eine Endgeschwindigkeit von nahezu 250 km/h ganz erstaunlich. Zwei Jahre früher allerdings hatte der Kalifornier Frank Lockhart auf einem Miller mit einem zwischengekühlten Kompressormotor, der halb so groß wie der des Maserati war, über die fliegende Meile auf dem ausgetrockneten Muroc Lake eine Spitzengeschwindigkeit von 171 Meilen pro Stunde – gut 275 km/h – erzielt! Und im hölzernen Oval des Autodroms von Culver City war Lockhart mit einem Rundenschnitt von 232 km/h gestoppt worden.

An diese Leistungen erinnerte man sich nach Borzacchinis beeindruckendem Lauf natürlich nicht mehr. Sein Bravourstück wurde so begeistert gefeiert, daß der Automobilclub von Bologna ein riesiges Bankett zu Ehren des Fahrers veranstaltete – und natürlich auch für die großen Söhne der Stadt, die den Wagen gebaut hatten. Enzo Ferrari, eine feste Größe in der örtlichen Rennsportszene, ließ sich das Ereignis natürlich nicht entgehen. Und die zufällige (oder geplante?) Sitzordnung sollte zentrale Bedeutung für seine Zukunft bekommen.

An der Galatafel saß er nämlich zwischen zwei der süchtigsten Motorsportenthusiasten der Gegend. Alfredo Caniato war Mitglied einer prominenten Tuch- und Hanfhändlerfamilie aus Ferrara. An Markttagen fuhr er regelmäßig mit seinem älteren Bruder Augusto nach Bologna. Ein paar Wochen zuvor hatte Alfredo dabei Ferraris Autohaus an der Via Montegrappa aufgesucht und einen neuen 1,5-Liter-Sechszylinder-Alfa-Romeo-Sportwagen gekauft. In bar. Er hatte zwar nur bescheidene Rennerfahrung als Motorradfahrer, nahm aber dennoch mit seinem neuen Alfa am Circuito delle Tre Province teil und wurde überraschend Sechster in der Gesamtwertung. Dritter bei diesem Rennen wurde Mario Tadini, der aus einer wohlhabenden Bergamasker Familie stammte und seit langem in Bologna lebte. Ihre hervorragenden Ergebnisse bei diesem langen und schwierigen Straßenrennen hatten ihre Begeisterung beflügelt, und als sie neben Ferrari Platz nahmen, hatten sie ein offenes Ohr für Ratschläge, wie sie ihre noch so junge Rennfahrerkarriere fördern könnten.

In derartigen Situationen war Ferrari in seinem Element. Er hatte einen hervorragenden Ruf, im Rennsport wie in den Konstruktions- und Verkaufsabteilungen von Alfa Romeo. Natürlich steuerte er geschickt ihre Unterhaltung, bei der es nur ein Thema gab: Warum sollten sie nicht mit ihrem Geld und mit Ferraris Beziehungen und Rennerfahrung eine *scuderia* – einen Rennstall – aufmachen, um gemeinsam ihre sportlichen Ambitionen voranzutreiben?! Sie dachten sich ein simples Arrangement aus: Sie würden eine Art GmbH gründen – eine *società anonima* –, in der die Gesellschafter sich zum Ziel setzten, leistungsfähige Sport- und Rennwagen zu kaufen, mit ihnen an Rennen teilzunehmen und sie vielleicht eines Tages auch selbst zu bauen. In all dem Festtrubel und beflügelt vom Wein berauschten sie sich an ihren Träumen von einem unschlagbaren Rennteam. Ferrari versicherte Caniato und Tadini, bei seinen Beziehungen zur Alfa-Zentrale in Portello würden sie die besten neuen Modelle zu günstigen Bedingungen bekommen. Darüber hinaus könnte er mit seinen Verbindungen zur Zulieferindustrie zusätzliche Gelder bei Pirelli, Shell, Bosch und anderen Firmen lockermachen. Und nicht zuletzt könnte der Rennstall dank Ferraris Reputation bei den oberen Rängen der Rennsportszene Berufsfahrer der Spitzenklasse an sich binden, die mit ihrer Teilnahme an Rennen in ganz Europa den Ruhm – und nicht zu vergessen: die Einkünfte – des jungen Unternehmens mehren würden.

Die Vereinbarung zur Bildung des neuen Teams wurde am 15. November 1929 aufgesetzt, und am 29. wurde das Unternehmen notariell beglaubigt. Das Gesellschaftervermögen belief sich auf insgesamt 200000 Lire, ungefähr zwei Millionen Goldmark. Die Brüder Caniato und Tadini steuerten 130000 Lire bei, Ferrari die nicht unerhebliche Summe von 50000 Lire; ein guter Freund, der Tierarzt, Mineralwasserproduzent und Amateurfotograf Dr. Ferruccio Testi, setzte 5000 Lire ein, Alfa Romeo 10000 und Pirelli 5000 Lire. Der endgültige Vertrag wurde am 1. Dezember im Büro von Ferraris Modeneser Anwalt Enzo Levi unterzeichnet, und damit war die Società Anonima Scuderia Ferrari offiziell gegründet. Levi sollte jahrelang Ferraris Anwalt bleiben, und in seinen Erinnerungen zitierte Ferrari Levis Maxime: »Jeder Vergleich ist besser als ein erfolgreich durchgezogener Prozeß.« Dazu Ferraris Anmerkung: »Zunächst erschien mir dieser Gedanke als nicht gerade typisch für die jüdische Rasse, die nach meinem Dafürhalten eine ganz beachtliche Intelligenz besitzt, wenn auch von einer instinktiv zerstörerischen Art. Später erkannte ich, wieviel Weisheit in dieser Geisteshaltung steckte.«

Ausgerechnet etwa zur gleichen Zeit, als die Scuderia gegründet wurde, gerieten eine Reihe traditionsreicher italienischer Automobilfirmen in finanzielle Not und mußten noch vor Jahresende schließen. Der Wirtschaftskrise fiel – neben Ceirano, Itala und Chiribiri – auch Diatto zum Opfer, jene Automarke, auf der Ferrari vermutlich das Fahren gelernt hatte.

Dutzende anderer reicher Männer hatten zwar inzwischen auch ähnliche Arrangements getroffen, um ihren motorsportlichen Ambitionen zu frönen, aber die Scuderia Ferrari war einzigartig. Das Team trug Ferraris Namen, nicht aber den der anderen Partner. Denn Ferrari war zwar nur mit einem vergleichsweise geringen Kapital beteiligt, aber doch bei weitem der wichtigste Gesellschafter. Die Tatsache, daß so reiche und stolze Herrschaften wie die Brüder Caniato bei einem so prestigeträchtigen Aspekt ihres Unternehmens bereitwillig hinter einem einfachen Mann wie Ferrari zurücktraten, deutet bereits an, wie eminent sein Einfluß auf den Erfolg der Organisation war. Alfredo Caniato konnte sich zwar mit dem Titel des Präsidenten der Scuderia schmücken, aber in der Praxis war er Ferrari unterstellt. Darüber hinaus hatte Ferrari die Gewißheit, stets Primus inter pares zu sein, solange sein Name auf dem Firmenschild stand, selbst wenn die Partner eines Tages auseinandergehen sollten.

Zusätzliches Kapital sollte noch von drei weiteren Geldgebern kommen. Zunächst wurden von Alfa Romeo in kurzer Zeit Sponsoren aufgetan (wobei sich Alfa selbst mit Rennwagen und Ersatzteilen zu Vorzugspreisen sowie mit technischer Hilfe beteiligte): der deutsche Hersteller von Zündungsanlagen, Bosch, die Vergaserfirma Memini, die Zündkerzenfirma Champion, der italienische Reifenkonzern Pirelli und Shell. Diese Unterstützung kam dank Ferraris persönlicher Kontakte zustande – immerhin wurde die Summe der Sponsorengelder auf annähernd eine Million Dollar pro Jahr geschätzt, als die Scuderia ein paar Jahre später einen sportlichen Höhepunkt erreicht hatte. Darüber hinaus plante die Scuderia, weitere Einnahmen und Kapitaleinlagen dadurch zu erzielen, daß sie zusätzlichen Mitgliedern des Teams Serviceleistungen anbot: Reiche Sportfahrer wurden eingeladen, sich an der Scuderia zu beteiligen, wofür ihnen garantiert wurde, daß ihre Rennwagen – meist Alfa Romeos – für Wettbewerbe vorbereitet und zu verschiedenen rennsportlichen Veranstaltungen transportiert wurden. Der Betreffende brauchte dann nur noch vorzufahren, seine Schutzbrille aufzusetzen und den Wagen anzulassen. Und schließlich hatte man vor, einen kleinen, erlesenen Kreis von Berufsrennfahrern der Spitzenklasse anzuheuern, die bei wichtigen Straßen- und Bergrennen in ganz Italien und vielleicht auch noch in Frankreich und Deutschland für das Team starten sollten.

Damals gab es bei europäischen Autorennen kaum andere Preise als kunstvoll gefertigte Pokale und Trophäen. Geldpreise wurden an Wettbewerbsteilnehmer meist in Form von »Startgeldern«, manchmal auch »Auftrittsgeld« genannt, vergeben, das heißt, ein wichtiges Team oder ein prominenter Fahrer wurde für die Teilnahme am Rennen geworben, und damit wurden mehr Zuschauer angezogen, an denen die Organisatoren wiederum über Eintrittsgelder, Konzessionen etc. verdienten. In Amerika gab es dagegen ein völlig anderes System. Startgelder kannte man hier nicht, und die Fahrer wurden ausschließlich nach ihrer Position am Ende des Rennens honoriert. Ein Team wie die Scuderia Ferrari hatte hervorragende Chancen, eine Menge Startgeld einzunehmen, vorausgesetzt, die neuen Bosse konnten mehrere prominente Fahrer gewinnen und Alfa würde ihnen eine Auswahl der besten Automobile überlassen.

Doch etwas Entscheidendes fehlte der neuen Scuderia noch: ein Star. Mit einfachen Amateuren wie den Caniatos und Tadini ließen sich kaum genügend Startgelder erzielen, und selbst ein so rennerfahrener Haudegen wie Ferrari konnte keine so spektakulären Erfolge vorweisen, daß die Einnahmen über dem Existenzminimum liegen würden. Hier kam Giuseppe Campari ins Spiel. Der dunkelhäutige (daher sein Spitzname »Il Negher«), rundliche und redselige Amateuroperntenor und einer der Topstars der italienischen Rennsportszene machte aus seiner Enttäuschung über das Wettbewerbsprogramm bei Alfa Romeo kein Hehl – ihm fehlte hier eine klar erkennbare Konzeption. Ferrari wiederum wußte, daß dieser Star frustriert war, und bot ihm an, für die Scuderia zu fahren. Natürlich in einem Alfa.

Dieses Abkommen wurde bei einem Essen besiegelt, bei dem es hoch herging und das Campari in seinem Haus in San Siro gab, einem Patrizierviertel von Mailand. An diesen Abend dachte Ferrari gern zurück, und köstlich beschreibt er, wie Campari, ein ausgezeichneter Koch, eine Mailänder Pastaspezialität – *riccioline al sugo* – zubereitete, wozu er einen gestreiften Pyjama trug, der an die Kleidung italienischer Sträflinge erinnerte. Der Abend endete damit, daß Campari und seine Frau ein Duett aus dem ersten Akt von *La Traviata* grölten. Jedenfalls hatte die neue Scuderia Ferrari nun einen namhaften Fahrer, mit dem man eine Menge Startgelder bei den verschiedenen Rennorganisatoren lockermachen konnte, als die Saison von 1930 begann.

Von Anfang an war klar, daß Ferrari das Unternehmen in seiner Heimatstadt ansiedeln würde. Von nun an würde er nicht mehr ständig zwischen seinen beiden Wirkungsstätten in Modena und Bologna hin und her reisen müssen, sondern konnte sich in seiner dunstig-schwülen, von Moskitos heimgesuchten kleinen Geburtsstadt fest niederlassen. Während er Modena eigentlich nie ganz verlassen hatte – sieht man einmal von den ersten paar Nachkriegsjahren ab, als er in Turin und Mailand sein Glück zu machen suchte –, sah Ferrari in der Gründung der neuen Scuderia ein Symbol für seine triumphale Heimkehr an einen Ort, der ihn hatte links liegenlassen, abgesehen von ein paar Rennsportbegeisterten. »Meine Rückkehr [sic] nach Modena war eine Art innerer Aufruhr«, schrieb er später. »Als ich damals fortgegangen war, hielt man mich vage für einen seltsamen jungen Mann, der sich für Autos und Rennen interessierte, aber sonst keine besonderen Fähigkeiten zu haben schien. Als ich zwanzig Jahre später nach Modena zurückkehrte, um mich von einem Rennfahrer und Teamorganisator zum Kleinindustriellen zu verwandeln, bedeutete das nicht nur das Ende einer quasi biologischen Phase, wie ich das einmal nennen möchte. Es war zugleich ein Versuch, mir und anderen zu beweisen, daß ich in diesen zwanzig Jahren [sic] bei Alfa Romeo mein Ansehen nicht nur aus zweiter Hand, dank der Bemühungen und der Geschicklichkeit anderer Menschen erworben hatte. Nun war die Zeit für mich gekommen, auszuprobieren, wie weit ich mit meinen eigenen Bemühungen kam.«

Enzo Ferrari richtete sein provisorisches Hauptquartier in der Maschinenfabrik Gatti an der Via Emilia ein, und zweifellos bereitete ihm das eine gewisse Genugtuung. Er hatte zwar mehrere Rennen in Modena gewonnen, aber das Motiv der Rache (Vendetta) sollte ihn sein ganzes Leben begleiten – keine Kränkung wurde vergessen, für jede Beleidigung sollte man ihm büßen –, und in derartigen Situationen war ihm seine Ehre wichtiger als jeder praktische Nutzeffekt. Aber natürlich gab es durchaus auch praktische Gründe, die Scuderia in Modena anzusiedeln. Hier standen ihm erfahrene Metallarbeiter, Hersteller und Maschinisten zur Verfügung, und die besten örtlichen Zulieferer kannte Ferrari persönlich. Modena war am Rande der Poebene und direkt an der Via Emilia gelegen, und damit war die Stadt so etwas wie der strategische Mittelpunkt aller Austragungsorte von Autorennen in Norditalien. Turin und Mailand waren mit dem Auto oder der Eisenbahn ohne weiteres an einem Tag zu erreichen.

Dank der finanziellen Großzügigkeit Tadinis und der Caniato-Brüder konnten drei Rennversionen des Sechszylinder-6C-1750 gekauft werden. Diese federleichten, wunderbar anmutigen Sportwagen mit Kompressormotoren, die Vittorio Jano entwickelt hatte, gehören zu den bewundernswertesten Hochleistungsautomobilen aller Zeiten. Zum neuen Inventar gehörten auch eine Kollektion von Alfa-Romeo-Ersatzteilen, ein paar Drehbänke und kleine Werkzeugmaschinen sowie ein bulliger Citroën-Lieferwagen, der alles, was man an Treibstoff, Reifen, Ersatzteilen etc. brauchte, zu den verschiedenen Rennen transportierte. (Die Autos selbst mußten so lange zu den Rennstrecken gefahren werden, bis sich die Scuderia große Lkw-Transporter leisten konnte.)

Ferrari stellte sich einen Stab aus ortsansässigen Mechanikern zusammen, zu dem auch Pepino Verdelli gehörte. Der kleine Modeneser war seit 1928 sein Bordmechaniker gewesen und sollte der Scuderia bis zu seinem Lebensende angehören. In späteren Jahren war er Ferraris Privatchauffeur und mit dessen immer komplizierter werdendem Privatleben (bis in die meisten intimen Details) vertraut. Als der kleine Stab komplett war, ging man daran, die drei funkelnagelneuen Alfas für Italiens wichtigstes Straßenrennen vorzubereiten – die Mille Miglia. Dieser gewaltige, vom Automobilclub von Brescia veranstaltete Wettbewerb hatte zum erstenmal im Frühling 1927 stattgefunden und war ein 1000-Meilen-Rennen (der Name ging auf das antike römische Entfernungsmaß zurück). Es wurde in Brescia gestartet, dann ging es südwärts entlang der Adria, über den Apennin nach Rom, von dort wieder über den Apennin nach Norden, durch Florenz und Bologna bis zum Ziel in Brescia. Da die Mille Miglia bei jedem Wetter zu Beginn des Frühjahrs ausgetragen wurde, mußte man auf den höheren Apenninenpässen mit Schnee rechnen. Auf den Küstenstrecken nördlich von Pescara und in den Niederungen der Poebene waren dagegen Geschwindigkeiten über 220 km / h möglich. Dieses außergewöhnliche Ereignis, bei dem PS-starke Autos mit quietschenden Reifen durch kleine Dörfer wie durch Großstädte rasten, faszinierte die Italiener und wurde sofort ein Erfolg.

Die beiden vorhergehenden Rennen waren 1928 und 1929 von Campari für Alfa Romeo gewonnen worden, und man hatte mit dem Werk vereinbart, daß er auch diesmal noch für das offizielle Alfa-Team fahren sollte. Dagegen konnte die Scuderia nur eine Mannschaft aus drei schlichten Amateuren aufbieten: Tadini, Alfredo Caniato und den prominenten faschistischen Politiker Luigi Scarfiotti. Dieses Trio konnte den Topprofis anderer Teams den Gesamtsieg natürlich nicht ernsthaft streitig machen.

Die vierte Mille Miglia wurde am 12./13. April 1930 ausgetragen. Ferrari war an einem Tankstopp südlich von Bologna postiert. Von hier aus leitete er – wie in den kommenden Jahren auch – sein Team und holte per Telefon Berichte über die aktuellen Positionen seiner Autos von Beobachtern und offiziellen Funktionären entlang des Kurses ein. Aber bei diesem Rennen konnte er von seinen immer perfekter werdenden Fähigkeiten als Organisator und Stratege eines Rennteams noch wenig Gebrauch machen, denn die drei Wagen der Scuderia schieden frühzeitig aus, ohne daß es ihnen gelungen war, die führenden Fahrer zu beeindrucken. Das Rennen wurde von Tazio Nuvolari nach einem Duell mit Achille Varzi gewonnen, das in die Renngeschichte eingehen sollte. Der Legende nach hatte sich Nuvolari an den führenden Varzi im Dunkel der frühen Morgenstunden mit ausgeschalteten Scheinwerfern herangepirscht, um seinen Rivalen zu einer langsameren Fahrweise zu verleiten. Im letzten Moment, heißt es, sei er auf Varzi aufgefahren, habe seine Scheinwerfer eingeschaltet und sei ins Ziel vorbeigedonnert. Rennhistoriker haben dieses Märchen längst widerlegt, aber es gehört nun einmal zum Repertoire von Nuvolaris Heldentaten, die freilich auch in Wirklichkeit beeindruckend genug waren, um ihn in den Augen vieler Menschen zum bedeutendsten Rennfahrer aller Zeiten zu machen.

Zwei Wochen später fuhr die Scuderia in gedämpfter Stimmung nach Alessandria, um an einem Stadtrennen, dem Circuito Bordino, teilzunehmen. Es wurde zum Gedenken an Pietro Bordino ausgetragen; der frühere Spitzenfahrer des Fiat-Teams war 1929 während des Rennens mit seinem Bugatti in den Tanaro gestürzt und war dabei ums Leben gekommen. Vor dem Start legten die gemeldeten Fahrer, darunter auch Alfredo Caniato und Ferrari selbst, an einem bei der Unfallstelle errichteten Gedenkstein Blumen nieder. Während anschließend Caniato angesichts der PS-starken Konkurrenz erneut die Segel streichen mußte, fuhr

Ferrari in seinem Alfa Romeo 1750SS / TF zäh entschlossen auf den dritten Platz.

Nachdem Campari seinen Verpflichtungen gegenüber dem offiziellen Alfa-Team Genüge getan hatte, durfte er sich der Scuderia anschließen. Als erstes nahm er zusammen mit Tadini in 1750ern an zwei unbedeutenden Rennen teil – ohne großen Erfolg. Im zweiten Wettbewerb, dem Premio Reale, der auf dem Tre-Fontane-Kurs von Rom ausgetragen wurde, trafen sie auf die seinerzeit besten Wagen und Fahrer, unter anderen Nuvolari und Varzi in den neuen, generalüberholten Alfa Romeos vom Typ P2; die alten Grand-Prix-Wagen aus dem Jahre 1924 waren von Vittorio Jano überarbeitet und auf den neuesten technischen Stand gebracht worden. Die Scuderia wurde förmlich deklassiert – denn gegen die ausgesprochenen Rennwagen hatten ihre Fahrzeuge, die nicht viel mehr waren als Sportwagen ohne Kotflügel, nicht die geringste Chance. Campari schaffte den fünften Platz, während sich Tadini als Siebenter für einen Herrenfahrer ganz achtbar schlug.

Wenn es für Enzo Ferrari so etwas wie ein Vorbild für seine Scuderia gab, dann wäre es das legendäre Unternehmen von Ettore Bugatti im elsässischen Molsheim gewesen. Dieser begnadete Ingenieur und Unternehmer hatte seit 1910 in dem Städtchen unweit von Straßburg eine Art Automobil-Gutshof geschaffen, auf dem er sich in feudaler Pracht erging. Zu Bugattis Reich gehörten ein kleiner, eleganter Gasthof, in dem er seine Gäste und Kunden bewirtete, ein Stall mit Vollblutpferden und die Fabrik selbst, eine Reihe niedriger Gebäude inmitten kunstvoll angelegter Gärten, durch die sich ein forellenreiches Flüßchen schlängelte, während die Maschinen der Fabrik einen Höllenlärm machten.

Ettore Bugatti stammte aus einer Mailänder Künstlerfamilie. *Le Patron,* wie er genannt wurde, ging seinen Geschäften im allgemeinen in Reithosen, Stiefeln, gelber Weste und rotem Jackett nach. Seine Automobile waren und sind eine atemberaubende Kombination von Industriedesign und Goldschmiedekunst – als ob es Fabergé irgendwie gelungen wäre, eines seiner berühmten Eier mit einem Motor zu versehen. Die 35er und 51er Bugattis, gegen die die Scuderia antreten mußte, waren technisch kaum auf dem allerneuesten Stand, sondern einfache, perfekt hergestellte Fahrzeuge und so zuverlässig wie ein Uhrwerk. Bugatti verschmähte lange Zeit hydraulische Bremsen und bevorzugte mechanische Kabelzugbremsen. »Ich baue meine Autos, damit sie fahren, und nicht, damit sie stehenbleiben«, soll er einmal lässig erklärt haben.

Für Ferrari muß der Erfolg, den der Italiener in dem schmalen, zwischen Deutschland und Frankreich immer wieder umkämpften Landstrich mit seinen Produkten hatte, geradezu mustergültig gewesen sein. Bugatti stellte Autos für die Superreichen her und unterhielt ein eigenes Team von Berufsfahrern und wohlhabenden Amateuren. Darüber hinaus pilgerten ganze Scharen von Ehrgeizlingen, Träumern, Hobbyfahrern, einstigen Renngrößen und Dilettanten nach Molsheim, damit der Meister ihre Bugattis segne, bevor sie ins Rennen gingen. In den zahllosen kleinen Rennen und Rallyes überall in Europa schnitten die Wagen mit großem Erfolg ab. Aber wenn Bugatti damit Erfolg hatte, müßte sich doch eigentlich ein ähnliches Konzept, wenngleich auf bescheidenerer Basis, auch für die Scuderia entwickeln lassen.

Trotz jenes ausgelassenen Abends bei Pasta und Opernarien, der die Zusammenarbeit zwischen Campari und der Scuderia besiegelte, war diese Verbindung nur von kurzer Dauer. Die Vereinbarung zwischen Alfa Romeo und der Scuderia sah eine Art informelles Austauschsystem vor: Wagen und Fahrer wurden hin und her transferiert, je nachdem, wo sie gerade gebraucht wurden. An wichtigen Rennen sollten die besten Maschinen und die Spitzenfahrer für das offizielle Werksteam teilnehmen, aber wenn die Firma sich nicht selbst an einem Wettbewerb beteiligte, wurden zum Teil die gleichen Wagen und Fahrer nach Modena beordert.

Im Frühsommer 1930 nun wurde folgender Handel abgeschlossen: Campari verließ die Scuderia wieder und kehrte nach Mailand zurück. Im Gegenzug bekam Ferrari vom Werk einen starken, von Vittorio Jano völlig überarbeiteten Grand-Prix-Wagen vom Typ P2, der nun gegen die modernen Bugattis, Maseratis und Mercedes-Benz-Rennwagen antreten sollte, die die wichtigeren Rennen beherrschten.

Aber wer sollte ihn fahren? Vom regulären Scuderia-Team war bestimmt niemand – auch Ferrari selbst nicht – in der Lage, mit der 175 PS starken Achtzylindermaschine richtig umzugehen (sie hatte etwa doppelt so viele PS wie die 1750er). Zum Glück wartete bereits ein Star auf seinen Auftritt. Und der würde sogar noch eine Steigerung gegenüber dem ausgeschiedenen Campari bedeuten: Tazio Nuvolari. Dieser war gerade im Begriff, ein italienischer Nationalheld zu werden, ein Mann, den man wegen seiner furiosen, genialen, wahnwitzigen Virtuosität am Steuer zum Paganini des Automobilsports erklärte. Nuvolari war eine der auffallendsten Persönlichkeiten seiner Zeit: keine 1,63 Meter groß, mit blitzenden Augen in einem dunkelhäutigen, hohlwangigen Gesicht. Er fuhr wie ein Irrer und hatte immer wieder Unfälle mit seinen Autos, die er wie störrische Lasttiere über die Straßen prügelte.

Aber wie würden die beiden Egomanen Nuvolari und Ferrari miteinander auskommen? Sie waren sich zum erstenmal bei einem Rennen im Juni 1924 begegnet, und für Ferrari besaß der kleine Mann einen allzu bissigen Humor und litt unter einem schier unerträglichen Größenwahn. Einmal machte sich Nuvolari über Ferrari lustig, indem er seine Qualitäten als Teammanager in Frage stellte. Ferrari hatte Nuvolari engagiert, für die Scuderia an der Targa Florio 1932 teilzunehmen, und übergab ihm ein Rückreisebillett für die Bahnfahrt nach Sizilien. Nuvolari sah die Fahrkarte an und bemerkte spöttisch: »Ein Haufen Leute hält Sie für einen guten Manager, aber ich sehe schon, das stimmt nicht. Denn eigentlich hätten sie nur eine einfache Fahrkarte kaufen sollen – wenn jemand zu einem Rennen fährt, sollte man immer daran denken, daß er vielleicht in einer Kiste wieder zurückkehrt.«

Jano hielt Nuvolari für einen Verrückten, der nur sich selbst und seine Autos zuschanden fahren wollte. Mitte der zwanziger Jahre hatte der Chefingenieur seinen ganzen Einfluß bei Alfa Romeo aufgeboten, um zu verhindern, daß Nuvolari ins Werksteam kam, auch wenn man zugeben mußte, daß er enormes Talent besaß. Auch als Nuvolari schon Mitte Dreißig war, nannte ihn Jano immer noch »den Knaben«, womit er auf Nuvolaris angebliche Unreife anspielte. Ja, von diesem Spitznamen ließ sich der Ingenieur selbst dann nicht abbringen, als der Rennfahrer höchste Triumphe feierte. Nachdem ihn Alfa Romeo also abgewiesen hatte, ließ sich Nuvolari auf eine prekäre Allianz mit Achille Varzi ein, dem kühlen, unnahbaren und reichen Sohn eines Textilmagnaten aus dem nahen Mailand, dessen rennsportliche Karriere wie bei Nuvolari auf dem Motorrad begonnen hatte. Varzi war das genaue Gegenteil des impulsiven Nuvolari und sportlich wie privat eine untadelige, intakte Persönlichkeit.

Nuvolari war bei seinen Rennen stets verwegen gekleidet. Oft trug er Knickerbocker und karierte Kniestrümpfe, immer aber ein kurzärmeliges gelbes Hemd, auf dem quer über der Brust seine Initialen eingestickt waren. Um seinen Hals trug er eine winzige

Brosche aus Schildpatt, die verkleinerte Nachbildung eines Glücksbringers, den ihm Gabriele D'Annunzio geschenkt hatte. Varzi hingegen fuhr stets in tadellos gebügelten Leinenoveralls, und meist hing ihm lässig eine Zigarette zwischen den Lippen, die sich nie zu einem Lächeln verzogen. Auch ihr Fahrstil hätte nicht unterschiedlicher sein können. Nuvolari peitschte seine Wagen mit einer Reihe von Vollgas-Powerslides um den Kurs, und auf ihn geht die sogenannte Vierraddrift zurück, eine auf extremem Gegensteuern beruhende Schleudertechnik, die schließlich von allen schnellen Fahrern der Welt übernommen wurde. Bei Varzi hingegen schien nie ein Rad quer zu stehen. Seine Autos fuhren ruhig und gleichmäßig wie auf Schienen, und ihre disziplinierte Gangart war perfekt auf den Fahrer abgestimmt.

Die beiden fuhren seit 1928 zusammen in einem Team, aber nach zwei Jahren war die Rivalität zwischen ihnen für beide unerträglich geworden. Im offiziellen Alfa-Romeo-Team von 1930 wurden sie noch einmal zusammengespannt, und damit war natürlich für neuen Zündstoff gesorgt. Wahrscheinlich waren diese Spannungen auch der Grund dafür, daß Nuvolari für Campari »eingetauscht« wurde. Zweifellos schnitt die Scuderia bei diesem Handel besser ab, denn beide Männer waren zwar gleich alt, nämlich 38, aber Giuseppe Campari hatte sich doch schon viel mehr im Rennsport verbraucht als Nuvolari. Seit 1914 war er dabei, und infolge seiner Gewichtsprobleme und seiner Ambitionen als Opernsänger fehlte ihm die Intensität eines Nuvolari, der sich erst seit 1927 voll und ganz dem Rennsport verschrieben hatte.

Im Sommer 1930 ging Enzo Ferrari mit Enzo Levi zur Banca di San Geminiano in Modena und nahm einen Kredit über eine Million abgewerteter Lire auf (das entspricht heute etwa 170 000 DM), um die Scuderia auszubauen. Von diesem Geld konnte er sich eine neue und größere zweistöckige Garage und Werkstatt in der Nähe der Piazza Garibaldi kaufen, am Viale Trento e Trieste Nr. 11. Das sollte das neue Hauptquartier der Scuderia und das Zuhause für Enzo und Laura Ferrari werden; in der kleinen Wohnung im ersten Stock sollten sie fast dreißig Jahre leben.

Und auf einmal ging es mit der Scuderia aufwärts. In der neuen Werkstatt stand bereits der Alfa Romeo P2, und der strahlendste Starrennfahrer von Italien wartete nur darauf, sich hinters Steuer klemmen zu dürfen. Nuvolari gab einen fulminanten Einstand: Das Bergrennen von Triest nach Opicina gewann er in Rekordmanier, und damit fuhr er für die Scuderia den ersten glatten Sieg heraus. Danach siegte er beim Bergrennen von Cuneo nach Colle della Maddalena, und ein paar Wochen später machte er den Hattrick komplett mit einem Sieg bei einem weiteren Bergrennen, von Vittorio Veneto nach Cansiglio. Drei Rennen, drei Siege. Und plötzlich war die Scuderia Ferrari ungeschlagen!

Und dann ging es Schlag auf Schlag. »Gigione« Arcangeli und Baconin Borzacchini stießen zum Team, um an der angesehenen Coppa Ciano teilzunehmen, die auf dem schnellen und hügeligen, 22,5 Kilometer langen Rundkurs von Montenero bei Livorno ausgetragen wurde. Die beiden fuhren die 1750er-Alfas, während Nuvolari beim P2 blieb. Das Werksteam von Alfa hielt mit Campari in einem weiteren 1750er und mit Varzi in einem zweiten P2 dagegen, und zweifellos war Ferrari von vornherein darüber informiert worden.

Wie nicht anders zu erwarten, hängten sich Nuvolari und Varzi aneinander und kämpften verzweifelt um die Führung. Am Ende konnten beide P2s dieser Jagd nicht mehr standhalten und fielen aus. Aber zuvor hatte Nivola, wie er zuweilen liebevoll genannt wurde, ein weiteres Bravourstück seinem immer größer werdenden Repertoire hinzugefügt. An einem bestimmten Streckenabschnitt raste er mit aufheulendem Motor einen Hügel hinab und auf eine scharfe Kurve zu, in deren Scheitelpunkt eine Tankstelle stand. Es war klar, daß er viel zu schnell war, um die Kurve auf konventionelle Weise nehmen zu können. Aber Nuvolari dachte gar nicht daran, vom Gas zu gehen, und hielt mit seinem großen Alfa direkt auf die Lücke zwischen den Benzinpumpen und dem Tankstellengebäude zu. Mit Vollgas quetschte er sich hindurch – da paßten gerade noch ein paar Zentimeter dazwischen. Und ungerührt wiederholte er das Manöver in der nächsten Runde!

Rennfahrer sind nie ganz zufriedenzustellen; niemals hören sie auf, nach dem perfekten Wagen Ausschau zu halten. Das war bei Varzi und Arcangeli nicht anders, die nach der Coppa Ciano bei Alfa ausstiegen und sich dem rivalisierenden Maserati-Team anschlossen. Da die wichtige Coppa Acerbo bei Pescara bevorstand, nahm Ferrari selbst den Platz von Arcangeli ein, der nach diesem Ereignis wieder zur Scuderia zurückkehren sollte. Varzi bestätigte, daß es weise war, zu Maserati zu gehen, indem er auf seinem Achtzylinder-26M gewann, nachdem die Zündkerzen von Nuvolaris P2 nicht mehr mitgespielt hatten und der Erzrivale aufgeben mußte.

Ferrari auf seinem 6C-1750 war keine Konkurrenz und beendete das Rennen ebenfalls vorzeitig. Ein paar Wochen zuvor hatte er bereits an dem relativ unbedeutenden Circuito Tre Province auf dem weitgestreckten Kurs zwischen Bologna, Pistoia und Modena teilgenommen und war auch dort schon ausgeschieden. Diese beiden Veranstaltungen sowie das Rennen von Alessandria im Frühjahr waren die einzigen Wettbewerbe, an denen Ferrari im Jahre 1930 persönlich hinter dem Steuer teilnahm.

Das letzte wichtige Rennen dieser Saison fand für die Scuderia am 2. September in Monza statt. Varzi siegte überlegen vor den P2s von Nuvolari, Borzacchini und Campari, der wieder einmal für Ferrari fuhr, im Grunde aber nur ein Strohmann des Werksteams war.

Am 8. November schloß die Scuderia die Saison mit einem Bankett im Hotel San Carlo in Modena ab. Alles, was Rang und Namen bei Alfa Romeo hatte, war hier versammelt, einschließlich der alten Haudegen Bazzi (der bald zur Scuderia stoßen sollte) und Ramponi, die mit Ferrari, Tadini und den Caniatos diese durchaus vielversprechende erste Saison feiern wollten. Das Team hatte an 22 Rennen und Bergrennen teilgenommen und achtmal gewonnen. Zugegebenermaßen waren einige dieser Siege und vorderen Plätze gegen eine schwächere Konkurrenz errungen worden, dennoch zählten auch sie zur Siegerliste. Natürlich strahlten die Alfa-Manager, und Ferrari konnte auch weiterhin mit ihrer Unterstützung rechnen wie mit der seiner wichtigeren Sponsoren. Der Verkauf der 1750er an private Kunden lief glänzend und würde auch weiterhin florieren, solange die Scuderia immer mehr wichtige Erfolge auf den Rennstrecken erzielte. – Und dazu würde es bestimmt kommen, denn zur selben Zeit, als das Fest in Modena bis in die Nacht hinein wogte, saß der mürrische und eigenbrötlerisch geniale Vittorio Jano in Mailand über seinem Reißbrett. Gerade zeichnete er die letzten Details eines großartigen neuen Rennwagens mit der Code-Bezeichnung 8C-2300.

Für Ferrari aber war zweifellos am wichtigsten, daß er einen vor zwei Wochen unterzeichneten Vertrag in der Tasche hatte, der Nuvolari offiziell ans Team band. Das Arrangement, das für die gesamte Saison 1931 galt, war einfach: Nuvolari würde 30 Prozent von allen Preisgeldern und Zuschüssen der Sponsoren bekommen sowie alle Startgelder, die ihm von Rennorganisatoren bezahlt wurden. Ferner bekam er alle Reisespesen erstattet, die ihm bei

Rennen und Testfahrten entstanden, und schließlich stellte Ferrari eine Unfallversicherungspolice über 50 000 Lire auf seinen Namen aus.

Für damalige Zeiten war das eine großzügige Vereinbarung, obwohl Ferrari in dieser Hinsicht nie als großzügig galt. Tatsächlich entwickelte er sich zu einem wahren Geizhals, je prominenter seine Organisation wurde – er konnte sich darauf verlassen, daß jeder Fahrer, der Karriere machen wollte, unbedingt bei einer derart illustren Organisation dabeisein wollte. Aber in diesem Augenblick, da sich das Jahr 1930 seinem Ende entgegenneigte, war sogar er für die Gelegenheit dankbar, eine so starke Persönlichkeit wie Tazio Nuvolari engagieren zu können, und da feilschte er gewiß nicht lange um den Preis herum. Immerhin war Ferrari schlau genug, Nuvolari kein festes Gehalt zu garantieren. Außer den garantierten Reisespesen basierten alle weiteren Vergütungen nur auf einer prozentualen Beteiligung an möglichen Gewinnen. Theoretisch würde Nuvolari überhaupt nichts verdienen, wenn er keine Preisgelder gewann und die Zuschüsse der Sponsoren wie die Startgelder ausblieben. Dieses System wandte Ferrari auch bei seinen anderen Fahrern an. Auf der anderen Seite war es den reichen Amateuren klar, daß die Mitgliedschaft bei der Scuderia nicht umsonst zu bekommen war, geschweige denn etwas einbrachte. Sie zahlten für das Privileg, dabeisein zu dürfen, und dafür erhielten sie technische Unterstützung, und ihre Wagen wurden für ausgewählte Rennen vorbereitet und zu den Veranstaltungen transportiert. Daran verdiente Ferrari nicht schlecht, und daraus lernte er wiederum, daß reiche Amateure gern bereit waren, viel Geld dafür zu zahlen, daß sie Seite an Seite mit den Profis an den Start gehen durften. Da Nuvolari und Borzacchini nun bei ihm unter Vertrag standen und Campari und Arcangeli für wichtige Rennen zur Verfügung standen, hatte er eine so stattliche Liste von Profis aufzuweisen wie kaum ein anderes italienisches Team. Dazu kamen Tadini, die Brüder Caniato, Scarfiotti und andere, bei denen man sich darauf verlassen konnte, daß sie gerne draufzahlen würden, wenn sie sich nur im Glanz der Superstars sonnen konnten.

Und hinter alldem stand Enzo Ferrari, der sich immer besser darauf verstand, all diese willigen oder widerspenstigen Puppen an den richtigen Schnüren zappeln zu lassen.

[Siehe auch Anmerkungen zum 4. Kapitel, S. 428.]

5

Am Ende des harten, nebelreichen Winters von 1931 hatte Enzo Ferrari allen Grund zu glauben, daß die Scuderia aus den Kinderschuhen heraus war. Allerdings hing noch eine Menge von Jano und all den anderen Leuten in der Rennabteilung von Alfa Romeo ab. Wenn der neue 8C wirklich so gut funktionierte, wie erste Tests dies signalisierten, dann hatten sie einen sicheren Sieger. Doch immer entschiedener verlangte die Regierung Mussolini, daß mehr und mehr Kapital und Personal für die Konstruktion und Entwicklung von Militärfahrzeugen abgezogen werden sollte, und damit geriet die Automobilindustrie noch mehr in Bedrängnis, die ohnehin schon schwer unter dem weltweiten Wirtschaftschaos litt. Noch ging der Betrieb in der Scuderia weiter, und wie bisher war man blind und taub für die ernsteren Seiten des Lebens. Alles konzentrierte sich auf den Rennsport, und für Ferrari begann jeder Tag damit, daß er den Hauptmaschinensaal im Erdgeschoß aufsuchte, einen verrauchten, schmutzigen Raum, vollgestopft mit Reihen von Drehbänken, Schleif- und Fräsmaschinen, die allesamt über Transmissionsriemen mit einem Gewirr von Wellen verbunden waren, welche unter der Decke wie stählerne Dachsparren verliefen. Und noch immer war er viel unterwegs, hauptsächlich nach Mailand, wo er sich in der Chefetage von Alfa für den weiteren Ausbau der Scuderia einsetzte. Er versuchte Ersatzteile und technische Unterstützung lockerzumachen, vor allem aber einen der mit hohen Vorschußlorbeeren bedachten 8Cs.

Erfreulicherweise entschied die Fabrik, daß der Scuderia zwei 8C-2300 für die bevorstehende Mille Miglia zugeteilt werden sollten. Ein wichtiger Triumph für Ferrari. Er fühlte sich überaus geehrt, daß er einen derart beeindruckenden Wagen zum erstenmal ins Rennen schicken durfte, aber die Alfa-Manager hatten andere Gründe, die nichts mit reiner Großzügigkeit zu tun hatten. Die Wagen waren zu schnell gefertigt worden, und Jano war keineswegs davon überzeugt, daß sie schon renntauglich waren. Wenn die Scuderia Ferrari sie also meldete, konnte ein peinliches Versagen eher den Leuten im Viale Trento e Trieste 11 in die Schuhe geschoben werden als der offiziellen Rennabteilung in Portello.

Ferrari war natürlich bereit, das Risiko einzugehen. Immerhin wurden die 8Cs, die von Nuvolari und Arcangeli gefahren werden sollten, von nicht weniger als acht älteren Autos unterstützt, darunter auch den bewährten 1750ern für Campari, Borzacchini und Tadini. Sie mußten gegen Rudolf Caracciolas riesigen 7-Liter-Kompressor-Mercedes-Benz-SSKL und Varzis gewaltigen 5-Liter-Bugatti antreten. Wie nicht anders zu erwarten war, hatten die unerprobten Alfas bald Reifenprobleme und fielen zurück. Aber dann fiel Varzi aus, und nur Campari konnte in beachtlicher Distanz mit Caracciola mithalten, der in Rekordgeschwindigkeit siegte und erst der dritte Nichtitaliener war, der das schwierige Rennen gewinnen konnte. Campari fuhr stotternd als zweiter über die Ziellinie, elf Minuten hinter dem Deutschen.

Auch weiterhin wurde das Team von einer Reihe schlechter Ergebnisse und kleinerer Schlappen gedemütigt. Am 24. Mai sollte erstmals eine leichtere, einsitzige Version des 8C, mit einer schlankeren Karosserie und freistehenden Rädern, beim Großen Preis von Monza an den Start gehen. Weil das Rennen etwa zehn Stunden dauerte, bildeten Campari und Nuvolari ein Team auf einer der neuen Maschinen, während Borzacchini und »Nando« Minoia einen zweiten 8C fuhren. Außerdem stand ihnen ein gewaltiger zweimotoriger Tipo-A-Alfa zur Verfügung – eine frisierte Version mit zwei 1750er Motoren, die nebeneinander montiert waren und angeblich 230 PS auf die Straße bringen sollten. Diese drei beeindruckenden Rennwagen wurden allerdings vom Werk gemeldet, das Personal der Scuderia Ferrari spielte also nur eine Statistenrolle. Ferrari war zugegen, als der stets fröhliche Arcangeli den Tipo A für eine Trainingsrunde bestieg. Arcangeli war berüchtigt für sein ausgelassenes und ausgesprochen lästerliches Tun und Treiben, aber an diesem Tag war niemandem zum Scherzen zumute. »Gigione« Arcangeli geriet in der von Bäumen gesäumten

Lesmo-Kurve ins Schleudern und stürzte aus dem Tipo A zu Tode. Der überaus beliebte Rennfahrer war zwar nicht für die Scuderia gefahren, aber er gehörte doch zur Familie, und so trauerte man ausgiebig und tiefbewegt um ihn. Natürlich hatte Enzo Ferrari nicht zum erstenmal den Tod auf der Rennstrecke erlebt. Der Verlust Sivoccis, seines ersten Mentors in diesem harten Geschäft, war noch nicht verschmerzt, genausowenig wie der schockierende Tod von Antonio Ascari in Frankreich. Auch 1928 war Ferrari in Monza dabeigewesen, als der wohlhabende italienische Sportfahrer Emilio Materassi auf der großen Geraden die Kontrolle über seinen 1,5-Liter-Talbot verlor und in die Zuschauermenge raste, wobei er selbst und 23 weitere Menschen ums Leben kamen. Aber der Tod Arcangelis, der ein Mitglied der Scuderia gewesen war und der in der Planung für die kommende Saison eine wichtige Rolle spielte, traf ihn zum erstenmal persönlich.

Trotz dieses schweren Verlustes gelang es Alfa Romeo, an diesem Wochenende einen bedeutenden Triumph heimzufahren. Die 8Cs waren schnell und zuverlässig, sie beendeten das lange Rennen fast gleichzeitig und bekamen danach den Spitznamen »Monza«. Außerdem wurden nach diesem beeindruckenden Sieg zahlreiche Versionen dieses Rennwagens hergestellt.

Als im Laufe der Saison die militärischen Verpflichtungen des Werks zunahmen, wurde die Scuderia sehr viel stärker in das Rennprogramm eingebunden. Sogar der Chef selbst nahm wieder an Wettbewerben teil. Im Juni 1931 fuhr Enzo Ferrari bei dem dreizehn Kilometer langen Bergrennen von Bobbio auf den Monte Penice eine schnelle Siegerzeit heraus, und zwar auf einer mit der Zagato-Karosserie versehenen Spezialversion des 8C-2300-Mille-Miglia. Es war zugleich der letzte Sieg in seiner ein wenig kurzen und nicht sehr überzeugenden Rennfahrerkarriere.

Aufregende Neuigkeiten aus dem Hause Ferrari gab es auch privat: Laura war schwanger. Man kann sich nur schwer vorstellen, daß dieser Familienzuwachs eingeplant war. Immerhin waren Laura und er schon seit zehn Jahren verheiratet, und nichts hatte bislang darauf hingedeutet, daß sie sich Kinder wünschten. Aber da die Faschisten nun einmal schweren Druck auf die Familienplanung der Italiener ausübten und eine Abtreibung nahezu unmöglich war, mußte man sich mit dem Gedanken abfinden, daß es in der winzigen Zwei-Zimmer-Wohnung über der Werkstatt bald einen neuen Ferrari geben würde.

Doch noch mußten Rennen ausgetragen, Autos hergerichtet und Kunden zufriedengestellt werden. Und so langsam gewann der Betrieb ein gewisses Niveau und eine unverwechselbare Identität, so daß sich die Scuderia in ihrer Unternehmenspolitik und mit ihren Autos bald deutlich von der Fabrik unterschied. Die Mechaniker des Teams begannen, ihre Alfas zu modifizieren, obwohl es ihnen noch untersagt war, neue Teile herzustellen, um die in Mailand produzierten Originalteile zu ersetzen. Aber inzwischen wurden die Initialen »SF« zusammen mit Seriennummern in alle Schlüsselkomponenten des Motors, des Fahrgestells und des Antriebsstrangs geprägt, um die Montage zu vereinfachen und unverwechselbar die Herkunft der Automobile kenntlich zu machen, die in Modena hergerichtet worden waren. Außerdem bekam die Scuderia endlich zwei eigene Lastwagen, mit denen man die Spitzenfahrzeuge des Teams zu den Rennen fahren konnte. Ein Lancia Modell 254 und ein Ceirano Modell 45 wurden von der Carrozzeria Emilia mit speziellen Aufbauten versehen, in denen jeweils zwei Rennwagen plus Ersatzteilen über lange Entfernungen transportiert werden konnten. Auf den leuchtend roten Seiten der großen Fahrzeuge waren die Namen der Sponsoren aufgemalt, wobei Pirelli ganz oben auf der Plane angebracht war.

Enzo Ferrari sollte noch einmal an einem Rennen teilnehmen, dessen Ausgang ihm ein für allemal klarmachte, daß seine Zukunft hinter einem Schreibtisch lag und nicht hinter einem vibrierenden Lenkrad. Es war der Circuito delle Tre Province, ein regionales Ereignis, an dem er schon zweimal zuvor ohne Erfolg teilgenommen hatte. Der Kurs bestand aus einer einzigen, 127 Kilometer langen Runde und verlief über den Apennin südwestlich von Bologna, wobei der 1388 Meter hohe Abetone-Paß überquert wurde und Start und Ziel in der Kleinstadt Porretta lagen. Für die Scuderia gab es keine ernsthafte Konkurrenz. Borzacchini und Ferrari fuhren große 8C-2300-Sportwagen, Nuvolari bekam einen kleinen 1750er.

Das Rennen ist ein klassisches Beispiel dafür, wie schwer es war, Nuvolari zu schlagen, auch wenn er keine großen Chancen hatte. Bis zur letzten Minute konnte er sich nicht entscheiden, ob er überhaupt an so einem unbedeutenden Rennen teilnehmen sollte. Decimo Compagnoni, seinem langjährigen Mechaniker und gelegentlichen Sancho Pansa, vertraute er an, daß er keine Ahnung von diesem Kurs habe und darum gegenüber dem Chef absolut im Nachteil sei, weil der dort schon zweimal gefahren war. Doch dann wies er einen Tag vor dem Start Decimo an, den Wagen vorzubereiten.

Als er und Decimo den Alfa an die Startlinie schoben, waren Ferrari und Borzacchini bereits unterwegs. (Wie bei der Mille Miglia wurden die Rennfahrer einzeln und in Abständen ins Rennen geschickt.) Angepeitscht von der johlenden Menge, nahm Nuvolari sofort die Verfolgung auf. Die mit Schlaglöchern übersäte Straße verlief eine Zeitlang neben einer Eisenbahnlinie, die sie dann auf gleichem Niveau überquerte. Der Alfa geriet mit einer aberwitzigen Geschwindigkeit auf die kaum abgesenkten Schienen und hob ab. Decimo sah, was passieren würde, und klammerte sich an zwei Handgriffen im Cockpit fest (damals trug man noch keine Sicherheitsgurte). Aber der Aufprall war zu heftig. Die Griffe brachen ab, und der unglückliche Mechaniker wurde auf das Heck des Wagens geschleudert; er hatte noch Glück, daß er nicht unter das wild schleudernde Fahrzeug geriet. Nuvolari kam schlitternd zum Stehen und besah sich den Schaden: Das Gasgestänge war gebrochen, die Aufhängung verbogen.

Decimo funktionierte seinen Ledergürtel zu einem provisorischen Gasseil um, und dann setzten die beiden ihre Fahrt fort, wobei sie den Alfa zu zweit fuhren: Nuvolari bediente die Bremsen und die Schaltung, während Decimo mit einer Hand am improvisierten Gasseil zog und sich mit der anderen festklammerte. Aber da die Handgriffe ja abgebrochen waren, mußte er sich nun außen am Wagen festklammern, wobei ihm der Straßensplit gegen die Hand spritzte. Schmerzverzerrt zog er sie so lange zurück, bis er die blutenden Knöchel mit seinem Taschentuch verbunden hatte.

Nach etwa fünf Kilometern sahen sie Borzacchinis Wagen am Straßenrand stehen. Nun mußte nur noch Ferrari geschlagen werden. Decimo meinte zwar, daß sie ihn nie einholen würden, aber all seine Proteste halfen ihm nichts – Nuvolari fuhr nur um so schneller. Sie fuhren die Serpentinen des Abetone-Passes hinunter, wobei sie fast die Kontrolle über den Alfa verloren, der nahe an den ungesicherten Abgründen vorbeischwenkte. Am Kontrollpunkt bei Sestola erfuhren sie, daß Ferrari einen Vorsprung von vierzig Sekunden hatte. Bis zum Ziel in Porretta waren es nur noch rund 35 Kilometer, und eigentlich war es unmöglich, auf dieser kurzen Strecke einen derartigen Zeitverlust wiedergutzumachen. Doch irgendwie schafften sie es und schossen über die Ziellinie, vorbei an dem verblüfften und zweifellos auch verärgerten Ferrari, der den Sieg nur um wenige Sekunden verfehlt hatte. Das sollte dann auch das letzte Rennen in seiner Karriere gewesen sein; allerdings erneuerte Ferrari seine Rennlizenz (Nr. 16) noch mehrfach für ein weiteres Jahr. Später erklärte er, die Geburt seines Sohnes sei der Grund für seinen Rückzug aus dem aktiven Rennsport gewesen. Aber dieser Erklärung muß man eher mit Skepsis begegnen. Vermutlich war Ferrari klargeworden, daß er inzwischen andere Karriereziele verfolgte und daß er als Rennfahrer nur durchschnittlich begabt war. Und wenn ihn Nuvolari schon mit einem kaputten und weniger starken Automobil abhängen konnte, dann war es bestimmt besser, wenn er künftig seine Zeit und seine Energie auf die organisatorische Leitung der Scuderia verwendete.

Als sich am 21. November die Mitglieder der Scuderia, der Alfa-Stab und ein immer größer werdender Troß im Ristorante Boninsegna in Modena zum Jahresabschlußessen versammelten, hieß es, Ferrari habe sein letztes Rennen gefahren. Aber das beeinträchtigte die allgemeine Hochstimmung kaum. Gerade hatte man ein ausgiebiges Reifentestprogramm für Pirelli in Monza abgeschlossen, wobei Nuvolari die meiste Zeit hinter dem Steuer gesessen hatte. Dieses Testprogramm hatte die Scuderia weiterhin in ihrer Position als Rennorganisation der Spitzenklasse bestätigt, und auch künftig würde der angesehene italienische Hersteller dem Team die besten Reifensorten zur Verfügung stellen.

Dieses einmal im Jahr stattfindende Bankett wurde zu einer Tradition, die aus Ferraris Unternehmen nicht mehr wegzudenken war. Der Besitzer des Restaurants ließ ein spezielles Menü für seine illustren Gäste zubereiten, und natürlich floß bei diesem Festmahl der Lambrusco in Strömen. Ferrari versah das Amt des Gastgebers mit seinem üblichen Sinn für theatralische Auftritte. Gefühlvoll präsentierte er lang und breit die Fahrer, von denen jeder ein goldenes Halskettchen mit einem kleinen Namensschildchen bekam. Er hielt eine kurze, aber feurige Gedenkrede auf ihren tödlich verunglückten Kameraden »Gigione« Arcangeli, und dann bekamen die Mechaniker des Teams silberne Manschettenknöpfe und eine Prämie. Außerdem verteilte Ferrari an die versammelten Gäste das erste jener persönlichen Memoranden, in denen er künftig immer die Leistungen des Teams würdigte – eine Art Überblick über die zurückliegende Saison, abgefaßt in seinem knappen, disziplinierten, zuweilen ein wenig rätselhaften Stil, den er im Laufe der Jahre kunstvoll verfeinerte. Die kleine Broschüre trug den Titel *Due*

Anni di Corse (Zwei Jahre Rennsport) und enthielt auch Bilder von Dr. Testi, der ein bescheidener Teilhaber der Scuderia blieb und sich zu einem passionierten und begabten Amateurfotografen entwickelte. Seine Bildberichte über die frühen Jahre der Scuderia sind für Historiker erstaunliche Dokumente aus dieser rennsportbegeisterten Zeit.

Die zweite Saison war nach Ferraris Worten einigermaßen erfolgreich verlaufen. Das Team hatte sich in den Rennschlachten weiterhin als treu und loyal gegenüber Alfa Romeo erwiesen und war darum auch mit den besten Fahrzeugen und der modernsten Technik der Firma ausgestattet worden. Vor allem aber gehörte Italiens populärster Fahrer zu ihnen, und die Scuderia verfügte über ausreichend Kapital, so daß Ferrari auf das Jahr 1932 mit kühnen Erwartungen vorauszuschauen wagte.

Im kommenden Jahr würde ein neuer Name im Team auftauchen, und außerdem würde man an mehr Rennen als bisher teilnehmen. Piero Taruffi war ein 26jähriger Motorradchampion mit einem beeindruckenden Background. Er war Dr. Ing. (und das war selbst im titelsüchtigen Italien eine beachtliche akademische Leistung) und ein ausgezeichneter Tennisspieler, Skifahrer, Ruderer und Bobfahrer. Taruffi hatte für die Scuderia 1931 an zwei unbedeutenden Rennen teilgenommen und beide gewonnen. Im kommenden Jahr wollte er eine neue Karriere beginnen und vom Motorrad auf Rennwagen umsteigen. Dies veranlaßte Ferrari, seinen Rennbetrieb um eine kleine Flotte von wettbewerbstauglichen Motorrädern zu erweitern. In diesem Fall unterdrückte er sogar seinen immer besessener werdenden Nationalstolz und kaufte ein paar englische Norton-and-Rudge-500-cm³-Grand-Prix-Maschinen. Damals waren die italienischen Motorradhersteller einfach nicht in der Lage, Rennmaschinen herzustellen, die mit den besten englischen Motorrädern mithalten konnten. Die Motorsportabteilung bestand nur drei Jahre lang – 1932, 1933 und 1934 – und ist nichts weiter als eine Fußnote in der Geschichte der Scuderia. Immerhin gewann Taruffi am 15. April 1932 den Großen Preis von Europa auf einer Norton 500, und andere Fahrer, allen voran Giorando Aldrighetti und Guglielmo Sandri, gewannen eine Reihe regionaler Wettbewerbe in Norditalien.

Da sich die Entwicklung immer weiter vom Amateursport entfernte, wurden die ursprünglichen Mitbegründer der Scuderia, Mario Tadini und die Brüder Caniato, im Winter 1932 abgelöst.

Tadini hatte bereits seinen Anteil an Alfredo Caniato verkauft, der wiederum seine Anteile an den wohlhabenden piemontesischen Adeligen Conte Carlo Felice Trossi weitergab. Mit seiner langen Nase, der unvermeidlichen Pfeife, den nachdenklichen Augen und dem vollen, schwarzen, straff zurückgekämmten Haar war Trossi ein einzigartiger Mann. Er verdankte seinen enormen Reichtum erfolgreichen Bankgeschäften und einem ausgedehnten Grundbesitz und war ein ernsthafter Liebhaber von Automobilen und damit auch des Rennsports. Auf seinem Stammsitz bei Gaglianico, in der Nähe von Biella, unterhielt er auch eine Rennwerkstatt, die man nur über eine Zugbrücke erreichen konnte. Hier gesellte sich der Graf oft zu der kleinen Truppe seiner Mechaniker und legte selbst mit Hand an seine Wagen, wobei er stets weiße Leinenhandschuhe trug! »Didi« Trossi, wie er von seinen Standesgenossen genannt wurde, löste Caniato auf dem Papier als Präsident der Scuderia ab; doch das war im Grunde nur ein Ehrentitel. Enzo Ferrari leitete das Unternehmen, und Trossi diente in erster Linie als Geldquelle. Als Rennfahrer schnitt er bei unbedeutenden Rennen achtbar ab, bei wichtigen Rennen hingegen wurde er nur als Ersatzfahrer eingesetzt.

Am 19. Januar 1932 brachte Laura Ferraris erstes Kind zur Welt. Es war ein Sohn, der die schweren Augenlider des Vaters und die vorspringende, leicht nach unten gekrümmte Nase der Mutter geerbt hatte. Nach Enzos verstorbenem Bruder wurde er Alfredo genannt und bekam sofort den Kosenamen Dino. Von Geburt an war er ein zartes, kränkliches Kind. Natürlich unterbrach sein Vater die Tagesgeschäfte, um den Familienzuwachs gebührend zu feiern. Andererseits kann man sich nur schwer vorstellen, daß Enzo Ferrari, der nach seinen eigenen Worten ein schlechter Ehemann und vermutlich auch ein nicht sehr aufmerksamer Vater war, sich ausgerechnet in dieser hektischen, intensiven Wachstumsphase lange damit aufhielt, seinen Sohn abgöttisch zu lieben.

Zu den vordringlichsten Angelegenheiten gehörte die Vorbereitung generalüberholter Alfa Romeos vom Typ 8CM für die bevorstehende Mille Miglia. Die alte Verbindung zur Vergaserfirma Memini war aufgegeben worden, und fortan wollte man mit Edoardo Webers Firma in Bologna zusammenarbeiten. Dank dieser Geschäftsbeziehung konnte der einzigartige Weber-Doppelvergaser entwickelt werden, von dem beide Firmen noch enorm profitieren sollten. Alle Ferraris hatten Weber-Vergaser, bis diese in den achtziger Jahren von den Einspritzmotoren abgelöst wurden, und die hohe PS-Leistung der Edelmarke war sicher nicht zuletzt Webers ausgezeichneter Technik zuzuschreiben. Anfang 1932 leitete Ferrari ein gemeinsames Forschungsvorhaben von Weber und Shell in die Wege, bei dem man mehr über das Zusammenspiel von Treibstoffen, Induktion und der Form der Verbrennungskammer herausfinden wollte. Dieses Forschungsprojekt sollte sich für alle drei Firmen noch lange auszahlen.

Zu dieser Zeit hatte sich die Mille Miglia von einem simplen Autorennen rund um Italien zu einem sportlichen Ereignis entwikkelt, das die ganze Nation in einen wahren Begeisterungstaumel versetzte. Millionen Zuschauer säumten den Kurs, selbst in abgelegenen Gebirgsgegenden, und wurden von Legionen von Schwarzhemden, Milizionären und Carabinieri in Schach gehalten. Ruhm und Reichtum warteten auf den Sieger – und auf den Erbauer des siegreichen Autos. Alfa Romeos hatten das Rennen beherrscht, bis ihnen die Deutschen im Vorjahr eine schmachvolle Niederlage beigebracht hatten. Nun wollte man unbedingt wieder als erster die schwarz-weiß gewürfelte Zielflagge sehen, und darum lag ein Großteil der Verantwortung auf den breiten Schultern von Enzo Ferrari.

Und wieder einmal hatten die Alfa-Romeo-Manager Nuvolari, Borzacchini und Campari ins offizielle Werksteam zurückbeordert, während man von Ferrari massive Unterstützung erwartete, mit weiteren fünf 8Cs – angeführt von Trossi – plus drei 1750ern und einem 1500er, der von den Brüdern Caniato gefahren wurde. Das Rennen begann in den frühen Morgenstunden in Brescia und endete dort auch wieder, fast fünfzehn Stunden später. In diesen fünfzehn Stunden waren alle Italiener entweder vor den Radios versammelt oder standen dichtgedrängt entlang der Strecke, mit den Augen blinzelnd im Staub und Schotter, der von den vorbeirasenden Autos aufgewirbelt wurde, und in den Ohren das Dröhnen der ungedämpften Motoren. Borzacchini gewann, wobei er Caracciolas Rekord aus dem Vorjahr brach. Damit war die Schmach nach dem Sieg von Mercedes-Benz getilgt. Trossi wurde Zweiter mit seinem Beifahrer, seinem aristokratischen Freund und Nachbarn, dem Marchese Antonio Brivio Sforza.

Als sich die Wärme des späten Frühjahrs über die Poebene ausdehnte, eröffnete die Scuderia wie gewohnt ihre vielseitige Rennsaison in ganz Italien. Mitglieder des Teams nahmen an allen möglichen kleineren und großen, langen und kurzen Rennen teil. Keines war allerdings so wichtig, daß die erste Garde wieder von Alfa Romeo zur Scuderia zurückgegangen wäre. Nuvolari und Borzacchini warteten darauf, daß an Janos neueste Kreation letzte Hand angelegt wurde: einem einsitzigen *Monoposto*-Grand-Prix-Rennwagen, der offiziell Tipo B hieß, aber sofort in P3 umgetauft wurde. Diese schlanke, geschmeidige Rennmaschine mit ihrem 215 PS starken Doppelkompressor sollte eines der außergewöhnlichsten Modelle aller Zeiten werden. Am 5. Juni sollte es in Monza gewinnen. Am Steuer natürlich Tazio Nuvolari. Dieser aufregende Sieg beim Großen Preis von Italien war ein Triumph des Alfa-Werks, bei dem die Scuderia nicht die geringste Rolle spielte. Die neuen P3s waren das ausschließliche Eigentum der Firma, die nun finanziell wie ideologisch engste Beziehungen zum Mussolini-Regime unterhielt. Enzo Ferrari und Didi Trossi konnten die schnellen neuen Maschinen nur mit großen Augen als Zuschauer im Boxenbereich von Monza bestaunen.

Während Alfa Romeo bei den wichtigen Grand-Prix-Rennen in ganz Europa gegen Maserati und Bugatti antrat, durfte Ferrari nur so etwas wie ein Nachwuchsteam für das Unternehmen behalten. In seiner Garage standen nur noch die inzwischen veralteten 8Cs und 1750er, und seine Fahrer waren nichts weiter als ehrgeizige Amateure und vielversprechende ehemalige Mechaniker. Für Ferrari muß das eine frustrierende Zeit gewesen sein, denn im Vorjahr war er doch ganz nahe daran gewesen, das offizielle Werksteam stellen zu dürfen. Nun aber, da die P3s so dominierend waren und die sprunghafte Rennpolitik der Firma wahre Orgien feierte, blieb ihm gar nichts anderes übrig, als sich zurückzulehnen und geduldig seine zweitklassige Crew dazu zu bringen, möglichst viele Siege bei unbedeutenden Rennen einzuheimsen.

Das berühmteste Langstreckenrennen der Welt war auch 1932 noch immer das 24-Stunden-Rennen von Le Mans. Doch die Organisatoren des unglaublich schnellen und schwierigen Rundkurses von Spa-Francorchamps in den belgischen Ardennen, die schon lange darum bemüht waren, eine Dauerprüfung abzuhalten, die es mit Le Mans aufnehmen konnte, luden im Juli die Scuderia ein, an ihrem 24-Stunden-Wettbewerb teilzunehmen. Inzwischen waren dem Management von Alfa Romeo die Erfolge des P3 zu Kopf gestiegen, und man nahm deshalb den Service für die »Großen drei« von Italien (neben Nuvolari und Campari nun auch noch der ausgezeichnete Deutsche Rudolf Caracciola) selbst fest in die Hand und überließ der »Abteilung« in Modena zwei 8C-2300 mit der leichten Zagato-Karosserie für den Start in Belgien. Der eine sollte mit Taruffi und dem Neuling Guido D'Ippolito ins Rennen gehen, der andere mit Brivio und Eugenio Siena, der nun erster Testfahrer des Teams war. Bei diesem weniger bedeutenden Rennen (und das sollte es auch weiterhin bleiben) siegten die beiden Scuderia-Wagen in einem Kopf-an-Kopf-Rennen. Aber das allein machte dieses Ereignis nicht so erwähnenswert wie die Tatsache, daß hier zum erstenmal das Wappen mit dem sich aufbäumenden Rappen auf der Motorhaube der Scuderia-Alfas auftauchte. Warum sich Ferrari dafür entschied, es bei einem derart unwichtigen Rennen einzuführen, noch dazu in einem kleinen Land fern der Heimat, hat für Spekulationen gesorgt. Jedenfalls erschien es von da an auf allen Wagen der Scuderia, in bewußtem Kontrast zum vierblättrigen Kleeblatt, dem bekannten Markenzeichen auf der Motorhaube der offiziellen Werkswagen. Möglicherweise ahnte Enzo Ferrari, daß der Erfolg der neuen P3s das Interesse des Alfa-Managements so weit wiederbeleben würde, daß für die Scuderia in den künftigen Rennplänen kein Platz mehr sein würde. Daher beschloß Ferrari, für sein Unternehmen ein stärkeres, mehr Unabhängigkeit signalisierendes Image einzuführen, indem er das besondere Aussehen seiner Wagen betonte. Die Scuderia-Autos wurden in einem anderen Rotton, der italienischen Rennwagenfarbe, lackiert – einem dunkleren Burgunderrot, das sich deutlich vom Zinnoberrot der Portello-Maschinen unterschied. Ein weiteres visuelles Unterscheidungsmerkmal war die leicht abgewandelte Scheinwerferaufhängung an den Alfa-8Cs der Scuderia.

Doch das verrückte Spiel, bei dem Fahrer und Autos zwischen den beiden Unternehmen wie Sklaven und Möbelstücke hin und her geschoben wurden, war noch längst nicht zu Ende. Das Team war kaum aus Belgien zurückgekehrt und von Ferrari, der nicht mitgefahren war, empfangen worden, da wurden sie auch schon davon in Kenntnis gesetzt, daß von Portello ein Tipo-B-P3 unterwegs sei, dem Nuvolari als Fahrer zugeteilt worden sei. Wieder ist es möglich, daß Ferrari auch bei diesem Transfer seine Hand im Spiel hatte. Angeblich aber war die neue Maschine der Lohn für den Sieg in Spa, und sie sollte auch gleich an der bevorstehenden Coppa Acerbo teilnehmen. Nuvolari gewann dieses Rennen, ohne sich groß anzustrengen. Taruffi allerdings hatte einen schweren

Unfall, nachdem er versucht hatte, Brivio in einer frühen Phase des Rennens abzuhängen. Offenbar bestand zwischen den beiden eine heftige Rivalität, die schließlich dazu führte, daß Taruffi seinen Wagen in einer schnellen Kurve außerhalb einer kleinen Ortschaft überzog. Es kam zu einer harten Auseinandersetzung mit Ferrari, der unbeherrschtes Verhalten nur bei Nuvolari duldete. Aber zu seiner Erleichterung durfte Taruffi im Team bleiben.

In Ferraris kleinem Büro am Viale Trento e Trieste herrschte ein ständiges Kommen und Gehen von Alfa-Vertretern und anderen Besuchern, so daß er kaum dazu kam, auf seiner Schreibmaschine Briefe zu schreiben, die er stets mit violetter Tinte unterschrieb. Wie er erklärte, erinnerte ihn dieser Farbton an seinen Vater, der wichtige Dokumente immer mit einem Tintenbleistift signierte, welcher auf dem Durchschlag einen violetten Abdruck hinterließ. Und von dieser Farbe sollte er sich auch bis an sein Lebensende nicht mehr trennen. Über ihm, im ersten Stock, war die andere Seite seines Lebens: Laura und der kleine Dino, die dem wilden Wirbel unter ihnen nur selten entfliehen konnten.

Die Persönlichkeit des Mannes, der diesen Betrieb leitete, formte sich allmählich so, wie sie sein ganzes Leben lang bleiben sollte. Er war zwar erst Mitte Dreißig, hatte das Unternehmen aber fest im Griff. Seine Temperamentsausbrüche waren so gefürchtet wie Sommergewitter. Eine achtlos weggeworfene Zigarette, ein schlecht bearbeitetes Teil oder ein Arbeiter, der zu spät kam, konnten ihn zur Weißglut bringen. Auch starke Männer gingen da lieber in Deckung. Im nächsten Augenblick konnte er, wenn es die Umstände erforderten, ein mustergültiger, charmanter Gastgeber sein – wenn ein Mitglied des Adels oder ein faschistischer Funktionär die Scuderia aufsuchte oder ein wohlhabender Kunde keine Kosten scheute, weil er unbedingt einen Alfa mit einer Spezialkarosserie haben wollte.

Als sich die Saison ihrem Ende zuneigte, gewannen die Ersatzfahrer noch eine Reihe unbedeutender Flach- und Bergrennen oder belegten zumindest vordere Plätze. Und wieder gab es ein Abschlußbankett im Ristorante Boninsegna. Es wurde eine lange Nacht an diesem 19. November, und der Commendatore erging sich in endlosen Reden und Preisverleihungszeremonien. Alle bekamen eine Broschüre mit dem Titel »Das dritte Rennjahr«, in der Ferrari die Bilanz der Saison zog. An insgesamt fünfzig Rennen hatten die Auto- und Motorradteams teilgenommen, wobei sie nicht weniger als 26 Siege errungen hatten. Aber eines ging aus der Chronik der Wettbewerbe klar hervor: Man hatte an keinem Grand-Prix-Rennen teilgenommen, keinem internationalen Sportwagenwettbewerb, keinem angesehenen europäischen Bergrennen – nur an lauter unbedeutenden Clubveranstaltungen, die alle keine Tagesreise von Modena entfernt stattgefunden hatten. An dieses Konkurrenzniveau hatte Ferrari bei Gründung der Scuderia aber wohl kaum gedacht. Man hoffte also, daß das Jahr 1933 das Unternehmen aus den Niederungen der Provinz ins Rampenlicht der europäischen Rennszene heben würde.

Doch das neue Jahr hatte noch nicht recht begonnen, da gab es schon niederschmetternde Nachrichten aus Mailand. Seit Monaten bereits waren Ferrari Gerüchte zu Ohren gekommen, denen zufolge sich Alfa Romeo aus dem Grand-Prix-Rennsport zurückziehen wolle. Mussolini betrieb eine zunehmend aggressive Kolonialpolitik in Afrika, vornehmlich in Äthiopien, und Alfa Romeo beschäftigte seine Ingenieure und Arbeiter immer mehr mit der Produktion von Kriegsmaterial. Noch schlimmer war, daß die Wirtschaftskrise den Bedarf an Hochleistungssportwagen drastisch reduziert hatte. Und damit schien der Imagewert eines international agierenden Grand-Prix-Teams bedeutungslos geworden zu sein. So wurde gerade in den düstersten Wintertagen der Emilia verkündet, daß nicht nur das offizielle Alfa-Romeo-Team aufgelöst werden sollte, sondern daß auch die starken *Monoposto* P3s in einen Schuppen in Portello eingeschlossen und für immer stillgelegt werden würden. Wiederholt suchte Ferrari die Fabrik auf und war sich für keinen Kniefall zu schade, nur um diese herrlichen sechs Maschinen zu bekommen, die nun unerwünscht und unbenutzt unter grauen Zeltplanen schlummerten. Trotz all seiner Überredungskünste und ungeachtet seiner unbestrittenen Loyalität gegenüber der Firma blieben die Alfa-Romeo-Manager hart. Die Rennwagen würden nicht ausgeliefert werden, und die Scuderia Ferrari würde sich mit dem Bestand von elf 8Cs und zwei 1750er-Kompressor-Sportwagen begnügen müssen.

In ihrer Wut über diesen Affront spielten Ferrari und Trossi ernsthaft mit dem Gedanken, zwei starke Maserati-8CM-Grand-Prix-Wagen und sogar drei englische MG-K3-Magnettes zu kaufen, diese winzigen Roadster, die die Sportwagenrennen der Unterklasse beherrschten. Zur selben Zeit gelang es Didi Trossi, dank seiner Verbindungen zu europäischen Repräsentanten der Zündkerzenfirma Champion, einen zweisitzigen Wagen aus Indianapolis zu übernehmen, der fälschlicherweise als Duesenberg bezeichnet worden war. Tatsächlich war dieses Monstrum von einem ehemaligen Miller-Ingenieur namens Skinny Clemons erbaut worden, und zwar gemeinsam mit August Duesenberg, der nicht mehr dem Familienunternehmen angehörte. (August war der jüngere Bruder des genialen Fred Duesenberg, der im August 1932 bei der Abfahrt vom Ligonier Mountain bei Johnstown in Pennsylvania am Steuer eines seiner prachtvollen Roadster ums Leben gekommen war.) Trossis Wagen war mit einer *Monoposto*-Karosserie versehen und hatte einen Motor mit einer obenliegenden Nockenwelle, der aus dem Triebwerk des früheren Duesenberg-Pkw Modell A (1920 – 1927) entwickelt worden war. Dieses Unikum sollte zwar bei Rennen kaum Erfolg haben, aber eine verhängnisvolle Rolle bei jener Tragödie spielen, die Italien gegen Ende der Saison erschütterte.

Während Mario Tadini ein frühes Bergrennen bei La Turbie an der Französischen Riviera gewann und sich damit zum Geheimtip derartiger Wettbewerbe mauserte, fand der erste ernsthafte Auftritt der Scuderia wie üblich bei der Mille Miglia statt. Nuvolari und sein getreuer Decimo Compagnoni gewannen spielend, nachdem Borzacchinis 8C-2300 mit einem Motorschaden ausgefallen war. Das Team siegte außerdem in der 1,5-Liter- wie in der 2-Liter-Klasse.

Aber es war trotzdem klar, daß es für die inzwischen veralteten 8C-Alfas Grenzen gab. Zwei Wochen später meldete Ferrari vier dieser Wagen beim prestigeträchtigen Großen Preis von Monaco, dieser herrlichen Veranstaltung, die noch heute in den gewundenen Straßen des Bilderbuchfürstentums stattfindet. Varzi nahm mit einem tadellos eingestellten Bugatti Typ 51 teil, während sein Erzrivale Nuvolari als Spitzenfahrer der Scuderia einen hemmungslos überlasteten 2,6-Liter-8C-Monza fuhr. Das Duell zwischen den beiden Meisterfahrern ging über 99 Runden und mehr als drei Stunden in der kochenden Mittelmeerhitze. Immer wieder wechselte die Führung, und in der letzten Runde lag Nuvolari nur eine Wagenlänge zurück. Aber schließlich blieb der alte Alfa rund einen Kilometer vor dem Ziel liegen, und Varzi fuhr dem Sieg entgegen. Borzacchini rettete immerhin die Ehre der Scuderia und wurde Zweiter, aber der Ausgang dieses Rennens war gleichwohl unmißverständlich: Solange die P3s in Portello auf Eis gelegt waren, hatte nicht einmal der große Nuvolari eine Chance, den neueren, stärkeren Bugattis und Maseratis in den bevorstehenden Grand-Prix-Rennen Paroli zu bieten.

Nach einem unumkämpften dreifachen Sieg der Scuderia in Alessandria (Nuvolari vor Trossi und Brivio) fuhr das Team über das »Mare Nostrum«, wie die Italiener damals ziemlich anmaßend das Mittelmeer nannten. Ein wichtiges Rennen sollte auf dem spektakulären, umgebauten Mellaha-Rundkurs vor Tripolis im Protektorat Libyen stattfinden. Dieser phantastische, etwa 13 Kilometer lange Straßenkurs, der die dunstige Oase Tagiura ein paar Kilometer von der Mittelmeerküste entfernt umrundete, galt als schnellster Naturrundkurs der Welt – auf den Geraden wurden häufig Geschwindigkeiten über 300 km / h erzielt.

Aber 1933 machte Tripolis kaum wegen derartiger Höchstleistungen Schlagzeilen. Vielmehr spielte sich hier eine der verrücktesten Komödien im internationalen Rennsport ab, die in offiziellen Chroniken immer noch gern unter den Teppich gekehrt wird. Damals war Giovanni Canestrini der Herausgeber der *Gazzetta dello Sport* und der prominenteste Motorsportjournalist der Nation. Und auf ihn geht der raffinierte Plan einer Nationallotterie zurück – einer »Lotterie der Millionen«, wie sie genannt wurde –, die sich um den bevorstehenden Großen Preis von Tripolis auf der neuen Rennstrecke drehte. Diese Idee wurde begeistert begrüßt von Italo Balbo, dem neuen Gouverneur der Kolonie, der auch verantwortlich war für die Errichtung des Mellaha-Kurses und seiner gigantischen Haupttribüne mit dem freischwebenden Dach, seiner kunstvoll angelegten Parks und seiner großzügigen Landschaftsarchitektur aus Quadersteinen. Unter Mussolinis Kohorten hatte Italo Balbo vielleicht das größte Charisma. Der ehemalige Flieger im Ersten Weltkrieg war einer der Organisatoren des Marsches auf Rom gewesen und dafür mit der Ernennung zum Marschall der im Aufwind befindlichen italienischen Luftwaffe belohnt worden. In den frühen dreißiger Jahren bekam Balbo jährlich über 1250 moderne Jäger und Bomber. Im Juli 1933 führte er eine Staffel von 24 Wasserflugzeugen über den Atlantik zur Weltausstellung in Chicago und wurde dafür zu Hause als Held gefeiert. Aber Mussolini, der sich stets von Männern bedroht fühlte, die ihm die Führung streitig machen könnten, schickte Balbo umgehend in die Verbannung, indem er ihn zum Gouverneur der libyschen Kolonie ernannte.

Für seine Lotterie fand Canestrini auch begeisterte Unterstützung bei Augusto Turati, dem Sekretär der faschistischen Partei, der gleichfalls ein Fan des Motorsports war. Canestrinis Plan war ganz einfach: Überall im Land sollten Zwölf-Lire-Lose verkauft werden, und dreißig Gewinner würden nach Tripolis zum Rennen fahren dürfen. Dort sollte jeder dieser Finalisten ein Los bekommen, das jeweils auf den Namen eines der teilnehmenden Fahrer ausgestellt war. Das Los mit dem siegreichen Fahrer sollte seinem Besitzer immerhin die stattliche Summe von knapp einer Million Mark einbringen. Aber Canestrini war kein Freund von großen Risiken. Darum soll er sich angeblich mit dem Inhaber des Loses, das Achille Varzis Namen trug – einem Holzhändler namens Enrico Rivio –, in Verbindung gesetzt und ihm einen Vorschlag unterbreitet haben. (Nach einer anderen Version soll Rivio Canestrini angerufen haben; am Ergebnis ändert das freilich nichts.) Wenn Varzis Sieg gesichert sei, wollten er und Rivio die Hälfte des Geldes behalten, während die andere Hälfte an eine Gruppe von interessierten Teilnehmern aufgeteilt werden sollte – nämlich an Varzi, Canestrini und alle Fahrer, die eine Chance auf den Sieg hatten, darunter Nuvolari, Borzacchini, Giuseppe Campari (der für Maserati fuhr) und Louis Chiron, das As aus Monte Carlo.

Man wurde sich einig. Die Absprache würde perfekt funktionieren. Zunächst wollte man ein scheinbar echtes Rennen inszenieren, doch dann würde Varzi mit seinem Bugatti die Führung übernehmen und dem großen Zahltag entgegensteuern. Vermutlich war Varzi aus zwei Gründen dafür auserwählt worden. Erstens war sein Typ 51 ein starker Wagen, der mit oder ohne Absprache eine echte Siegchance hatte. Zweitens würde der Sieg eines französischen Wagens jeden Verdacht auf seiten Balbos zerstreuen, der nichts von diesem Abkommen wußte. Mit ziemlicher Sicherheit war auch Enzo Ferrari an diesem Komplott beteiligt oder zumindest darin eingeweiht, denn immerhin nahmen all seine Fahrer daran teil. Einen konkreten Beweis gibt es allerdings nicht. Nur soviel weiß man, daß ein Fahrer, der Engländer Tim Birkin, in die Affäre nicht verstrickt war, weil er entweder absolut nichts von dieser Kabale wußte oder zu viele Skrupel hatte. Da er adlig, reich und ein makelloser Sportsmann war, unterstellten die Verschwörer Sir Henry (»Tim«) Birkin vermutlich, daß er weder den Sieg gefährden würde noch ein bereitwilliger Mitverschwörer wäre, und daher ließ man ihn wohl im dunkeln.

Genau das aber sollte sich als schreckliche Katastrophe für alle Beteiligten erweisen. Nach dem Start ging Campari ein bißchen in Führung, bis er von einem euphorischen Birkin überholt wurde, der ein viel energischeres Tempo vorlegte als die anderen, die ihren vorbestimmten Champion schonen wollten. Nuvolari und dann auch Borzacchini mußten einfach beschleunigen, um den Eifer des Engländers zu dämpfen, während Varzi als Dritter bzw. Vierter hinterherbummelte. Da Birkin bereits beim Training schnell gewesen war, hatte man in letzter Minute eine Regel eingeführt, um ihn zu bremsen. Nach diesem absurden Reglement war nur ein Servicemechaniker für jeden Wagen erlaubt, und da Maserati nur einen Mann für die beiden 8CMs von Birkin und Campari abgestellt hatte, merkte Birkin vor dem Start, daß er keinen Boxenhelfer hatte. Er engagierte einen heimischen Tankwart, der sich freilich als hoffnungsloser Trunkenbold erwies und das ganze Rennen unter einer Palme verschlief.

Und dann ging die Farce erst richtig los. Campari steuerte die Boxen an und legte einen Tankstopp ein, der so lange dauerte, daß man in dieser Zeit die Tanks eines dreimotorigen Savoia-Marchetti-SM-81-Bombers hätte füllen können. Dann schlenderte Borzacchini zu Fuß in die Boxen. Er war von der Strecke abgekommen, hatte ein Ölfaß erwischt und seinen Alfa für fahruntüchtig erklärt. Während die verdutzten Zuschauer den offensichtlich unversehrten Wagen beäugten, zog Borzacchini mit einem breiten Lächeln auf seinem engelhaften Gesicht ab.

Nuvolari lag in Führung, aber Birkin fuhr mit wahrhaft britischer Entschlossenheit weiter. Zu seinem Pech mußte der Engländer aber dann doch an die Boxen, um aufzutanken und die Reifen zu wechseln, die vom wehenden Sand ganz glattgeschliffen worden waren. Er machte sich ganz allein daran, die Räder zu wechseln und aufzutanken, aber unglücklicherweise verbrannte er sich seinen Arm am heißen Auspuffrohr, bevor er wieder einstieg und das Rennen fortsetzte. Doch nun lag er weit zurück und war außer Konkurrenz. Nuvolari war in Führung gegangen, Varzi hinter ihm. Aber als der Bugatti an den riesigen Tribünen vorbeifuhr, spitzten Tausende die Ohren. Was für ein Geräusch – dieses entsetzliche Knattern, das aus dem Auspuff des Bugattis drang! Der Motor hatte Fehlzündungen. Wenn Varzi es nicht mehr bis zum Ziel schaffte, würde der ganze schöne Plan platzen.

Sofort tauchte Nuvolari in die Boxen ein, um aufzutanken. Decimo schien im Sand zu versinken, als er wie in Zeitlupe den Tank füllte. Dann kam auch Campari hereingeschlittert. Sein Mechaniker machte sich umständlich daran, die Vorderradaufhängung zu untersuchen, die offenbar völlig in Ordnung war. Von den Tribünen kamen die ersten Pfiffe, weitere folgten. Das Publikum roch Lunte. Nuvolari raste aus den Boxen und bemühte sich dabei, ganz ernsthaft dreinzusehen. Nach der nächsten Runde signalisierte ihm sein Boxenhelfer, daß er bereits zwanzig Sekunden auf den dahinstotternden Varzi gutgemacht habe. Da ließ der stets clevere Tazio seinen 8C wie verrückt durch die Kurven schleudern, daß der Sand nur so aufgewirbelt wurde – und das kostete natürlich Zeit. Aber so sehr er sich auch bemühte, langsamer zu fahren, kam er unweigerlich näher an Varzi heran, dessen spuckender Bugatti um den Rundkurs fast im Fußgängertempo dahinruckelte. Schließlich war Nuvolari das Spielchen leid und hängte sich einfach hinter Varzi, bis sie beide unter tosendem Hohngelächter und Buhrufen über die Ziellinie fuhren.

Balbo tobte vor Wut. Eine Kommission wurde gebildet, die den Skandal untersuchen sollte. Varzi, Nuvolari, Campari, Borzacchini und der Monegasse Chiron wurden von den Rennen in Tripolis »auf Lebenszeit« verbannt, allerdings schon im nächsten Jahr »begnadigt«. Canestrini entging vermutlich Balbos Zorn, ebenso Turati. Es war eine Ironie des Schicksals, daß der einzige Unschuldige den höchsten Preis bezahlen mußte. Tim Birkin bekam von seiner Verbrennung eine Blutvergiftung und starb kurz darauf.

Wir wissen nicht, ob und inwieweit sich das Betrugsmanöver auf die laufenden Geschäfte der Scuderia auswirkte. Auf jeden Fall begann damit eine Phase, in der sich das gesamte Unternehmen aufzulösen schien. Nuvolari und Borzacchini nahmen mit ihren eindeutig langsameren 8Cs an einem Rennen auf dem Rundkurs der Berliner Avus teil. Diese »*A*utomobil*v*erkehrs- und *U*ebungs*s*traße« ist eine ausgesprochen schnelle, 19,6 Kilometer lange Hochgeschwindigkeitsstrecke, die aus zwei 9,8 Kilometer langen vierspurigen Autobahnabschnitten besteht, die an beiden Enden durch 180-Grad-Schleifen verbunden sind. Durchschnittsgeschwindigkeiten von über 270 km/h pro Runde waren hier bis zum Ende des Jahrzehnts gang und gäbe. Auf diesem Gelände wurden die veralteten Alfas hoffnungslos deklassiert von den moderneren und stärkeren Bugattis und Maseratis. Verärgert und frustriert kehrten die beiden Fahrer nach Modena zurück.

Nuvolari gelang es anschließend, ein paar Rennen allein durch Willenskraft und sein unheimliches Talent zu gewinnen, aber mitten in der Saison hatte er sich entschlossen, aus dem Vertrag mit Ferrari auszusteigen. Eine Woche vor dem Großen Preis von Belgien in Spa unterschrieb Nuvolari einen Geheimpakt mit Ernesto Maserati: Er würde bei diesem Rennen einen der starken 8CMs fahren, obwohl Ferrari für ihn einen Alfa nach Belgien gebracht hatte. Es gab einen fürchterlichen Krach. Ferrari traf fast der Schlag, daß sein Star zur Konkurrenz überlief, während der kampfbesessene Nuvolari seine Entscheidung lautstark damit rechtfertigte, daß sein veralteter Alfa Romeo nicht in der Lage war, seine Gegner zu besiegen. Um das Gesicht zu wahren, einigte man sich am Ende auf einen Kompromiß, demzufolge Nuvolari den Maserati theoretisch unter der Ägide der Scuderia fuhr (und zwar zu einem überwältigenden Sieg), aber dieses Arrangement war reine Augenwischerei. Auf dem Maserati war eben kein aufsteigendes Pferd angebracht. Nuvolari war gegangen, zusammen mit seinem Kumpel Borzacchini. Dann stieg auch Taruffi aus, und plötzlich hatte Ferrari keine Spitzenfahrer mehr. Während die Gerüchteküche der Sportpresse brodelte, handelte Ferrari schnell und engagierte Campari – von dem jeder wußte, daß er seine beste Zeit bereits hinter sich hatte – und einen leicht erregbaren, muskulösen Mann aus den Abruzzen namens Luigi Fagioli, den einige für einen Buchhalter hielten, andere für einen Pastahändler oder schlicht für einen reichen Sportsfreund – jedenfalls war Fagioli mit seinen 35 Jahren ein erfahrener Rennfahrer, der beachtliche Erfolge vorweisen konnte. Aber er galt als eigenwillige, schwierige Persönlichkeit, und es war abzusehen, daß er und der Boß des Rennstalls über kurz oder lang aneinandergeraten würden.

Die Fahnenflucht von Nuvolari und Borzacchini setzte endlich etwas in Mailand in Gang. Bei Alfa Romeo reagierte man auf Ferraris Hilferufe, und eines Tages Ende Juni hielt ein Lkw-Konvoi mit quietschenden Bremsen im Viale Trento e Trieste. Sie hatten sechs dieser magischen Tipo-B-P3-*Monoposti* und Berge von Ersatzteilen geladen. Vor allem aber kam Luigi Bazzi und übernahm die Entwicklung der Motoren; er hatte seinen Posten als Leiter der Experimentierabteilung unter Jano aufgegeben. Ebenfalls nach Modena transferiert wurde Attilio Marinoni, ein sympathischer Mechaniker, der Alfas Cheftestfahrer gewesen war und nun die gleiche Funktion bei der Scuderia ausüben sollte. Vittorio Jano hingegen blieb in Mailand, wo er eine neue Serie von Flugzeugmotoren entwickeln sollte, damit sich Mussolini brüsten konnte, die größte und stärkste Luftwaffe der Welt zu haben.

Von einem Augenblick zum anderen hatte die Scuderia so die Verliererstraße verlassen und war zu einem dynamischen Unternehmen geworden. Diese glückliche Fügung hat den Betrieb vielleicht vor dem Untergang bewahrt. Und es sollte nicht das letzte Mal sein, daß eine Gabe in dieser Größenordnung das Schicksal Enzo Ferraris und seiner Scuderia zum Guten wendete.

Dank der neuen Autos gewann Fagioli die Coppa Acerbo bei Pescara und einen unbedeutenden Grand Prix im französischen Pyrenäennest Comminges, während der Neuzugang Louis Chiron bei Miramas in der Nähe von Marseille siegte. Das Team konnte also wieder gewinnen, und das wurde auch höchste Zeit. Man war bestens vorbereitet für zwei wichtige Rennen in Monza am zweiten Septemberwochenende. Am Morgen des 10. September wurde der Große Preis von Italien auf dem zehn Kilometer langen Kurs ausgetragen, einer Kombination von Straßen und Hochgeschwindigkeitsstrecken. Es war ein erbitterter Kampf zwischen den Alfas und den Maseratis, aus dem Fagioli schließlich knapp als Sieger hervorging, als Nuvolari in einer späten Phase des Rennens wegen eines Reifenwechsels an die Boxen mußte. Das war natürlich eine Riesenenttäuschung für Nuvolari, für den ein zweiter Platz einem totalen Versagen gleichkam.

Im Unterschied zum Großen Preis von Italien wurde der Große Preis von Monza auf der sogenannten *Pista di Velocità* ausgetragen, einem Hochgeschwindigkeitsoval im Innenraum des Straßenrundkurses. In diesem gewaltigen, an Indianapolis erinnernden Oval gab es zwei sehr schnelle, stark erhöhte Kurven. Es war kühl an diesem Tag, und Regenwolken hingen über der Hochgeschwindigkeitsstrecke. Eine Reihe von Fahrern, die am Großen Preis von Italien teilgenommen hatten, darunter auch Nuvolari und Fagioli, verzichteten auf eine Teilnahme am Großen Preis von Monza, der in drei kurzen Sprintrennen ausgetragen werden sollte. Ein wohlhabender Amateur, der polnische Graf Czaykowski, gewann den ersten Lauf mit seinem gewaltigen 4,9-Liter-Bugatti Typ 54. Es gab nur einen einzigen bemerkenswerten Zwischenfall, als Trossis Duesenberg Special schon früh mit einem Motorschaden ausfiel. Einige behaupteten später, er habe eine Ölpfütze mitten in der gefährlichen Südkurve hinterlassen.

Der zweite Lauf begann damit, daß Campari auf einem P3 der Scuderia und Borzacchini auf einem Maserati von der Startlinie losrasten (das Rennen wurde aus dem Stand gestartet) und Seite an Seite in den düsteren Tag hineindonnerten. Aber sie kehrten nie zurück. Nur drei von den sieben gestarteten Wagen schlichen ein paar Minuten später an den Boxen vorbei. Campari und Borzacchini sowie zwei andere Fahrer, Nando Barbieri und der Conte Castelbarco, wurden vermißt. Wie ein Lauffeuer ging es durch die Boxen, daß es in der Südkurve einen gigantischen Unfall gegeben habe. Das wurde bald bestätigt. Campari und Borzacchini hatten einander mit den Rädern bei hoher Geschwindigkeit touchiert und die Strecke wild kreiselnd verlassen. Beide Männer wurden auf den Asphalt geschleudert, während ihre Wagen unkontrolliert durch die Maschendrahtabsperrung des Innenraums schleuderten. Borzacchinis Maserati kam schließlich wieder auf den Rädern zum Stehen und sah so gut wie unbeschädigt aus. Aber der Fahrer war lebensgefährlich verletzt und starb ein paar Stunden später. Campari, der geliebte »Pepino«, war auf der Stelle tot. Die anderen beiden Fahrer, deren Automobile sich überschlagen hatten, kamen mit geringfügigen Verletzungen davon.

Enzo Ferrari stand in der feucht schwülen Düsternis der Boxen und war ganz benommen von diesen Neuigkeiten. Schlagartig war ihm die nackte Brutalität des Sports, den er so liebte, bewußt geworden. Zwei Männer, seine alten *compagni,* lagen nun zerfetzt und leblos wie Flickenpuppen in einem schmutzigen Straßengraben. Er hatte geglaubt, gegen derartige Momente gefeit zu sein. Er wußte, wie leicht die Wagen gebaut waren und wie tückisch sie Männer abwerfen konnten – wie ungezähmte Wildwestpferde. Und er kannte das Risiko, hatte es selbst akzeptiert. Aber daß es Campari und Borzacchini zusammen erwischt hatte, war fast mehr, als er ertragen konnte. Fortan trennte er die grausame, herzlose Schlacht der Autorennen innerlich von den angenehmen Seiten des Motorsports: den flotten Sprüchen in den Bars, dem Handeln beim Verkauf eines Alfas an einen wohlhabenden Kunden, der Alltagsroutine in der Werkstatt. Von diesem Tag an errichtete Enzo Ferrari einen dünnen, unsichtbaren psychischen Schutzschild zwischen sich und seinen Fahrern. Nur selten gestattete er es, daß jemand diese Barriere durchdrang; meist aber bewegten sich die Männer, die später für ihn fahren sollten, außerhalb seiner innersten Gefühlswelt.

Dieser schwarze Tag endete mit einer weiteren Tragödie. Im dritten und letzten Lauf verlor Graf Czaykowski die Kontrolle über seinen Bugatti und verunglückte an derselben Stelle wie Campari und Borzacchini. Er starb in dem brennenden Wrack seines Wagens. Nach diesem Blutbad erging sich die große Gemeinschaft des italienischen Rennsports in tiefer Trauer, aber schon bald begann auch wieder die Gerüchteküche zu brodeln. Trossis Duesenberg wurde (und wird noch immer) als der wahre Übeltäter bezeichnet – angeblich war aus seiner Ölwanne Öl auf die Strecke gespritzt. Aber Giovanni Canestrini, der trotz jener Eskapade mit dem manipulierten Rennen im allgemeinen ein zuverlässiger Journalist war, berichtete, daß er nach dem Rennen Trossis Wagen untersucht habe – die Ölzufuhr sei intakt gewesen. Er sei lediglich wegen eines durchgebrannten Kolbens ausgeschieden. Dennoch blieb dieser merkwürdige Wagen der Sündenbock in dieser schrecklichen Rennsporttragödie, obwohl die drei Unfälle wahrscheinlich eher auf eine überzogene Fahrweise und auf die schlüpfrige Fahrbahn sowie auf falsche Reifenwahl zurückzuführen waren.

Pflichtschuldig nahm Enzo Ferrari an den Begräbnissen von Campari und Borzacchini teil; aber die Rennsaison ging weiter, als wäre nichts geschehen. Louis Chiron, den sie wegen seiner glatten, fast unauffälligen Fahrweise den »alten schlauen Fuchs« nannten, sollte Campari ersetzen, und eine Woche später schlug er Fagioli beim Doppelsieg der Scuderia im tschechischen Brünn. Aber dann gab es in dieser wechselvollen Saison ein weiteres tragisches Ereignis. Das Ferrari-Team trat zum letztenmal bei einem rund 770 Kilometer langen, offenen Straßenrennen bei Neapel an, das wie die Mille Miglia angelegt war und bei dem es um den Pokal der Prinzessin von Piemont ging. Dieser Wettbewerb war bei weitem nicht so bedeutend wie die internationalen Grand-Prix-Rennen, bei denen die Scuderia regelmäßig antrat, aber ihr Amateurteam war gut vertreten. Barbieri und Comotti gewannen spielend, aber dieser Sieg wog kaum den Tod des überaus beliebten und geschätzten Teamgefährten Guido D'Ippolito auf. Sein 8C-2600MM, den er mit Francesco Severi teilte, kollidierte mit einem Bauernkarren (für derartige Rennen wurde der öffentliche Verkehr niemals völlig eingestellt), und bei diesem Unfall kam D'Ippolito sofort ums Leben.

In diesem Jahr war das Abschlußdiner der Scuderia eine sehr viel stillere Veranstaltung als sonst. Drei ihrer Gefährten waren tot, und der bedeutendste Fahrer Italiens, der zu Beginn des Jahres einer der ihren gewesen war, war zu Maserati gegangen. Immerhin konnte die Scuderia stolz darauf sein, daß sie nun Alfa Romeo im internationalen Motorsport exklusiv vertrat und daß die beiden hochbegabten Mechaniker Bazzi und Marinoni zu ihrer Crew gehörten. Zum erstenmal seit ihrer Gründung konnte man mit Fug und Recht behaupten, daß die Scuderia in diesem Geschäft ganz oben mitmischte und es mit Bugatti und Maserati ohne weiteres aufnehmen konnte – und mit den Deutschen, die stark im Kommen waren. Trotz all der traurigen und bitteren Erfahrungen konnte Enzo Ferrari auf die vergangene Saison mit einer gewissen Genugtuung zurückblicken, wie sie nur einem Mann zustand, der den eisernen Willen hatte, um jeden Preis zu gewinnen.

[Siehe auch Anmerkungen zum 5. Kapitel, S. 430.]

6

Enzo Ferrari wußte, daß die Scuderia 1934 sehr ungewissen Zeiten entgegenging. Gewaltige Veränderungen standen bevor. Angesichts der wirtschaftlichen Flaute bei Alfa Romeo sah sich die italienische Regierung Anfang 1933 veranlaßt, das Unternehmen voll und ganz in das IRI (Istituto di Ricostruzione Industriale) zu übernehmen und den entschlußfreudigen Ugo Gobbato an die Spitze zu setzen. Zunächst hatte es den Anschein, als ob die Firmenpolitik des neuen Vorsitzenden durchaus Ferraris Wunsch entsprach, das Rennprogramm des Werks komplett in seine Regie zu übernehmen. Gobbato war ein junger, ehrgeiziger Ingenieur, der es dank seiner außergewöhnlichen organisatorischen Fähigkeiten geschafft hatte, ganz nach oben zu kommen. In vielerlei Hinsicht war er das genaue Gegenteil von Ferrari: gründlich und methodisch vorgehend, während der Modeneser eigentlich permanent improvisierte. Gobbato war ein klassischer Ordnungsmensch und damit auch ein begeisterter Anhänger der Faschisten. Ferrari jedoch war im Prinzip der einsame Wolf, der sich lieber auf seinen eigenen Kopf verließ als auf die kollektive Weisheit irgendwelcher Ausschüsse. Gobbato war 1931 in Rußland gewesen und hatte den Kommunisten dabei geholfen, die größte Kugellagerfabrik der Welt zu errichten.

Nun war er also wieder in Italien und stand einer voll verstaatlichten Firma vor, die fast ausschließlich zur Waffenproduktion verpflichtet war. Daher entschied Gobbato im November 1933, daß sich Alfa Romeo nicht mehr selbst an Wettbewerben beteiligen und die Rennabteilung der Scuderia Ferrari unterstellen würde.

Und zweifellos stellte Gobbato dabei absolut klar, daß nur jemand, der der faschistischen Partei ergeben war, mit Alfa Romeo im Geschäft bleiben konnte.

Viele der offenkundigen Erfolge der Faschisten – die öffentlichen Bauvorhaben, die rücksichtslos durchgesetzten Sozialmaßnahmen, der Truppenaufbau – schienen vom Wiedererstehen eines starken, geeinten Italiens zu zeugen, daß an das Römische Reich erinnerte. Aber das war nichts weiter als eine Farce, die auf Selbsttäuschung beruhte. Von den Paraden, Reden und blitzblanken neuen Uniformen abgesehen, blieb Italien, was es immer schon gewesen war: regional zerrissen, zynisch, isoliert, opportunistisch, leicht verwirrt. Natürlich jubelte man dem Duce zu, reckte die Arme zum faschistischen Gruß und wagte man, von Macht und Ruhm zu träumen. Aber im Grunde begriffen die Menschen, daß all dies wieder nur ein Spiel war und daß sie nur überleben würden, wenn sie ihren eigenen Kopf gebrauchten und das uralte Spiel des Lebens nach italienischer Art zu spielen verstanden.

Und nur wenige beherrschten dieses Spiel besser als Ferrari, der Realist genug war, 1934 der faschistischen Partei beizutreten. Das war für seine Geschäftsbeziehungen zu Gobbato und zu Alfa Romeo einfach unerläßlich. Nichts deutet darauf hin, daß er ein besonders ergebenes Parteimitglied war, wenngleich die Jahresberichte der Scuderia in den kommenden vier Jahren kämpferische Töne anschlugen, die ganz der Parteidoktrin entsprachen. Faschistische Parolen wurden in den Text eingeflochten, und Ferraris traditionelle Seitenhiebe – gegen die Gebrüder Maserati, die deutschen Teams und bestimmte Fahrer und Sponsoren, die in Ungnade gefallen waren – wurden unverblümter und schärfer. Der stets kühl abwägende Geschäftsmann Ferrari dachte gar nicht daran, ein so angenehmes Arrangement mit Alfa Romeo nur wegen irgendeiner albernen, im Grunde unwesentlichen politischen Doktrin zu stören. Wenn der Faschismus nun schon einmal in Mode war und der Scuderia zusätzliche Rennerfolge brachte, sollte es ihm recht sein – Enzo Ferrari würde ein guter Faschist sein.

Wieder einmal also sollte das offizielle Werksteam von Alfa Romeo seine Tätigkeit einstellen. Jano und sein Ingenieursteam sollten anderweitig eingesetzt werden, unter anderem bei der Konstruktion neuer Hochleistungsmotoren für Kampfflugzeuge, während sich Ferrari mit den sechs P3-*Monoposti* zufriedengeben mußte, die gegenwärtig in der Garage standen. Mit einer Einschränkung: Zwei wohlhabende Algerier, Guy Moll und Marcel Lehoux, hatten bereits neue P3s bestellt gehabt, und die Scuderia mußte die beiden nun ins Team aufnehmen, damit das Werk seiner vertraglichen Pflicht genügte.

Das war zwar ein wenig kompliziert, wurde aber mehr als wettgemacht dadurch, daß kein Geringerer als Achille Varzi unter Vertrag genommen werden konnte. Da Nuvolari nicht mehr dem Team angehörte, war der strenge und ernste Varzi offen für Ferraris Avancen. Es war allgemein bekannt, daß der hoheitsvolle, kühl kalkulierende Profi sich geweigert hatte, für dasselbe Team zu fahren wie der überschäumend temperamentvolle Nuvolari. Aber da Maserati wie Bugatti offenbar mit ihrer überholten Technik immer weiter zurückfielen und die erfolgreiche Scuderia über die berühmten P3-*Monoposti* verfügte, schloß sich Varzi dem Team an. Ferrari wußte, daß er zwar ein schwieriger Mann war, daß man ihn aber bei seiner Ehre packen konnte. Und wenn ihn erst einmal so ein junger Tiger wie Moll anstachelte, könnte Varzi während der Saison sicher zu einer unglaublichen Hochform auflaufen.

Auf der anderen Seite war Moll zwar ein relativer Neuling, doch Ferrari war durchaus vertraut mit seinen Fähigkeiten. Moll, der mit seinen 23 Jahren noch wie ein Milchgesicht aussah, hatte sein erstes wichtiges Rennen vor zwei Jahren durch den älteren und erfahreneren Lehoux vermittelt bekommen. Beim Grand Prix von Marseille wurde er hinter Raymond Sommer und Nuvolari Dritter, wobei er mit seinem draufgängerischen Fahrstil die Leute an den Boxen auf sich aufmerksam machte. Guy Moll, der Sohn eines Franzosen und einer Spanierin, war genau der Typus des großspurigen, eigensinnigen und tollkühnen Individualisten, den Ferrari für den prototypischen Rennfahrer hielt. Es würde nicht einfach sein mit ihm, besonders wenn er im selben Team war wie der stolze Varzi, doch Ferrari konnte immer souveräner die grenzenlosen Egos seiner Fahrer manipulieren und kontrollieren. Vor allem aber entdeckte er in Moll die Qualitäten des künftigen Champions. Lehoux hingegen war dazu ausersehen, zusammen mit Marinoni ins zweite Glied zurückzutreten. Das erste Team bestand also aus Varzi, Chiron und Trossi (in dieser Reihenfolge), während Moll sozusagen das As im Ärmel war – ein hungriger Ersatzmann, der ins Spiel kam, sobald einer von der ersten Garde in seinen Leistungen nachließ.

Dank dieser äußerst günstigen Situation im Fuhrpark wie im Fahrerlager gelangte die Scuderia an die Spitze aller Grand-Prix-Teams in der Saison 1934. In vier hektischen Jahren war das Unternehmen Ferrari von einem kleinen regionalen Rennbetrieb zum exklusiven Repräsentanten einer berühmten Firma aufgestiegen, die über die schnellsten und stärksten Automobile in der internationalen Rennsportszene verfügte. So gut wie jeder Motorsportjournalist sagte voraus, daß die Scuderia die bevorstehende Saison beherrschen würde. Gewiß hatte das Bugatti-Team Tazio Nuvolari und den neuen Typ 59 mit 240 PS, aber der Wagen war ein Klassiker der »alten Schule« mit seiner Achsträgeraufhängung und seinen mechanischen Bremsen. Auch bei den Alfas gab es veraltete Komponenten, aber sie hatten immerhin schon eine moderne Einzelradaufhängung, und an Bremsanlagen wurde bereits gearbeitet, während sich Ettore Bugatti weigerte, seine Autos zu modernisieren. Die Gebrüder Maserati hatten ausgezeichnete 2,9-Liter-8CMs, die alle mit Hydraulikbremsen an allen vier Rädern ausgestattet waren; zum erstenmal war in einem europäischen Rennwagen eine derartige Bremsanlage installiert worden, wie sie schon elf Jahre früher beim Grand Prix von Frankreich von der amerikanischen Firma Duesenberg eingeführt worden war. Aber Maserati war eine kleine Firma, die von Verkäufen an private Teams abhängig war, damit sie sich ihre finanzschwache Rennabteilung leisten konnte. Jedenfalls war man allgemein der Ansicht, daß die starken, zuverlässigen und angenehm zu fahrenden P3-Alfas in den Händen von Virtuosen wie Varzi und Chiron kaum Probleme mit ihren Gegnern haben würden.

Aber eine ebenso bedrohliche wie fragwürdige Neuerung stand dem Rennsport bevor. In der Rennsportsaison 1934 sollte eine neue Formel eingeführt werden, die sich die Doyens des Rennsports ausgedacht hatten, um die Höchstgeschwindigkeit der Rennwagen auf ein vernünftiges Maß zu reduzieren. Bereits im Oktober 1932 hatte der in Frankreich beheimatete AIACR (Association Internationale des Automobile Clubs Reconnus) verkündet, daß von 1934 bis 1937 die Grand-Prix-Rennen nach einer sogenannten 750-Kilogramm-Formel abgehalten würden.

Diese angebliche Verbesserung der Regeln im Motorsport verstärkte freilich im Endeffekt genau das, was eigentlich hätte abgeschafft werden sollen. Nach der neuen Formel sollte ein Grand-Prix-Rennwagen maximal 750 Kilogramm wiegen – ohne Reifen und Flüssigkeiten (Kühl- und Schmiermittel, Bremsflüssigkeit etc.) –, und das war in seiner Logik ein durchaus originelles Konzept, aber in der Praxis absolut falsch. Man ging nämlich von der Annahme aus, daß die modernen 3-Liter-Kompressoren von Alfa, Bugatti und Maserati so ziemlich das Maximum darstellten, das in Automobilen der neuen Gewichtsklasse noch unterzubringen war. Wollte man also größere und stärkere Motoren bauen, müßte man eine Vergrößerung und damit eine Gewichtszunahme beim Fahrgestell und beim Getriebe in Kauf nehmen. Folglich würde bei einem geringeren Gewicht automatisch auch die Motorleistung begrenzt sein.

Diese Logik funktionierte allerdings nur auf der Basis der inzwischen schon zwanzig Jahre alten Techniken der Metallverarbeitung und des Fahrgestellbaus, die noch immer im Rennsport angewendet wurden. Diese Automobilkonstrukteure waren auf Pferdestärken fixiert und glaubten, daß ein Rennen nur mit der auf der Geraden zu erzielenden Höchstgeschwindigkeit entschieden wurde. Sie achteten kaum auf solche Feinheiten wie Kurvenfahrverhalten, Gewichtsersparnis, Bremsen, Steuerung, Aufhängung und anderen Schnickschnack der Ingenieurskunst. Ihre Wagen, selbst der etwas modernere P3, waren schlicht primitive Plattformen mit vier Rädern, auf die man Motoren montieren konnte. Für eine derart rückständige Technik schien die 750-Kilogramm-Formel absolut sinnvoll zu sein.

Aber wenn jemand auf die Idee käme, einen großen, sehr starken Motor auf ein technisch anspruchsvolles, leichtgewichtiges Fahrgestell mit einer hervorragenden Straßenlage zu montieren, könnte das neue Konzept einer Geschwindigkeitsbegrenzung unterlaufen werden. Und genau diese Idee kam zwei dynamischen Ingenieuren. Zufällig waren sie beide in der schwäbischen Industriestadt Stuttgart angesiedelt: Dr. Hans Nibel als Direktor des zentralen Konstruktionsbüros der Daimler-Benz AG und, nur wenige Kilometer davon entfernt, der angesehene österreichische Ingenieur Dr. Ferdinand Porsche in seinem privaten Konstruktionsbüro. Beide hatten im Prinzip zwar die gleiche Idee, gingen aber von entgegengesetzten Voraussetzungen aus – zumindest was den Sitz des Motors in ihren sensationellen neuen Automobilen betraf.

Die Wirtschaftskrise hatte auch die deutsche Autoindustrie schwer in Mitleidenschaft gezogen. Aber Hitler war ein entschiedener Anhänger des Individualverkehrs. Rasch erkannte er, daß

Bedarf für ein technisch hoch entwickeltes Straßensystem bestand, und 1934 übertrug er dem Münchner Dr. Fritz Todt die Gesamtleitung für den Bau von 4000 Kilometern der modernsten Autobahnen der Welt; bis zur Einstellung des Autobahnbaus 1942 konnte mehr als die Hälfte der vorgesehenen Streckenlänge fertiggestellt werden. Natürlich sollte dieses gigantische Straßennetz nicht nur dem zivilen Verkehr dienen, sondern vor allem dem Transport militärischer Nachschubgüter im Krieg. Nichts anderes übrigens hatten die Erbauer des 40000 Meilen langen Straßennetzes in den Vereinigten Staaten während der fünfziger und sechziger Jahre im Sinn.

In bescheidenerem Maß war Hitler auch ein Freund des Motorsports, und bereits im März 1933 genehmigte er einen Plan, den die Geschäftsleitung von Daimler-Benz vorgetragen hatte – einen Grand-Prix-Rennwagen zu bauen, der die Konkurrenz in aller Welt schlagen würde. Die Begründung war schlicht und einfach: Diese Maschine würde den europäischen Völkern deutsche Technik anschaulich demonstrieren – ein eindrucksvolles Propagandainstrument des neuen Staates. Dieses Projekt würde unter der Schirmherrschaft des neugegründeten NSKK (Nationalsozialistisches Kraftfahrkorps) stehen, einer merkwürdigen Bürgerwehr für alle motorsportlichen Aktivitäten. Der Leiter des NSKK, der geschwätzige Korpsführer Adolf Hühnlein, war ein früher Gefolgsmann Hitlers und hatte eine Gefängnisstrafe verbüßen müssen, weil er während des gescheiterten Münchner Putsches von 1923 das Telegrafenamt besetzen wollte. Die NSKK, die am Ende etwa eine halbe Million Mitglieder hatte, war im Grunde eine nutzlose Organisation – daher auch ihr Spitzname: *N*ur *S*äufer, *k*eine *K*ämpfer.

Bei der Berliner Motorschau im Jahre 1933 wurde verkündet, daß Hitler einen bedeutenden Beitrag Deutschlands zum Grand-Prix-Rennsport unterstützen werde und daß das Unternehmen, welches ein Rennteam stellen würde, eine Subvention von 500000 Reichsmark erhalten würde. Es war allerdings bekannt, daß Daimler-Benz bereits ein Modell konstruiert hatte und daß es de facto schon eine Vereinbarung zwischen der ehrwürdigen alten Firma und dem Regime gab. Jacob Werlin, der Geschäftsführer der Münchner Niederlassung und ein strammer Nazi, hatte die Subvention für die Stuttgarter Zentrale ausgehandelt. Trotz aller späteren Unschuldsbeteuerungen leistete Daimler-Benz übrigens einen wesentlichen Beitrag zur deutschen Kriegführung und profitierte am meisten vom Rennprogramm, dank lukrativer Verträge für den Bau von Lastwagen und leistungsstarken DB-601-Flugzeugmotoren.

Überraschenderweise wollte jedoch eine weitere Firma ein Stück vom Subventionskuchen haben: die Auto Union, die 1932 aus den Trümmern von vier Unternehmen, allesamt Opfer der Wirtschaftskrise, aufgebaut worden war (Audi, Horch, DKW und Wanderer). Das neue Unternehmen war ebenfalls in der Lage, einen Rennwagen zur Verfügung zu stellen, den Ferdinand Porsche eigenständig konstruiert und den die Auto Union übernommen hatte. Nach einer Unterredung zwischen Hitler, Porsche und zwei Repräsentanten der Auto Union im Anschluß an die Berliner Motorschau wurde entschieden, daß die Subvention zwischen Daimler-Benz und Auto Union aufgeteilt werden sollte – eine Konkurrenz, die die Erfolgsaussichten beleben würde.

Selbst ein so scharfsinniger Beobachter der Rennsportszene wie Enzo Ferrari konnte freilich nicht im geringsten ahnen, welcher vernichtende Schlag ihm und seinen inzwischen veralteten P3s bevorstand. Die Konstruktionsabteilungen unter Nibel und Porsche hatten bereits Prototypen fertiggestellt, und sobald deren Kinderkrankheiten beseitigt waren, würden sich die Alfas als überholt erweisen. Der technische Standard und das Leistungsvermögen dieser Modelle waren einfach umwerfend. Der Daimler-Benz W25 (der bei Rennen unter dem Markennamen des Unternehmens, Mercedes-Benz, lief) hatte Einzelradaufhängung, gewaltige hydraulische Bremsen, ein Vierganggetriebe mit Differentialsperre und einen 3,3-Liter-Achtzylinder-Reihenmotor mit Kompressor, der 340 PS entwickelte, also 150 PS mehr als die P3s, die die Scuderia ins Rennen schickte. Der Rennwagen der Auto Union war sogar noch beeindruckender. Porsches revolutionärer Typ A hatte einen stärkeren Motor mit 16 Zylindern und knapp 4,4 Liter Hubraum, und dieser V-Motor war zwischen Fahrer und Hinterachse montiert. Er brachte es mit seinem Doppelkompressor auf 295 PS. Wie beim Mercedes-Benz gab es auch beim sogenannten P-Wagen Einzelradaufhängung, anstelle des Mercedes-Vierganggetriebes aber ein Fünfganggetriebe mit Differential.

Während sich beide Fahrzeuge hinsichtlich der Anordnung des Motors radikal unterschieden, waren sie aus nahezu dem gleichen Ingenieursdenken heraus konzipiert. Der Mercedes-Benz W25 wie der Auto Union A verwendeten jede Menge leichter Metallegierungen, um mit ihren starken Motoren innerhalb des 750-Kilogramm-Gewichtslimits zu bleiben. Ebenfalls verwendeten beide Modelle bei der Radaufhängung Schwingungsdämpfungstechniken, die die veralteten italienischen und französischen Rennwagen wie Ochsenkarren aus dem 19. Jahrhundert wirken ließen. Derart moderne Komponenten, dazu hydraulische Bremssysteme, stromlinienförmige Karosserien und praktisch unbegrenzte Budgets für Forschung und Entwicklung verwiesen die etablierten Teams – auch die Scuderia Ferrari – von vornherein auf die Verliererstraße.

Seit über einem Jahr waren die Gerüchte über die Pläne von Auto Union und Mercedes-Benz von der internationalen Rennsportgemeinde durchgehechelt worden, und zweifellos war auch Ferrari mit diesen Projekten vertraut. Aber sicher war er auch nicht allzu beunruhigt. Die maßlos chauvinistische italienische Presse – die er eifrig las – war so überzeugt von den gepriesenen Alfas, daß sie die aus Deutschland herübersickernden Meldungen über diese revolutionären Konstruktionen nur verächtlich kommentieren konnte. Und da die rennerprobten P3s von Bazzi und Marinoni perfekt eingestellt worden waren, sah man getrost einer erfolgreichen Saison entgegen. Allerdings waren beim technischen Stab des Teams zwei ernsthafte Verluste zu beklagen. Mit Ferraris Segen hatte der junge Eugenio Siena die Scuderia verlassen, um als Mechaniker und Fahrer mit dem Schweizer Sportfahrer Walter Grosch eine neue Renngemeinschaft zu bilden. Ferrari brachte dem sympathischen, aufstrebenden Profi eine Art väterlichen Wohlwollens entgegen, und anders als bei vielen, die der Scuderia den Rücken gekehrt hatten, wurde für Siena eine feudale Abschiedsparty ausgerichtet. Ramponi dagegen kam nicht in diesen Genuß – er ging nach England, als Chefmechaniker für das unabhängige Maserati-Team des expatriierten Amerikaners Whitney Straight (der später, als er seinen jugendlichen Überschwang beim Motorsport ausgetobt hatte, Vorsitzender von Rolls-Royce wurde).

Auch Luigi Fagioli gehörte nun nicht mehr zur Scuderia. Im Februar war Alfred Neubauer, der Manager des Mercedes-Benz-Teams, mit Prototypen des W25 zu ersten Tests nach Monza gekommen. Sein Fahrer war der impulsive, arrogante Manfred von Brauchitsch, der einer hochangesehenen Hamburger Familie von Militärs entstammte; er war der Neffe von Walther von Brauchitsch, der 1940 zum Feldmarschall ernannt, aber ein Jahr später wieder seines Dienstes enthoben wurde, weil die Wehrmacht Moskau nicht einnehmen konnte. Manfred von Brauchitsch, dessen Eifer oft größer war als sein Können, hatte mit einem der Wagen einen Unfall verursacht, und so wurde Fagioli als Ersatzmann verpflichtet. Der alte »Abruzzenräuber«, wie er genannt wurde, war damals 36 Jahre alt; 1933 hatte er drei von den sieben Rennen für Ferrari gewonnen und war dreimal Zweiter geworden. Er war ein knallharter, mittelgewichtiger Mann, aggressiv, eigensinnig und stets davon überzeugt, daß seine Fähigkeiten von irgendwelchen blöden Teammanagern unterschätzt wurden. Und Fagioli konnte wirklich fahren. Er zeigte Neubauer in Monza, was er konnte, und wurde von Mercedes-Benz als Teamfahrer für die kommende Saison engagiert. Ferrari regte sich in aller Öffentlichkeit fürchterlich über diesen »Verrat« auf, aber hinter dieser Schauspielerei steckte sicher ein tieferes Verständnis dafür, daß Fagioli – wie er selbst ja auch – Profi genug war, um nur für das Team – oder Land – zu fahren, das ihm das meiste Geld zahlte. Enzo Ferrari war sich vollauf bewußt, daß er ein hartes und anspruchsvolles Geschäft betrieb, das immer weniger mit den romantischen Vorstellungen von Sportlichkeit zu tun hatte, die ihn einst als jungen Mann zum Rennsport hingezogen hatten.

Antonio Brivio, Trossis Freund und Nachbar, war zu Bugatti übergewechselt, aber dieser Verlust war leichter zu verschmerzen als der von Fagioli. Zur gleichen Zeit war Ferrari immer weniger von seinem *direttore sportivo* angetan. Mario Lolli war ein wohlhabender Gentleman-Amateur, der sich um Routineangelegenheiten wie die Anmeldung bei Wettbewerben, Reise- und Transportarrangements, Verträge etc. kümmern sollte. Er sprach allerdings nur italienisch, was ihn bei der Arbeit außerhalb des Landes sehr beeinträchtigte. Ferrari konnte sich immerhin fachmännisch auf Französisch ausdrücken, das damals die verbreitetste europäische Sprache war. Noch vor dem Ende der Saison ersetzte er Lolli durch Nello Ugolini, der schon mehr in aller Welt herumgekommen war – auch das ein Beispiel für die zunehmende Intensität und Ernsthaftigkeit, mit der die Scuderia den Rennsport betrieb.

Die Saison sollte mit dem Grand Prix von Monaco eröffnet werden, und Ferrari geleitete seinen Troß höchstpersönlich gen Westen in das kleine Fürstentum. Der Kurs verlief schon damals etwa so wie heute, nur an Stelle der glanzvollen romanischen Bauwerke, die die 3,14 Kilometer lange, kurvenreiche Strecke säumten, wurden inzwischen Apartmenthochhäuser, Eigentumswohnungen und Luxushotels errichtet. Dieser zum erstenmal 1929 festgelegte Rundkurs bestand einfach aus einem Netz von Boulevards in der Nähe des Hafens, das unter anderem eine Linkskurve vor dem weltberühmten Casino und eine schnelle, zum Kai hin offene Gerade auf dem Boulevard Albert Premier aufwies.

Zum erstenmal in der Geschichte des Rennsports sollten die Startpositionen durch Qualifikationszeiten ermittelt werden statt wie bisher durch Losentscheid. Gefühlsmäßig war Louis Chiron aus Monaco der Favorit. Der Sohn eines ehemaligen Hotelportiers hatte sich zunächst den Ruf eines Herzensbrechers erworben, als er im Hotel de Paris als *danseur moderne* aufgetreten war. Während des Zweiten Weltkriegs war er dann Privatchauffeur von Marschall Foch. Chiron wollte natürlich vor heimischem Publikum besonders glänzen, war aber bei weitem nicht so schnell wie seine Teamgefährten Varzi und Trossi, die beiden Zeitschnellsten in der Qualifikation. Auch eine Reihe anderer Fahrer waren schneller, darunter Nuvolari und das kommende As René Dreyfus, ja selbst der freche junge Moll stellte Chirons Zeit von exakt zwei Minuten ein. Aber im Rennen fielen dann Louis Chirons Teamgefährten zurück, und unversehens lag er weit vor Guy Moll in Führung. Noch zwei Runden fehlten ihm zum Sieg, doch dann überzog Chiron seinen Alfa in einer Kurve und geriet ins Schleudern – vielleicht weil er gerade an seiner Siegesrede feilte oder einer hübschen Dame in der Menge zuwinkte. Bevor er das Rennen fortsetzen konnte, war der unverschämte Moll an ihm vorbeigehuscht und hatte ihm den Sieg vor der Nase weggeschnappt. Chiron raste vor Zorn, aber Enzo Ferrari war überaus erfreut. Seine Scuderia hatte das Rennen gewonnen, und das war das wichtigste; außerdem hatte sich Moll als *garibaldino* ersten Ranges erwiesen.

Eine Woche später wollte es das Team bei der Mille Miglia allen zeigen; dies war mittlerweile das wichtigste Rennen im begrenzten Sportwagenprogramm der Scuderia. In erster Linie konzentrierte sie sich auf Grand-Prix-Wettbewerbe für einsitzige Rennwagen, aber da es nun einmal das berühmteste Straßenrennen Italiens war, meldete Ferrari fünf Alfa-Sportwagen für den Start, darunter vier 2,6-Liter-Monzas für Varzi, Chiron, Tadini und Caracciola. Ihre Gegner waren vor allem Nuvolari und Siena auf einem starken 8C-2300, den das Siena-Grosch-Team ins Rennen schickte. Ferraris in Führung liegende Alfas waren bei diesem anstrengenden Wettbewerb auch deshalb deutlich im Vorteil, weil sie eine von der Firma Brianza speziell angefertigte Karosserie aus Aluminium hatten. Dazu hatte Pirelli dem Team neue Stella-Bianca-Regenreifen zur Verfügung gestellt, die mit ihren Spezialprofilen für bessere Bodenhaftung sorgten, denn auf dem gesamten 1000-Meilen-Kurs goß es in Strömen. Varzi, der es immer besser wußte, weigerte sich, die neuen Reifen zu benutzen, und bei einem Tankstopp in Imola stritt er sich mit Ferrari lautstark über die Vor- und Nachteile der Pirellis. Schließlich gab Varzi nach und zog einen Satz Stella Biancas auf. Vermutlich hat die stärkere Bodenhaftung entscheidend dazu beigetragen, daß Varzi Nuvolari und Siena schlug, die am Ende auf ihren konventionelleren Reifen weit zurück an zweiter Stelle lagen.

Zwei Wochen später wollte Nuvolari diese Niederlage zweifellos wettmachen, aber auf dem regennassen Kopfsteinpflaster des Pietro-Bordino-Rundkurses von Alessandria verlor er die Kontrolle über seinen ungebärdigen 8CM Maserati und raste gegen einen Baum am Straßenrand. Er lag längst in einem Krankenhausbett, das gebrochene rechte Bein in Gips, als die Scuderia Ferrari unter Führung von Varzi und Chiron am Ende die ersten vier Plätze belegte.

Für den Grand Prix von Tripolis wurde Guy Moll wieder ins Team genommen, was sich als schreckliche Fehlentscheidung herausstellen sollte. Wieder kam es wegen der enormen Lotteriegelder zu einem üblen Betrugsmanöver. Diesmal wurde ein raffinierterer Plan in der Bar des eleganten Hotels Uaddan von einer kleinen Gruppe von Fahrern ausgeheckt, die die besten Gewinnchancen hatten (darunter auch das komplette Scuderia-Team). Der Gewinn sollte gerecht verteilt werden, wobei Varzi wieder siegen und Chiron Zweiter werden sollte. Der Maserati-Fahrer Piero Taruffi weigerte sich mitzumachen, während der Engländer Hugh Hamilton, der ebenfalls einen Maserati (für Whitney Straight) fuhr, gar nicht erst in den Plan eingeweiht wurde – die anderen hatten nämlich Angst, der überaus faire Eton-Absolvent würde das Komplott verraten.

Und dann hätte Taruffi beinahe diesen ausgeklügelten Plan platzen lassen. Sobald die Starterflagge gesenkt wurde, preschte er nach vorn und blieb trotz der gewaltigen Anstrengungen des Ferrari-Teams mit seinem großen Maserati vier Runden lang in Führung. Doch dann ließen die Bremsen des schweren Wagens nach, und Taruffi verlor die Kontrolle über ihn, als er vor der Haarnadelkurve von Taguira bei einem Tempo von fast 290 km/h abbremsen wollte. Der wild kreiselnde Wagen riß ein großes Verkehrszeichen um und kam schließlich zum Stehen. Taruffi hatte sich einen Arm und ein Bein gebrochen, konnte sich später aber immerhin damit trösten, daß die Kurve nach ihm benannt wurde. Hamilton hielt eine Zeitlang tapfer mit, aber dann explodierte sein Motor, und Moll setzte sich wie verabredet hinter Chiron und Varzi, der nun mühelos führte. Eigentlich hätte man nun in aller Ruhe dem Ziel entgegenfahren und wieder einmal groß abkassieren können.

Aber Guy Moll wollte davon nichts wissen. Er war sowieso ein reicher Mann, und die Vorstellung, das größte Rennen auf seinem Heimatkontinent zu gewinnen, reizte ihn viel mehr als ein braver dritter Platz und die Aussicht, bei einem schmutzigen Spiel Kasse zu machen. Moll erhöhte seine Geschwindigkeit noch, als die Boxenmannschaft der Scuderia, die bis dahin in der afrikanischen Sonne gedöst hatte, auf ihren Uhren seine schnelleren Rundenzeiten registrierte. Chiron entdeckte den Algerier plötzlich in seinen Rückspiegeln und beschleunigte ebenfalls, so daß die beiden Alfas zu dem mit konstantem Tempo fahrenden Varzi aufschlossen. Bis zur letzten Runde konnte Chiron Molls wilde Angriffe abwehren, aber dann mußte er wegen des sinkenden Öldrucks langsamer fahren und seinen rebellischen Teamgefährten vorbeilassen. Daraufhin holte Moll Varzi ein und wäre beinahe in Führung gegangen, als die beiden Alfas um die letzte Kurve schlitterten. Aber für den jungen Mann war Varzi einfach zu erfahren und zu zäh. Er schnitt Moll und bremste ihn aus, so daß sich der Algerier in der zerfurchten Kurve querstellen mußte, um einen Zusammenstoß zu vermeiden. Bevor er sich versah, fuhr ihm Varzi davon und gewann das Rennen mit einer knappen Wagenlänge.

Nachdem Varzi auch bei einer nur schwach besetzten Targa Florio erfolgreich gewesen war und Chiron in Marokko vor unbedeutenden Gegnern gewonnen hatte, zog das Team gen Norden, um sich zum erstenmal mit den vielgepriesenen Deutschen zu messen. Ort des Geschehens: der Superhochgeschwindigkeits-Rundkurs der AVUS in Berlin. Diese vierspurige Renommierautobahn, auf der an rennfreien Tagen reiche Berliner sich für ein paar Reichsmark einen privaten Geschwindigkeitsrausch holen konnten, war der Schauplatz einiger rasanter Streckenrekorde gewesen, die der klare Favorit Hans Stuck mit seinem Auto-Union-Rennwagen aufgestellt hatte. In seiner Verzweiflung hatte Ferrari von ein paar Ingenieuren an den Luftfahrtwerken von Breda eine stromlinienförmige Karosserie für einen der P3s konstruieren lassen. Damals war die Aerodynamik von Automobilen noch so etwas wie eine Schwarze Kunst, und mit einer ungeeigneten Form konnte sich ein Auto so wild gebärden wie ein außer Kontrolle geratenes Flugzeug.

Der seltsame Alfa mit seinem hochgezogenen Heck wurde von Varzi auf der Autostrada Mailand-Bergamo getestet. Die verschiedenen Teile der Aluminiumverkleidung begannen bei hohen Geschwindigkeiten im Fahrtwind beunruhigend zu flattern, und am Ende stieg Varzi, der unterwegs ständig ein besorgtes Gesicht gemacht hatte, verstört aus dem Cockpit. Ein derartiges Monstrum würde er nicht fahren. Aber Moll ergriff die Gelegenheit beim Schopf – vielleicht rechnete er sich mit der zusätzlichen Stromlinienform auf den etwa zehn Kilometer langen Geraden der AVUS einen besonderen Vorteil aus. Und zweifellos genoß der impulsive junge Mann das Überlegenheitsgefühl, freiwillig einen Wagen zu fahren, den die Nummer eins des Teams als unsicher und gefährlich abgelehnt hatte.

Um die historische Bedeutung des bevorstehenden Rennens zu verstehen, muß man wissen, daß die Beziehungen zwischen Deutschland und Italien im Frühjahr 1934 noch keineswegs so freundschaftlich waren wie zwei Jahre später nach der Errichtung der Achse Rom – Berlin. Zu spät kamen Enzo Ferrari und seine Teamgefährten dahinter, daß die Nazis den internationalen Automobilsport umfunktionierten und aus einem simplen Wettstreit der Schneidigsten und Schnellsten ein Propagandainstrument des Regimes machten. Erst später würden die Faschisten auf diese Herausforderung dadurch reagieren, daß sie von Alfa Romeo hinreichend starke Fahrzeuge bauen ließen, die es mit den Deutschen aufnehmen konnten, aber das bereitgestellte Kapital und Personal war selbst dann immer noch lächerlich gering, verglichen mit dem, was Mercedes-Benz und Auto Union zur Verfügung stand. Das war sogar schon sichtbar, als das Ferrari-Team die pfeilförmigen Wagen der Auto Union auf der AVUS zu Gesicht bekam. Ihr Fahreras, der große, temperamentvolle Hans Stuck, hatte gerade mit dem neuen Rennauto eine Reihe internationaler Rekorde aufgestellt, und die betagten P3s von Varzi, Chiron und Moll hatten keine Chance gegen ihn. Selbst für abgebrühte Rennsportveteranen entwickelte der Auto Union Typ A mit seinem aufheulenden

Roots-Kompressor eine atemberaubende Kraft. Als das groteske ungleiche Rennen gestartet worden war, lag Stuck nach der ersten, knapp 20 Kilometer langen Runde über eine Minute vor Chiron in Führung! Stuck fuhr bereits einem leichten Sieg entgegen, als seine Kupplung versagte. Daraufhin übernahm Moll mit dem knapp 290 km/h schnellen ungebärdigen Stromlinien-Breda-Alfa die Führung und gewann vor Varzi. Aber das war ein wertloser Sieg, und in Modena wußten es alle, besonders Enzo Ferrari.

Auch Mercedes-Benz hatte eigentlich für die AVUS gemeldet, nahm dann aber wegen mechanischer Probleme vor dem Start doch nicht teil. Allerdings präsentierten sich die starken W25er in Bestform beim Eifelrennen auf dem herrlichen, äußerst anspruchsvollen 22,65 Kilometer langen Straßenrundkurs des Nürburgrings. Diesmal waren beide deutsche Marken schneller als die Alfas. Immerhin fuhr Chiron gut genug, um mit Abstand Dritter hinter von Brauchitsch (Mercedes-Benz) und Stuck (Auto Union) zu werden.

Doch diese beiden deutschen Rennen galten nicht als ausgesprochene Grand-Prix-Wettbewerbe, und so gab sich die maßlos chauvinistische italienische Presse weiterhin der Illusion hin, daß Alfa Romeo und die Scuderia Ferrari ihre wahre Stärke erst beim angesehenen Großen Preis von Frankreich am 1. Juli in Montlhéry beweisen würden. Das würde dann die erste wirkliche Kraftprobe sein, bei der sich alle Spitzenteams in voller Kampfform präsentieren würden. Auf dem ausgezeichneten hügeligen Rundkurs, der in der üppigen Landschaft bei St. Eutrope an der Autobahn Paris – Orléans angelegt war, kamen die Titanen zusammen. Ferrari hatte sein ganzes Team nach Frankreich geschickt, mit drei hervorragend eingestellten P3-*Monoposti,* die von den rennerprobten 2,9-Liter-Motoren aus Janos Konstruktionsabteilung angetrieben wurden.

Nur der Commendatore selbst blieb in Modena. In späteren Jahren fügte sogar Ferraris Weigerung, überhaupt noch Rennen zu besuchen, ein weiteres Mosaiksteinchen zur Ferrari-Legende hinzu. Dafür wurden dann viele Gründe aufgeführt, vom Tod seines Sohns im Jahr 1956 bis zu seiner Platzangst, aber schon 1934 fühlte er sich immer stärker in seiner Modeneser Heimat verwurzelt. Seit der Gründung der Scuderia war Ferrari nicht mehr so viel herumgekommen, und nach 1934 nahm er fast an keinem Rennen außerhalb von Italien teil, selbst nicht an einem so wichtigen Ereignis wie dem Großen Preis von Frankreich. Das Rennen von Monte

Carlo zu Beginn der Saison war einer der letzten Wettbewerbe gewesen, für die er die italienische Grenze noch überquert hatte.

Für diese Bindung an Modena gab es natürlich auch schlichte logistische Gründe. Ferrari weigerte sich zu fliegen, er mißtraute der Eisenbahn und ging vermutlich nur mit dem Auto auf Reisen – und das hieß, auf den europäischen Straßen der dreißiger Jahre, stundenlang hinter dem Steuer sitzen zu müssen. Auch Aufzüge wollte er nicht benutzen. Im großen und ganzen hatte also dieser Mann, der sich gern selbst »Ingenieur« nannte, eine alles andere als nüchterne Einstellung gegenüber der Technik im Alltagsleben.

Dreizehn der besten Grand-Prix-Wagen und -Fahrer hatten für den Großen Preis von Frankreich gemeldet: drei Mercedes-Benz mit Luigi Fagioli, Manfred von Brauchitsch und Rudolf Caracciola; zwei Auto Union mit Hans Stuck und dem begabten Amateur August Momberger; drei Bugattis mit René Dreyfus, Robert Benoist und dem noch immer verletzten Nuvolari; zwei Maseratis mit Freddy Zehender und Philippe Etancelin; und die drei leuchtend roten Alfas der Scuderia Ferrari mit Varzi, Chiron und Trossi sowie Guy Moll als Ersatzmann. Und damit niemand daran zweifelte, daß der Sport eine politische Angelegenheit geworden war, trugen die beiden Wagen von Auto Union (freilich aus irgendeinem Grund nicht die Mercedes-Benz-Wagen) ein Hakenkreuz auf dem langen, spitz zulaufenden Heck.

Die drei Wagen von Mercedes-Benz waren im Training schockierend schnell, und deprimiert gab Ugolini die Rundenzeiten über das damals noch miserable internationale Telefonnetz in Ferraris Modeneser Büro durch. Damit begann eine Tradition, die bis an Ferraris Lebensende bestehen sollte: telefonische Berichte von der Rennstrecke, in denen der Teammanager dem Boß die Details des Trainings übermitteln würde. Es war einer seiner meisterhaften psychologischen Schachzüge, daß Ferrari Ugolini anwies, Moll in Trossis Wagen den letzten Trainingslauf bestreiten zu lassen. Den jungen Tiger hielt es kaum noch in den Boxen, und Ferrari rechnete damit, daß seine hitzige Fahrweise die regulären Fahrer anstacheln könnte, sich noch mehr anzustrengen. Das funktionierte offenbar auch, und Moll wurde zur Belohnung für seine motivierende Leistung zum Ersatzfahrer für Trossi ernannt.

Das Rennen wurde vor der vollbesetzten Haupttribüne gestartet, und Chiron ging nach einem energischen Angriff aus der dritten Reihe während der ersten beiden Runden in Führung. Der überlegene Stilist aus Monte Carlo fuhr zwar in seinem blauen Seidenrennanzug eines seiner besten Rennen, aber den stärkeren Auto Union von Stuck konnte er dann doch nicht abwehren. Stuck übernahm die Führung, bis sein Motor streikte. Es war ein unglaublich aufreibendes Rennen, und das lag zum Teil auch daran, daß jeder Fahrer sich unbedingt in diesem erstklassigen Feld behaupten wollte. In der zwanzigsten von insgesamt vierzig Runden auf dem etwa 12,5 Kilometer langen Rundkurs, einer Kombination von Rennstrecke und Straßenkurs, waren alle deutschen Wagen entweder ausgefallen oder quälten sich nur noch über die Runden. Als die Zielflagge gesenkt wurde, lag Chiron locker in Führung – drei Minuten vor Varzi. Moll hatte in einem frühen Stadium den ein wenig überforderten Trossi abgelöst und fuhr ausnahmsweise einmal ganz manierlich als Dritter durchs Ziel. Zu diesem Zeitpunkt lag nur noch ein weiterer Wagen im Rennen: Benoists Bugatti – mit vier Runden Rückstand.

Es war ein großartiger Sieg – zumindest auf dem Papier. Die italienische Presse überschlug sich förmlich. Ein dreifaches Finish gegen die Großmacht Deutschland! Ja, es kam noch besser: In Direktreportagen wurde den Tifosi zu Hause weisgemacht, daß die P3s es mit den Wagen von Auto Union und Mercedes-Benz in puncto Geschwindigkeit und Beschleunigung ohne weiteres aufnehmen könnten. Das war natürlich Unsinn, und Ferrari, Bazzi und Ugolini wußten das auch. Die deutschen Wagen steckten noch in einem frühen Entwicklungsstadium, die Motoren, Reifen, Aufhängungen, Übersetzungsverhältnisse etc. waren noch nicht ausgereift. Den Männern in der Scuderia, vom kleinsten Mechanikerlehrling bis zum Commendatore selbst, war klar, daß sich künftige Siege mit ihren alten Wagen an den Fingern einer Hand würden abzählen lassen.

Das nächste Aufeinandertreffen mit den Deutschen fand am 15. August bei der Coppa Acerbo von Pescara statt. Fast während des gesamten Rennens hatten die Wagen der Scuderia mit mechanischen Problemen zu kämpfen, und in den letzten Runden hatte nur noch der junge Moll eine Chance, Fagioli einzuholen, der mit seinem Mercedes-Benz W25 führte. Moll, der kerzengerade in seinem leuchtend roten Alfa Romeo mit der Nummer 46 saß und eine seltsame Plastikmaske als Gesichtsschutz trug, begann das Tempo zu erhöhen. Dieses freche Greenhorn ließ sich auf das unglaubliche Unterfangen ein, den tapferen Haudegen Fagioli abzuhängen, dessen Wagen immerhin rund 100 PS mehr hatte und eine um 40 bis 50 km/h höhere Spitzengeschwindigkeit auf den beiden 6,5 Kilometer langen Geraden erzielte. Doch Moll wollte nicht klein beigeben, und jedesmal, wenn er die Boxen passierte, hatte er zwei bis vier Sekunden von Fagiolis Führung abgeknabbert.

Er schloß zu Ernst Henne auf, dem früheren BMW-Motorradstar, der einen Ersatzwagen für Mercedes-Benz fuhr. In einem Interview mit dem Rennfahrhistoriker Chris Nixon hat Henne 1985 erklärt, Moll habe ihn auf einem schmalen Abschnitt der schnellen Geraden bei Pescara eingeholt, wo die Straße nicht viel breiter als sechs Meter gewesen sei. Die beiden Autos waren etwa 270 km/h schnell, als Moll an ihm vorbeizuziehen versuchte. Aus dem Augenwinkel heraus konnte Henne das Emblem des aufsteigenden Pferdes auf dem Alfa erkennen. Plötzlich sei Moll zurückgefallen, der Alfa hätte entsetzlich zur Seite gezogen und die Strecke schleudernd verlassen. In der nächsten Runde sei Henne wieder an dem total demolierten Alfa vorbeigekommen, der schief an einem Bauernhaus lehnte. Am Straßenrand lag Guy Molls zerschmetterter Körper. Er war in der siebzehnten Runde ums Leben gekommen – und unwillkürlich fällt einem dabei Enzo Ferraris abergläubische Einstellung gegenüber dieser Zahl ein. Wie viele andere führte auch Ferrari Molls Tod auf eine Kollision mit dem Mercedes zurück, obwohl Henne steif und fest behauptete, daß sich die beiden Wagen nie berührt hätten. Wie auch immer, in späteren Jahren jedenfalls hielt Ferrari Guy Moll für einen der größten Fahrer. Er verglich ihn sogar mit Stirling Moss und Nuvolari.

Molls Tod schien den Kampfeseifer der Scuderia völlig gelähmt zu haben. Varzi blickte noch düsterer drein als sonst, und damit war es mit der Hochstimmung des gesamten Dreißig-Mann-Teams vorbei; und Chiron, den sie *le vieux renard,* den »alten Fuchs«, nannten, obwohl er erst 34 war, war völlig am Boden zerstört und sollte nie wieder der alte werden. Vielleicht lag es ja an seinem zunehmend chaotischen Privatleben, oder auch an der Tatsache, daß die Autos so schnell wurden und keinen Fahrfehler verziehen – jedenfalls fand er nach seinem Sieg bei Montlhéry nie wieder zu seiner früheren Bestform zurück. Gleichwohl fuhr er hin und wieder noch Rennen, bis er sich schließlich im Alter von 58 Jahren zurückzog.

Die Veranstalter des Großen Preises von Italien installierten auf dem Rundkurs von Monza eine ganze Reihe zusätzlicher Schikanen, weil sie hofften, daß die überlegene Schnelligkeit der deutschen Wagen auf einem engeren, kurvenreicheren Kurs nicht mehr so zur Geltung käme. Die Folge war allerdings, daß die Autos von Mercedes-Benz und Auto Union bei dem im September stattfindenden Rennen ihr überlegenes Fahr- und Bremsverhalten nur um so wirkungsvoller zur Schau stellen konnten. Eine letzte Schmach war schließlich auf den heimischen Straßen und Alleen von Modena hinzunehmen, als Tazio Nuvolari, erstmals im neuen 3,7-Liter-6C-34-Maserati sitzend, die Scuderia vor ihrer Fangemeinde deklassierte.

Am Saisonende war deshalb klar, daß für 1935 gewaltige Veränderungen anstanden. Varzi verkündete, daß er zu Auto Union gehen werde. Gemeinsam mit ihm sollten zu dem in Chemnitz stationierten Team noch Hans Stuck und – im Laufe der Saison – auch der hervorragende Bernd Rosemeyer stoßen, ein brillantes Genie, der wie Moll ein Senkrechtstarter war und dessen Karriere beinahe ebenso jäh enden sollte. Chiron und Trossi würden dem Team treu bleiben, und auch Tonino Brivio war Ende 1934 wieder zur Scuderia zurückgekehrt; aber keiner dieser Männer würde gegen die immer schärfer werdende Konkurrenz bei den Grand-Prix-Wettbewerben mithalten können.

Gewiß, Jano berichtete Ferrari über einen neuen Wagen mit Einzelradaufhängung, den er gerade konstruierte; er erzählte ihm auch von Achtzylinder-Reihen- und Zwölfzylinder-V-Motoren – aber was half ihnen schon ein schnellerer Wagen, wenn sie keinen Superstar im Cockpit hatten? René Dreyfus, der französische Gentlemenstar aus Nizza, war vom Bugatti-Team transferiert worden und kam nach Modena, um seinen Bugatti gegen ein graues 2,3-Liter-Alfa-Romeo-Cabriolet zu tauschen, mit dem er und seine neue Frau zu den Rennen fahren wollten. Nur der Mann, den Ferrari wirklich gebraucht hätte, hatte geschworen, nie wieder zur Scuderia zurückzukehren. Doch Tazio Nuvolari war während der Saison 1934 erfolglos zwischen Maserati und Bugatti hin und her gependelt, und für ihn stand fest, daß keine der beiden Marken das Potential hatte, einen Wagen ins Rennen zu schicken, der die Deutschen im kommenden Jahr schlagen könnte. Zu Auto Union konnte er nicht gehen, weil man dort bereits Varzi unter Vertrag genommen hatte – und der hatte es wieder einmal zur Bedingung gemacht, daß Nuvolari nicht für das Team fahren dürfe, dem er, Varzi, angehöre. Und da Caracciola sich von seinem Unfall im

Jahre 1933 wieder ganz erholt und den Verlust seiner Frau überwunden hatte, gab es auch bei Mercedes-Benz keinen Platz für den bedeutenden Italiener, der nun fast völlig ergraut war und mit seinen bald 43 Jahren von vielen schon abgeschrieben wurde.

Da ihm kaum eine andere Wahl blieb, ging Tazio nach langwierigen Verhandlungen über einen Mittelsmann wieder zu Ferrari. Dieser Vermittler war Jano, der schriftlich, telefonisch und persönlich eine ganze Latte von Forderungen und Gegenforderungen an die beiden dickköpfigen Partner weitergab. Nuvolari blieb in seiner Villa bei Mantua, Ferrari in Modena. Schließlich wurde nach einem Treffen auf neutralem Boden in Piacenza, halbwegs zwischen Modena und Mailand, ein Vertrag aufgesetzt: Nuvolari sollte die Scuderia Ferrari – und Alfa Romeo – 1935 in die Schlacht führen – eine Schlacht im wahrsten Sinne des Wortes, denn die Zeit der eleganten Amateure war vorbei. Die Scuderia war nun ein durch und durch professioneller Rennbetrieb geworden.

Und es begann vielversprechend. Nuvolari und Dreyfus eröffneten die neue Saison mit einem Doppelsieg bei Pau im äußersten Südwesten Frankreichs auf geringfügig modifizierten und modernisierten P3s. Aber die Konkurrenz war mittelmäßig und kaum mit künftigen Gegnern zu vergleichen. Dann tat sich fast zwei Monate nichts im Renngeschehen, und diese Pause nützten Ferrari und Bazzi, um einen der kühnsten Rennwagen der Geschichte fertigzustellen. Zu dieser Zeit wurden mehrere Rennen der Formula Libre in Europa und Afrika veranstaltet, wobei die wichtigsten Wettbewerbe in Tripolis und auf der Berliner AVUS stattfinden sollten. Auf dem Jahresbankett der Scuderia im Dezember 1934 hatte Luigi Bazzi Ferrari das Konzept eines speziellen Wagens mit einem Zwillingsmotor – einem sogenannten *bimotore* – vorgestellt, der von der Scuderia aus Alfa-Komponenten gebaut werden sollte. Das Preisgeld war lukrativ – und wie sonst sollte man im übrigen die Deutschen schlagen?! Ferrari gefiel die Idee, und in den Wintermonaten des neuen Jahres arbeiteten Bazzi und der Vorarbeiter der Werkstatt, Stefano Meazza, an der extremen Maschine: Das Fahrgestell eines normalen Alfa-*monoposto* wurde um 15 Zentimeter verlängert und so verstärkt, daß es einen zweiten Motor tragen konnte, der hinter dem Fahrer montiert wurde. Dann konstruierten und bauten Bazzi und der Ingenieur Arnaldo Roselli ein wahnsinnig kompliziertes Antriebssystem, das die beiden Achtzylinder-Alfa-Grand-Prix-Motoren mit den Hinterrädern verband. (Aus heutiger Sicht hätte vielleicht ein Vierradantrieb die größte Schwäche des Wagens beseitigt – den Reifenverschleiß.)

Zwei *bimotore* sollten gebaut werden. Der eine würde zwei der neuesten 3,1-Liter-Alfa-Grand-Prix-Kompressormotoren bekommen, der andere zwei von den älteren 2,9-Liter-Maschinen. Beide Wagen wogen ungefähr 1270 Kilogramm (oder etwa eine halbe Tonne mehr als die 750 Kilogramm schwere deutsche Konkurrenz) und erzielten zwischen 520 und 540 PS. Man rechnete damit, daß diese Giganten bei ihrem Debüt auf den langen Geraden von Tripolis über 320 km/h schnell sein würden. Nuvolari bekam den Wagen mit dem größeren Motor, Chiron den 2,9-Liter-Wagen. Die Autos waren beängstigend schnell, aber mit ihrem außerordentlichen Gewicht hatten sie einen unglaublichen Reifenverschleiß. Nuvolari kam als Vierter ins Ziel – nach dreizehn Reifenwechseln! Chiron wurde Fünfter. Caracciola kam mit seinem serienmäßigen Mercedes-Benz-Grand-Prix-Wagen zu einem leichten Sieg. Zwei Wochen später versuchte es das Team noch einmal, auf der AVUS. Wieder waren die Reifen die Achillesferse, und Nuvolari konnte nicht schneller als 280 km/h fahren, ohne daß es die belgischen Engleberts buchstäblich von den Felgen fetzte. Die Reifen paßten so schlecht zu diesem Monstrum, daß Georges Englebert, der Präsident der Firma, Nuvolari persönlich dafür gedankt haben soll, daß er bei der Pressekonferenz nach dem Rennen kein Aufhebens vom Versagen dieser Reifen gemacht hatte. Chiron fuhr vorsichtig wie auf Eis und schlich mit dem anderen *bimotore* in einigem Abstand als Zweiter durchs Ziel. Aber eins war klar: Diese Autos waren zwar technisch interessant, aber einfach viel zu schwer und unhandlich für die Rennreifen, die es damals gab.

Indes, war es nicht auf andere Weise denkbar, mit diesen Maschinen das Gesicht zu wahren? Ein paar Monate zuvor hatte Hans Stuck mit 320 km/h über die fliegende Meile einen internationalen Rekord der Klasse C aufgestellt. Wenn man diese Rekordmarke, noch dazu auf italienischem Boden, übertreffen könnte, wäre das doch ein toller Gag und würde das Fiasko von Tripolis und Berlin vergessen lassen. Der Rekordversuch war für den 15. Juni auf derselben Autobahn angesetzt, auf der Stuck seinen Rekord erzielt hatte, nämlich der Autostrada Florenz – Viareggio, und zwar auf einer flachen Geraden zwischen den beiden Abfahrtsrampen zum Dorf Altapascio bei Lucca. Mit den neuen Reifen von Dunlop (dem britischen Unternehmen, das die Hochgeschwindigkeitsversionen für Sir Malcolm Campbells Weltrekordwagen vom Typ Bluebird hergestellt hatte) war der größere *bimotore* bereit für Tazio Nuvolaris Eisenfuß. Noch ehe der Morgen vorbei war, war er in Rekordzeit über die Autostrada gefegt, wobei er eine ganze Reihe internationaler Rekorde brach, die Stuck aufgestellt hatte: Zwischen den Zeitschranken war er auf eine Spitzengeschwindigkeit von 336,18 km/h gekommen. Während der Jubel aufbrauste, bemerkte jemand, daß damit der Ferrari-Alfa und Nuvolari die schnellste Kombination von Auto und Fahrer auf der Welt darstellten – nach Campbell und seinem Bluebird, die den absoluten Rekord von 484,609 km/h hielten.

Dieses *bimotore*-Auto sol das erste gewesen sein, das Ferraris Firmenschild getragen hat, obwohl die Historiker den Stammbaum bestreiten und einige darauf bestehen, daß es nur ein hochgezüchteter Alfa Romeo gewesen sei. Immerhin versetzte es die Nation in Hochstimmung und verstärkte das Ansehen der Scuderia – und das zu einer Zeit, als ihre eigentlichen Grand-Prix-Wagen von den Deutschen mit deprimierender Regelmäßigkeit vernichtend geschlagen wurden.

Aber es gab schließlich noch einen letzten, denkwürdigen Triumph für die Scuderia Ferrari, ehe man endgültig vor der Attacke der Deutschen kapitulierte. Das geschah am 28. Juli 1935 beim Großen Preis von Deutschland am Nürburgring, einem Rundkurs, der allgemein als anspruchsvollste Rennstrecke der Welt galt. Und es ging völlig in Ordnung, daß Tazio Nuvolari, vielleicht der größte Rennfahrer aller Zeiten, in diesem erstaunlichen Augenblick der Rennsportgeschichte eine Schlüsselrolle spielte.

Traditionsgemäß waren die wichtigen Teams im Hotel Eifeler Hof bei Adenau untergebracht, wo sich die kleine Bruderschaft dieser kühnen Männer vor dem Rennen traf. Neben Nuvolari, seiner langmütigen Frau Carolina und seinem ältesten Sohn Giorgio waren auch Chiron und Brivio zugegen, der für den erkrankten Dreyfus einsprang. Gegenüber den drei Alfa Romeos war eine wahre Division deutscher Automobile aufgezogen: fünf Mercedes-Benz und vier Auto Union, alle mit Aluminiumkarosserien (daher ihr Spitzname »Silberpfeile«), roten Nummern und bedrohlichen rot-schwarzen Hakenkreuzen. Fünf Maseratis, ein einziger Bugatti und ein englischer ERA machten das Feld komplett, aber für die Zuschauer (über 400000 waren in den Wäldern entlang der gewaltigen Strecke verstreut) war nur eine Frage interessant: Welches der deutschen Teams würde gewinnen? Auch wenn Nuvolari im Training sein ganzes Genie bewiesen und die schnellste Qualifikationszeit des tollkühnen Bernd Rosemeyer eingestellt hatte, wurde er als Konkurrent nicht ernsthaft in Betracht gezogen.

Der Tag des Rennens begann mit einem Nieselregen, der die umliegenden Eifelberge einhüllte. Aber als ein wahres Heer von Nazi-Sturmtrupps die zwanzig Rennwagen zum breiten Startfeld eskortierte, blitzte die Sonne zwischen den aufgerissenen Wolken hervor; die Strecke allerdings blieb fast den ganzen Tag feucht. In der ersten Startreihe flankierten die beiden Mercedes-Benz von Caracciola und Fagioli den Alfa von Nuvolari – wie ein metallisches Sandwich, bei dem ein roter italienischer Happen zwischen zwei sicheren Siegern eingeklemmt war. Aber das war Tazios Tag, und er schoß mit seinem alten Alfa von der Startlinie, als ob er Drogen in seinen Tank gespritzt hätte. Während der ersten Runden fuhr er ein bravouröses Rennen, aber da es ihm an Tempo fehlte, wurde er auf der fünf Kilometer langen Zielgeraden (die über zwei scheußliche gewölbte Brücken führte, auf denen die Autos abhoben) regelmäßig von den Mercedes-Benz- und Auto-Union-Wagen geschluckt. Zu allem Übel fielen Brivio und dann auch Chiron wegen Getriebeschadens aus, so daß Nuvolari allein den Kampf fortsetzen mußte.

In der elften Runde legte Nuvolari einen Routine-Tankstopp ein, bei dem er viel zu spät wieder herauskam, weil eine Pumpe ausgefallen war und der Tank von Hand aus schwappenden Benzinkanistern gefüllt werden mußte. Er platzte fast vor Wut über diese Verzögerung, und als er wieder in den Alfa sprang, war er weit auf den sechsten Platz zurückgefallen.

Und dann begann, was viele für eine der größten fahrerischen Leistungen in der Geschichte des Rennsports halten – ein titanischer Fahrer versuchte auf einer herrlichen Rennstrecke das Unmögliche wahr zu machen. In diesem Augenblick schien Nuvolari in eine andere Sphäre abzuheben. Selbst die Zuschauermassen, die sich über die Absperrungen lehnten oder sich um die Lagerfeuer scharten, spürten, daß hier ein Meister am Werk war. Er bremste kaum vor den Kurven ab, diesen Biegungen und Senkungen, bei denen einem der Magen hochkam – am Flugplatz, am Bergwerk, am berüchtigten Karussell und durch die gefährlichen Knicke des Pflanzgartens. Er schoß mit Vollgas in die Kurven und riß den Alfa dann mit einer Reihe spektakulärer Powerslides herum, wobei er mit angelegten Ellenbogen wie verrückt am Lenkrad wirbelte, um die Kontrolle zu behalten.

Im späteren Verlauf des Rennens hatte Manfred von Brauchitsch die Führung übernommen, als die anderen deutschen Asse nur noch zögerlich vorankamen oder stehenblieben. Sie alle konnten die mystische Aura dieses kleinen Mannes spüren, der sich wie ein Terrier durch den gewaltigen Rundkurs biß. Als die letzten drei Runden begannen, lag Nuvolari nur noch 63 Sekunden hinter dem führenden von Brauchitsch. Von den Boxen wurden dem Deutschen hektische Zeichen gegeben, als er die zwanzigste von insgesamt zweiundzwanzig Runden hinter sich gebracht hatte. Vom Presseturm aus verfolgte Hitlers ergebener Gefolgsmann Hühnlein das Rennen mit zunehmender Unruhe. Er hatte bereits sein Redemanuskript in der Hand, einen dieser typischen chauvinistischen Pressetexte, in denen wieder einmal ein deutscher Sieg gefeiert wurde – vor zehn Radiomikrophonen und einer Meute hingerissener Nazi-Journalisten. In der vorletzten Runde wußte Neubauer, daß sein Mann in Schwierigkeiten war. Den Berichten seiner Beobachter am Ring zufolge verkürzte Nuvolari den Abstand in einem atemberaubenden Tempo. Der clevere Rennleiter begab sich an den Pistenrand, als von Brauchitsch vorbeidonnerte. Am rechten Vorderreifen war eine weiße Naht sichtbar – ein Zeichen dafür, daß an dieser Stelle die Gummilauffläche durchgewetzt war. Dreißig Sekunden später schoß Nuvolari vorbei. Decimo Compagnoni, sein getreuer Mechaniker, der beim Boxenstopp Nivolas Ärger über sich hatte ergehen lassen müssen, langte nach einer kleinen Flasche Cognac, die er in einem Werkzeugkasten versteckt hatte. Der Druck wurde unerträglich. Konnte es Nuvolari noch schaffen? Noch lag eine dieser irren 22,65 Kilometer langen Runden vor ihm.

Eine NSKK-Schwadron mit schwarzen Motorradhelmen stand in Bereitschaft, um eine riesige Hakenkreuzfahne an dem Mast zu hissen, der die Haupttribüne überragte. Im Lautsprecherturm lag schon die Schallplatte mit dem »Horst-Wessel-Lied« auf dem Teller für den sicher geglaubten deutschen Sieg bereit. Inzwischen setzte Nuvolari draußen auf dem Rundkurs seine kamikazehafte Aufholjagd fort und flitzte an den Kieferngruppen vorbei, die die Strecke säumten und die feuchte Piste vor der niedrig stehenden Nachmittagssonne abschirmten. Und dann vernahmen die Massen auf den Tribünen über den Boxen wie die versammelten Teams die schokkierende Information aus dem Lautsprecher. Es war die Stimme des Reporters, der an der überhöhten 180-Grad-Kurve des Karussells postiert war, etwa zehn Kilometer vom Ziel entfernt. Seine Stimme überschlug sich. »Brauchitschs Reifen ist geplatzt! Nuvolari ist an ihm vorbeigezogen! Brauchitsch versucht ihn mit einem platten Reifen wieder einzuholen!«

Die erniedrigende Niederlage war nicht mehr abzuwenden. Nuvolari überquerte die Ziellinie als klarer Sieger. Dann Stuck, Caracciola, Rosemeyer und schließlich von Brauchitsch, den Tränen nahe. Hühnlein zerriß seine Rede und stapfte grimmig zum Siegerpodest. Traditionsgemäß sollte nun die Nationalhymne des siegreichen Fahrers gespielt werden, aber da man so felsenfest an einen deutschen Sieg geglaubt hatte, lag keine Aufnahme mit der italienischen Nationalhymne bereit. Doch Nuvolari hatte offenbar mit einer derartigen Panne gerechnet und seine eigene Platte mitgebracht, die der inzwischen leicht angesäuselte Decimo im Pressezentrum ablieferte.

Nuvolari war überaus populär bei deutschen Rennsportfans, und nachdem sich der erste Schock der nationalistischen Enttäuschung wieder gelegt hatte, bereiteten die Deutschen dem kleinen Italiener einen begeisterten Empfang. Besonders die Insider bei den deutschen Teams mochten und respektierten ihn, und ohne Varzis Veto hätte er längst einen Platz bei Auto Union gehabt.

Enzo Ferrari war natürlich nirgends zu sehen. Wie üblich war er zu Hause in Modena und wurde telefonisch von Ugolini über diese erstaunliche Meisterleistung unterrichtet. Eigentlich hätte es eine enorme Befriedigung für ihn sein müssen, daß das As der Scuderia die besten deutschen Fahrer auf ihrer eigenen Rennstrecke besiegt hatte, aber in weiser Voraussicht gab er sich keiner Selbsttäuschung hin. Bei diesem Sieg hatten sie einfach Glück gehabt – sie verdankten ihn nicht nur Nuvolaris genialer Fahrkunst, sondern auch von Brauchitschs Reifenpanne und anderen technischen Mängeln, die Männer wie Caracciola und Stuck behindert hatten. Es war ein Augenblick des nationalen Hochgefühls, dem sich die Italiener begeistert hingaben – nur Ferrari starrte düster in die Zukunft. Denn eins war sicher: Wenn das Mussolini-Regime nicht gewaltige Mittel zuschoß, damit sie die Attacke der Deutschen abwehren konnten, würde auf den europäischen Grand-Prix-Kursen nie wieder die italienische Nationalhymne gesungen werden.

[Siehe auch Anmerkungen zum 6. Kapitel, S. 431.]

7

Auch wenn Enzo Ferrari immer wieder erklärte, daß er sich nicht für Politik interessiere, mußte er doch einsehen, daß der Einmarsch von Mussolinis Truppen in Abessinien am 3. Oktober 1935 nicht nur für seinen Rennbetrieb, sondern für sein ganzes Vaterland eine schicksalhafte Wende markierte. Es war ein törichter, aberwitziger Feldzug, der eher aus Trotz und falschem Stolz als zum Nutzen der Nation unternommen wurde. Der Angriff auf dieses alte, von Dürre heimgesuchte, korrupte Königreich, das nun Äthiopien hieß, hatte dem Duce schon seit 1928 vorgeschwebt und war im Grunde nichts weiter als ein Akt der Vergeltung für die Niederlage der Italiener und ihre Vertreibung aus Abessinien im blutigen Krieg von 1895/96.

Doch für Ferrari gingen die Geschäfte weiter, und die Bombardierung barfüßiger Eingeborener im fernen Afrika bedeutete ihm fast nichts. Nur eines war neu: Alfa Romeo begann nun den gewaltigen Druck des Regimes zu spüren, und dies wirkte sich vor allem in der zunehmenden Produktion von Kriegsmaterial aus, aber auch auf den Grand-Prix-Rennsport, bei dem bessere Ergebnisse erwartet wurden.

Zu allem Verdruß befand sich auch noch Vittorio Jano in einer Krise. Der fabelhafte Konstrukteur schien sich verrannt zu haben, und zwar vor allem, weil er in Bereichen tätig war, in denen ihm die nötige Sachkenntnis fehlte. Jano hatte von Gobbato den Auftrag bekommen, einen luftgekühlten Sternmotor für Jagdflugzeuge zu konstruieren (Konstruktionscode: AR D2), und war kläglich gescheitert. Man muß Jano allerdings zugute halten, daß er Experte für hochtourige, wassergekühlte Automobiltriebwerke mit kleinem Hubraum war, die in technischer Hinsicht Lichtjahre entfernt waren von den gigantischen, niedertourigen, luftgekühlten Sternmotoren, die die Luftwaffe brauchte. Nach den enttäuschenden Ergebnissen des AR-D2-Projekts sah sich Gobbato deshalb veranlaßt, Jano als technischen Leiter aller Alfa-Romeo-Projekte zu suspendieren und ihn nur noch im Pkw- und Lkw-Bereich einzusetzen.

Diese Beschneidung seiner Zuständigkeit versetzte Janos Engagement zweifellos einen schweren Schlag; auch wenn er nach so vielen Jahren der Firma gegenüber weiterhin loyal blieb, waren seine Leistungen fortan meist nur noch mittelmäßig.

Für den Großen Preis von Italien in Monza hatte er einen neuen Rennwagen gebaut, der zwar eine Verbesserung gegenüber den veralteten P3s darstellte, dessen Leistungsfähigkeit aber begrenzt war. Der neue 8C-35, wie das Auto genannt wurde, war nichts weiter als eine runderneuerte Version der alten Maschine, deren verbesserter Achtzylinder-Reihenmotor direkt auf Janos P2 aus den zwanziger Jahren basierte. Tatsächlich hatte er die Konstruktionszeichnungen für einen 4-Liter-V12-Motor, der 370 PS leistete, fast fertig in der Schublade, aber mit seinen Konzepten für das Fahrgestell schien er sich total verrannt zu haben. Während die deutschen Autos niedrig und breit waren, damit der Schwerpunkt tiefer lag, schienen Janos hohe und schmale 8Cs die Naturgesetze ignorieren zu wollen. Immerhin konnte Nuvolari die neue Einzelradaufhängung und die verbesserten hydraulischen Bremsen zu seinem Vorteil nutzen und beim Großen Preis von Italien im September die schnellste Runde fahren, ehe er mit einem Kolbenfresser ausschied. Dann fuhr er mit dem zweiten 8C von René Dreyfus weiter und wurde noch Zweiter.

Wieder einmal schwelgte die italienische Presse in großen Erwartungen. Man hatte immerhin soviel mitbekommen, daß die Wagen in Monza nur mit den alten 3,8-Liter-Motoren der P3s gelaufen waren, und gab sich nun der Illusion hin, daß die Alfas es den Deutschen schon zeigen würden, wenn erst einmal die neuen Zwölfzylinder-V-Motoren eingebaut waren. Das Werk hatte eine merkwürdige Vereinbarung mit der Scuderia getroffen: Man ließ sich herbei, Ferrari sechs 8Cs zu einem günstigen Preis zu überlassen – unter der Bedingung, daß sämtliche Preisgelder an Alfa Romeo gingen. Ferrari kam in den Genuß von Startgeldern, Sponsorenverträgen und ähnlichem, während die Fahrer des Teams auf Pkws, die sie kaufen würden, einen Nachlaß bekamen.

Enzo Ferrari ging völlig auf in der Rolle des rund um die Uhr beschäftigten Renncapos und widmete sich ganz der Wettkampfplanung für sein Team. Bei Alfa war die Pkw-Produktion fast eingestellt worden, so daß er als Händler nur noch unbedeutende Verkäufe erzielte. Abgesehen vom Verkauf einiger neuer Alfa-8C-2900-Sportwagen an eine exklusive Klientel von Amateuren und von ein paar 6C-2300-»Pescara«-Limousinen mit maßgeschneiderter Karosserie an wohlhabende Herrenfahrer bestritt er sein Einkommen ausschließlich aus dem Rennsport. Zu dieser Zeit machte die Scuderia einen Jahresumsatz von fast zwei Millionen D-Mark, aber da sie eine Belegschaft von über dreißig Technikern und Mechanikern unterhielt und der Rennbetrieb mit seinen Reisen in ganz Europa gewaltige Kosten verursachte, lebte Ferrari noch immer bescheiden in der kleinen Wohnung über der Werkstatt. Der kleine Dino blieb auch weiterhin ein zartes, schwaches Kind und war so oft durch Krankheiten ans Bett gefesselt, daß er von den üblichen Spielen mit anderen Knaben seines Alters fast gänzlich ausgeschlossen war. Enzo Ferrari war nicht nur als Arbeitgeber hart, und Menschen aus seiner näheren Umgebung erinnern sich, daß Dino Angst vor der Launenhaftigkeit seines Vaters hatte. Da sich Ferraris Reisen nunmehr zunehmend auf die Städte in der Poebene beschränkten, lebte die kleine Familie mehr und mehr im Alltagsrhythmus des italienischen Kleinbürgertums.

Als Italien in Äthiopien einmarschierte, absolvierte das Team gerade einen Test mit den 8Cs bei Livorno. Die ganze Nation war in chauvinistischer Hochstimmung, und überall, auch in der Scuderia, wurde über den Angriff lebhaft diskutiert, aber nirgendwo in seinen Erinnerungen erwähnt Ferrari dieses Ereignis. Auch nicht den Zwischenfall, der im Februar 1936 passierte: Als das Team zur Saisoneröffnung nach Pau fahren und die französische Grenze passieren wollte, wurde es in Ponte San Luigi zurückgewiesen. Und das war nur eines von vielen Alarmzeichen dafür, daß sich die internationale Lage rapide verschlechterte – nur Ferrari hielt es offenbar für nicht erwähnenswert.

Damit soll freilich nicht gesagt werden, daß sich Ferrari und sein Unternehmen total gegen den faschistischen Zeitgeist abgeschirmt hätten. Während dieser Epoche gab das Team eine Zeitschrift mit dem Titel *La Scuderia Ferrari* heraus, die über die rennsportlichen

Aktivitäten berichtete und sich im üblichen faschistischen Maulheldentum und in Lobhudeleien für Mussolini und seine Anhänger erging. Es ist zwar nicht anzunehmen, daß Enzo Ferrari besondere Sympathien für die Bewegung hegte, aber seine Firmenzeitschrift, für die er Beiträge schrieb und die er herausgab, lag ganz auf der Linie der Partei. Doch da er nun einmal von Alfa Romeo abhängig und die Firma ein staatliches Unternehmen war, hatte er natürlich keine andere Wahl.

Als die Saison von 1936 langsam auf Touren kam, zog sich Didi Trossi zurück. Nach der offiziellen Version verließ er die Scuderia, weil der Professionalismus, der sich nun überall breitmachte, diesem großartigen Amateur gegen den Strich ging. Aber Ferrari, der mit dem Vorsitz auch die Macht in der Scuderia übernommen hatte, wird dem schon kräftig nachgeholfen haben. Jedenfalls endete damit die Farce von Trossis Anwesenheit, denn Ferrari hatte das Team von Anfang an völlig in der Hand gehabt.

Auch Chiron und Dreyfus gehörten nun nicht mehr zur Scuderia. Caracciola hatte Chiron einen Platz im Team von Mercedes-Benz besorgt. Der Monegasse rechtfertigte seinen Wechsel nach Stuttgart damit, daß er behauptete, Ferrari habe Abstriche bei ihren finanziellen Vereinbarungen gemacht. Einer anderen Version zufolge holte Mercedes-Benz Chiron nur deshalb ins Team, um Spannungen zwischen Deutschland und Frankreich zu verringern, aber diese Theorie entbehrt jeglicher Grundlage. Andere französische Fahrer waren für diesen Teamplatz sicher besser qualifiziert, darunter auch Dreyfus. Aber die Tatsache, daß Vater Dreyfus Jude war, disqualifizierte diesen sofort, und so kehrte er nach Frankreich zurück, um bei der vom Pech verfolgten Rennabteilung von Talbot einzusteigen.

Daß die Scuderia bei den Startgeldern so erfolgreich war, hatte sie natürlich dem ungeheuer populären Nuvolari zu verdanken, der für 1936 erneut unter Vertrag genommen werden konnte. Ein wenig hat da wohl das Mussolini-Regime nachgeholfen, denn man konnte es nicht einfach durchgehen lassen, daß nach Varzi auch noch der geliebte Nivola zu den Deutschen überlief. Auch Brivio war geblieben, und mit dem 29jährigen Giuseppe »Nino« Farina bekam das Team eine gute Verstärkung. Der Sohn des ältesten der beiden Farina-Brüder, denen die Turiner Karosseriebaufirma gehörte, war so etwas wie ein Renaissancemensch: Er hatte einen Doktortitel in Politologie und betrieb eine Reihe von Sportarten mit einigem Talent. Nachdem er zunächst mit einer militärischen Karriere geliebäugelt hatte, wurde er Rennfahrer und unter gelegentlicher Anleitung von Nuvolari rasch einer der begabtesten Amateure von ganz Italien. Farina war bekannt für seinen herrischen, arroganten Fahrstil – typisch die an den Duce erinnernde Pose mit dem vorgereckten Kinn und die steif vom Lenkrad gereckten Arme. Mit einigem Erfolg war er 1935 für Maserati gefahren, ehe er zur Scuderia ging. Ferrari, der stets ein Faible für Fahrer mit einer vage selbstmörderischen Attitüde hatte, gelangte schnell zu der Ansicht, daß der junge Mann eine große Zukunft hatte. Für eine weitere Saison gehörte dem Team auch noch Carlos Pintacuda an, ein solider Fahrer, der sich als Sportwagenfahrer hervortat (1935 hatte er die Mille Miglia gewonnen), gelegentlich aber auch bei Grand-Prix-Rennen brillierte.

Doch selbst Nuvolari, der wie ein junger Gott fuhr, konnte nicht verhindern, daß die Saison 1936 für Auto Union ein Kinderspiel, für Alfa Romeo und Mercedes-Benz hingegen eine Katastrophe wurde. Dr. Porsche, genial wie immer, hatte den Hubraum der V-16-Motoren von Auto Union auf sechs Liter vergrößert und dadurch die Leistung auf 520 PS erhöht. Und das waren fast 150 PS mehr, als Janos Zwölfzylindermaschine produzierte, die zum erstenmal im Mai in Tripolis vorgestellt wurde. Darüber hinaus fuhr im Auto-Union-Team auch der überragende Bernd Rosemeyer, der in seiner zweiten kompletten Rennsaison fünf der elf Grand-Prix-Rennen, an denen er teilnahm, gewinnen sollte. Unter seiner Führung hielt das Team auch den Erzrivalen Mercedes-Benz souverän in Schach, dessen Ingenieure ausnahmsweise einmal einen eklatanten Fehlgriff taten, als sie W25er ins Rennen schickten, die sich mit ihrem kurzen Radstand so schwer bändigen ließen wie durchgehende Pferde. Auch für Achille Varzi war es ein schlimmes Jahr; er hatte ein Verhältnis mit Ilse Pietsch angefangen, der Exfrau von Paul Pietsch, der zeitweise für Auto Union fuhr. Es ist freilich noch immer umstritten, wie es der Morphiumsüchtigen gelungen war, den depressiv veranlagten Varzi ebenfalls von der Droge abhängig zu machen – mit der Folge, daß Varzis Karriere am Ende des Zweiten Weltkriegs ruiniert war. Aber Varzis Abstieg wurde von der Scuderia Ferrari kaum registriert, am wenigsten von Nuvolari, der zwar noch immer wie ein Verrückter fuhr, aber nur vier Rennen gewinnen konnte, darunter auch den amerikanischen Vanderbilt Cup, an dem die Deutschen nicht teilnahmen. Die V12er, die sogenannten 12C-36er, waren ganz passable Autos – immerhin die drittschnellsten Grand-Prix-Wagen der Welt –, aber gegen die Wagen von Auto Union wirkten sie saft- und kraftlos.

Im Juni hatte der Spanische Bürgerkrieg begonnen, und Mussolini hatte die Republikaner unter Franco massiv unterstützt. Fälschlicherweise wird den Deutschen und den Russen ein Löwenanteil an dieser Unterstützung von außen zugeschrieben, aber deren Kontingente nahmen sich verschwindend gering aus neben den 50 000 Mann, den 150 Panzern, 600 Kampfflugzeugen und 800 schweren Artilleriewaffen, die von Italien in Spanien eingeschleust wurden. Diese zusätzlichen Kriegsanstrengungen führten – auch wenn die Äthiopier im Prinzip unterworfen waren – zu Mehrarbeit bei Alfa Romeo, und damit trat ein Mann auf den Plan, den Enzo Ferrari vielleicht mehr als jeden anderen in seinem siebzigjährigen Berufsleben haßte.

Sein Name war Wifredo Pelayo Ricart y Medina, kurz Ricart genannt. Er hatte eine abgeschlossene Ingenieursausbildung und kannte Gobbato seit einer Reihe von Jahren. Man weiß wenig über seinen politischen Background, aber da er nichts Eiligeres zu tun hatte, als Spanien zu verlassen und nach Italien zu gehen, verfügte dieser Katalane aus vornehmer Familie zweifellos über beste Verbindungen zum faschistischen Regime. Er war von Haus aus Konstrukteur von Flugzeugmotoren, und darum übertrug ihm das Werk in Portello als erstes die Überarbeitung und Verbesserung der Flugzeugtriebwerke – vermutlich auch der miserablen Fehlkonstruktion von Jano. Er war 39 Jahre alt, ein strenger, verschlossener Mann, der Probleme genauso analytisch anging wie Gobbato. Damit hatte er sofort Enzo Ferrari, Jano und die ganze alte Garde gegen sich – Leute also, die keine fundierte Ausbildung genossen hatten und die sich beim Bau von Motoren ganz auf ihre Rennerfahrung wie auf ihren Instinkt verließen. Vor allem aber fehlte Ricart (dem die Ferrari-Clique gleich den Spitznamen *lo spagnolo* verpaßte) eine entschiedene Leidenschaft für den Rennsport. Er war ein gelernter Maschinenbauingenieur und hatte die Gewohnheit, jedes Projekt konzentriert methodisch anzugehen, so daß er eher an einen Chirurgen erinnerte als an einen ölverschmierten Rennwagenmechaniker.

Von allen Menschen, die im Laufe seines Lebens mit Ferraris starker Persönlichkeit kollidierten, schien keiner ihn so sehr in Rage gebracht zu haben wie Wifredo Ricart. In seinen Erinnerungen besteht Ferrari kleinlich darauf, ihn »Vilfredo Ricard« zu nennen, und er erzählt wirklich dumme und gehässige Geschichten über ihn.

Natürlich mußte sich Ferrari durch Ricart bedroht fühlen, und zwar mit gutem Grund. Man darf schließlich nicht vergessen, daß das Ferrari-Nuvolari-Jano-Team sich zwar alle Mühe gab, aber immer wieder von den Deutschen gnadenlos vernichtend geschlagen wurde. Beispielsweise wurde Janos kopflastiger 8C-36 mit Nuvolari am Steuer bei der Coppa Acerbo von 1936 auf den langen Geraden bei Pescara mit 244,5 km/h gestoppt. Die Wagen von Auto Union fuhren allerdings auf der gleichen Geschwindigkeitsmeßstrecke 294,4 km/h! Nur dank Nuvolaris überragendem Fahrvermögen und seinen eisernen Nerven konnten die Alfas überhaupt noch mithalten, und auch dann nur auf den kürzeren, kurvenreicheren Rundkursen. Zweifellos wurde der gute Faschist Gobbato von Ciano und vielleicht von Mussolini selbst unter Druck gesetzt. Einer Nation, die so sehr auf Selbstwertgefühl und übertriebenem Nationalismus gegründet war, mußte natürlich das miserable Abschneiden von Italiens Toprennwagen Kummer und Schande bereiten.

Wifredo Ricart war angetreten, Alfa Romeo sowohl bei den Rennsportschlachten sozusagen wieder auf die richtige Spur zu bringen als auch im Unternehmensbereich Flugzeugmotorenbau neue Impulse zu vermitteln, denn schließlich winkten lukrative Aufträge seitens der IRI. Vereinfacht gesagt, waren sowohl die Leistungen der Scuderia wie die Janos ungenügend. Im Laufe der Zeit haben sich die blindlings ergebenen Chronisten und Hofberichterstatter von Janos und Ferraris Verdiensten für Alfa nach allen Regeln der Kunst bemüht, die Tatsache zu verschleiern, daß ihre Rennmaschinen seit 1934 – die späten P3s, die 8C-35er und die 12C-36er – ausgesprochene Flops gewesen waren. Angesichts dieser ständigen Mißerfolge ist es jedoch verständlich, daß Gobbato und das Alfa-Management diesen Zustand radikal ändern wollten.

Das taten sie denn auch im März 1937: Alfa Romeo kaufte achtzig Prozent der Anteile an der Scuderia Ferrari und eröffnete ihrem Boß, daß das Rennsportprogramm künftig wieder von der Zentrale in Portello organisiert werden würde. Wieder einmal erinnert sich Ferrari an diese einschneidende Veränderung nur vage und mit dunklen Andeutungen (»Sie regelten für mich auch die Abwicklung der Scuderia Ferrari und stellten mich als Rennmanager ein«), aber es ist anzunehmen, daß dies ein langer und schwerer Kampf war. Schließlich war Enzo Ferrari immerhin der Commendatore von Alfa Romeos Grand-Prix-Rennprogramm. Und wenn er diese Position verlor, mußte er in den Augen seiner Vorgesetzten versagt oder zumindest ihr Mißfallen erregt haben. So müssen denn die Jahre von 1935 bis 1938 voller Frustration gewesen sein für einen Mann, der sehr dünnhäutig war und der sich seit fünfzehn Jahren gewissenhaft – und erfolgreich – bemüht hatte, sich in den oberen Etagen des Unternehmens lieb Kind zu machen. Das alles schien nun für die Katz gewesen zu sein...

Eine Zeitlang kämpfte Ferrari verzweifelt darum, seine Organisation angesichts der Veränderungen in Portello zusammenzuhalten. Für 1937 nahm er erneut Nuvolari als Spitzenfahrer des Teams unter Vertrag, obwohl es ein offenes Geheimnis war, daß der großartige Fahrer sowohl von Auto Union (denen jetzt der drogenabhängige Varzi fehlte) als auch von Mercedes-Benz hofiert wurde. Das Stuttgarter Unternehmen hatte mit Hilfe des hochbegabten jungen Konstrukteurs Rudolf Uhlenhaut verbesserte Achtzylinder-Reihenmotoren entwickelt, die es in der Rennversion auf über 600 PS brachten. Mit Sicherheit gab Tazio Nuvolari dem Druck des Mussolini-Regimes nach, das ihn aufforderte, nicht nach Deutschland zu gehen, bevor sich die Umorganisation bei Alfa Romeo bewährt hätte. Außer ihm gehörten zum Team noch Farina, Brivio, Pintacuda und Mario Tadini, der sich inzwischen als Spezialist für Bergrennen etabliert, aber ansonsten kaum Erfolg hatte.

Vor allem brauchte Alfa Romeo leistungsfähige neue Autos, und darum wurden neue Leute von Gobbato eingestellt, der offensichtlich der Meinung war, daß man mit zwei selbständigen Entwicklungszentren in Portello und Modena erfolgreich sein könnte. So verstärkte Bartolomeo Constantini, der lange Zeit Ingenieur bei Ettore Bugatti gewesen war, die Belegschaft von Ricart, während Gioacchino Colombo, ein Protegé von Jano, im Mai 1937 Ferrari zugeteilt wurde.

In die internationale Rennsportszene war Bewegung gekommen. Die 750-Kilogramm-Formel hatte beunruhigende Geschwindigkeiten von über 320 km/h auf die Straße gebracht, und so mußte für 1938 das Reglement geändert werden. Danach waren nur noch Dreiliter-Kompressormotoren bzw. 4,5-Liter-Motoren ohne Vorverdichtung zugelassen – ein weiterer Versuch, die Wagen langsamer zu machen (der jedoch ebenfalls nicht funktionieren sollte). Darüber hinaus wurde des langen und breiten darüber berichtet, daß die AIACR 1940 die Formel erneut beschneiden und nur noch 1,5-Liter-Kompressormotoren zulassen würde. Und das hieß für Jano, Ricart, Ferrari, Colombo und all die anderen, die zur künftigen Entwicklung der Rennabteilung von Alfa Romeo beitrugen, daß für 1938 eine Reihe neuer Grand-Prix-Wagen gebaut und noch kleinere Motoren für die Jahre ab 1940 vorausgeplant werden mußten.

Als Colombo nach Modena ging, stapelten sich auf Janos Reißbrett die Konzepte: eine Notlösung für die laufende Saison 1937, den sogenannten 12C-37, aber auch jede Menge Ideen für Acht-, Zwölf-, ja sogar Sechzehnzylinder-Triebwerke für die Drei-Liter-Formel, die 1938 in Kraft treten würde. Colombo war der neue Leiter von Ferraris Konstruktionsteam, das aus Bazzi, Federico Giberti, Alberto Massimino und dem jungen Angelo Nasi bestand, der gleichfalls von Alfa abgestellt war. Sie hatten den Auftrag, eine kompakte 1,5-Liter-»voiturette« zu bauen, einen Einsitzer für eine Rennklasse, die sich gerade großer Beliebtheit bei Teams und Privatfahrern erfreute, die einfach keine Chance gegen die mächtigen deutschen Firmenteams hatten. Dieser Autotyp, der in Italien *vetturetta* hieß, wurde bereits von Maserati und der englischen Firma ERA hergestellt. Mit dieser *vetturetta* würden Ferrari und Alfa zwei Fliegen mit einer Klappe schlagen können: Damit könnten sie einige Rennen gewinnen, bei denen die Deutschen nicht vertreten waren, und zugleich auch die Chance nutzen, daraus einen vollwertigen Grand-Prix-Wagen zu entwickeln, falls und sobald die vorgesehene 1,5-Liter-Formel in Kraft trat.

Umstritten ist, wer auf die Idee kam, einen derartigen Rennwagen zu bauen. Ferrari hat sich nicht geziert, sich selbst das Verdienst daran zuzuschreiben. »In dieser Zeit – 1937, um genau zu sein – hatte ich die Idee, meinen eigenen Rennwagen in Modena zu bauen. Er sollte später unter der Bezeichnung Alfa 158 bekannt werden«, hat er schlankweg erklärt. Colombo hat allerdings eine andere Version der Geburtsstunde dieses Wagens zum besten gegeben: »Die Entscheidung von Alfa Romeo, ihre *vetturetta* in Modena in der Werkstatt des ehemaligen Ferrari-Teams bauen zu lassen, muß von Jano mit großer Erleichterung begrüßt worden sein. Das Management würde nun nicht mehr in Janos ohnehin schon gefährdete Pläne für den Grand Prix hineinreden, und außerdem würde er mich vorerst los sein. Er hat mich zweifellos als Assistenten geschätzt, aber vielleicht habe ich in dieser Zeit, als es drunter und drüber ging, zu hartnäckig darauf bestanden, etwas selbständiger arbeiten zu dürfen.«

Historisch gesehen spricht einiges für diese Version, doch läßt sie sich nicht schlüssig belegen. Bekanntlich hat Alfa Romeo trotz der regimetreuen Firmenpolitik damals über eine Reihe von neuen Wagen mit verschiedenen Motoren nachgedacht. So wurde etwa gleichzeitig an nicht weniger als sechs neuen Projekten gearbeitet, was absurd erscheint bei einem Unternehmen, das angeblich für die Rüstung arbeitete und finanziell stark eingeschränkt war. Hält man sich noch den internen Kleinkrieg zwischen Ferrari und Ricart vor Augen, bei dem Jano und sein Konstruktionsstab zwischen den Fronten standen, kann man sich das Chaos lebhaft ausmalen.

In dieser verrückten Situation fuhr Colombo an einem strahlenden Frühlingstag auf der Via Emilia nach Modena, um mit Ferrari über die neue *vetturetta* zu sprechen. Wer auch immer der Vater dieser Idee war – die Entscheidung, das Kapital für den Bau dieses Wagens bereitzustellen, wurde fraglos in Portello getroffen, auch wenn offenbar Ferrari selbst das letzte Wort bei der Gestaltung des Automobils hatte. Colombo berichtete, er habe Pläne für einen Einsitzer mit einem Mittelmotor dabei gehabt, die ungefähr auf dem Konzept des neuen Wagens der Auto Union basierten, der die Grand-Prix-Wettbewerbe am Anfang der Saison beherrscht hatte. Ferrari lehnte dieses Konzept rundweg ab: »Es war schon immer so, daß der Ochse den Karren *gezogen* hat.« Also mußte die neue Maschine mit dem Codenamen Tipo 158 ein Auto mit konventionellem Vorderantrieb sein, wie es der Commendatore wünschte. (Mit dem gleichen Argument hatte er es in den späten fünfziger Jahren fertiggebracht, daß sein Team um mindestens zwei Jahre hinter der neuen britischen Konkurrenz herhinkte.)

Man muß Ferrari allerdings zugute halten, daß er nie behauptet hat, ein Ingenieur zu sein. »Ich habe mich nie für einen Konstrukteur oder Erfinder gehalten, sondern für jemanden, der die Dinge in Bewegung setzt und sie am Laufen hält... mein angeborenes Talent, Menschen anzustacheln«, wie er es einmal beschrieben hat. Also war es doch das kleine Modeneser Team unter Colombo, das den Tipo 158 geschaffen hat. Allerdings sind die meisten Historiker der Ansicht, daß der Motor des neuen Wagens – ein Achtzylinder-Reihenmotor mit 1,5 Liter Hubraum und zwei Nockenwellen – im

Prinzip der halbe Motorblock des Sechzehnzylinder-Tipo 316 war, der fast gleichzeitig von Jano konstruiert worden war. Letzten Endes kann man aus alldem wohl nur schließen, daß es in dieser turbulenten Zeit einen überaus regen Ideenaustausch zwischen Portello und Modena gegeben haben muß.

Der neue 158 wurde »Alfetta« getauft. Von nun an wurde rund um die Uhr gearbeitet, und Ferrari trieb seine Mannschaft wie ein Berserker an. Er verbrachte die ganze Zeit damit, wichtige Dinge durch Kauf oder Tausch zu besorgen, wie Stahlrohre und Aluminiumblech, Zündkabel, Bremsteile, Benzin- und Ölpumpen, Kühler, Teile der Lenkung, Federn, Stoßdämpfer und eine Fülle anderer Komponenten, die in der ganzen Poebene von kleinen Spezialwerkstätten hergestellt wurden. Wie immer lief Enzo Ferrari zur Höchstform auf, wenn er ganz im Schöpfungsprozeß einer kühnen neuen Konstruktion aufging, die seiner Ansicht nach den Sieg im Rennen bringen würde.

Inzwischen war die offizielle Rennsaison eröffnet worden, und wieder waren die Deutschen über die Konkurrenz wie rasende Raubtiere hergefallen. Die neuen W125er von Mercedes-Benz waren sogar noch schneller, als man erwartet hatte, und verwiesen die Wagen von Auto Union auf die Plätze, die ihrerseits die Alfas noch weiter abhängten. Nuvolari war außer sich und fuhr einfach über seine Verhältnisse. Er verlor die Kontrolle und hatte beim Training für den Großen Preis von Turin einen Unfall, bei dem er sich die Rippen brach und eine Gehirnerschütterung erlitt. Zu allem Unglück starb auch noch sein Vater, und auf der Überfahrt nach Long Island, wo er am Vanderbilt Cup teilnehmen wollte, erfuhr er an Bord der *Normandie*, daß Giorgio, sein ältester Sohn, an einem Herzleiden gestorben war. In gedrückter Stimmung nahm er am Training für das Rennen teil, wobei der amerikanische Sandbahnstar Rex Mays entschieden schneller war als er und sein Teamgefährte Farina – und das ausgerechnet auf einem veralteten 8C-35 aus dem letzten Jahr.

Es war somit klar, daß der große Star über kurz oder lang aussteigen würde, auch wenn ihn Ciano und andere Funktionäre in Rom und Mailand immer wieder an seine Vaterlandspflichten erinnerten. Mitte August wurde er in Pescara an den Rand des Wahnsinns getrieben, als Jano und Ferrari zwei modifizierte 12C-37er für ihn und Farina mitbrachten – die niedrigere, rundum überholte Version der hohen 36er Kisten. Tazio hielt nur vier Runden durch, ehe er wieder an die Boxen zurückkehrte und den Wagen angewidert Farina überließ, der selbst gar nicht erst gestartet war. Ganz offenkundig war die Maschine also eine Katastrophe.

Beim Großen Preis der Schweiz saß Nuvolari dann hinter dem Steuer eines Wagens der Auto Union. Die italienische Presse steigerte sich in eine Hysterie hinein, die sich erst wieder legte, als der Maestro sich ganz offensichtlich in der ungelenken, übermotorisierten Maschine mit dem Heckmotor nicht wohl fühlte. Aber der Trend war unmißverständlich, und wenn es niemandem – ganz gleich ob Jano, Ferrari, Ricart oder Colombo – gelang, einen Rennwagen zu bauen, der die angegriffene Ehre Italiens wiederherstellte, dann würden schon bald Köpfe rollen. Denn schließlich war Italien dabei, sich auf den Schlachtfeldern von Spanien und in Gesellschaft seines neuen Verbündeten Deutschland als Großmacht darzustellen.

Das Ende kam beim Großen Preis von Italien. Er war von Monza nach Livorno verlegt worden, da Ciano in dieser Region zu Hause war und hier eine warmherzige und gastliche politische Stimmung herrschte. Im Vorjahr hatte Nuvolari ein bravouröses Rennen gefahren und die Deutschen auf dem 7,2 Kilometer langen Kurs an der Küste südlich von Pisa geschlagen. Nuvolari entschied sich für einen der älteren 12C-36er, weil er damit seinen Triumph von 1936 zu wiederholen hoffte, aber vergebens. Die überaus beeindruckenden W125er von Mercedes-Benz, mit Rudolf Caracciola und Hermann Lang am Steuer, waren unvergleichlich schneller. Wieder fuhr Nuvolari an die Boxen und überließ seinen Wagen in kalter Wut Farina. Der fuhr unverdrossen weiter und wurde schließlich mit großem Abstand Siebter und damit bester Italiener bei diesem Rennen.

Zwei Wochen später wurde Vittorio Jano, Italiens berühmtester Rennwagenkonstrukteur, entlassen. Wieder einmal brodelte die Gerüchteküche, derzufolge auch Ferrari aussteigen würde, um mit Jano ein Anti-Alfa-Team zu bilden. Jahrelang hatte Ferrari die Gründung einer sogenannten »Scuderia Italia« gefordert, in der alle wichtigen Hersteller ihre Bemühungen um den Grand-Prix-Rennsport auf nationaler Ebene bündeln sollten – natürlich unter seiner, Ferraris, Führung. Weder Fiat noch Lancia hatten sich für diese Idee erwärmen können, wenngleich der letztgenannte Konzern umgehend Jano einstellte, zum Teil als Ersatz für den Gründer Vincenzo Lancia, der vor einigen Monaten gestorben war.

Die Scuderia befand sich gleichsam im Belagerungszustand. Gobbato, der Ricart absolut vertraute, sprach offen über Pläne, den Rennbetrieb ganz zu übernehmen und wieder in Portello zu installieren. Das führte nur zu einer erhöhten Anspannung in Modena, wo Colombo, Giberti, Nasi, Massimino und Bazzi wie Akkordarbeiter für die Alfetta schufteten. Um den Druck ein wenig zu mildern, gaben Ferrari und Colombo ein paar Tage nach Janos Entlassung in Modena eine Pressekonferenz, auf der sie einen Prototyp des 158 vorstellten. Aber selbst dem naivsten und begeisterungsfähigsten Journalisten mußte sonnenklar sein, daß noch Monate vergehen würden, bis ein 158er tatsächlich an einem echten Wettbewerb teilnehmen konnte. Es war nichts weiter als eine mutige Geste, die aber kaum ausreichte, das Alfa-Management zu beschwichtigen.

Die letzte Stunde schlug am Neujahrstag 1938. Gobbato verkündete, daß der Rennbetrieb wieder nach Portello zurückverlegt und unter der Ägide der neugebildeten Alfa Corse laufen würde – ein Werksteam, das die Scuderia nicht nur ablösen, sondern total schlucken sollte. Ferrari gelang es immerhin, sein Gesicht ein wenig damit zu retten, daß er zum Direktor der neuen Organisation ernannt wurde; und bestimmt machte er bei diesem Aufkauf auch finanziell seinen Schnitt. Er war nun ein wohlsituierter Modeneser *borghese*, aber das konnte ihn wohl kaum für das Ausschlachten seiner geliebten Scuderia entschädigen. Darüber hinaus brachte es seine Position bei Alfa Corse mit sich, daß er wieder viel Zeit in Mailand verbringen mußte, wo ein neues zweistöckiges Gebäude an die Fabrik angegliedert worden war, in dem der Rennstall untergebracht werden sollte. Und dann fuhren mehrere Alfa-Romeo-Lastwagen vor und verluden die Maschinenwerkzeuge, die Rennwagenersatzteile, die Sportwagen und die vier fast fertiggestellten Tipo 158er. Es war ein denkwürdiger Tag, als der Konvoi wieder abfuhr und das Gebäude am Viale Trento e Trieste ausgeräumt zurückließ – wenn man von ein paar Alfa-Romeo-Personenwagen absah, die nun den Grundstock eines ganz gewöhnlichen Autohändlers darstellten.

Während Adolf Hitler wieder einmal und zunehmend lauter mit dem Säbel rasselte, nämlich beim »Anschluß« Österreichs, und Mussolini sich immer mehr einem totalen Bündnis mit den Deutschen näherte, mußte es den meisten Italienern klar sein, daß Europa unvermeidlich auf einen Krieg zusteuerte, der weder durch

Chamberlains Appeasementpolitik noch durch den politisch ohnmächtigen Völkerbund würde verhindert werden können.

Doch auch wenn es schon fünf vor zwölf war, wurden weiterhin Autorennen veranstaltet. Und zweifellos fuhr Ferrari mit zusammengebissenen Zähnen nach Mailand, denn ihm war klar, daß sein verhaßter Rivale Ricart auf der Höhe seiner Macht war. Seit Janos Weggang war nun er der Chefkonstrukteur, und seine Automobile würden auf den Rennstrecken gewinnen oder verlieren – außer den 158ern, die der kleine Flüchtlingstrupp aus Modena aus Gründen des Selbstschutzes immer mehr an sich gezogen hatte.

Dann schlug das Schicksal erneut, wenn auch indirekt zu. Die glanzvolle Karriere des Bernd Rosemeyer nahm am 28. Januar 1938 auf der Autobahn Frankfurt – Darmstadt ein jähes Ende. Der nicht zu bremsende Deutsche versuchte einen Hochgeschwindigkeitsrekord zu brechen, der Stunden zuvor von seinem Rivalen Rudolf Caracciola aufgestellt worden war. Rosemeyer hatte die Warnungen vor Seitenwind und Fahrbahnvereisungen ignoriert (»Keine Angst, ich bin ein Sonntagskind«, soll er gesagt haben), war mit über 400 km/h auf eine Autobahnbrücke geprallt und sofort tot gewesen. Diese Lücke im Auto-Union-Team würde mit Sicherheit durch Nuvolari geschlossen werden, wenn Alfa Romeo nicht sofort handelte, um konkurrenzfähig zu bleiben. Groteskerweise versuchte man Nuvolari mit einem Auto zu halten, dem Tipo 308, das so übel zusammengeschustert war, daß offenbar niemand für diese Konstruktion die Verantwortung übernehmen wollte, obwohl das Fahrzeug in Modena nach einem Entwurf von Jano fertiggestellt worden war, während sich das Team auf die Alfetta konzentrierte. Doch abgesehen von der Frage nach seinem Urheber lag von Anfang an ein Fluch auf diesem Auto.

Während des Trainings zum ersten Rennen der Saison in Pau nahm Nuvolari den Wagen so hart heran, daß sich das Fahrgestell verbog und der Tank platzte. Der Wagen ging in Flammen auf, als Nuvolari ihn zum Stehen brachte und mit geringfügigen Verbrennungen heraussprang. Das war's dann. Nuvolari schwor auf der Stelle, daß er nie wieder einen Alfa Romeo fahren würde (und dabei blieb er auch), und erklärte nach ein paar Tagen seinen Rücktritt. Dann unternahm er mit seiner Frau eine Reise durch die USA, aber im Laufe der Saison war er wieder ganz der alte und trat ins Auto-Union-Team ein. Da blieb er auch bis zum Ausbruch des Zweiten Weltkriegs und gewann drei wichtige Rennen.

Endlich konnte die Alfetta einen erfolgreichen Test absolvieren – am 5. Mai 1938 in Monza. Mit Enrico Nardi am Steuer spulte der neue Wagen zahlreiche problemlose Runden ab, und von den Bäumen am Rand der Piste hallte das Röhren des kleinen Kompressormotors wider. Es war ein langes, schlankes, flaches Fahrzeug, gleichsam die um 75 Prozent verkleinerte Ausgabe der größeren Grand-Prix-Wagen 308 und 312, nur viel raffinierter und anspruchsvoller im gesamten Fahrverhalten. Die Alfetta hatte riesige hydraulische Bremsen, Einzelradaufhängung an allen vier Rädern und wegen der besseren Gewichtsverteilung eine Transaxle-Anordnung von Getriebe und Hinterachsdifferential.

Bezeichnenderweise trug die stumpfe Nase der Alfetta einen Kühlergrill, der entfernt an einen Eierkarton erinnerte – ein Design, das später von Ferrari traditionell gepflegt wurde und das exklusiv mit seiner Marke verbunden ist.

Während die Grand-Prix-Aktivitäten des offiziellen Alfa-Corse-Teams immer frustrierender wurden, gab man sich in Modena neuer Hoffnung hin. Endlich waren die Wagen für den Coppa Ciano am 7. August fertig, der wie üblich auf dem Straßenkurs von Livorno ausgetragen werden sollte. Drei Alfetta 158 wurden auf Lastwagen zum Austragungsort des Rennens gebracht, bei dem Francesco Severi und Clemente Biondetti zusammen mit dem jungen Emilio (»Mimi«) Villoresi ein Team bilden sollten. Villoresis Bruder Luigi (»Gigi«) war mit einem speziell angefertigten Maserati gemeldet worden. Er war bereits ein etablierter Star bei Maserati und wurde mit seinem leichtgewichtigen 6CM-1500, der einen Motorblock aus Aluminium trug, in letzter Minute ins Rennen geschickt. Inzwischen hatte es sich nämlich von Modena bis zu der Bologneser Firma herumgesprochen, daß die Alfettas eine gefährliche neue Konkurrenz darstellten, und Villoresi sollte ihnen ihr Debüt vermasseln.

Das Rennen der »Leichtwagen« oder Voiturettes wurde zwar nur als Vorlauf vor dem Grand Prix ausgetragen, aber der erste Auftritt der Alfettas sorgte für großen Wirbel. Ganz im traditionellen italienischen Rennrot gehalten, aber bemerkenswerterweise ohne das Emblem des aufsteigenden Pferdes, hatten die 158er das Training beeindruckend absolviert und durften nun alle in der ersten Startreihe stehen. Als die Flagge gesenkt wurde, legte Severi einen Blitzstart hin und ging auf den ersten Teilabschnitten in Führung, bis Gigi Villoresis Maserati an ihm vorbeischoß. In der sechsten Runde lag dieser so weit vorn, daß er einem leichten Sieg entgegenzufahren schien, aber da begann Mimi anzugreifen. Er holte auf, und dann lieferten sich die beiden Rivalen – Bruder gegen Bruder! – mit den beiden prestigeträchtigsten italienischen Rennwagen zum Entzücken der riesigen Zuschauermenge ein heißes Rennen. Schließlich brach der Maserati unter dieser Belastung zusammen, sein Motor gab den Geist auf, und in einer Wolke von Ölrauch und Wasserdampf rollte Gigi am Straßenrand aus. Von da an rollte Mimi locker dem Ziel entgegen und fuhr für die Alfetta und die überglückliche Ferrari-Mannschaft einen wichtigen Sieg bei ihrer Jungfernfahrt heraus.

Mit Sicherheit war Ferraris Kurswert in Portello daraufhin gestiegen, und es ist kaum daran zu zweifeln, daß er diesen Vorteil bei Gobbato nutzte. Jetzt war nämlich Ricart beim Grand Prix mit seinen Wagen genauso erfolglos wie seinerzeit Jano, und bestimmt war Enzo Ferrari, der »Direktor« von Alfa Corse, unermüdlich dabei, den ohnehin angeschlagenen Ruf von *lo spagnolo* weiter zu unterhöhlen. Die beiden sprachen jedenfalls kaum noch miteinander, als die 158er an anderen Rennen teilnahmen und – vor allem dank Bazzis genialem Motortuning – weiterentwickelt wurden. Die Autos verloren in Pescara, gewannen dann aber in Monza erneut, ehe sie im heimischen Modena von Maserati gedemütigt wurden.

Inzwischen wurde das Verhältnis zwischen Ferrari und Ricart immer angespannter. Mit seinem tief verwurzelten Chauvinismus glaubte Ferrari allen Grund zur Eifersucht zu haben. Dieser Außenseiter, dieser »Ausländer« – dieser Spanier war einfach aus dem Nichts aufgetaucht und hatte das Kommando über das gesamte Rennprogramm von Alfa Romeo an sich gerissen, das sich unter dem Wappen der Scuderia doch wahrlich nicht hatte verstecken müssen. Und nun hatte man Ferrari sein Team genommen, er war nichts weiter als ein Lakai in einer gigantischen, intriganten Organisation und ausgerechnet dem Mann direkt unterstellt, den er unverhohlen verachtete.

Doch egal, wer dafür wirklich verantwortlich war – die vernichtenden Niederlagen der Grand-Prix-Alfas hielten jedenfalls bis zum Ende der Saison 1938 an. Und dann kam auch noch Schmach und Schande durch den Überläufer Nuvolari über sie, der die letzten beiden Rennen in Monza und im englischen Donnington Park am Steuer eines der verhaßten Auto-Union-Wagen gewann. Farina gelang es wenigstens, ihre Ehre zu retten, als er beim Großen Preis von Italien Zweiter wurde. Allerdings lag sein Alfa am Ende drei Runden zurück und profitierte vom hohen Materialverschleiß der Deutschen.

Doch für 1939 ließ man sich etwas einfallen. Der italienische Rennsportverband wollte die vernichtenden Niederlagen rächen, die ihnen die deutschen Freunde bereitet hatten. Im September wurde beim Großen Preis von Italien verkündet, daß 1939 alle wichtigen Rennen in Italien nach der 1,5-Liter-Voiturette-Formel ausgetragen würden. Man freute sich diebisch über diesen vermeintlichen Geniestreich. Die Deutschen hatten doch keine derartigen Wagen, und Alfa Romeo wie Maserati, die gerade ihren kleinen 4CL fertiggestellt hatten, verfügten über die besten Autos in dieser Klasse. Mit Sicherheit könnten die Italiener nun wieder einige Rennen gewinnen. Man konnte freilich nicht ahnen, daß die Ingenieure von Mercedes-Benz damals vor Ehrgeiz nur so brannten und auf diese willkürliche Regeländerung mit einer technischen Bravourleistung reagieren würden, wie es sie in der Geschichte des Rennsports noch nie gegeben hatte.

Es grenzt geradezu an Idiotie, daß sich das Management von Alfa Romeo mit Autorennen ausgerechnet in einer Zeit abgeben konnte, als die Nation durch Mussolinis militärische Abenteuer ausgelaugt wurde. Der Duce gab sich nicht damit zufrieden, daß die Feldzüge in Spanien und Äthiopien ungeheure Opfer an Menschenleben, Kriegsmaterial und Kapital gefordert hatten, er mußte im April 1939 auch noch das kleine Albanien annektieren. Damit trug er nun zwar den aufgeblasenen Titel König von Italien, Äthiopien und Albanien, aber das war auch schon alles. Italiens Austritt aus dem Völkerbund Ende 1937 hatte das Land noch mehr Hitler in die Arme getrieben, und im Mai 1939 war es in offiziellen Kreisen allgemein bekannt, daß Italien und Deutschland am 22. Mai ein wichtiges Abkommen unterzeichnen würden, den sogenannten »Stahlpakt«.

So unglaublich es klingt, die Rennteams kamen indessen wie alle Jahre zu Marschall Balbos großem Fest nach Tripolis. Das Wüstenkönigreich war gerade als Provinz in den italienischen Staat eingegliedert worden, und Balbo hatte es sich nicht nehmen lassen, seiner eleganten Rennstrecke noch mehr Kinkerlitzchen hinzuzufügen; er sorgte für noch mehr gesellschaftlichen Glamour bei seinem Großen Preis, der der höchstdotierte und prestigeträchtigste im internationalen Renngeschehen war. Und zum Glück sah es ganz danach aus, daß der gefeierte Sieger zum erstenmal seit 1934 wieder ein Italiener auf einem italienischen Rennwagen sein würde.

Die Warnung kam in letzter Minute. Mercedes-Benz meldete zwei neue Wagen, die speziell für dieses Rennen gebaut worden waren. Man hatte kaum Zeit gehabt, sie ausreichend zu testen, ja einer von ihnen wurde sogar erst an Bord des Schiffes endgültig zusammengebaut, auf dem die Autos über das Mittelmeer transportiert wurden. Diese Meldung wurde mit einiger Erleichterung im italienischen Fahrerlager aufgenommen. Schließlich entwickelten die ausgezeichnet eingestellten 158er in der Rennversion über 200 PS, und Maserati konnte für Gigi Villoresi ein speziell angefertigtes Auto mit einer stromlinienförmigen Karosserie aufbieten. Was konnten die Deutschen dem schon in so kurzer Zeit entgegensetzen?

Eine ganze Menge, wie sich herausstellte. Innerhalb von fünf Monaten hatte die Konstruktionsabteilung von Daimler-Benz ein prachtvolles Paar von 1,5-Liter-Autos mit Achtzylinder-V-Motoren geschaffen, die nahezu perfekte Miniaturausgaben der größeren Grand-Prix-Version vom Typ 163 waren. Mit einer aberwitzigen Energieleistung hatte man den Typ 165 samt den neuen V-8-Motoren vom Reißbrett bis zu diesen beiden fertigen, atemberaubend schnellen Fahrzeugen entwickelt. Erste Tests zeigten eine Leistung von über 250 PS auf – also 30 bis 40 PS mehr als die besten Alfas –, und modernste Technik sorgte beim Fahrgestell für hervorragendes Kurven- und Bremsverhalten.

Mit Rudolf Caracciola und Hermann Lang am Steuer sorgten die beiden 165er für eine der größten Sensationen in den Annalen des Motorsports. Vor den Augen eines völlig konsternierten Balbo und einer wahren Meute hoher Tiere von Alfa (außer Ferrari natürlich) qualifizierten sich die beiden Mercedes-Wagen als Zweiter und Dritter – hinter Villoresis Maserati mit seiner kühnen Stromlinienform. Aber sobald das Rennen auf dem überhitzten Rundkurs, über den immer wieder Sandstürme fegten, begonnen hatte, war es im Grunde für die Italiener schon gelaufen. Lang schoß von der Startlinie los und ließ alle anderen weit hinter sich – als er am Ende der langen Geraden die erste Runde abschloß, tauchte der nächste Wagen (natürlich der von Caracciola) gerade erst auf. Villoresis Maserati fiel zusammen mit den beiden anderen 4CLs des

Werksteams schon in der ersten Runde aus. Farina fuhr mit seiner gewohnten Verve und ließ Caracciola für ein paar Runden sogar hinter sich, aber dann fiel er zurück, da sein Alfa dieses Tempo einfach nicht halten konnte. Lang fuhr einem klaren Sieg entgegen, mit über einer Runde Vorsprung vor seinem Teamgefährten (und erklärten Erzrivalen) Caracciola.

Das war das einzige Rennen, bei dem die 165er eingesetzt wurden. Es war eine glänzende Demonstration des rennfahrerischen Könnens der Deutschen und diente mit Sicherheit Propagandazwecken. Denn was sollte es sonst für einen Grund geben, daß man Tausende von Arbeitsstunden und Hunderttausende Reichsmark aufwendete, wenn nicht den, daß man den italienischen Verbündeten und dem Rest von Europa zeigen wollte, wie weit die Deutschen doch auf allen technischen Gebieten, einschließlich der Rüstungsindustrie, voraus waren.

Einen Monat später absolvierten die 158er weitere Tests in Monza. Man ging davon aus, daß die Deutschen nun auch in der 1,5-Liter-Klasse attackieren würden, und darum wurden auch eine Reihe von Modifikationen vorgenommen, um mehr PS herauszuholen. Mimi Villoresi war der Testfahrer – er verunglückte tödlich bei hoher Geschwindigkeit. Und wieder schwor ein Mann, die Marke Alfa Romeo sein Leben lang zu hassen. Und wie Nuvolari stand auch Gigi Villoresi zu seinem Wort.

Gigi ärgerte sich auch darüber, wie Ferrari den Fall mit der Versicherung regelte. Nach dem Unfall beanspruchte die Familie Villoresi die Versicherungssumme, aber Ferrari wollte sie nicht herausrücken und behauptete, Mimi »war krank und verursachte deshalb den Unfall«. Dieser Vorwurf war zuviel für Gigi Villoresi, der darauf beharrte, daß sein Bruder bei bester Gesundheit gewesen sei. Dieser Streit belastete die Beziehung zwischen den beiden Männern ihr Leben lang – selbst noch, als Villoresi ein Star der Scuderia war.

Nach dem Tod des jungen Villoresi kämpfte das Team weiterhin gegen die immer erdrückender werdende Übermacht der Deutschen an, aber auch gegen die wachsenden innerbetrieblichen Spannungen. Das änderte sich erst, als die Italiener und mit ihnen der Rest der Welt einen unendlich schwereren Leidensweg antraten. Am 1. September 1939 rollten Hitlers Panzer über die polnische Grenze, und damit begann der blutigste Konflikt in der Geschichte der Menschheit.

Innerhalb weniger Wochen beteiligten sich England und Frankreich am Krieg, während sich Italien noch bis zum nächsten Jahr heraushielt. Ciano hatte sich lange Zeit gegen das Bündnis mit Hitler gewehrt, und er hatte Mussolini überzeugen können, daß seiner Wehrmacht noch mindestens 17000 Tonnen Kriegsmaterial fehlten und daß sie nicht einmal genügend Eisenbahnen und Lastwagen besaßen, um diese Waffen und Geräte zu transportieren.

Daher herrschte bis Juni 1940 in Italien eine Art Scheinfrieden. Die Deutschen hatten an ihrem letzten Autorennen in Belgrad teilgenommen – zwei Tage *nach* dem Überfall auf Polen. Tazio hatte es für Auto Union gewonnen, und danach wurden die siegreichen deutschen Rennwagen nach Hause geschafft und eingelagert. Es ist bezeichnend für die unangemessenen Prioritäten der Italiener, daß Alfa Romeo auch weiterhin Rennwagen baute und testete, und zwar bis 1941, als die Nation sich bereits seit einem Jahr im Kriegszustand befand.

Zu dieser Zeit war Enzo Ferrari längst nicht mehr da. Seine fast zwanzig Jahre währende Verbindung zu Alfa Romeo – er sprach treffender von einer »Nabelschnur« – brach Ende 1939 ab. Er wurde von Gobbato entlassen. Verschiedene Biographen haben dieses Wort vermieden und statt dessen unterstellt, er habe das Unternehmen auf eigenen Wunsch verlassen oder zumindest im gegenseitigen Einvernehmen. Ferrari selbst war da gar nicht so zimperlich. Er schrieb: »Die Kluft war somit unüberbrückbar geworden, und das führte zu meiner Entlassung.« Vorbei. *Finito.* Enzo Ferrari räumte seinen Schreibtisch und kehrte nach Modena zurück. Ricart, der Sieger, würde bleiben, ebenso Colombo und die anderen, außer Massimino, der gleichfalls ging. Der Aderlaß bei Alfa Corse war ein wichtiges Ereignis in der kleinen Welt des Rennsports, aber das war natürlich absolut bedeutungslos angesichts des Weltenbrandes, der in Polen begonnen hatte und sich nun über ganz Europa ausbreitete. Doch selbst als der bittere Gestank von Pulverdampf langsam gen Süden über die Alpengipfel trieb, wollte Enzo Ferrari noch ein letztes Zeichen seines trotzigen Widerstands setzen, ehe Italien in den Krieg eintrat. Er sprach noch vom Tipo 815, für andere war es der erste Ferrari.

8

Enzo Ferraris Entlassung durch Alfa Romeo traf sein Ego sicher härter als sein Bankkonto. Er hat selbst eingeräumt, daß er durch den Verkauf der Scuderia und die Abfindung finanziell sehr gut gestellt war. Darüber hinaus hatte er mit seinen motorsportlichen Unternehmungen Erfolg gehabt, selbst wenn seine Alfa-Wagen nicht wettbewerbsfähig waren. Startgelder und lukrative Sponsorenverträge hatten stets für die Liquidität seines Unternehmens gesorgt und ihm Rücklagen ermöglicht, die ihm nun zugute kamen, als er nach Modena zurückkehrte. Er blieb bei seinem schlichten Lebensstil und wohnte noch immer in der kleinen Wohnung über der alten Scuderia-Werkstatt am Viale Trento e Trieste, zusammen mit Laura und Dino, der nun sieben Jahre alt war und sich für die Maschinen zu interessieren begann, die den Lebensinhalt seines Vaters ausmachten. Und doch nagte noch immer die Schmach der Entlassung durch Alfa Romeo an ihm, die für die italienische Sportpresse eine Sensation gewesen war. Immerhin war es ein gewisser Trost für ihn, als er erfuhr, daß sein Ausscheiden eine kleine Palastrevolution bei Alfa Corse ausgelöst hatte, und als bald darauf Enrico Nardi, Federico Giberti und Alberto Massimino zu ihm nach Modena kamen. Auch sie waren dem Aderlaß zum Opfer gefallen, während andere enge Mitarbeiter wie Colombo und Bazzi noch bis zum Kriegsende in Mailand bleiben sollten.

Nach seinem Aufhebungsvertrag mit Alfa Romeo durfte Ferrari weder den alten Namen Scuderia Ferrari verwenden noch sich direkt an Autorennen während der kommenden vier Jahre beteiligen. Gobbato und das Alfa-Management befürchteten offenbar,

Ferrari könnte sich mit einem anderen Hersteller zusammentun und mit jenem Markennamen Geschäfte machen, der so eng mit Alfa Romeo verknüpft war. Darum versuchte Ferrari nun mit einer Auftragswerkstatt Fuß zu fassen, die er Auto Avio Costruzione nannte und für die er das Emblem des aufsteigenden Pferdes auf allen Briefköpfen, Verkaufsprospekten und sonstigen Drucksachen verwendete. Ende 1939 stellte Ferrari Maschinenteile im Auftrag eines römischen Unternehmens her, der Compagnia Nazionale Aeronautica, die kleine Vierzylinder-Flugzeugmotoren für leichtgewichtigte Übungsflugzeuge produzierte. Er investierte viel Geld und stattete die alte Scuderia-Werkstatt mit Dreh- und Fräsmaschinen, Schleif- und Waagrechtstoßmaschinen aus. Ohne eine Gießerei konnte er keine Schmiede- und Gußteile herstellen, aber für derartige Arbeiten konnte er die hochangesehene Fonderia Calzoni in Bologna als Subunternehmen gewinnen. Mit dem erklärten Ziel, seine Belegschaft auf vierzig Mann aufzustocken, war er drauf und dran, eine neue Karriere zu beginnen, die emotional wie finanziell denkbar weit entfernt war von jenem Intrigensumpf in Portello.

Dafür gab es allerdings andere Unannehmlichkeiten, die ganz in der Nähe der Scuderia ihren Ausgang nahmen. Das hatte bereits 1937 angefangen, als die verbliebenen Maserati-Brüder (das Familienoberhaupt Alfieri war 1932 gestorben) beschlossen, einen Mehrheitsanteil an ihrer kleinen Bologneser Autofirma an die mächtige Familie Orsi in Modena zu verkaufen. Die Orsis waren unter Adolfo und seinem Sohn Omer aus der Mittelschicht aufgestiegen und hatten durch ihre Stahlwalzwerke, eine Landwirtschaftsmaschinenfabrik und die Modeneser Straßenbahnverkehrsbetriebe ein gewaltiges Vermögen erworben. Die Maseratis konnten zwar herrliche Rennwagen bauen, waren aber schlechte Kaufleute. Der Verkauf an die Orsis sollte der Firma geschäftlich zugute kommen, und zwar nicht nur im Hinblick auf die weiterhin beabsichtigte Herstellung exklusiver Rennwagen (jährlich waren das nicht mehr als insgesamt 17 Stück), sondern auch beim ausbaufähigen lukrativen Verkauf von Maserati-Zündkerzen, die seit dem Ersten Weltkrieg in bescheidenen Mengen hergestellt worden waren.

Mit dem Kapital der Orsis konnte das kleine Unternehmen nun einige exzellente Rennwagen bauen. So gewann der amerikanische Champion Wilbur Shaw im Mai 1939 auf einem vorverdichteten 8CFT das 500-Meilen-Rennen von Indianapolis – ein Sieg, den er

1940 wiederholen konnte. Als er 1941 auf dem besten Weg war, sensationell zum drittenmal hintereinander zu siegen, brach eines der hinteren Speichenräder, das vor dem Rennen bei einem Brand in der Garage beschädigt worden war. Das Indianapolis-Rennen war in Italien überaus populär, und Enzo Ferrari hat einmal öffentlich erklärt, dies sei das einzige Rennen, das er gern gewonnen hätte. Mit Sicherheit ärgerten ihn die überschwenglichen Lobeshymnen der Sportpresse für die Gebrüder Maserati, und das zu einer Zeit, als seine eigenen rennsportlichen Aktivitäten an einem Tiefpunkt angelangt waren.

Aber das war erst der Anfang einer Reihe von Demütigungen. Im Herbst 1939 wurde verkündet, daß das Unternehmen Maserati mit Sack und Pack – Autos, Werkzeugen, Geräten und Ersatzteilen – nach Modena übersiedeln würde. Nach einer tiefgreifenden Umstrukturierung war Adolfo Orsi nun Präsident, während sein Schwager Alceste Giacomazzi die Position des Generaldirektors einnahm. Und dann hatten sie auch noch die Stirn, Alberto Massimino überreden zu wollen, Ferrari zu verlassen und ihr Chefkonstrukteur zu werden. Mehr als ein Jahrzehnt lang war Ferrari der ungekrönte König des Rennsports in seiner Heimatstadt gewesen, und alles hatte sich hier an ihm orientiert, wenn es um Automobile ging. Und nun errichteten diese Eindringlinge, diese Zugereisten, eine Werkstatt am Viale Ciro Menotti, ein paar Häuserblocks von der Scuderia entfernt. Der Maserati-Rennbetrieb lief weiter, wobei Bindo Maserati nach außen hin eine Schlüsselrolle spielte; tatsächlich waren jedoch alle Maserati-Brüder nun nichts weiter als hochbezahlte Angestellte, die kaum noch einen Einfluß auf die allgemeine Firmenpolitik hatten. Und die Orsis hatten große Pläne. Da der Krieg unmittelbar bevorstand, wollte das Unternehmen das Geschäft ankurbeln und serienweise Zündkerzen, Batterien, kleine dreirädrige Elektrokarren und eine ganze Palette von Dreh-, Schleif- und Walzmaschinen produzieren. Außerdem war mit dem Überholen von Militärlastwagen noch ein lukrativer Nebenerwerbszweig eingeplant.

Verglichen mit dieser massiven Konkurrenz in der Nachbarschaft nahmen sich Enzo Ferraris berufliche Aussichten ausgesprochen bescheiden aus. Doch dann traten im Dezember 1939 der junge Alberto Ascari, der Sohn des vierzehn Jahre zuvor tödlich verunglückten Antonio Ascari, und sein Freund Marchese Lotario Rangoni Macchiaveli di Modena, ein wohlhabender und angesehener Modeneser Adeliger, an ihn heran. Ascari, ein pummeliger, lässiger Einundzwanzigjähriger, den seine Freunde »Ciccio« (»Dikker«) nannten, war Motorradrennfahrer und gerade dabei, Karriere zu machen. Er fuhr im Bianchi-Werksteam und betrieb zusammen mit seinem Freund und Mentor – Luigi Villoresi – ein Tankerunternehmen zwischen Italien und Nordafrika; deshalb war er vom Wehrdienst befreit. Rangoni war ein begeisterter Privatfahrer, der an einer Reihe unbedeutender Rennen in der Emilia teilgenommen hatte und eine kleine Werkstatt für seine Wagen in der Nähe der Scuderia unterhielt.

Diese beiden jungen Männer also schlugen Ferrari vor, er solle ihnen zwei Sportwagen für die bevorstehende Mille Miglia bauen. Das berühmte Rennen war nach bewährter italienischer Art umorganisiert worden und firmierte nun als Gran Premio di Brescia, der auf einem verkürzten Kurs zwischen Brescia, Cremona und Mantua ausgetragen werden sollte. Man hatte die alte Route aufgegeben, als 1938 bei einem Unfall in Bologna zehn Zuschauer ums Leben gekommen und weitere 23 verletzt worden waren. Doch immer noch sprach man von der Mille Miglia, auch wenn der Kurs jetzt nur noch über 102 statt über tausend Meilen öffentlicher Straßen ging. Die neue Route mußte einfach zehnmal umrundet werden, wobei die Zuschauer nun groteskerweise zehnmal mehr gefährdet waren als am alten Kurs.

Bei einem Geschäftsessen (!) am Heiligen Abend 1939 erklärte sich Ferrari bereit, die Wagen zu bauen. Das große Rennen sollte am 28. April 1940 stattfinden. Man hatte also nur zwei Monate Zeit, und darum beschloß Massimino, Ferraris erfahrenster Konstrukteur, zwei Fiat-508C-Ballilas umzufrisieren. Das waren Limousinen mit kleinem Hubraum, die nach der faschistischen Jugendorganisation benannt waren und seit 1932 hergestellt wurden. Der Ballila war mit einem Vierganggetriebe, hydraulischen Bremsen und einer gut konstruierten Einzelradaufhängung für die Vorderräder ausgestattet. Er war beliebt als Basis für kleine, im Eigenbau hergestellte Rennfahrzeuge (und wurde von der italienischen Wehrmacht später auch als Kübelwagen benutzt). Aber der Motor war winzig und konnte auch nicht aufgebohrt werden, damit die Spezifikationen der 1,5-Liter-Sportklasse erfüllt waren, für die Ascari und Rangoni melden wollten.

Also baute Massimino seinen eigenen Motorblock; einen Achtzylinder-Reihenmotor, für den er zwei Sätze speziell modifizierter

Ballila-Zylinderköpfe verwendete. Es war eine geniale Lösung, über die sich Rangoni am meisten freute, der bereits einen verkürzten Fiat-508-Sportwagen besaß, den ihm der Modeneser Karosserieschneider und Motortuner Vittorio Stanguellini gebaut hatte. Der neue Block wurde zwar in Bologna gegossen, aber alles übrige wurde in Ferraris Werkstatt angefertigt, einschließlich der maschinellen Herstellung der neuen Kurbelwelle und der unzähligen kleinen Teile und Stücke, aus denen ein neuer Wagen zusammengesetzt ist. Dieser Wagen sollte einfach die Bezeichnung »815« tragen, die für 8 Zylinder und 1,5 Liter stand. (Andere kamen jedoch dahinter, daß sich darin die anders angeordnete Bezeichnung »158« versteckte. Ein von Ferrari beabsichtigter Hintersinn?)

Die Karosserie sollte von der Carozzeria Touring Superleggera geliefert werden, einer Mailänder Werkstatt, die 1926 von einer Gruppe von Leuten gegründet worden war, zu denen auch Ascaris Onkel Vittorio gehörte. Das Design des 815 wurde »Torpedino Brescia« genannt und wies eine Karosserie mit Kotflügeln, einen breiten ovalen Kühlergrill und ein ziemlich langgestrecktes Heck auf. Der zweite Wagen, den Rangoni fahren sollte, war ein bißchen sorgfältiger gestylt als der von Ascari und hatte eine graziösere, schlankere Heckpartie. Die Autos bekamen Borrani-Speichenräder und waren offene Roadster: Der Fahrer war nur durch eine über die gesamte Breite des Wagens reichende Windschutzscheibe aus Plexiglas geschützt, ein Material, das gerade in Mode kam.

Die Autos waren schneller fertig als geplant, und allein das war schon eine Meisterleistung. Leider endete die Geschichte nicht perfekt mit einem großen Sieg. Ascari und sein Freund und Kopilot Spoldi führten die 1500-Kubikzentimeterklasse in der ersten Runde an, die in Brescia begann und dort auch wieder endete. Rangoni und sein Partner Enrico Nardi waren dicht dahinter. Aber in der nächsten Runde schied Ascari wegen eines Problems mit der Ventilsteuerung aus (vermutlich lag es an einem Kipphebel). Dann übernahm Rangoni die Führung und baute seinen Vorsprung vor dem Zweitplazierten auf über eine halbe Stunde aus; schließlich mußte aber auch er wegen eines Lagerschadens aufgeben.

Die 815er hatten bewiesen, daß sie schnell sein konnten und über große Kraftreserven verfügten, und Massimino hatte sich bereits einige Gedanken zur besseren Abstimmung dieser Autos gemacht, als der Kriegseintritt Italiens knapp zwei Monate später all diese Pläne zunichte machte.

Der Gran Premio di Brescia wurde übrigens von einem rein deutschen Team auf BMW-Sportwagen gewonnen, angeführt von Graf Huschke von Hanstein und Walter Baumer, die mit ihrem Zweiliter 328er Coupé einen Schnitt von knapp 169 km/h erzielten. Sie und ihr Team sorgten dafür, daß die Politisierung des Rennsports ein erschreckendes Niveau erreichte, indem sie gestärkte weiße Overalls trugen – mit den Runen der gefürchteten SS. Als Hanstein nach dem Krieg der charmante und weithin angesehene Pressechef von Porsche war, bekam man die Fotos von seinem Aufzug bei der Mille Miglia verständlicherweise außerhalb Deutschlands nur selten zu Gesicht.

Am 3. Juni 1940 stolperte Italien in den Krieg – zur falschen Zeit, auf der falschen Seite, mit der falschen Rüstung und mit der falschen Armee. Italien fehlten nicht nur wichtige Rohstoffe – die Schlagkraft seiner Industrie war auch nachhaltig geschwächt durch unfähige Manager und eine widerspenstige Arbeiterschaft, die sich nie durch das faschistische Regime motivieren ließ.

Hitler schmeichelte Mussolini in aller Öffentlichkeit, indem er ihn als ebenbürtigen Partner bezeichnete, aber in Wirklichkeit gaben die Deutschen ihre militärischen Pläne nie ganz preis und nötigten so den Duce und seinen Generalstab, auf eigene Faust zu improvisieren.

Die scheinbar leichten Siege der deutschen Wehrmacht beflügelten Mussolini, und so versuchte auch er im Herbst 1940, seine Muskeln spielen zu lassen. Während 200000 italienische Soldaten bereits in Äthopien festsaßen, wo sie von britischen und südafrikanischen Truppen angegriffen wurden, nahm der Duce das kleine Königreich Griechenland aufs Korn. Das schien ein Kinderspiel zu werden, lag es doch als Nachbar des von den Italienern bereits besetzten Albanien direkt vor der Haustür. Aber die Griechen waren ebenso spielend in der Lage, sich zwischen den zerklüfteten Felsen des Epirusgebirges selbst zu verteidigen, und so blieb der Feldzug kurzerhand stecken. Dann griffen britische Flugzeugstaffeln vom Flugzeugträger HMS *Illustrious* aus die italienische Flotte bei Tarent an, versenkten drei Schlachtschiffe und setzten die Hälfte der übriggebliebenen Schiffe außer Gefecht. Daraufhin zog sich die zerschlagene Flotte eiligst nach Neapel zurück und ward nie wieder auf See gesehen. Es kam freilich noch schlimmer: Die Briten drangen von Ägypten her westwärts durch die Sahara vor, nahmen Tobruk ein und griffen zehn italienische Divisionen samt zwei Panzereinheiten an. 130000 Italiener wurden gefangengenommen und Tausende getötet, während die Engländer insgesamt nur 438 Soldaten verloren. Für den Duce war das eine fürchterliche Lehre: Es war doch erheblich schwieriger, einen Krieg zu führen, als die Züge pünktlich fahren zu lassen.

In diesem ersten Kriegsjahr war ein Italiener fern der Heimat unter merkwürdigen Umständen unversehens gestrandet. Luigi Chinetti hatte sich gerade in Frankreich häuslich niedergelassen, als er Anfang 1940 ein Telegramm erhielt, das ihn zur Rückkehr nach Italien aufforderte, wo er eingezogen werden sollte. Chinetti telegrafierte trotzig zurück, er habe bereits im Ersten Weltkrieg gedient. 1941 kam Chinetti über phantastische Umwege nach Amerika zum 500-Meilen-Rennen von Indianapolis – und er beschloß zu bleiben. Während des Krieges hielt er sich in New York auf und reparierte als feindlicher Ausländer exotische Autos.

Mit seinen 42 Jahren war Ferrari dagegen bereits zu alt, um noch für den Kriegsdienst in Frage zu kommen. Während es im Management von Alfa Romeo noch immer Leute gab, die mit Rennwagen herumspielten, hatte er seinen eigentlichen Beruf aufgegeben und widmete seine ganze Kraft dem Krieg – genauer gesagt: er wurde zum Kriegsgewinnler, wie Millionen Zivilisten auf beiden Seiten. Es gibt, wie schon gesagt, keinen Beweis dafür – abgesehen von ein paar schrillen Schlagzeilen in der Hauszeitschrift der Scuderia –, daß Enzo Ferrari eine besondere Vorliebe für den Faschismus hatte (oder für irgendeine andere politische Bewegung). Für ihn schien der Krieg kaum mehr als eine Unterbrechung seines Rennbetriebs zu sein, und daher begann er gelassen, das Beste für sich daraus zu machen.

Wie so vieles in seinem Leben war auch das, was Ferrari im Krieg tat, voller Widersprüche. Wir wissen nur soviel, daß er anfing, ausgefallene deutsche Werkzeugmaschinen zu produzieren: komplizierte hydraulische Schleifmaschinen, die nach seinen Worten für die Herstellung von Kugellagern gebraucht wurden. Andere Biographen haben das ganz anders gesehen. Nach Ferraris eigener Version machte ihn sein Freund und Mitarbeiter Enrico Nardi mit dem Turiner Geschäftsmann Corrado Gatti bekannt. Angeblich habe Gatti vorgeschlagen, die Auto Avio Costruzione solle ins Geschäft mit dem lizenzierten Nachbau von deutschen Jung-Schleifmaschinen einsteigen. Das habe er auch versucht, schreibt Ferrari, aber es sei ihm nicht gelungen. Die Deutschen erklärten nämlich, daß sie derartige Lizenzrechte nie vergeben würden; außerdem gaben sie blasiert zu verstehen, es sei doch zu bezweifeln, daß irgend jemand außer ihnen selbst technisch in der Lage sei, derart komplizierte Geräte herzustellen.

Aber dann entdeckte Ferrari, daß deutsche Patente in Italien nicht geschützt waren, und er beschloß, die Schleifmaschinen auch ohne Genehmigung nachzubauen. Und damit hatte er großen Erfolg.

Allerdings gibt es noch eine andere, ein wenig genauere Version der Geschichte, wie sie Franco Cortese 1984 dem italienischen Rennsporthistoriker Angelo Tito Anselmi dargestellt hat: Cortese war damals 38 und ein durchaus nicht unbekannter Privatfahrer. Er war es, der Ferrari mit der in Brescia angesiedelten Firma von Ernesto Breda zusammenbrachte, einem mächtigen Hersteller von Rüstungsgütern und Militärfahrzeugen. Der Vorstandsvorsitzende war verwandt mit dem Conte Giovanni Lurani, einem prominenten Rennsportjournalisten, der gelegentlich auch bei Rennen mitfuhr und als weithin angesehener Freund des Rennsports beste Verbindungen in der Szene hatte. Dank Luranis Vermittlung wurde Ferrari von Cortese Ernesto Breda vorgestellt, und zwar als potentieller Lieferant von Schleifmaschinen, die das Unternehmen benötigte – aber nicht für Kugellager, sondern für Komponenten seines Maschinengewehrs vom Typ 37.

Ferrari hat es vorgezogen, in seinen Erinnerungen die Tatsache zu übergehen, daß er für Breda gearbeitet hat oder daß seine Schleifmaschinen für alles mögliche verwendet wurden – nur nicht für die Herstellung von Kugellagern. Immerhin war seine Firma 1942 in der Lage, Aufträge für hochkomplizierte Maschinen zu übernehmen und auszuführen. Und Cortese, der sich in der Rolle des Vermittlers ausgezeichnet bewährte, machte Ferraris Namen in der ganzen Poebene bekannt. Dabei war das gar keine so leichte Aufgabe, denn Ferrari war immer weniger bereit, Modena zu verlassen. Beispielsweise hatte Cortese Ferrari einen Auftrag für Breda vermittelt: die Herstellung einer komplizierten Untersetzungsgetriebeeinheit für Landungsboote, die für die italienische Wehrmacht gebaut wurden. Breda rüstete die großen Sechszylinder-Dieselmotoren vom Typ D17 ihrer Littorina-Schienenbusse für diese speziellen Landungsboote um, mit denen man Malta erobern wollte. Ferrari sollte die Schaltgetriebe bauen, mit deren Hilfe die Breda-Motoren seetauglich gemacht werden konnten. Das erwies sich als lukrativer Auftrag für die kleine Firma, und die Bürokraten von Breda wollten das Geschäft auch möglichst rasch abschließen und bestellten daher Ferrari nach Mailand zur Vertragsunterzeichnung.

Ferrari jedoch beschied Cortese herrisch, er denke gar nicht daran, nach Mailand zu fahren, und wenn die Wehrmacht und Breda mit ihm diesen Handel abschließen wollten, müßten sie sich schon nach Modena begeben. Es gab mehrere Telefongespräche zwischen Cortese, den fast der Schlag traf, und Ferrari, der nicht nachgeben wollte. Der »Wundermann« war nicht dazu zu bewegen, die 170 Kilometer bis Mailand zurückzulegen. Ungläubig murrend stellten Cortese und sein Troß aus leitenden Angestellten und höheren Militärchargen einen Konvoi von acht Automobilen zusammen und fuhren nach Modena, um den Vertrag unter Dach und Fach zu bringen. Der Berg kam zum Propheten! Und nicht zum letztenmal.

Anfang 1943 waren die Siegchancen der Achsenmächte auf Null gesunken. Anfang 1942 hatte es noch ganz anders ausgesehen, aber nun marschierten die alliierten Armeen unaufhaltsam vorwärts, deren zunehmende Effektivität vor allem auf der massiven Schlagkraft der US-Industrie beruhte. Im Juli 1943 hatte die Landung auf Sizilien begonnen, und es sah ganz danach aus, als wollten Montgomery und Patton den italienischen Stiefel in einem Zug erobern. Italien befand sich am Rande der Anarchie. Streiks legten Mailand und Turin lahm. Innerhalb weniger Wochen wurde Mussolini in einem unblutigen Staatsstreich seines Amtes enthoben und durch General Pietro Badoglio ersetzt, der den Deutschen weismachen wollte, er würde weiterkämpfen, während er insgeheim Friedensverhandlungen mit den Alliierten aufnahm. Hitler reagierte darauf mit typischer Härte: Er entzog Badoglio die Macht, ließ Mussolini aus seiner Verbannung in den Apenninen durch eine kühne Aktion befreien, die für den Sturz des Duce Verantwortlichen, einschließlich Ciano, hinrichten und machte aus Italien einen militärischen Satellitenstaat, der von Feldmarschall Albert Kesselrings kampfgestählten Truppen um jeden Preis gehalten werden sollte.

Im Norden wurde Ferrari angewiesen, sein Unternehmen in sicherere Gebiete zu verlagern. Seit Ende 1942 hatten die Alliierten ihre Bombenangriffe auf die wichtigen Industriezentren der Poebene ausgedehnt, und darum erging die Order, die Industrie zu dezentralisieren. Noch immer beschäftigte Ferrari ungefähr vierzig

Arbeitskräfte – darunter jetzt auch einige Frauen – in der alten Scuderia am Viale Trento e Trieste, und das Geschäft lief hervorragend. Er war drauf und dran zu expandieren, überzeugt, daß die deutsche Abwehr im Süden innerhalb weniger Monate zusammenbrechen und daß der Frieden neue Möglichkeiten eröffnen würde, den Bau von Rennwagen wiederaufzunehmen.

Er war bereits entschlossen, ein Grundstück im Dorf Formigine ein paar Kilometer südlich von Modena zu kaufen, aber nach einigem Hin und Her war der Besitzer dann doch nicht zum Verkauf bereit. Dann wandte er sich an Mino Amarotti, einen Freund in der kleinen Gemeinde Maranello, und bat ihn, ihm bei der Suche nach einem Grundstück behilflich zu sein. Das Städtchen lag ein wenig weiter weg von Modena, etwa achtzehn Kilometer, aber Ferrari hatte dort bereits ein kleines Besitztum, ein älteres Bauernhaus in einem Kirschgarten. Amarotti gelang es, den Müller des Ortes dazu zu bewegen, sein Nachbarhaus und ein Stück Land jenseits der Straße von Abetone nach Brennero zu verkaufen. Diese drei Parzellen ergaben zusammen genügend Grund, auf dem man eine Fabrik errichten konnte. Ein dreiseitiger Hallenkomplex aus Beton und Holz war schnell hochgezogen, und dann konnten von der prächtig gedeihenden Firma Auto Avio Costruzione weitere hundert Arbeitskräfte eingestellt werden. Doch als Eigentümer firmierte Ferrari nicht selbst. Offenbar überschrieb er das Land auf Laura, um irgendwelche künftigen Probleme mit der Gesetzgebung oder den Behörden von vornherein auszuschließen. Es herrschten nun einmal unsichere Zeiten, und während die Deutschen allmählich aus Italien vertrieben wurden, konnte niemand vorhersagen, welche Regierungsform nach ihnen kommen würde.

Als Montgomery und seine Truppen am 3. September 1943 die Straße von Messina überquerten, lief Ferraris kleines Unternehmen wie geschmiert. Die Vereinbarung mit Alfa Romeo, die ihm die Verwendung seines alten Firmennamens verboten hatte, war inzwischen ausgelaufen, und die Auto Avio Costruzione bekam nun den Zusatz »Scuderia Ferrari«.

Die Deutschen erwiesen sich sowohl als zähe Kämpfer wie als brutale Statthalter. Es gelang ihnen, den Vormarsch der Alliierten bei Anzio und entlang der Gustav-Linie am Fuße der Apenninen aufzuhalten, wo das alte Kloster auf dem Monte Cassino in ihre Verteidigungsbemühungen einbezogen war. Im Norden trieben sie die inzwischen erlahmende italienische Industrie zu verstärkter

Produktion an. Ihr Hauptlieferant waren die Fiat-Werke, wo man die meiste Energie darauf verwendete, die Arbeit zu verlangsamen und zu strecken, und zu verhindern versuchte, daß die Arbeitskräfte in deutsche Fabriken deportiert wurden. Eigentlich sollte der Turiner Industriegigant 180 Flugzeuge pro Monat herstellen. Aber da es immer wieder zu Sabotage, Streiks und Arbeitsausfällen kam oder die Leute einfach krank feierten, belief sich der monatliche Ausstoß von September 1943 bis zum Ende des Kriegs auf maximal 18 Stück! Die Deutschen wollten 1500 Flugzeugmotoren pro Monat haben – aber sie bekamen nur zwischen 90 und 300. Die Produktion von Lastwagen war ähnlich schleppend, und die Hälfte der Fahrzeuge verschwand auf dem Schwarzen Markt. Die Deutschen ärgerten sich so sehr über die Italiener, daß sie Anfang 1944 verkündeten, alle Werkzeuge und Maschinen von Fiat würden nach Deutschland gebracht werden. Aber das löste nur einen Generalstreik aus, der ganz Norditalien erfaßte und die ohnehin schon geschwächten Kriegsdienstleistungen völlig lahmlegte. Fiat durfte bleiben.

Selbst Ferraris kleines Unternehmen konnte sich nicht dem Zugriff der Besatzer entziehen. Im September 1944 erschien ein Trupp deutscher Offiziere in der Fabrik in Maranello, um das Inventar und den Produktionsstand zu prüfen. Sie müssen mit dem Zustand des Werks zufrieden gewesen sein, denn Ferraris Werkstätten entsprachen selbst den strengsten deutschen Sauberkeitsvorschriften. Allerdings fielen ihnen die nachgebauten Jung-Schleifmaschinen sofort ins Auge, und Ferrari, der sich gar nicht wohl fühlte, wurde eiskalt erklärt, sämtliche Schleifgeräte würden von der deutschen Regierung beschlagnahmt. Dann fuhren sie wieder weg und ließen ihm – zumindest theoretisch – nichts weiter übrig als eine leere Fabrik auf einem Grundstück, das seiner Frau gehörte.

In Wirklichkeit aber änderte sich nichts. Die Deutschen hatten nun alle Hände voll zu tun, die Alliierten abzuwehren, die durch die Caesar-Linie bei Pescara nach Norden vorstießen. Italienische Partisanen schwärmten massenweise auf dem Land aus. Sie waren so stark und zu allem bereit, daß acht deutsche Divisionen abgezogen werden mußten, um sie in Schach zu halten. Am 4. November 1944 starteten die Amerikaner wieder einen ihrer täglichen Bombereinsätze mit den Arbeitspferden des Luftkampfes, den viermotorigen Bombern vom Typ B-24-Liberator. Ihr Ziel waren die konzentrierten deutschen Truppenverbände entlang der vermutlich letzten Verteidigungslinie südlich des Pos. Die sogenannte Gotenlinie, lose miteinander verbundene Bunker, Befestigungen und Nachschubdepots, verlief weit südlich von Maranello, aber die Ferrari-Werke stellten noch immer ein wichtiges, wenn nicht sogar vorrangiges Ziel dar. Ein paar Bomben schlugen in den porösen Zementboden des Fabrikhofs ein, zerstörten einen Teil des Daches und beschädigten einige von den »deutschen« Maschinen, aber innerhalb weniger Wochen lief der Betrieb wieder auf vollen Touren.

Zu dieser Zeit machte Enzo Ferrari eine Reihe tiefgreifender Erfahrungen, die sich auf sein Leben nachhaltiger auswirken sollten als ein paar hundert Kilo Sprengstoff. Die impulsivste war eine hübsche blonde Frau namens Lina Lardi. Sie war eine von Dutzenden von Frauen, die während der mittleren Kriegsjahre in der Fabrik arbeiteten, und dieses gutaussehende Geschöpf zog zweifellos rasch die Aufmerksamkeit des Chefs auf sich, der mit seinen 46 Jahren ausgesprochen sexhungrig war. Lina Lardi stammte aus Castelvetro, einem kleinen Nest etwa zwölf Kilometer von Maranello entfernt, das von einem zerklüfteten Felsen überragt wurde, auf dem sich eine mittelalterliche Burgruine und eine alte Kirche erhoben. Über Linas Herkunft ist wenig bekannt. Man weiß nur, daß ihre gelassene, ruhige und freundliche Wesensart Enzo Ferrari für den Rest seines Lebens eine emotionale Zuflucht bot. Und sie schenkte ihm überdies den einzigen Erben für sein Reich.

Ungefähr zur selben Zeit, als Lina Lardi in sein Leben trat, eröffneten sich auch für sein Unternehmen neue Zukunftsaussichten. Die Deutschen waren durch die Angriffe der Alliierten an allen Fronten schwer angeschlagen. Die »Festung Europa« wurde im Osten, im Westen und im Süden gestürmt, und allem Anschein nach würde in Italien bald wieder Frieden herrschen. Die Menschen wagten schon wieder, von besseren Zeiten zu träumen, und bestimmt eilten Ferraris Gedanken dem Tag entgegen, da röhrende Rennwagen mit dem aufsteigenden Pferd durch das Werkstor auf die Via Abetone rollen würden. Er hatte einen guten Ruf in der italienischen Automobilindustrie, und so war es nur eine Frage der Zeit, daß ihm einer der wichtigen Hersteller ein Angebot machen würde.

Das war zunächst die ehrwürdige Firma Isotta-Fraschini, deren betagten Tipo TM Ferrari dreimal in der Rennsaison 1920 gefahren hatte. Das Unternehmen, eine alte und angesehene Marke, war im Jahre 1900 gegründet worden. Während der zwanziger Jahre hatte Isotta-Fraschini die modernsten Luxuskarossen der Welt gebaut, aber wie so viele Hersteller, die nur eine begrenzte Stückzahl produzierten, wurde die Firma durch die Wirtschaftskrise schwer angeschlagen; und 1936 war sie ganz von Caproni geschluckt worden, nachdem Henry Ford vergeblich versucht hatte, das Unternehmen aufzukaufen. Man produzierte nun Flugzeugmotoren und Diesellastwagen. Aber als das Kriegsende nahte, trug sich das Isotta-Management mit dem Gedanken, wieder in den Bau von Automobilen einzusteigen. Von diesen Plänen erfuhr Ferrari wiederum durch den Conte Lurani, der bereits die Verbindung zu Breda hergestellt hatte.

Erneut wurde ein Treffen in Modena arrangiert, und von Mailand aus machte sich eine kleine Abordnung des Isotta-Managements auf den mühsamen und gefährlichen Weg in die Provinz. Man sprach davon, daß man einen Sportwagen bauen wolle, sobald wieder Frieden herrsche, und im Mittelpunkt der Gespräche stand ein Zwölfzylinder-V-Motor. Wie sich der Conte Lurani später erinnerte, war bei diesem Treffen auch Alberto Massimino dabei, und dieser habe den Auftrag erhalten, die ersten Entwürfe anzufertigen.

Dieses Treffen ist insofern von großer Bedeutung, weil nach der Ferrari-Legende von Plänen für einen V12er nicht vor der Zusammenarbeit mit Gioacchino Colombo im darauffolgenden Jahr die Rede war. Die meisten Biographen gehen davon aus, daß Ferrari selbst den V12 geschaffen und gleichsam aus der Luft gegriffen habe, was natürlich Unsinn ist; Mercedes-Benz, Auto Union und Alfa Romeo – um nur drei Marken zu nennen – hatten längst den Nutzen dieser Konstruktion bewiesen. Demgegenüber besteht Lurani darauf, daß die Gespräche mit dem Management von Isotta-Fraschini Ferraris Entscheidung maßgeblich beeinflußt hätten, die V12-Konfiguration bei seinen eigenen Wagen zu verwenden. Wie auch immer – die Geschichte fand sowieso ein jähes Ende: Kurz nach dem Treffen in Modena wurden die Isotta-Fraschini-Werke von amerikanischen Bomben dem Erdboden gleichgemacht, und das Managementteam ging auseinander; die Leute tauchten entweder unter oder wurden von den italienischen Partisanen geschnappt. Aber wenn die Version von Lurani korrekt ist – und eigentlich gibt es kaum einen Grund, daran zu zweifeln –, dann steht das Erstgeburtsrecht für den berühmten Ferrari V12 nicht Enzo Ferrari zu, sondern dem Konstruktionsbüro von Isotta-Fraschini.

Als die Tage kürzer wurden und die Landschaft der Emilia in ein immerwährendes Grau gehüllt war, ging das Jahr 1944 in Angst und Ungewißheit zu Ende. Die Nation war in ein Chaos gestürzt. Wer würde dieses zerschlagene und aufgelöste Italien einst regieren? Die weiteren Aussichten für Ferraris Geschäfte waren eher trübe, seit die Gespräche mit Isotta-Fraschini zu nichts geführt hatten und die Nabelschnur zu Alfa Romeo für immer zerrissen war.

Zu allem Übel konnte Alberto Massimino den finanziellen Verlockungen der Orsis nicht länger widerstehen. Der hervorragende Ingenieur, der das Entwicklungsteam für den 158er so großartig verstärkt hatte und der am Bau des 815er-Sportwagens so maßgeblich beteiligt gewesen war, ließ sich schließlich dazu überreden, Ferrari zu verlassen und zur benachbarten Konkurrenz Maserati zu gehen. Das war ein schwerer Schlag für Ferrari, der fest damit gerechnet hatte, mit Massiminos Hilfe neue Motoren – und vielleicht auch komplette Autos – zu bauen, sobald der Krieg zu Ende war.

Im Februar 1945 kamen die amerikanischen Bomber wieder und trafen die Maranello-Werke noch härter. Es sollte Monate dauern, bis die schweren Schäden wieder behoben waren. Ferraris Welt lag in Trümmern. Und dann bahnten sich auch noch dramatische Ereignisse in Castelvetro und in Modena an: Lina Lardi war seit fünf Monaten schwanger, und Ferrari begriff, daß er um die Jahresmitte Vater eines unehelichen Kindes werden würde. Ein völlig neues Leben lag vor ihm und begann sich bereits in vagen Umrissen abzuzeichnen. Sein Familienleben in Modena war nicht weniger deprimierend. Er war zwar daran gewöhnt, daß ihn mit Laura nur noch schwelender Haß verband, aber nun war Dino ernsthaft krank geworden. Bei dem inzwischen zwölfjährigen Knaben zeigten sich Symptome einer Krankheit, die nach Meinung der Ärzte über kurz oder lang zum Tod führen würde. Ob ihm wohl die Ironie des Schicksals aufging, daß er quasi zur selben Zeit ein Kind bekam und eines verlor?

Als Enzo Ferrari die ganze Wucht dieser letzten Kriegstage zu spüren bekam, glaubte er zum erstenmal wieder seit jenen trüben Wochen im Jahre 1918, verloren zu sein. Nichts als Anarchie, Brutalität und Tod, wohin er auch sah: in den vom Krieg zernarbten Städten, in seiner einst so friedlichen Poebene, in den nun blutgetränkten Apenninen über ihm; ja, sogar in seinem eigenen Heim. Langsam kehrte wieder Frieden ein ins Land – aber würde er wirklich besser sein als dieser verheerende Krieg?

9

Am 22. Mai 1945 brachte Lina Lardi Enzo Ferraris zweiten Sohn zur Welt. Im Gegensatz zu Dino, der nun mit seinen dreizehn Jahren anfällig und ziemlich unsicher war, machte das neue Kind einen ausgesprochen gesunden Eindruck und schien ganz nach der robusten Natur der Mutter geraten zu sein. Er wurde Piero getauft und sofort bei der Familie Lardi in Castelvetro untergebracht. Ferrari stattete Mutter und Kind regelmäßige Besuche ab, aber die Existenz von Piero Lardi, dem unehelichen Sohn des berühmten Rennsportlokalmatadors, wurde jahrelang verheimlicht und war nur wenigen seiner engsten Vertrauten bekannt.

Piero Lardi erblickte das Licht der Welt einen Monat nach dem Tod seines größenwahnsinnigen Landsmannes, der Italien in den vergangenen zwei Jahrzehnten in eine aberwitzige Berg-und-Tal-Fahrt mitgerissen hatte. Im April war Benito Mussolini von Partisanen am Ufer des Gardasees gefaßt worden, als er sich gerade, als deutscher Soldat verkleidet, aus dem Staub machen wollte. Die Tatsache, daß sein Leichnam – und ebenso der seiner Geliebten – fürchterlich verunstaltet und wie eine Schweinehälfte an einem Mailänder Laternenpfahl aufgehängt wurde, mag als symbolischer Akt der Selbstreinigung des italienischen Volkes verstanden werden, das sich so ein für allemal von der Besudelung durch den Faschismus säubern wollte. Was nun begann, war für Italien eine finstere, zynische und korrupte Zeit. Das Volk ließ an den Faschisten seine ganze Wut aus – so, wie sie nur Menschen vorbehalten ist, die in einem aberwitzigen, hysterischen Ausmaß falsche Hoffnungen geweckt haben. Tausende von Parteimitgliedern und die 800000 Staatsbeamten wurden erbarmungslos zur Strecke gebracht.

Viele wurden von Standgerichten gelyncht oder eingesperrt, andere von »Säuberungskomitees« schikaniert, die von den Gewerkschaften und einer Koalition aus Linksparteien und Kommunisten unterstützt wurden. Und doch waren die Italiener relativ schnell bereit zu vergeben. 1946 wurde eine Amnestie verkündet, und nur 3000 bis 4000 ehemalige Faschisten und bekannte Kriegsverbrecher blieben im Gefängnis. Im Grunde hatten fatalerweise auch die »Sühneaktionen« der Partisanen viel von jener Operettenhaftigkeit an sich, die so typisch für das Regime des Duce gewesen war. Die neuen Herren marschierten zum Beispiel in die norditalienischen Dörfer ein und erklärten das Rathaus sofort zur *casa di popolo*, zum »Haus des Volkes«. Dann wurde eine lärmende und theatralische Hatz auf die örtlichen Faschisten und Schwarzhemden veranstaltet. Es gab viel Aufhebens und Geschrei, als die Schuldigen entkamen, während die Zurückgebliebenen sich einfach für unschuldig erklärten. Innerhalb weniger Tage verlief das Leben wieder ganz normal.

Erste Schätzungen der Kriegsschäden erwiesen sich als ziemlich übertrieben. Brücken, Autobahnen und Tunnels waren stark zerstört worden, und zunächst ging die Industrieproduktion auf knapp ein Fünftel des Standes von 1938 zurück; schuld daran waren allerdings großenteils die Inflation sowie Arbeitskämpfe, Devisenmangel und Streiks, und nicht so sehr die konkreten Kriegsschäden. Im Süden arbeitete die Landwirtschaft nur noch mit halber Kraft. Aber als Räumtrupps die Trümmer in Städten wie Mailand, Turin und Modena beseitigt hatten, entdeckte man, daß die Produktionskapazität der Fabriken tatsächlich um nicht mehr als zehn Prozent gesunken war.

Dennoch war Italien wirtschaftlich und politisch gefährdet. Die alten rechten und die neuen linken Parteien – allen voran die starke Kommunistische Partei – kämpften um die Macht, und in diesem Chaos war die wirtschaftliche Stabilität der Nation stets bedroht. Der Mann, dem es Italien in erster Linie zu verdanken hatte, daß es wieder aus dieser hoffnungslosen Lage herauskam, war ein strenger, humorloser, tief religiöser Norditaliener: Alcide De Gasperi. Da er seit langem ein erklärter Gegner von Mussolini gewesen war, hatte er das vergangene Jahrzehnt größtenteils als politischer Flüchtling in den Mauern des Vatikans verbracht. De

Gasperi versammelte die Zentrumsparteien unter dem Banner der Christdemokraten, bot den Kommunisten Paroli und bescherte Italien eine Art Wirtschaftswunder, das freilich ohne Marshallplan-Hilfe undenkbar gewesen wäre.

Für Enzo Ferrari war das Jahr 1945 eher ein neuer Anfang als das Ende. Vermutlich war ihm ohnehin nie der Gedanke gekommen, klein beizugeben und in der grauen Masse der Modeneser Bürger unterzugehen. Der Frieden brachte seinen Landsleuten zunächst eine willkommene Ruhepause, Ferrari aber fühlte sich paradoxerweise zu den Waffen gerufen. Schon bald würde es wieder Autorennen geben, und er würde dabeisein – aber diesmal nicht als Strohmann von Alfa Romeo oder als Vermittler für reiche Privatfahrer, sondern als Hersteller seiner eigenen Automobile. Es ist oft darüber diskutiert worden, wann und wie sich Ferrari dafür entschied, den Bau von Werkzeugmaschinen nicht mehr fortzusetzen und mit der Produktion von Automobilen zu beginnen. Aber wenn man Corteses und Colombos Erinnerungen glaubt, dann scheint dieser Umschwung allmählich gekommen zu sein, ein langsamer Übergang, der vielleicht fünf Jahre beansprucht hat.

Es gab aber letztlich einen ganz einfachen Grund, warum Ferrari wieder ins Autogeschäft einstieg: Das war das einzige, was er wirklich beherrschte. Die Werkzeugmaschinen waren nur eine Notlösung gewesen, solange der Krieg dauerte. Aber den Autos verdankte er sein Ansehen und seine Kontakte, ihnen galt seine ganze Leidenschaft, und es gab keinen logischen Grund dafür, warum er sich nach dem Krieg nicht wieder auf dieses Gebiet konzentrieren sollte. Der kurze Flirt mit Isotta-Fraschini hatte ihn nur in seinem Entschluß bestärkt, Automobile in seiner eigenen Fabrik zu bauen, die inzwischen eine Fläche von 3600 Quadratmetern umfaßte bzw. etwa viermal so groß war wie die alte Scuderia. Noch immer fehlte ihm zwar eine Gießerei, aber andererseits war er bestens dafür gerüstet, die mühsame und komplizierte Aufgabe in Angriff zu nehmen, ein Automobil von Grund auf zu bauen.

Aber wo sollte er beginnen? Zuerst nahm er Kontakt zu seinen alten Freunden auf. Bazzi würde zu ihm kommen. Bei Alfa Romeo lief nicht viel, weil es dort politisch noch drunter und drüber ging – auf jeden Fall würde es noch Monate dauern, bis man irgendwelche Projekte, die mit Autos zu tun hatten, wieder angehen konnte. Daher war der alte Motorenzauberer bereit, wieder zu Ferrari zu gehen und nach Modena umzuziehen. Das würde wenigstens weitgehend den Verlust von Massimino und dem geschickten Vittorio Bellentani wettmachen, die beide von Maserati abgeworben worden waren. Natürlich gab es nur einen Mann, den Ferrari wirklich wollte und den er am dringendsten brauchte: Vittorio Jano, den einzigen Konstrukteur in Italien, dem er beruflich wie privat total vertraute. Aber Jano war nicht bereit, zu ihm zu kommen. Er hatte während des Kriegs für Lancia gearbeitet und war gerade voll mit der Entwicklung eines neuen, modernen V6-Coupés beschäftigt, der Aurelia. Auch wenn Lancia augenblicklich nicht daran dachte, sich im Rennsport zu engagieren, war es doch ein stabiles Unternehmen, bei dem es nicht diese politischen Intrigen gab, unter denen er in den letzten Jahren bei Alfa Romeo so sehr gelitten hatte. Außerdem befand sich Lancia in seinem geliebten Turin, und da er bereits 54 war, schien es ihm doch allzu riskant, wegen Ferraris vager Pläne in das langweilige, staubige Provinznest Modena überzusiedeln.

Wenn Ferrari also einen Konstrukteur finden wollte, mußte er sich anderswo umsehen – und zwar in Mailand. Gioacchino Colombo suchte Arbeit. Angeblich war er noch bei Alfa Romeo beschäftigt, aber seine Situation wurde mit jedem Tag prekärer. Die Gewerkschaftsvertreter des Unternehmens hatten ein »Säuberungskomitee« gebildet und untersuchten die Rolle verschiedener Manager in der ehemaligen faschistischen Partei. Colombo war Parteimitglied gewesen, auch wenn man nicht genau wußte, wie weit er sich engagiert hatte. Also wurde er vom »Betriebsgericht« beurlaubt. Es war eine unsichere Zeit, in der es hoch herging, und selbst wenn sich die meisten Anklagepunkte letzten Endes als leeres Gerede erwiesen, erinnerte sich Colombo sicher lebhaft an die Ermordung des früheren Alfa-Romeo-Chefs Gobbato in den unmittelbaren Nachkriegswirren. Für ihn war daher ein Umzug in die ruhigeren Gefilde von Modena durchaus verlockend.

Er folgte Ferraris Ruf im Juli 1945, kaum drei Monate nach der Kapitulation. Zusammen mit Enrico Nardi machte er sich auf die beschwerliche Reise über zerschossene Straßen und durch zerbombte Dörfer, und zwar in einem Vorkriegsauto, das vollgetankt war mit Benzin vom Schwarzen Markt. Colombo traf Ferrari in dem kleinen Büro der Scuderia an, in dem sie damals so viel über den 158er diskutiert hatten. Diesmal unterhielten sie sich zuerst über alte Freunde, die nun vom Krieg in alle Winde zerstreut waren, und über die Lage bei Alfa. Das zerschlagene Unternehmen stellte nun so bescheidene Produkte her wie billige Kochutensilien, während langsam Pläne zur Massenproduktion niedrigpreisiger Autos heranreiften. Vor seiner Suspendierung war Colombo zur Konstruktionsabteilung für Dieselmotoren versetzt worden, für die er sich nicht im geringsten interessierte. Er erzählte Ferrari, daß es gegenwärtig keine Pläne bei Alfa Romeo gab, irgendwelche rennsportlichen Aktivitäten wieder zu entfalten, und das schien nur zu verständlich, wenn man an die Verfassung der europäischen Wirtschaft dachte und daran, daß sich die halbe Welt noch immer im pazifischen Raum im Kriegszustand befand. Eigentlich müßte es Colombo doch ein bißchen unwirklich vorgekommen sein, daß sein Gastgeber auch nur einen Gedanken daran verschwendete, ausgerechnet in dieser Zeit wieder Autorennen veranstalten zu wollen.

Aber genau das hatte Ferrari im Sinn. »Colombo, ich möchte wieder Rennwagen bauen«, erklärte er. »Könnten Sie sich vorstellen, einen Fünfzehnhunderter zu konstruieren?« Er meinte einen Motor mit 1500 Kubikzentimeter Hubraum – ein Triebwerk also, das genauso groß war wie der Motor des 158ers und dessen Hubraum seiner Meinung nach der neuen Grand-Prix-Formel entsprach, die künftig bei Autorennen gelten würde. Colombo verstand ihn sofort. Schließlich wußte man ja, daß es eine Reihe von Vorkriegsautos gab, die für die *vetturetta*-Formel gebaut worden waren: die britischen Sechszylinder-ERAs, die starken 4CLs von Maserati und die noch existierenden 158er von Alfa Romeo. Mit dieser 1,5-Liter-Klasse würden die künftigen Rennschlachten ausgetragen werden, und Ferrari wollte dabei mitmischen. Aber welche Konfiguration sollte das neue Triebwerk haben? »Meiner Ansicht nach sollten Sie einen Zwölfzylinder machen«, sagte Colombo.

»Mein lieber Colombo, Sie können meine Gedanken lesen!« erwiderte Ferrari. Später erinnerte sich Colombo daran, daß die Begegnung kurz gewesen und daß man gleich zur Sache gekommen sei. Über die langfristige Planung, Zeitpläne, Finanzierung etc. sprach man, ohne allzusehr ins Detail zu gehen, beim Essen in einer nahegelegenen Trattoria, und danach fuhren Colombo und Nardi wieder zurück nach Mailand. Diese Version, die Colombo in seinen 1985 veröffentlichten Erinnerungen wiedergegeben hat, stellt wieder einmal die so oft erzählte Geschichte in Frage, derzufolge der V12-Motor einzig und allein Enzo Ferraris Idee gewesen sei. Die Deutschen hatten, wie gesagt, schon seit 1938 bewiesen, daß diese Konfiguration ein großes Leistungspotential hatte. Und natürlich hatten auch der verhaßte Ricart und sein Mitarbeiter Bruno Trevisan vor dem und im Krieg eine Reihe starker V12-Versionen produziert. Darum war diese Konstruktion kaum revolutionär zu nennen – allerdings hat Ferrari das auch nie behauptet. Doch seine spätere Bemerkung, er sei von den Packard-Kübelwagen, die er im Ersten Weltkrieg gesehen hatte, zu seinen V12-Motoren inspiriert worden, grenzt an ausgemachten Blödsinn. Diese Triebwerke waren riesig, niedertourig und ausgesprochen primitiv, verglichen mit den exotischen Versionen von Mercedes-Benz, Auto Union und Alfa Romeo, aber wahrscheinlich war Ferrari zu stolz, diesen zeitgenössischen Rivalen die Erfindung zuzuschreiben.

Es würde nicht einfach sein, einen Zwölfzylindermotor mit einem derart geringen Hubraum zu konstruieren und herzustellen; aber wenn es gelang, würde das ein äußerst einträgliches Geschäft werden. Zu dieser Zeit wurde nämlich nirgends auf der Welt ein solcher Motor gebaut, und wenn er nur genügend Leistung bringen könnte, würde das neue Ferrari-Auto allein schon deshalb berühmt werden, weil es einzigartig war.

Colombo war immer noch verunsichert. Theoretisch war er – trotz Beurlaubung – weiterhin bei Alfa angestellt. Aber da er schließlich für seinen Lebensunterhalt aufkommen mußte, zögerte er nicht, für Ferrari schwarzzuarbeiten. Mitte August, bei einem Treffen seiner Familie im Haus seiner Schwester in Castellanza bei Varese, schlenderte Colombo nach dem Mittagessen in den Innenhof und begann auf einem Stück Packpapier zu kritzeln. Da der Motor nun einmal die wichtigste Komponente bei einem Auto war, zeichnete er zunächst mit groben Strichen den Zylinderkopf – diesen überaus prekären Bereich, wo die Ventile, Stößel und Zündkerzen die Auslegung eines Motors bestimmen: als hochtouriges Renntriebwerk, als leistungsfähigen Pkw-Motor oder als niedertourige, aber zuverlässige Maschine, die sich für Lastwagen und Traktoren eignet.

Colombos V12-Motor besaß eine einzige obenliegende Nockenwelle, die die Ventile auf beiden Reihen bediente. Dieses Schema hatte er schon bei größeren Motoren für Alfa verwendet. Aber dann hatte er die kühne Idee, eine Technik zu kopieren, wie sie bei Rennmotorrädern angewendet wurde – nämlich den Kolbenhub ein wenig kürzer zu machen als den Zylinderdurchmesser. Dieses spezielle Verhältnis von Bohrung und Hub sollte in den kommenden Jahren zum Standard werden, aber in den unsicheren Zeiten von Mitte 1945 wurde es auch zum Schlüssel für Ferraris Zukunft. Wieder in Mailand, verwandelte Colombo das kleine Schlafzimmer seiner Wohnung in ein Atelier. Dann lieh er sich ein großes Zeichenbrett bei der Carozzeria Touring Superleggera und machte sich ernsthaft an die Arbeit. Es war nicht einfach für ihn, in all dem geräuschvollen Durcheinander, das eine Familie nun einmal verursacht, konzentriert zu arbeiten.

Er war mit Ferrari übereingekommen, daß der neue Wagen die Bezeichnung »125« tragen sollte, und zwar aus einem ganz einfachen logischen Grund: Jeder Zylinder hatte einen Hubraum von 125 Kubikzentimetern, was mit zwölf multipliziert 1500 Kubikzentimeter oder 1,5 Liter ergab. Es wurde relativ üblich, daß Ferrari seine Wagen nach dem Hubraum eines einzelnen Zylinders benannte, auch wenn er in späteren Jahren die Nomenklatur recht willkürlich variierte, die zuweilen auf dem Gesamthubraum des Motors basierte – plus der Anzahl der Zylinder.

Und dann machte Ferrari wieder einmal Druck. Er brauchte die Konstruktion sobald wie möglich, damit er wieder an den Schlachten auf der Rennstrecke teilnehmen konnte – hier fand für ihn der wahre Krieg statt. Er hatte alle Brücken zu Alfa Romeo abgebrochen und setzte sich nun ganz dafür ein, seine eigene Marke zu etablieren. Als genialer Promoter hatte er auch schon Sponsoren gefunden: die Zündungsfirma Marelli, die Reifenhersteller Pirelli und die Vergaserfirma Weber, die allerdings schon halb (und später ganz) zu Fiat gehörte. Sie hatten schon zuviel Zeit vertrödelt, und Ferrari, der es immer besser verstand, abwechselnd Zuckerbrot und Peitsche einzusetzen, trieb Colombo zu einer unglaublichen Eile an. Im September holte sich Colombo auch noch Angelo Nasi, den alten Kumpel aus dem Konstruktionsteam des 158er, der inzwischen arbeitslos geworden war. Colombo gab »Lino« den Auftrag, ein Fünfganggetriebe für das neue Auto zu konstruieren, worüber sich Nasi natürlich freute, denn er hatte es mit ganz banalen Dieselmotoren für die Industrie zu tun gehabt, als er noch im Alfa-Werk in Portello arbeitete.

Man muß sich immer wieder vor Augen halten, daß Autorennen in Europa während der ersten Hälfte dieses Jahrhunderts zu den populärsten Sportarten gehörten. Selbst heute noch können sich –

neben Fußball und Radrennen – die Massen dafür begeistern. Als der Krieg vorbei war, konnte es ein autohungriges Publikum kaum abwarten, bis es wieder die ersten Rennen auf den Straßen gab. Und so dauerte es keine vier Monate, bis zum 9. September 1945, da heulten und dröhnten auch schon wieder die Rennwagen durch den Pariser Bois de Boulogne. Sieger wurde das französische As Jean-Pierre Wimille auf einem einsitzigen Vorkriegs-Bugatti (einer der letzten Siege der berühmten Marke) bei diesem Rennen, das den Spitznamen »Gefangenen-Pokal« bekam (offizieller Titel: Grand Prix de la Libération). Richtig losgehen würde es dann mit den Wettbewerben im Frühjahr 1946, wobei die Autos zunächst freilich nichts weiter als ein bunter Haufen von Vorkriegsmaschinen waren, die während des Kriegs versteckt worden waren.

Die Automobilclubs der verschiedenen Nationen (unter Ausschluß der Deutschen) schlossen sich in Paris zur Fédération Internationale de l'Automobile (FIA) zusammen und kamen überein, daß Grand-Prix-Rennen künftig nach einer Formel ausgerichtet werden sollten, die Motoren ohne Kompression bis zu einer Größe von 4,5 Litern zuließ. Ferrari hatte diese Entwicklung kommen sehen, dank seiner ausgezeichneten Verbindungen in der Rennsportszene. Er wußte, daß er mit seinen neuen 1,5-Liter-V12-Motoren richtig lag; aber wenn er damit wirklich konkurrenzfähig werden wollte, mußten sie noch mit einer Kompression versehen und radikal in ihrer Leistungsfähigkeit verstärkt werden. Doch damit wollten er und Colombo sich erst in einer zweiten Entwicklungsphase beschäftigen.

Im Frühherbst nahm das Auto allmählich Form an. Als die Straßen zwischen Mailand und Maranello besser wurden, wurde die Kommunikation zwischen Colombos Schlafzimmeratelier und der Fabrik leichter. Ferrari ging auch weiterhin auf Nummer Sicher und stellte noch immer Werkzeugmaschinen her, doch nach und nach stellte sich das Unternehmen auf den Bau von Autos um. Fast zufällig war ein junger Mann namens Luciano Fochi eingestellt worden, der beim Bau der ersten Autos noch eine Schlüsselrolle spielen sollte. Er hatte mit Sechzehn bei Alfa Romeo eine Lehre als technischer Zeichner begonnen, bis er eingezogen wurde. Nach seiner Entlassung wußte er nicht, was er mit sich anfangen sollte, und so war der zierliche Mann mit den traurigen Augen wieder nach Modena zurückgekehrt, um bei seinen Eltern zu leben. Er hatte auch in Maranello Arbeit gesucht, war jedoch wegen seiner

Jugend abgelehnt worden. Aber zufällig war an diesem Tag auch Colombo zugegen. Der alte Alfa-Mann erinnerte sich daran, daß Fochi ein ganz begabter technischer Zeichner war. So wurde dieser doch noch engagiert und bekam die Aufgabe, Colombos meist grobe, zuweilen nicht umzusetzende Skizzen in ordentliche Blaupausen und Schemazeichnungen zu übertragen, nach denen dann Bazzi und seine Handwerker richtige Autos bauen konnten.

Im Oktober 1945 stand Colombos Version des Autos auf dem Papier. Was Ferrari da sah, gefiel ihm, auch wenn er nicht alle Details des Entwurfs zu würdigen verstand. Der Motor mit seinen vielen Zylindern und dem kleinen Hubraum war interessant, aber kaum originell. Eine Reihe von Konstrukteuren hatte schon seit den zwanziger Jahren genauso raffinierte Maschinen in einem derart kleinen Maßstab gebaut. Immerhin schien genügend Kraft darin zu stecken, zumal wenn die Kompressorversion in der zweiten Entwicklungsphase fertiggestellt worden war. Die Radaufhängung war mit den einzeln aufgehängten Vorderrädern und der starren Hinterachse ein wenig antiquiert. Außerdem verwendete Colombo einzelne Auslegerblattfedern statt der leichteren und kompakteren Torsionsstäbe und Schraubenfedern, die so erfolgreich von den Ingenieuren bei Mercedes-Benz und Auto Union eingesetzt worden waren.

Der Rahmen war leicht, gedrungen und ziemlich steif und basierte auf Designstudien, die Jano, Colombo und Ricart bei Alfa Romeo betrieben hatten. Colombos Aufbau war so ähnlich wie der des 158ers, und die ovalen Rohre für den Rahmen hatte der Konstrukteur von der Mailänder Firma GILCO Autotelai bezogen, die sich auf die Verarbeitung von Stahlrohren spezialisiert hatte. Auch Maserati verwendete GILCO-Rohre für seine immer größer werdende Palette von Einsitzern und Sportwagen. Zu diesem Zeitpunkt war die Konkurrenz in der Nachbarschaft Ferrari in allen Phasen des Geschäfts weit voraus. Eines ihrer Autos hatte an einem Rennen für kleine Sportwagen im April bei Nizza teilgenommen und damit die Führung vor Ferrari weiter ausgebaut. Außerdem war bekannt, daß Massimino einen neuen 2-Liter-Sechszylinder-Reihenmotor fast fertig hatte.

In seiner endgültigen Form wog der 125er etwa 650 Kilogramm, während der fast gleichzeitig gebaute und nahezu gleich große Maserati A6 etwa 715 Kilogramm wog. Das hörte Ferrari natürlich gern, denn er hatte Colombo strikt angewiesen, das Fahrgestell möglichst leicht zu machen. Das wichtigste aber war für ihn noch immer die PS-Zahl, denn seiner Meinung nach gab es auf allen Rennstrecken mehr Geraden als Kurven. Daher legte er viel mehr Wert auf absolute Beschleunigung und Spitzengeschwindigkeit als auf solche Nuancen wie Straßenlage und Bremsverhalten. Das hing ihm noch aus seiner früheren Zeit als Rennfahrer nach, als die Räder nicht viel anders als an einem Pferdekarren aufgehängt waren und nur die rohe Kraft zählte. Im Laufe der Zeit versicherte er immer wieder stolz: »Ich baue Motoren und versehe sie mit Rädern.« Das macht deutlich, worum es ihm in erster Linie ging, und es erklärt auch, warum bis zu seinem Tod Ferraris zwar den Ruf genossen, in puncto Leistung allen anderen voraus zu sein, aber bei der Gestaltung des Fahrgestells eher hinterherzuhinken.

Genaugenommen war kein Ferrari, der je gebaut wurde, ein Musterbeispiel kühner Technik. Der 125er mit seinem kleinen, kurzhubigen V12-Motor ist eines der ganz wenigen Beispiele in der Geschichte des Unternehmens, die man als einigermaßen revolutionär bezeichnen kann. Um diese Autos rankt sich ein Mythos, der sich ausgerechnet auf ihr angeblich modernes Design bezieht, aber in Wirklichkeit war Enzo Ferrari extrem konservativ und blieb oft weit hinter anderen, kreativeren Autobauern zurück. Er hatte ein ausgesprochen primitives Verhältnis gegenüber dem Konstruktionsdesign, und das zeigte sich später immer wieder, wenn er sich weigerte, so offenkundig überlegene Komponenten wie Mittelmotoren, Schraubenfederaufhängungen, Scheibenbremsen, Schalenbauweise, Magnesiumräder und Einspritzung zu übernehmen. Immerhin gab der Commendatore zu, daß der 125er alles andere als originell war: »Der erste Ferrari... wurde ein herkömmliches Auto. Da gab es keine Experimente. Wir wollten nichts weiter als einen konventionellen Motor bauen – aber er sollte überragend sein.«

Im November erhielt Ferrari einen aufgeregten Anruf von Colombo. Dieser war wieder zu Alfa Romeo zurückbeordert worden, und die Direktion und das Arbeiterkomitee, eine Art revolutionärer Garde, hatten von Colombos Nebentätigkeit für Ferrari Wind bekommen. Die Vorbehalte, die zu seiner Suspendierung geführt hatten, waren zwar noch nicht ausgeräumt worden. Zur gleichen Zeit erwog die Geschäftsleitung jedoch eine Wiederaufnahme des Rennsportbetriebs – man versprach sich davon eine Menge Publicity für den Verkauf der Personenwagen und hielt es für eine gute

Gelegenheit, den Skeptikern in aller Welt zu beweisen, wie fortschrittlich die italienische Technik war. Die 158er waren zwar zerlegt und verstaubt, aber noch immer starke Rennwagen, und es bot sich geradezu als erster Schritt an, sie wieder ins Rennen zu schikken. Und wer war für eine derartige Wiederbelebung besser geeignet als ihr Schöpfer? Die Einzelteile der übriggebliebenen fünf Autos waren während des Kriegs in einer Fabrik für Molkereiprodukte in der Nähe des Lago di Orta versteckt worden. Und da die Rennautos von Auto Union bei den Russen vor sich hinrosteten und die modernen Mercedes-Benz-Autos in dem vom Krieg schwer angeschlagenen Unternehmen in Stuttgart-Untertürkheim vor sich hin gammelten, waren die 158er sozusagen kampflos die schnellsten Rennwagen der Welt. Sie mußten also nur noch von Colombo wiederhergerichtet werden, damit sie ins Rennen geschickt werden konnten.

Es kam wieder einmal zu einer Reihe lautstarker und verbissener Auseinandersetzungen, bei denen die Gewerkschaftsvertreter von Alfa Romeo mit Streik drohten, falls Colombo nicht wieder in den Schoß des Mailänder Unternehmens zurückkehren sollte. Er hatte kaum eine andere Wahl, wenn er daran dachte, daß sein Vertrag noch immer gültig war und daß noch vor ein paar Monaten seine Kollegen ihn mit anderen Faschisten und Nazikollaborateuren an die nächste Wand hatten stellen wollen. Gioacchino Colombo zuckte ein letztesmal resigniert mit den Schultern, winkte seinen alten Freunden in Modena ein letztes Lebewohl zu und fuhr wieder einmal auf der Via Emilia gen Norden.

Der Verlust Colombos traf Ferrari doppelt hart. Denn Colombo wurde nicht nur dringend benötigt, um den 125er zu Ende zu bauen, sondern sein Ausscheiden bedeutete auch, daß er nun für die verhaßte Konkurrenz arbeiten und aus den 158ern Ferraris stärkste Gegner machen würde. Und damit nicht genug: Die Alfas waren in seiner eigenen Werkstatt in Modena gebaut worden! Er würde von seinen eigenen Autos geschlagen werden! Colombo war ein Ingenieur der alten Schule, die auch Ferrari und Bazzi hervorgebracht hatte. Er war es gewohnt, Überstunden zu machen, und konnte Komponenten ganz nach den jeweiligen Erfordernissen improvisieren oder verändern. Theorien und mathematische Formeln, die seine jüngeren, akademisch gebildeten Kollegen bevorzugten, interessierten ihn herzlich wenig, und mit den herkömmlichen Verfahrensweisen der Ferrari-Handwerker kam er glänzend zurecht. Nach seinem Ausscheiden sahen sich Bazzi, Attilio Galetto, der Vorarbeiter der Werkstatt, und Federico Giberto, der neue Chefeinkäufer des Unternehmens, gezwungen, das unvollendete Erbe seiner Blaupausen in einen tatsächlich funktionierenden Motor- und Autoprototypen umzusetzen. Ohne den Ingenieur, der ihnen bei ihren Modifikationen genaue Anweisungen gab, würde das Projekt über kurz oder lang sterben.

Da tauchte einen Tag vor Weihnachten ein vertrautes Gesicht auf: Luigi Chinetti. Er war von Paris mit seiner neuen Frau und seinem kleinen Sohn gekommen, und zwar in einem alten frontgetriebenen Citroën, dessen Reifen so abgewetzt waren, daß ein Mitfahrer sich auf die Motorhaube setzen mußte, damit die Räder nicht auf den tiefverschneiten Alpenpässen durchdrehten. Chinetti hatte keine Mühe, Enzo Ferrari zu finden, der sich, wie erwartet, noch immer in dem alten schmuddeligen, braun gestrichenen zweistöckigen Gebäude am Viale Trento e Trieste aufhielt. Ferrari ging es schlecht. Mit seinen schlaffen Gesichtszügen sah er älter als 48 aus. Durch sein volles, straff zurückgekämmtes Haar zogen sich bereits graue Fäden. Seine Augen, die mit ihren aufgequollenen Lidern immer müde wirkten, waren vor Erschöpfung blutunterlaufen. Sein massiger Körper war hinter einem Schreibtisch in dem großen, ungeheizten Büro zusammengesackt. Im Halbdunkel sah Chinetti die Trophäen und die Fotos der Fahrer, die am Steuer von Scuderia-Autos gewonnen hatten, und alles war noch genauso unverändert und verstaubt wie vor dem Krieg. Er kam sich vor wie in einem modrigen Grab, in das nach Jahrhunderten ein Lichtstrahl drang.

Die Begrüßung war freudlos und flüchtig. Chinetti nannte ihn einfach Ferrari, wie ein Arbeiter. Andere hatten ihn früher Cavaliere genannt, dann Commendatore, als ihm der Ehrentitel von Mussolinis Marionettenkönig verliehen worden war, aber Chinetti weigerte sich, diese von den Faschisten vergebene Anrede zu gebrauchen. Für ihn war diese einst so mächtige Gestalt im italienischen Rennsport nur Ferrari, nichts weiter, und würde es auch immer bleiben, bis sie sich zum letztenmal voneinander verabschiedeten.

An diesem Tag in der schmutzigen, eiskalten Stadt Modena sprachen sie von der Zukunft. Beide versuchten sich optimistisch zu geben, aber dann hingen sie doch wieder ihren zerbrochenen Träumen nach. Ferrari schien sich des langen und breiten in der

Tragödie der Zerstörung seines Landes wie seines Geschäfts ergehen zu wollen, aber Chinetti traute ihm nicht über den Weg. Er kannte ihn als unvergleichlichen Schauspieler, als einen Mann, der im Pathos des Augenblicks schwelgte und jedes Wort, jede grandiose Phrase dramatisch auskostete, der aber nie seine Karten auf den Tisch legte und nie das ganze Ausmaß seiner eigenen Erfolge hinausposaunte. Von anderen hatte er gehört, daß Enzo Ferrari den Krieg gut überstanden hatte, daß seine Fabrik in Maranello nicht ernsthaft beschädigt sei und daß dort bereits ein paar Autos hergestellt worden seien. Und genau darum war Chinetti gekommen.

Ferrari bestätigte, daß er Colombo, seinen alten Freund und einen der besten Ingenieure bei Alfa, beauftragt habe, Pläne für einen kleinen V12-Rennwagen anzufertigen. Aber Colombo habe Ärger mit den Kommunisten in Mailand, die ihn wegen seiner faschistischen Vergangenheit schikanierten. Und Bazzi, der treue alte Bazzi, und ein paar andere, meist junge Leute seien gerade dabei, zwei von den Prototypmotoren auf Herz und Nieren zu prüfen, und sie würden über kurz oder lang einen Wagen bauen, und dann würde die Scuderia an den Rennsportschlachten teilnehmen, wie es sie schon wieder auf den trümmerübersäten Straßen Europas gab. Ja wirklich, die Scuderia würde wieder Rennen fahren; aber zum Teil lag seine, Ferraris, Zukunft im Werkzeugmaschinenbereich. Und fast schien es, als wollte Ferrari schwören, nie wieder werde er alles für die flüchtige Welt des Rennsports einsetzen, in der ein Geschäft durch die Kollision von derart dünnhäutigen Individualisten so schnell ruiniert werden konnte, wie es ein Auto aus einer Haarnadelkurve in den Apenninen trug.

Chinetti sprach von seiner Zeit in Amerika, wo man derart viel für die Rüstung getan hatte, daß sich die italienischen Industriellen vergleichsweise nur wie etruskische Töpfer ausnahmen. Weil es gar nicht schnell genug gehen konnte, Millionen von Flugzeugen, Panzern, Lastwagen, Gewehren, Geschützen, Landungsbooten, Fertigbaubaracken, beweglichen Brücken, Helmen, Feldflaschen, Kisten, Uniformknöpfen, Pistolen, Ferngläsern, Radios, Radargeräten und weiß Gott noch alles herzustellen, hatte der amerikanische Koloß wahre Wundermaschinen für die Massenproduktion geschaffen – Fließbandanlagen, die so genial waren, daß ein Mann namens Kaiser ganze Frachtschiffe in weniger als einer Woche bauen konnte! Und was, fragte Chinetti, berechtige Ferrari zu der Hoffnung, gegen diese westliche Industriemacht bestehen zu können?

Chinetti erzählte ihm vom Wunderland Amerika. Er sprach von der Hemdsärmeligkeit der Amerikaner, von ihrer kindlichen Gier, alles haben zu wollen, und von ihrer spießbürgerlichen Primitivität. Aber da gab es auch eine reiche Oberschicht, deren Geschmack eher europäisch war. Er hatte sie gesehen, war mit ihnen zusammengekommen und hatte ihr Vertrauen gewonnen, als er während des Kriegs ihre betagten Automobile aus Crewe, Stuttgart und Mailand in Schuß gehalten hatte. Für derart elitäre Maschinen würden sie ein Vermögen ausgeben, und er, Luigi Chinetti, würde diese naive koloniale Begierde ausnutzen.

Amerika, diese Nation, die nie erwachsen wurde, könnte für sie ein Segen oder ein Fluch sein, erklärte Chinetti. Wenn Ferrari unbedingt weiterhin Werkzeugmaschinen produzieren wolle, würde er von der Industriemacht aus dem Westen bald hinweggefegt werden. Wenn man aber an den neuen Reichtum herankäme, den diese Industrie notwendigerweise produzierte, würden beide Seiten profitieren. Chinetti wurde deutlich: Ferrari solle fünf Autos pro Jahr für Amerika bauen, und er, Chinetti, würde sie für eine Unsumme verkaufen, ja, wenn Ferrari es schaffen könnte, würden es auch zwanzig sein – eine Zahl, die an diesem feuchtkalten Tag in Modena so astronomisch anmutete, als hätten sie sich gerade über die Jahresproduktion von General Motors unterhalten.

Ferrari nickte. Ja, wenn die kleinen V12-Motoren von Colombo funktionierten und wenn der 125er ein ansprechendes Auto würde... ja, dann könnte er durchaus ein paar Autos für diese Hinterwäldler bauen.

Diese Begegnung sollte später noch für viel Wirbel sorgen. Chinetti behauptete nämlich, er habe Ferrari bei diesem Gespräch an Weihnachten 1946 dazu gebracht, nach dem Krieg wieder Autos zu bauen. Aber Ferrari arbeitete ja bereits am Tipo 125, und warum sollte er da nicht auch schon Produktion und Verkauf an private Kunden im Auge gehabt haben? Schließlich waren Alfa Romeo und Bugatti seine erklärten Vorbilder, und beide hatten ja erfolgreich sowohl Rennwagen als auch eine limitierte Zahl von normalen Straßenfahrzeugen gebaut. So ist es nur logisch, daß er ihrem Beispiel folgen wollte. Chinetti gebührt freilich zumindest das Verdienst, Ferrari auf den lukrativen amerikanischen Markt aufmerksam gemacht zu haben, der für den zurückgezogen lebenden und zunehmend provinzieller werdenden Unternehmer aus Modena genausogut auf der anderen Seite des Monds hätte liegen können.

Wenn man einmal Chinettis optimistisches Gerede über die Verkaufschancen beiseite ließ, gab es im Augenblick wirklich genug Probleme. Nach Colombos Ausscheiden war die Entwicklung des neuen Autos steckengeblieben. Bei Maserati kam man mit dem neuen A6-Sportwagen von Massimino gut voran, und das würde von seiner Größe und Leistung her die unmittelbare Konkurrenz für den 125er sein. Die Orsis brüsteten sich auch immer noch wegen des hervorragenden Abschneidens ihrer Autos beim 500-Meilen-Rennen von Indianapolis im vergangenen Mai. Sandbahnstar Ted Horn war auf dem ehrwürdigen 8CTF-Maserati, den zuvor Wilbur Shaw gefahren hatte, Dritter geworden, während Gigi Villoresi als Siebter durchs Ziel fuhr, nachdem er viele Runden zurückgefallen war, weil er nicht weniger als dreimal einen defekten Magnetzünder auswechseln mußte. Dieses gute Abschneiden trug natürlich nur dazu bei, Ferraris Frustrationen zu mehren, und einmal steigerte er sich in helle Wut hinein, als die Maserati-Brüder ausgerechnet auf die Idee kamen, auf der Via Abetone ein Testrennen zu veranstalten, und als die Fenster von Ferraris Fabrikbüro unter dem unverschämten Geheul ihrer Motoren klirrten.

Überall auf der Welt war man dabei, Hochleistungsautos zu bauen, sogar in Spanien, wohin Ricart bei Kriegsende geflüchtet war. Man munkelte, er sei mit der Planung eines Sportwagens beschäftigt, der von der spanischen Regierung finanziert werde; das geschah aber erst 1951, als der technisch ausgereifte, aber nur schwer verkäufliche Pegaso auf den Markt kam. Ferrari traf fast der Schlag – er mußte einfach jemanden finden, der Colombo ersetzen konnte. Schließlich konnte ihm sein alter Mitarbeiter einen Vorschlag machen. Colombo empfahl ihm einen arbeitslosen Ingenieur von Alfa Romeo namens Giuseppe Busso – allerdings konnte dieser nicht vor Juni zu Ferrari kommen. Um diese Zeit lag der 125er hoffnungslos hinter seinem Plansoll, und Ferrari mußte den unerfahrenen Busso praktisch an seinen Zeichentisch fesseln. Der dunkelhäutige Turiner, hinter dessen wortkarger Art sich eine erstaunliche Unbeirrbarkeit verbarg, sprang beherzt in das unbekannte Wasser.

Er zog mit seiner Familie von Turin nach Modena und quartierte sich in einer kleinen Wohnung ein. Anfangs ging es leichter, als er

Peter Collins am Steuer des 315S-Sportrennwagens, den er 1957 bei den Mille Miglia fuhr, und Ferrari (Bildmitte) bei einer Diskussion über Kupplungsprobleme anläßlich einer Testfahrt in Maranello. *(Foto Sammlung Klemantaski)*

Ferrari im Gespräch mit seinen drei Starfahrern der Saison 1967: (von links) Luigi Musso, Eugenio Castellotti und Peter Collins. *(Foto Sammlung Klemantaski)*

Peter Collins am Steuer eines 315S-Sportrennwagens im Frühjahr 1957. Er verläßt gerade das Fabrikgelände in Maranello, um den Wagen – für die Mille Miglia – auf der Straße nach Abetone zu testen. *(Foto Sammlung Klemantaski)*

Ferrari bei einem kurzen Auftritt an der Teststecke in Fiorano im Jahre 1987.
(Goodyear-Fernsehwerbespot)

Ferrari mit Luigi Villorese und Alberto Ascari im Juni 1953 in Monza. *(Foto R. Mailänder, Sammlung Karl Ludvigsen)*

Ferrari (mit Hut und Lesebrille, die er nur selten in der Öffentlichkeit trug) informiert sich beim italienischen Grand Prix im September 1953 über das Neueste vom Rennsport. *(Foto R. Mailänder, Sammlung Karl Ludvigsen)*

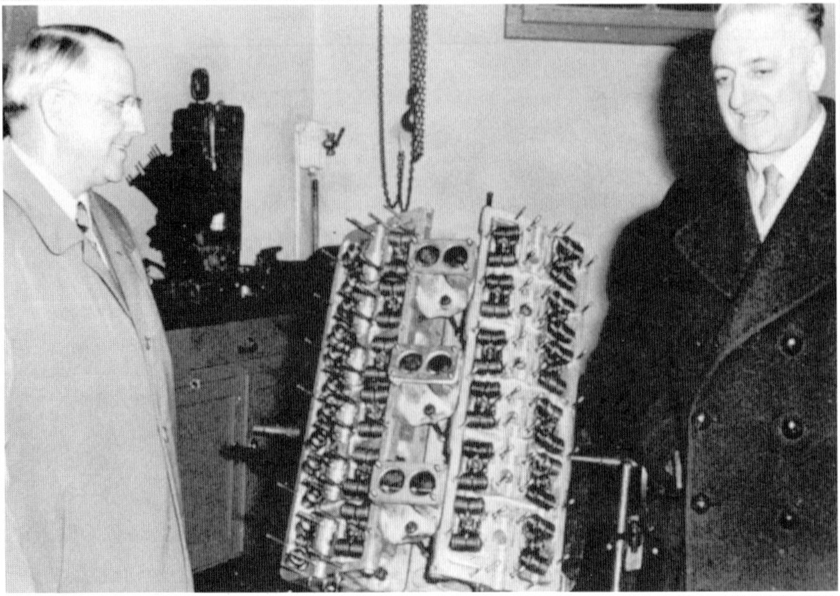

Ferrari und Gerry Grant, Präsident der Grant Piston Ring Company, besichtigen einen Motorblock für einen der Indianapolis-Ferraris, der für das 500-Meilen-Rennen von 1952 vorbereitet wird. *(Foto R. Mailänder, Sammlung Karl Ludvigsen)*

Ferrari begrüßt Robert Braunschweig, den Herausgeber der *Automobile Review*, 1953 in der Fabrik. *(Foto R. Mailänder, Sammlung Karl Ludvigsen)*

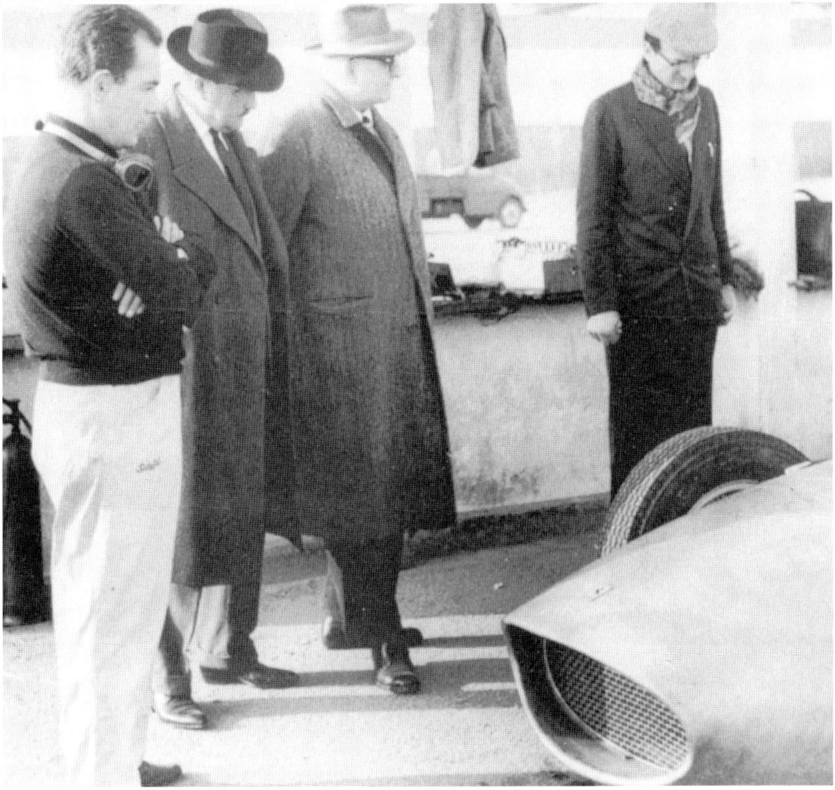

Testalltag im Autodrom von Modena. Jean Behra, Amarotti, Ferrari und Romolo Tavoni (von links) mustern einen 246 Dino Formel-1-Wagen von 1959. *(Foto Peter Coltrin)*

Ferrari (rechts) und sein alter Freund, der Karosseriebauer Pininfarina, unterhalten sich über ein Detail an einem Sportrennwagen-Prototypen in Monza. *(Foto Peter Coltrin)*

Ferrari, inzwischen ergraut, im Septemer 1963 beim Training zum italienischen Grand Prix – wie immer von seinem verehrungsvollen Publikum umringt. *(Foto Peter Coltrin)*

Testalltag im Autodrom von Modena. Ferrari (5. von links) schaut zu, wie sich zwei Mechaniker um das Formel-1-Auto von John Surtees kümmern. Im Hintergrund andere unabhängige Teams. *(Foto Peter Coltrin)*

März 1964 im Autodrom von Modena. Von links: Lorenzo Bandini, Nino Vaccarella, Margherita Bandini, Enzo Ferrari, Lodovico Scarfiotti und Pepino Verdelli, Ferraris getreuer Chauffeur. *(Foto Peter Coltrin)*

Ferrari und der langjährige Teamingenieur Vittorio Bellentani 1976 an der Fiorano-Teststrecke mit einem 312 T2 Formel-1-Auto. *(Foto Peter Coltrin)*

John Surtees und Ferrari in Monza, 1964. Noch verstehen sie sich bestens – knapp zwei Jahre später verließ Surtees das glücklose Team. *(Wide World Photos)*

Ein alter, müder Ferrari bei seiner alljährlichen Pressekonferenz im Oktober 1981. Links neben ihm Marco Piccinini, rechts Piero Lardi Ferrari. *(Foto Peter Coltrin)*

gedacht hatte, wobei Ferrari und Laura ihn in ihrer Wohnung über der Scuderia mit ausgedehnten Mahlzeiten und viel Lambrusco hofierten. In einem Interview, das er 1986 gab, erinnerte sich Busso mit einer gewissen Begeisterung an diese Tage. Er bemerkte bei dieser Gelegenheit freilich auch, daß sich Ferrari ganz offen Sorgen wegen Dinos Gesundheit – und der von Laura – machte, und »das Mitgefühl, das ich empfand, wenn ich ihn so oft weinen sah, sobald das Gespräch auf Dino kam, mag dazu geführt haben, daß ich Ferrari mochte«. Busso fügte noch hinzu, andere hätten seine Sympathie für Ferrari ungewöhnlich gefunden – »ungewöhnlich für einen, der mit dem Commendatore zu tun hat«. Bussos Hinweis auf Dinos Krankheit, die Ferrari offenbar schon im Frühjahr 1946 sehr zu schaffen machte, gehört zu den ersten bekannten Aussagen eines Mitarbeiters von Ferrari, denen zufolge der Knabe bereits ernstlich erkrankt war.

Busso war gelernter Flugzeugmotorenbauer, und über Autos wußte er nur rein theoretisch Bescheid. Immerhin verstand er einiges von Kompressionsmotoren, und da kamen ihm seine Erfahrungen zugute, die er bei Alfa Romeo während des Krieges gemacht hatte. Aber er war ein intelligenter und einfallsreicher Mann und machte sich sofort ans Werk, um Colombos Ideen umzusetzen, während er zugleich eine Kompressorversion des 1,5-Liter-Motors für Grand-Prix-Wettbewerbe entwickelte. Über sein Reißbrett gebeugt, den Rechenschieber stets griffbereit, stürzte sich Busso in seine Arbeit.

Zweifellos sprach es sich herum, wie langsam Ferrari mit dem 125er vorankam, und man amüsierte sich nicht wenig darüber bei Maserati wie in Mailand, wo das Alfa-Management 1946 wieder zum Rennsport zurückgekehrt war: mit einem Team von vier Autos und den Fahrern Jean-Pierre Wimille, Didi Trossi, Consalvo Sanesi und Achille Varzi, der nicht mehr morphiumsüchtig war. Die modernisierten 158er, die mit ihren von Colombo verbesserten zweistufigen Kompressormotoren 260 PS erreichten, gewannen jedes Rennen, für das sie gemeldet waren, mit großem Vorsprung. Für diese Provinzler in Maranello schien es keine Möglichkeit zu geben, sie zu schlagen, ja sie hatten wohl nicht einmal eine Chance, in absehbarer Zeit ein Auto ins Rennen zu schicken.

In Anbetracht seiner spärlichen Erfahrungen mit Autos stellte sich Busso überraschend geschickt an beim Umsetzen von Colombos vagen Entwürfen. In erster Linie ging es ihm darum, den

Motor in Ordnung zu bringen. Am 26. September 1946 wurde das erste Modell auf Bazzis Motorprüfstand montiert, wobei es allerdings nur bescheidene Ergebnisse erzielte. Ohne Kompression und ohne Tuning produzierte der kleine V12 etwa 60 PS bei einer geringen Drehzahl von 5600 U/min, und das lag vor allem an schlechten Lagern und einer primitiven Zündung, die beide aus den späten dreißiger Jahren stammten. Busso und Bazzi schufteten wie die Wilden, aber Ferrari tobte vor Ungeduld. Aus lauter Verzweiflung suchte er weitere Unterstützung.

Anfang Oktober engagierte er den dreißigjährigen Aurelio Lampredi als Assistenten für das kleine Konstruktionsbüro unter Busso. Auch er war Spezialist für Flugzeugmotoren und hatte während des Kriegs in der modernen Konstruktionsabteilung von Reggiane-Caproni in Reggio nell'Emilia gearbeitet. Er war entsetzt, als er sah, wie Busso allein mit diesen »kleinen Jungs« arbeitete – vier technischen Zeichnern um Fochi, die alle erst um die Zwanzig waren. Lampredi war ein hochgewachsener, selbstbewußter Ingenieur, der sofort dahinterkam, daß Busso das praktische Wissen und die nötige Autorität fehlten, um es mit dem starrsinnigen Ferrari aufnehmen und das Vertrauen von so rennerprobten alten Hasen wie Bazzi und Galetto gewinnen zu können. Lampredi konnte sich eher der Art und Weise anpassen, wie Ferrari sein Geschäft betrieb. Er war zwar vier Jahre jünger als Busso, trat aber viel selbstsicherer auf und hatte bald ein besseres Verhältnis zu Bazzi und den Arbeitern in der Werkstatt. Er hatte eine solide akademische Ausbildung genossen und sein Diplom als Maschinenbauingenieur am Technikum in Fribourg gemacht. Zumindest hatte er bessere Zeugnisse als Busso, aber er hatte auch mehr Erfahrungen in der Flugzeug- wie in der Stahlindustrie sammeln können.

Bei zwei verzwickten Problemen, die ihnen Colombo hinterlassen hatte, gerieten die beiden sofort aneinander. Colombo hatte eine Art pendelndes Pleuelstangenlager konstruiert, das nicht funktionierte. Busso und Lampredi zerbrachen sich gemeinsam die Köpfe, um eine Lösung zu finden, und dabei gerieten sie sich in der ohnehin schon gespannten Atmosphäre zunehmend in die Haare. Und dann verlangte Ferrari auch noch, daß es endlich mit der Kompressorversion des Grand-Prix-Motors weiterging. Busso hatte Colombos wirre und unvollständige Entwürfe für die Zylinderkopfanordnung mit der doppelten obenliegenden Nockenwelle total überarbeitet. Lampredi war gleichfalls der Ansicht, daß Colombos Konstruktion hoffnungsloser Blödsinn sei, aber das sagte er auch zu Bussos Version.

Als das Jahr 1946 zu Ende ging, sprachen Busso und Lampredi nicht mehr miteinander. Aber irgendwie war es ihnen gelungen, den Prototypmotor stabiler und zuverlässiger zu machen und mehr PS aus ihm herauszuholen, während Bazzi und seine Kollegen inzwischen dabei waren, die leichten, dünnwandigen GILCO-Rohrrahmen für die ersten drei 125er zusammenzuschweißen. Die Scuderia Ferrari war zwar noch Monate, vielleicht sogar Jahre davon entfernt, ihr neues Auto auf die Rennstrecken und Autostradas von Italien zu bringen, aber das konnte Enzo Ferrari nicht davon abhalten, hoch zu pokern. Im Dezember gab er eine Pressekonferenz in Maranello und präsentierte feierlich seine neue Kollektion von Ferrari-Autos: den 125 *sport*, einen 125 *competizione* und einen 125 *gran premio*. Diese jährlichen Pressekonferenzen wurden eine Ferrari-Tradition, die es vierzig Jahre lang geben sollte, aber die Premiere an diesem trüben, kalten Tag Ende 1946 war nichts weiter als ein verzweifelter Bluff. Die stapelweise verteilten Prospekte waren nur Fassade, und Ferrari wußte, daß seine Ingenieure hinten in der Werkstatt noch einige gewaltige Hindernisse überwinden mußten, bevor sie Colombos Konstruktionszeichnungen in funktionierende Automobile umsetzen konnten. Einen Monat zuvor hatte Ferrari Cortese angewiesen, keine Aufträge für Werkzeugmaschinen mehr entgegenzunehmen; diese finanzielle Absicherung gab es also nicht mehr. Im übrigen bauten Bazzis Leute nur die Sportwagenversion des 125ers, für den einsitzigen *gran premio* gab es noch gar keine Pläne – und das *competizione-granturismo*-Coupé, das Ferrari auf der Pressekonferenz angekündigt hatte, war völlig aus der Luft gegriffen.

Aber indem er die neue Autokollektion zumindest auf dem Papier präsentierte, konnte er doch mit etlichen Bestellungen von wohlhabenden Privatfahrern rechnen, und vielleicht floß auch genügend Geld durch Anzahlungen in die Kasse, so daß sie die Arbeit fortsetzen konnten. Außerdem konnten sie durch diese Publicity mehr Sponsorenkapital bei der Zuliefererindustrie lockermachen. Alles in allem also war dies ein geniales Stück Öffentlichkeitsarbeit, und die sollte Ferrari im Laufe seiner Karriere noch zu einer wahren Kunst machen.

In der italienischen Automobilpresse wurde die Meldung, daß

Ferrari unter die Autobauer gegangen sei, groß aufgemacht. Zunächst sah alles ganz rosig aus, und die kleine Mannschaft befand sich vorübergehend in Hochstimmung. Aber das hielt nicht lange vor. Ein langer, grauer Winter lag vor ihnen, in dem es jede Menge Arbeit gab, bevor überhaupt ein einziges Prototypauto aus der Werkstatt gerollt werden konnte. Es dauerte nicht lange, und Ferrari war wieder der alte Antreiber. Aber nach drei Monaten hatte Lampredi von diesem Führungsstil, der vergifteten Atmosphäre und dem mangelhaften Fortschritt die Nase voll. Ferrari bot seine ganzen Überredungskünste auf und beschwor ihn zu bleiben. Der 125er mußte einfach im Frühjahr fahren und im Sommer ins Rennen gehen! Er versuchte Lampredi davon zu überzeugen, daß sich am Ende all diese Schinderei lohnen würde. Es war eine lange und hitzige Auseinandersetzung, und am Ende gab Lampredi nach. Die Arbeit ging weiter in diesen Wintermonaten des Jahres 1947, die nach Meinung älterer Bewohner im Raum Modena zu den härtesten Wintern gehörten, an die sie sich erinnern konnten. Auch Ferrari sagte, daß er dabei an die Geschichten denken mußte, die ihm seine Eltern über die fürchterlichen Schneestürme erzählt hatten, die während des Winters, als er geboren wurde, durch die Poebene gefegt waren, und das war nun auch schon fast fünfzig Jahre her.

Und endlich, fast zwei Jahre nachdem er und Colombo zum erstenmal über den Bau des 125ers gesprochen hatten, konnte Enzo Ferrari in den noch nicht verkleideten Prototyp steigen und eine erste Testfahrt machen. Das war am 12. März, einem Spätwintertag des Jahres 1947, und sicher hatte er eigentlich gar nicht mehr damit gerechnet. Die Maschine, die im Grunde nichts weiter war als ein Gestell aus Rohrrahmen und vier Stahlscheibenrädern, das den Motorblock aus einer Aluminiumlegierung trug, war von dem kleinen Troß aus der Fabrik gerollt worden; neben einigen Arbeitern waren auch Bazzi, Pieretti, der Leiter der Schmiede (der sich gar nicht mehr wohl fühlte und kündigen wollte), Galetto und natürlich Lampredi und Busso, die kaum ein Wort sprachen, Zeugen dieses historischen Augenblicks. Es herrschte eine unglaubliche Spannung, der sich die kleine Schar Männer nicht entziehen konnte, als sie den Betonboden des Fabrikhofs betrat, der in kaltes Sonnenlicht getaucht war.

Eingemummt gegen den eisigen Wind, wuchtete Ferrari seinen massigen Körper auf den behelfsmäßigen Sitz in dem zierlichen Auto. Er schob ein paar Locken seines grauer werdenden Haars zurück und checkte alles noch einmal kurz durch – er fummelte an den Schaltern am Armaturenbrett herum und trat das Brems- und das Gaspedal durch, ehe er den Schaltknüppel durch alle fünf Gänge schob. Dann griff er nach dem Zündschlüssel. Luigi Bazzi trat heran. Der gute Bazzi, der inzwischen 55 war und damit sechs Jahre älter als sein langjähriger Kollege, richtete seinen harten Blick auf den Motor, der ihnen fast zwei Jahre Schwerstarbeit abverlangt und so viel Ärger bereitet hatte. Er nickte Ferrari zu, und dann begann der Motor zu knattern, und die zwölf winzigen Kolben stimmten einen gleichmäßigen Rhythmus an wie perfekte Spielzeugsoldaten. Die Arbeiter traten zurück und lauschten atemlos dem stolzen Heulen und Brummen ihres gemeinsamen Geschöpfs. Diejenigen, die vor dem freiliegenden Kühler standen, machten ihm eine Gasse quer über den Hof frei.

Ferrari legte den ersten Gang ein und ließ die Kupplung behutsam kommen. Die Scheibe rastete ein, und sofort drehten die schmalen Pirelli-Reifen auf dem gefrorenen Boden durch. Er war mit diesem ungebärdigen Verhalten von starken Hochleistungsautomobilen vertraut und korrigierte rasch mit Gas und Kupplung. Dann lenkte er die Maschine durch die Werkstore hinaus auf die Via Abetone.

Ferrari fuhr aus Maranello hinaus gen Norden, auf der flachen, von Pappeln gesäumten Geraden Richtung Formigine. Es ist bezeichnend, daß er sich für diese Route entschied. Wäre er nach Süden gefahren, so wäre er außerhalb von Maranello in die Ausläufer der Apenninen geraten, wo die Straße kurvenreich und hügelig wurde. Aber Ferrari wählte die lange Gerade, wo sich die ganze Kraft des Motors entfalten konnte. Das Fahrverhalten des Wagens war ihm in diesem Augenblick unwichtig – und auch sonst in den kommenden Jahrzehnten.

Sobald er die Werkstore passiert hatte, schaltete er zügig hoch und beschleunigte, daß ihm der Wind ins Gesicht biß und ihm die Tränen in die ungeschützten Augen trieb. Hinter ihm hallte das Röhren der beiden Auspuffrohre über die noch immer kahlen Weiden und Obstplantagen, die die schmale Straße säumten. Der V12, der sich eben noch auf dem Teststand befunden hatte, surrte mit beachtlicher Leichtigkeit und Weichheit – eher wie ein schlichter Elektromotor als wie ein höllisch komplizierter Verbrennungsmotor mit kleinem Hubraum, der für Rennwagen und eine neue Serie schneller *gran-turismo*-Straßenwagen vorgesehen war. Mit seinen

1,5 Litern war das Triebwerk nur geringfügig größer als das der einfachen kleinen Fiats, die vor dem Krieg massenweise über die Straßen von Modena gefahren waren. Die Leistung betrug noch nicht mehr als 65 PS, und das war sehr wenig für ein angebliches Hochleistungsauto, aber bei einem Motor in diesem frühen Entwicklungsstadium nicht anders zu erwarten. Noch schien es unglaublich, aber mit der von Busso geplanten Kompressorversion für Grand-Prix-Rennen hoffte man doch, 200 PS und mehr zu erzielen.

Ferrari bremste hart ab, und der 125 kam am Rande von Formigine schlitternd zum Stehen. Er bog in einen Feldweg ab und stellte den Motor ab. Sein Blick schweifte über das endlose flache Land, auf dem sich hie und da noch Flecken von Schnee zeigten. Er stand an der Schwelle zu seinem fünfzigsten Lebensjahr und war dabei, ein Auto zu schaffen, das seinen Namen trug und in dieser düsteren, abweisenden Landschaft der rauhen Provinz Emilia gebaut wurde, die ihn immer mehr festhielt.

Ferrari stellte den Motor wieder an und fuhr zurück nach Maranello. Er schaltete rasch hoch und sah zu, wie sich der Drehzahlmesser der roten Linie bei 6800 U / min näherte. Plötzlich bekam er einen Spritzer Öl auf die Wange. Er nahm den Fuß vom Gaspedal und fuhr langsam zur Fabrik zurück. Seine Nase glühte förmlich von dem eisigen Fahrtwind, als er den Wagen ausrollen ließ. Bazzi trat an ihn heran, verdrießlich wie immer. Er hatte bereits den dünnen Ölfaden entdeckt und suchte nun den Motor nach einem Leck ab. Es dauerte nicht lange: ein loser Bolzen an der rechten Nockenabdeckung. Er nickte Ferrari zu. Nichts Schlimmes.

Das war typisch für Bazzi. Er war immer zur Stelle. Immer brachte er alles in Ordnung. Und vielleicht gab es keinen Mann, den Ferrari gekannt hatte – oder noch kennenlernen sollte –, dem er mehr vertraute. Bazzi gehörte zu dem kleinen Kreis engster Mitarbeiter, die über Lina und Piero Bescheid wußten, und oft begleitete er Ferrari bei seinen nächtlichen Besuchen nach Castelvetro. Wenn es jemanden gab, auf den Luigi Chinettis bittere Bemerkung, Enzo Ferrari »mochte überhaupt niemanden«, nicht zutraf, dann war es Luigi Bazzi.

Ferrari stieg aus und ging schweigend um den 125er herum – wie ein mißtrauischer Kunde in einem Ausstellungsraum. Lampredi kam gerade hinzu, als sich Bazzi hinters Steuer setzte. Sie traten zurück, als der Motor wieder ansprang und den Hof mit seinem herausfordernden Röhren erfüllte. Bazzi schob seine unvermeidliche Baskenmütze zurück und raste durchs Tor hinaus. Er war kein guter Fahrer, aber wie alle Italiener hätte er eher die Muttergottes geleugnet als das zugegeben. Ferrari hörte genau hin, als sein alter Freund den kleinen V12 auf Touren brachte, und ein breites Grinsen huschte über sein Gesicht. Ja, da war er wieder, der Herzschlag seines Geschöpfs, und nun sehnte er die große Konfrontation mit Alfa Romeo herbei, zu der es bald kommen würde.

In Piacenza würde es soweit sein. Zwei Monate waren vergangen, seit der noch unverkleidete 125er seinen ersten Test auf der Via Abetone hinter sich gebracht hatte, und nun war es an der Zeit, bei einem richtigen Rennen herauszufinden, was wirklich in ihm steckte. Inzwischen hatte sich eine ganze Menge getan. Bazzi hatte zusammen mit seiner Mannschaft und Pierettis Karosserieschmieden zwei komplette 125er gebaut. Und dabei war Busso ganz allein in der Konstruktionsabteilung gewesen. Lampredi war nun doch gegangen. Bis Ende März hatte er sich noch von Ferrari herumkommandieren lassen und die täglichen Streitereien mit Busso mitgemacht, aber dann hatte er sich nach einer lautstarken Auseinandersetzung mit dem Chef aus dem Staub gemacht und war zu Isotta-Fraschini gegangen.

Lampredis Abgang war für Ferrari ein Rückschlag gewesen, aber er dachte gar nicht daran, sich davon abbringen zu lassen, die 125er wie vorgesehen am 11. Mai 1947 in Piacenza zum erstenmal an den Start gehen zu lassen. Die ganze Fabrik hatte Überstunden gemacht, um die beiden Wagen fertigzustellen. Der eine wies eine komplette Karosserie samt ausladenden Kotflügeln und einem abgerundeten, schnittigen Heck auf. Der andere wurde von den Mechanikern wegen seiner schlanken, röhrenartigen Form »Zigarre« genannt und hatte nur schmale Kotflügel wie bei einem Motorrad. Beiden Autos fehlten noch die Merkmale, die so typisch für die meisten Ferrari-Sportwagen werden würden – das Wappen mit dem aufsteigenden Pferd, der »eierkistenartige« Kühlergrill und das unübersehbare Ferrari-Logo auf den Ventilabdeckungen. An den Schnauzen der 125er waren nur häßliche quadratische Grills mit schlichten Querstäben angebracht. Da Enzo Ferrari es gar nicht mehr abwarten konnte, diese Autos ins Rennen zu schicken, hatte er auf ästhetische Feinheiten verzichtet. Schließlich lag er ein Jahr im Rückstand, und darum mußte er unbedingt wieder in den Rennbetrieb einsteigen, auch wenn der Anfang noch so bescheiden war.

Und Piacenza war wirklich ein bescheidenes Debüt. Das war kein Grand-Prix-Rennen. Da mußte er nicht auf Tod oder Leben gegen die verhaßten 158er von Alfa Romeo antreten. Piacenza war nur ein schlichter Wettbewerb durch die Straßen des Stadtzentrums, der vom örtlichen Automobilclub organisiert worden war. Immerhin gab es reichlich Startgeld, denn Ferrari war noch immer ein Meister im Handeln. Mit Sicherheit würde die Teilnahme der berühmten Scuderia genügend Zuschauer anlocken, die das Geschehen hinter den dürftigen Absperrungen aus Strohballen verfolgten. Und daher würde auch des langen und breiten über die neuen Ferraris in der örtlichen Sportpresse berichtet werden. Auch die Konstrukteure in Portello, zu denen nun auch wieder Colombo gehörte, schenkten dem Ereignis – zumindest aus der Distanz – große Beachtung. Sie wußten nur zu gut, daß dieser Ausflug nach Piacenza für Ferrari nur ein Test sein würde und daß man in Maranello Colombos Pläne für eine Grand-Prix-Kompressorversion noch in der Hinterhand hatte. Allerdings hatten sie keine Ahnung, daß Busso und Lampredi entdeckt hatten, wie unbrauchbar diese Pläne waren, und daß Busso bereits dabei war, Colombos grobe Entwürfe entscheidend zu modifizieren und in funktionstüchtige Autos umzusetzen, während noch die letzten Vorbereitungen für Piacenza auf Hochtouren liefen.

Immerhin aber wußten Colombo und seine Kollegen bei Alfa Romeo, daß es selbst dem Tuninggenie Bazzi nicht gelungen war, mehr als 115 PS aus dem kleinen V12-Motor herauszukitzeln. Busso mußte also schon Übermenschliches leisten, wenn sie sich nicht damit begnügen wollten, nur an unbedeutenden Sportwagenrennen in den Straßen italienischer Kleinstädte teilzunehmen.

Und allmählich nahm die Königsdisziplin des Autorennsports, die internationalen Grand-Prix-Wettbewerbe der Formel 1, konkrete Form an. Das erste von fünf Rennen würde der Grand Prix de Marne bei Reims im Juni sein, gefolgt vom Großen Preis von Belgien in Spa, dem Großen Preis von Italien bei Turin, dem Großen Preis der Schweiz bei Bern und dem Großen Preis von Frankreich bei Lyon. Alfa Romeo war der überragende Favorit, der nicht nur die besten Autos, sondern auch das beste Fahrerteam stellte (Farina, Varzi, Trossi und Wimille, den Franzosen).

Aber bis zum ersten Grand Prix in Reims blieb noch fast ein Monat Zeit, und darum konnte Ferrari einen Coup landen. Er bat seinen alten Freund Nino Farina, für ihn zu fahren, und der Star willigte ein. Er würde in Piacenza im 125S (S für *sport*) sitzen. Natürlich hätte Ferrari dafür am liebsten den Fahrer gehabt, den er am meisten bewunderte, aber Tazio Nuvolari konnte dem Ruf nicht folgen. Er hatte einen Vertrag mit dem Newcomer-Team Cisitalia, das der Turiner Industrielle Piero Dusio für die Mille Miglia im Juni zusammengestellt hatte, und sein schlechter Gesundheitszustand verbot es Nuvolari, auch noch für seinen alten Boß zu fahren. Von all den Auspuffgasen, die er über die Jahrzehnte hinweg eingeatmet hatte, hatte er ein schweres Lungenemphysem bekommen, und schon nach ein paar Runden wäre wieder sein blutiger Husten ausgebrochen. Er hatte es auch schon mit einer neuartigen Gesichtsmaske probiert, die die verunreinigte Luft filterte, aber die Wirkung war begrenzt. Mit 55 schien der legendäre Nuvolari am Ende zu sein. Aber noch brannte das alte Feuer in ihm, und er sehnte den Tag herbei, an dem er physisch wieder in der Lage sein würde, einen Rennwagen – ganz gleich, ob es ein Maserati, ein Cisitalia oder der neue Ferrari war –, auf seine unvergleichlich draufgängerische Weise zu steuern. Wenn es mit seiner Gesundheit aufwärts ginge, sicherte Nuvolari Ferrari zu, wäre er bereit, für ihn im Laufe des Sommers noch zu fahren.

Für den zweiten 125S hatte Ferrari Franco Cortese vorgesehen, dessen Karriere als Repräsentant für Ferraris auslaufendes Werkzeugmaschinengeschäft zu Ende ging. Cortese war auch schon wieder zum Rennsport zurückgekehrt und hatte im März dem sogenannten Dusio-Zirkus angehört – einer Renngemeinschaft von fünf erfahrenen Rennfahrern, darunter Taruffi, Chiron und der glänzende 28jährige Alberto Ascari, die auf frisierten Fiat-1100-Einsitzern starteten. Cortese hatte ein Rennen in Kairo gewonnen, und dieser Sieg samt einigen hervorragenden Ergebnissen, die er vor dem Krieg für Maserati und die inzwischen eingegangene Scuderia Ambrosiana herausgefahren hatte, hatten ihm Ferraris Respekt verschafft. Er war ein ruhiger, rücksichtsvoller Fahrer, aber kaum der prototypische Pilot für die Scuderia. Cortese war ein überdurchschnittlich guter Gentlemanfahrer und konnte bei einem neuen Auto wie dem 125S durchaus das Beste herausholen, aber er würde eben nie ein Rennen beherrschen wie Nivola in seinen besten Zeiten – oder wie kommende Stars, etwa Ascari. Immerhin stand er zur Verfügung, und darum sollte er in Piacenza als zweiter Mann nach Farina starten.

Man fieberte dem Wochenende in Piacenza mit hochgespannten

Erwartungen entgegen, und das würde künftig immer so sein in der Scuderia. Der Rennsportredakteur von *Auto Italiana* hatte in den Boxen das Gerücht verbreitet, daß führende Rennsportleute von Alfa Romeo – darunter auch Colombo – eigens von Portello gekommen seien, um den neuen Ferrari zu sehen. Das war indes nicht der Fall – Colombo hielt es nämlich im Hinblick auf die kritische Einstellung der Arbeiter ihm gegenüber für ausgesprochen unklug, sich ausgerechnet in der Nähe eines Ferraris blicken zu lassen. Erstaunlicherweise aber fehlte auch der wichtigste Mann bei diesem Ereignis: Enzo Ferrari selbst, dessen erstes Rennauto sein Debüt feiern sollte, war nicht in Piacenza zugegen. Nachdem er und seine kleine Truppe fast zwei Jahre geschuftet hatten, um das erste Automobil fertigzustellen, das seinen Namen trug, zog es Ferrari vor, nicht zu dessen erstem Rennen zu erscheinen! Seine Abneigung, an Rennen teilzunehmen, sollte in späteren Jahren noch genug Gesprächsstoff liefern – aber warum er sich weigerte, die 112 Kilometer nach Piacenza zurückzulegen, um die erste Vorstellung des vielleicht wichtigsten Automobils mit seinem Namen zu beaufsichtigen, bleibt ein Geheimnis.

Beim Training am 10. Mai schnitten die beiden Ferraris mit unterschiedlichem Erfolg ab. Cortese hatte den angenehm ruhig laufenden, mit seinen Kotflügeln freilich ein wenig plumpen 125S sofort gut im Griff und fuhr die schnellste Rundenzeit. Damit durfte er im Rennen aus der ersten Position starten. Anders Farina. Während seiner Jagd um den engen, etwas rechteckigen Straßenkurs geriet er ins Schleudern und rammte einen Bordstein. Der Wagen war leicht wieder zu reparieren, aber nach dem Training herrschte Farina Ferrari übers Telefon an, daß er mit diesem Auto nicht am Rennen teilnehmen würde. Da Nino wie Ferrari für ihr impulsives Temperament bekannt waren, kann man sich lebhaft vorstellen, daß dieses Telefongespräch in rhetorischer Hinsicht wie an Lautstärke nichts zu wünschen übrigließ. Wäre Farina nicht der beste Fahrer Italiens gewesen, hätte Ferrari dies zweifellos als einen unverzeihlichen Akt des Verrats bezeichnet. Aber warum war Farina im letzten Augenblick ausgestiegen? Möglicherweise hatten ihn die Bosse in Portello unter Druck gesetzt, so daß er es für wenig ratsam hielt, durch ein – wenn auch noch so unbedeutendes – Rennen für den Rivalen Ferrari seine Berufung durch Alfa zu den Grand-Prix-Wettbewerben aufs Spiel zu setzen. Vielleicht ärgerte sich Farina auch über den neuen Wagen oder seinen Besitzer – wie auch immer: Jedenfalls mußte Franco Cortese – ein Mann, den man nie in einem Atemzug mit den Großen des Rennsports nannte – im allerersten Rennen, an dem ein Ferrari teilnahm, die burgunderroten Farben der Scuderia allein vertreten.

Immerhin gab es ermutigende Neuigkeiten aus Modena und Turin. Das Maserati-Team, für das die starken neuen A6GCS-2000-Sportwagen entwickelt worden waren, hatte seine Teilnahme zurückgezogen. Die Wagen waren noch nicht wettbewerbsreif. Man erwartete auch die neuen Cisitalia-D-46-Rennwagen am Start, aber der Turiner Rennstall zog es vor, dieses Rennen auszulassen.

Durch diese Absagen war Corteses Konkurrenz deutlich geschwächt – er mußte mit seinem neuen Ferrari nur noch gegen Vorkriegssportwagen antreten, die zumeist von wohlhabenden Amateuren und zweitklassigen Halbprofis gefahren wurden. Der Himmel war bedeckt an diesem Nachmittag, als sich die Autos auf der von Bäumen gesäumten Geraden der Via Farnese zum Start aufstellten. Am Straßenrand drängten sich die Zuschauermassen mit einer Sorglosigkeit, als ob sie auf einen Kinderwagenkorso warteten. Neben Cortese standen in der ersten Reihe ein alter Maserati mit Mario Angiolini und ein modifizierter BMW 328 mit Giovanni »Nino« Rovelli am Steuer.

Die insgesamt 19 Autos starteten in Dreierreihen. Bazzi und eine ganze Traube von Ferrari-Mechanikern sahen nervös zu, wie Cortese in das offene Cockpit des 125S stieg und sich die Leinenhaube aufsetzte. Er machte sich für den Start im gefährlichsten Sport der Welt bereit und war noch immer um keinen Deut besser gegen Verletzungen geschützt als die Teilnehmer am ersten offiziellen Autorennen der Geschichte, dem Rennen von Paris nach Bordeaux am 17. Juli 1895. Ein halbes Jahrhundert war nun schon vergangen, ohne daß es nennenswerte Fortschritte in puncto Sicherheit gegeben hätte. Wie die meisten Wettbewerbsteilnehmer trug auch Cortese leichte Straßenkleidung; nur einige Rennfahrer hatten dünne Overalls an, die sie vor Staub und Schmierfett schützen sollten. Sein Kopf war mit einer Pilotenhaube aus Leinen bedeckt – damit das Haar nicht etwa in Unordnung geriet! Lederne Schutzhelme, wie sie zuerst bei Motorradrennen verwendet wurden, waren bei Autorennen in Amerika seit den späten dreißiger Jahren Pflicht geworden, galten aber in Europa als schwächlich und unmännlich. Darüber hinaus war Cortese auch noch so altmodisch und verschmähte den Sicherheitsgurt, weil er wie viele seiner Kollegen der Ansicht war, es sei besser, bei einem Unfall aus dem Auto zu fliegen, als darin gefesselt zu sein. Wenn man allerdings bedenkt, daß die damaligen Rennautos ihren Treibstoff in Behältern mit sich führten, die so feuersicher wie Milchtüten waren, und daß sie überhaupt keinen Überrollschutz boten, dann steckt sogar eine gewisse makabre Logik darin, daß man es für eine beachtliche Sicherheitsvorkehrung hielt, wenn man aus einem dahinrasenden Auto geschleudert wurde.

Das Rennen führte über eine Entfernung von 99 Kilometern, was dreißig Runden auf dem gut drei Kilometer langen Rundkurs durch die engen Straßen von Piacenza entsprach. (Im kriegsbeschädigten Monza gab es noch immer die einzige ständige Rennstrecke in Italien, und eine weitere war nicht geplant; alle anderen Rennen wurden auf öffentlichen Durchgangsstraßen veranstaltet, die bei dieser Gelegenheit gesperrt wurden.)

Dann fiel die Flagge, und Rovelli stürmte los, dicht gefolgt von Angiolini. Corteses Motor war abgesoffen, und dann fuhr er stotternd in einigem Abstand als dritter hinterher. Der junge, nervenstarke Rovelli raste schlitternd um die Kurven und lag nach der ersten Runde weit in Führung. Aber am Ende der langen Geraden auf der Via Farnese war sein BMW noch viel zu schnell und raste trotz Rovellis hektischer Bremsmanöver in einen Stapel Strohballen, wobei er eine Gruppe von Zuschauern nur um Haaresbreite verfehlte. Damit war er aus dem Rennen und mußte die Führung Angiolinis Maserati überlassen. Inzwischen war es Cortese gelungen, den Ferrari auf allen zwölf Zylindern laufen zu lassen. Die beiden führenden Autos hatten sich vom übrigen Feld abgesetzt, das zumeist aus veralteten Lancia Aprilias und einer bunten Reihe von Spezialkonstruktionen bestand. In der zwanzigsten Runde schnappte sich Cortese unter den Anfeuerungsrufen der Scuderiamannschaft die Führung von Angiolini, der ihn hilflos an sich vorbeiziehen lassen mußte. Mit seinem hohen Sirenengesang spulte der Ferrari den Rundkurs von Piacenza ab und hatte drei Runden vor Schluß bereits einen uneinholbaren Vorsprung von 25 Sekunden herausgefahren. Doch dann begann der kleine Motor zu husten und zu spucken. Ein paar Kilometer hielt Cortese zwar noch durch, mußte aber schließlich den Wagen wegen einer defekten Benzinpumpe ausrollen lassen.

Angiolini fuhr mit seinem Maserati einen sicheren Sieg nach

Hause, aber der Ferrari hatte sich immerhin als mit Abstand schnellstes Auto im Rennen erwiesen. Die Konkurrenz war freilich nur schwach, und kein Fahrzeug eines bedeutenden Herstellers, kein Topfahrer war besiegt worden. Und kein Siegeskranz zierte die Motorhaube des verrußten, ölverschmierten 125S, als er auf den Fiat-Transporter für die Heimfahrt nach Maranello verladen wurde. Doch es war nun bewiesen, daß es sich um ein Auto handelte, bei dem noch einiges drin war. Der 125S war, wie Enzo Ferrari später nachdenklich zu Bazzi sagte, »ein vielversprechender Versager«.

Aus heutiger Sicht freilich war er eher ein Versager als ein vielversprechender Debütant. Viele Ferrari-Fans haben dieses Rennen einfach nur deshalb so bejubelt, weil der Tipo 125 in Führung gelegen hatte, als er ausschied. Aber es ist nun einmal eine Tatsache, daß die Konkurrenz bestenfalls mäßig war. Und mit einem derart soliden halbprofessionellen Fahrer am Steuer eines neugebauten Autos hätte dieses Rennen eigentlich nichts weiter als ein Spaziergang sein sollen. Im Hinblick auf das schwache, zweitklassige Umfeld bei den regionalen Sportwagenrennen, an denen die Scuderia Ferrari 1947 teilnahm, war der 125er eigentlich ein schlechter Witz. Von seinen verzeihlichen Kinderkrankheiten ganz abgesehen, war der Tipo 125 miserabel in seinem Fahrverhalten und leistungsmäßig schwach auf der Brust, wenn man ihn einmal mit den Maseratis, den kleinen Cisitalias und den hochfrisierten Fiat-Hybriden vergleicht, gegen die er seinerzeit antrat. Wenn man einmal bedenkt, wieviel Zeit, Geld und Talent auf den Bau des 125ers verwendet wurden, dann hätte er eigentlich ein überragendes Auto sein müssen. Aber sein Fahrgestell mit dem kurzen Radstand und der steifen Federung neigte zum Übersteuern, und sein Motor kam – teilweise infolge des von Colombo viel zu kompliziert und teilweise auch zu altmodisch konstruierten Lagers – kaum über 6000 U/min hinaus – und das waren nun einmal 800 Touren unterhalb der angepeilten roten Linie.

Aber es gab ja nur wenige ernsthafte Konkurrenten, und zwei Wochen nach Piacenza nahm Cortese in Rom an den Rennen zur Eröffnung der »Römischen Frühjahrssaison« teil, die auf einem Straßenkurs rund um die Caracalla-Thermen veranstaltet wurden. Diesmal gewann er, und das war der erste Sieg in der Renngeschichte für einen Ferrari, der aber selbst von ausgesprochenen Ferrari-Verehrern wegen des unfähigen Feldes um Cortese kaum gefeiert wird. Das kleine Team nahm im Juni an fünf weiteren Rennen teil und konnte dabei zwei Klassensiege, zwei Ausfälle und einen Gesamtsieg verbuchen. Einer von Corteses Ausfällen ereignete sich bei der Mille Miglia, und das war, geschäftlich gesehen, eine Katastrophe, denn ein Erfolg bei diesem berühmten Ereignis hätte sich in entsprechende Verkaufszahlen ummünzen lassen. Immerhin hatte er eine Woche zuvor bei Pavia gewonnen, allerdings mit einem Auto, dessen Karosserie von dem örtlichen Karosseriebauer Ansaloni stammte und dermaßen plump und häßlich war, daß die Ferrari-Arbeiter ihm den Spitznamen *l'autobotte* (»Faßwagen«) gaben.

Ende Mai gab Nuvolari Ferrari zu verstehen, daß er wieder für ihn fahren würde; aber seine Dienste sollten ein Vermögen kosten. Trotz seines Alters und seiner angeschlagenen Gesundheit war Nuvolari nun einmal der bekannteste und beliebteste Sportler Italiens. Und Ferrari war bereit, ihm für zwei Rennen im Juli die stattliche Summe von 145000 Lire zu zahlen, was nach heutigem Geldwert etwa 12000 DM entspricht. Aber im Hinblick auf den Rennerfolg und die entsprechende Publicity war diese enorme Gage geradezu ein gutes Geschäft. Sein erstes Rennen fuhr Nuvolari in Forli, und dabei gewann er in der 1500-Kubikzentimeter-Klasse den Sieg und die Herzen der hingerissenen Menge, die die Rennstrecke säumte. Zwei Wochen später wurden er und Cortese Erster und Zweiter in Parma, wobei Tazio wieder einmal sein altes Flair bewies: Beim Überqueren der Ziellinie schnappte er sich die »Rennkönigin«, machte sich mit ihr im Beifahrersitz des Tipo 125 aus dem Staub – und ward erst wieder am Abend beim Preisverleihungsbankett gesehen!

Nuvolaris Auftritte waren zweifellos für die Scuderia überaus belebend gewesen, aber das hielt nicht lange vor. Er stand schließlich beim Cisitalia-Team unter Vertrag und durfte nur noch ein Rennen für Ferrari (bei Montenero im August) fahren; dann würde er frühestens wieder im kommenden Jahr zur Verfügung stehen – vorausgesetzt, seine Gesundheit spielte da noch mit. Da Ferrari keinen weiteren bedeutenden Fahrer bekam, mußte er sich mit dem beständigen, aber unspektakulären Franco Cortese und dessen Ersatzmann Ferdinando Righetti zufriedengeben. Righetti war es immerhin gelungen, Ferrari zu Beginn der Saison zu beeindrucken, als er gegen den Tipo 125 in einem untermotorisierten Fiat 1100 Stanguellini antrat.

Zu dieser Zeit war Busso an zwei Fronten gleichzeitig schwer beschäftigt: den 125er zu verbessern und das Projekt Nummer eins voranzutreiben – die Formel-1-Kompressorversion des V12-Motors. Da bekam er unerwartet Unterstützung: Giulio Ramponi, sein alter Scuderia-Kollege, der sich vor einiger Zeit in die sicheren Gefilde von England abgesetzt hatte, kam mit einem heißbegehrten Mitbringsel nach Maranello. Er hatte von der Achillesferse des Motors gehört: Colombos viel zu komplizierten und unzuverlässigen Kurbelwellennadellagern, und darum hatte er einen Satz »dünnwandiger« Lager mitgebracht, die ein reicher Geschäftspartner, Guy Anthony (»Tony«) Vandervell herstellte. Vandervell war ein knallharter ehemaliger Auto- und Motorradrennfahrer, der im Krieg ein Vermögen gemacht hatte, als er die britische Lizenz für die amerikanischen Clevite-Lager erwarb, ein revolutionäres Bauteil, das zuerst bei Flugzeugen im Zweiten Weltkrieg und später als Universalkomponente bei modernen Verbrennungsmotoren verwendet wurde. Busso und Ferrari war sofort klar, daß diese »dünnwandigen« Lager *die* Lösung bei der Verbesserung der schwachen Drehzahlen des Motors sein würden.

Schließlich baute Busso eine nur geringfügig modifizierte Version des V12-Motors, indem er den Hubraum auf 1,9 Liter vergrößerte und die Bezeichnung des Wagens nun in Tipo 159 umänderte. Das Auto hatte nun ein paar mehr PS, aber sein Fahrverhalten blieb so tückisch wie eh und je. Unglücklicherweise verlor Bazzi auf der Via Abetone die Kontrolle über einen der 159er und baute einen schweren Unfall, wobei er sich ein Bein brach. So fiel dieser ruhige, geschickte Mann bei der Feinabstimmung des 159ers für das wichtigste Rennen der Saison aus – die Konfrontation zwischen Ferrari und Maserati auf dem heimischen Boden von Modena Ende September. Maserati bereitete gerade zwei seiner neuen eleganten A6GCS-Sportwagen mit ihren radikal modernen Fantuzzi-Karosserien, die originellerweise einen einzigen Scheinwerfer im Kühlergrill besaßen, für diese Premiere vor. Die beiden Fahrer waren ein herausragendes Paar: Gigi Villoresi und sein Protegé Alberto »Ciccio« Ascari, ein junger Mann, dessen großartiges Talent schon viel Beachtung fand. Villoresi war Ferrari noch immer spinnefeind, weil er ihn für den Tod seines Bruders verantwortlich machte, und das machte natürlich das Aufeinandertreffen der beiden Lokalrivalen zu einer unglaublich spannenden Angelegenheit.

Immerhin war dieses Rennen in Modena für Colombo, der nach neuerlichen Querelen bei Alfa wieder mit Ferrari ins Gespräch gekommen war, wichtig genug, daß er eigens aus Mailand anreiste, um sich die Wagen anzusehen, die für Cortese und Righetti gemeldet worden waren. Als er unter den wachsamen Augen von Ferrari und Busso die Vorderradaufhängung begutachtete, flogen sogleich die Fetzen. Schweigend untersuchte der Mann, den Ferrari für den besten Ingenieur nach Jano hielt, die Konstruktionsdetails. Dann herrschte er – in die erwartungsvolle Spannung hinein – seinen alten und vielleicht wieder neuen Arbeitgeber an: »Das ist alles Mist. Ich werde mich selbst darum kümmern.«

Das war natürlich ein unerträglicher Affront gegenüber Busso, der sich monatelang in mönchischer Einsamkeit an dieser Maschine abgerackert hatte, die in erster Linie von ebenjenem Mann, der ihn soeben beleidigt hatte, vermurkst worden war. Stumm litt er vor sich hin, aber er schwor sich auch sogleich, dieses Unternehmen zu verlassen und wieder nach Mailand zurückzukehren; und in dieser Absicht schien er auch noch von Ferrari bestärkt zu werden, der nun ganz Ohr war für Colombos Erläuterungen. (Busso ging dann in der Tat zum Jahresende und blieb bis 1977 bei Alfa Romeo, wo er sich durch die Konstruktion zahlreicher Pkws einen hervorragenden Namen machte.)

Auch wenn die beiden 159er den Maseratis im Training deutlich unterlegen waren, schlugen sich Ferraris Fahrer während der frühen Runden des Rennens durchaus tapfer. Doch rasch übernahmen Ascari und Villoresi die Führung und begannen alles in einer arroganten Zweierformation in Grund und Boden zu fahren, während Ferrari in den Boxen vor Wut kochte. Cortese würgte seinen Motor mitten auf dem Kurs ab und verließ fluchtartig sein Auto, in das anschließend Giovanni Bracco (vielleicht wieder einmal leicht alkoholisiert) mit seinem alten Delage hineinpreschte. Die zwei Wagen rasten in die Menge am Straßenrand, töteten zwei Zuschauer und verletzten einige weitere schwer. Nach 24 Runden wurde das Rennen abgebrochen. Ciccio Ascari gewann spielend, sein Freund Villoresi wurde Zweiter, während Righetti trotz aller Anstrengungen mit großem Abstand schmählich und unbeachtet erst als Fünfter durchs Ziel fuhr. Dieser Tag in Modena war ein wahrer Triumph für die Orsis, aber für Enzo Ferrari eine fürchterliche Schlappe. Jetzt mußte natürlich einiges getan werden, wenn man sie im nächsten großen Rennen rächen wollte, das in zwei

Wochen auf dem Circuito del Valentino von Turin, im herrlichen Valentinspark am Po, ausgetragen werden sollte.

Colombo verbrachte ein paar hektische Tage vor dem Rennen damit, die Fehler im Fahrverhalten des 159ers auszumerzen: das hecklastige Übersteuern und die viel zu hart eingestellten Bremsen, die Cortese und sogar Nivola einige ernste Probleme bereitet hatten. Ein Wagen sollte für Turin gemeldet werden, und zwar mit einem neuen Fahrer. Der 41jährige Raymond Sommer, Sohn eines wohlhabenden Pariser Filz- und Tuchfabrikanten, war ein alter Bekannter von Ferrari und Luigi Chinetti. Zusammen mit Chinetti hatte er 1932 das 24-Stunden-Rennen von Le Mans gewonnen, und im darauffolgenden Jahr hatte er diesen Erfolg mit Tazio Nuvolari als Partner wiederholt. Beide Siege waren auf einem Alfa Romeo (allerdings nicht für die Scuderia) herausgefahren worden, und Ferrari muß mit dem ausdauernden, wenngleich nicht übermäßig eleganten Fahrstil des stämmigen, umgänglichen Franzosen durchaus vertraut gewesen sein. Möglicherweise hatte auch Chinetti bei der Berufung von Sommer seine Hand im Spiel, da er damals in Paris einige Wagen für Ferrari verkaufen wollte und Sommer seit Jahren als begeisterten und betuchten potentiellen Kunden kannte. Wir wissen zwar nicht, ob Sommer wirklich seine Fahrt nach Turin aus der eigenen Tasche bezahlte, wie behauptet wird, aber Colombo erinnerte sich später immerhin daran, daß Sommer nach dem Rennen den 159er kaufen wollte.

Und das lag auch durchaus nahe, denn er fuhr damit einen überzeugenden Sieg heraus – den ersten relativ bedeutenden Sieg für einen Ferrari, auch wenn das Feld sich noch immer nur aus einem Paar starker A6GCS-Maseratis und einigen uralten Alfas zusammensetzte, die für wichtige italienische Sportwagenrennen wieder aus der Versenkung geholt worden waren. Das vielgepriesene Alfa Romeo Grand-Prix-Team, mit dem sich Ferrari eigentlich messen wollte, war selbstverständlich nicht für ein so unbedeutendes Ereignis gemeldet worden.

Für Sommer war es jedenfalls ein leichter Sieg, zumal Ascari und Villoresi mit Getriebeschäden frühzeitig ausgeschieden waren. Enzo Ferrari zufolge kam es danach zu einer geradezu opernhaften Szene. Sommers Triumph nämlich hatte ihm so viel bedeutet, schrieb er später, daß er dieselbe Parkbank aufsuchte, auf der er seinerzeit an jenem eiskalten Wintertag im Jahre 1918 geweint hatte, um seinen Tränen wiederum freien Lauf zu lassen – diesmal freilich aus Freude über den Sieg seines Teams. Es sei dahingestellt, ob sich diese Szene wirklich abgespielt hat oder nicht. Jedenfalls kamen Ferrari bekanntlich leicht die Tränen (boshafte Leute behaupten sogar, er sei ein so perfekter Schauspieler gewesen, daß er aufs Stichwort hin weinen konnte), und ganz gewiß war dies ein wichtiger Sieg für seine noch junge Scuderia. Aber war er wirklich wichtiger als der allererste Sieg von Cortese in Rom oder als das aufregende Rennen, das Nuvolari in Forli gewonnen hatte? Vermutlich schon, jedenfalls für Ferrari, der Kränkungen, die man ihm angetan hatte, zeitlebens nie aus seinem Gedächtnis tilgte. Für ihn war dieser Sieg ein ganz privater Akt der Rache am großen Fiat-Konzern, der ihn 28 Jahre zuvor so schmählich abgewiesen hatte. Einige Leute, die ihm nahestanden, sind sogar der Ansicht, für ihn sei diese Ehrenschuld erst dann beglichen gewesen, als Agnelli sein Unternehmen 1969 – fünfzig Jahre danach! – aufgekauft habe.

Der Sieg in Turin besiegelte offenbar endgültig die neue Verbindung zwischen Ferrari und Colombo. Beide kamen überein, daß ein richtiger Arbeitsvertrag zwischen ihnen geschlossen werden sollte. Ja, Gioacchino Colombo, bislang bei Alfa Romeo SpA und bei Alfa Corse unter Vertrag und eine der herausragenden Persönlichkeiten in europäischen Ingenieurkreisen, sollte ganz offiziell in Ferraris Belegschaft aufgenommen werden. Über die Details würde man sich sicher ohne große Umstände und in aller Freundschaft bei einem angenehmen Mittagessen verständigen können. Natürlich forderte Ferrari seinen neuen Ingenieur auf, dafür nach Maranello zu kommen. Colombo aber wußte, daß er die besseren Karten hatte, und bestand darauf, daß dieses Treffen in Mailand stattfinden sollte. Ferrari, der zunehmend seßhafter wurde und die herrische Attitüde pflegte, Verhandlungen grundsätzlich nur in seinem eigenen Reich abzuhalten, lehnte dies rundweg ab. Das Treffen würde in Maranello stattfinden, erklärte er. Aber diesmal wollte Colombo nicht nachgeben. Als die Verhandlungen offenbar in eine Sackgasse gerieten, schaltete sich Franco Cortese ein und schlug einen Kompromiß vor: das Hotel Croce Bianca in Piacenza, auf halbem Weg also zwischen Mailand und Modena. Auf demselben neutralen Grund hatte seinerzeit im Jahre 1935 das Treffen zwischen Nuvolari und Ferrari stattgefunden. Das war schon eine recht bezeichnende Kapitulation, die deutlich macht, wie dringend Ferrari wieder Colombo in seiner Mannschaft benötigte. Natürlich nahm er diese Demütigung nur zähneknirschend hin, aber er wuchtete doch seinen massigen Körper in seinen winzigen Lancia Ardea (903 Kubikzentimeter und 29 PS!) und tuckerte auf der Via Emilia zu dieser Besprechung. Die Gelegenheiten, bei denen er sich künftig derart schmachvollen Akten der Unterwerfung fügen sollte, konnte man an einer Hand abzählen. Immerhin wurde ihm für diese Geste die Genugtuung zuteil, daß Colombo bereit war, am Ende des Jahres offiziell in seine Firma einzutreten. Aber davor mußte der große *ingegnere* noch einige komplizierte juristische Angelegenheiten in Mailand klären. Wenigstens war Colombo bereit, sofort mit der Arbeit am sogenannten 125GPC (Gran Premio Compressore) zu beginnen, und Ende November konnte er bereits detaillierte Pläne für einen eleganten Einsitzer mit kurzem Radstand vorlegen.

Sommers Sieg in Turin hatte sich als überaus nützlich erwiesen. Die glänzende Vorstellung, die das Auto vor den Augen der reichen norditalienischen Klientel gab, war geschäftlich ein kleiner Durchbruch. Diese sportbegeisterten Herren in ihren eleganten Maßanzügen waren genau die Stammkundschaft, die sich Ferrari wünschte, und tatsächlich tauchten sie später auch in Modena auf, um sich nach neuen Autos umzusehen: Adelige wie der Conte Soave Besana oder der Conte Bruno Sterzi aus Mailand ebenso wie der im Exil lebende russische Fürst Igor Troubetzkoy, der damals mit der Woolworth-Erbin Barbara Hutton verheiratet war. Und nach den drei Autos, die 1946/47 gebaut worden waren, wurden noch weitere Wagen bis Dezember fertig. Einer davon war das erste Coupé – eine gedrungene kleine Maschine mit einer kantigen Allemano-Karosserie, die der Scuderia zum ersten Sieg bei der Mille Miglia im Frühjahr des kommenden Jahres verhelfen sollte.

Und noch eine gute Neuigkeit gab es: Aurelio Lampredi arbeitete wieder für die Scuderia. Das Monterosa-Projekt von Isotta-Fraschini war gescheitert, und der Mann, der sich so glänzend eingeführt hatte, bevor er mit Busso und Ferrari aneinandergeriet, war nun für sie zeitweise als Berater tätig. Mit Sicherheit war Ferrari überaus angetan von der Idee, daß Colombo und Lampredi zu seinem Konstruktionsteam gehören würden – allerdings deutete er in ihren ersten Gesprächen gegenüber Lampredi an, daß Colombo nur eine beratende Funktion in der Firma innehaben sollte. Damit schien sich Lampredi zufriedenzugeben, denn auch er war bereit, am Ende des Jahres zu Ferrari zu kommen. Er hatte übrigens diesen Mann noch nie kennengelernt, den er damals noch für einen »Zauberer« hielt. Das sollte sich jedoch ändern – aus seiner Hochachtung für Colombo wurde bald offene Feindschaft. Immerhin: Als das Jahr 1947 zu Ende ging, waren alle Beteiligten von der künftigen Zusammenarbeit zwischen Ferrari, Colombo und Lampredi durchaus angetan. Natürlich muß Ferrari von der Aussicht begeistert gewesen sein, daß er sein weithin anerkanntes Geschick als »Antreiber von Männern« einsetzen konnte, um die beiden Konstrukteure aufeinanderzuhetzen und sie damit in einen wahren Kreativitätsrausch zu treiben. In späteren Jahren sollte er diese Technik des geradezu handgreiflichen Wettbewerbs innerhalb seiner Belegschaft zu einer wahren Kunst entwickeln. Immerhin hatte ja die scharfe Konkurrenz zwischen Busso, Lampredi und Colombo bereits zu einem besseren Auto geführt. Und mit Sicherheit würde der künftige Wettstreit zwischen Lampredi und Colombo noch weitere Früchte tragen.

[Siehe auch Anmerkungen zum 9. Kapitel, S. 434.]

10

Enzo Ferraris Leben war mehr und mehr zur banalen Routine erstarrt. Jeden Morgen stand er in der kleinen Wohnung über der alten Scuderia auf, und nachdem er Dino zur Schule gebracht hatte – dem ganz in der Nähe gelegenen Corni Istituto Tecnico –, zog er weiter zu seinem Stammfriseur und ließ sich rasieren. Die Vormittage verbrachte er im allgemeinen im vollgestopften Büro der Scuderia, wo er Besprechungen abhielt, wichtige Besucher empfing und dringende Korrespondenz erledigte, gewöhnlich in seiner klaren Handschrift und mit dem violetten Tintenbleistift. Nach dem Mittagessen fuhr er nach Süden auf der Via Abetone zur Fabrik hinaus, wo er Lampredi, Bazzi, Giberti und die anderen antrieb, die geschmiedeten, gegossenen und die rohen Metallteile – noch immer Mangelware im Nachkriegsitalien – zügig zu bearbeiten, aus denen neue Ferraris entstanden.

Hier residierte er in seinem großen Büro im Erdgeschoß, dessen Wände in einem zarten Blau gehalten waren. Mitten im Raum stand ein riesiger Schreibtisch, der die Besucher förmlich dazu nötigte, sich vor Ferrari niederzuwerfen, wenn sie ihm über den Schreibtisch hinweg die Hand schütteln wollten. (Für viele war das die endgültige Demütigung, nachdem sie erst stumm, frierend und frustriert in einem ungeheizten Raum am Fabriktor hatten ausharren müssen, ehe sie zur Audienz gebeten wurden.) Im Unterschied zum Büro der Scuderia in Modena, von dem er sich einfach nicht trennen wollte und das voller Trophäen und Fotografien war, wirkte der Raum in Maranello kahl und schlicht. Ferrari genügte das auch, denn er hielt sich hier nur selten lange auf. Den größten

Teil des Tages verbrachte er in den Werkstätten, wo Bazzi und seine Mechaniker neue Fahrgestelle zusammenbauten und eine Gruppe von erfahrenen Maschinenschlossern die Motoren- und Getriebekomponenten fertig bearbeiteten.

In den Zeichenräumen nebenan arbeiteten Lampredi und Colombo, der auf Teilzeitbasis zwischen Mailand und Modena pendelte, an den Entwürfen für neue Modelle, die einen wichtigen Schritt in die nächste Stufe des Unternehmens darstellten: Rennen gewinnen und eine Kollektion gut verkäuflicher Sportwagen schaffen, die wiederum für neues Kapital sorgen würden, mit dem man dann – was sonst? – weitere Rennen gewinnen konnte. Colombo konzentrierte sich ganz darauf, mit dem 125GPC voranzukommen, der Formel-1-Kompressorversion, die Ferrari am meisten am Herzen lag. Währenddessen war Lampredi dabei, letzte Hand an den Tipo 166 zu legen, die aufgebohrte Zweiliter-Version des 125/159-Sportwagensaugmotors, der zur Grundausstattung der Verkaufskollektion gehören sollte.

Ferraris Abende verliefen nach zwei verschiedenen Schemata. Meist fuhr er wieder zur Scuderia zurück, nahm sein Abendessen mit der Familie ein und zog sich dann zur Lektüre zurück, wobei er sich für die unterschiedlichsten Themen interessierte, von der Politik bis zur Philosophie, am meisten natürlich für die Sportpresse, in der die Scuderia Ferrari freilich noch immer unter ferner liefen rangierte, während die Leistungen von Alfa Romeo und selbst von Maserati groß herausgestellt wurden. Aber dann gab es auch jene Abende, an denen er zu Bazzi, Pepino Verdelli, vielleicht auch zu Colombo sagte: »Wir nehmen den langen Heimweg.« Und das hieß nichts anderes, als daß er einen Umweg über Castelvetro machen wollte, um die stets fröhliche Lina und den kleinen Piero in die Arme nehmen zu können. Hier war er ein ganz anderer, viel weicherer Mensch, wie Augenzeugen später berichteten. Sobald er erst einmal in dem kleinen Haus mit den verschlossenen Fensterläden war, fielen sein ganzes aufgeblasenes Gehabe, seine Schroffheit und sein Jähzorn von ihm ab, und er ließ sich von dem wilden Kind alle Streiche und Albereien gefallen. Es war zwar nichts Ungewöhnliches daran, daß sich ein bedeutender Mann bei seiner Geliebten viel ungezwungener als sonst gab, aber bei einem Mann wie Ferrari, der in der Öffentlichkeit die übertriebene Attitüde des unnahbaren Gebieters pflegte, hatte diese Verwandlung in einen alten *padrone* etwas Schockierendes.

Er verstand es aber auch, den pflichtbewußten Sohn zu spielen. Wie bei allen italienischen Männern nahm seine Mutter eine dominierende Position in seinem Leben ein, auch wenn er immer noch als Vermittler – gelegentlich auch als Schiedsrichter – zwischen ihr und Laura fungierte. Beide waren eigensinnige, wortgewaltige Frauen, und ihre gottlob nur seltenen Begegnungen endeten stets in Zank und Streit.

Als Ferrari im Februar 1948 seinen fünfzigsten Geburtstag feierte, sah seine geschäftliche Zukunft relativ rosig aus. Colombo und Lampredi, so grundverschieden ihre Ansichten auch waren, ergänzten sich großartig, und im fernen New York hatte Luigi Chinetti in einer schmuddeligen Einzelgarage in der West 49th Street in Manhattan einen kleinen Laden eröffnet. Zunächst freilich fanden sich in dem neuen Geschäft kaum Kunden ein, nicht einmal die wohlhabenden Sportwagenfans, die in dieser Gegend zu Hause waren. Den meisten sagte der Name Ferrari nichts, obwohl Chinetti in den kleinen Autohandel bald einen gewissen Schwung brachte. Sie wollten nämlich eine Reihe von Amateurstraßenrennen veranstalten, und wenn die neue italienische Marke dabei auch nur annähernd so brillierte, wie es Chinetti so lebhaft ausmalte, würden die Käufer schon von selbst kommen. Für kurze Zeit wollte sich Chinetti um seine beiden Filialen in Paris und New York kümmern, aber letztlich ganz nach Amerika gehen, um von der seiner Ansicht nach stärksten Käuferschicht für die neuen Ferraris zu profitieren. Er brauchte nur genügend Autos – und Ferrari hatte sie ihm zugesagt, vorausgesetzt, er könnte genügend Kapital auftreiben, um seinen kleinen Produktionsbetrieb anzukurbeln. Chinetti wußte, daß Tausende von Amerikanern nach dem Krieg aus Europa wieder heimgekehrt waren und ein Interesse für die europäischen Hochleistungsautos mitgebracht hatten. Inzwischen war auch schon ein neuer nationaler Verband, der Sports Car Club of America, gegründet worden, und im Herbst 1948 sollte ein Rennen auf den Straßen von Watkins Glen im Staat New York ausgetragen werden. In den feineren Vororten von New York und Philadelphia ebenso wie in Palm Beach gab es eine Clique von reichen Amateuren, die Chinetti geduldig als seine Stammkundschaft ins Visier genommen hatte. Mit einigen dieser Leute war er ja schon seit seinem Exil in Queens während des Kriegs bekannt, und nun setzte er seine beachtlichen rhetorischen Fähigkeiten ein, um ihnen die verwegensten und aggressivsten Sportwagen zu verkaufen: die glorreichen Ferraris – auch wenn es noch fast ein Jahr dauern würde, ehe der erste tatsächlich in Amerika landete.

Ferrari selbst kannte natürlich auch die Kaufkraft der vergleichbaren Gesellschaftsschicht in Italien, und seit längerer Zeit war er gut bekannt mit den Brüdern Gabriele und Soave Besana, Mitgliedern des Mailänder Adels, die Ende 1947 einen Tipo 166SC (Spider Corsa) bei ihm bestellten. Sie gelten daher als Ferraris erste Kunden, wobei allerdings noch immer nicht feststeht, ob Sommer nun das Auto, das er im September 1947 in Turin gefahren hatte, gekauft hat oder nicht. Zwei weitere Aristokraten, der Mailänder Bruno Sterzi und Fürst Igor Troubetzkoy, bestellten ebenfalls 166er Spider für ihr Team Gruppa Inter. Wie die gleichfalls in Modena gebauten A6GCS Maseratis konnten diese frühen Autos auf dreierlei Weise genutzt werden: Man konnte mit ihnen auf öffentlichen Straßen fahren, an Sportwagenrennen wie der Targa Florio oder der Mille Miglia teilnehmen oder sie – nach Entfernen der Kotflügel und von anderem Straßenzubehör – bei Formel-2-Wettbewerben melden, für die nur Autos mit offenen Rädern und Motoren von maximal zwei Litern Hubraum zugelassen waren. Doch in erster Linie wollten diese frühen Kunden, meist erfahrene Privatfahrer, ihre neuen Ferraris auf den eleganten Boulevards von Rom und Mailand zur Schau stellen und an ausgewählten Sportwagenrennen teilnehmen. Die Teilnahme an wichtigen Rennen, vor allem natürlich entsprechende Siege, sollten freilich Ferraris professionellen Fahrern vorbehalten sein, also Sommer, Cortese, Righetti und Nuvolari – sofern er gesund war und zur Verfügung stand; fast den ganzen Winter über war er aber bettlägerig gewesen.

Das erste wichtige Ereignis der neuen Saison war die Targa Florio im April, und die Fabrik konnte rechtzeitig vor Meldeschluß drei Autos fertigstellen. Der Conte Soave Besana bildete zusammen mit Bruno Sterzi ein Team, ein weiterer 166SC sollte von Franco Cortese gefahren werden, und Troubetzkoy wurde mit dem Mille-Miglia-Spezialisten Clemente Biondetti auf einem neuen 166 Roadster mit einer Ganzkarosserie unbekannter Herkunft (vermutlich aber von Allemano) gemeldet. Biondetti war ein wohlhabender Toskaner, der die Mille Miglia 1938 und 1947 auf Alfa Romeo 8C-2900ern gewonnen hatte und als einer der härtesten und zähesten Langstreckenfahrer der Welt galt. Troubetzkoy sollte mit ihm unter dem Namen Igor als Beifahrer ein Team bilden und ihn auch zeitweise als Fahrer ablösen.

Und Biondetti und Igor gewannen tatsächlich die Sizilienrundfahrt; in geschäftlicher Hinsicht war das ein ebenso wichtiger Sieg wie der von Sommer im vorangehenden Jahr in Turin. Die Targa Florio brachte Ferrari eine Menge Aufträge ein – darunter auch einen von Troubetzkoy – und war eine glänzende Generalprobe für einen starken Auftritt bei der bevorstehenden Mille Miglia, übrigens das letzte große Rennen Tazio Nuvolaris.

Es kursieren die widersprüchlichsten Berichte darüber, wie der unsterbliche Rennfahrer, der mittlerweile 56 Jahre alt war, in einem miserablen Gesundheitszustand und noch immer deprimiert über den Tod seines zweiten Sohnes, eigentlich dazu gekommen war, an dieser Mille Miglia teilzunehmen. Einige Autoren schreiben, Ferrari habe Wind davon bekommen, daß Alfa Romeo den kleinen Mann für ein letztes Rennen verpflichten wollte, damit er ihre Siegesserie bei der Mille Miglia (seit 1928 nur eine Niederlage, nämlich 1931) fortsetzte. Er habe dann Nuvolari in seinem Haus in Gardone aufgesucht und ihn überredet, für ihn zu fahren. Andere behaupten hingegen, daß Nuvolari nach Maranello gekommen sei, und als ihm die Autos in der Fabrik gezeigt wurden, habe er sich ganz spontan entschieden, für Ferrari zu fahren. Beide Versionen sind vermutlich nicht authentisch.

Denn Cesare De Agostini weist in seiner ausgezeichneten Nuvolari-Biographie nach, daß der Rennfahrer bereits mehrere Monate vor dem Rennen im Mai 1948 vorgehabt hatte, an der Mille Miglia teilzunehmen, und daß er von Dusios Cisitalia-Team unter Vertrag genommen worden war. Aber dann wurde sein Wagen am 27. April, eine Woche vor dem Start, bei einem Unfall schwer beschädigt, und Dusio teilte Nuvolari telegrafisch mit, daß er keinen Ersatzwagen bekommen könnte. Erst daraufhin wurde der Kontakt zu Ferrari hergestellt.

Corrado Filippini, ein damals recht bekannter italienischer Rennsportjournalist, berichtete in seiner Zeitschrift *Auto Italiana*, Ferrari habe Nuvolari durch die Fabrik geführt und ihm die Auswahl zwischen zwei Autos überlassen: einem 166SC, der an den Fürsten Troubetzkoy verkauft werden sollte, der ihn aber Nuvolari großzügig anbot, und einem kastenförmigen »Berlinetta«-Coupé mit einer Allemano-Karosserie, an dem man seit Ende 1947 arbeitete. Nuvolari zog den offenen Spider dem Coupé vor, weil der geschlossene Wagen nicht gut für seine kaputte Lunge sei. Das war eine kluge Entscheidung, denn Clemente Biondetti, der sich daraufhin mit dem Coupé begnügen mußte, hatte schwer darunter zu leiden. Er und sein Kopilot Giuseppe Navone erstickten in dem miserabel konstruierten Auto während der ganzen Fahrt fast an den Abgasen; sie wurden vom Lärm geradezu taub und konnten wegen der ständig beschlagenen Scheiben fast nichts sehen. Dennoch löste die Vorstellung, daß der alternde, von ganz unten aufgestiegene Held Nuvolari und sein Mechaniker Scapinelli Regen, Schnee und Eis auf den Apenninenpässen in einem offenen Auto hilflos ausgesetzt waren, während der Hauptgegner, der Patrizier Biondetti, angeblich in einer Luxuskarosse dahinrollte, eine nationale Woge der Sympathie aus.

Es sollte für den großen Nuvolari ein unvergeßliches Rennen werden. Zunächst ging Alberto Ascari mit seinem Maserati A6GCS früh in Führung, schied aber in Padua aus. Dann lag Cortese vorn, bis sein Getriebe – die ewige Achillesferse der frühen Ferraris – brach und er aus dem Rennen war. Ein spezieller Alfa Romeo 6C-2500, ein überholter Vorkriegswagen mit einer neuen Karosserie, wurde von Consalvo Sanesi voll ausgefahren, doch auch er mußte ausscheiden, als er gerade an zweiter Stelle lag. Es waren nicht weniger als zehn Cisitalias gestartet, die aber mit ihren kleinen, überzüchteten Motoren keine Konkurrenz darstellten. Als das Feld die Adriaküste entlanggefahren war und sich gerade anschickte, die Apenninenpässe Furlo und Scheggia anzugehen, begann sich der clevere Nuvolari in den zahlreichen Kehren nach vorn zu arbeiten (er bezeichnete einmal die kurvenreichen Abschnitte als »meine Reserven«). Er fuhr so präzise und diszipliniert wie ein Chirurg beim Operieren und strafte damit all jene Lügen, die ihn für einen der verrücktesten Fahrer hielten. Bei Ravenna hatte Nuvolari die Führung übernommen und vergrößerte den Vorsprung vor seinen Gegnern. Aber dann ging das Auto unter ihm zu Bruch. Als er den Kontrollpunkt in Rom passierte, war durch die ständigen Erschütterungen der linke vordere Kotflügel abgerissen worden und die komplette Motorhaube davongeflogen. Die Zuschauer führten das natürlich auf Nuvolaris verwegenen Fahrstil zurück, aber tatsächlich war die schlechte Verarbeitung der Karosserie daran schuld gewesen.

Nuvolari fuhr wie neugeboren – das Kinn vorgereckt, die Ellbogen in Scapinellis Rippen stoßend, so sägte er durch die Kurven. Doch dann überzog er in einer scharfen Biegung und landete im Straßengraben, wobei die Hinterradaufhängung beschädigt und

Scapinellis Sitz aus der Verankerung gerissen wurde. Doch unbeirrt nahm er die gefürchteten Pässe Futa und Raticosa in einer Reihe perfekter Schußfahrten, und bei Bologna lag er 29 Minuten in Führung vor Biondetti, der in seiner stinkenden Blechbüchse schwer zu kämpfen hatte.

Als Nuvolari in die Poebene hineinpreschte, schien er einem glänzenden Sieg entgegenzusteuern. Doch bei Villa Ospizio in der Nähe von Reggio nell'Emilia geriet der kleine Ferrari wegen einer gebrochenen Federlasche ins Schleudern und konnte von Nuvolari nur mühsam zum Stehen gebracht werden. Wütend stieg er aus, und damit war das letzte titanische Rennen seiner unvergleichlichen Karriere zu Ende. Er sollte noch an ein paar weiteren Rennen teilnehmen, ehe er 1953 starb (ironischerweise im Bett), aber nie wieder so brillant wie zuletzt bei der Mille Miglia von 1948.

Clemente Biondetti gewann spielend seine dritte Mille Miglia – im Ziel lag er über eineinhalb Stunden vor dem zweitplazierten Team auf einem kleinen Fiat 1100S. Immerhin war Biondetti unter all den Ferraris, Maseratis und Alfa Romeos der einzige Wettbewerbsteilnehmer auf einer dieser Marken, der unter den ersten zehn ins Ziel kam. Vor allem aber: Ein Ferrari hatte Italiens prestigeträchtigstes Sportwagenrennen gewonnen, und wie erwartet brachte das weitere Aufträge.

Während das Ferrari-Team im Sommer 1948 an einer ganzen Reihe von relativ unbedeutenden Sportwagenrennen und Formel-2-Wettbewerben teilnahm, konzentrierte sich Enzo Ferrari ganz auf zwei wichtige Ziele: die Fertigstellung des von Colombo entworfenen 125 GP-Einsitzers, der nun schon seit fast drei Jahren über das Entwurfsstadium nicht hinausgekommen war, und eine kleine, aber feine Serienproduktion von eleganten 166ern, die sowohl an Sportwagenrennen teilnehmen als auch als *gran-turismo*-Autos auf öffentlichen Straßen fahren konnten.

Dabei hatte für Ferrari natürlich der Grand-Prix-Wagen oberste Priorität. Denn Alfa Romeo und Maserati hatten ihre bewährten Vorkriegsmaschinen schon auf der Piste, und überall konnte man gerüchteweise hören, daß eine Gruppe wohlhabender britischer Sportsleute das British-Racing-Motors-(BRM-)Projekt unterstütze, einen riesigen 16-Zylinder-Kompressionsmotor zu bauen. Und Piero Dusio hatte das – zu dieser Zeit in einem umgebauten Sägewerk in Österreich residierende – Porsche-Entwicklungsatelier beauftragt, ein völlig neuartiges Superrennauto mit Mittelmotor, flachem 12-Zylinder-Motor und Allradantrieb zu entwerfen. Dieser Wagen, der Cisitalia 360, eine Wiederbelebung des Geistes der alten Auto Union, war letztlich aber wegen Dusios Finanzproblemen nicht realisierbar, obwohl er technisch das fortschrittlichste Auto der unmittelbaren Nachkriegszeit gewesen wäre.

Während die Arbeit an Ferraris 125GP voranging, stieg Alfa Romeo in die Grand-Prix-Saison von 1948 selbstbewußt mit vier der weltbesten Fahrer ein: Achille Varzi, der zum Teamchef nominiert worden war und rasch zu seiner Vorkriegsform zurückfand; der hervorragende, stupsnasige Jean-Pierre Wimille; Didi Trossi, der zu einem disziplinierten Ersatzfahrer herangereift war; und schließlich Consalvo Sanesi, ein Stammkunde der Firma, der auf den vierten Platz anstelle des hitzköpfigen Farina gerückt war, den man im vorigen Jahr gefeuert hatte, weil er nicht damit einverstanden gewesen war, daß Varzi die Nummer eins wurde. Das erste Rennen war der Große Preis der Schweiz auf der schwierigen Strecke im Bremgartenwald bei Bern. An diesem kühlen, verregneten Wochenende Anfang Juli absolvierte Varzi mit dem neuen 158D am späten Nachmittag noch eine Trainingsrunde auf dem 7,3 Kilometer langen Straßenrundkurs. Als der sonst so untadelig beherrschte Fahrer einen Augenblick lang unkonzentriert war, streifte er einen Bordstein, und der große Alfa überschlug sich. Varzi wurde aus dem Cockpit geschleudert und war sofort tot. Das völlig geschockte Alfa-Team sagte wegen der Trauer um seinen 44jährigen Spitzenfahrer seine Teilnahme an dem Rennen ab, aber Varzis Witwe Norma bestand darauf, daß sie in seinem Namen weiterfuhren. Das taten sie schließlich auch, und Trossi gewann vor Wimille, der sich vermutlich auf Anweisung des Teams zurückhielt. Varzi wurde in seiner Heimatstadt Galliate beerdigt, und Tausende von Trauergästen nahmen an der Totenmesse teil.

Alfa Romeo gewann auch den Großen Preis von Frankreich in Reims. Diesmal hieß der Sieger Wimille, der nun als bester Fahrer der Welt galt. Während Maserati an zahlreichen Rennen in ganz Europa teilnahm, beschränkte sich Alfa auf die wichtigen internationalen Grand-Prix-Wettbewerbe, von denen 1948 nur vier stattfanden. Der nächste sollte am 5. September stattfinden: der Große Preis von Italien auf dem 4,8 Kilometer langen Rundkurs im Parco Valentino von Turin. Und das sollte auch die erste von zahlreichen Begegnungen mit dem alten Verbündeten und derzeitigen Rivalen Enzo Ferrari sein.

Colombo, Bazzi und die ganze Ferrari-Mannschaft arbeiteten den ganzen Sommer durch, um drei von den 125GPs rechtzeitig für das Rennen in Turin fertigzubekommen. Da Nuvolari wieder zu krank war, um fahren zu können, setzte Ferrari den gerade freien Farina als Spitzenfahrer ein. Die beiden anderen Autos wurden mit Raymond Sommer, der das Rennen im Vorjahr derart bravourös gewonnen hatte, und mit einem Neuling besetzt, den das Publikum nur unter dem Kurznamen B. Bira kannte. Er hieß mit vollem Namen Birabongse Bhanudej Bhaanubandh und war ein siamesischer Prinz. Der in Eton und Cambridge erzogene Bira war zwar nie in einem erstklassigen Grand-Prix-Team mitgefahren, war aber ein angesehener und oftmals mutiger Sportsmann, der ein paar ausgezeichnete Rennen absolvierte, ehe er sich 1954 vom Rennsport zurückzog. Wir wissen nicht genau, warum Ferrari Prinz Bira ins Team aufnahm, aber es ist durchaus möglich, daß der exotische Königsneffe dieses Rennen »kaufte«: Er füllte Ferraris Kasse – für das Privileg, an einem Wettbewerb teilnehmen zu dürfen, von dem er sonst ausgeschlossen gewesen wäre.

Da Farina aus Turin stammte, sollte er die erste Testfahrt auf dem Rundkurs des Parco Valentino absolvieren. Das geschah am frühen Morgen, bevor sich der normale Verkehr wieder auf den Straßen breitmachte. Man kann sich lebhaft vorstellen, wie das Röhren des ungedämpften V12-Kompressors von den Uferböschungen des Po widerhallte und die Turiner Bürger aus dem Schlaf schreckte, als Farina vor Anbruch der Morgendämmerung um den Rundkurs knüppelte.

Das Grand-Prix-Rennen selbst fand bei strömendem Regen statt, wobei sich Sommer überraschend als Drittschnellster qualifiziert hatte. Er hielt sich in der Spitze, während Farina in seinem gewohnten Übereifer einen Bordstein rammte und ein Leck in seinem Kühler abbekam. Auch Bira fiel aus – wieder einmal wegen der chronischen Ferrari-Krankheit: Getriebeschaden. Sommer lieferte ein begeistertes Rennen und wurde nur mit einer knappen Wagenlänge Abstand Dritter hinter Villoresi, der aus seinem Maserati alles herausholte. Wimille fuhr einen überlegenen Sieg für Alfa Romeo heraus.

Das Debüt der Grand-Prix-Ferraris war also kaum beeindruckend zu nennen. Sie leisteten nicht nur 100 PS weniger als die alles dominierenden Alfas, sondern waren auch im Fahrverhalten wegen des kurzen Radstands und der primitiven Aufhängung unberechenbar und neigten zum Übersteuern. Noch schlimmer freilich war, daß aus den von Colombo konstruierten Zylinderköpfen immer wieder Kühlmittel austrat; und es bedurfte schon des geduldigen Genies von Bazzi, daß dieser Mangel beseitigt wurde.

Die Ferrari-Mythologen wollen allerdings wieder einmal nicht wahrhaben, daß der 125GP ein schwaches und letztlich enttäuschendes Rennauto war. Immerhin war er 1948 in diesem Feld das einzige Nachkriegsauto und trat gegen Alfas und Maseratis an, die zwar generalüberholt, aber mindestens ein Jahrzehnt alt waren. Angesichts seiner Entwicklungszeit von fast drei Jahren muß man das Auto als eine mittelmäßige Leistung bezeichnen. Enzo Ferrari brauchte schon besonderes Glück, wenn er daraus noch einen Sieger machen wollte. Und wie das immer wieder in seiner langen Karriere so war, passierte genau das im nächsten Jahr.

Glücklicherweise waren die beiden gleichzeitig entwickelten Projekte, der 166er Sportwagen und ein Tourenwagen, erfolgreicher.

Im März 1948 hatte Ferrari die Verbindung zu seinem alten Kumpel Felice Bianchi Anderloni wiederaufgenommen, dem Inhaber der Carrozzeria Touring Superleggera, den er aus gemeinsamen Rennzeiten in den frühen zwanziger Jahren kannte. Ferrari hatte es nun einmal im Geschäftsleben am liebsten mit bekannten Größen zu tun. Mit Touring hatte er schon in seiner Zeit bei Alfa Romeo zusammengearbeitet, und Anderloni hatte auch die Karosserien für die beiden 815er vor dem Krieg angefertigt. Touring war nur eine von einem Dutzend oder mehr exklusiven Karosseriebaufirmen in Mailand und Turin. Dank Bussos Beziehungen war die Karosserie des 166ers, der die Mille Miglia gewann, von Allemano gebaut worden; aber sie war viel zu lang und kastenförmig geraten, und darum sollte der erste echte *gran-turismo*-Ferrari nicht von dieser Firma gebaut werden.

Diese Ehre wurde Anderloni und seinen Handwerkern zuteil. Im Mai 1948 bauten sie in ihrer kleinen Mailänder Werkstatt an der Via Lodovico de Breme zwei verschiedene Karosserieformen: eine viersitzige Berlinetta und einen kleinen, offenen Roadster. Ferrari wünschte, daß die Abmessungen von dem kleinen Lancia Ardea Coupé übernommen werden sollten, das er als Privatauto fuhr, und das hieß nichts anderes, als daß die beiden Autos sich geradezu winzig ausnehmen würden neben den riesigen Alfas mit dem extrem langen Radstand, die Touring vor dem Krieg auf dem Fahrgestell des alten 8C-2900 aufgebaut hatte.

Ästhetisch gesehen trug Enzo Ferrari zu diesem Projekt wenig, wenn überhaupt etwas bei. Es hat ganz den Anschein, daß er auf die Formgebung seiner Autos, die so berühmt sind für ihre herrliche Linienführung, keinen Einfluß gehabt hat. Wenn er wirklich zeichnen konnte, so sind zumindest keine seiner Arbeiten öffentlich zugänglich gemacht worden. Und wenn er jemals seine beachtliche Überzeugungskraft eingesetzt haben sollte, um Männer wie Anderloni dazu zu bewegen, Formen oder stilistische Details zu schaffen, die seinen eigenen künstlerischen Inspirationen lebhaften Ausdruck verliehen, so hat doch keiner dieser Designer irgendwann darauf hingewiesen. Ferraris Beitrag zur äußeren Schönheit seiner Autos war seine Fähigkeit, die besten *carrozzerie* Italiens dafür heranzuziehen, deren Inhaber wiederum für ihren Kunden diese wunderschönen Formen schufen. Allerdings ließ Ferrari Konstruktionszeichnungen oft erst dann durchgehen, wenn er die Sitzposition für gut befand. Und da er ein großer, stattlicher Mann war, befand sich das Lenkrad in großem Abstand vom Sitz und wurde durch einen ziemlich steilen Winkel seiner bevorzugten Lenkhaltung angepaßt. Daher war es für kleine Männer und Frauen gar nicht so einfach, einen Ferrari zu fahren – dank dem Fahrstil des Commendatore kamen sie nämlich gar nicht an die Pedale oder ans Lenkrad heran.

Die beiden Anderloni-Karossen sollten rechtzeitig für den Automobilsalon von Turin vom 15. bis zum 25. September fertig sein, also ein paar Tage nach dem Grand-Prix-Rennen. Luigi Chinetti hatte bereits durchblicken lassen, daß er eines der Autos kaufen würde – vorausgesetzt, der Fertigungstermin würde eingehalten. Wir wissen nicht, ob Anderlonis Gesundheit unter diesem Streß, die beiden Ferraris rechtzeitig abzuliefern, Schaden nahm, jedenfalls starb er unerwartet im Juni, und damit geriet das Projekt kurzfristig ins Stocken. Doch dann übernahm sein Sohn Carlo Felice das Geschäft, und die Arbeit wurde wieder aufgenommen. Mitten im Sommer war bereits eine erkleckliche Anzahl von den 166S Sportrennwagen mit den schmalen Kotflügeln fertiggestellt worden, aber sie stellten eine eigene Entwicklungslinie dar. Die Tourenwagen waren dagegen ausgesprochen kultivierte Fahrzeuge – mit einem festen Dach, Fenstern, einer Heizung, einer kompletten straßentauglichen Ausstattung und üppig gepolsterten Ledersitzen.

Ferrari hatte allen Grund anzunehmen, daß er ohne Schwierigkeiten eine begrenzte Stückzahl von diesen *gran-tourismo*-Autos verkaufen konnte, und darum hatte er mit Anderloni Lieferungen von drei bis zehn Autos auf einmal vereinbart. Seine Leute würden die Fahrgestelle an Touring liefern, und dann konnte der Kunde noch bestimmte Wünsche hinsichtlich der Farbe, der Sitzpolsterung und einiger Ausstattungsdetails äußern. Bis zur Übernahme durch Fiat, also fast ein Vierteljahrhundert später, wurden alle Ferraris auf diese Weise hergestellt, und darum waren fast alles Unikate.

Als Sommer über die Ziellinie in Turin spritzte, trugen Anderlonis Lackierer gerade die letzten leuchtendroten Farbschichten auf den beiden 166ern auf. Es war ein auffälliges Zinnoberrot, das schwach metallisch schimmerte und sich damit deutlich von dem ziemlich dunklen Burgunderrot der ersten 125er unterschied.

Der Turiner Automobilsalon war eine der größten Ausstellungen der Welt, auf der die gesamte Elite der Hersteller und *carrozzerie* vertreten war. Bereits am 14. September gab es eine Art Vorpremiere für die Presse, und die Journalisten begegneten den beiden Ferraris an zwei unterschiedlichen Ständen. Der kleine Roadster war das einzige Ausstellungsstück der neuen Firma Ferrari, während der elegante Viersitzer auf dem Touring-Stand prominent präsentiert wurde.

Der Roadster begeisterte das Publikum. Mit seinen wunderbar harmonischen, sinnlichen Rundungen täuschte er über den kurzen Radstand der Maschine hinweg. Der markante Kühlergrill war breitmaulig und frech gestaltet – das war noch nicht das später für die Marke so berühmte »Eierkistendesign«, sondern eine Reihe von horizontal angeordneten polierten Aluminiumstreben. Als Windschutz diente lediglich eine geschwungene Plexiglasscheibe, und die beigefarbene weiche Lederpolsterung kontrastierte vorzüglich mit dem feuerroten Lack der Karosserie.

Irgend jemand fand sofort einen Namen für das Auto: »barchetta«, Bötchen. Bis auf den Journalisten Giovanni Canestrini, der von einem »unruhigen« Styling schrieb, beurteilte die Presse die beiden Autos positiv; schnell fanden sie Käufer. Ein alter Ferrari-Kunde, der Conte Bruno Sterzi, erwarb das kompakte viersitzige Berlinetta-Coupé. Luigi Chinetti konnte die Barchetta sofort an den wohlhabenden Cadillac-Händler und Motorsportfan Tommy Lee aus Los Angeles weiterverkaufen. Das war überhaupt ein unglaublich hektischer Monat für Chinetti. Er war nicht nur drauf und dran, den ersten Ferrari an einen amerikanischen Kunden zu verkaufen, sondern nahm auch in Montlhéry mit dem englischen Sportsmann Lord Peter Selsdon am Zwölf-Stunden-Rennen von Paris teil. Sie fuhren eines der ersten 166S-Rennautos und gewannen spielend. Es war der erste Sieg für einen Ferrari über eine lange Distanz außerhalb von Italien, und das steigerte natürlich den Bekanntheitsgrad der Marke erheblich. Im übrigen wurde auch dieses Auto wieder an einen Amerikaner verkauft.

Briggs Cunningham war ein unvorstellbar reicher Procter & Gamble-Erbe aus Cincinnati, der schon vor dem Krieg an exotischen Autos und Amateursportwagenrennen einen Narren gefressen hatte. Er hatte seine Flitterwochen in Europa an Bord seiner Sechs-Meter-Jacht verbracht, die er aus den Staaten hatte überführen lassen, und für die Landausflüge hatte er einen Alfa Romeo 6C sowie einen Mercedes-Benz SS erworben. Damals war Ferrari eine prominente Gestalt im Umfeld von Alfa, und bestimmt waren Cunningham, diesem Aficionado des europäischen Rennsports, Ferraris sportliche Leistungen bekannt. Er war somit einer der wichtigsten potentiellen Käufer für einen der frühen Ferraris, und Chinetti sorgte dafür, daß der reiche Amerikaner seinen 166S bekam, mit dem er in Montlhéry gewonnen hatte. Der Verkaufspreis, der in New York entrichtet wurde, betrug 9000 Dollar – wahrlich eine stolze Summe für ein Auto, daß durch mindestens ein Zwölf-Stunden-Rennen geknüppelt worden und damit im wahrsten Sinne des Wortes ein Gebrauchtwagen war. Aber als es dann schließlich 1949 in Amerika eintraf – ein paar Wochen früher als der für Lee bestimmte Wagen –, wurde es wie ein päpstlicher Segen empfangen.

Im September 1948 allerdings hatte Ferrari gewiß andere Sorgen als das Marktpotential von Nordamerika. Er hatte sich auf ein ehrgeiziges Projekt eingelassen, nämlich den alten Maultierstall auf der anderen Seite der Via Abetone zu einer kleinen Berufsschule umzubauen. Aus den umliegenden Gemeinden wurden junge Männer aufgenommen, die in der Arbeit an den Maschinen, in Modellbau und Metallverarbeitung unterrichtet werden und damit ständig für Nachwuchskräfte sorgen sollten, als die Fabrik immer mehr zu tun bekam. Außer dem Startkapital für die Schule wurde auch das Rennprogramm zu einer finanziellen Belastung. Denn das Formel-1-Auto war eindeutig unterlegen und mußte radikal überholt werden, und zwar sowohl in der Motorleistung als auch beim problematischen Fahrgestell. Aber indem er sich »unmoralischer

Techniken« bediente, wie er es nannte, fand Ferrari rasch eine Lösung, so daß seine Autos auch weiterhin von der Öffentlichkeit beachtet wurden. Er schlug vor, den normalen Saugmotor (oder »Druckluftmotor«, wie man damals sagte), des 166er Sportwagens auf das Fahrgestell des *gran premio* zu montieren, der damit zum einsitzigen Formel-2-Auto wurde (Hubraumbegrenzung: zwei Liter, ohne Kompression). Der Wagen, den Sommer in Turin gefahren hatte, wurde in diesem Sinne umgebaut und zum 5. Großen Preis von Florenz am 26. September bei Cascina gemeldet. Sommer gewann überlegen, denn sein Wagen war leichter und wies ein viel besseres Kurven- und Bremsverhalten auf. Auch wenn das Rennen davon überschattet war, daß Ermini ins Publikum raste und fünf Zuschauer tötete (allerdings nicht mit einem Ferrari), kehrte das Team mit neuerwachter Hoffnung nach Modena zurück.

Am 17. Oktober 1948 war das Team in Monza zur feierlichen Wiedereröffnung des Autodroms komplett angetreten, nachdem die Rennstrecke im April 1945 durch eine ganze Armada von Panzern, Halbkettenfahrzeugen und Waffentransportern der Alliierten bei deren Siegesparade auf der Hauptgeraden schwer beschädigt worden war. Für diese Wiedereröffnung hatte Alfa Romeo seine geballte Macht aufgeboten, und wieder einmal hatten die Ferraris das Nachsehen. Wimille siegte, gefolgt von seinen drei Alfa-Teamgefährten, die in geschlossener Formation über die Ziellinie fuhren. Sommer hielt sich eine Zeitlang tapfer an dritter Stelle, aber dann mußte er hustend die Boxen aufsuchen und schied mit einem schweren Asthmaanfall aus. Farina fuhr hilflos an fünfter Stelle in riesigem Abstand hinter den Alfas her, doch dann war auch für ihn nach einem Getriebeschaden das Rennen gelaufen.

Als nächstes nahm das Team an einem unbedeutenden Rennen in Garda teil, bei dem Farina gegen ein schwaches Feld von Privatfahrern gewann. Conte Bruno Sterzi fuhr den Formel-2-Wagen, mit dem Sommer in Florenz gewonnen hatte, und wurde Zweiter. Das letzte Rennen der Saison war der Penya Rhin Grand Prix von Barcelona. Für kurze Zeit lag Bira in Führung, bis auch er wie seine Teamgefährten Farina und Julio Pola (ein einheimischer Fahrer und potentieller Kunde) nur noch zuschauen durfte.

Im November gelang es Chinetti, wenigstens die Ehre der Marke halbwegs zu retten: Er fuhr in Montlhéry ein paar internationale Rekorde in der Zweiliterklasse heraus. Aber das konnte die Enttäuschung über das schlechte Abschneiden bei den Grand-Prix-Wettbewerben kaum wettmachen.

Im Dezember schloß Ferrari dann unvermittelt einen Vertrag mit den Organisatoren der südamerikanischen Temporada in Argentinien und Brasilien. Farina sollte den einzigen Ferrari bei allen sechs Rennen fahren. Für diese Teilnahme gab es nur rein kommerzielle Gründe: Das Perón-Regime lockte mit üppigen Startgeldern, und wenn der Wagen Erfolg hatte, erkannte Ferrari, würde er auf diesem reichen, noch brachliegenden Markt Autos verkaufen können. Lampredi und Colombo schusterten hastig einen Zweiliter-Kompressormotor zusammen und montierten ihn in einen der Einsitzer für Formula-Libre-Rennen. Farina sollte ein Vierteljahr unterwegs sein, und natürlich hoffte man, daß er erfolgreich gegen seine Hauptkonkurrenten abschneiden würde: Villoresi und Ascari auf Maserati.

Diese Temporada sollte in zweierlei Hinsicht, wenn auch indirekt, das Schicksal Enzo Ferraris wesentlich beeinflussen. Dazu kam es gleich beim ersten Rennen, das auf dem Rundkurs des Palermo-Parks außerhalb von Buenos Aires stattfand. Jean-Pierre Wimille wollte mit einem kleinen Simca-Gordini an diesem Grand-Prix-Ereignis teilnehmen, nachdem Alfa die Teilnahme seines Teams abgelehnt hatte. Während des Trainings verlor er die Kontrolle über sein Auto und verunglückte tödlich. Zu diesem Unfall soll es gekommen sein, weil die Rennstrecke durch einen Zuschauer oder einen berittenen Polizisten (oder durch beide) blockiert war. Immerhin verlor das Alfa-Team durch dieses tragische Ereignis seinen dritten – und sicherlich besten – Fahrer: Varzi war tot, Trossi lag mit Lungenkrebs im Sterben, und nun war auch Wimille ums Leben gekommen. Darum entschied man in Portello, 1949 an keinem Rennen mehr teilzunehmen.

Das zweite Ereignis, das sich auf lange Sicht so nachhaltig für Ferrari auswirken sollte, war das Debüt eines ziemlich korpulenten 37jährigen Mannes mit schütterem Haar in der internationalen Rennsportszene: Juan Manuel Fangio. Er war schon seit einiger Zeit ein Star im argentinischen Rennsport und bereitete sich gerade auf eine Reihe von europäischen Wettbewerben vor, die ihn nahezu unsterblich machen sollten. Immerhin gewann dieser Fahrer, der über geradezu mystische Fähigkeiten verfügte und den sie liebevoll »El Chueco« nannten, zwei der sechs Temporada-Rennen und beeindruckte die Europäer mit seiner Gelassenheit und seinem

Mut. Farina gewann ein Rennen, wurde einmal Zweiter und mußte viermal wegen technischen Versagens ausscheiden. Als er wieder nach Italien kam, war die Rennsportszene ein einziges Chaos.

Alfa war nicht mehr dabei. Es gab keine Konkurrenz mehr außer Maserati – und auch diese Marke fiel unversehens aus. Im Februar machten die Orsis die Firma dicht und erklärten, dies solle auch bis Juni so bleiben – in der Zwischenzeit sollte eine tiefgreifende Umstrukturierung vorgenommen werden. Dieser Kurswechsel stellte sich später als der erste einer Reihe von taktischen Fehlern der Orsis heraus und führte letzten Endes dazu, daß das Unternehmen nicht mehr zur Elite der Automobilhersteller gehörte. Während sich Ferrari ganz auf die kleine Welt der exotischen Autos beschränkte, taten die Orsis genau das Gegenteil: Sie expandierten in alle möglichen Richtungen und vernachlässigten damit die eigentliche Stärke der alten, überaus angesehenen Firma. Es sollte zwar noch einige massive – und beeindruckende – Comebacks geben, aber der Beschluß vom Februar 1949 räumte dem alten Modeneser Rivalen kurzfristig wie auf lange Sicht Wettbewerbsvorteile ein. Und natürlich fand die Neuigkeit, daß der junge Ascari und sein Lehrmeister Gigi Villoresi arbeitslos waren, sofort Ferraris Interesse.

Das plötzliche Verschwinden seiner beiden Erzrivalen Alfa und Maserati war ein phantastischer Triumph für ihn. Außerdem gab es niemanden, der sie ersetzen würde. Das Cisitalia-Porsche-Projekt war wegen Kapitalmangels eine Totgeburt, und das mit viel Vorschußlorbeeren versehene englische BRM-Projekt war hoffnungslos im Rückstand. Und einer seiner Sponsoren, nämlich Tony Vandervell, war inzwischen so ungeduldig geworden, daß er sich schon bei Ferrari erkundigte, ob der ihm nicht einen neuen 125GP bauen könne.

Auf einmal war alles anders geworden. Ettore Bugatti war tot, und sein noch verbliebenes Unternehmen befaßte sich einzig und allein mit militärischen Auftragsarbeiten. Mercedes-Benz war noch immer vom Rennsport ausgeschlossen. Die Auto-Union-Werke in Ostdeutschland waren beschlagnahmt und zerschlagen worden. Die Brüder Maserati hatten in Bologna die Firma OSCA gegründet und arbeiteten angeblich an einem 4,5-Liter-V12-Motor, aber das Unternehmen war unterkapitalisiert und führte zu nichts. Es blieb also nur noch das französische Team Talbot-Lago, das über eine Reihe veralteter Vorkriegsmaschinen verfügte, die sowohl als Grand-Prix-Autos wie (mit Kotflügeln) als Sportwagen eingesetzt werden konnten. Ihre niedertourigen, wenig leistungsfähigen und nicht aufgeladenen Sechszylinder-Motoren hatten immerhin einen Vorzug: Wenn es darauf ankam, konnten sie dank ihrer überlegenen Reichweite (zwischen 38 und 42 Kilometer pro zehn Liter Kraftstoff) länger als die durstigen italienischen Wagen im Rennen bleiben. Es war eine Ironie des Schicksals, daß ausgerechnet diese Autos die ersten wirklich erfolgreichen Formel-1-Autos von Ferrari inspirieren würden.

Als das Jahr 1949 begann, gab es für Enzo Ferrari zwei große Herausforderungen: die Leistungsfähigkeit und Zuverlässigkeit seines Grand-Prix-Autos zu verbessern und ein Team von Spitzenfahrern aufzustellen. Sommer war ein guter Mann, ein Sportler und zäher Kämpfer, aber ihm fehlten doch das Feuer und das Flair eines Nuvolari oder Farina. Und als Maserati jetzt nicht mehr dabei war, machte sich Ferrari sofort daran, Ascari und Villoresi für sein Team zu gewinnen. Aber dazu mußte er erst einmal die Rückkehr der beiden aus Argentinien abwarten.

Colombo pendelte weiterhin zwischen Mailand und Modena hin und her und kam einmal in der Woche oder alle vierzehn Tage mit neuen Plänen und Ideen zur Verbesserung des Formel-1-Autos an. Dazu gehörten ein zweistufiger Lader ähnlich wie beim Alfa und Zylinderköpfe mit einer doppelten obenliegenden Nockenwelle, wie sie ursprünglich von Giuseppe Busso konstruiert worden waren. Diese scheinbar naheliegende Lösung basierte auf dem langjährigen Einfluß, den die Philosophie der Alfa-Romeo-Konstrukteure auf Colombo gehabt hatte. Aber sein Gegenspieler Lampredi, der in Maranello fest angestellt war, hatte da ganz andere Vorstellungen. Er setzte nach wie vor auf Einfachheit und Zuverlässigkeit, und darum war er fasziniert von der primitiven, aber effektiven Art und Weise, wie die Leute von Talbot-Lago vorgingen. Inzwischen war der Kraftstoffverbrauch der Alfa Romeos schon so weit gestiegen, daß sie aus zehn Litern Alkoholkraftstoff nicht mehr als 8,5 Kilometer herausholten, und damit würden sie bei einem 500-Kilometer-Rennen zwei Boxenstopps benötigen, selbst wenn sie noch so große Tanks im Heck hatten. Für Lampredi war klar: Wenn man mit einem 4,5-Liter-Motor, der zuverlässig über 300 PS bringen könnte, die Kilometerleistung verdoppeln würde, so wäre das schlichtweg der Schlüssel zum Erfolg.

Colombo war natürlich sofort skeptisch. Lampredis Plan war

das genaue Gegenteil dessen, was er im Motorenbau für richtig hielt, und als es Frühling wurde, nahm die Diskussion darüber bei aller Freundschaft an Schärfe zu. Diese Kabbeleien waren für Ferrari nichts Neues; er unterdrückte sie auch nicht. Tatsächlich schien er bei diesen Auseinandersetzungen zu Lampredi zu halten, und das brachte seinen alten Freund und Mitarbeiter Colombo dazu, nur noch härter zu arbeiten. Die Situation war perfekt: Zwei begabte und hoch motivierte Männer steuerten auf zwei verschiedenen Wegen dasselbe Ziel an. Das war typisch für Ferraris Managementstil, und derartige Konfliktsituationen würde er im Laufe seines Berufslebens immer wieder bewußt herbeiführen.

Die Saison begann für die Sportwagen hervorragend: Biondetti gewann erneut die Targa Florio, ebenso die Mille Miglia – zum viertenmal! –, und das hatte es auf diesem schwierigsten aller traditionellen Straßenrennen noch nie gegeben. Aber Ferrari interessierte sich nur für die bevorstehende Grand-Prix-Saison, und darum wollte er unbedingt die beiden begabtesten Rennfahrer Italiens an sich binden – Villoresi und Ascari. Villoresi hatte bei diesem Deal eine Schlüsselrolle. Für seinen jüngeren – und vermutlich begabteren – Kumpel war er immer noch eine Art Vaterfigur, und damit war für Ferrari absolut klar: Wenn es ihm gelänge, Villoresi anzuheuern, bekäme er auch Ascari.

Villoresi hat sich später genüßlich an diese erste Begegnung mit Ferrari nach dem Krieg erinnert. Man hatte ihm für zwei Rennen – eins in Belgien, das andere in Luxemburg – einen Ferrari leihweise überlassen, und nach seiner Rückkehr nach Italien fuhr er von Mailand zu einem Treffen mit dem berühmten Commendatore (damals mochte Ferrari diesen Titel noch). »Ich traf ihn im Bett an, in seiner Wohnung über der Scuderia«, erzählt Villoresi. »Der Raum war abgedunkelt, und Ferrari hatte die Hände über der Brust gefaltet. Seine Augen waren geschlossen. Es sah aus, als ob er aufgebahrt wäre. Ich habe zwei, drei Minuten gewartet. Er lag einfach so da. Ganz ruhig, ohne ein Wort. Schließlich habe ich gesagt: ›Schluß mit dem Quatsch. Ich gehe jetzt.‹ Und da ›erwachte‹ Ferrari ganz plötzlich, und wir wurden uns schließlich einig.«

Da Villoresi und Ascari nun zum Team gehörten, dazu der talentierte, ehrgeizige Felice Bonetto, und die Hauptkonkurrenten aus dem Rennen waren, hätte man eigentlich annehmen können, daß die Saison 1949 für Ferraris Grand-Prix-Autos ein Kinderspiel sein würde. Das war allerdings nicht der Fall, auch wenn Ferrari von zwei reichen, überaus ambitionierten Engländern hervorragend unterstützt wurde. Tony Vandervell hatte sich bemüht, einen Alfa Romeo 158 zu bekommen, und nachdem er damit keinen Erfolg gehabt hatte, war er mit Ferrari übereingekommen, einen der frühen 125GPCs zu erstehen. Auch Peter Whitehead, ein durchaus talentierter Privatfahrer, bekam eines dieser Autos, und damit gehört er zu der Handvoll Männer, die jemals einen neuen Grand-Prix-Wagen von der Scuderia privat erwerben durften. (Gelegentlich hat Ferrari veraltete Autos an Sammler verkauft, aber nur in Ausnahmefällen trennte er sich von Autos, die bei Rennen gegen sein Team eingesetzt werden konnten.)

Was das offizielle Team anging, so waren die Ergebnisse bestenfalls gemischt. Im ersten Rennen, dem Großen Preis von Belgien, waren die 125er schnell – aber Louis Rosier, ein ergrauter Veteran, der sich vor allem bei Sportwagenrennen einen Namen gemacht hatte, schlug sie mit einem der alten 4,5-Liter Talbots. Dieser Sieg, den Rosier ohne einen Boxenstopp herausfuhr, während die durstigen Ferraris wiederholt die Boxen aufsuchen mußten, war vielleicht so etwas wie eine Erleuchtung für den Commendatore. Gewiß setzte sich Lampredi bereits entschieden für einen nicht aufgeladenen 4,5-Liter-V12-Motor ein, aber die Niederlage gegenüber Talbot in Spa mag durchaus Colombos Eintreten für immer mehr Kompression endgültig die Basis entzogen haben.

Einen Monat später schlug das Team zurück und landete beim Großen Preis der Schweiz in Bern einen Doppelsieg – für Ascari und Ferrari war es der erste Sieg in einem internationalen Grand-Prix-Rennen. Einen erneuten Triumph erlebte Ascari bei einem unbedeutenden Rennen in Reims, wo er den Neuling Fangio schlug, der einen privaten, teilweise vom Perón-Regime gesponserten gelbblauen Maserati fuhr. Dann nahm Ascari am Großen Preis von Holland auf dem sandigen Kurs von Zandvoort teil, wo es zu einem Unfall kam, als die Vorderradaufhängung brach und er ein Rad verlor. Ascari verfehlte nur knapp eine Sperrmauer und landete unverletzt in einer Sanddüne. Villoresi siegte vor Prinz Bira, der gleichwohl mit seinem San-Remo-Maserati die schnellste Runde fuhr.

Inzwischen hatte Luigi Chinetti ein Rennen gewonnen, das vielleicht im Hinblick auf den langfristigen Erfolg des Unternehmens das wichtigste war. Er nahm zusammen mit Lord Selsdon in einem privat gemeldeten 166MM Barchetta-Sportwagen am berühmten

24-Stunden-Rennen von Le Mans teil, das zum erstenmal nach dem Krieg wieder veranstaltet wurde. Gegen eine Meute von bestens eingestellten französischen Delahayes und Talbots standen zwei Ferraris an der Startlinie, der 166er von Chinetti und Selsdon sowie der Zwillingswagen, der von dem Pariser Bankier Pierre Louis Dreyfus (alias »Ferret«) und Jean Lucas gefahren wurde. Die kleinen Autos, deren Hubraum nur halb so groß war wie der der französischen Maschinen, lagen mit an der Spitze des Feldes, bis Lucas in der S-Kurve »Maison Blanche« die Kontrolle verlor und hinausflog. Damit mußte Chinetti allein weiterfahren, denn Selsdon litt unter bis heute nicht bekannten Beschwerden (Gerüchten zufolge habe er einen Kater gehabt, aber Chinetti hat dies immer bestritten). Der abgehärtete 43jährige Mailänder mußte mehr als 22 von den 24 Stunden am Steuer sitzen, und während er mit Hilfe eines provisorisch im Cockpit befestigten Trichters unterwegs Öl in den undichten V12 nachfüllte, fuhr Chinetti einem weithin bekannt gewordenen Sieg entgegen. Le Mans war eines der wenigen europäischen Rennen, die in Amerika etwas galten, und die Tatsache, daß Ferraris nordamerikanischer Repräsentant der Rekordfahrer war, konnte sich potentiell auf den Verkauf ungemein auswirken. (Im September debütierte dann Briggs Cunningham mit seinem 166S erfolgreich in Watkins Glen, und damit setzte die neue Marke Ferrari in Übersee ein weiteres Glanzlicht.)

Als ob es noch weiterer Leistungsnachweise bedurft hätte, damit Chinetti als einer der bedeutendsten Langstreckenfahrer in die Geschichte des Rennsports einging, gewann er im Laufe des Sommers ein weiteres 24-Stunden-Rennen zusammen mit Jean Lucas – diesmal auf dem schwierigen belgischen Rundkurs in Spa-Francorchamps. Als er schon mit großem Abstand führte und das Rennen nur noch ein paar Minuten dauerte, geriet Chinetti auf einer Öllache ins Schleudern, hielt aber tapfer bis zum Sieg durch. Die Karosserie von Lucas' Barchetta (vermutlich die, mit der schon der Franzose in Le Mans einen Unfall gehabt hatte) besaß anschließend freilich nur noch Schrottwert.

Das nächste Ereignis, an dem das Grand-Prix-Team in diesem schwülheißen Sommer von 1949 teilnahm, fand auf einem umgebauten Flughafen in den englischen Midlands statt: Silverstone. Ascari und Villoresi mußten mit ihren 125er-Kompressorwagen gegen nicht weniger als sechs San-Remo-Maseratis – einer davon wurde von Farina gefahren – und vier schwere, bärenstarke Talbot-Lagos antreten. Zum offiziellen Scuderia-Team gehörte auch Vandervell, der seinen neuen 125er mit dem Spitzenamateur Raymond Mays am Steuer gemeldet hatte; Mays war ein Strickwarenerbe aus Lincolnshire und leitete die ERA- und BRM-Projekte. Allerdings war das Fahrverhalten des neuen Autos selbst auf den bretterebenen Geraden von Silverstone so miserabel, daß Mays höflich wieder ausstieg und den Wagen dem Anfänger Ken Richardson anbot, der ihn prompt in den Straßengraben setzte. Vandervell war darüber natürlich nicht gerade begeistert und schickte den Wagen nach Maranello zurück – eine Geste, mit der eine Reihe von Störungen in der Beziehung zwischen Vandervell und Ferrari begann.

Ascari gewann das Rennen nach einem wilden, Reifen verschleißenden Duell mit Farina, der einen Dreher in letzter Minute gut überstand und Villoresi auf den dritten Platz verweisen konnte. Eine Woche später gelang es Farina in Lausanne, den Spieß gegenüber Ascari umzudrehen und mit über einer Minute Vorsprung auf die Ferraris spielend zu siegen. Nur ein Ferrari nahm am Großen Preis von Frankreich teil, der auf dem dreieckigen, 7,8 Kilometer langen offenen Straßenrundkurs außerhalb der alten Kathedralenstadt Reims stattfand. Wieder fuhr einer dieser wie ein Schildkrötenpanzer geformten Talbots – diesmal in den bewährten Händen des Veterans Louis Chiron – einen leichten Sieg heraus, nachdem Villoresi mit Getriebeschaden ausgefallen war. Die Ehre des Teams wurde wenigstens durch den Privatfahrer Whitehead gerettet, der Zweiter wurde und die schnellste Runde mit 169 km/h fuhr.

Im August beendeten Colombo und Lampredi die Arbeit an dem zweistufig aufgeladenen Motor mit der doppelten obenliegenden Nockenwelle. Umfangreiche Tests wurden in Monza wie auf der Via Abetone durchgeführt. Damals durfte man in Italien noch mit einem Rennwagen auf öffentlichen Straßen fahren, indem man einfach auf das Heck das Wort »Prova« (für Test) schrieb, darunter »Mo« (für Modena) und eine zweistellige Nummer. Derart markiert und mit einem der Fabriktestfahrer oder vielleicht einem Rennfahrer wie Bonetto oder Ascari am Steuer, flitzte dann ein unlackierter Einsitzer durch das Fabriktor und jagte mit aufheulendem Motor die Straße hinunter. Üblicherweise folgte ihm dann keuchend ein Fiat-509-Pkw, dessen Karosserie teilweise zu einer Ladefläche umgebaut war. An Bord befanden sich der hemdsärmelige

Ferrari, Bazzi, ein paar Mechaniker und eine Kiste mit Werkzeugen, die für diesen Testlauf gebraucht wurden. Selbst nachdem das Autodrom von Modena um den Stadtpark herum gebaut worden war und die meisten Testläufe der Fabrik dort abgehalten wurden, war ein Rennwagen, der auf der Via Abetone getestet wurde, kein ungewöhnlicher Anblick. Ja selbst heute muß jeder Ferrari, der die Produktion verläßt, eine Testfahrt auf einem Netz von Landstraßen bei Maranello absolvieren, bevor er zum Verkauf freigegeben wird. Aber anders als früher geschieht dies bei vernünftigen Geschwindigkeiten.

Der neue Wagen brachte es auf dem Prüfstand auf beachtliche 310 bis 320 PS – gegenüber den 260 PS der Version mit einer Nockenwelle, wie sie bis dahin während der Saison eingesetzt worden war. Allerdings lief der Motor heiß, und das Fahrverhalten war trotz des verlängerten Radstands alles andere als traumhaft. Doch es wurde fieberhaft weitergearbeitet, denn unter den wichtigen italienischen Rennwagenbauern war es üblich, daß sie ihre neuen Modelle jeden Herbst beim Großen Preis in Monza vorführten. Dort mußte Ferrari gegen zwei ernsthafte Konkurrenten antreten: zum einen Farina und Piero Taruffi auf privat gemeldeten San-Remo-Maseratis, zum andern die Talbots mit Rosier und dem Veteran Philippe Etancelin.

An diesem Tag war es unerträglich heiß, so daß es schon einer Folter gleichkam, einen der Ferraris fahren zu müssen, bei denen sich der Motor nur Zentimeter vor den Füßen des Fahrers befand. Doch Ascari fuhr so brillant, wie er es später Rennen für Rennen, Saison für Saison tun sollte, und beherrschte den Wettbewerb, nachdem die Maseratis und sein Teamgefährte Villoresi (wieder einmal mit Getriebeschaden) ausgefallen waren. Ascari hatte seine Führung vor Etancelins Talbot so weit ausgebaut, daß er sich einen gemütlichen Boxenstopp erlauben konnte, um Öl nachzufüllen, eine Zündkerze zu wechseln und sich einen Schluck *aqua minerale* zu genehmigen, ehe er sich wieder auf die Rennstrecke begab, um mit über einer Runde Vorsprung zu siegen.

Dieser Sieg sicherte Ascari und Ferrari die italienische Meisterschaft und gab ihnen allen Grund, sich über ihre Konkurrenz zu erheben, so wie die nun einmal beschaffen war. Nichtsdestoweniger waren die Leistungen von 1949 bestenfalls umstritten. Die Anbeter des Ferrari-Mythos erinnern natürlich daran, daß die Autos 1949 mehrere wichtige Rennen gewannen: unter anderem Le Mans, die

Mille Miglia und zahlreiche Formel-2-Rennen. Tatsächlich aber betrat Ferrari die Grand-Prix-Arena mit einem Auto, das angeblich eine völlig neue Konstruktion war und doch alle Mühe hatte, die unabhängige Konkurrenz der bescheiden finanzierten Maseratis und Talbot-Lagos abzuwehren. Das war nun wirklich kein überwältigender Auftritt, und 1950 würde man Ferrari die Schau noch mehr stehlen, wenn etwas an den Gerüchten dran war, die aus Mailand kamen: Nach einem Jahr der Umorganisation war danach Alfa Romeo nun bereit, erneut die Arena zu betreten – mit den 158ern, über die Wunderdinge zu hören waren. Auch die Liste der Fahrer war beeindruckend. Der 38jährige Juan Manuel Fangio war der »Jüngste« im Team, zu dem noch der 43jährige Farina und der inzwischen ergraute alte »Abruzzenräuber« Luigi Fagioli kamen, der mit seinen 52 Jahren ein Comeback feierte.

Ferrari konterte mit Ascari und Villoresi, die gelegentlich durch Bonetto und Sommer unterstützt werden sollten. Aber würde das reichen? Noch immer hatten die Alfas mehr PS und waren erheblich zuverlässiger, und während sich Colombo tapfer bemühte, mehr Kraft aus dem sogenannten zweistufigen V12-Motor herauszuholen, gewannen Lampredis Argumente für eine »Druckluft«-Alternative immer mehr an Überzeugungskraft. Mit Sicherheit mußte etwas getan werden, denn wenn man die Colombo-Autos gegen die verbesserten 158er ins Rennen schickte, drohte eine erneute Schlappe durch die Mailänder Rivalen.

[Siehe auch Anmerkungen zum 10. Kapitel, S. 436.]

11

Nach dem Großen Preis von Italien im September 1949 ließ sich Enzo Ferrari noch einen Monat Zeit, um über die vagen Chancen von Colombos Formel-1-Auto nachzudenken. Die Lage wurde unerträglich. Mit Sicherheit war der Kompressormotor der Aufgabe nicht gewachsen, die höchste Rennsportklasse der Welt zu beherrschen, und da Alfa Romeo 1950 sein Comeback mit einem starken Team feiern würde, mußte etwas getan werden. Die Fédération Internationale de l'Automobile hatte angekündigt, daß am Ende der Saison ein Weltmeister gekürt würde, und damit lag die Latte zum Erfolg noch höher. Ende Oktober rief er seine engsten Mitarbeiter in seinem Büro in Modena zusammen. Colombo und Lampredi, die sich inzwischen ganz offen bekämpften, saßen in entgegengesetzten Ecken des Raums. Mit kurzen Worten gab der Commendatore eine wichtige Änderung der Aufgabenverteilung bekannt. Von jetzt an, erklärte er, würde Lampredi für die Entwicklung des Grand-Prix-Autos verantwortlich sein, und zwar gemäß seinen Plänen für einen 4,5-Liter-Motor ohne Aufladung. Colombos neuer Aufgabenbereich war die Entwicklung der Sportwagen und der Touringwagen für die Firma – und das war eindeutig eine Degradierung.

In der blumigen und abgewogenen Prosa italienischer Historiker wird dieser Vorfall als höfliche, fast routinemäßige Neuverteilung von Pflichten abgehandelt. Tatsächlich aber war es ein ausgesprochener Eklat. Colombo war ein impulsiver und hochfahrender Mann, und für ihn war klar, daß er durch einen Ingenieur abgelöst werden sollte, dem er an Jahren wie an Erfahrungen und Fähigkeiten weit voraus zu sein glaubte. Man kann sich lebhaft ausmalen, was passierte, als Ferrari Colombo mit aller Macht zwingen wollte, seine neue Rolle zu akzeptieren. Man brüllte sich an, daß es in der ganzen Scuderia zu hören war. Man warf sich Beleidigungen an den Kopf, finstere Drohungen wurden ausgestoßen. Colombo schwor, zu kündigen und nach Mailand zurückzukehren. Ferrari konterte mit immer heftiger werdenden Erklärungen über vertragliche und moralische Verpflichtungen gegenüber der Firma. Als Colombo aufstand und zur Tür gehen wollte, griff Ferrari herrisch zum Telefon und rief den Polizeipräfekten von Modena an. Er verlangte eine Durchsuchung von Colombos Wohnung, um sicherzustellen, daß er keine Pläne von Ferrari heimlich nach Mailand mitnahm, um sie dort gegen ihn zu verwenden. Colombo war außer sich über Ferraris Verhalten und blieb, um den Streit fortzusetzen. Das war natürlich das klassische italienische Theater: zwei willensstarke Männer, die kein Blatt vor den Mund nahmen und sich über einen Schreibtisch in einem verrauchten Büro in Modena ein heftiges Wortgefecht lieferten.

Am Ende blieb Colombo – aber wie lange noch? Und doch konnte Ferrari dem Jahr 1950 mit einiger Hoffnung entgegensehen. Lampredi war überzeugt, daß sein »Druckluft«-Motor es durchaus mit den Alfas würde aufnehmen können, besonders wenn der brillante junge Ascari und sein alter Kumpel Villoresi hinter dem Steuer saßen. Luigi Chinetti hatte inzwischen für sein Geschäft ein kleines Domizil in der 19th Street in Manhattan gefunden und pendelte beruflich noch immer zwischen Paris und New York hin und her. Aber allmählich konnte der ernsthafte, dunkeläugige kleine Mann immer mehr Verkäufe und eine wachsende Begeisterung für die neue Marke in Amerika melden. Immer öfter fanden sich nun bedeutende Männer im Büro in Modena ein. Andere suchten gleich direkt das Werk in Maranello auf, um PS-starke Autos für den »Normalgebrauch« oder spezielle Sportmaschinen für große Rennen wie die Mille Miglia oder Le Mans zu bestellen. Besondere Besucher wie Prinz Bernhard der Niederlande oder König Leopold von Belgien wurden mit Pomp und Prunk in der Fabrik herumgeführt. Eifrige Kunden wie der Belgier Olivier Gendebien oder Eugenio Castellotti hingegen, die beide später Stars im Firmenteam wurden, nachdem jeder von ihnen ein halbes Dutzend Autos gekauft hatte, mußten stundenlang in dem kleinen Verschlag am Tor in Maranello ausharren, bevor sie gnädig vorgelassen wurden.

Ferrari kümmerte sich nun vor allem um den eilfertigen Lampredi, der sich ranhielt, um zu beweisen, daß er mit seinem neuen Motor richtig lag. Dadurch hatte der niedergeschlagene Colombo Zeit, aus seinem kleinen V12 einen zuverlässigen Motor für straßentaugliche Autos zu machen. (Im Firmenjargon wurde Colombos Version der »kurze« V12, Lampredis Motor die »lange« Version genannt.) Da die verhaßte Firma Maserati noch immer Werkzeugmaschinen vertreiben wollte, ihre kleinen Lieferwagen aber nicht gut gingen und ihre Rennautos stillgelegt waren, war Enzo Ferrari derzeit der König des Rennsports in Modena.

Während die Orsis in dieser Zeit Ärger mit ihren Arbeitern hatten, blieb es in Ferraris Fabrik ruhig. Ein damaliger Angestellter erinnert sich, daß der Boß »geizig, aber anständig« gewesen sei. Auch wenn das Geld sicher knapp war – vielleicht aber nicht so knapp, wie Ferrari stets klagte –, bekam die Belegschaft regelmäßig am Elften und am Zweiundzwanzigsten jedes Monats ihren Lohn. Da Ferrari selbst der Arbeiterklasse entstammte, blieb er seinen Mechanikern und Handwerkern stets eng verbunden, und oft hielten sie es länger bei ihm aus als seine Fahrer, Teammanager und die leitenden Mitarbeiter, von denen viele aus besseren Kreisen kamen.

Damals wurde auch ein schlaksiger junger Mann namens Romolo Tavoni als Sekretär für Ferrari eingestellt. Er sollte der Firma während der vielleicht stürmischsten Dekade in Ferraris Leben treu dienen und eine wichtige Rolle in der zunehmend komplizierter werdenden Firmenpolitik spielen, einer Firmenpolitik, die sich nicht immer ganz astreiner Methoden bediente, die aber der eigentliche Motor für Ferraris geschäftliches Engagement zu sein schien.

Anfangs kümmerte sich Tavoni um die Routinekorrespondenz und war beim Abfassen ausgeklügelter Pressemitteilungen behilflich. Seit langem schon verfolgte Ferrari besessen die vollmundige italienische Sportpresse, und jeden Morgen hielt er sich länger auf der Toilette auf, um die wichtigen Zeitungen nach Berichten und Kommentaren über die Firma durchzustöbern. Jeder Beitrag wurde rot angestrichen und für eine künftige Verwendung abgelegt – hauptsächlich um ihn einmal dem Schreiber wegen irgendwelcher angeblicher Verleumdungen um die Ohren zu hauen. Zumindest gab es dann versteckte Anspielungen in den genannten Pressemitteilungen und während der alljährlichen Pressekonferenzen, bei denen neue Produkte vorgestellt wurden. Im Laufe der Jahre nahmen Ferraris Kabbeleien mit der italienischen Presse immer mehr Zeit in Anspruch, zumal er sich zunehmend zum unschuldig verfolgten David stilisierte, der sich tapfer mit den journalistischen Philistern herumschlug.

Sein häusliches Leben war längst zur lustlosen Routine verkommen. Laura war eine reservierte, zynische Frau, die wegen ihrer finanziellen Beteiligung an dem Unternehmen eine Verbindung zu den Tagesgeschäften aufrechthielt, auch wenn sie keinen Fuß in die Werkstätten setzte, sondern nur gelegentlich in ihrem Garten hinter der Scuderia herumwerkelte oder die Straße davor fegte. Dino ging gern zur Schule, sofern es seine Gesundheit erlaubte. Sein Verhältnis zu seinem Vater war bestenfalls als widersprüchlich zu bezeichnen. Einige Mitarbeiter erinnern sich, daß Dino regelmäßig in der Fabrik aufgetaucht sei. Andere hingegen erklären, er sei die meiste Zeit allein gewesen und habe mit dem Betrieb nicht viel zu tun gehabt. Vermutlich liegt die Wahrheit in der Mitte.

Ferraris Temperamentsausbrüche machten zwar auch vor seinem Sohn nicht halt, aber dennoch stand für ihn fest, daß sein legitimer Erbe eines Tages das Unternehmen leiten würde; und wir haben allen Grund anzunehmen, daß sich Dino für Autos sehr interessierte. Aber Enzo Ferraris Triebfeder war der Ehrgeiz, nicht das Pflichtgefühl gegenüber seiner Familie, und darum muß man logischerweise unterstellen, daß er sich nur dann um das Kind kümmerte, wenn es ihm paßte. Außerdem suchte er sich immer wieder bei Lina Lardi und dem kleinen Piero im nahe gelegenen Castelvetro zu entspannen, und kurz nach Tavonis Einstellung bemerkte er gegenüber seinem Assistenten, daß »ein Mann immer zwei Frauen haben sollte«.

Er war sexbesessen. Wenn er mit seinen engsten Mitarbeitern zu Abend aß, wurde lang und breit über Frauen gesprochen. Ferrari brüstete sich mit seinen Eroberungen. »Für ihn waren Frauen nichts weiter als Objekte«, erinnert sich einer der damaligen Gesprächspartner. »Im Grunde machte er sich nichts aus ihnen. Sie hatten für ihn nur symbolische Bedeutung – er ging mit ihnen ins Bett, und dann waren sie abgehakt.« Mit Sicherheit war Ferrari alles andere als ein emanzipierter moderner Mann. Nun ist Italien ja nicht gerade eine Hochburg des Feminismus, und darum ist es auch kein Wunder, daß Ferrari – ein Mann des frühen 20. Jahrhunderts – zeitlebens eine ziemlich simplifizierende, hoffnungslos chauvinistische Einstellung gegenüber Frauen hatte. Einmal schrieb er: »Ganz offensichtlich sind die Frauen in allem überlegen, was die Ehe betrifft: Die Frau wählt ihren Partner, nicht umgekehrt. Tatsächlich kann jede Frau, die einigermaßen gut aussieht, mit mindestens drei Freiern rechnen. Wir Männer werden als potentielle Ehemänner in Betracht gezogen, sorgfältig unter die Lupe genommen, gewogen und vielleicht auserwählt. Wir bilden uns nur ein, daß wir um sie geworben und sie gewonnen hätten, während wir in Wirklichkeit nur Sklaven unserer Begierde sind, mit der die Frau perfekt gespielt hat.« Für Ferrari stand auch fest, daß Männer gegenüber Frauen aufgrund elementarer, hormongesteuerter Leidenschaften so verletzlich seien. Männer, notierte er, »sind zu allem fähig, und zwar einzig und allein, weil sie von ihrer Begierde dazu getrieben werden«. Und bei anderer Gelegenheit erklärte er: »Wenn ein Mann zu einer Frau sagt, daß er sie liebe, meint er nichts weiter, als daß er sie begehre. Das ist ebenso meine Überzeugung wie andererseits die, daß die einzig vollkommene Liebe auf dieser Welt die des Vaters zu seinem Sohn ist.« (Das schrieb er 1961, fünf Jahre nach Dinos Tod – und als es gerade drei Frauen in seinem Leben gab. Und selbst als er auf die Achtzig zuging, blieb er ein »Sklave der Begierde«.)

Was ihn freilich trotz aller Zerstreuungen, die er bei Frauen fand, am meisten beschäftigte, war das selbstgesteckte Ziel, wichtige Autorennen zu gewinnen. Lampredi arbeitete hermetisch abgeschirmt am »Druckluft«-V12. Zunächst war eine 3,3-Liter-Version geplant, während das eigentliche 4,5-Liter-Modell erst beim Großen Preis von Italien 1950 vorgestellt werden sollte. Colombo, der immer mürrischer wurde, weil er sich zunehmend desavouiert fühlte, arbeitete währenddessen an den Sportwagen. Geschäftlich gesehen waren sie für die Firma viel wichtiger als die Grand-Prix-Autos, doch für den Boß blieben sie nun einmal zweitrangige Mittel zu einem höheren Zweck.

Abgesehen von ein paar Formel-2-Rennen war das erste wichtige Ereignis für das Team im Frühjahr 1950 die Mille Miglia. Eine ganze Reihe von Ferraris nahm daran teil, allen voran Villoresi und Ascari in zwei Autos mit dem neuen 3,3-Liter-V12 von Lampredi. Das waren eindeutig die schnellsten Autos im Feld, aber beide fielen früh aus, als ihre Hinterachsen brachen – wieder einmal die alten Krankheiten der ersten Ferraris: Getriebeschaden und Achsbruch. Das Rennen gewann der Mailänder Textilerbe und Anwalt Giannino Marzotto auf einem Tipo 195S-Coupé mit dem Colombo-Motor. Dieser Sieg sollte in die Geschichte eingehen, weil der Sieger während des gesamten Rennens einen eleganten Zweireiher trug! Er war der älteste der drei Marzotto-Brüder, die nicht nur erstklassige Privatfahrer waren, sondern auch zu Ferraris besten Kunden zählten.

Nicht so gut erging es Ferrari in Le Mans. Bei Talbot hatte man sich über Chinettis Sieg im Vorjahr maßlos geärgert und darum für dieses Rennen zwei von den 4,5-Liter-Grand-Prix-Autos in Zweisitzer umgebaut – der Sieg war ein Kinderspiel. Louis Rosier verbesserte auch Chinettis Ausdauerrekord hinter dem Lenkrad, indem er bis auf zwei Runden das ganze 24-Stunden-Rennen am Steuer absolvierte. (Für dieses kurze Zwischenspiel hatte er den Wagen seinem Sohn Jean-Louis überlassen, bevor er sich wieder in die Schlacht stürzte.) Sommer gelang es immerhin, die Ehre des Teams zu retten, als er in einem Tipo 195S-Coupé einen Rundenrekord aufstellte, ehe er frühzeitig ausschied.

Aber all diese Sportwagenrennen waren zweitrangig angesichts der bevorstehenden Konfrontation mit Alfa Romeo im Grand-Prix-Zirkus. Die neuen Tipo 275 – mit kürzerem Radstand und verbesserter Hinterradaufhängung – gaben ihr Debüt in Spa, nachdem die gründlich überholten Alfa-158er die alten zweistufigen 1,5-Liter-Maschinen von Colombo in San Remo und Modena spielend geschlagen hatten. Mit seiner 240 km/h schnellen Bergabkurve durch das Dorf Burnenville und seiner Masta-Geraden, auf der Geschwindigkeiten über 300 km/h möglich sind, gilt Spa wie der Nürburgring als eine Rennstrecke, bei der das fahrerische Können auf eine harte Probe gestellt wird. Vor allem aber würde bei den langen Steigungen und Gefälleabschnitten die reine PS-Stärke dafür ausschlaggebend sein, wie der neue Lampredi-Motor gegen die vielgepriesenen Alfas abschneiden würde.

Leider nicht gut, wie sich herausstellen sollte. Der Wagen von Ascari hechelte verzweifelt hinter den davoneilenden Alfas her, und der Fahrer mußte schon sein ganzes Können aufbieten, um wenigstens einen fünften Platz herauszuholen. Aber Lampredi stand ja erst am Anfang. Ende Juli trat das Team beim Grand Prix des Nations von Genf mit einem 4,1-Liter-Tipo 340 an, der angeblich 310 PS und jede Menge Drehmoment leistete – und das gegen die Alfas, die es in ihrer 1950er-Version auf etwa 350 PS gebracht haben sollen. Villoresi hatte sich vor dem Rennen in einem Café beinahe auf eine schwarze Katze gesetzt, was den extrem abergläubischen Ascari ganz nervös machte (wozu er auch allen Grund haben sollte). Ascari fuhr exzellent und hielt sich als Zweiter hinter Fangio, ehe er wegen eines Kolbenfressers ausscheiden mußte. Gigi Villoresi geriet mit seinem älteren 3,3-Liter-Wagen sieben Runden vor Schluß auf einer Öllache ins Schleudern und raste in die Zuschauermenge. Es gab drei Tote und (mit ihm) zwanzig Verletzte. Der 41jährige Veteran brach sich den Oberschenkel und das Schlüsselbein und erlitt ernsthafte Kopfverletzungen, so daß er für Monate ausfiel.

Das letzte große Aufeinandertreffen des Jahres zwischen Alfa und dem Team aus Maranello fand im September beim Großen Preis von Italien statt. Ferrari stellte zwei voll entwickelte 4,5-Liter-Maschinen vor, eine mit Ascari, die andere mit dem langjährigen Fabriktestfahrer Dorino Serafini, der für Villoresi einsprang. Alfa Romeo hielt mit einem Trio tadellos eingestellter 158er dagegen, und zwar mit Farina und Fangio – die die erste Weltmeisterschaft unter sich austrugen – plus Luigi Fagioli und Piero Taruffi. Diesmal war Ascari in Bestform. Im Training hatte er nur eine Zehntelsekunde hinter Fangio gelegen – und damit kündigte sich eine Auseinandersetzung an, bei der die beiden Rivalen in den Grand-Prix-Rennen der kommenden fünf Jahre eine Klasse für sich bilden sollten.

Als die Autos auf die breite Hauptgerade von Monza hinausgerollt wurden und die gewaltige Zuschauermenge die Namen ihrer Favoriten in Sprechchören skandierte, war Lampredi von dem Druck, der in diesem Augenblick auf ihm lastete, so überwältigt, daß er in Gegenwart von Ferrari, Colombo, Bazzi und Teammanager Nello Ugolini in Ohnmacht fiel. Aber er hatte auch allen Grund, diesen Druck zu verspüren. Denn hier, vor den wie verrückt vor Begeisterung schreienden *tifosi*, vor der mit Argusaugen wachenden italienischen Rennsportpresse und vor den Großen und Prominenten aus der Welt der Automobile würde seine Überzeugung einem letzten Härtetest unterworfen werden – seine Überzeugung, daß ein Auto ohne Kompressionsmotor einen Kompressor der Marke abhängen konnte, die die Grand-Prix-Rennen seit den frühen zwanziger Jahren beherrscht hatte.

Ascari hatte einen schlechten Start, aber dann fuhr er ständig weiter nach vorn, bis er Farina, der die Weltmeisterschaft unbedingt vor seinem Rivalen und Teamgefährten Fangio gewinnen wollte, vom zweiten Platz verdrängte. Dann brach wieder einmal die Hinterachse, und Ascari war aus dem Rennen. Er ließ seinen Wagen an der Rennstrecke stehen und lief zu den Boxen zurück, wo er Serafinis Zwillingswagen übernahm, der an sechster Stelle dahinzockelte. Und dann begann eine furiose Aufholjagd hinter der ganzen Meute her, und am Ende fuhr Ascari hinter Farina als Zweiter durchs Ziel.

Nun war also der große Ferrari dem alten Alfa auf den Fersen, aber zunächst hielt die Glückssträhne der stolzen Firma aus Portello an. Sie hatte 1950 an elf Rennen teilgenommen und elfmal gewonnen. Alfa Romeo war außerdem bei sechs Großen Preisen Zweiter geworden und viermal Dritter. Und ihr seit vielen Jahren treu ergebener Fahrer Nino Farina hatte sich die Weltmeisterschaft geschnappt, um die er mit solcher Leidenschaft gekämpft hatte. Gewiß war die Überlegenheit der 158er und 159er von Alfa Romeo angekratzt, aber es sollte noch fast ein Jahr dauern, bis diese großartigen Autos – die zuerst in der bescheidenen Werkstatt der Scuderia gebaut worden waren – endgültig aus der Grand-Prix-Szene verschwinden würden.

Ende 1950 kehrte Colombo reumütig in seine Heimatstadt Mailand und in den Schoß von Alfa Romeo zurück und setzte alles daran, noch mehr aus der Maschine herauszuholen, die er vor dreizehn Jahren mitentwickelt hatte. Lampredi war nun der alleinige Chefkonstrukteur in Maranello und konzentrierte sich auf die Verbesserung der Formel-1-Autos, die nun zu den schönsten Hoffnungen berechtigten. Außerdem begann er damit, Colombos »kurzen« Sportwagenmotor in der Saugerversion zu erstellen.

Damals, während der Wintermonate des Jahres 1951, begann das aufsteigende Pferd seine Hufabdrücke in jedem zivilisierten Land des Globus zu hinterlassen. Bis dahin waren etwa siebzig in Handarbeit gefertigte Straßenautos und vielleicht ein Dutzend Formel-1- und Formel-2-Rennwagen ausgeliefert worden. Zu den Kunden zählten auch Aga Khan, Prinz Bernhard der Niederlande, König Leopold von Belgien und seine Frau, die Prinzessin Lilian de Réthy, Bao-Dai, der Kaiser von Annam, der Schah von Persien, Juan Perón, Kronprinz Faisal von Saudi-Arabien, die Familien Dulles und Du Pont und viele andere Prominente. Dank der großartigen Karosserien, die Elitefirmen wie Touring, Vignale und Ghia auf die Ferrari-Fahrgestelle montierten, und wegen der wunderbaren Spritzigkeit dieser Vollblutmaschinen hatten die Autos aus der frühen Produktion – die 195er und die 212 Inter, die 340er

Mexico und America und die 375er Mille Miglia – etwas unglaublich Faszinierendes, so daß im Vergleich dazu die Konkurrenten von Alfa Romeo, Jaguar, Aston Martin und Maserati beinahe plump aussahen. Enzo Ferrari war vielleicht wirklich nur daran interessiert, Formel-1-Rennen zu gewinnen, und hat darum womöglich die Straßenautos nur für eine Einnahmequelle gehalten, aber es waren vor allem diese Personenwagen, die mit ihrer aggressiven, beinahe raubtierhaft gefährlichen Anmutung das Zentrum des frühen Ferrari-Mythos verkörperten.

Von den vierzehn konzessionierten Handelsvertretungen in aller Welt besaß Chinetti allein zwei: an der 61st Street East, Nr. 252, in New York (eine von mehreren ziemlich kurzlebigen Adressen in Manhattan) und an der Avenue d'Iéna Nr. 65 in Paris. Außer Franco Cornacchias erster Mailänder Vertretung in der Via le Piave gab es noch Niederlassungen in London, Rom, Zürich, Algier, Casablanca, Melbourne, São Paulo, Oporto, Florenz (als Teil einer Studebaker-Vertretung) und Brüssel (hier teilte man sich die Räumlichkeiten mit dem belgischen Auslieferer von Nash). Diese Filialen waren zumeist so gut wie leer und »Händler« nur in dem Sinn, daß sie das Zeichen mit dem aufsteigenden Pferd auf die Fenster geklebt hatten. Autos konnten ganz speziell bestellt werden – sofern die Sterne günstig standen und die Auslieferung durch die ziemlich unprofessionelle Vertriebsabteilung in Modena veranlaßt werden konnte.

Während der Geschäftsbereich Personenwagen bestenfalls leger abgewickelt wurde, hatte Ferrari bis 1951 eine Reihe von starken und lukrativen Sponsoren gefunden, die sein Rennteam nicht nur mit Geld, sondern auch noch mit dringend gebrauchten Teilen und mit technischer Hilfe unterstützten. Die wichtigsten waren alte Partner wie Pirelli, Champion, Shell, Weber (Vergaser), Mondial (Kolben), Borrani (Räder), Kiklos (Kolbenringe), Abarth (Auspuffanlagen), Marelli (Zündanlagen), Livia (Ventile) und Houdaille (Stoßdämpfer); neu hinzugekommen waren Vandervell (Lager) und Bevretti Fabbri, die der Fabrik Gelenkkupplungen und Antriebswellen lieferten. Insgesamt waren 21 Hersteller mit der Scuderia als Lieferanten und Sponsoren verbunden.

Ferrari wartete mit Spannung auf das, was aus der Alfa-Romeo-Rennabteilung in Portello kommen würde. Er wußte, daß Colombo eifrig an der Verbesserung der Leistung und des Fahrverhaltens arbeitete, um die Gefahr zu bekämpfen, die von den neuen Ferraris ausging. Zur selben Zeit entwickelte Lampredi einen Zylinderkopf mit zwei Zündkerzen, der die Leistung des V12 auf 380 PS bei 7000 U/min verbesserte. Colombo konterte mit dem 159A, der 405 PS bei etwas über 10000 U/min herausholte. Aber die Kilometerleistung sank dabei auf unter 6,5 Kilometer bei zehn Liter Treibstoff. Also mußte der Tankinhalt auf über 280 Liter erhöht werden, und damit kam es zu einer unerwünschten Gewichtszunahme. Im Grunde waren beide Autos etwa gleichwertig, wobei der Alfa eine höhere Spitzengeschwindigkeit besaß, während der Ferrari besser aufs Gas ansprach und stärker aus langsamen Kurven heraus beschleunigte. Am größten war der Altersunterschied. Der Alfa hatte seinen Höhepunkt bereits hinter sich, man hatte im Grunde schon das letzte aus dieser veralteten Konstruktion herausgeholt. Der Ferrari hingegen war ganz neu und verfügte noch über ein starkes Potential. Wenn man sich die offenkundige Vitalität des Unternehmens Ferrari vor Augen hält, muß es ein Rätsel bleiben, warum es vier Jahre dauerte, bis man in der Lage war, es mit dem Alfa aufzunehmen.

Es ist jedenfalls eine Tatsache, daß Ferraris im Laufe der Zeit Erfolge oft nur durch schiere Quantität, nicht durch Qualität erzielt haben und daß zahlreiche Rennsiege gegen eine schwache Konkurrenz zustande kamen. Wenn man bedenkt, daß Ferrari zum Beispiel in Le Mans nur gewann, als wichtige Gegner wie Jaguar, Mercedes-Benz, Porsche und Ford nicht am Start waren, und daß alle möglichen anderen Grand-Prix-Teams mit schnelleren Autos ins Rennen gingen, dann hat der Konzern in Maranello seine Meisterschaften ebensosehr aufgrund seiner hartnäckigen und beständigen Beteiligung an Rennwettbewerben gewonnen wie aufgrund seiner technischen Überlegenheit.

1951 trat die britische Firma Jaguar beim 24-Stunden-Rennen in Le Mans mit schlanken Roadstern vom Typ C an, die von serienmäßigen Sechszylindermotoren mit doppelter Nockenwelle angetrieben wurden (die noch heute bei der XJ6-Limousine verwendet werden!). Jaguar wurde überlegener Sieger. Der beste Ferrari – mit Chinetti und Lucas am Steuer – kam erst als Achter durchs Ziel. Ein gewisser Trost war immerhin der überlegene Sieg bei der Mille Miglia, wo Villoresi mit seinem 4,1-Liter-Vignale-Coupé gegen eine Schar kleinerer, hoffnungslos veralteter und abgeschlagener Lancias, Alfas, OSCAs und Ferraris mit kleinerem Hubraum gewann. Die Siegesserie der Scuderia bei diesem gewaltigen Straßenrennen ist wirklich bemerkenswert, aber man darf dabei nicht vergessen, daß sie während der fünfziger Jahre nur viermal gegen eine wirklich erstklassige Konkurrenz antreten mußte: 1952 und 1955 gegen Mercedes-Benz, 1953 gegen Alfa Romeo und 1954 gegen Lancia. 1954 und 1955 wurden die Ferraris vernichtend geschlagen, während sie 1952 und 1953 jeweils nur einen knappen Sieg herausfuhren. Und bei allen vier Wettbewerben war das Team zahlenmäßig massiv überlegen, und zwar sowohl mit seinen Autos als auch mit seinen erfahrenen Fahrern.

Während der ersten Rennen der Saison 1951 lieferten sich die beiden Titanen des Grand-Prix-Rennsports, Alfa Romeo und Ferrari, denkbar knapp ausgehende Kämpfe. Dank Fangios blendendem Fahrstil riß die erstaunliche Siegesserie von Alfa nicht ab – bis zum zweiten Juniwochenende. Da versammelte sich der internationale Rennzirkus auf dem flachen, schnörkellosen Aerodrom von Silverstone zum Großen Preis von England. Neu im Ferrari-Team war ein gutmütiger, dicklicher argentinischer Landsmann von Fangio namens Froilan Gonzales. Die Renngemeinde nannte ihn »Pepe«, »Puma« oder »Stier der Pampa«.

Am 14. Juni 1951 fuhr Pepe Gonzales mit seinem ein Jahr alten 4,5-Liter-Tipo-375-Grand-Prix-Ferrari den ersten Weltmeisterschaftssieg gegen das komplett angetretene Alfa-Romeo-Team heraus. Als Ascari mit einem Getriebeschaden und Farina mit einer kaputten Kupplung ausgefallen waren, kämpften nur noch die beiden Argentinier Fangio und Gonzales um den Sieg für ihr jeweiliges Team. In den engen flachen Kurven des Kurses zahlte sich das überlegene Drehmoment des Ferraris aus, und Gonzales gewann mit fast einer Minute Vorsprung, während Villoresi noch Dritter wurde.

Für Ferrari war dies ein Augenblick von opernhaft pathetischer Bedeutsamkeit. Seit er von Alfa Romeo 1939 entlassen worden war, hatte er danach gelechzt, seinen Rivalen auszustechen, und diesen Augenblick des Triumphs feierte er mit seiner kitschigsten Prosa: »Ich weinte vor Glück. Aber in meine Freudentränen mischte sich auch Schmerz, denn mir kam der Gedanke, daß ich an diesem Tag meine Mutter umgebracht hatte.« Er setzte noch eins drauf, indem er unter anderem an den Chefkonstrukteur von Alfa Romeo telegrafierte: »Ich empfinde noch immer für unseren Alfa die jugendliche Zärtlichkeit der ersten Liebe.«

Ein derart blumiges Geschwätz ist nur schwer verdaulich, selbst wenn es von einem Schauspieler wie Ferrari aufgetischt wird. Dieses Gelaber, das aus einem Trivialroman stammen könnte, ist doppelt absurd, wenn man bedenkt, daß Enzo Ferrari schon seit fünf Jahren nur noch danach trachtete, die Autos seiner alten Firma im Rennen zu schlagen. Vielleicht hatte er ja wirklich »seine Mutter umgebracht«, wie er es so melodramatisch formulierte – aber erst nachdem er ein halbes Jahrzehnt lang gnadenlos auf sie eingeprügelt hatte.

Aber dann stellte sich heraus, daß die alte Dame noch immer ein wenig Leben in ihren müden Knochen hatte. Ascari siegte zwar noch einmal für Ferrari beim Großen Preis von Deutschland, und beim wichtigen Großen Preis von Italien fuhr er mit Gonzales sogar einen Doppelsieg heraus, aber im letzten Rennen der Saison bei Barcelona hatte Fangio die Nase vorn und sicherte sich damit den ersten seiner fünf Weltmeistertitel. Das Ferrari-Team setzte bei diesem Rennen kleinere Sechzehn-Zoll-Räder ein, um mehr Beschleunigung herauszuholen und so mit den Alfas mitzuhalten, auch wenn dabei die Reifen heißliefen. Colombo wiederum hatte die Aufhängung des 159A für die rauhere Rennstrecke weicher gefedert und damit seinem Team zu einem triumphalen Saisonende verholfen wie auch seinen persönlichen Rachedurst gestillt. Gonzales wurde mit Mühe und in großem Abstand hinter seinem Landsmann Zweiter, total frustriert wegen der Reifenprobleme. Harte Worte fielen zwischen Ferrari und den Pirelli-Leuten, wobei jeder dem andern die Schuld an diesem Debakel zu geben suchte. Der meisterhafte Konstrukteur Franco Rocchi, der gerade zu Ferrari gekommen war (und drei Jahrzehnte bei ihm bleiben sollte), erinnert sich, daß die Auseinandersetzung zwischen Ferrari und Pirelli nach Barcelona viel erbitterter war, als es Außenstehende mitbekamen, und eine Beziehung zerstörte, die über zwanzig Jahre bestanden hatte.

Man war allgemein davon ausgegangen, daß Alfa in der kommenden Saison den von Ricart konstruierten 512er mit Mittelmotor wieder ausgraben würde, aber der Trend war klar. Lampredis 4,5-Liter-»Druckluft«motor mit seinem gewaltigen Drehmoment und seiner ausgezeichneten Kilometerleistung hatte, zumindest nach dem derzeitigen Stand der Technik, die Kompressorentriebwerke in der Formel 1 aus dem Feld geschlagen. Nach dem Großen Preis von Spanien verkündete Alfa Romeo, daß es den überzüchteten und unterkapitalisierten 159er aus dem internationalen Wettkampfsport zurückziehen würde. Damit war das Feld frei für die Scuderia Ferrari. Da gab es zwar noch ein paar schwache Konkurrenten aus England (darunter auch den unbegreiflich komplizierten V16-BRM), und auch Maserati schien dabei zu sein, ein Comeback im Rennsport vorzubereiten, aber die Lage war doch noch ziemlich verworren. Logischerweise also war niemand in Sicht, der es mit den Tipo 375 und ihrem Kontingent von meisterhaften Fahrern aufnehmen konnte. Nach fünf Jahren mit eher mittelmäßigen Ergebnissen war Enzo Ferrari unversehens der einsame König des Rennsports.

[Siehe auch Anmerkungen zum 11. Kapitel, S. 437.]

12

Sein Traum schien wahr zu werden. Seit der erste primitive Tipo 125 auf die Via Abetone hinausgerollt war, hatte Enzo Ferrari davon geträumt, eines Tages ein »großer Konstrukteur« zu werden, wie er es nannte – der klassische Hersteller kompletter Rennautos und von Hochleistungsstraßenautos für eine ausgesuchte Eliteklientel. In der Geschichte des Automobils hatten diesen hohen Status nur ein paar Männer erreicht: allen voran Ettore Bugatti, der Engländer W. O. Bentley und die amerikanischen Brüder Duesenberg. Ferdinand Porsche und sein Sohn Ferry versuchten, mit ihrem bescheidenen Stuttgarter Betrieb in diesen elitären Kreis zu gelangen, aber es sollte noch Jahre dauern, bis sich ihre kleinen, auf dem Volkswagen basierenden Sportwagen Geltung verschafften. Die noch lebenden Maserati-Brüder schlugen sich in Bologna mit ihrer neuen Firma OSCA herum, aber es hatte sich schon seit langem herausgestellt, daß ihnen der Geschäftssinn fehlte, ohne den es auch keinen Erfolg gab. Die Orsis gaben sich noch immer ihrer Vision hin, der längst ausgeschlachteten Firma Maserati wieder zur einstigen Größe zu verhelfen, aber sie verzettelten sich zwischen industriell gefertigten Werkzeugen und einem begrenzten Angebot an rassigen Autos.

Die jüngste Kapitulation von Alfa Romeo wirkte sich verheerend auf den Rennsport aus. Das Feld der Formel 1 war praktisch einem einzigen Team überlassen: der Scuderia Ferrari. In Italien gab es keine ernst zu nehmenden Konkurrenten mehr. Der französische Rennstall Talbot-Lago hatte inzwischen erhebliche finanzielle Probleme und war auf einen Vorkriegsfuhrpark angewiesen, der gegen die starken Ferrari 375 nicht die geringste Chance hatte. Amédé Gordini, der wieselige Franzose italienischer Abstammung, war gerade dabei, ein Team mit leichtgewichtigen 1,5-Liter-Autos zusammenzustellen, aber aufgrund chronischen Kapitalmangels waren diese Autos zwar schnell, doch unzuverlässig. Das britische BRM-Programm hatte zwar ein großes Potential, war aber verheerend schlecht organisiert und offenbar noch nicht in der Lage, ernsthaft ins Formel-1-Geschehen einzugreifen. Ein paar kleine englische und deutsche Hersteller schwelgten zwar schon in Träumen vom künftigen sportlichen Ruhm, aber das war auch schon alles. Nach dem Rückzug von Alfa Romeo hatte Enzo Ferrari also freie Bahn für die gesamte Saison 1952.

Die FIA traf eine rasche Entscheidung: Weil es in der Formel 1 nicht genügend Wettbewerbsteilnehmer gab, sollte die Weltmeisterschaft von 1952 auf Formel-2-Autos ausgetragen werden – mit diesen Zweiliter-Maschinen ohne Kompressor also, die in einer Klasse für sich weniger bedeutende Rennen in Europa austrugen. Ferrari war natürlich hocherfreut über diese Neuigkeit. Seine Zweiliter-Formel-2-Autos hatten in den letzten paar Jahren die Konkurrenz beherrscht, außerdem hatte Lampredi bereits einen neuen Motor auf dem Prüfstand. Dieser Motor würde die Idee der Einfachheit und Zuverlässigkeit, von der der Konstrukteur geradezu besessen war, konsequent umsetzen: ein Vierzylinder-Reihenmotor mit doppelter Nockenwelle, der in seiner Art – wenn auch nicht direkt in seiner Konstruktion – dem starken Vierzylindermotor glich, den Harry Miller konstruiert und später Fred Offenhauser gebaut hatte und der die 500 Meilen von Indianapolis seit den frühen dreißiger Jahren beherrscht hatte (mit einer bemerkenswerten Ausnahme: dem doppelten Triumph von Maserati in den Jahren 1939 und 1940, den Ferrari aus dem Gedächtnis streichen wollte).

Als das Jahr 1952 begann, konzentrierte sich die auf vollen Touren laufende Fabrik vor allem auf den Bau der neuen Rennwagenserie Tipo 500 und von mehr Straßenfahrzeugen, die sowohl mit dem großen V12 von Lampredi wie mit dem kleineren Colombo-Motor angeboten wurden. Darüber hinaus sollte ein kühnes Vorhaben dem Ferrari-Mythos jenseits des Atlantiks auf spektakuläre Weise eine breitere Öffentlichkeit verschaffen. Luigi Chinetti hatte sich nun in größeren Geschäftsräumen an der West 54th Street von Manhattan fest etabliert und Ferrari davon überzeugt, daß sie unbedingt in Indianapolis antreten müßten, wenn sie den amerikanischen Markt für Hochleistungssportwagen erobern wollten. Dieses Projekt war aus verschiedenen Gründen sinnvoll. Der »lange« 4,5-Liter-V12 konnte bei europäischen Wettbewerben nicht eingesetzt, aber leicht für Indianapolis umgerüstet werden. Ferrari fand zudem Gefallen an der Vorstellung, dieses berühmte Rennen zu gewinnen und damit den Maseratis die einzigartige Ehre eines italienischen Triumphs wegzuschnappen. Es war bekannt, daß die amerikanischen Organisatoren gern europäische Teilnehmer zuließen, und Chinetti versicherte ihm, es würde wie geschmiert laufen. Ein speziell konstruiertes Auto wurde für Alberto Ascari bestellt. Chinetti hatte geglaubt, als einziger einen Ferrari gemeldet zu haben. Aber dann stellte sich heraus, daß Ferrari Bestellungen für drei weitere Autos entgegengenommen hatte, und zwar für den wohlhabenden kalifornischen Ölmagnaten Howard Keck, den Privatfahrer Johnny Mauro aus Colorado und die Grant Piston Ring Company. Chinetti war wütend darüber, daß ihm durch diese drei Eindringlinge die Schau gestohlen werden sollte, aber angesichts dieses seiner Meinung nach offenkundigen Verrats war er hilflos. Allerdings stellte sich heraus, daß dieses Trio von Privatautos zu langsam war und sich nicht für das 500-Meilen-Rennen qualifizieren konnte.

Das Indianapolis-Abenteuer erwies sich als Fiasko. Ascari hatte sich gerade noch für das Starterfeld qualifizieren können, nachdem Lampredi in letzter Minute herübergeflogen war und ein Spezialeinstellgerät für Krümmer und Vergaser mitgebracht hatte. In der Anfangsphase des Rennens brach dann ein Speichenrad (die Amerikaner verwendeten bereits die stärkeren und leichteren Magnesiumräder, die Ferrari noch ein ganzes Jahrzehnt lang ablehnte), und damit schied auch Ascari aus, der bis dahin chancenlos an siebter Stelle gelegen hatte. Das Team kehrte nach Italien zurück und kündigte ein Comeback an, wozu es allerdings nie kam. Nino Farina unternahm mehrere vergebliche Anläufe mit Autos, die von einem Ferrari-Motor angetrieben wurden, und Ferrari hat offen zugegeben, zeitlebens darüber enttäuscht gewesen zu sein, daß er nie in Indianapolis gewonnen habe.

Während sich Alfa Romeo als sein Hauptrivale zurückgezogen hatte, war Mercedes-Benz, der gefürchtete Gegner aus dem Norden, wieder in den Rennzirkus zurückgekehrt. Die Muttergesellschaft Daimler-Benz AG hatte die Kriegsschäden inzwischen beseitigt und nicht nur damit begonnen, elegante Personenwagen und Lastwagen zu bauen, sondern auch einen herrlichen neuen Sportwagen – ein ganz neuartiges »Flügeltüren«-Coupé, dessen Türen sich wie die Schwingen eines Vogels nach oben öffneten. Diese 300SL-Coupés nahmen 1952 an allen wichtigen Sportwagenrennen teil, auch an der Mille Miglia. Sie wurden von einem Drei-Liter-Sechszylinder-Reihenmotor mit einer obenliegenden Nockenwelle angetrieben, der für die Luxuslimousinen der 300er-Serie entwikkelt worden war. Bei ihrem ersten Rennen, der Mille Miglia von 1952, forderten sie Ferrari auf heimischem Geläuf direkt heraus. Das Team wurde von den Vorkriegsassen Rudolf Caracciola und Hermann Lang angeführt, dazu gesellte sich noch der Sportwagenprofi Karl Kling. Da Ascari in Indianapolis war, schickte Ferrari den abgehärteten, grauhaarigen Piero Taruffi ins Rennen, um die Ehre der Marke aus Maranello mit einem neuen 4,1-Liter-America-Roadster vom Typ 340 (Karosserie: Vignale) zu verteidigen. Unterstützt wurde Taruffi von den Marzotto-Brüdern Giannino, Paolo und Vittorio sowie von dem spektakulären, aber unberechenbaren Giovanni Bracco auf einem privat gemeldeten 250S-Vignale-Coupé.

Wie viele italienische Sportfahrer aus gutem Hause fühlte sich auch Bracco bei der Mille Miglia in seinem Element – hier konnten elegante Amateure wie er es mit der Grand-Prix-Elite aufnehmen. Im Vorjahr war er auf einem eher kleinen Lancia-Aurelia-B20-Coupé Zweiter geworden, zusammen mit dem jungen Umberto Maglioli (der später als Fahrer vom Ferrari-Team unter Vertrag genommen wurde) als Bordmechaniker und Copilot. Die Aurelia mit ihrem Zweilitermotor war etwa halb so groß wie Villoresis siegreicher Ferrari, aber sie ließ sich auf den Gebirgspässen tadellos fahren – und Bracco fuhr wie ein Verrückter. Maglioli hat sich später noch immer ganz schockiert daran erinnert, wie er während dieser dreizehn Stunden dauernden Tortur für Bracco nicht weniger als 140 Zigaretten angezündet hatte.

1952 stellte Bracco erneut seine Kühnheit unter Beweis. Klings Mercedes-Benz funktionierte tadellos, und obwohl Bracco sein Bestes gab, schien der Deutsche einem sicheren Sieg entgegenzufahren. Dann wurden bei einem letzten Stopp auf Braccos Ferrari auch noch die falschen Reifen aufgezogen, wodurch er noch mehr zurückgeworfen wurde. Aber so schnell gab sich der wilde Mann aus Biella nicht geschlagen. Während ihm sein Copilot Alfonso

Rolfo wieder eine Zigarette nach der anderen anzündete und er sich hin und wieder mit einem kräftigen Schluck Grappa stärkte, schoß Bracco bei strömendem Regen über den Futa- und den Raticosa-Paß und schlug Kling um mehr als vier Minuten. Es war eine phantastische Fahrt, und tagelang feierten die Italiener diesen Sieg über die verhaßten Deutschen. Ihr Jubel war allerdings nur von kurzer Dauer. Einen Monat später nämlich erzielten die deutschen Silberpfeile in Le Mans einen Doppelsieg, während der beste Ferrari nur auf den fünften Platz kam.

Vielleicht hat jener Sieg der Scuderia mehr geschadet als genutzt. Bracco hatte nämlich mit Michelin ein Abkommen getroffen, die Mille Miglia mit den Reifen des französischen Herstellers zu fahren, wohingegen alle Firmenwagen mit Reifen des alten Sponsors Pirelli ausgestattet waren. Da man sich bei Pirelli schon vorher auf einen Sieg eingestellt hatte, war von der Werbeabteilung eine eigene Kampagne für diesen Augenblick des Triumphs vorbereitet worden. Daß Bracco zu Michelin übergelaufen war, sorgte für erheblichen internen Wirbel und trübte nachhaltig die Beziehung zu Ferrari.

Doch glücklicherweise wurde das Jahr 1952 zur triumphalsten Grand-Prix-Saison für den Commendatore (diesen Titel benutzte er zwar nicht mehr, aber inoffiziell wurde er fast sein ganzes Leben lang so genannt). Alberto Ascari, mit 35 Jahren auf der Höhe seines beachtlichen Könnens, führte die Scuderia von Sieg zu Sieg über die schwache Konkurrenz. Das Team hatte Verstärkung bekommen: Farina war von Alfa Romeo übergewechselt, von Maserati der alte Freund Nello Ugolino, dem man wegen seines genialen Organisationstalents bei Rennen den Spitznamen »Maestro« gegeben hatte. Beim Großen Preis von Monza im Juni fiel ihr Hauptgegner aus, als Fangio in seinem erneuerten Maserati A6GCM einen bösen Unfall hatte und schwer verletzt wurde. Am Vortag war er noch für das BRM-Team bei Dundrod in Ulster gefahren. Dann war er nach Paris geflogen, wo er bei Nebel landete und sich einen Wagen lieh, quer durch Frankreich und über die Alpenpässe raste und nur ein paar Stunden vor dem Start in Monza eintraf. Da er nicht am Training teilgenommen hatte, wurde der übernächtigte und gereizte große Argentinier am Ende des Startfeldes plaziert. Als die Flagge fiel, begann Fangio sofort mit seiner Aufholjagd quer durch das Feld. Aber in der zweiten Runde verlor er in den gefürchteten Lesmo-Kurven die Kontrolle über sein Auto und wurde in die Bäume am Rande des Rundkurses geschleudert. Er verletzte sich die Wirbelsäule, war mehrere Tage ohne Bewußtsein und mußte fünf Monate im Krankenhaus verbringen. So fiel durch dieses schreckliche Unglück der einzige Fahrer aus, der Ascari und den Ferraris stets hätte gefährlich werden können.

Da Fangio fehlte und die Maseratis gerade erst wieder durch Colombo gründlich überholt wurden, der nach dem Rückzug von Alfa aus dem Rennsport nach Modena zurückgekehrt war, beherrschte Ascari die Saison in noch nie dagewesener Manier. Er gewann elf von den siebzehn Grand-Prix-Rennen, an denen das Team teilnahm. Fünf weitere wurden von Villoresi und Taruffi gewonnen. Damit gewannen Lampredis einfach und sauber konzipierte kleine Tipo 500 sechzehn von den siebzehn Rennen, an denen sie 1952 teilnahmen. Die einzige Niederlage brachte ihnen in Reims ein Jean Behra in Bestform bei, und zwar auf einem in Frankreich gebauten Gordini, dessen Motor angeblich nicht dem Reglement entsprach.

In dieser Zeit erlebte Enzo Ferrari einen gewaltigen Aufschwung, und zwar sowohl im Hinblick auf die Auftragslage seiner Fabrik wie von seinem Prestige her. Für seine geschäftlichen Erfolge wurde er mit dem Titel Cavaliere de Lavoro Merito della Repubblica geehrt. Ferrari benutzte diesen Titel niemals in der Öffentlichkeit, aber im Innersten war er natürlich stolz über diese Anerkennung und fühlte sich fortan dank dieser Anrede einem exklusiven Kreis zugehörig. Und mit Sicherheit war dieser zweiten Ehrung mehr Bedeutung beizumessen als dem Titel, den er vor fast drei Jahrzehnten in Pescara verliehen bekommen hatte. Durch Ascaris triumphale Siege waren Ferrari und sein Team so etwas wie nationale Superstars geworden. Die Überlegenheit der Autos mit dem *cavallino rampante* machte sie auf drei Kontinenten zu Prestigeobjekten. Wenn es um Startgelder ging, stellte der raffinierte Ferrari, der immerhin schon seit drei Jahrzehnten mit Rennorganisatoren verhandelte, den Veranstaltern in Europa wie in Nord- und Südamerika harte Forderungen. Dank Chinetti und einer Gruppe von reichen, begeisterten Sportfahrern – allen voran Jim Kimberley, Temple Buell, John Edgar und der ernsthafte, begabte junge Südkalifornier Phil Hill – fand der Ferrari-Mythos in den Vereinigten Staaten immer größere Verbreitung. Hill war ein überragender Wettkämpfer, der über eine einzigartige Intelligenz verfügte. Seine Erfolge mit den Autos aus Maranello sollten Dutzende von Verkäufen initiieren und ein amerikanisches Ferrari-Fieber auslösen, das bis heute unvermindert anhält.

Doch für den Provinzler Ferrari bedeutete der nordamerikanische Markt relativ wenig. Trotz seiner Rennsiege und der Indianapolis-Kampagne blieb Chinetti so etwas wie ein Außenseiter, der dazu verbannt war, Autos in einem fremden Land zu verkaufen, und weitgehend von der Tagespolitik der Fabrik abgekoppelt war. Jede Verhandlung artete zu einem endlosen Gerangel aus, zu einem Kampf um Zahlen, mit gebrochenen Versprechen und enttäuschtem Vertrauen. Ein typisches Beispiel: 1952 war Chinetti nach Maranello gekommen, um zwei neue V12-340-Mexiko-Coupés in Empfang zu nehmen. Sie sollten beim mexikanischen Straßenrennen, der berühmten Carrera Panamericana de México, gemeldet werden – einer für ihn selbst und seinen Copiloten Jean Lucas, der andere für Bill Spear, einen rundlichen und bebrillten, aber überaus ehrgeizigen amerikanischen Sportfahrer. Im Vorjahr hatte er zusammen mit dem italienischen Rennveteranen Piero Taruffi das kurvenreiche und ungemein schnelle, über dreitausend Kilometer lange offene Straßenrennen gewonnen, das von der Grenze zu Guatemala bis nach Texas ging. Dies war der erste Sieg von internationalem Rang für Ferrari in Nordamerika gewesen, und danach hatten die Verkäufe kräftig angezogen. Chinetti war also nach Italien gekommen, um die beiden neuen Mexiko-Modelle abzuholen, und hoffte natürlich, seinen Sieg wiederholen und ihre Chancen auf dem US-Markt verbessern zu können. Ferrari war begeistert. Aber nur bis zu einem gewissen Punkt.

Denn da war die noch nicht bezahlte Rechnung über 2200 Dollar. Soviel kosteten nämlich die beiden Autos, und Ferrari wollte sie erst herausrücken, wenn sie bezahlt worden waren. Aber das sei doch nun wirklich eine Kleinigkeit für den Exklusivvertreter der Firma in Amerika, hatte Chinetti erwidert... Natürlich könne man darüber hinwegsehen, konterte Ferrari, zumindest wenn der Betrag in ein paar Tagen telegrafisch überwiesen worden sei. Mit Sicherheit würde man sich doch unter alten Freunden verständigen... Die Auseinandersetzung wurde immer lauter. Chinetti war im Begriff, zu seinem Hotel in Modena zurückzufahren. Er wollte alles Nötige für den Transport mit dem nächsten Schiff nach Mexiko veranlassen. Die Zeit drängte. Er brauchte die Autos unbedingt. Das Geld würde schon kommen, brüllte er. »Vertrau mir einfach und gib mir endlich die verdammten Autos!«

Damit war alles gelaufen. Ferrari richtete sich zu seiner vollen Größe auf, und seine hohe römische Nase sprang wie ein Schnabel vor. Er schwenkte seinen Arm, als wolle er eine Kavallerie in die Schlacht schicken. Instinktiv trat Chinetti vor diesem imposanten, rotgesichtigen Prokonsul zurück und stand plötzlich am Rande der Via Abetone. Ferraris tiefe, dramatische Stimme donnerte über den kleinen Fabrikhof. »Schließt das Tor!« schrie er. Ein Wächter in zerknitterter Uniform sprang vor und knallte das Eisentor dem verblüfften Chinetti vor der Nase zu. Enzo Ferrari hatte gesprochen. Und die beiden Autos wurden erst dann ausgeliefert, als der Scheck eingegangen und von der Bank gutgeschrieben worden war.

Modena wurde eine Art Mekka für Hochleistungsautomobile. Zusätzlich zu den beiden Kraftzentren Ferrari und Maserati hatte sich in der Stadt eine ganze Zulieferungsindustrie angesiedelt, die, wie es Enzo Ferrari beschrieb, aus einer »Rennpsychose« ihre Dynamik bezog. Inzwischen diente das klobige, braune Gebäude am Viale Trento e Trieste als Kundendienst- und Auslieferungszentrum für Personen- und Rennwagen, aber noch immer wohnte hier auch die Familie. Um die Ecke, jenseits des Largo Garibaldi, befand sich das Albergo Real. Diese – von einer ehemaligen Bordellwirtin geleitete – Herberge lag an der Via Emilia ein paar Blocks vom Grand Hotel entfernt, der anderen anständigen Unterkunft in der Stadt. Das waren die beiden Hauptquartiere für das endlose Gefolge von ehrgeizigen Fahrern, Konstrukteuren, Phantasten, Parvenüs und reichen Sportfreunden, die sich danach drängten, ihr Geld loszuwerden, wenn sie dafür nur einmal kurz im Rampenlicht stehen durften. Hier versammelten sich ganze Scharen von Autohändlern, Verkäufern, Wichtigtuern, Rennveranstaltern, Scharlatanen, Schwindlern, Journalisten und Romantikern aller Art, die vom Sirenengesang der Ferrari V12er und vom kehligen Grummeln der Sechszylinder-Maseratis nach Modena gelockt worden waren.

Ein Stammgast in Modena war Alejandro De Tomaso, ein argentinischer Fan und Gelegenheitsrennfahrer, der einem wilden Gerücht zufolge nach Italien geflohen war, nachdem er als guter Patriot versucht hatte, Peróns Palast mit einer Bombe in die Luft zu jagen. In Modena lernte De Tomaso eine amerikanische Erbin namens Isabelle Haskell kennen, die sich eine Zeitlang einbildete, eine Rennfahrerin zu sein, und die eine gute Kundin bei Ferrari war. Nach ihrer Heirat errichtete De Tomaso 1965, mit dem enormen Vermögen seiner Frau als Startkapital, seine eigene Autofirma in Modena, und zehn Jahre später übernahm er die heruntergewirtschaftete Firma Maserati. De Tomaso war nur einer aus dem endlosen Reigen schillernder Gestalten, die in den fünfziger Jahren immer wieder im Albergo Real und im Grand Hotel abstiegen.

Diese Gäste trugen meist das obligate Outfit der sportlichen fünfziger Jahre: Pullover von Lacoste, legere Hosen, Slipper von Gucci, Rolex-Uhren. Ihre auffallenden Gefährtinnen führten die Erzeugnisse von Pucci und Gucci vor, zwei exemplarischen Vorkämpfern der spektakulären italienischen Nachkriegs-Moderevolution. Diese aufstrebenden Schrittmacher des internationalen Styling waren als Bittsteller zum hochherrschaftlichen Cavaliere Ferrari gepilgert, der – welch ein Kontrast! – in Modedingen der letzte Hinterwäldler der Alten Welt blieb. Er trug immer ein weißes Hemd mit einer gedeckten Krawatte, Hosenträger und einen grauen oder braunen Anzug, in dessen Revers eine Nadel mit einem kleinen aufsteigenden Pferd steckte. Die teure Schweizer Uhr an seinem Handgelenk wies ebenfalls ein kleines aufsteigendes Pferd auf dem Zifferblatt auf. An kalten Tagen trug er einen abgewetzten dunkelroten Wollmantel und einen speckigen grauen Filzhut. Das stets perfekt gepflegte eisgraue Haar war an den Seiten kurzgeschnitten und nach traditioneller Art glatt zurückgekämmt. Die einzige Abweichung von der Kleiderordnung eines alten Modeneser *padrone*, die sich Ferrari gelegentlich gestattete, bestand in einem gelben Unterziehpullover und einem blauen Jackett (das waren die Farben der Stadt und ihrer Fußballmannschaft). So kleidete er sich bei öffentlichen Auftritten, wenn er ein neues Automodell vorstellen wollte. Ansonsten war dieser Mann, der inzwischen so fest verwurzelt war, daß er in den letzten vierzig Jahren seines Lebens nirgendwo anders als in seinem eigenen Bett schlief, nicht von den tausend anderen älteren Mitbürgern zu unterscheiden, die den Largo Garibaldi auf ihren täglichen Runden bevölkerten.

Alles in allem also kontrastierte sein persönlicher Stil aufs extremste mit den Autos, die er schuf. Sie waren auffällig, hochgestylt, kühn, arrogant, ausgesprochen maßlos – er dagegen war grau und schlicht, ein halber Mönch. In vielerlei Hinsicht war Ferrari ein Couturier von Autos, aber anders als sein Vorbild und Vorgänger Ettore Bugatti, der Eleganz und künstlerischen Schwung ausstrahlte, anders auch als Modekünstler wie Coco Chanel oder

Christian Dior, blieb Ferrari ein einfacher Mann mit einem einfachen Geschmack. In seinen Automobilen schien sein starkes Ego eine Verwandlung zu erleben und künstlerischen Ausdruck zu finden, aber als Persönlichkeit war er bis zur Manie zurückhaltend und introvertiert.

Während sich seine Welt immer mehr auf die schmale Straße zwischen seiner Wohnung und der Fabrik in Maranello verengte, wurde Ferraris Haß auf die Orsis und ihre Maseratis immer größer. Eigentlich wurde sein Reich inzwischen eher vom fernen Stuttgart aus bedroht, ja selbst von England aus, wo sein einstiger Freund Vandervell ein beeindruckendes Team schuf, aber hinter den Fensterläden seiner Wohnung hallte nur das unverschämte Brummen der Sechszylinder-Maseratis wider. Nun drangen ihre Urschreie sogar aus der waldigen Umgebung im Westen herüber. Am Rande der Stadt war das Autodrom von Modena eröffnet worden. Ein kurzer, gefährlicher, von Hecken gesäumter, etwa rechteckiger Rundkurs war um das riesige Areal errichtet worden, auf dem sich auch eine Landepiste für kleinere Flugzeuge und mehrere Fußballplätze befanden. Ferrari wie Maserati benutzten das Autodrom für ausgiebige Testfahrten, auch wenn einzelne Streckenabschnitte auf öffentlichen Straßen wie der Via Abetone und der Autostrada del Sol noch immer für Hochgeschwindigkeitstests genutzt wurden.

In dieser turbulenten Zeit, da starke, unglaublich laute Automobile über Italiens Straßen rasten, entstand das moderne Mysterium des rasanten Fahrens. Während romantische Hitzköpfe wie Bracco und Villoresi, Farina, Taruffi und Ascari immer wieder um Kurven schlitterten und hinter den Edelholzlenkrädern ihrer bombastischen roten Maschinen durch Dörfer donnerten, befand sich ganz Italien in einem Geschwindigkeitsrausch.

Aber auch in Modena gab es strenge, humorlose Leute, die etwas gegen diese hysterische Begeisterung für schnelle Autos hatten. Es waren die italienischen Kommunisten, die einen entscheidenden Faktor in der politischen Struktur des Landes darstellten, denn nach dem Krieg hatte es in Norditalien einen deutlichen Linksruck gegeben. Typisch für die politische Zusammensetzung des italienischen Gemeinwesens war ein dramatischer Auftritt von Ferrari vor den Ratsmitgliedern von Modena. Es ging um einen Affront, der ihm vor langer Zeit angetan worden war. Ferrari wußte, daß der als Opportunist zum Kommunismus konvertierte Bürgermeister in den dreißiger Jahren ein begeisterter Faschist gewesen war. Darum erschien Ferrari auf einer Ratsversammlung in einem schwarzen Hemd, dem verhaßten Symbol von Mussolinis Schlägertrupps. Mit großer Geste riß er sich das Kleidungsstück vom Leib, schleuderte es dem Bürgermeister vor die Füße und schrie: »Das hast du lange vor mir getragen!« Seitdem hatte der Modeneser Bürger Ferrari, dessen Unternehmen inzwischen ein bedeutender Wirtschaftsfaktor im Gemeinwesen war, kaum noch Probleme mit seiner Heimatgemeinde.

Andererseits gab es immer häufiger Auseinandersetzungen mit den Gewerkschaften, als Ferraris Geschäfte florierten. Es kam zu Streiks, die sich aber oft auf lautstarke Rededuelle beschränkten oder auf symbolische Ausstände, die nur ein paar Stunden dauerten. Wenn man bedenkt, welch impulsive Persönlichkeit Ferrari war und wie aggressiv italienische Arbeiterführer sein konnten (und viele erinnerten sich noch daran, was für ein Kriegsgewinnler Ferrari gewesen war), dann spricht es nur für seine Führungsqualitäten, daß es bei ihm nicht häufiger zu Streiks kam oder diese nicht gewalttätiger verliefen.

Doch bei aller Berühmtheit, trotz der Rennsiege und der wachsenden Verkaufszahlen war das Unternehmen (offizieller Name: Auto Costruzione Ferrari) so miserabel organisiert wie eine der schmuddeligen Werkstattklitschen, die es inzwischen überall in der Stadt gab. Das Geld blieb knapp, und Ferrari war ständig mit Bankiers, unabhängigen Finanziers und wohlhabenden Kunden zusammen, um den Betrieb am Laufen zu halten. Mit den Umsätzen stiegen natürlich auch die Kosten, und obwohl er in den fünfziger Jahren wegen seiner Autos weltberühmt wurde, hatte er nicht viel Geld auf der Bank. Das führte dann zu chaotischen – und oft ziemlich verrückten – Geschäftspraktiken.

So bestellte zum Beispiel der vermögende Franzose Jacques Goddet, Verleger der millionenfach aufgelegten, wöchentlich erscheinenden Sportzeitung *L'Equipe*, ein kleines 212-Inter-Coupé für seine Frau. Er wollte es ihr zum Geburtstag schenken, und darum sollte es ganz in ihrer Lieblingsfarbe Blau gehalten sein – von der Pinin-Farina-Karosserie über die Ledersitze bis zu dem handgefertigten Florentiner Reisegepäck für den Kofferraum. Goddet bezahlte im voraus, und dann wurde die exotische Maschine zusammengebaut. Nach einigen Monaten wurde das Auto von der Turiner Karosseriefirma Pinin Farina wieder nach Modena gebracht, damit in der alten Scuderia-Werkstatt letzte Hand angelegt werden konnte. An diesem Tag betrat zufällig ein texanischer Ölmagnat die Werkstatt und erblickte das Auto. Er machte »ein Angebot, das man nicht ablehnen konnte«, wie es Mario Puzo ausgedrückt hätte, und Ferrari verkaufte das von dem Franzosen bestellte Auto an den Amerikaner. Da aber der Auslieferungstermin nicht mehr fern war, suchte man verzweifelt nach einem Ersatzfahrzeug. Man trieb auch ein vergleichbares Auto auf. Es hatte nur einen Haken: Es war rot.

Als Goddet eintraf, war die Scuderia verwaist. Weder Ferrari noch irgendeiner seiner leitenden Mitarbeiter waren zu finden. Nur ein kleiner Lehrling war da, und der erklärte natürlich dem neuen Ferrari-Besitzer, den fast der Schlag traf, daß er von nichts wisse. Da er eigens von Paris hierhergekommen war, um das Auto mitzunehmen, und da ihm nichts anderes übrigblieb, fuhr der vor Wut kochende Franzose mit dem roten Ersatzwagen heim. Monate später bekam Ferrari einen Brief. Zitat: »Cher Monsieur Ferrari, Sie haben ein wunderbares Auto gebaut, und meine Frau ist ganz begeistert. Nur eines muß ich Ihnen sagen: Sie sind hoffnungslos farbenblind!«

Immerhin konnte im Jahre 1952 Ferraris kleiner Produktionsbetrieb 44 Autos an seine Kunden ausliefern. Aber viel wichtiger war für ihn natürlich, daß er zusammen mit Lampredi und Ascari die Formel 1 fest im Griff hatte. Es gab wenig Veränderungen bei den Rennwagen wie in der Zusammensetzung des Teams – bis auf den unbekümmerten, strohblonden Engländer Mike Hawthorn, der in die Fahrermannschaft aufgenommen wurde. Er war der erste Nichtitaliener, dem diese Ehre zuteil wurde, seit Raymond Sommer bei einem unbedeutenden Rennen bei Cadours im September 1950 ums Leben gekommen war.

Hawthorns Berufung ins Scuderia-Team wurde natürlich von den britischen Rennsportfans begeistert begrüßt. Seit dem unvergessenen Dick Seaman war er der erste Engländer, der wieder in ein europäisches Spitzenteam aufgenommen wurde. Während seine Landsleute von ihm Wundertaten erwarteten, mußte Hawthorn bald feststellen, daß ihm sein Wechsel nach Maranello zwar Ruhm, aber mit Sicherheit keine Reichtümer verschaffen würde. Bei Ferrari gab es nur einen Standardvertrag, selbst für Stars wie Ascari und Villoresi. Ferrari behielt alle Startgelder, alle Zuschüsse von Sponsoren und sonstige Einnahmen sowieso die Hälfte der

Preisgelder. Die andere (im allgemeinen bescheidene) Hälfte bekam der Fahrer, wovon üblicherweise noch einmal zehn Prozent an seine Mechaniker gingen. Abgesehen von dem Prestige, für die Marke mit dem berühmten aufsteigenden Pferd fahren zu dürfen, und von der Möglichkeit, Silberpokale und Trophäen einzuheimsen, bekam man als Mitglied im Ferrari-Team nichts weiter als ein Taschengeld.

Inzwischen war das Maserati-Team wiedererstarkt. Angeführt wurde es von einem total wiederhergestellten Fangio und von Gonzales, der ebenfalls zum Lokalrivalen im Viale Ciro Menotti übergelaufen war – das übliche Bäumchen-wechsle-dich-Spiel in der Nachsaison, bei dem bis zum heutigen Tage Rennfahrer immer wieder von Team zu Team wandern. Und da der hochmotivierte Colombo alles aus den veralteten A6GCM-Maseratis herauszuholen suchte, damit sie es mit den 500ern der Firma aufnehmen konnten, die ihn abgeschoben hatte, gab es für Ferrari allen Grund anzunehmen, daß die Grand-Prix-Saison 1953 eine brutale lokale Auseinandersetzung zwischen den beiden Modeneser Teams werden würde.

Er sollte sich irren. Mit der Firma Maserati, die sich seit ihrer Gründung auf einer finanziellen Berg-und-Talfahrt befand, ging es gerade steil bergab. Nach dem Waffenstillstand im Koreakrieg im Sommer 1953 gab es für das Unternehmen, das sich so stark im Bereich Werkzeugmaschinen engagiert hatte, keine Aufträge mehr. Die Produktion wurde drastisch zurückgeschraubt, und die Orsis hielten sich immer häufiger in Argentinien auf, denn das Perón-Regime bot offensichtlich neue Handelschancen an. Selbst mit einem so genialen Ingenieur wie Colombo konnte das fast gänzlich lahmgelegte Unternehmen Maserati so kurzfristig nicht mehr ernsthaft in die Konkurrenz eingreifen. Ascari eröffnete die Saison mit Siegen bei den Großen Preisen von Argentinien, Holland und Belgien, so daß er zusammen mit seinen sechs Siegen in der zweiten Hälfte des Jahres 1952 insgesamt neunmal hintereinander bei Weltmeisterschaftsrennen gewonnen hatte – eine Leistung, die kein anderer Fahrer jemals zuvor oder danach erreichte. Hawthorn gewann den Großen Preis von Frankreich in Reims nach einem großartigen Duell mit Fangio, und Ferrari beherrschte auch die übrigen Wettbewerbe – bis auf Monza, wo sich Ascari in der letzten Runde mit Onofré Marimon verhakte und Fangio zum einzigen Saisonsieg für Maserati vorbeilassen mußte. Als das Jahr zu Ende ging und der Weltmeister in der Zwei-Liter-Klasse feststand, hatte Alberto Ascari erneut mit spielerischer Leichtigkeit die Krone des Rennsports erobert und Ferrari insgesamt 28 der 31 Formel-2-Rennen gewonnen. Bis zur Vorherrschaft der McLaren-Hondas von 1988 bis 1990 war es keinem einzigen Team gelungen, die Grand-Prix-Wettbewerbe so überlegen zu beherrschen wie Ferrari.

Doch für Enzo Ferrari war das noch lange nicht genug. Seine Siegesserie bei der Mille Miglia setzte Giannino Marzotto auf dem kraftvollen Tipo 340MM fort, der Fangio auf dem neuen Alfa-Romeo-6C-3000-CM-Coupé den Gesamtsieg mit zwölf Minuten Vorsprung wegschnappte. Aber Le Mans war eine Katastrophe. Jaguar trat mit den modernisierten Wagen vom Typ C an (mit Scheibenbremsen, die Ferrari ablehnte) und brach alle Rekorde bei diesem Rennen. Die schnittigen britischen Rennautos kamen an erster, zweiter und vierter Stelle ins Ziel, während sich der beste Ferrari mühsam auf den fünften Platz quälte und am Ende gut 150 Kilometer zurücklag. Das Spitzenfahrzeug des Teams war ein 340MM-Coupé für Ascari und Villoresi, das mit einem 4,5-Liter-Indianapolis-Motor ausgestattet war. Damit stellten sie zwar einen Rundenrekord auf, aber bei soviel PS hielt die Kupplung nicht lange durch, und kurz vor Halbzeit mußten sie ausscheiden. Das 24-Stunden-Rennen von Le Mans war ein wichtiges Marketinginstrument für die *gran-turismo*-Produktion, und da Firmen wie Jaguar, Aston Martin, Maserati, Alfa Romeo, Lancia, Mercedes-Benz, Porsche und das amerikanische Unternehmen Cunningham immer aktiver ins Marktgeschehen eingriffen, konnte ein Versagen bei diesem vielbeachteten Rennen katastrophale Folgen haben. Der Platz wurde knapp im Basar für exotische Automobile.

Aber das war noch nicht alles. Schon seit langem hatte die Fédération Internationale de l'Automobile eine wichtige Änderung in der Formel 1 für 1954 bis 1960 angekündigt. Der Hubraum wurde für nicht aufgeladene Motoren auf 2,5 Liter festgelegt – das waren nur 500 Kubikzentimeter mehr als bisher. Es war bekannt, daß Mercedes-Benz wieder an Grand-Prix-Rennen teilnehmen würde, aber auch die Firma Maserati hatte sich inzwischen einigermaßen erholt: Colombo legte gerade letzte Hand an einen Einsitzer, den sogenannten 250F. Und dann erfuhr man in Maranello auch noch, daß Lancia nach einer Abstinenz von drei Jahrzehnten wieder zur Formel 1 zurückkehren würde. Die neuen Lancias vom Typ D50 wurden von Vittorio Jano gebaut, und Ferraris allgegenwärtige

Spione signalisierten, daß sie technisch auf dem absolut neuesten Stand seien. Ferraris Reaktion auf diese neue Entwicklung war verblüffend einfach: Vor dem letzten Rennen der Saison 1953, das auf den heimischen Straßen und Alleen von Modena abgehalten wurde, verkündete er der ganzen Welt, seine Geldsorgen seien so unerträglich geworden, daß er sich aus dem Rennsport zurückziehen müsse.

Zyniker haben schon immer behauptet, daß diese von Zeit zu Zeit abgegebenen Rücktrittserklärungen reines Theater gewesen seien und daß Ferrari nicht im Traum daran gedacht habe, aufzugeben. Aber zweifellos war er ein launenhafter Mann, und es ist durchaus möglich, daß er gelegentlich schwankte, ob er nicht doch aufhören sollte. Immerhin hatte er echte finanzielle Probleme, und mit 56 befand er sich nun schon seit mehr als vier Jahrzehnten im einen oder anderen Krieg – entweder im richtigen Krieg oder im Kampf gegen aggressive, tödliche Autos.

Neben der Fabrik war eine neue Gießerei gebaut worden, und mit Sicherheit war nun die Kasse leer. Dafür konnte er nun seine eigenen Motorblöcke, Getriebe- und Differentialgehäuse gießen, und das war natürlich ein gewaltiger Fortschritt. Jahrelang hatten sich Ferraris Modellbauer auf fremde Gießereien verlassen müssen, und das brachte erhöhte Kosten und einen Zeitverlust mit sich, wenn neue Formen entworfen werden mußten. Jetzt konnte er auf eine ganze Reihe von Handwerkern in Modena zurückgreifen, die in der Kunst des Sandgusses geübt waren, an der sich seit den ruhmreichen Tagen eines Bernini nichts geändert hatte. Diese neue Gießerei mit ihren erfahrenen Spezialisten sollte Ferrari in den kommenden Jahren gewaltige Vorteile verschaffen. Hunderte von hochwertigen Motorblöcken aus Aluminiumlegierung würden hier entstehen: Zwölf-, Acht-, Sechs-, Vierzylinder – ja sogar ein Zweizylinder. Noch heute besteht zwischen den Männern, die unter geradezu mittelalterlichen Bedingungen in der Gießerei von Maranello arbeiten, und den Ursprüngen von Ferraris Philosophie des Automobilbaus eine Verbindung – im Grunde sogar zu den besten Traditionen der italienischen Bronze-Bildhauerkunst.

Vorübergehend wurde Ferrari durch eine traurige Nachricht aus seinen kühnen Zukunftsträumen gerissen: Der größte Held des Rennsports, den er je gekannt hatte, war tot. Nach einem qualvollen Kampf ums Überleben, der ein Jahr gedauert hatte, tat Tazio Nuvolari an einem schwülheißen Augusttag seinen letzten Atemzug. Er hatte seinem alten Freund und Bordmechaniker Decimo Compagnoni gegenüber geklagt: »Ich konnte jedes Auto beherrschen – und doch bin ich nicht in der Lage, meinen Körper in den Griff zu bekommen.« Am 11. August 1953 starb er in den Armen seiner Frau Carolina, nachdem er seinen letzten Wunsch geäußert hatte: Er wollte in seinem Rennfahrerdreß beerdigt werden. Als Ferrari vom Tod des kleinen Mannes erfuhr, setzte er sich in sein Auto und fuhr gen Norden nach Mantua, um Nuvolaris Witwe nach dieser langen Leidenszeit zu trösten. Als er sich in den labyrinthischen Straßen der Altstadt verfuhr, hielt er schließlich verzweifelt an, um sich in einer Klempnerwerkstatt nach dem richtigen Weg zu erkundigen. Ein alter Mann kam ihm entgegen. Mißtrauisch ging der Mantuaner um Ferraris Wagen herum, um sich das Nummernschild anzusehen. Als er die Buchstaben »MO«, für Modena, erblickte, gab er Ferrari die Hand und sagte, bevor er ihm den Weg zu Nuvolaris Haus wies: »Danke, daß Sie gekommen sind. Es wird nie wieder einen Mann wie ihn geben.«

Sollte Enzo Ferrari wirklich auch nur einen Augenblick lang ernsthaft daran gedacht haben, 1954 nicht an den Grand-Prix-Wettbewerben teilzunehmen, so war das bald vergessen. Er war voller Pläne für neue Autos, die für die 2,5-Liter-Formel geeignet waren. Lampredi war so kreativ wie nie zuvor. Auf jeden Fall wollte er die einfache Bauweise seines siegreichen Tipo-500-Vierzylinders beibehalten, ja er versuchte es sogar mit einem Zweizylinder. Alles war nun möglich, dank der Schnelligkeit, mit der die Modellbauer und Gießer bei Ferrari neue Motorblöcke herstellen konnten.

Der 2,5-Liter-Zweizylindermotor wurde tatsächlich gebaut, aber nachdem angeblich mehrere Prototypen so heftig vibriert hatten, daß sie auf dem Prüfstand explodiert waren, wurde die Idee wieder fallengelassen. Doch Lampredi wollte unbedingt noch einen anderen Vierzylinder für die Formel 1 bauen, samt einer Sechszylinder-Reihenmotor-Variante für Sportwagenwettbewerbe. Inzwischen war durchgesickert, daß Mercedes-Benz mit einem Achtzylinder-Reihenmotor mit Einspritzung herauskommen würde, und Lancia hatte bereits das mexikanische Straßenrennen gewonnen: mit einem 3,3-Liter-V6, der von dem V8 abgeleitet war, den Lancia bei allen Rennen 1954 einsetzte. Die Konkurrenz würde somit ungleich stärker sein als in den letzten beiden Jahren, in denen Ascari alles in Grund und Boden gefahren hatte.

Dino, nun schon 22 Jahre alt, begann sich langsam, aber sicher in der Fabrik bemerkbar zu machen. Lampredis Vierzylinder wurde bei einer Reihe von Sportwagen eingesetzt, unter anderem auch beim sogenannten 750 Monza. Die Maschine war ein schwer zu bändigendes Biest, aber sie bekam eine herrliche Karosserie von Scaglietti, die Dino entworfen haben soll. Ferrari, ganz der stolze Vater, schrieb an Laura, die ihre Familie in Turin besuchte, daß das Auto wegen seines guten Aussehens begeistert aufgenommen worden sei. »Selbst Pepino Verdelli gefällt es«, schrieb er. Trotz seiner allgemein bekannten Anfälligkeit hielt sich Dino immer häufiger in Maranello auf, wo er sich besonders mit einem 29jährigen Fabriktestfahrer namens Sergio Sighinolfi anfreundete. Dino hat ihn oft auf wilden Testfahrten in den nahe gelegenen Bergen begleitet. Das waren große Augenblicke im Leben eines jungen Mannes, mit dessen Gesundheit es immer weiter bergab ging und der in seinem düsteren und freudlosen Zuhause in Modena nicht sehr glücklich gewesen sein kann.

Als das Jahr zu Ende ging, kühlte sich Ferraris Verhältnis zu seinen beiden Stars Ascari und Villoresi ab: Sie wurden von Lancia umworben. Fangio war als Nummer eins von Mercedes-Benz unter Vertrag genommen worden. Stirling Moss, der schon jetzt die Brillanz bewies, die ihn eines Tages zu einem der größten Rennfahrer aller Zeiten machen würde, hatte sich lose mit Maserati assoziiert, und damit fehlten Ferrari zeitweise die Spitzenfahrer. Der auffällige Londoner mit den frühen Geheimratsecken wäre vielleicht zur Scuderia gegangen, wenn es da nicht diesen schrecklichen Fauxpas im September 1951 gegeben hätte: Der 22jährige Moss, der bei den Rennen des Britischen Motorsportclubs bereits als Wunderkind gehandelt wurde, war von Ferrari eingeladen worden, einen Formel-2-Werkswagen bei einem unbedeutenden Rennen bei Bari an der Adria zu fahren. Zusammen mit seinem Vater Alfred, einem bekannten Zahnarzt und ehemaligen Rennfahrer, der immerhin 1924 beim 500-Meilen-Rennen von Indianapolis Vierzehnter geworden war, fuhr der ehrgeizige junge Mann quer durch Europa bis zum italienischen Stiefelabsatz hinunter – und dort wurde ihm kurz und kühl mitgeteilt, der Commendatore habe es sich anders überlegt und der Wagen sollte statt von Moss von Piero Taruffi gefahren werden. Moss kehrte nach England zurück und schwor, daß er niemals für die Scuderia fahren würde. Dieser Schwur wäre später beinahe gebrochen worden, aber eine Tragödie hat dies verhindert.

Zwei Dinge waren es vor allem, die die Verhandlungen zwischen Ferrari und Ascari sowie Villoresi in eine Sackgasse geraten ließen. Bei einer ganzen Reihe von Gesprächen in Modena wollte Ferrari nicht so recht mit der Sprache herausrücken, welchen Wagen er denn nun gegen die neue Konkurrenz ins Rennen zu schicken gedächte. Offenbar gab er einem nur unwesentlich verbesserten Tipo 500 den Vorzug. Für Ascari, der mehr über Janos D50-Projekt wußte, als Ferrari lieb sein konnte, schien das nicht genug zu sein. Außerdem waren Ascari und Villoresi unzufrieden mit dem, was ihnen Ferrari finanziell bot. Villoresi hat das später so kommentiert: »Wir waren dumm genug, das beim erstenmal akzeptiert zu haben.«

Während Ascari und Villoresi unabhängig voneinander mit dem Commendatore verhandelten, stand von vornherein fest, daß sie sich nur zusammen von einem Team unter Vertrag nehmen lassen würden. Da er immerhin zwei Weltmeisterschaften vorzuweisen hatte, war »Ciccio« längst nicht mehr der ehrgeizige Junge, der darum betteln mußte, fahren zu dürfen. Villoresi, der seit dem Tod seines Bruders nicht viel für Ferrari übrig hatte, empfand aber doch so etwas wie Loyalität gegenüber der Scuderia, auch wenn er dazu tendierte, sich seinem jüngeren – und schnelleren – Freund und Protegé anzuschließen. Schließlich lehnte es Ascari Ende Dezember ab, einen Vertrag zu unterzeichnen. (Villoresi behauptet sogar, er habe da bereits bei Lancia unterschrieben gehabt.) Gleich nach Neujahr gab Ferrari daraufhin eine sorgfältig formulierte Pressemitteilung heraus, in der er andeutete, seine beiden Stars würden 1954 für ein anderes Team fahren. Kurz darauf wurden sie von Lancia aufgenommen und fuhren zunächst Sportwagen, bis Jano im Laufe der Saison die berühmten D50-Grand-Prix-Autos fertiggestellt hatte.

Nach zwei fetten Jahren, in denen die Scuderia fast jedes Rennen gewinnen konnte, kamen für Ferrari und seine Truppe nun zwei magere Jahre, in denen sie kaum einen Sieg herausfahren konnten. Lampredis neue Autos waren eine absolute Katastrophe. Daran konnten auch Alberto Massimino und Vittorio Bellentani nichts ändern, die wieder von Maserati zurückkamen, nachdem sie mit Colombo zusammen den herrlichen, aber nur teilweise erfolgreichen 250F gebaut hatten, einen Einsitzer von klassischer Schönheit, den Maserati auf dem freien Markt verkaufen wollte.

Nach dem Weggang von Ascari und Villoresi nahm Ferrari Gonzales, Hawthorn, den Franzosen Maurice Trintignant und den noch immer temperamentvollen Farina, der im übernächsten Jahr fünfzig wurde, unter Vertrag. Diese vier Fahrer wurden zum üblichen Standardtarif engagiert – aber Ferrari konnte sich dieses beleidigend niedrige Gehaltsniveau über viele Jahre hinweg erlauben, weil das Angebot an Fahrern, die unbedingt für die Scuderia fahren wollten, stets höher als die Nachfrage war.

Trotz der fieberhaften Tätigkeit in den folgenden beiden Jahren, bei der unter anderem die vom Fehlverhalten her miserabelsten Ferrari-Grand-Prix-Autos herauskamen: der Tipo 553 »Squalo« und der Tipo 555 »Supersqualo«, sprang für das Team in diesen beiden Saisons nicht viel heraus, während die W196er von Mercedes-Benz alles in Grund und Boden fuhren und Juan Manuel Fangio zu seinem zweiten und dritten Weltmeistertitel trugen. Und dann wurde Ferrari auch noch bei den wichtigen Sportwagenrennen von den total verbesserten Lancias und den 300SLR-Roadsters von Mercedes-Benz vernichtend geschlagen. Ascari leckte 1954 zum erstenmal bei der Mille Miglia Blut, als er mit seinem 3,3-Liter-Lancia D24 in großem Abstand vor Vittorio Marzotto auf einem Ferrari 500 Mondial siegte. Die Markenehre konnte immerhin in Le Mans verteidigt werden, wo Gonzales und Trintignant denkbar knapp auf einem großen 375MM gewannen. Bei diesem Rennen fuhr der Amerikaner Briggs Cunningham einen privat gemeldeten 375MM mit spezialangefertigten wassergekühlten Hydraulikbremsen. Doch dann mußte das Auto mit Problemen an der Hinterachse ausscheiden, und damit endete auch die ohnehin nicht gerade harmonische Beziehung zwischen dem Amerikaner und Ferrari.

Der Amerikaner Briggs Cunningham, ein lässiger, eleganter Amateursportfahrer, hatte viel für die Verbreitung des Ferrari-Mythos in den Vereinigten Staaten getan. Er hatte nicht nur selbst drei Autos von der Scuderia erworben, sondern auch als prominenter Mann eine ganze Reihe seiner wohlhabenden Geschäftsfreunde dazu bewegen können, diese Autos zu kaufen. Doch als Cunningham Ferrari mitteilte, daß bei seinem Auto in Le Mans ein Motorkipphebel gebrochen sei, und um Ersatz bat, erwiderte Ferrari herrisch, seine Kipphebel würden *niemals* brechen, und darum denke er auch gar nicht daran, ein Ersatzteil zu liefern. Nach diesem Vertrauensbruch verkaufte Cunningham das Auto und stellte schließlich ein eigenes Team zusammen, das mit seinen Jaguars vom Typ D und mit seinen Maseratis die Ferraris bei den kleinen, aber ungemein populären amerikanischen Amateursportwagenrennen jedesmal vernichtend schlug.

Ferraris Straßenwagen waren im Grunde nichts weiter als anders eingestellte Rennwagen. Wenn man mit ihnen nicht auf freien Straßen mit Vollgas fuhr, waren sie einfach abscheulich. Sie waren zu laut, die Zündkerzen verdreckten regelmäßig, an kalten Morgen ließen sie sich nicht starten, und sie waren dafür berüchtigt, daß ihre Kupplung zu schwach war. Ihre Karosserien waren zwar wunderschön, rosteten aber leicht und waren undicht. Am schlimmsten verhielten sie sich bei Stadtfahrten – da gerieten sie nämlich leicht ins Kochen. Ein Amerikaner, der die Autos im statushungrigen Kalifornien verkaufte, kam einmal nach Modena, um sich darüber zu beklagen, daß man mit Ferraris in Los Angeles einfach nicht fahren könne, ohne daß sie heißliefen. Ferrari spielte den zutiefst Erstaunten und ließ sofort ein neues Coupé kommen, um seinem Besucher das Gegenteil zu beweisen: daß man mit einem Ferrari mühelos durch die heißesten, engsten und stickigsten Gassen von Modena zuckeln konnte. Ferrari setzte sich ans Steuer, und sie fuhren los. Als sie sich durch den Stadtverkehr schlängelten, ließ der Kalifornier den Temperaturanzeiger nicht aus den Augen. Das tat natürlich auch Ferrari. Und jedesmal, wenn sich die Nadel auf den Siedepunkt zu bewegte, fuhr er an den Straßenrand und wies auf eine Sehenswürdigkeit hin oder stieg aus und schlürfte in einem Straßencafé einen Aperitif. Er trödelte so lange herum, bis sich der Motor wieder abgekühlt hatte, und dann fuhren sie wieder weiter. Und wenn die Temperatur wieder zu steigen begann, fing das ganze Spiel von vorne an. Der Kalifornier durchschaute es natürlich, aber am Ende fuhr er glücklich und zufrieden nach Hause – er fühlte sich mächtig geschmeichelt, daß ihn der Commendatore so charmant zum Narren gehalten hatte!

Mitte 1955 ging es im Rennbetrieb drunter und drüber. Stirling Moss, der von Maserati zu Mercedes-Benz übergewechselt war, gewann die Mille Miglia in überlegener Manier auf einem 300SLR, der wie eine Rakete abging. Fangio wurde in einem weiteren 300er Zweiter. Umberto Maglioli, ein 27jähriger Arztsohn aus Biella, der später einer der Spitzenfahrer der Scuderia wurde, kam mit fast einer Stunde Abstand auf den Sieger auf den dritten Platz. Einen Monat später fuhr der Franzose Pierre Levegh mit seinem Mercedes 300SLR in die Zuschauermenge, die an der Hauptgeraden von Le Mans stand. Nach unterschiedlichen Zählungen kamen dabei außer Levegh zwischen 88 und 96 Zuschauer ums Leben. Da die französisch-deutschen Beziehungen ohnehin noch durch den Krieg belastet waren, nahm Mercedes-Benz nicht weiter an dem Rennen teil, und am Ende der Saison 1955 wurden die berühmten Rennwagen für immer aus dem Verkehr gezogen. Aber selbst als dieser Stuttgarter Gegner nicht mehr zu fürchten war, konnten es die Ferrari-Sportwagen – zumeist die schwer zu fahrenden Vier- und Sechszylinder von Lampredi, der auch kein gutes Händchen mehr hatte – auch in ihren besten Zeiten kaum mit den Jaguars vom Typ D und mit den wiedererstarkten 300S-Maseratis aufnehmen.

Mit der italienischen Presse stand Ferrari inzwischen vollends auf Kriegsfuß. Viel wichtige Sportzeitungen, die sich schon zu Ferraris besten Zeiten sehr wankelmütig verhalten hatten, übten nun offene Kritik an den rennsportlichen Leistungen der Ferraris und prangerten leidenschaftlich die wiederholten Niederlagen gegen die verhaßten Deutschen an. Die Autoren und Redakteure erwarteten als chauvinistische Maulhelden im Namen der Nation, daß Ferrari wie in den Jahren 1952 und 1953 auch weiterhin eine beherrschende Rolle spielte, und unterstellten geradezu, daß sein Versagen an Landesverrat grenze. Ferrari, der schon immer empfindlich auf die Berichterstattung über ihn reagiert hatte, revanchierte sich mit kunstvoll formulierten Pressemitteilungen und jährlichen Pressekonferenzen – die oft in lautstarke Rededuelle ausarteten – sowie mit einer Kolumne, die er regelmäßig für die Motorsportpresse schrieb. Aber damit stand er auf verlorenem Posten, und so bekam die Scuderia auch weiterhin ihr Fett ab, bis sie wieder einen Sieger im Grand-Prix-Zirkus stellen konnte.

Mit der zunehmenden Kritik von außen erreichte auch der interne Druck auf Lampredi und die anderen Ingenieure ein unerträgliches Maß. Täglich hielt Ferrari Besprechungen ab, um jeden echten oder eingebildeten Fortschritt aufzuspüren, der zu einer Leistungsverbesserung der schrecklichen Squalos und Supersqualos führen könnte. Diese Sitzungen wurden oft in einem Raum abgehalten, den sie »Schreckenskammer« nannten, weil sich in den Regalen an den Wänden die zerbrochenen Teile alter Rennwagen stapelten. Diese kaputten Teile wurden nicht einfach weggeworfen, sondern zur Schau gestellt, damit Männern wie Lampredi, Massimino, Bellentani und Amarotti ihr Versagen ständig vor Augen gehalten wurde.

Gonzales, der zuverlässige *cabezón*, verließ das Team 1955, ebenso der draufgängerische, bis an die Grenzen fahrende Hawthorn. Nach dem Tod seines Freundes Onofré Marimon beim Großen Preis von Deutschland im Vorjahr war das argentinische As mutlos geworden, und als er bei einem Sportwagenrennen in Irland verunglückte, wollte er nicht mehr an den europäischen Wettbewerben teilnehmen. Hawthorn hatte seinen Vater durch einen Verkehrsunfall verloren und nahm das Angebot von Tony Vandervell an, in der Saison 1955 einen seiner erheblich verbesserten Vanwalls zu fahren. Er versuchte Ferrari zu erklären, daß er dadurch mehr Zeit hätte, sich um die TT-Garage seines Vaters in Farnham zu kümmern, aber der Commendatore betrachtete sein Ausscheiden als Treuebruch, und wieder einmal kam es zu einem lautstarken und unerfreulichen Abschied. (Die Trennung war allerdings nur von kurzer Dauer: Nachdem Hawthorn Le Mans für Jaguar gewonnen hatte und ein paar Rennen auf Vanwall gefahren war, zerstritt er sich mit dem leicht reizbaren Vanderwell und kehrte mitten in der Saison zu Ferrari zurück.) Nach dem Abgang dieser beiden großen Fahrer standen für die untermotorisierten und komplizierten Autos der Scuderia nur noch Maurice Trintignant, ein solider, aber unspektakulärer 38jähriger Weinhändler aus Südfrankreich, der temperamentvolle Farina, der freilich auch nicht mehr der Schnellste war, und der frankoamerikanische Playboy Harry Schell zur Verfügung, dessen Fahrweise im allgemeinen eher enthusiastisch als effektiv war. Zu Saisonbeginn 1955 sah sich Ferrari mit der ganzen Macht des in vieler Hinsicht verbesserten Mercedes-Benz-Rennstalls konfrontiert sowie mit dem starken Potential der neuen Lancias. Er hatte versucht, alles aus seinen Ingenieuren herauszuholen, aber bei seiner dünnen Kapitaldecke hatte er kaum eine andere Wahl, als sich weiterhin auf die überzüchteten Vierzylindermotoren von Lampredi zu verlassen und das Beste zu hoffen. Doch dann überstürzten sich die Dinge, und das Unerwartete geschah: Ferrari kam wieder aus der Flaute heraus.

In den Monaten Mai und Juni 1955 kam es zu den schwärzesten Augenblicken in der Geschichte des Rennsports. Das schrecklichste Unglück war natürlich der Unfall von Levegh in Le Mans, der die Welt des Rennsports nachhaltig schockierte. Die Schweiz verbot sämtliche Autorennen, und damit mußten die Wettbewerbe von Bern und Genf aus dem internationalen Kalender gestrichen werden. Außerdem wurden die Großen Preise von Deutschland und Spanien ausgesetzt. Zwei Wochen vor Le Mans war der zweimalige Gewinner von Indianapolis, der glänzende, draufgängerische Kalifornier Bill Vukovich, bei einem Unfall, in den zahlreiche Autos verwickelt waren, ums Leben gekommen, als er erneut bei dem 500-Meilen-Rennen in Führung lag. Nach diesem tragischen Ereignis, vor allem aber nach der Katastrophe von Le Mans zog sich die American Automobile Association als Veranstalter von Autorennen in den USA zurück, und damit endete eine sportliche Zusammenarbeit, die in den ersten Jahren dieses Jahrhunderts begonnen hatte.

Aber das Blutbad von Le Mans und der Tod des amerikanischen Champions wurden fast noch mehr von einer Tragödie überschattet, die Italien am sonnigen Nachmittag des 26. Mai ereilte. Vier Tage zuvor hatte sich Alberto Ascari gerade angeschickt, die Führung beim Großen Preis von Monaco zu übernehmen, als er in der berüchtigten Schikane vor der Hafenpromenade die Kontrolle über seinen hervorragenden Lancia D50 verlor und mit über 150 km/h in die Baie d'Hercules stürzte. Er wurde allerdings schnell von Tauchern gerettet und kam mit ein paar blauen Flecken davon. Es war eine reine Vorsichtsmaßnahme, daß man ihn über Nacht im Krankenhaus behielt. Nach seiner Rückkehr in sein Mailänder Haus beschloß Ascari spontan, die paar Kilometer nach Monza hinauszufahren, wo bereits ein frühes Training für das 1000-Kilometer-Supercortemaggiore im Gang war. Nach einem entspannten Mittagessen mit Freunden im Restaurant der Haupttribüne suchte Ascari in den Boxen seinen jungen Freund und Lancia-Teamgefährten Eugenio Castellotti auf, der sich gerade für einen Probelauf mit seinem neuen, noch unlackierten 750-Monza-Ferrari fertig machte. Ascari bat Castellotti spontan, ein paar langsame Runden mit dem Wagen fahren zu dürfen. »Mal sehen, ob mein Rücken nicht zu steif ist«, soll er gesagt haben. Der junge Rennfahrer hatte nichts dagegen, Ascari legte sein Sakko ab, lieh sich Castellottis Helm aus und setzte sich hinters Steuer. Ascari galt als übertrieben abergläubisch und fuhr niemals ohne seinen eigenen blauen Helm, und darum blickte Villoresi ganz verdutzt hinter seinem alten Freund her, als der mit dem Ferrari langsam durch die Boxengasse rollte. In der dritten Runde erhöhte Ascari die Geschwindigkeit, und plötzlich verlor er unerklärlicherweise am Ausgang einer leichten Linkskurve, der sogenannten Vialone-Kurve im hinteren Teil des riesigen Rundkurses, die Kontrolle über den Wagen. Der Ferrari überschlug sich, und dieser großartige Fahrer wurde mit aller

Gewalt auf die Asphaltpiste geschleudert. Auf dem Weg ins Krankenhaus erlag Alberto Ascari in Villoresis Armen seinen schweren Verletzungen.

Ganz Italien war in tiefer Trauer. Auch Enzo Ferrari war erschüttert, aber wie schon so oft in den schwärzesten Augenblicken seines Lebens taten sich selbst nach diesen schrecklichen Katastrophen neue Chancen für ihn auf. Bei Mercedes-Benz war man nicht nur über die tragischen Ausmaße des Unfalls in Le Mans schokkiert, sondern man hatte auch bewiesen, wie überlegen man bei Grand-Prix-Wettbewerben abschneiden konnte, und so verkündete das Stuttgarter Unternehmen, daß man sich am Ende der Saison 1955 wie einst Alfa Romeo aus dem Formel-1-Rennsport zurückziehen würde. Ein weiterer ernsthafter Rivale sollte diesem Beispiel folgen: Bei Lancia waren Management und Team nach Ascaris Tod am Boden zerstört. Villoresi war so außer sich, daß er im Alter von 46 Jahren schon offen davon sprach, ein für allemal mit dem Rennsport aufhören zu wollen. (Er machte aber weiter, hatte 1956 bei Rom einen schweren Unfall und zog sich schließlich 1958 für immer zurück.) Ganz schlimm war es um die finanzielle Situation des Unternehmens bestellt. Die Entwicklung der Rennwagen hatte unerwartet hohe Kosten verursacht.

Als auch noch bei den Personenwagen nur mäßige Verkäufe zu erzielen waren, sah sich Gianni Lancia genötigt, das vielversprechende Formel-1-Programm mit dem D50 einzustellen. Castellotti, der seinem gefallenen Teamgefährten eine letzte Ehre erweisen wollte, überredete den Firmenchef, einen der D50er beim Großen Preis von Belgien in Spa zu melden. Es gelang ihm sogar, sich vor der gesamten Mercedes-Benz-Armada für die erste Startposition zu qualifizieren, aber nach fünfzehn Runden schied der D50 aus. Damit war der verheißungsvolle, aber unerfüllbare Traum von einem Lancia-Grand-Prix-Auto ausgeträumt. (Schon bald sollte das Unternehmen außerdem von der Familie Lancia in die Hände eines Zementmagnaten übergehen. Heute gehört es zum Fiat-Imperium.)

Während es mit Lancia bergab ging, verschlechterte sich auch Ferraris Situation. Pirelli kündigte eine Reduzierung seines Rennprogramms an – vielleicht wegen der Tragödie in Le Mans und wegen der (nie erhärteten) Gerüchte, daß Ascaris Tod durch Reifenversagen verursacht worden sei. Von der nächsten Saison an jedenfalls sollten die üblichen Preisnachlässe von 12 bis 25 Prozent für Rennteams gestrichen werden; wichtige Kunden wie Ferrari erhielten auch keine Reifen mehr umsonst. Pirelli-Reifen sollten also künftig nur noch zum vollen Listenpreis zu bekommen sein – oder eben gar nicht. Ferrari war Pirelli wegen der Versorgung mit Rennreifen zutiefst verpflichtet und sah in diesem Rückzieher der Firma einen unverzeihlichen Verrat. Wütend verkündete er, daß nie wieder ein Ferrari mit Pirelli-Reifen ausgestattet würde (wovon natürlich bald keine Rede mehr sein konnte) und daß er sich nun nach einem ausländischen Hersteller umschauen werde. Aber wer kam da in Frage? Mercedes-Benz war der Vorzugskunde der deutschen Firma Continental. Dunlop verfolgte eine völlig irrationale, chauvinistische Firmenpolitik und wollte seine Reifen nur einem britischen Team liefern. Michelin hatte kein Interesse daran, mit einem italienischen Rivalen zusammenzuarbeiten, und Firestone, der einzige amerikanische Rennreifenhersteller, hatte nicht genug Zeit, um einen Reifen für Straßenrennen entwickeln zu können. Verzweifelt wandte sich Ferrari deshalb an seine alten Kumpels bei Englebert. Dank der Vermittlung von Prinzessin Lilian de Réthy, der Frau von König Leopold und einer guten Freundin Ferraris, konnte dieser mit der belgischen Firma einen langjährigen Vertrag abschließen. Ohne die Fürsprache der Prinzessin hätte Ferrari vielleicht tatsächlich einmal eine seiner zahlreichen Drohungen, aus dem Rennsport auszusteigen, wahrmachen müssen.

Erneut ging es nun plötzlich in der internationalen Formel-1-Szene drunter und drüber. Italiens populärster Rennfahrer war tot. Die großartigen Lancia-D50er durften nicht mehr fahren – ihnen stand offenbar das gleiche Schicksal bevor wie den Alfa Romeo 158/159ern, nämlich in irgendeinem Automuseum zu verstauben. Auch Mercedes-Benz war dabei, sich zurückzuziehen, und damit waren die beiden besten Fahrer der Zeit (und vielleicht sogar aller Zeiten, wie viele meinen): Juan Manuel Fangio und Stirling Moss freigestellt. Wieder einmal, wie schon so oft, bekam Enzo Ferrari eine Riesenchance. Und er nutzte sie. Er bot seine ganze Überzeugungskraft auf. Stimmte einmal mehr das alte Klagelied des armen alten Mannes an. Drohte schließlich, mit dem Rennsport aufzuhören. Dabei wußte er ganz genau, daß dann Maserati als einzige Marke Italien im internationalen Rennsport vertreten würde. Also rechnete er sich aus, daß ihn die Presse ebenso wie die Automobilindustrie bei seinen Bemühungen unterstützen würde. Seine Autos taugten zur Zeit nicht viel, und darum war ihm völlig klar, daß er seinen Betrieb ohne finanzielle und technische Hilfe über kurz oder lang würde zumachen müssen. In diesem Augenblick war seine Zukunft somit völlig ungewiß – und zugleich äußerst vielversprechend.

Im Juli 1955 nahm er intensive Verhandlungen auf: mit der Familie Agnelli, die den Megakonzern Fiat kontrollierte, und mit Gianni Lancia. Nach stundenlangen hitzigen Diskussionen gelang es Ferrari, einen außergewöhnlichen Handel abzuschließen. Er bekam sechs von den überragenden Lancia D50ern, von denen mehrere noch nicht vollständig zusammengebaut waren, dazu jede Menge Ersatzteile, Konstruktionspläne und Modellwerkzeuge. Nach diesem Übereinkommen sollte ihm auch Jano als beratender Konstrukteur zur Verfügung stehen. Es war wie ein *déjà vu* für Enzo Ferrari: Wie 1934, als Alfa Romeo seiner durchhängenden Scuderia das Arsenal seiner P3-*monoposti* überließ, bekam er nun ein halbes Dutzend der technisch ausgereiftesten Rennwagen der Erde und dazu noch das Genie, das sie geschaffen hatte. Darüber hinaus war es ihm gelungen, bei Fiat einen Zuschuß für das neue Rennprogramm herauszuholen – schätzungsweise fast eine halbe Million D-Mark jährlich, und dies für die nächsten fünf Jahre. Wahrlich ein Geschenk des Himmels! Und so hatten sie denn in Modena und Maranello allen Grund zu feiern, als am 26. Juli 1955 der Konvoi der stromlinienförmigen Lancia-Transporter mit dumpfem Grollen auf den Fabrikhof der Ferrari-Werke rollte. Das Ganze spielte sich natürlich vor den Augen zahlreicher Pressevertreter sowie der Repräsentanten des Verbands der italienischen Automobilindustrie ab, der in die Verhandlungen mit einbezogen gewesen war.

Die Ferrari-Mechaniker gerieten ganz schön ins Schwitzen, als sie die sechs kostbaren Maschinen vor den Augen der glückstrahlenden Zuschauer in die schwülwarme Nachmittagsluft rollten. Und dennoch war das für Ferrari so etwas wie ein Pyrrhussieg – ein Eingeständnis, daß es mit seinen eigenen Maschinen nicht so weit her war und daß er dringend Nachhilfe von außen brauchte. Für Lancia aber kam das Arrangement einer Kapitulation gleich; hatte man doch schon den Erfolg vor Augen gehabt. Wäre Ascari noch am Leben und genügend Kapital zur Verfügung gewesen, dann hätten die D50er die bevorstehende Saison 1956 wohl eindeutig beherrscht.

Die Übergabe der Autos führte aber auch zum Ausscheiden von

Aurelio Lampredi. Emotional angeschlagen von den Niederlagen der beiden vorangegangenen Jahre und den immer heftigeren verbalen Attacken Ferraris, mußte Lampredi die Ankunft der Lancias wie einen Hohn auf seine jüngsten Bemühungen um die Vierzylinder-Grand-Prix-Autos empfinden. Der Mann, der für Enzo Ferrari den ersten wirklich erfolgreichen Grand-Prix-Wagen gebaut und ihm damit zwei Weltmeisterschaftstitel verschafft hatte, kehrte Maranello in diesem September frustriert und isoliert den Rücken, um eine leitende Position in der Konstruktionsabteilung von Fiat zu übernehmen. Mit Lampredis Weggang begann ein kräftiger Aderlaß in der Fabrik. Auch Nello Ugolini, der offenbar die endlosen Tiraden seines Bosses und die traumatischen Firmenintrigen leid war, kündigte und ging zu Maserati.

Ferrari entließ seinerseits den knarzigen Farina sowie Trintignant und Schell, die sich nicht besonders hervorgetan hatten. Immerhin hatte Trintignant auf einem 625er in Monaco gewonnen, nachdem Moss und Fangio ausgeschieden und Ascari ins Hafenbecken gestürzt war. Der Auszug der Talente hielt an, denn Franco Cornacchia, der Mailänder Sportfahrer, der die Ferrari-Konzession für Norditalien seit 1951 innehatte und zusammen mit Chinetti für die Durchsetzung der Marke gesorgt hatte, gab die Vertretung zurück und ging zu Maserati. Dennoch war das, was Ferrari unterm Strich blieb, geradezu phänomenal, trotz des Verlusts von Lampredi und den anderen und trotz des Bruchs mit Pirelli. Im Fabrikhof von Maranello stand das rollende Kapital, das für eine Wiederauflage der Vorherrschaft von 1952 und 1953 sorgen sollte.

Enzo Ferrari war freilich nicht der Mann, der »danke« sagen konnte. Entweder war er an einem Punkt in seinem Leben angelangt, an dem er offenbar der Meinung war, daß ihm all das recht und billig zustand, oder aber er war einfach nicht gut genug erzogen, um sich schlicht dafür bedanken zu können. Auf jeden Fall hat man nur selten – wenn überhaupt – ein ganz normales Wort des Dankes von Enzo Ferrari gehört.

Ja, als er so mit Romolo Tavoni und dem Teammanager Mino Amarotti vor den unbeweglichen D50ern stand, verzog er sein Gesicht zu einem ironischen Grinsen. Er wandte sich an seine Mitarbeiter und flüsterte ihnen zu: »Eigentlich müßten sie mir noch dankbar sein, daß ich ihnen diesen Schrott abnehme!«

[Siehe auch Anmerkungen zum 12. Kapitel, S. 438.]

13

Ende 1955 schien in Enzo Ferraris turbulentes Berufsleben etwas Ruhe einzukehren. Doch die guten Aussichten auf das neue Jahr wurden überschattet von der Katastrophe, die sich in der kleinen Wohnung über der alten Scuderia-Werkstatt am Viale Trento e Trieste anbahnte: Dino lag im Sterben. Eine rätselhafte Krankheit hatte seinen jungen Körper schwer gezeichnet. Er war immer mehr ans Bett gefesselt, und die Aufenthalte im städtischen Krankenhaus wurden immer länger. Seine Mutter Laura war ständig um ihn, und sein Vater besuchte ihn, sobald er sich von seiner Arbeit freimachen konnte.

Alfredino Ferrari muß ein prächtiger junger Mann gewesen sein: offen und umgänglich, wenn er mit Freunden zusammen war, aber scheu und zurückhaltend gegenüber Fremden. Der amerikanische Rennfahrer Carroll Shelby verbrachte im Sommer und Herbst 1955 viele Stunden mit ihm. Später berichtete er, der junge Ferrari habe so stark abgenommen, und seine Beine seien so steif geworden, daß es ihm schwerfiel, sich selbst im engsten Umkreis der Scuderia zu bewegen. Entgegen späteren Behauptungen, Ferrari habe sich in dieser Zeit intensiv um seinen Sohn gekümmert, war der Junge laut Shelby sich selbst überlassen und vertrödelte seine Zeit mit den Mechanikern und Kunden, die sich im geschäftigen Treiben der alten Scuderia die Tür in die Hand gaben. Inzwischen war die Produktion komplett nach Maranello verlegt worden, während das alte Werk nur noch als Auslieferungszentrum für neue Autos diente. Im Unterschied zu seinem Vater konnte Dino Englisch sprechen, und dadurch kam er in engeren Kontakt mit Shelby und den reichen Amerikanern und Engländern, die sich in Modena einfanden.

Dino hatte sich große Mühe gegeben, sein starkes Interesse an Autos praktisch umzusetzen, soweit ihm das seine sich verschlechternde Gesundheit erlaubte. Er hatte sich am Corni-Technikum von Modena eingeschrieben, das inzwischen so etwas wie eine Ausbildungsstätte für angehende Ferrari-Techniker geworden war, anschließend war er für ein Jahr an die wirtschaftswissenschaftliche Fakultät der Universität von Bologna gegangen, bis er den Anstrengungen des Studiums nicht mehr gewachsen war. Nach der Ferrari-Legende soll Dino dann ein Fernstudium an der Universität von Fribourg in der Schweiz begonnen und es mit einer Diplomarbeit über die Konstruktion eines 1,5-Liter-Vierzylindermotors mit einer interessanten Ventilanordnung abgeschlossen haben.

Angeblich hätten ihm dabei zunächst Lampredi und dann der junge Andrea Fraschetti geholfen, ein begabter Ingenieur und technischer Zeichner. Soweit also die Legende. Allerdings findet sich in den Immatrikulationsverzeichnissen von Fribourg in den fünfziger Jahren kein einziger Student namens Ferrari, auch nicht in den Verzeichnissen der Universität von Freiburg im Breisgau oder der Eidgenössischen Technischen Hochschule von Lausanne.

Aus Gesundheitsgründen nahm Dino zwar nicht an Rennen teil, aber sein Vater stellte ihm eine Reihe von Autos zur Verfügung, die er voller Begeisterung fuhr: zuerst einen kleinen Fiat 1100 und zuletzt einen Zweiliter-Ferrari, mit dem er und sein enger Freund Sergio Sighinolfi Ausflüge in die nahe gelegenen Berge unternahmen. Aber als sich der düstere Winter von 1955/56 über Modena senkte, war der große, schlaksige junge Mann für solche Fahrten zu schwach geworden; er hielt sich deshalb die meiste Zeit in seinem Zimmer auf. Laut Ferrari aber verbrachte Dino die letzten Monate seines Lebens mit dem Entwurf eines V6-Motors; jeden Tag hätten er, Vittorio Jano und Dino nach der Arbeit stundenlang über technische Feinheiten des neuen Triebwerks miteinander diskutiert. Über Dinos Beitrag zu diesem Motor ist viel geschrieben worden. Die meisten Biographen haben dabei Ferraris Version für bare Münze genommen. Die weniger leichtgläubigen haben allerdings festgestellt, daß Jano, dieser bedeutende Konstrukteur seit nun schon dreißig Jahren, 1950 das Lancia-Aurelia-Sportcoupé konstruiert habe sowie den Lancia-D24-Sportrennwagen, der die Mille Miglia und das Straßenrennen von Mexiko gewann. Beide Maschinen aber wurden bereits durch großartige V6-Motoren angetrieben. Auch Lampredi arbeitete vor seinem Ausscheiden an einem V6, und darum sind doch starke Zweifel an Ferraris Behauptung angebracht, der V6 sei allein die Idee seines dahinsiechenden Sohnes gewesen. Im Rückblick erscheint es ziemlich sicher, daß Lampredi und Vittorio Jano, nicht aber Dino Ferrari, dieses Projekt zuerst aufs Tapet gebracht haben – bei allem Verständnis dafür, daß Ferrari als trauernder Vater die Dinge ganz anders sah.

Da Mercedes-Benz nun also aus dem Rennen war und sechs neue Lancia D50er in den Rennwerkstätten auf ihren Einsatz warteten, konnte man der Grand-Prix-Saison von 1956 mit einigem Optimismus entgegensehen – sofern ein ordentliches Fahrerteam zusammengestellt werden konnte. Stirling Moss entwickelte sich immer mehr zu seiner Bestform. Er schien ein wenig von dem Flair und Elan Nuvolaris in sich zu verkörpern und war darum die erste Wahl. Aber Moss hatte die Schmach von Bari noch nicht verziehen und wollte lieber für Maserati fahren, zumindest bis die sensationellen neuen britischen Vanwalls fertiggestellt werden konnten.

Auch Fangio, der dreifache Weltmeister, war vertraglich noch ungebunden. Alles in allem war er der beste und schnellste Rennfahrer der Welt. Auch wenn er schon 46 war, hatte Fangio die schnellsten Autos noch immer unheimlich im Griff. Und wenn überhaupt ein einzelner Mann dazu imstande war, das Ferrari-Team wieder siegen zu lassen, dann war es dieser wortkarge, O-beinige Argentinier mit den kalten Augen. Ferrari, der ihn unbedingt für sich verpflichten wollte, ließ sich auf langwierige und schwierige Verhandlungen ein. Von Anfang an gab es freilich Probleme. Ferrari war es gewohnt, mit Fahrern direkt und ohne Vermittler zu arbeiten. Das nutzte er natürlich aus. Die meisten Fahrer waren nämlich in geschäftlicher Hinsicht naiv (»zu blöd«, wie es Villoresi ausdrückte) und konnten mit ein paar Tricks dazu bewegt werden, für einen Hungerlohn zu fahren. Aber Fangio war da ganz anders. Bei Mercedes-Benz wurden die Fahrer anständig honoriert, und der Argentinier war nicht bereit, den Dienstbotenlohn zu akzeptieren, den Ferrari offerierte – auch wenn er noch so hübsch verpackt war mit dem Hinweis auf den »Ruhm«, den man sich als Fahrer der Scuderia erwerben konnte.

Fangio brachte zu den Verhandlungsgesprächen einen cleveren Agenten namens Marcello Giambertone mit, einen italienischen Rennveranstalter, der in der ganzen Szene wegen seiner Gerissenheit berüchtigt war. Ferrari war wütend über Fangios Affront, mit einem Mittelsmann zu kommen – vor allem aber darüber, daß es Giambertone gelang, einen lukrativen Vertrag für seinen Klienten herauszuholen. Es heißt, daß Fangio etwa zwölf Millionen Lire pro Jahr als Fahrer bekam, plus eine ganze Latte kleinerer Vergünstigungen, mit denen er Ferrari schwer auf der Tasche lag. Auf jeden Fall begann die Beziehung zwischen dem Commendatore und seinem Star mit einem Mißklang, und sie wurde auch nie harmonisch.

Als Ausgleich für diesen harten Brocken gelang es Ferrari, eine beeindruckende Reihe von wilden jungen Männern um sich zu scharen, die nur danach lechzten, auf Gedeih und Verderb zum Ruhm des Teams Rennen zu fahren. Allen voran Eugenio Castellotti, ein Landadelssproß aus Lodi, der so hübsch war, daß Ferrari darauf verfiel, ihn *il bello* zu nennen. Castellotti, der ein verbissener Kämpfer und so eitel war, daß er Schuhe mit Plateausohlen trug, hatte mindestens ein halbes Dutzend Ferraris erworben und mit ihnen als begeisterter Privatfahrer an Rennen teilgenommen, ehe er im Vorjahr mit dem unglücklichen Lancia-Team einige beachtliche Erfolge herausgefahren hatte. Er war die große Hoffnung Italiens und schien der legitime Nachfolger des unvergessenen Ascari zu sein.

Ein anderer reicher Italiener wurde sofort Castellottis erbittertster Rivale: der Römer Luigi Musso, Sohn eines prominenten Diplomaten. Musso war sechs Jahre älter und litt von Anfang an unter dem Handikap, daß er aus dem Süden stammte. Natürlich sorgte Enzo Ferrari, der alte »Antreiber von Männern«, dafür, daß diese Rivalität bis zur Weißglut angeheizt wurde.

Im europäischen Rennsport war der Nationalismus überall üppig ins Kraut geschossen. Die Autos trugen noch immer die Nationalfarben: bei den Italienern Rot, bei den Engländern Grün, bei den Franzosen Blau, den Deutschen Silber, den Belgiern Gelb usw. Zahlreiche Firmen, darunter die Reifenfirmen Dunlop (England), Michelin (Frankreich) und Continental (Deutschland), weigerten sich, mit einem Team Geschäfte zu machen, das nicht aus eigenen Landsleuten bestand. Die Italiener mit ihrer chauvinistischen Presse dürsteten nach Rache für die siegreiche Attacke der Deutschen in den Jahren 1954/55. Die Engländer wiederum suhlten sich masochistisch in der Schmach des BRM-Debakels und nötigten Männer wie Moss, nur Rennwagen zu fahren, die in der englischen Rennfarbe Grün lackiert waren. Die Franzosen schließlich, die seit 1950 nicht mehr ihr heimisches Le-Mans-Rennen gewonnen hatten, drehten an den Regeln mit einem komplizierten »Leistungsindex« herum, der es langsamen, untermotorisierten Eigenbaumaschinen wie den Dyna-Panhards oder den Gordinis erlaubte, ein bißchen Ehre für die Nation einzulegen. Es sollte noch ein Jahrzehnt dauern, bis sich Rennwagen in nicht viel mehr als rollende Werbeflächen für kommerzielle Sponsoren verwandelt hatten. Bis auf ein paar hartgesottene Söldner wie Fangio hatten die Rennfahrer nichts anderes im Sinn, als zu Ruhm und Ehre ihres Vaterlands zu fahren.

Zu den beiden Italienern Castellotti und Musso gesellte sich noch der zierliche, blonde Peter Collins, ein adretter Engländer, der einige bemerkenswert aggressive Rennen am Steuer verschiedener englischer Einsitzer absolviert hatte, bevor er von Ferrari entdeckt wurde. Mit seinen fünfundzwanzig Jahren verkörperte Collins geradezu das Ideal des soliden englischen Schulsports: mutig, aber fair im Rennen, im Privatleben ein flotter und sehr charmanter Gentleman. Wie von seinen Teamgefährten wurde auch von Collins erwartet, daß er das komplette Programm der Scuderia absolvierte, also nicht nur an den Formel-1-Schlachten teilnahm, sondern auch an den zahlreichen wichtigen Sportwagenwettbewerben rund um den Globus – unter anderem die 1000-Kilometer-Rennen von Buenos Aires und auf dem Nürburgring, das 12-Stunden-Rennen von Sebring in Florida, die Targa Florio, Mille Miglia und natürlich Le Mans. Heute sind die meisten Fahrer Spezialisten in einer Rennklasse, aber in den fünfziger Jahren fuhren die Spitzenfahrer ebenso erfolgreich bei offenen Straßenrennen in schweren Sportwagen mit Ganzkarosserien wie bei geschlossenen Rundstreckenrennen in leichten Einsitzern mit. Sie waren, im klassischen sportlichen Sinn des englischen Wortes, »Allrounder«.

Zur Ferrari-Truppe für wichtige Sportwagenrennen gehörte auch der Belgier Olivier Gendebien, ein ehemaliger Resistancekämpfer und hervorragender Reiter, der Ferrari sehr beeindruckt hatte, als er in glänzender Manier auf seinem eigenen Mercedes 300SL bei der Mille Miglia von 1955 einen siebten Platz herausfuhr. Dieser noble Mann war weniger naiv als seine eilfertigen Teamgefährten, auch in Zukunft ließ er sich nie auf die Intrigen der Scuderia ein. Vielleicht hatte er sich ja ein Geständnis zu Herzen genommen, das Ferrari einmal beim Mittagessen machte, als er über die Wankelmütigkeit des Italieniers räsonierte und nachdenklich zu Gendebien sagte: »Wir Italiener sind doch eigentlich alle durchtriebene Komödianten.«

Ein weiterer Fahrer im Sportwagenteam, der das gar nicht so komisch fand, war der 29jährige Kalifornier Phil Hill, der voller romantischer Vorstellungen vom europäischen Rennsport nach Maranello gekommen war. Überaus begabt und mit einem Faible für die Kultur der Alten Welt, war er Opernfan und Antiquitätensammler – aber er hatte auch eine Achillesferse: Er wollte es allen recht machen. Ferrari kam natürlich sofort dahinter und trieb ein schändliches Spiel mit dem verletzlichen und temperamentvollen Rennfahrer – selbst dann noch, als Hill für die Firma eine Weltmeisterschaft gewonnen hatte. Hill hatte bei dem unseligen Rennen von Le Mans im Vorjahr hervorragend abgeschnitten und durfte auf Vermittlung seines guten Freundes Chinetti die geheiligten Bezirke von Maranello betreten. Aber trotz seines offenkundigen Talents ließ man ihn drei Jahre lang im zweiten Glied schmoren.

Ganz anders erging es einer überaus schillernden Figur, einem Spanier, den alle Welt – freilich nur für kurze Zeit – kannte: Marquis Alfonso de Portago. Dieser 28jährige Edelmann war der erste Punk-Aristokrat. »Fon« Portago, der Sohn einer ehemaligen irischen Krankenschwester, war nach Ansicht vieler seiner Bewunderer fünf Jahrhunderte zu spät auf die Welt gekommen. Er war der Inbegriff des Abenteurers und Liebhabers, ein Teufelskerl, wie er im Buche stand und wie ihn Ferrari liebte. Portago war ein brutaler, unbekümmerter Fahrer, der keine Nerven zu haben schien. Er gab sich alle Mühe, möglichst ungepflegt zu erscheinen, trug am liebsten Lederjacken, lange Haare und einen Stoppelbart und roch meist nach Zwiebeln und Knoblauch. Seine Ehe mit einer wohlhabenden Amerikanerin hinderte ihn nicht daran, zahllose aufsehenerregende Affären in Europa mit Frauen wie dem international bekannten Model Dorian Leigh und der Schauspielerin Linda Christian zu haben. Was Portago, der zudem ein hervorragender Polospieler, Bobfahrer und Steeplechase-Reiter war, an Autorennen reizte, war die schiere, nackte Gefahr. Bei seinem draufgängerischen Fahrstil, der Ferrari faszinieren mußte, war es kein Wunder, daß er sich 1954 bei einem Unfall in Silverstone ein Bein brach. Er sprach vier Sprachen fließend und hatte immerhin so viel königliches Blut in sich, daß er seine Ansprüche auf den spanischen Thron angemeldet hätte, wenn Franco zurückgetreten oder abgesetzt worden wäre. Er war Ferraris Liebling auf den ersten Blick. Der Commendatore war von Portagos *garibaldino*-Fahrweise ebenso begeistert wie von seinem ausgefallenen, verwegenen Lebensstil.

Enzo Ferrari selbst war natürlich ein ausgesprochen ungehobelter Mann, und vielleicht hatte er gerade deshalb eine Vorliebe für extravagante »Gentlemen«. Beim Essen in Gesellschaft erging er sich in seinen endlosen sexuellen Anspielungen und abfälligen Seitenhieben gegen seine Konkurrenten, und ungeniert rülpste er laut, kratzte sich im Schritt und schneuzte laut in ein großes Leinentaschentuch, das er stets bei sich trug. Menschen, die ihm nahestanden, behaupten, damals sei seine eher vornehme öffentliche Persönlichkeit geformt – oder genauer: umgeformt – worden, als ein Journalist aus Cremona namens Dario Zanesi nach Modena gekommen sei, um eine Personality-Story über ihn für die Zeitschrift *Resto del Carlino* zu schreiben. Zanesi muß entsetzt gewesen sein. Statt einem hochherrschaftlichen Patrizier zu begegnen, der über ein Reich von Handwerkern gebot, traf er einen »paesano Modenese« an, der eine kleine italienische Fabrik leitete, die zufällig schnelle Autos herstellte. Weil Zanesi die Illusionen seiner Leser nicht zerstören wollte, fertigte er ein neues Porträt des Commendatore an – »einen neuen Anzug«, wie er es nannte. Aus dem alten Bauernrüpel wurde ein würdevoller, unnahbarer, kultivierter Doge, der über sein Imperium mit fester Hand, aber gerecht herrschte. Das unmögliche Benehmen in Gesellschaft, die lautstarken Temperamentsausbrüche, das Fluchen, die Schikanen gegenüber seinen Leuten, die Geliebte, der uneheliche Sohn (dazu vielleicht noch, schenkte man den in der ganzen Stadt kursierenden Gerüchten Glauben, *zwei* uneheliche Töchter, deren Mütter großzügig dafür abgefunden wurden, daß sie ein für allemal den Mund hielten) – der ganze *Mensch* also verschwand unter der dicken Tünche journalistischer Schönfärberei. Leute, die Ferrari gut gekannt haben, berichten, daß Zanesis Story eine nachhaltige Wirkung hatte. Ferrari, dieser unverbesserliche Schauspielern, schien die Persönlichkeit, wie sie in dieser Geschichte beschrieben wurde, anzunehmen, sie sich quasi überzustülpen – zumindest in der Öffentlichkeit. Im Laufe der Zeit lernte er, sich der Außenwelt mit einer Aura von ehrwürdiger Größe zu präsentieren, während er gegenüber dem engen Kreis von Ingenieuren, Lakaien und Gelegenheitsfreunden der alte Polterer, Manipulierer und rüpelhafte *scemo* wie eh und je blieb.

Es wird oft gesagt, seine größte Gabe sei die Fähigkeit gewesen, Talente zu entdecken. Vermutlich ist das auch der Fall gewesen. Allerdings bestand er gegenüber diesem Talentpool auf unbedingter Loyalität und der Bereitschaft, hinter dem Namen Ferrari zurückzustehen. Er war ein Meister der Täuschung, Irreführung und Lüge, und leider färbte das auch auf seine Mitarbeiter ab. Aber sie hatten auch keine andere Wahl, denn Kritik konnte er einfach nicht ertragen. So hatte Romolo Tavoni beispielsweise einmal nach seiner Rückkehr von Holland nebenbei die Bemerkung fallengelassen, eine bedeutende Persönlichkeit im internationalen Rennsport habe erklärt, Ferrari solle doch endlich aufhören, den kleinen Handwerker zu spielen, und ein ordentlicher Geschäftsmann werden. Wütend über diese Beleidigung wollte Ferrari den Namen des Mannes wissen. Weil ihn sein Informant um Diskretion gebeten hatte, schwieg Tavoni. »Verlaß mein Büro und komm in fünf Minuten wieder – mit dem Namen!« befahl Ferrari. Tavoni kam gehorsam wieder, weigerte sich aber zu reden. »Bleib die nächsten vier Tage zu Hause!« brüllte Ferrari. Tavoni wollte auch nach dieser Verbannung nicht seinen Informanten preisgeben. »Einen Monat!« tobte Ferrari. Schließlich wurde Tavoni, der in der Organisation eine wichtige Rolle spielte, wieder zurückgeholt. Aber auch weitere Verhöre erbrachten nichts, und schließlich war der Vorfall vergessen.

Ein Mann freilich verstand es besonders gut, mit Ferrari umzugehen: ein amerikanischer Emigrant namens Tony Parravano. In Puglia, einem kleinen Nest im Bergland östlich von Neapel, geboren, war er als junger Mann nach Amerika gegangen und hatte sich im Baugewerbe nach oben gearbeitet, zuerst in Detroit und schließlich, nach 1943, im South-Bay-District von Los Angeles. In den frühen fünfziger Jahren war Parravano ein mächtiger, wenn auch etwas zwielichtiger Mann in südkalifornischen Wohnungsbaukreisen geworden. Immer wieder hieß es, er werde von der Mafia unterstützt, aber das stand seinem Erfolg nicht im Wege. Schnelle Wagen hatten es Parravano angetan, vor allem die Modelle der beiden Modeneser Firmen Ferrari und Maserati. Er wurde so etwas wie der Schirmherr für die Schar der begabten Straßenrennfahrer, die wie Phil Hill aus den Kreisen der südkalifornischen Sportwagenamateure kamen. 1955 hatte Parravano den zähen

Texaner Carroll Shelby, der regelmäßig bei kalifornischen Wettbewerben gewann, nach Italien geschickt. Dort sollte er Autos für Parravanos Sammlung erwerben und Kontakte zu den wichtigen Leuten in den Werken von Ferrari und Maserati herstellen. Daraufhin fuhr Parravano selbst mehrmals nach Modena, wobei er Ferrari kennenlernte. Da das Geld wieder einmal äußerst knapp war, gewährte Parravano Ferrari mehrere Darlehen, die sich auf insgesamt 300000 Dollar beliefen. Sie wurden an Parravano in Form von Autos und Ersatzteilen zurückgezahlt, die er zum halben Preis bekommen sollte – obwohl doch angeblich Luigi Chinetti in New York der Alleinimporteur für diese Autos war. Dieses Arrangement mit Parravano umging eindeutig Chinettis Franchiseunternehmen und kam ihn zweifellos teuer zu stehen, in finanzieller Hinsicht wie auch vom Prestige her. Und dies sollte auch nicht das letzte Mal sein, daß »der alte Mann Luigi betrog und ihn im allgemeinen wie den letzten Dreck behandelte«, wie es Shelby ausdrückte.

Die Ferraris, die Parravano nach Kalifornien holte – vor allem die riesigen 4,9-Liter-Modelle –, trugen viel dazu bei, die Ferrari-Legende unter der statusorientierten Hollywood-Schickeria zu verbreiten. Allerdings geriet die Marke auch ins Zwielicht, als Parravano im darauffolgenden Jahr spurlos verschwand – vermutlich war er das Opfer eines Mordanschlags durch Gangster geworden. Während immer wieder einmal davon die Rede war, Parravano habe sich angeblich nach Südamerika oder Afrika abgesetzt, wurde er nach der gängigen Theorie beseitigt, weil er sich gegenüber der Mafia indiskret verhalten habe. Und das wiederum führte gelegentlich zu der Unterstellung, daß Ferrari irgendwie von der Unterwelt finanziert worden sei oder vielleicht sogar indirekt in diesen mysteriösen Fall verwickelt sei. Allerdings gibt es keinerlei Beweise dafür, daß Ferrari jemals ernsthafte Geschäfte mit der Mafia gemacht hat, weder in Italien noch in den USA. Eine derartige Verbindung ist zwar durchaus denkbar, aber kein Historiker oder ehemaliger Mitarbeiter, und sei er noch so kritisch eingestellt, hat jemals behauptet, daß es irgendeine Beziehung zwischen Enzo Ferrari und der Unterwelt gegeben habe. Dennoch wollen die Gerüchte nicht verstummen, und das liegt sicher nicht zuletzt am mysteriösen Verschwinden von Tony Parravano.

Dank Jano, Fangio und einem Gefolge ehrgeiziger junger Fahrer war Ferrari auf die Saison 1956 ausgezeichnet eingestellt. Die Lancias waren umgerüstet worden, wobei der Treibstoff nicht mehr in den bizarren Seitentanks, sondern in einem konventionellen Hecktank untergebracht war. Wir kennen die genauen Gründe für diese Änderung nicht – vielleicht sollte das Fahrverhalten etwas zuverlässiger gestaltet werden –, aber die meisten technischen Experten behaupten, daß dieser Umbau ein Rückschritt gewesen sei. Möglicherweise war das eine ganz egozentrische Maßnahme: Auf diese billige und relativ einfache Weise konnte Ferrari einer Konstruktion sein Markenimage verleihen, die ihm offensichtlich in jeder Hinsicht fremd war.

Noch immer dachte Ferrari an nichts so sehr wie an den Erfolg in der Formel 1. Darin investierte er so viel wie noch nie zuvor, vor allem um Fangio zu halten, und das zahlte sich aus: Relativ leicht gewann der argentinische Maestro seinen vierten Weltmeistertitel, obwohl er dazu am Ende die Hilfe von Peter Collins benötigte. Als die Saison in die letzten Runden ging, machten sich Collins und Fangio den Titel gegenseitig streitig. Beim Großen Preis von Italien fiel Fangios Auto aus, und damit schien er keine Chancen mehr zu haben, abermals Weltmeister zu werden. Dann fuhr Collins an die Boxen und überließ in einer unglaublich sportlichen Geste sein Auto dem alten Meister, der damit noch Zweiter hinter Stirling Moss auf dem schnellen Maserati 250F werden konnte. Diese selbstlose Tat machte Fangio den Weg frei zum erneuten Titelgewinn und den Engländer bei Ferrari beliebt, der ausnahmsweise einmal erlebte, wie ein Fahrer seine persönlichen Bedürfnisse dem Prestige des Teams unterordnete. Collins' Erklärung für seine außerordentliche Großzügigkeit: »Ich bin ja erst fünfundzwanzig und habe noch genug Zeit, die Weltmeisterschaft ganz allein zu gewinnen.«

Castellotti und Fangio hatten die Saison damit eröffnet, daß sie das 12-Stunden-Rennen von Sebring in Florida für die Scuderia gewannen. Und abgesehen davon, daß Le Mans erneut an Jaguar ging und Moss auf seinem Maserati überlegen die Großen Preise von Monaco und Monza gewann, siegte Ferrari bei den meisten bedeutenden Wettbewerben der Saison. Bei strömendem Regen gewann Castellotti die Mille Miglia in verwegener Manier, und auch die Plätze zwei bis fünf wurden von Ferraris belegt. Fünfter war Gendebien auf einem langsameren 250GT-Coupé, an das er sich nur mit tiefer Verachtung erinnert. Schon zuvor während der Targa Florio war die Winschutzscheibe fürchterlich undicht gewesen, und darum hatte der Belgier gebeten, daß sie noch vor den Mille Miglia repariert würde. Das war jedoch nicht geschehen, und so mußte er sich nun die ganzen tausend Meilen durch strömenden Regen quälen – frierend und durchnäßt und mit nur minimaler Sicht. Auf dem tückischen Futa-Paß hatte er einen Dreher, bei dem sich die Karosserie so stark verzog, daß sein Kopilot, sein Vetter Jacques Washer, die Tür mit dem Fuß aufstoßen mußte, damit er am Ziel aussteigen konnte. Doch Ferrari, der sich am Kontrollpunkt von Bologna etwa 190 Kilometer südlich von Brescia befand, interessierte sich nicht für Gendebiens Probleme. Gendebien: »Er sagte: ›Du mußt die *gran-turismo*-Klasse gewinnen.‹ Seine Stimme und sein Verhalten waren beinahe hypnotisch. Man konnte fast nicht widerstehen.«

Mit ziemlicher Sicherheit ging es Fangio nicht gut, als er bei Ferrari war. Vielleicht weil er durch die professionelle Atmosphäre bei Mercedes-Benz und durch die ziemlich geruhsame Zeit bei Maserati Besseres gewöhnt war, widerten Fangio die ständigen Intrigen im Team an. Er war einfach schon zu alt und zu klug, um auf Ferraris psychologische Kriegführung hereinzufallen. Darüber hinaus war er – vielleicht ungerechtfertigterweise – überzeugt, daß man ihm nur zweitklassige Autos zur Verfügung stellte und daß junge Löwen wie Collins und Castellotti bevorzugt wurden. Als er wegen einer defekten Benzinleitung beim Großen Preis von Frankreich nur Vierter wurde, munkelten Fangio und seine Fans von Sabotage – obwohl tatsächlich technische Pannen während der ganzen Saison an der Tagesordnung waren und ausnahmslos jedem Fahrer irgendwann passierten. Später erinnerte sich Ferrari daran, daß die Saison 1956 nach Fangios Version »eine Art Thriller [gewesen war], eine phantastische Serie von Verrat, Sabotage, Betrug und Machenschaften aller Art – mit dem einzigen Ziel, ihn in die Knie zu zwingen«. Ferrari hat sicher recht, wenn er sagt, daß es einfach Wahnsinn gewesen wäre, den besten Rennfahrer der Welt zu engagieren und dann alles zu tun, um ihn am Siegen zu hindern. Dafür war Ferrari einfach viel zu pragmatisch. Seine Investition in Fangio sollte sich im Gewinn der Weltmeisterschaft auszahlen. So war es wohl eher eine Frage des persönlichen Stils, daß die beiden Männer aneinandergerieten. Auf der einen Seite erwartete Fangio einfach das gleiche professionelle Niveau wie bei Mercedes-Benz. Ferrari hingegen forderte von seinen Fahrern eine geradezu hysterische und hirnlose Ergebenheit, die einfach nicht Fangios Art entsprach. So verließ der Argentinier die Scuderia 1956 unmittelbar nach dem letzten Rennen, um ein paar Häuser weiter zu Maserati überzuwechseln. Bis an Ferraris Lebensende verhielten sich die beiden Männer äußerst distanziert zueinander, auch wenn sie öffentliche ihre Zuneigung und Versöhnlichkeit theatralisch zur Schau stellten.

Aber was bedeutete schon diese spannungsgeladene Beziehung zu Fangio angesichts des Dramas, das sich nun in der kleinen Wohnung über der Scuderia abzuspielen begann. Als das zähe Rennen in Le Mans zu Ende ging – bei dem das drittplazierte Gespann Gendebien-Trintignant auf einem Tipo 625 LM als einziges von den sechs teilnehmenden Ferrari-Teams das Ziel erreichte –, lag Dino im Sterben. In der letzten Juniwoche erlebten die Mechaniker in der Scuderia-Werkstatt einen neuen Ferrari: Das Gesicht vor Kummer verzerrt und ungeniert schluchzend, kam er die paar Stufen von der Wohnung herunter. Am 30. Juni 1956 war alles vorbei – der liebenswerte junge Mann starb an Nierenversagen. Am darauffolgenden Nachmittag war Tavoni bei Ferrari, als der Teammanager Eraldo Sculati aus Reims anrief, um ihnen zu sagen, daß Collins den Großen Preis von Frankreich gewonnen habe. Tavoni wollte den Hörer Ferrari weiterreichen, der aber tränenerstickt abwinkte und erklärte, mit seinem Interesse für Autorennen sei es ein für allemal vorbei.

Vor dem alten Scuderia-Gebäude am Viale Trento e Trieste versammelte sich der Leichenzug, wobei sich vielleicht tausend Trauergäste eingefunden hatten, und zog langsam zum Friedhof von San Cataldo. An der Spitze gingen Ferrari, hoch aufragend und ungebrochen, und die von Gram gebeugte Laura, ganz in Schwarz. Mitten in dem langen Zug der Trauernden tuckerte ein kleiner Fiat, in dem Mutter Adalgisa gefahren wurde, die nun hoch in den Achtzigern war und den langen Weg an diesem schwülen Tag nicht mehr zu Fuß zurücklegen konnte. Auf dem Friedhof von San Cataldo wurde die Trauerfeier für Dino zu einer posthumen Verklärung, die beinahe einer Seligsprechung gleichkam. Eine marmorne Krypta im romanischen Stil war teilweise mit öffentlichen Mitteln der Stadt Modena errichtet worden und sollte in Zukunft als Familiengruft dienen. Auch die sterblichen Überreste von Dinos Großvater fanden hier nun ihre letzte Ruhestätte; für Enzo, seine Mutter und Laura waren Ruheplätze neben Dino vorgesehen.

Dinos Krankheit ist von den verschiedenen Biographen unterschiedlich diagnostiziert worden – als Leukämie, multiple Sklerose, Nierenentzündung und Muskeldystrophie. Von letzterer ist am häufigsten die Rede, und auch Ferrari selbst hat davon gesprochen, daß sein Sohn wie seine Frau an »Dystrophie« gelitten hätten. Gelegentlich behauptete er auch, der Junge sei an einer »Virusnierenentzündung« gestorben. Aber Insidern zufolge war die unausgesprochene – und unaussprechliche – Krankheit, der der sympathische junge Mann letztlich zum Opfer gefallen war, die gefürchtete Syphilis.

Die folgende Geschichte wird zwar immer wieder erzählt, beruht aber nur auf Indizien: Laura Ferrari sei eine Prostituierte gewesen, eine *puttana*, die die Krankheit bereits vor der Geburt dem Jungen weitergegeben habe. Einem leitenden Mitarbeiter zufolge, der zwanzig Jahre lang in Modena tätig war, habe Ferrari nicht aus Liebe, sondern aus einem »Schuldgefühl« heraus seinem Sohn ein so ehrendes Andenken bewahrt. Diese Geschichte wird zwar auch von denen bestätigt, die Ferrari angeblich am besten gekannt haben, aber niemand möchte natürlich namentlich genannt werden. Ein alter Bekannter Ferraris aus den dreißiger Jahren beharrt sogar darauf, daß diese Geschichte wahr und Laura eine Prostituierte gewesen sei.

Auf der anderen Seite gibt es Menschen – und dazu gehört auch Luigi Chinetti –, die behaupten, daß Laura Garello Ferrari eine anständige, aber immer wieder verleumdete Dame gewesen sei, die aus einer Familie von kleinen Landbesitzern stammte. Einige Leute halten es sogar für möglich, daß sie die Fabrik in Maranello mitfinanziert habe, und das hätte sich wohl schwerlich eine ehemalige Nutte leisten können. Im übrigen haben Fachmediziner an der Cleveland Clinic wie an der Harvard University erklärt, es sei »extrem unwahrscheinlich«, daß Dino an Syphilis gestorben sei. Von den Babys, die die Krankheit im Mutterleib bekämen, würden etwa 80 Prozent bereits im ersten Lebensjahr sterben. Danach sinke die Sterblichkeitsrate, nach fünf Jahren betrage sie nur noch zehn Prozent. In den dreißiger Jahren, als Dino noch ein Kind war, konnte die Krankheit durch die dosierte Einnahme von Arsen, Wismut und Jod oft geheilt werden. Nach dem Zweiten Weltkrieg lagen die Heilungschancen bei Syphilis durch die weite Verbreitung des Penicillins bei nahezu 100 Prozent. Darum ist es wirklich äußerst unwahrscheinlich, daß der Junge Mitte der fünfziger Jahre ausgerechnet an dieser Krankheit starb, obwohl sich doch bestimmt die besten Ärzte von Modena um ihn kümmerten.

Nun zur Diagnose Muskeldystrophie: Diese Krankheit kommt in mehreren Formen vor, und vermutlich hätte Dino dann die am häufigsten auftretende, bösartige Duchenne-Form gehabt, die zwischen der Geburt und dem dritten Lebensjahr auftritt und bei der die Lebenserwartung zwischen 15 und 25 Jahren liegt. Allerdings sind derartige Patienten in den letzten Lebensjahren völlig debil, und darum hat Dino wahrscheinlich diese Krankheit nicht gehabt, denn er konnte bis in die letzten Monate seines Lebens hinein – wenn auch unter Schwierigkeiten – ambulant behandelt werden.

Bekanntlich hat Enzo Ferrari nach Dinos Tod großzügige Spenden an Kinder verteilt, die an Muskeldystrophie litten. Und ein prominenter amerikanischer Fernsehproduzent und eifriger Ferrari-Sammler hat berichtet, daß er Ferraris Freundschaft erst dann gewann, als er ihm erzählte, daß er aus lauter Anteilnahme einen Dokumentarfilm über die Krankheit gedreht habe.

Allerdings paßt Ferraris Beschreibung der Behandlung von Dinos Krankheit überhaupt nicht zum üblichen Krankheitsbild einer Muskeldystrophie. So heißt es in *Meine schrecklichen Freuden:* »Ich habe mir – wie jeder Vater – etwas vorgemacht, als ich glaubte, wir könnten Dino wieder gesund machen. Ich habe ihn wie eines meiner Autos, wie einen meiner Motoren behandelt, und darum habe ich mir eine Kalorientabelle von allen Nahrungsmitteln angefertigt, die er essen konnte, ohne seine Nieren zu schädigen. Und damit ich den Verlauf seiner Krankheit genau im Griff hatte, habe ich täglich die Kurvenblätter auf den neuesten Stand gebracht, die seine Urineiweißwerte, das spezifische Harngewicht, den Grad der Urämie, die Harnmenge und so weiter anzeigten.« All das deutet nach Meinung von Fachleuten auf den Verlauf eines Nierenversagens hin. Unter Nephritis versteht man eine ganze Reihe von Krankheiten, bei denen eine Entzündung der Nieren auftritt, die oft zum Tode führen kann. Und wenn man Ferraris persönlichen Erinnerungen folgt, so kann kaum ein Zweifel daran bestehen, daß Dino Ferrari letzten Endes an Nierenversagen gestorben ist.

Dinos Tod stellte jedenfalls einen entscheidenden Wendepunkt in Ferraris Leben dar. Von da an zog er sich noch mehr in sich zurück, wurde verbitterter und zynischer, reagierte aber auch viel stoischer auf die anderen Todesfälle, die seine eigene Existenz plötzlich so unwichtig erscheinen ließen. Wenn die Syphilis wirklich eine Rolle beim frühen Tod des Jungen gespielt haben sollte, dann wären Ursache und Wirkung klar. Hätte es sich dabei aber nur um üble Nachrede gehandelt, dann hätte Ferrari, der ein feines Ohr für Gerüchte hatte, von dieser Verleumdung sicher gewußt. Auch das könnte ihn dann veranlaßt haben, sich von den Intrigen und Ränkespielen in seiner Umgebung abzuschotten.

Jahrzehntelang gehörte – neben der Rasur beim Friseur und einem kurzen Besuch bei seiner greisenhaften Mutter – auch das Gebet am Grab seines Sohnes zu Ferraris morgendlicher Routine. Alle V6-Motoren und die Wagen, die sie enthielten, wurden »Dinos« genannt. Ferraris schlichtes Arbeitszimmer in Maranello war fortan eher ein Heiligtum als ein Büro: Gegenüber dem Schreibtisch hing ein nachdenkliches Porträt von Dino, das den Raum auf eine eher unangenehme Art beherrschte. Jahrelang trug Ferrari eine schwarze Krawatte zum Angedenken an seinen einzigen legitimen Sohn, und er verlieh eine Reihe von Preisen und Stipendien, die Dinos Namen trugen.

Im Laufe des Jahres 1956 wurde die kleine Berufsschule, die zuerst in dem ehemaligen Stall an der Via Abetone eingerichtet worden war, zu einer offiziellen Fachschule erweitert und unter der Schirmherrschaft des italienischen Kultusministers dem Istituto Tecnico di Corni angegliedert. Ferrari wünschte, daß dieses Institut nach seinem toten Sohn benannt wurde, und aufgrund seiner Bemühungen (und Beziehungen) wurde es in aller Form in Istituto Professionale Statale Alfredo Ferrari umbenannt.

Als Dino Ferrari starb, war sein Vater 58 Jahre alt. Dank der Unterstützung von Fiat und Lancia und dank der Großzügigkeit zahlreicher wohlhabender Kunden aus aller Welt erfreute er sich nun eines gewissen Wohlstands. Zwischen ihm und Laura bestand inzwischen so etwas wie ein »freundschaftliches Einvernehmen«, und nun konnten sie es sich leisten, weiteren Grundbesitz in Modena und Umgebung dazuzukaufen. Es gab sogar schon ganz konkrete Pläne, die Fabrik auszubauen, in der in diesem Jahr immerhin 81 Autos hergestellt worden waren, und den bescheidenen Stall an der Via Abetone zu einem Restaurant mit einem kleinen Hotel umzubauen. Diese lukullische Herberge sollte den Namen »Cavallino« bekommen und würde eines Tages fast so berühmt sein wie die Fabrik gegenüber. Aber nach dem Verlust von Dino spielte all das eine Zeitlang keine Rolle mehr. Im Sommer 1956 drohte Ferrari wiederholt damit, den Rennbetrieb einzustellen, und selbst Leute, die derartige theatralische Gesten schon zuvor erlebt hatten, neigten dazu, ihm diesmal zu glauben.

Aber Ferrari hatte ja noch einen Sohn. Piero war gerade elf geworden und lebte noch immer bei seiner Mutter in Castelvetro. Wir wissen nicht, ob die beiden Jungen einander jemals begegnet sind oder ob Dino überhaupt wußte, daß er einen Halbbruder hatte, aber zweifellos ist Laura Ferrari irgendwann Ende der fünfziger Jahre hinter das Doppelleben ihres Mannes gekommen. Ihre Reaktion konnte man wohl schwerlich als gelassen bezeichnen, denn mit Sicherheit war sie die Verliererin. Während ihr einziger Sohn tot war, hatte sich Ferrari offenkundig dadurch abgesichert, daß er einen zweiten Nachkommen – und Ersatzerben, wie die Dinge nun lagen – in die Welt gesetzt hatte, von dessen Existenz niemand außer Ferraris engsten Mitarbeitern etwas ahnte.

Gut einen Monat nachdem Dino gestorben war, mußte die Familie erneut einen Todesfall beklagen, wenngleich sie davon nur indirekt betroffen war. Sergio Sighinolfi, einer der Sargträger bei Dinos Begräbnis, grämte sich zutiefst über den Tod seines Freundes. Die beiden jungen Männer waren einander sehr nahegekommen, als es mit Dinos Gesundheit immer weiter bergab ging, und für Dino waren die Stunden, die er mit Sighinolfi verbrachte, zuletzt das einzige Vergnügen gewesen. Am 9. August nun kam die Nachricht, daß Sergio die Kontrolle über den Ferrari verloren hatte, den er gerade in den Apenninen testete, und ums Leben gekommen war – ausgerechnet in einer Kurve, durch die er schon hundertmal vorher bei anderen Testfahrten gerast war. Diesmal aber hatte es ihn zu weit hinausgetragen, und er war über eine steile Böschung zu Tode gestürzt.

Enzo Ferrari nahm auch dieser Verlust sehr mit. Da der junge Mann seinem Sohn so viel bedeutet hatte, war er für ihn mehr als ein einfacher Angestellter gewesen. Ferrari, dem der Tod eines seiner Fahrer nur selten etwas ausmachte, gab sich besondere Mühe, Sighinolfis Familie zu trösten. Mit einer unbekannten Geldsumme versuchte er, ihr Leid zu lindern, und vermutlich hatte er bis dahin noch nie eine derartige Großzügigkeit an den Tag gelegt.

Ferrari machte in dieser Zeit viel durch, und das bestärkte ihn nur noch in seiner Klage über den verstorbenen Dino. Zwei Wochen nach dem Begräbnis schrieb er an seinen Freund Rancati: »Ich habe lange über die Rennsaison nachgedacht und beschlossen, es anderen zu überlassen, das Ansehen italienischer Automobile in anderen Ländern zu verteidigen. Wir müssen in unserem Leben lernen, Dingen zu entsagen, die wir sehr hoch schätzen, und nachdem ich meinen Sohn verloren habe, bin ich der Meinung, es gibt sonst nichts Wertvolleres, auf das ich verzichten könnte.«

Zu den zahlreichen Klischees, die sich um Ferraris Karriere gerankt haben, gehört auch die Behauptung, daß er nach Dinos Tod nicht mehr persönlich bei Autorennen zugegen gewesen sei. Die mystische Aura, mit der sich Ferrari später in seinem Leben selbst umgab, beruhte großenteils auf dieser Weigerung, bei motorsportlichen Ereignissen zu erscheinen, abgesehen von einem inzwischen traditionellen Nachmittagsbesuch bei den Qualifikationsrennen zum Großen Preis von Italien in Monza. Aber es stimmt einfach nicht, daß dieses Fernbleiben nach Dinos Tod begann – oder, wie andere behaupten, nach dem ersten Rennen, an dem der Dino-V6-Formel-2-Wagen teilnahm, im Frühjahr 1957 in Neapel. Mit Sicherheit leitete Enzo Ferrari im Mai 1957 sein Team bei der Mille Miglia vom Kontrollpunkt Bologna aus, und möglicherweise war das letzte offizielle Rennen, das durch seine Anwesenheit geehrt wurde, der nicht zur Weltmeisterschaft zählende Große Preis von Modena zu einem späteren Zeitpunkt der Saison 1957. Und das war immerhin fünfzehn Monate nach dem Tod seines Sohnes. Für diese selbstauferlegte Abstinenz hat es bislang noch keine befriedigende Erklärung gegeben. Einige Biographen behaupten, er habe sich in der immer wilder tobenden Masse nicht mehr wohl gefühlt – aber an jenem traditionellen Trainingsnachmittag in Monza hatte er offenbar überhaupt nichts gegen die Scharen von lärmenden *tifosi*, die ihn umgaben. Nachdem die Mille Miglia abgeschafft worden war, blieben die Targa Florio und der Große Preis von Italien die einzigen italienischen Wettbewerbe von Weltformat. Ferrari, den man ohnehin nicht als leidenschaftlichen Reisenden bezeichnen konnte, war jedenfalls in der Lage, von zu Hause aus per Telefon mit seinen Rennmanagern in Kontakt zu bleiben. Normalerweise war er während der Trainings- und Qualifikationsrennen zwei bis drei Stunden mit der Strecke in Verbindung und diskutierte mit seinen Leuten über Aufhängungseinstellungen, Übersetzungsverhältnisse, Reifenmischungen, Rennstrategien usw. Nach den Rennen selbst gab es ausführliche Sitzungen mit den Ingenieuren und Teammanagern, in denen das Ereignis analysiert wurde. Als die internationale Kommunikationstechnologie immer raffinierter wurde – dank Fernsehen, Fernschreibern, Computerterminals und Faxgeräten, deren Einführung er noch erlebte –, konnte er in seinem komfortablen Hauptquartier genausoviel über ein Rennen mitbekommen, wie wenn er sich in den Boxen aufgehalten hätte. Im übrigen war für ein PR-Genie wie ihn klar, daß die unaufhörliche Spekulation über seine Abwesenheit viel mehr zur Legendenbildung beitrug, als wenn er bei allen Veranstaltungen zugegen gewesen wäre.

Interessanterweise wurden die Fahrer nur selten oder überhaupt nicht in diese Telefonabfragen und -konferenzen einbezogen. Von wenigen Ausnahmen abgesehen, waren Fahrer für Ferrari nur zweitrangiges Menschenmaterial. Seit er mit dem Rennsport professionell zu tun hatte, war Ferrari überzeugt davon, daß es genügend junge Männer gab, die bereit waren, ihr Leben, ihr Ansehen und ihr ererbtes Vermögen hinter dem Steuer eines erstklassigen Rennwagens aufs Spiel zu setzen. Solange seine Autos an Rennen teilnahmen, brauchte er sich um den Fahrernachschub keine Gedanken zu machen.

Selbst als ihm Ende 1956 klar war, daß Fangio nie wieder in seinen Rennstall zurückkehren würde, hatte er noch mehr als genug ruhmbegierige Fahrer um sich. Neben den beiden großen italienischen Hoffnungen Castellotti und Musso waren das der zu allem bereite junge Engländer Collins, der wilde Portago sowie Gendebien und Hill, die beide endlich einmal in der Formel 1 mitfahren wollten. Und in den Kulissen wartete bereits ein Deutscher aus gutem Adel auf seinen Auftritt: Wolfgang Alexander (»Taffy«) Graf Berghe von Trips, der überzeugt war, daß er sein Bestes geben würde, wenn er dazu nur die Gelegenheit hätte. Und schließlich war auch noch Mike Hawthorn bereit, zurückzukommen. Wieder einmal hatte es eine heftige Auseinandersetzung mit dem Vanwall-Impresario Tony Vandervell gegeben: Der Boß hatte unbedingt vor dem Großen Preis von Frankreich sein Rennauto vom Hotel mitten durch den öffentlichen Verkehr zur Rennstrecke fahren wollen, und dabei war die Kupplung heißgelaufen. Daraufhin hatte Hawthorn in Maranello durchblicken lassen, daß er bereit sei, einen neuen Vertrag abzuschließen.

Die italienische Presse nannte diese Gruppe von Fahrern später *il squadra primavera*, das Frühlingsteam. Wenn es unter diesen jungen Fahrern einen Favoriten gab, dann war es mit Sicherheit Peter Collins. Dieser ein wenig redselige, aber absolut loyale Engländer, hatte sich bei Ferrari beliebt gemacht, als er Fangio in Monza seinen Wagen überließ, und eine Zeitlang hatte es den Anschein, als solle er – zumindest in emotionaler Hinsicht – den noch immer betrauerten Dino ersetzen. Collins durfte in einer Villa wohnen, die Ferrari an der Via Abetone in der Nähe der Fabrik erworben hatte und die im Laufe der Zeit eine Art Dependance von Ferraris Haushalt wurde. Enzo schaute regelmäßig auf dem Weg zur Arbeit vorbei, und Laura ließ sich von dem treu ergebenen Pepino Verdelli einmal in der Woche hinausfahren, um Collins' Wäsche zu waschen und sein Haus zu putzen. Damals hatte der sympathische Junggeselle gerade keine Freundin, worüber Ferrari hocherfreut war. Frauen (von seinen eigenen natürlich abgesehen) sah er nicht gern in seinem Gefolge. Er hielt sie für eine Ablenkung, und zwar nicht nur für die Fahrer, sondern auch für die Mechaniker und das ganze Unternehmen.

Das wirkte sich freilich kaum auf das Liebesleben der Teamstars aus. Viele von ihnen waren weltweit bekannte Playboys, und attraktive Frauen gehörten nun einmal traditionellerweise zur internationalen Grand-Prix-Szene. Castellotti hatte mit einer hinreißend aussehenden Schauspielerin namens Delia Scala eine Romanze, die durch die ganze Presse ging. Das Starlet bedrängte den Rennstar zunehmend, mit dem Rennsport aufzuhören und sie zu heiraten, was Ferrari natürlich auf die Palme brachte. Musso, der verheiratet war und Kinder hatte, war ebenfalls in eine Affäre mit einer schönen Frau namens Fiamma Breschi verwickelt. Hill, der sich absolut auf seine Rennfahrerkarriere konzentrieren wollte, wurde auf Schritt und Tritt von einer amerikanischen Journalistin verfolgt, deren Gegenwart ihn nach allgemeiner Ansicht auf beunruhigende Weise ablenkte. Und bei Portago akzeptierte Ferrari dessen endlose Affären; sie gehörten einfach zum Image dieses Mannes, und der Commendatore machte sich erst gar nicht die Mühe, den wilden Spanier zu zähmen. Aber alles in allem wurden diese Frauen als auffälliger Troß angesehen, der von dem einzig wichtigen Ziel ablenkte: die Konkurrenz auf den Rennstrecken in Grund und Boden zu fahren und den Namen Enzo Ferraris berühmt zu machen.

Noch einmal suchte der Tod das Unternehmen im Herbst 1957 heim: Andrea Fraschetti hatte den Ehrgeiz, sein Können nicht nur am Reißbrett, sondern auch hinter dem Steuer unter Beweis zu stellen, und wollte im Autodrom von Modena einen der neuen V6-

Dino-F2-Prototypen testen. Er glaubte jede Bodenwelle auf diesem ausgefahrenen Rundkurs zu kennen. Die Boxen waren im Grunde nur offene Schuppen, die die Mannschaften im Sommer vor der Gluthitze und im Winter vor dem feuchtkalten Wind schützen sollten. Tagtäglich wurden hier entweder Autos der Firmen Ferrari und Maserati getestet, oder private Teams und ein paar Amateure hofften, ihre Talente zur Schau stellen zu können. Ferrari war regelmäßig im Autodrom, allerdings wissen wir nicht, ob er dabei war, als Fraschetti in den elegant gerundeten rotlackierten Einsitzer stieg. Der Rundenrekord von Modena war zwar inoffiziell, galt aber unter draufgängerischen Fahrern als eine Art heiliger Gral. Zu den Schnellsten in Modena gehörten der knorrige, stiernackige Franzose Jean Behra auf seinem Maserati 250F sowie Castellotti und Musso auf ihren Ferraris. Auf diesem Rundkurs, der nur gut eineinhalb Kilometer lang war, die schnellste Zeit gefahren zu sein, war eine ehrenvolle Auszeichnung, die nicht nur bei diesen beiden rivalisierenden Firmen begehrt war, sondern auch bei allen ernst zu nehmenden Fahrern, die jemals dort fuhren. Es gab auf diesem Kurs zwei unangenehme Passagen: eine enge kleine Schikane am Ende einer langen Geraden und eine weit ausholende Linkskurve, die man mit Vollgas nehmen konnte. Fraschetti wurde bei Höchstgeschwindigkeit aus dieser Kurve getragen. Das Auto überschlug sich mehrmals auf einem Streifen braun verbrannten Grases und blieb mit den Rädern nach oben liegen. Der großartige Ingenieur aber hatte sich lebensgefährlich verletzt und starb am darauffolgenden Tag.

Freilich galten weder Fahrer, die ums Leben gekommen oder ausgeschieden waren, noch Ingenieure für Ferrari als unersetzlich. Ein Heer begabter Konstrukteure wartete nur darauf, dem Commendatore seine kreativen Fähigkeiten zu demonstrieren. Ein paar Tage nach Fraschettis Tod bot Ferrari die Stelle des Technischen Direktors einem korpulenten und talentierten, aber ein wenig rechthaberischen 32jährigen Toskaner namens Carlo Chiti an. Er war durch einen alten Freund von Alfa Romeo zu Ferrari gebracht worden, durch Giotto Bizzarrini, der für beide Firmen als Ingenieur und Testfahrer gearbeitet hatte. Chiti gehörte bereits zu der neuen Generation von Ingenieuren, die davon überzeugt war, daß Hochleistung aufs engste mit den neuen Techniken der Geometrie der Radaufhängung, der Gewichtsverteilung, der Bremsen und der Aerodynamik zusammenhing.

Mit Chitis Aufstieg zum Chefingenieur wurde eine weitere Brücke zur Vergangenheit abgebrochen. Ein paar Oldtimer waren noch geblieben: Bazzi, Rocchi, Bellentani, Massimino, Jano; aber die Schlüsselpositionen waren nun von jüngeren Männern besetzt, die nichts mehr mit den in die Jahre gekommenen Legenden der alten Vorkriegs-Scuderia und diesem ganzen muffigen Traditionsballast zu tun hatten. Ferrari selbst blieb untrennbar mit dieser Vergangenheit verbunden: mit seinen antiquierten Ansichten über die Konstruktion von Rennautos und mit seiner so unablässigen wie vagen Suche nach einem neuen Nuvolari. Aber die neue Generation der Fahrer und Konstrukteure, die nun den Ton angab, war erst nach dem Krieg aufgestiegen, und sie war bereit, es mit den neuen Leuten in Deutschland, England und den USA aufzunehmen, ohne sich von den längst verblaßten Ruhmestaten der dreißiger Jahre beeindrucken zu lassen. Doch so einfach würde es nicht sein, das Band zwischen Enzo Ferrari und seiner Vergangenheit zu zerreißen. So leicht ließen sich die alten Geister nicht aus den Werkshallen und Korridoren der Scuderia vertreiben. Die jungen Löwen konnten nicht nach Belieben schalten und walten. Sie mußten ihren Wert erst einmal beweisen, indem sie die Maschinen mit dem aufsteigenden Pferd schneller und weiter fuhren als die Männer, die vor ihnen gewesen waren. Auch wenn sie sich noch so sehr bemühten, mußten sie doch vieles opfern. Und dabei sollte auch noch mehr Blut vergossen werden, als man jemals zu träumen gewagt hätte.

14

Robert Daley, der in den fünfziger Jahren als Korrespondent der *New York Times* über europäische Sportereignisse berichtete, ehe er nach seiner Rückkehr in die USA als Romanautor Karriere machte, war einer der wenigen Journalisten, die das Glück hatten, mit Enzo Ferrari mehrere Exklusivinterviews machen zu dürfen. Ferrari hatte zwar nie ein Hehl daraus gemacht, daß ihn eine Reise nach Amerika nicht im geringsten interessierte, doch langsam, aber sicher war er dahintergekommen, welche Marktchancen sich für ihn in Übersee auftaten. Kein Wunder, daß er sich daher gegenüber Journalisten wie Daley viel entgegenkommender verhielt als gegenüber deren Kollegen in Rom oder Mailand.

Daley bemerkte, daß Ferrari glücklicher zu sein schien, wenn er verlor, was merkwürdigerweise durch verschiedene Mechaniker bestätigt wird, denen zufolge die Stimmung in der Rennwerkstatt an Montagen nach einer Niederlage viel besser war als nach einem Sieg. Warum nur? Ging es denn nicht in erster Linie ums Gewinnen? Logischerweise ja, denn nur für Siege gab es Preis- und neue Startgelder, Unterstützung durch Sponsoren und Autoverkäufe. Aber Ferrari fand dafür gegenüber Daley einc ganz andere Erklärung, wobei er sich einer seltsamen Logik bediente, die vielleicht nur einen einzigen Zweck verfolgte: daß darüber ein interessanter Zeitungsartikel geschrieben wurde. »Man kann immer dazulernen, und man hört nie auf zu lernen. Vor allem wenn man verliert. Wenn man verliert, weiß man, was man noch besser machen kann. Wenn man gewinnt, ist man niemals sicher.« Vielleicht meinte er das ja in einem ganz allgemeinen Sinn ernst. Aber in erster Linie ging es ihm doch sein ganzes Leben lang darum, seine Gegner vernichtend zu schlagen, dank der Überlegenheit seiner legendären Autos und – allerdings erst in zweiter Linie – weil seine Fahrer so beherzt und konzentriert kämpften.

Einmal kam Ferrari auch Daley mit seinem üblichen Getue, daß er nur deshalb nicht mehr zu Autorennen gehen würde, weil er es nicht mit ansehen könne, wie seine geliebten Autos litten. »Wollen Sie damit sagen, Sie leiden zu sehr wegen der Autos, nicht wegen der Fahrer?« fragte Daley. Ferrari hielt einen Augenblick inne, sah Phil Hill an, der bei diesem Interview dabei war, und erwiderte dann automatisch: »Natürlich auch wegen der Fahrer.«

Nach diesem Interview war Hill in sich gekehrt und verwirrt. Bis dahin hatte er noch die romantische Vorstellung gehabt, daß die Scuderia ein Elitekader von edlen Rittern sei, die alle nur für das Banner der Ehre kämpften, angeführt von Ferrari, der für sie eine Vaterfigur wie König Artus war. »Ich denke, wir möchten so gern glauben, daß er uns liebt, weil wir alle so tapfer sind und so schnell fahren. Aber eigentlich bin ich zutiefst davon überzeugt, wir alle wissen, daß ihm seine Autos viel wichtiger sind als wir.«

Kurz nachdem das Jahr 1957 begonnen hatte, fiel Peter Collins in Ungnade. Er hatte nach den Rennen in Argentinien, mit denen traditionellerweise die Saison eröffnet wurde, einen Abstecher nach Amerika gemacht, statt gleich nach Modena zurückzukehren. Er war Gast bei Masten Gregory, einem bebrillten, professoral wirkenden Bankierssohn aus Kansas City, der Rennautos bei atemberaubenden Geschwindigkeiten zu fahren verstand – wenn er sie nicht zu Schrott fuhr (was leider viel zu häufig geschah). Auf dem Weg nach Kansas legten Collins und Gregory einen Zwischenstopp in Miami ein, wo sie ihre Bekanntschaft mit Louise King erneuerten, einer hübschen Schauspielerin, die gerade bei einer Tourneebühne in dem Stück *Das verflixte siebente Jahr* auftrat. Louise King hatte Collins im Vorjahr in Monte Carlo kennengelernt, hatte sich aber nichts aus ihm gemacht. Diesmal aber war es anders. Nach dem Rendezvous in Miami kam es zu einer intensiven, rasanten Affäre, und schließlich heirateten die beiden Mitte Februar. Als das Paar nach Modena zurückkehrte, wurde Ferraris Verhalten gegenüber Collins kühl und distanziert. Ganz offensichtlich empfand Ferrari diese Heirat als Verrat. Er unterstellte, daß sich Collins' Einstellung gegenüber dem Rennsport durch die neue Frau verändert hatte: »Collins hatte nichts von seiner alten Begeisterung eingebüßt«, schrieb er, »nichts von seinem Können, das noch immer beachtlich war. Und doch war eine Veränderung nicht zu übersehen, die bei diesem fröhlichen Gemüt vor sich gegangen war. Er wurde reizbar.«

Doch das war keineswegs der Fall, im Gegenteil: Freunde erinnern sich daran, daß Peter Collins mit seiner neuen Frau überglücklich war. Wenn es irgendeinen Grund zur Unzufriedenheit gegeben hat, dann hatte das etwas mit den Rennautos der Scuderia – im allgemeinen den nur unwesentlich verbesserten alten Lancias von Jano – und mit Ferrari selbst zu tun, der sich für Collins' Gefühl übertrieben (und vielleicht auch zu naiv) der Trauer über Dinos Tod hingab. Dann gab es Ärger, weil sich Collins einen kleinen Lancia Flaminia gekauft hatte. Ferrari regte sich darüber auf, daß Collins sich nicht für eines seiner Autos entschieden hatte, auch wenn ihm der Engländer erklärte, daß er sich einen derartigen Luxus nicht leisten könne. Ferrari sorgte scheinbar großzügig für Abhilfe, indem er den Lancia teilweise in Zahlung nahm für ein leuchtend blaues 410-Superamerica-Coupé mit einer Karosserie von Pininfarina. Mit Sicherheit aber wollte er mit dieser Geste den zutiefst verärgerten Fahrer wieder auf seine Seite bringen. Alles schien wieder im Lot zu sein, als er dem Paar auch noch eine kleine Villa außerhalb von Maranello überließ – bis die beiden sich ein Jahr später eine Jacht kauften und darauf im Hafen von Monte Carlo lebten.

Auch Castellottis Hingabe an den Rennsport litt zeitweise unter seinem Liebesleben. Er war immer öfter mit Delia Scala zusammen, worüber natürlich die hingerissene italienische Öffentlichkeit entzückt war, was wiederum seinem Rivalen Musso ganz und gar nicht gefiel, der immer mehr im Schatten seines auffälligeren und erfolgreicheren Teamgefährten stand. Mitte März verbrachten die beiden Liebenden gerade einen Urlaub in Florenz, als Castellotti einen Anruf von Ferrari erhielt: Jean Behra würde im Autodrom von Modena mit dem neuen 250F Maserati beunruhigend schnelle Runden drehen. Der Streckenrekord, der voller Stolz von Ferrari gehalten wurde, war in Gefahr. Castellotti müsse sofort kommen, um die Ehre des Teams zu verteidigen. Der junge Fahrer ärgerte sich zwar darüber, daß er seinen Urlaub unterbrechen mußte, aber er wollte natürlich auch der Schnellste bleiben, der jemals das Autodrom umrundet hatte. Also verließ er Florenz am frühen Morgen des 14. März und raste über den verschneiten Rücken der

Apenninen nach Norden. Im Autodrom wurde er schon von Ferrari, einem Schwarm von Mitarbeitern und Mechanikern sowie einem neuen Tipo 801 2,5-Liter-Formel-1-Auto erwartet. Castellotti setzte seinen Helm auf, stieg ins Cockpit und ließ den Motor an. Dann legte er den ersten Gang ein, ließ die Kupplung kommen und fuhr mit quietschenden Reifen auf die Rennstrecke. Er donnerte ein paar Runden verhalten um das düstere Gelände, um den Motor und die Bremsen aufzuwärmen, dann gab er Vollgas. Er schoß an den Boxen mit über 160 km/h vorbei, und Ferrari und seine Leute verrenkten sich die Hälse, um zu sehen, wie er in die unangenehme kleine Schikane hineinjagte. Sie erstarrten, als sie das kreischende Geräusch radierender Reifen vernahmen, dem ein dumpfes Dröhnen folgte, als die Karosserie aus Stahl und Aluminium gegen eine unnachgiebige Mauer prallte. In die folgende Stille hinein sprinteten die jüngeren Mechaniker die Asphaltbahn zur Schikane hinunter, und ihre Schritte hörten sich nach diesem gräßlichen Schlag wie ein klägliches Stakkato an. Neben der Betongrundmauer einer kleinen Tribüne lag der zerschmetterte Leichnam von Eugenio Castellotti.

Die Presse spielte verrückt und erging sich in wildesten Spekulationen über die Unfallursache. War ihm ein Hund vors Auto gelaufen, als er vor der Schikane abbremste? Blieb das Gas stehen? Auf die vermutliche Ursache kam niemand: Der erschöpfte Fahrer, der krank vor Ehrgeiz und emotional abhängig von Ferrari war, hatte die Kurve einfach zu schnell nehmen wollen und die Kontrolle verloren, als die Bremsen blockierten.

Man kann Enzo Ferrari alles mögliche vorwerfen, nur nicht, daß er seine Wagen schlampig baute. Im Unterschied zu anderen Herstellern opferte er niemals Karosseriestärke zugunsten der Geschwindigkeit. Seine Autos waren immer stark und zuverlässig, auch wenn sie vielfach erheblich schwerer waren als die der Konkurrenz. Die Fahrer beklagten sich zwar über seine Psychospielchen, wenn er sie mit allen Tricks dazu bringen wollte, ihre Siegchancen wahrzunehmen, aber niemals hat einer von ihnen moniert, daß er absichtlich an mechanischen Teilen gespart habe, die vielleicht im Eifer des Wettbewerbs versagen konnten. Und doch war die Aufforderung an Castellotti, einen sinnlosen Rundenrekord auf einer unbedeutenden Rennstrecke in einer italienischen Provinzstadt zu verteidigen, schiere Selbstbefriedigung für Ferraris Ego. Er hatte wieder einmal einen Fahrer wie eine Marionette behandelt, ihn zur Pflicht zurückbeordert, die er frivolerweise wegen irgendeiner belanglosen Romanze vernachlässigt hatte. Dazu Luigi Villoresi: »Castellottis Tod bereitete dem ein Ende, was noch von meiner Freundschaft zu Ferrari übriggeblieben war. In seinem Hochmut hat er den besten Fahrer Italiens aufgefordert, sein Leben aufs Spiel zu setzen.«

Aber es sollte noch schlimmer kommen. Die Nation trauerte noch immer um Castellotti, als sich der alljährliche Wahnwitz rund um die Mille Miglia schon wieder hochzuschaukeln begann. Ferrari wollte unbedingt den Sieg von Castellotti im Vorjahr wiederholen und machte sich daran, ein beeindruckendes Team von vier Fahrern aufzustellen. Hawthorn, der glücklicherweise wieder zum Team zurückgekehrt war und sich nun erneut mit seinem alten Kumpel Collins zusammentat, zog es vor, an diesem gefährlichen, typisch italienischen Wettbewerb nicht teilzunehmen. Hill wurde nicht aufgestellt, offenbar weil er angeblich noch zu wenig Erfahrung hatte. Piero Taruffi, der gerade seinen fünfzigsten Geburtstag gefeiert hatte und noch immer von der Idee besessen war, das legendäre Rennen zu gewinnen, an dem er zuerst vor 27 Jahren teilgenommen hatte, Taruffi also bekam anstelle von Castellotti einen der neuen 3,8-Liter-V12-Tipo-315-Sportrennwagen. Im nächsten Wagen saßen Collins und der sympathische und so begeisterungsfähige Wolfgang von Trips, der sein beachtliches Potential bereits in Formel-1-Autos wie in Sportwagen bewiesen hatte. In letzter Minute wurde Fon Portago ins Team berufen, als Ersatzmann für den erkrankten Luigi Musso. Er bekam den größeren 4,1-Liter-Tipo-335 des Römers: eine sehr schnelle Maschine, die mit Sicherheit Musso, die neue italienische Hoffnung, zum Sieg hatte führen sollen. Olivier Gendebien wurde wieder einmal ein langsameres 250GT-Coupé zugeteilt, worüber er sich maßlos ärgerte.

Gendebien erinnert sich noch klar an eine Szene vor dem Rennen, die höchst aufschlußreich ist für die Art, wie Ferrari seine Fahrer manipulierte und gegeneinander ausspielte: Gendebien wollte Mussos schnelleres Auto fahren, denn schließlich hatte er sich seiner Meinung nach schon seit zwei Jahren Meriten in der *gran-turismo*-Klasse erworben. Er trug Ferrari sein Anliegen vor, doch der gab nicht nach; Gendebien sollte den 250GT fahren, und damit basta. Wutschnaubend stapfte Gendebien auf den Fabrikhof und traf dabei auf Portago, der gerade auf dem Weg in Ferraris Büro war. Fünf Minuten später kam Portago wieder heraus, ging auf

Gendebien zu und zündete sich eine Zigarette an. »Ferrari sagt, du willst meinen Sportwagen fahren; aber der Scheißkerl hat auch gesagt, daß es sowieso keinen Unterschied mache. Er sagte, du würdest mich sowieso schlagen, ganz gleich, in welchem Auto ich sitze.«

Schon seit einiger Zeit hatten die meisten Kulturnationen offene Straßenrennen für zu gefährlich gehalten und sie längst verboten. Selbst die mexikanische Regierung hatte die berühmte Carrera Panamericana de México untersagt, als 1954 acht Menschen – vier Fahrer, zwei Beifahrermechaniker und zwei Zuschauer – dabei ums Leben gekommen waren. Nur die Mille Miglia erfreute sich beim italienischen Volk immer noch zunehmender Beliebtheit. Die Schätzungen der Menschenmassen, die entlang der Strecke standen, beliefen sich auf bis zu zehn Millionen. Tausende von Polizisten und Soldaten bemühten sich meist vergeblich, die Massen von der Strecke fernzuhalten, und den Fahrern blieb oft nichts anderes übrig, als mit Vollgas auf ganze Trauben von Fans zuzurasen – bewegliche, wankende Mauern aus Fleisch, die sich wie das Rote Meer teilten, wenn sie hindurchjagten.

In diesen schnellen Autos, die ein Rennen über echte Straßen, um spitze Haarnadelkurven im Gebirge und durch die engen Straßen von Städten austrugen, schien der Traum eines jeden Mannes Wirklichkeit zu werden: auf offener Straße bei Vollgas dahinzurasen, ohne sich um Gesetz und Moral und alle möglichen gesellschaftlichen Hemmnisse zu scheren. Bei allem Wahnwitz war die Mille Miglia somit der Inbegriff eines Autorennens, bei dem sich, wie es der belgische Journalist Jacques Ickx einmal formulierte, »das Leben zu ein paar Stunden verdichtete«. Und Enzo Ferrari: »Kein Fahrer hat jemals den Siegeslorbeer wirklich verdient, wenn er nicht in Brescia gesiegt hat.« Mit anderen Worten: Um diesen Sieg zu erringen, hatte ein Mann einen halben Tag lang und auf einigen der schwierigsten und unbarmherzigsten Straßen der Welt dem gewaltsamen Tod ins Auge zu blicken.

Selbst ein Draufgänger wie Portago hatte vor diesem Wettbewerb Respekt: »Ich mag die Mille Miglia nicht«, erzählte er dem amerikanischen Journalisten Ken Purdy wenige Wochen vor dem Rennen. »Egal wieviel man trainiert, es ist völlig unmöglich, diese tausend Meilen Landstraßen jemals so gut zu kennen wie die Italiener. Wie Fangio schon sagte: »Wenn du noch nicht völlig gewissenlos bist, kannst du hier sowieso nicht wie ein Wahnsinniger rasen. Bei der Mille Miglia gibt es Hunderte von Ecken, an denen schon der kleinste Fahrfehler fünfzig Menschen das Leben kosten kann. Man kann die Zuschauer einfach nicht weit genug hinter der Strecke halten, nicht mal mit einer ganzen Armee von Ordnern. Ich hoffe nur, daß ich dieses Rennen niemals fahren muß.«

Doch er mußte – und zwar nicht nur mit dem wahrscheinlich stärksten Auto im ganzen Teilnehmerfeld, sondern auch ohne nennenswerte Vorbereitung.

Portago und sein Kopilot Edmund Nelson unternahmen eine Besichtigungsfahrt in einem Privatauto, aber ein paar Kilometer außerhalb von Brescia knallten sie schon gegen eine Brückenbrüstung und konnten so nicht einmal die erste Etappe der schrecklich komplizierten Route beenden. Im Unterschied zu Denis Jenkinson, der Stirling Moss 1955 zum Sieg und zugleich zu einem neuen Streckenrekord geführt hatte, indem er unterwegs eine über fünf Meter lange Papierrolle mit detaillierten Streckeninstruktionen abgespult hatte, war Nelson ein ausgesprochener Anfänger – genauso wie Portago, der zum erstenmal bei der Mille Miglia antrat. Portago hatte Nelson, einen 42jährigen ehemaligen Angehörigen der US Air Force, der nach dem Krieg nicht mehr in seine Heimat South Dakota zurückgekehrt war, im New Yorker Plaza Hotel kennengelernt, wo er einen Aufzug bediente. Nelson hatte seinen Freund zum Bobsport gebracht und war sein Handlanger, Leibwächter und Beichtvater gewesen, als sich der junge Adelige ins Nachtleben von Rom und Monte Carlo stürzte. Von Autorennen hatte Nelson keine Ahnung, und Portago nahm ihn nur deshalb bei der Mille Miglia mit, damit er ihn auf die Hunderte von auffälligen roten Pfeilen hinweisen konnte, die zur Markierung der Route am Straßenrand aufgestellt worden waren.

Wie es heißt, habe Portago das Unglück vorausgeahnt. Vor dem Rennen hatte er an Dorian Leigh geschrieben und ihr gestanden: »Wie du weißt, wollte ich zuerst nicht an der Mille Miglia teilnehmen... Dann hat mir Ferrari gesagt, ich müßte es tun... Das heißt, daß ich vielleicht schon am nächsten Sonntag jung sterben werde.«

Die fünf Ferraris traten gegen nicht weniger als 293 andere Autos an – von lächerlich kleinen 750-ccm-Fiat-Abarth-Limousinen mit einer Höchstgeschwindigkeit von maximal 160 km/h bis zu dem riesigen 4,5-Liter-Maserati von Moss und Jenkinson. Jedes Auto bekam eine Nummer, die seiner Startzeit entsprach. Portago hatte die 531, und damit wußten die Zuschauer, daß er um 5.31 Uhr gestartet war. Seit 23 Uhr in der vergangenen Nacht waren die Autos von der Startrampe in Brescia abgelassen worden, so daß sich zumindest auf den ersten 500 Meilen die langsameren Autos drängten und viele von ihnen sich in den unzähligen Kurven querstellten und mitten auf den engen, von Bäumen gesäumten Geraden entlangzokkelten. Moss, der als letzter gestartet war, fiel schon nach sieben Meilen aus dem Rennen, als er vor einer Kurve abbremsen wollte und das Bremspedal seines Maseratis brach – Gott sei Dank landeten er und Jenkinson unverletzt in einem Feld. Collins ging mit seinem 3,8-Liter-Tipo 315 früh in Führung, wobei er auf der ebenen Strecke zwischen Brescia und Verona eine Durchschnittsgeschwindigkeit von 190,5 km/h erzielte. Aber als die Autos nach Süden schwenkten und die zerklüftete Adriaküste entlangrasten, begannen Taruffi, den die *tifosi* »Silberfuchs« nannten, und von Trips, aufzuholen und Collins anzugreifen. Portago fuhr auffallend diszipliniert. Er hatte diese Bestie unter ihm fest im Griff und lag nur ein paar Minuten vor Gendebiens Dreiliter-*gran-turismo*-Coupé.

Am Kontrollpunkt von Rom kam es zu einer Szene, wie sie sich ein Hollywoodregisseur in seinen schönsten Träumen nicht besser hätte ausmalen können. Als Portago die Kontrollen passiert hatte und gerade wieder abziehen wollte, löste sich eine schöne, goldblonde Frau aus der Menge und lief zu ihm. Es war Linda Christian. Portago stellte sich auf den Sitz seines Ferraris, riß sie in seine Arme und küßte sie leidenschaftlich. Dann ließ er sie los, küßte sie noch einmal und schlüpfte wieder hinters Steuer. Der große V12 heulte auf, die Reifen fraßen sich in den Schotter, und dann schoß er davon, nachdem er der schluchzenden Frau noch eine letzte Kußhand zugeworfen hatte.

In den höheren Regionen der Apenninen südlich von Bologna mußten sich Portago und Nelson ihren Weg durch leichten Schneefall bahnen, aber ohne Schwierigkeiten brachten sie die gefährlichen Pässe Futa und Raticosa hinter sich. Ein leichter Nieselregen hüllte Bologna ein, und der Ferrari touchierte ein paarmal den Randstein und riß ein paar Pfähle mit Katzenaugen am Rande der tückischeren zweispurigen Straßen um, ohne dabei nennenswert beschädigt zu werden. Aber als Portago beim letzten Tankstopp in Bologna schlitternd zum Stehen kam, war er auf den fünften Platz hinter dem davoneilenden Gendebien zurückgefallen. Ferrari war da und berichtete Portago, daß Collins' Querachse es nicht mehr lange machen und er das Rennen nicht beenden würde. An Taruffis Heck gebe es auch merkwürdige Schleifgeräusche, und er hätte daraufhin das Tempo herausgenommen. Aber wie er, Ferrari, vorausgesagt habe, würde Gendebien ihn schlagen. (Ein paar Minuten zuvor hatte er Gendebien während dessen Stopp gesagt, daß Portago ihn einholen würde.)

Das war ein deutlicher Wink: Portago mußte schneller fahren oder sich mit der Schande abfinden, von einem viel langsameren Auto geschlagen zu werden. Als er gerade losfahren wollte, entdeckte ein Mechaniker ein Problem am linken Vorderrad. Ein tiefliegender Achslenker war verbogen, und der Reifen schabte an der Karosserie. Ein neuer Satz Englebert-Räder wurde herbeigerollt, aber Portago winkte ab und schoß davon. Vor ihm lag die flache Poebene, und hier würde die gewaltige Kraft des 4,1-Liter-V12 nicht nur den Vorsprung von Gendebien wettmachen, sondern auch dafür sorgen, daß er die beschädigten Maschinen von Collins und Taruffi einholte.

Dabei hatte er nicht nur den Gesamtsieg im Auge, denn seit 1954 wurde ein Sonderpreis für die letzten, superschnellen Etappen des Rennens vergeben. Diesen sogenannten Gran Premio Tazio Nuvolari bekam der Fahrer, der die schnellste Zeit auf den letzten 82 Meilen zwischen Cremona und Brescia erzielte – ein Streckenabschnitt, der auch durch Mantua führte, die Heimatstadt des unvergessenen Rennfahrers. Dieser Rekord wurde von Stirling Moss auf Mercedes-Benz 300SLR gehalten und lag bei 198 km/h. Selbst wenn Portago es nicht mehr schaffen sollte zu siegen – den Nuvolari-Preis konnte er mit Sicherheit gewinnen. Schließlich hatte er das stärkste Auto, aus dem er auf den flachen, frisch geteerten Geraden jenseits von Mantua ohne weiteres bis zu 290 km/h herausholen konnte.

Sie hatten bereits das kaputte Auto von Collins am Straßenrand hinter Parma passiert. Mit Sicherheit lag Gendebiens kleines Coupé nicht allzuweit vor ihnen. Und der alte Taruffi konnte mit seiner beschädigten Maschine auch nicht mehr sehr schnell fahren. Portago ließ den großen V12 auf vollen Touren laufen. Hinter Mantua ging die leuchtend rote Maschine ab wie eine Rakete. Wenn er nicht gerade vor den paar sanften Kurven eingangs der schmutzigen Dörfer entlang der Strecke abbremsen mußte, blieb er auf dem Gaspedal stehen, so daß die Tachometernadel zitternd bis zum Anschlag kam. Vor ihnen konnten Nelson und er durch die Rotbuchen- und Pappelalleen den hochaufragenden romanischen Campanile von Cerlongo ausmachen, das einzige Wahrzeichen, das man in diesem endlosen flachen Land schon aus großer Entfernung sehen konnte. Zwischen den Bäumen standen Menschentrauben, Bauern und ihre Kinder, die hierhergekommen waren, um die Parade dieser entfesselten Maschinen an sich vorbeiziehen zu sehen.

Die Straße schlängelte sich wieder aus Cerlongo hinaus, und dann wurde sie schnurgerade, bis zu dem fünf Kilometer entfernten Dorf Guidizzolo. Die wenigen Menschen, die sich am Straßenrand verteilten und für die Fahrer nur verwaschene Schemen waren, hatten zuerst Taruffi gesehen, der sich an ihnen vorbeiquälte, und dann von Trips, der selbstlos zurückgefallen war, um seinem älteren Teamgefährten den Sieg zu überlassen (Taruffi bestritt bis an sein Lebensende, daß es diese großzügige Geste überhaupt gegeben habe, aber Fachleute sind davon überzeugt, daß es sich wirklich so abgespielt hat).

Dann war ein fernes Aufheulen zu hören, das sich rasch näherte. Aus dem leuchtend roten Punkt wurde ein Rennwagen, der auf ein Knäuel von Einheimischen zuraste, die aus einer Nebenstraße etwa einen Kilometer südlich von Guidizzolo gekommen waren, um sich die führenden Fahrzeuge anzusehen. Die Mutigeren waren bis an das schmale Asphaltband herangetreten, während die Kinder ihre Köpfe durch die Beine der Erwachsenen steckten und sich die Ohren vor dem gespenstischen Geheul des heranrasenden Autos zuhielten. Portago hielt direkt auf sie zu, wie ein großkalibriges Geschoß, bis er noch etwa siebzig, achtzig Meter entfernt war. In diesem Augenblick zuckte der Ferrari kurz nach links und touchierte einen Kilometerstein.

Plötzlich war das Auto außer Kontrolle. Rasend schnell wirbelte es um seine Mittelachse und schoß wie ein Todesrad auf die Menge zu – kurz stippte es in den Straßengraben, flog dann über die erste Zuschauerreihe hinweg und zerschellte an einem Mast. Fetzen von Aluminium und Stahl flogen in die Menge, während der Wagen häßlich dröhnend aufschlug, seine Insassen in die Bäume schleuderte und schließlich verbogen, dampfend, reglos kopfüber in einem tiefen Entwässerungsgraben liegenblieb. Ein kurzer Augenblick tödliche Stille, dann erklang das Schreien und Stöhnen der Verletzten und Sterbenden. Es gab zwölf Tote: Portago, der von der Motorhaube des Ferrari in zwei Teile zerschnitten war, Nelson und zehn Einheimische, darunter fünf Kinder. Zwanzig Menschen waren schwer verletzt.

Das war das Ende. Ein Aufschrei des Zorns, der Enttäuschung und der Qual ging durch die Nation. Die Zeitungen, die noch Stunden zuvor laufend über den neuesten Stand des Rennens berichtet hatten, stimmten das lauteste Geschrei an. So machte zum Beispiel der einflußreiche *Corriere d'Informazione* die erste Seite mit der Schlagzeile auf: »La Mille Miglia, Cimitero di Bimbi e di Uomini, BASTA!« – »Die Mille Miglia, Friedhof für Babys und Männer, GENUG!«

Auch der Vatikan befand sich in heller Aufregung und forderte ein Verbot des Rennens. Innerhalb weniger Stunden gab es in Rom in der Abgeordnetenkammer und im Senat genügend Stimmen, die sich dafür aussprachen, diesen Wettbewerb für immer zu verbieten. Die Volksseele suchte nach einem Übeltäter, den sie am liebsten für dieses Blutbad gelyncht hätte. Und dieser Sündenbock war Enzo Ferrari.

Wenn überhaupt jemand für diese Tragödie hätte verantwortlich gemacht werden können, dann die Organisatoren des Rennens: der Automobilclub von Brescia und der Rennleiter Conte Aymo Maggi. Schließlich hatte es seit Jahren schon Tote bei der Mille Miglia gegeben. 1938 war ein Lancia Aprilia in Bologna auf den Straßenbahnschienen ins Schleudern geraten und hatte zehn Menschen getötet, darunter sieben Kinder. Das Rennen war für ein Jahr verboten worden, fand aber erst 1947 wieder in vollem Umfang statt. Nicht genug damit, wurden 1954 die Regeln geändert, wobei die Bestimmung, daß nur noch serienmäßige Tourenwagen mit zwei Personen teilnehmen dürften, außer Kraft gesetzt wurde. Von da an wurde das Rennen von reinen Sportrennwagen beherrscht, die oft nur von einzelnen Grand-Prix-Assen wie Ascari oder Castellotti gefahren wurden und teilweise mit über 300 km/h durch die Gegend rasten. Portagos Vorahnung war auf schreckliche Weise in Erfüllung gegangen. Aber mit typisch italienischer Leidenschaftlichkeit wurde die Schuld dem falschen Mann angelastet.

Die Spuren dieser blutigen Tragödie waren gerade erst getilgt worden, da holte man noch einmal zu einem Schlag aus, der ein Hohn auf die Gerechtigkeit war: Gegen Enzo Ferrari wurde Anklage wegen Totschlags erhoben. Hier ein Auszug aus der schriftlichen Begründung: »Enzo Ferrari, geboren in Modena am 20. [sic] Februar 1898 und hier auch wohnhaft, wird der fahrlässigen Tötung und der schweren Körperverletzung beschuldigt, weil er, als Inhaber der Firma Ferrari in Modena, die sich auf den Bau von Straßen- und Rennautos spezialisiert hat, bei der 24. Mille Miglia für die Autos seiner Scuderia, insbesondere für den Wagen mit dem Kennzeichen BO 81825 und der Startnummer 531, gefahren von Alfonso Cabeza de Vaca, Marquis de Portago, Reifen der Firma Englebert in Lüttich (Belgien) verwendet hat, die hinsichtlich ihrer Konstruktionsmerkmale und ihres Verwendungszwecks (Lauffläche ca. 8 mm stark, Luftdruck 2,5 kg pro cm^2) nicht für die Verwendung bei den genannten Autos geeignet waren, die im Volllastbetrieb eine Höchstgeschwindigkeit von nicht weniger als 280 km/h entwickelten, während die zuvor erwähnten Reifen höchstens eine Geschwindigkeit von 220 km/h zuließen; und weil die Reifen wegen des zu hohen Luftdrucks zu heiß liefen und dadurch die Mitte der Lauffläche beschädigt wurde, wodurch der ganze Reifen platzte und somit das Auto von der Straße abkam und den Tod von neun Zuschauern und beiden Fahrern verursachte.«

Diese Anklage war genauso töricht und belanglos wie die gegen Ascari im Jahre 1951 erhobene. Die Wege der italienischen Justiz waren nun einmal seltsam und verworren, und es war auch nicht das letzte Mal, daß ein Rennfahrer oder Autohersteller in ähnlicher Weise wegen eines Unfalls angeklagt wurde, bei dem Zuschauer ums Leben kamen, während diejenigen, die für die ungenügenden Sicherheitsmaßnahmen verantwortlich waren, ungeschoren davonkamen. Der Rechtsstreit dauerte viereinhalb Jahre, in denen sich Ferrari öffentlich vorführen und sich gemeine Anspielungen und unbegründete Beschuldigungen gefallen lassen mußte, bis er schließlich von diesem angeblichen Verbrechen freigesprochen wurde. Das Gericht mußte am Ende zur Kenntnis nehmen, daß die Autos von Trips, Taruffi und Gendebien (der übrigens auch den Nuvolari-Preis gewann!) alle das Rennen auf Englebert-Reifen beendet hatten, die denen auf Portagos Auto vom Aufbau wie vom Design her glichen. Gewiß führte ein Reifenversagen teilweise zu dem Unglück, aber im Grunde war daran Portagos Weigerung schuld, einen Reifenwechsel beim Tankstopp in Bologna vornehmen sowie die Aufhängung und die Karosserie ausrichten zu lassen. Wenn man Ferrari überhaupt einen Vorwurf machen könnte, dann den, daß er Portago mit der beschädigten Maschine weiterfahren ließ, nachdem er ihn – zumindest indirekt – angestachelt hatte, Gendebien einzuholen. Darüber wurde jedenfalls im Team gemunkelt, und seitdem bezeichnete Gendebiens Frau, ein zartes Wesen mit einer leisen Stimme, Ferrari nur noch als »Meuchelmörder«.

Juristische Schwierigkeiten waren aber nur ein Teil der Probleme, die Ferrari in der Saison 1957 hatte. Einen Monat später wurde die Scuderia in Le Mans zum drittenmal hintereinander von den Jaguars vernichtend geschlagen. Und diesmal schnappten sich die grünen Autos aus Coventry die ersten vier Plätze, während der erste Ferrari auf dem fünften Platz landete – 365 Kilometer hinter dem Sieger! Der von Collins und Phil Hill gesteuerte Tipo 335 schaffte ganze drei Runden, ehe er mit einem Kolbenfresser ausschied, während das Pendant von Hawthorn und Musso immerhin erst nach fünf Stunden aus dem Rennen war. Die Grand-Prix-Rennwagen schnitten sogar noch katastrophaler ab. Je älter die immer wieder modifizierten Lancia-Ferraris von Jano wurden, desto prächtiger entwickelten sich die eigentlich noch betagteren 250F-Maseratis mit Fangio und dem kompromißlos fahrenden Behra.

Am schlimmsten aber waren vielleicht die Zustände in der Fabrik in Maranello. Ferrari bevorzugte bei seiner wahrhaft machiavellistischen internen Firmenpolitik labile Dreiecksverhältnisse (Situationen also, in denen sich vorübergehend zwei gegen einen zusammentaten), die sich aber durch ihre emotionale Eigendynamik rasch wieder auflösten. Die langjährige Freundschaft zwischen Hawthorn und Collins, die bis zu ihren Rennen für englische Clubs zurückdatierte, eignete sich ganz vorzüglich dafür, gegen Musso eingesetzt zu werden, dem man ja eigentlich die Aura des amtierenden italienischen Rennchampions nach Castellottis Tod zugestand. Musso war nie ein besonders stabiler Mensch, und sein Leben war aus zwei Gründen ohnehin schon kompliziert genug: Er war ein Spieler, und er war der hübschen Fiamma Breschi verfallen. Aber Collins und Hawthorn waren gerissene, rauhe Burschen, die sich keine Gelegenheit entgehen ließen, Musso wegen seiner »Laster« zu hänseln und ihm seinen Rang als *Number One* im Team streitig zu machen. Es muß für Musso eine stille Genugtuung gewesen sein, als Fangio den beiden beim Großen Preis von Deutschland eine Lektion erteilte – in einem Rennen, das an das von 1935 erinnerte, als Nuvolari die Deutschen auf ihrem eigenen Nürburgring vorgeführt hatte.

Als Fangio in diesem über 22 Runden (à 22,8 Kilometer) gehenden Rennen startete, war der Tank seines 250F-Maseratis nur halbvoll. Mit seinem leichteren Auto konnte er vor den Ferraris von Hawthorn und Collins regelrecht davonzischen. Nach der Hälfte des Rennens lag er eine halbe Minute in Führung. Aber aus dem geplanten schnellen Tankstopp an den Boxen wurde eine ausgesprochene Farce. Die Boxenstopps der Italiener waren schon oft sehr komisch verlaufen, und Fangios Mannschaft demonstrierte das auf geradezu klassische Weise. Bis der Tank endlich unter viel Geschrei, Gestikulieren und Herumgespringe gefüllt war, hatte es insgesamt 52 Sekunden gedauert. Hawthorn und Collins waren vorbeigesaust, und da sie der Meinung waren, daß Fangio irgendwo weit hinter ihnen im Pulk steckte, fuhren sie ausgelassen um das weite Rund. Bei 160 km/h spielten sie Fangen, wechselten sich in der Führung nach Belieben ab, und fuhren auf den langen Geraden Schnauze an Schnauze. In der letzten Runde wollten sie sich dann ein echtes Rennen liefern, aber bis dahin wollten sie durch die Waldlandschaft bei Adenau spazierenfahren. Das heißt, bis Romolo Tavonis Uhren anzeigten, daß es Ärger geben würde. Fangio bot sein ganzes überragendes Können auf und jagte wie der Teufel hinter der Führung her. In der 16. Runde war der Vorsprung der beiden Ferraris schon auf 33 Sekunden geschrumpft. In der 17. Runde verloren sie weitere acht Sekunden. Den Engländern wurde signalisiert, sie sollten mit dem Blödsinn aufhören und sich sputen. Vergebens. Der »Lasterfahrer« rollte unaufhaltsam dahin; in jeder weiteren Runde stellte er einen neuen Rekord auf. Allein in der 20. Runde war er sechs Sekunden schneller als in der vorhergehenden!

In der 21. Runde stellte Fangio den Maserati quer, setzte ihn dicht vor die hin und her schwankende Schnauze von Collins' 801 und schob sich so auf den zweiten Platz vor. Das Überholmanöver erfolgte so brutal und so entschlossen, daß ein von den Reifen des Maestros aufspritzendes Steinchen ein Glas von Collins' Schutzbrille zertrümmerte und ihn zwang zurückzufallen. Hawthorn war als nächster dran. Auf der langen abfallenden Gegengeraden setzte sich Fangio neben den Engländer und überholte ihn noch vor der langsamen Kallenhard-Kurve. Dann fuhr er den beiden Ferraris auf und davon, und in einer überlegenen Manier, wie er sie nie wieder demonstrieren würde, siegte er mit genau 3,6 Sekunden Vorsprung. Mit diesem Sieg, seinem letzten bei internationalen Wettbewerben, sicherte er sich seinen fünften Weltmeisterschaftstitel. Für viele ist er damit der größte Rennfahrer aller Zeiten.

Die Saison 1957 ging ohne einen Formel-1-Sieg für die Scuderia zu Ende – eine unerträgliche Demütigung nach der Katastrophe bei der Mille Miglia und dem Tod von Castellotti. Während der ganzen Saison hatten Chiti und seine Ingenieure intensiv am V6 Dino gearbeitet, und beim nicht zur Weltmeisterschaft zählenden Großen Preis von Modena war es dann soweit. Der Hubraum war auf 1,8 Liter vergrößert worden, und für 1958 war auch schon ein 2,5-Liter-Formel-1-Auto in Planung. Die beiden von Musso und Collins gefahrenen Wagen wurden erneut von den Maseratis geschlagen, aber das spielte keine Rolle mehr. Enzo Ferrari stand nämlich ein wichtiger Triumph bevor: Den unangenehmen Rivalen ein paar Blocks weiter würde er bald ein für allemal loswerden. Nach dem Zusammenbruch ihres Unternehmens in Argentinien, nach dem gescheiterten Versuch, Autos in Amerika zu verkaufen, und wegen der gestiegenen Kosten waren die Orsis wieder einmal drauf und dran, aus dem Rennsport auszusteigen. Und dann würden die ganzen Hoffnungen Italiens bei internationalen Autorennen einzig und allein auf der Scuderia Ferrari ruhen. Die Frage war allerdings, ob sie dem Ansturm der schnellen Autos aus England gewachsen sein würde.

Ferrari war sich zwar der potentiellen Gefahr durchaus bewußt, die ihm von seinem alten Rivalen Vandervell und dessen ganz und gar aerodynamischen Vanwalls drohte. Für 1958 hatte der Engländer ein beeindruckendes Team angekündigt, das aus dem eiskalten, analytisch denkenden und überaus begabten Tony Brooks, einem vielversprechenden Nachwuchsfahrer namens Stuart Lewis-Evans und aus Moss bestand, der zunächst für andere Teams fahren würde, bis die Vanwalls im Laufe der Saison fertig waren. Aber Ferrari begriff nicht, daß sich im Rennsport eine grundlegende Veränderung anbahnte, die durch einen kleinen Werkstattbesitzer namens John Cooper aus Surbiton, einem Vorort im Südwesten von London, ausgelöst wurde. Cooper hatte mit seinem Vater nach dem Krieg damit begonnen, winzige 500-Kubikzentimeter-Rennwagen aus Schrotteilen zusammenzubasteln. 1956 stellten die Coopers bereits hervorragende Formel-2-Autos her, deren Vierzylinder-Coventry-Climax-Motoren zwischen Fahrer und Hinterachse montiert waren. Bei einer derartigen Konfiguration konnte das Gewicht durch den Verzicht auf die Antriebswelle verringert, der Wagen infolge der Liegeposition des Fahrers niedriger gebaut und die Bodenhaftung wie das Kurvenverhalten durch die Verlagerung des Schwerpunkts in die Mitte des Fahrgestells verbessert werden. Cooper wie sein Freund und Konkurrent Colin Chapman waren entschiedene Verfechter des »Heckmotors«; in ihrem Fall handelte es sich eigentlich um einen »Mittelmotor«, auch wenn man bei einer derartigen Konstruktion üblicherweise von einem »Heckmotor« spricht, weil sich das Triebwerk hinter dem Fahrer befindet.

Ein neuer Fahrertyp, darunter der vielseitige Engländer Roy Salvadori, das australische Midget-Rennwagenas Jack Brabham und der Neuseeländer Bruce McLaren, stellte sich schnell auf die absolut neuartigen Maschinen um. Und so begannen die Coopers, die Formel-2-Rennen zu beherrschen, und unternahmen auch schon gelegentlich Abstecher zu den Grand-Prix-Wettbewerben. 1957 war Salvadori überraschend Fünfter beim Großen Preis von England geworden und damit der erste Fahrer überhaupt, der bei einem modernen Formel-1-Wettbewerb auf einem von einem Heckmotor angetriebenen Auto Punkte erzielen konnte.

Trotz dieser Leistung verachtete Enzo Ferrari auch weiterhin nicht nur die englischen *garagisti* und ihre zusammengebastelten Autos, sondern auch die Technik der neuen Heckmotoren. Als Chiti auf ihre Flexibilität und auf die hohen Kurvengeschwindigkeiten hinwies, kramte Ferrari seinen alten Spruch »Ochsen ziehen den Karren« aus, und damit war das Thema vom Tisch. Inzwischen machten die Coopers und Chapmans in aller Welt mit dieser neuen Technologie ihren Weg, so daß »Großkonstrukteur« Ferrari sich dagegen schon bald wie ein Hinterhofklempner ausnahm.

Dennoch sah man nach der Einführung der neuen 246 Dinos der Saison 1958 mit viel Optimismus entgegen. Die Wagen, die von Collins, Hawthorn und Musso gesteuert werden sollten, besaßen einen neuen, leichteren, starreren Rahmen aus dünnen Rohren, der von Massiminos Leuten konstruiert worden war, sowie eine 2,4-Liter-Version von Janos V6, die es auf 270 PS brachte. Damit hoffte man, bei den Rennen wieder ein wichtiges Wort mitzureden. Die veralteten 801er waren ausrangiert worden, und Ferrari hatte ganz auf eine Neuerung bei der Formel gesetzt, derzufolge die Verwendung von Flugbenzin statt dem bisherigen Methylalkohol vorgeschrieben war. Während die Dinos perfekt mit dem neuen Treibstoff zurechtkamen, erfuhr Ferrari über sein weitgespanntes und effektives Netz von Werkspionen, Vandervells Leute hätten große Probleme, ihre Vierzylindermotoren so umzustellen, daß sie auch mit Benzin ihre volle Leistung brachten. Weil die Vanwalls also noch nicht in den Kampf eingreifen konnten und die Maseratis nur noch von ein paar unabhängigen Teams gefahren wurden, schien also alles für Ferraris künftigen Triumph zu sprechen.

Doch die Freude war, gelinde gesagt, von kurzer Dauer. Die mit vielen Vorschlußlorbeeren versehenen Formel-1-Dinos sahen nämlich bereits ganz alt aus, noch ehe sie ihr erstes Rennen absolviert hatten. Wie üblich wurde die Saison am 15. Januar 1958 in Buenos Aires eröffnet, und dieses argentinische Rennen löste einen nachhaltigen Schock in Maranello aus. Vanwall und BRM zogen es vor, nicht daran teilzunehmen, weil sie die Probleme bei der Umstellung auf das Flugbenzin noch nicht gelöst hatten. Die Ferraris hatten es also nur mit ein paar 250F-Maseratis und einem einzigen Zweiliter-Cooper zu tun, der von dem schottischen Whisky-Erben Rob Walker für Stirling Moss gemeldet worden war. Die kleine Maschine, der Fangio den Spitznamen »Spider« gab, war angesichts der kraftstrotzenden roten Ferraris geradezu ein Witz. Ihr Vierzylinder-Coventry-Climax war nicht einmal ein reinrassiger Rennmotor, sondern basierte auf einem Antriebsaggregat, das ursprünglich für Feuerwehrpumpen und -spritzen konzipiert worden war. Selbst bei optimaler Abstimmung leistete der kleine Motor nicht mehr als 190 PS, also 80 weniger als die Dinos. Außerdem waren die Magnesiumräder festgeschraubt, so daß ein Reifenwechsel mehrere Minuten beanspruchen würde. Die Ferrari-Strategen waren überzeugt, daß der Cooper nicht mit einem Satz Dunlops über die gesamte Distanz gehen könnte (vielleicht erinnerten sie sich an den gewaltigen Reifenverschleiß der Vorkriegsautos von Auto Union, die gleichfalls Heckmotoren besaßen, aber in diesem Punkt technisch absolut indiskutabel waren), und darum gaben sie dem »Spider« keine Siegchancen, trotz der beeindruckenden Rundenzeiten, die Moss im Training erzielt hatte. Das Debakel begann sofort an der Startlinie, als die Antriebswelle von Collins' Auto brach. Dann legte Hawthorn einen längeren Boxenstopp ein, weil sein Öldruck nachließ. Damit war Musso der einzige, der gegen Moss antrat, und der fuhr geradezu meisterhaft, indem er die Öl- und Reifenspuren in den Kurven geschickt wie eine Art Schmiermittel nutzte, das den Reifenverschleiß minderte. Das kleine Auto schnurrte gleichmäßig dahin und hatte Musso deutlich abgehängt, der darauf wartete, daß der Cooper zum Reifenwechsel in die Boxen fuhr. Nach einiger Zeit war es Tavoni klar, daß Moss ohne einen Boxenstopp durchfahren wollte, und Collins begann wie wild mit einem Boxenschild zu wedeln, um den Römer zu schnellerer Fahrt anzutreiben. Nach mehreren Runden reagierte Musso und versuchte, sich den Engländer zu schnappen. Aber es war schon zu spät. Der Cooper huschte über die Ziellinie mit einem knappen Vorsprung von etwas über zwei Sekunden, und dann gab es einen Riesenkrach in den Ferrari-Boxen. Musso behauptete, er sei über die Lage nicht richtig informiert worden und habe Collins' Zeichen nie gesehen. Hawthorn, der gerade noch Dritter wurde, schlug sich natürlich auf die Seite seines Freundes, und damit wurde die Kluft zwischen dem Italiener und den beiden Engländern noch tiefer.

Nachdem sie eine Reihe von kleineren Rennen in Italien und England erfolgreich absolviert hatten, wurden die Ferraris zum nächsten Formel-1-Wettbewerb nach Monaco transportiert. Diesmal hatten sie es mit der geballten Macht der starken Vanwalls zu tun, die wieder ins Geschehen eingriffen, nachdem sie schon die beiden letzten Rennen von 1957 in Pescara und Monza gewonnen hatten. Außerdem waren noch drei von diesen lästigen Coopers dabei, die von Brabham, Salvadori und Maurice Trintignant gefahren wurden, der nach dem Wechsel von Moss zu Vanwall Walkers dunkelblaue Maschine übernommen hatte. Und wieder triumphierte einer dieser Wahnsinnszwerge. Hawthorn und Moss lieferten sich in der Anfangsphase des Rennens am Hafen des Fürstentums ein erbittertes Duell. Die Autos schlitterten am prachtvollen Casino vorbei und donnerten durch den langen Tunnel am Meer, wie sie es nun schon seit fast fünfzig Jahren taten. Aber dann fielen der Ferrari und der Vanwall aus, und Trintignant, die entfesselte Schildkröte, holte sich gelassen den Sieg. Daheim in Maranello traf Enzo Ferrari fast der Schlag. Und zwar nicht nur, weil diese teuflischen Coopers zwei Weltmeisterschaftsrennen in Folge gewonnen hatten, sondern weil die bis dahin so wirkungslosen englischen Autos *(macchina inglese)* die letzten vier Wettbewerbe für sich entschieden hatten, wenn man die Siege von Vanwall in Italien Ende 1957 mit dazuzählte.

Ein bißchen Ehre konnte Ferrari wenigstens in Le Mans einlegen, wo die Kombination Olivier Gendebien / Phil Hill auf ihrem offenen 250TR-Roadster bei scheußlichem Wetter einen hart umkämpften Sieg herausfuhr. Die in den vergangenen Jahren so ärgerlich überlegenen Jaguars fehlten diesmal, und die einzige ernsthafte Gefahr ging von den Aston Martins aus – einer wurde denn auch Zweiter. An dritter Stelle plazierte sich mit einem erstaunlichen Steh- und Beschleunigungsvermögen ein 1600-Kubikzentimeter-Porsche – ein Vorbote der Ereignisse, die sich in Zukunft bei Langstreckenrennen abspielen sollten. Zehn Ferraris waren gemeldet worden, aber nur drei waren durchgekommen und straften damit die überheblich-witzige Bemerkung des Commendatore gegenüber einem englischen Journalisten Lügen: »Meine Autos müssen schön sein. Aber vor allem dürfen sie nicht im Rennen stehenbleiben. Denn sonst werden die Leute sagen: ›Wie schade, es war so schön.‹«

Da das offizielle Jaguarteam sich zurückgezogen hatte und die Aston Martins nur an einigen wenigen großen Rennen teilnahmen, hatte Ferrari in den wichtigen Sportwagenklassen kaum etwas zu befürchten. Ein paar Maseratis unter guten Fahrern konnten ihm gelegentlich Ärger machen, und die Porsches, die so lästig und unbeirrbar wie Stechmücken waren, schlugen sich auch mit ihren winzigen luftgekühlten Motoren tapfer. Aber alles in allem konnte niemand Ferrari die bedeutenden Sportwagenrennen – also die Langstreckenrennen in Sebring und Buenos Aires, die Targa Florio und das Nürburgringrennen, die zur Markenweltmeisterschaft zählten – streitig machen, bis Ford Mitte der sechziger Jahre seinen Überraschungsangriff startete.

Zum Leidwesen der stolzen italienischen Rennsportfans gab es diese Vorherrschaft bei der Formel 1 hingegen nicht. Nach dem schockierenden Sieg von Trintignant in Monte Carlo ging es mit den Demütigungen in den Dünen von Zandvoort weiter, wo der Große Preis von Holland veranstaltet wurde. Wieder einmal gewannen die lindgrünen Vanwalls, und Stirling Moss führte vom Start weg bis ins Ziel, während sich der wütende Hawthorn auf seinem schwer zu fahrenden Dino mit einem mühsam errungenen fünften Platz begnügen mußte. In den schnelleren Kurven von Zandvoort war der Ferrari so unberechenbar, daß er sogar noch von dem kleinen Zweiliter-Lotus-Climax mit Neuling Cliff Allison geschlagen wurde. Hawthorn machte seinem Ärger über die mißliche Lage Luft und schrieb einen scharfen Protestbrief an Ferrari. Wäre Ferrari in einer stärkeren Position gewesen, hätte er Hawthorn zweifellos wegen dieser Unverschämtheit gefeuert. Aber klugerweise begriff er, daß der Engländer zu den Besten gehörte, und wenn er es nicht fertigbrachte, daß der Dino spurte – wer sonst? Seine Antwort fiel ganz untypisch bescheiden und sanft aus. Sie würden sich alle Mühe geben, die Schwachstellen des Autos zu beseitigen, und er hoffe doch sehr, daß sich das schon beim Großen Preis von Belgien auswirken würde.

Das war nun leider nicht der Fall. Tony Brooks, dessen glatter, mutiger Fahrstil perfekt auf so schnelle Rennstrecken wie Spa abgestimmt war, gewann spielend, während Collins wegen seines heißgelaufenen Motors ausscheiden mußte und Musso nach einem kriminellen Dreher bei über 250 km / h in einem Feld am Ende der Masta-Geraden landete. Hawthorn gelang es immerhin, die Ehre des Teams zu retten, indem er die schnellste Runde fuhr, und am Ende wurde er sogar noch Zweiter, obwohl sein Motor platzte, als er aus der letzten Kurve herauskam. Das Team war völlig aufgelöst, als es nach Maranello zurückkehrte. Chiti brauchte nicht lange, um zu begreifen, daß die Engländer mit ihren Heckmotoren, futuristischen Karosserien, Schraubenfeder- und Einzelradaufhängungen, Magnesium- und Scheibenrädern der Firma und ihrem tyrannischen Inhaber um Lichtjahre voraus waren. Der verhaßte »Spider« der Coopers, mit seinem lächerlichen Schrottplatzmotor und seiner bizarren, spinnenähnlichen Form, katapultierte den Rennsport in eine völlig neue Dimension, und der Mann, der sich gern selbst als den Doyen schneller Automobile darstellte, war am Boden zerstört.

Die beiden englischen Fahrer schlossen sich noch enger zusammen, als sich in der Fabrik einzelne Fraktionen bildeten, die jeweils die Schuld den anderen in die Schuhe zu schieben suchten. Bei diesen taktischen Geplänkeln war Musso ganz auf sich allein gestellt, und damit hatte er es doppelt schwer: Er war Italiens große Hoffnung, den verlorenen Ruhm zurückzugewinnen, und er wurde ständig daran erinnert, daß es ihm bislang noch nicht gelungen war, sich dieser Rolle gewachsen zu zeigen. Die Folge war, daß er sogar noch schlechter fuhr, noch mehr vom entmutigenden Dämon des Commendatore besessen war, der immer höhere Geschwindigkeiten erwartete, immer mehr Siege und immer mehr Ruhm für seine roten Maschinen. Als die amerikanische Indianapolis-Truppe zum zweitenmal im Autodrom von Monza am sogenannten »Rennen zweier Welten« teilnahm (das die europäischen Teams im Vorjahr boykottiert hatten), trat Musso auf einem kriegsmüden 375GP mit dem 4,1-Liter-V12-Motor an, den sie aus Portagos Wrack ausgeschlachtet hatten. Damit erzielte er beim Qualifikationsrennen die schnellste Zeit, mit einer Durchschnittsgeschwindigkeit von knapp 280 km/h, wobei er durch die überhöhten Kurven eierte wie eine Murmel durch eine Regenrinne. Im Rennen selbst mußte er aufgeben, nachdem er durch die Auspuffgase fast bewußtlos geworden war. Immerhin hatte er alle Zweifel zerstreut, daß er bereit war, alles – auch sein Leben – zur Ehre der Scuderia und der Nation zu opfern, für die er antrat.

Zwei Wochen später in Reims gab er alles. An diesem Wochenende in der lieblichen Champagne kam die ganze Renngemeinde zusammen. Außerhalb der Rennstrecke war dies eine exklusive, lebenslustige Gruppe von Menschen, die sich aus den strahlenden, ziemlich harten jungen Abenteurern und einem Schwarm von Frauen, Geliebten und Freundinnen zusammensetzte. In ihrem Gefolge befand sich auch ein kleiner Trupp von Journalisten, Fotografen und Fans, die mit ihnen durch die vier Kontinente zogen, auf denen die großen Rennen wie ein eleganter Highlife-Zirkus veranstaltet wurden. Das Stammquartier dieser erlesenen Schar war beim Großen Preis von Frankreich das Hotel Lion d'Or in Reims, und als an diesem sonnigen Wochenende das Training begann, war das elegante Hotel von verschiedenen Teamangehörigen und ihren Frauen ausgebucht. Auch Musso war da, mit Fiamma Breschi, und natürlich hatte Collins seine Frau Louise mitgebracht, die nun der Blitzableiter war für den Streit, der sich mit zunehmender Heftigkeit zwischen Ferrari und seinem einst so bevorzugten englischen Fahrer entlud.

Es trug auch nicht gerade zur Entspannung bei, als Musso ein anonymes Telegramm bekam, in dem ihm dringlichst nahegelegt wurde, im Rennen das Äußerste aus sich herauszuholen. Das war ein deutlicher Wink. Allmählich bekam er nämlich Ärger wegen seiner wachsenden Spielschulden, und mit dem ungeheuren Preisgeld für den Sieg beim Großen Preis von Frankreich – etwa 200000 DM – könnte er sie mit einem Schlag tilgen. Luigi Musso wollte in Reims nicht nur die Ehre Italiens verteidigen, sondern auch einige vordringliche finanzielle Probleme in seinem Privatleben lösen.

Hawthorn, der in der Qualifikation mit seinem Tipo 246 einen neuen Rundenrekord aufgestellt hatte, ging in der elften Runde auf diesem weitläufigen, etwa dreieckigen, knapp zehn Kilometer langen und aus drei Abschnitten von Routes Nationales bestehenden Kurs in Führung. Aber Musso attackierte ihn. Als die beiden Autos an den rücksichtslos in die tadellos gepflegten Weinberge gesetzten Boxen und Tribünen vorbeisausten, lag Musso gerade in Hawthorns Windschatten. Vor ihnen befand sich eine schnelle, offene Rechtskurve, die ein paar Männer wie Fangio und Hawthorn mit durchgetretenem Gaspedal nehmen konnten. Auch Musso versuchte das, aber vielleicht war er beim Überholen eines langsameren Maseratis ein paar Zentimeter von der Ideallinie abgekommen, als er in die weit ausschwingende Kurve hineinfuhr. Plötzlich setzte er zu einem langgezogenen Dreher nach links an, bevor die äußeren Räder die Oberkante eines Straßengrabens touchierten. Es war entsetzlich anzusehen, wie sich der Ferrari bei einem Tempo von rund 240 km / h wieder und wieder überschlug. Musso hatte keine Chance, er war sofort tot. Hawthorn konnte den Unfall im Rückspiegel beobachten, aber verbissen fuhr er weiter und siegte schließlich in einem Rennen, das nicht nur wegen Mussos tragischem Tod in die Geschichte einging, sondern weil danach auch der großartige Juan Manuel Fangio zurücktrat.

Wieder einmal war Italien ein Held genommen worden. »Ich habe den einzigen italienischen Fahrer verloren, der zählte«, stöhnte Ferrari – gerade als er eine Beziehung zu einer der Hauptleidtragenden begann. Der französische Journalist Bernard Cahier versuchte zusammen mit seiner amerikanischen Frau Joan in den wenigen tränenreichen Tagen nach dem Rennen Fiamma Breschi zu trösten. Doch dann sei Mussos Familie mit seiner Witwe geschlossen nach Reims gekommen, sie hätten die arme Frau beschimpft und ihr sogar den Schmuck weggenommen, den Musso ihr geschenkt hatte. Wir wissen nicht, wann und wie Enzo Ferrari ins Spiel kam, jedenfalls nahm er irgendwann im Sommer 1958 Fiamma Breschi unter seine Fittiche und bezog sie im weitesten Sinne in sein Gefolge ein, zu dem schon seine Frau Laura und seine Geliebte Lina gehörten. Genaueres ist auch nicht über die Art dieser Beziehung bekannt, außer daß Ferrari der Breschi eine kleine Boutique einrichten ließ, erst in Bologna, dann in Florenz.

In den nächsten paar Jahren besuchte er sie regelmäßig Donnerstag nachmittags. Einige seiner Mitarbeiter wissen zu berichten, daß er »immer mit einem Lächeln im Gesicht« zurückkehrte. Enzo Ferrari, der immerhin schon sechzig war, hatte also ein volles Programm. Er war schließlich nicht nur tagtäglich mit Laura zusammen, sondern mußte sich auch ständig um Lina und Piero ebenso wie um Fiamma kümmern, die er strategisch in sicherer Entfernung von den anderen Akteuren in diesem immer komplizierter werdenden Drama untergebracht hatte. Mit Sicherheit konnte es auf die Dauer nicht so weitergehen.

Vor allem nahm ihn ja auch noch der Rennbetrieb in Anspruch. Nach Mussos Tod übernahmen Hawthorn und Collins die Führung im Team und stellten auch gleich beim Großen Preis von England in Silverstone ihre Fähigkeiten durch einen Doppelsieg unter Beweis. Die Vanwalls hatten große Schwierigkeiten auf diesem brettebenen Rundkurs, und in meisterhafter Manier nahm Collins seinem Kumpel Hawthorn am Ende eine halbe Minute ab. Hawthorn ließ es sich durch diese empfindliche Lektion nicht verdrießen. In der Auslaufrunde fuhr er langsam an einem befreundeten Fotografen vorbei, der in der Beckett's Corner am Pistenrand stand, schnappte sich von ihm ein großes Glas Bier und prostete allen zu, als er zu den Ferrari-Boxen zurückkehrte.

Aber auch die Freude der beiden war nur von kurzer Dauer. Beim nächsten Rennen, dem Großen Preis von Deutschland, verunglückte Peter Collins auf dem engen, kurvenreichen Rundkurs, und zwar in der ersten Rechtskurve der Pflanzgarten-Serie, als er den vor ihm liegenden Tony Brooks auf seinem Vanwall jagte. Collins und Hawthorn waren gerade von dem unheimlich ruhigen Brooks überholt worden. Vielleicht mußte Collins daran denken, wie er und Hawthorn im Vorjahr so ohne viel Federlesens von Fangio abgehängt worden waren. Als die drei Autos – Brooks' Vanwall und die Ferraris von Collins und Hawthorn – in die leicht ansteigende, offene Rechtskurve schwenkten, brach Collins' Tipo 246 zu weit aus. Sein linkes Hinterrad scherte über das unbefestigte Bankett am äußeren Kurvenrand, und plötzlich sah Hawthorn durch seinen Windschutzschild nur noch das rotierende Zinnoberrot eines außer Rand und Band geratenen Ferraris. Irgendwie gelang es ihm, durch den aufgewirbelten Staub und Dreck hindurchzuschießen, doch dann versagte ihm mitten auf dem weitläufigen Gelände die Kupplung. Niedergeschlagen stand er neben seinem kaputten Auto und wartete darauf, etwas über Collins' Zustand zu erfahren. Es dauerte fast eine Stunde, bis er an die Boxen zurückgebracht wurde und erfuhr, daß sein Freund in eine Bonner Klinik gebracht worden und dort an seinen schweren Kopfverletzungen gestorben sei. Was für eine tragische Ironie, daß Collins und Luigi Musso jeweils in der elften Runde ihres letzten Rennens ums Leben gekommen waren – in einem Auto, das die Nummer 2 trug.

Ferrari war wie vom Schlag gerührt. Innerhalb weniger Wochen hat er zwei weitere Fahrer aus seinem berühmten »Frühlingsteam« verloren. Und wieder ging ein Aufschrei durch die Presse. Auch der Vatikan meldete sich zu Wort. Sein offizielles Organ, der *Osservatore Romano,* nannte Ferrari einen »Industrie-Saturn ..., der weiterhin seine eigenen Söhne verschlingt«. Ein paar Monate später sollte eine andere maßgebliche katholische Zeitung das Verbot aller motorsportlichen Aktivitäten fordern. Der Jesuitenpater Leonardo Azzolini schrieb in der *Civilta Cattolica:* »Alle Geschwindigkeitswettbewerbe, ganz gleich, ob sie auf einer Rennstrecke oder auf offener Straße ausgetragen werden, und wie auch immer sie organisiert sind, sollten gestoppt werden.« Bis Mitte der sechziger Jahre veröffentlichte nun der Vatikan immer wieder derartige Angriffe auf Ferrari und den gesamten Automobilrennsport.

In einem erschütternden Augenblick auf einem schattigen Abschnitt einer deutschen Rennstrecke nahm Louise Collins' idyllisches Leben ein jähes Ende. Verzweifelt kehrte sie nach Modena zurück und suchte Trost bei Collins' Teamgefährten. Sie suchte auch Ferrari auf, der mit ihr trauerte. Er empfahl ihr, noch einmal zu einem Grand-Prix-Rennen zu gehen – vielleicht könne sie sich so von der Enttäuschung und Verbitterung befreien, die sie gegenüber dem Sport empfand. Wenn sie zum Großen Preis von Italien nach Monza käme, würde auch er dabeisein und gemeinsam mit ihr die alten Freunde bei dem berühmten Rennen besuchen. Sie war einverstanden und wollte am ersten Septemberwochenende kommen.

Der Große Preis von Italien war in jeder Hinsicht Ferraris wichtigstes Rennen. Hier bot er seine besten Autos und Fahrer gegen die Konkurrenz auf, und jedes Jahr wurde das Team für dieses Ereignis hoch motiviert. Ein Erfolg wurde von der nationalen Presse wie die Wiederkunft Christi gefeiert; wer hingegen scheiterte, dem wurde die Auswanderung empfohlen – oder noch Schlimmeres. Damit das dezimierte Team wieder aufgefüllt wurde, bekam Hill, der in Sportwagen- und Formel-2-Rennen allmählich verkümmerte, endlich die Chance, im Formel-1-Team mitzufahren. Dazu gehörten noch Hawthorn, der witzige, beliebte und weltläufige Trips und Gendebien, der wie Hill als Sportwagenspezialist abgestempelt war und auch jetzt nur begrenzte Einsätze für das Formel-1-Team fuhr.

Ferrari erschien am letzten Trainingstag (in den kommenden Jahren sollte das ein traditioneller, von der Presse vielbeachteter Auftritt sein), dann fuhr er wieder nach Modena zurück. Louise Collins kam, wie verabredet, am Tag des Rennens und traf eine Reihe von Freunden, darunter auch den inzwischen zurückgetretenen Piero Taruffi und seine Frau. Nur Enzo Ferrari war nirgendwo zu finden. Und sie sollte auch nie eine Erklärung dafür bekommen, warum er es vorgezogen hatte, die Verabredung nicht einzuhalten.

Tony Brooks gewann das Rennen für Vanwall, zweifellos sehr zu Tony Vandervells Genugtuung, der begeistert zusah, wie seine sinnlich geformten grünen Maschinen die Ferraris auf ihrem heimischen Geläuf besiegten. Hawthorn kam mit Mühe und Not auf den zweiten Platz, nachdem seine Kupplung versagt und er dem angreifenden Hill (der bei seinem glänzenden Debüt in den ersten fünf Runden in Führung gelegen hatte) signalisiert hatte, hinter ihn auf den vierten Platz zurückzufallen. Dieses selbstlose Teamwork verschaffte Hawthorn einen entscheidenden Vorsprung in der Punktewertung für die Weltmeisterschaft. Er hatte zwar nur ein Grand-Prix-Rennen gewonnen, ansonsten aber stets hervorragend abgeschnitten, so daß Moss nicht nur das letzte Rennen in Marokko in fünf Wochen gewinnen, sondern dort auch die schnellste Runde fahren mußte (auch dafür gab's einen Punkt), um Hawthorn noch den Titel streitig zu machen.

Moss gewann tatsächlich dieses Rennen auf dem Ain-Diab-Rundkurs bei Casablanca, über den die Sandstürme fegten. Aber wieder einmal hatte Hill als mustergültiger Teamgefährte Hawthorn auf den zweiten Platz vorfahren und ihn damit die Weltmeisterschaft für Ferrari gewinnen lassen – obwohl Moss immerhin vier Rennen gewonnen hatte und die Vanwalls während der ganzen Saison eindeutig die schnellsten Autos gewesen waren. Der Gewinn der Weltmeisterschaft, der sozusagen nur rein rechnerisch und nicht aufgrund absoluter Spitzenleistungen zustande gekommen war, machte allerdings kaum den Verlust von Collins wett. Mike Hawthorn war gewiß ein hervorragender Rennfahrer und ein echter Titelanwärter, aber die Fans von Moss machten ihm natürlich den Sieg streitig. Nach fünf Jahren intensiver Teilnahme am Rennsport auf Weltniveau war er so erschöpft und zugleich so entmutigt von dem Blutzoll, der seinen Weg zur Spitze begleitet hatte, daß Hawthorn nach dem Rennen von Casablanca seine wiederholt geäußerten Rücktrittsdrohungen wahr machte.

Enzo Ferrari mochte Hawthorn mehr als die meisten seiner Fahrer und setzte alles daran, um ihn davon abzubringen, im geradezu jünglingshaften Alter von 29 Jahren aufzuhören. Später bezeichnete er ihn als »beunruhigend«, und zwar »im Hinblick auf sein Können und seine Unberechenbarkeit. Er konnte mit jeder Situation fertig werden und aus jeder Bredouille kaltblütig, wohlüberlegt und mit außerordentlich schnellen Reflexen herauskommen – um dann im nächsten Augenblick total durchzudrehen.« Rätselhafterweise charakterisierte Ferrari Hawthorn auch noch als »ziemlich geistesabwesend«, während doch Freunde den Engländer als fröhlichen, vitalen und trinkfreudigen Burschen bezeichnet haben, der bis zu den letzten Monaten seiner Karriere noch eine ausgesprochen positive und jungenhaft begeisterte Einstellung gegenüber dem Rennsport gehabt habe. Leider hat ihn dann seine Lebensfreude das Leben gekostet. Er kehrte nach England zurück und wurde ein vielseitiger Geschäftsmann, der häufig zwischen seinem Haus in Farnham und London hin und her fuhr. Eines Morgens Ende Januar 1959 stieg Hawthorn in seine neue und starke 3,8-Liter-Jaguar-Limousine und wollte in die Stadt fahren. Unterwegs traf er auf den wohlhabenden Sportfreund und Rennstallbesitzer Rob Walker, der die gleiche Strecke mit seinem Mercedes-Benz-300SL-Flügeltürenauto fuhr. Angeblich hatten die beiden in einem Pub ein paar Bier getrunken, bevor sie weiterfuhren – allerdings immer schneller. Als sie über einen Buckel, den sogenannten Hog's Back, rasten und auf die lang abfallende vierspurige Umgehungsstraße bei Guildford kamen, beschleunigte Hawthorn den Jaguar auf über 190 km/h und ließ Walker hinter sich. Was dann passierte, wird für immer ein Geheimnis bleiben. Manche glauben, Hawthorn sei an einem langsam fahrenden Lkw hängengeblieben; andere sagen, er hätte die Kontrolle auf dem schlüpfrigen Straßenbelag verloren. Auf jeden Fall war der beliebte Champion, der erst vor elf Jahren das Autofahren auf den gleichen Straßen von Surrey gelernt hatte, sofort tot, als sich der Jaguar förmlich um eine unnachgiebige englische Eiche legte. Nun war also auch der letzte aus Ferraris »Frühlingsteam« tot, und mit ihm waren auch alle Hoffnungen dahin, es mit den englischen Senkrechtstartern und ihren neuen Autos aufnehmen zu können. Mit Sicherheit standen den Männern des aufsteigenden Pferdes gewaltige Veränderungen bevor.

15

Seit dem Rückzug von Maserati war die Scuderia Ferrari so etwas wie eine nationale Institution geworden und vertrat Italien quasi offiziell im internationalen Rennsportzirkus. Seit langem schon war der Betrieb in Maranello nicht nur ein simples kommerzielles Unternehmen, sondern eine Organisation, die den primitiven Chauvinismus der Massen befriedigte oder frustrierte. Für die Öffentlichkeit hatte der Erfolg oder das Versagen eines Ferraris unmittelbar mit der Ehre der Nation zu tun, besonders natürlich dann, wenn ein italienischer Fahrer am Steuer saß. Aber als der Tod von Castellotti und Musso großes Wehklagen und tiefe Enttäuschung auslöste, faßte Enzo Ferrari einen wohlüberlegten Entschluß: Nach außen hin würde er sich mit dem Wunsch nach einem rein italienischen Fahrerteam identifizieren, aber im Grunde wollte er nur die besten Fahrer, ganz gleich welcher Nationalität sie waren. Und im übrigen würde ihm auch das endlose hysterische Geschrei seiner Landsleute erspart bleiben, wenn »nur« ein Engländer, Deutscher oder Amerikaner ums Leben kam.

Chiti und sein Ingenieursstab hatten nicht viel ausrichten können, als sie ihn davon zu überzeugen versuchten, daß den englischen Heckmotorautos die Zukunft gehören würde. Die Grand-Prix-Autos für die Saison 1959 waren einigermaßen auf den neuesten Stand gebrachte Dinos, die glücklicherweise Scheibenbremsen aus England hatten – neben den Reifen übrigens die ersten wichtigen nichtitalienischen mechanischen Teile, die Ferrari verwendete. Außerdem wurden auch Schraubenfedern und flexiblere Aufhängungen übernommen, so daß die Ende 1959 und 1960 gebauten

Dinos zu den modernsten und zugleich veraltetsten Automobilen gehörten, die an Grand-Prix-Wettbewerben teilgenommen haben.

Zwei Männer mit absolut gegensätzlichen Persönlichkeiten standen nun an der Spitze des Fahrerteams: Jean Behra, der zuletzt für Maserati gefahren war, war hart und eigenwillig, ein sehr direkter kleiner Mann, der bei einem Unfall ein Ohr verloren hatte. Sein Teamgefährte (oder besser -rivale) war der Engländer Tony Brooks, ein hagerer, höflicher ehemaliger Student der Zahnmedizin aus guter Familie, der den verwegenen Schneid und das angenehme Naturell des klassischen RAF-Spitfire-Piloten zu verkörpern schien. Während Behra wie ein Stier fuhr, war Brooks gleichsam der flinke Torero, der für viele zu den schnellsten Fahrern in der Geschichte des Rennsports zählte. Die beiden waren sich von Anfang an nicht grün. Behra sprach nur französisch, Brooks englisch und ein paar Brocken Italienisch. Er war mit Sicherheit der schnellere Fahrer, aber Behra hielt sich – vielleicht weil er älter und erfahrener war – für die Nummer eins im Team, obwohl Ferrari gar nicht daran dachte, einem der beiden eine derartige Position zuzuweisen.

Zu ihnen kamen noch Phil Hill, dessen Begabung auch weiterhin von Ferrari ignoriert wurde, sowie das Sportwagen-As Gendebien und Cliff Allison hinzu, ein junger englischer Werkstattbesitzer und Hobbylandwirt, der eine glänzende Zukunft vor sich hatte. Schließlich gab es noch eine weitere Entdeckung durch Luigi Chinetti: den groß gewachsenen, stets lächelnden Dan Gurney, der ein überragendes Talent zu sein schien, auch wenn er bislang erst weniger als zwei Dutzend Rennen gefahren hatte. Gurney war mit seiner Frau und seinen beiden kleinen Söhnen nach Modena gekommen und sollte auf dem Autodrom einen Eignungstest machen. Wie so viele Kandidaten vor ihm hatte auch er ein paar Tage im Hotel Real herumgehangen und auf den entscheidenden Anruf gewartet. Und dann war er an einem kühlen Morgen mit seinem kleinen Volkswagen die paar Kilometer auf der Via Emilia nach Westen zu der riesigen, in Nebel eingehüllten Rennstrecke gefahren. Dort erwarteten ihn Ferrari, Tavoni, eine Schar Mechaniker und ein paar allgegenwärtige Lokalreporter, die offenbar an der Rennstrecke ihre Zelte aufgeschlagen hatten. Vor den Boxen aufgereiht standen ein Paar zweisitzige Sportrennwagen und ein Formel-1-Auto. Ferrari trug seinen schweren Wintermantel und die Pelzmütze und sagte wenig, als Gurney seinen schlaksigen Körper in das enge Cockpit eines der Sportwagen zwängte. Er fuhr schnell. Und er fuhr sehr gut. Mit Sicherheit ein Nachwuchstalent – ehrgeizig, mutig und überaus begabt. Ferrari, der einfach ein Auge dafür hatte, nahm ihn sofort unter Vertrag. Es war der übliche, äußerst bescheidene Vertrag: 650 DM pro Woche und fünfzig Prozent von den Preis- und Sponsorengeldern (über die freilich nach Gurneys Aussagen nie abgerechnet wurde). Später nannte ihn Ferrari *il grande Marine,* und wenn Gurney nicht die Scuderia wieder verlassen hätte, um in der kommenden Saison für BRM zu fahren, wäre er wahrscheinlich einer der großen Stars des Unternehmens in Maranello geworden.

Doch da gab es ja noch einen weiteren Amerikaner, der dann im kommenden Jahr Gurneys Platz einnehmen sollte: Richie Ginther war einer von den vielen Fahrern, die in den fünfziger Jahren bei den Straßenrennen in Südkalifornien debütierten und entdeckt wurden. 1953 und 1954 war er bei den Straßenrennen von Mexiko Phil Hills Bordmechaniker gewesen, bevor er sich selbst einen Namen machte. Der zierliche und wortkarge Ginther fühlte sich später in Modena wie zu Hause; und wenn er auch auf der Rennstrecke keineswegs unsterblichen Ruhm erwarb, so genoß er doch als Testfahrer höchstes Ansehen. Ihm wird denn auch – gemeinsam mit Chiti – die Erfindung des Heckspoilers zugeschrieben, eines aerodynamischen Hilfsmittels, das unschätzbare Dienste leistete, um Autos bei hohen Geschwindigkeiten zu stabilisieren. Allerdings sollte die erste Version des Spoilers nicht primär die Straßenlage verbessern, sondern die Auspuffgase vom Cockpit abhalten. Es war also vielleicht eine rein zufällige Erfindung.

Unter all diesen Amerikanern war Phil Hill so etwas wie ein fünftes Rad am Wagen. Er war nun schon seit bald vier Jahren beim Team oder mit ihm zusammen, aber trotz seiner offenkundigen Fähigkeiten schien es ihm einfach nicht zu gelingen, Ferraris uneingeschränkte Anerkennung zu finden. Der sensible, gebildete, des Italienischen kundige Amerikaner galt den monomanen Autonarren wahrscheinlich als nicht professionell genug. Während Brooks sich niemals in Modena häuslich niederließ und sich den Machtintrigen innerhalb der Scuderia stets entzog und Behra immer ein aggressiver Außenseiter blieb, versuchte Hill hartnäckig, aber vergebens, sich dem System anzupassen, obwohl er mit einem gewissen Zynismus das absurde Theater durchschaute, das hier meist gespielt wurde.

Ein anderes junges Teammitglied konnte dagegen sehr viel besser mit diesen Intrigen umgehen: Wolfgang Graf Berghe von Trips. Der charmante deutsche Adelige, der schon bald Ferraris Schwäche für die Aristokratie erkannte, war ein guter Freund des bekannten Modeschöpfers und Amateurfahrers John Weitz. Und der Deutsche brauchte auch nicht lange, um zu merken, daß es große Qualitätsunterschiede bei den Autos gab, die an den verschiedenen Rennen teilnahmen. Einige waren nur notdürftig reparierte Wracks oder waren aus mehreren ausgeschlachteten älteren Maschinen zusammengesetzt. Kein Auto glich dem anderen, und Trips – oder »Taffy«, wie ihn seine Freunde nannten – erzählte Weitz einmal, er würde gewisse Leute im Teammanagement dafür bezahlen, daß er auch mit Sicherheit das beste Auto bekäme. Interne Bestechungen gehörten einfach zum guten Ton in diesem rigiden Herrschaftssystem, und auch die Vertragshändler draußen konnten sich dem nicht entziehen.

Damals leistete Luigi Chinetti hervorragende Außendienste für Ferrari in Amerika mit seinem North American Racing Team (NART), das auch hervorragende Ergebnisse bei Langstreckenrennen wie Sebring und Le Mans erzielte. Im allgemeinen waren seine Autos nagelneue Maschinen oder kaum gebrauchte Vorjahresmodelle. Aber es bedurfte schon großer Sorgfalt, um sicherzustellen, daß es sich dabei nicht um runderneuerte Wracks handelte oder um Autos, in die schwächere Motoren oder zusammengeflickte Getriebe eingebaut worden waren. Bestechungen waren unumgänglich, wenn man immer ordentliche Ersatzteile haben wollte. »Wir hatten keine andere Wahl«, erklärte Chinettis Sohn Luigi jr., den viele »Coco« nannten. »Wir haben bezahlt, und dann haben sie uns auch nicht hereingelegt.«

Nicht zuletzt dank Chinettis erfolgreichen Bemühungen auf dem amerikanischen Markt erlebte die Serienproduktion einen Aufschwung. Etwa 248 Personenwagen wurden 1959 gebaut, wobei die Karosserien zumeist von Pininfarina (ehemals Pinin Farina) und Scaglietti geliefert wurden. Etwa vierzig Prozent dieser Produktion gingen nach Amerika, so daß Giberti seine Leute oft anschnauzen mußte: »Seht zu, daß ihr die Autos für Chinetti fertig bekommt. Wir brauchen das Geld der Amerikaner!« Inzwischen war Pininfarina der erste Designer geworden, während Scaglietti die Karosserien für einen Teil der Pkws schneiderte. Andere *carrozzerie* erhielten zwar gelegentlich Aufträge für spezielle Einzelanfertigungen, aber die meisten der zahlreichen auffälligen und wunderschönen Ferrari-Karosserien aus dieser Zeit stammten aus jenen beiden Werkstätten. Diese Autos waren im Grunde nichts weiter als ungetunte Rennwagen mit einer sinnlichen Haut, und sie interessierten Ferrari nicht besonders. Er ließ sich auch weiterhin von dem getreuen Pepino Verdelli in seinem Fiat 1100 chauffieren. Dafür erwarb er beachtlichen Grundbesitz in Modena und Umgebung, ja sogar in Bologna. Er kaufte eine riesige, vierstöckige Villa im römischen Stil, die sich in der Nähe der alten Scuderia befand. Sie stand an der Ecke Via Emilia / Largo Garibaldi und war eines der größten Privathäuser in Modena, das es in seiner ganzen Pracht und Größe bestimmt mit der Villa der Orsis weiter östlich aufnehmen konnte. Ferrari, Laura und seine Mutter zogen in das weitläufige Gebäude um, wobei sie nur einen kleinen Teil der riesigen Zimmerfluchten für sich beanspruchten. Mama Adalgisa wurde natürlich strategisch in ihrer eigenen Wohnung im dritten Stock untergebracht – weit weg von Laura.

Ein weiteres Haus, das zwar weniger im Blickpunkt stand, aber nicht minder reizvoll war, wurde in Viserba an der Adria, ein paar Kilometer nördlich von Rimini gekauft. Hierher zogen sie sich vor der drückenden Hitze und den unersättlichen Moskitos zurück, die Modena jeden Sommer heimsuchten. Besonders Laura verbrachte hier meistens die Sommermonate, wobei sie öfter von ihrem Gatten besucht wurde, als dies allgemein bekannt ist.

Mit dem Umzug in das große Haus am Largo Garibaldi 11 änderten sich zwangsläufig auch Ferraris gesellschaftliche Gewohnheiten. Bis dahin war er Stammgast in der Bar des Real gewesen, aber nun verlegte er seine Feten und Flirts lieber ins Grand Hotel, das ein paar Straßen weiter und damit Lauras neugierigen Augen entzogen war. Es befand sich übrigens direkt gegenüber dem Herrenhaus der Orsis an der Via Emilia. Er zog sich immer mehr in sein Revier zurück, wie ein alternder Löwe, und sein Bewegungsspielraum beschränkte sich im allgemeinen auf die täglichen Fahrten nach Maranello, gelegentliche Abstecher nach Castelvetro zu Lina und Piero, ein paar Testfahrten im nahe gelegenen Autodrom und seine Donnerstagnachmittagsbesuche bei Fiamma in Bologna.

»Es gab einen Ferrari bei Tag und einen Ferrari bei Nacht«, erinnert sich eine alte Freundin. »Bei Tag war er der *capo,* da ging's nur ums Geschäft. Aber bei Nacht war er anders. Dann ging's um die Frauen. Ferrari liebte den Sex!« Ferraris Appetit auf das weibliche

Geschlecht war enorm, auch nachdem er sechzig geworden war. Im Grand Hotel von Modena war immer etwas los. In der Bar tummelten sich oft schöne Frauen – Professionelle wie Amateure –, und Ferrari fühlte sich in ihrer Nähe wohl. Wenn Ferrari und einer seiner Günstlinge – einschließlich der Fahrer – gleichzeitig ein Auge auf ein und dieselbe Dame geworfen hatten, kehrte der Commendatore in solchen Situationen stets den Vorgesetzten heraus.

Ein weiteres Zentrum des Highlife in Modena war der Biella Club, eine alte Clique, die längere Zeit unmittelbar zur Rennsportszene um Ferrari gehört hatte. Sie bestand noch immer aus Fahrern, wohlhabenden Kunden, ein paar Presseleuten und den üblichen Trabanten und Adabeis, die regelmäßig in Etablissements wie dem Grand Hotel und dem Real-Fini ausgiebige Gelage veranstaltete. Es versteht sich von selbst, daß Enzo Ferrari ein Stammgast bei derartigen Feten war.

Einmal besorgte er für seine Kumpel im Biella Club einen ganzen Schwung Fahrräder und veranstaltete ein improvisiertes Rennen durch die Straßen von Modena. Der amerikanische Journalist Peter Coltrin war kein so geübter Radfahrer wie seine italienischen Konkurrenten und blieb prompt an einem Randstein hängen. Er flog in hohem Bogen herunter, sehr zum Vergnügen seiner Spezis. Dieses Grüppchen von Amerikanern, zu dem auch Peter Coltrin gehörte, hat eigentlich in dieser Zeit die Ferrari-Legende mit in die Welt gesetzt. Der Kalifornier Coltrin, der sich in Modena niedergelassen und eine charmante Einheimische geheiratet hatte, war einer von Dutzenden ausländischer Automobilfans, darunter auch etlichen Journalisten und Schriftstellern, die von der abenteuerlichen Romantik der Motorsportszene in Modena ganz überwältigt waren. Sie hatten die verchromten Straßenkreuzer nicht mehr ertragen können, die in der Eisenhowerzeit die amerikanischen Highways verstopften, und nun erschien ihnen Italien geradezu als Paradies – mit seinen schnellen Autos, den reizvollen Landschaften und Städten, den eleganten Frauen und den Gaumenfreuden, unter denen sich die Tische bogen und die in dieser Zeit des starken Nachkriegsdollars so gut wie nichts kosteten.

In ihrer Begeisterung über das süße Leben in Modena vergaßen diese amerikanischen Korrespondenten, in ihren Berichten auch die Tatsache zu erwähnen, daß die Grand-Prix-Saison 1959 eine totale Katastrophe war. Gerade zwei Siege konnte das Ferrari-Team

Ferrari bei seiner Jahrespressekonferenz 1981 – er verliest eine vorbereitete Erklärung. *(Wide World Photos)*

1987 in Maranello – Ferrari hält Hof. Ganz links Ferraris langjähriger Vertrauter Franco Gozzi, in der Bildmitte stehend der Modeneser Lebensmittelfabrikant und Hotelier Giorgio Fini.

Ferraris große Villa am Garibaldi-Platz in Modena.
(Foto des Autors)

Die Ferrari-Familiengruft auf dem Friedhof von San Cataldo in Modena.

Ferrari testet in Monza einen der großartigen Alfa Romeo P2, die er allerdings nie bei einem Rennen gefahren hat (man beachte das Fehlen einer Nummer bzw. des Alfa-Kleeblatts – der Wagen war noch nicht für ein Rennen bestimmt). *(Bettmann-Archiv)*

Ferrari mit Aurelio Lampredi, dem hervorragenden Konstrukteur und Ingenieur. *(Foto R. Mailänder, Sammlung Karl Ludvigsen)*

Ferraris Geburtshaus an der Via Camurri 85 in Modena (heute Via Paolo Ferrari – kein Verwandter!). Im Erdgeschoß der Betrieb von Ferraris Vater, darüber die privaten Wohnräume der Familie. *(Foto des Autors)*

Völlig erschöpft vom Circuito del Mugello-Rennen, bei dem sie am 24. Juli 1921 Zweite wurden: Ferrari (Mitte) und sein Bordmechaniker Michele Conti (rechts). *(Wide World Photos)*

Der berühmte 166MM »Barchetta«, Ferraris erstes kommerziell erfolgreiches Auto. Auf diesem kleinen Tourensportwagen errang Luigi Chinetti 1949 in Le Mans den ersten bedeutenden Sieg für die Scuderia in einem internationalen Sportwagenrennen. *(Foto Car and Driver)*

Eines der klassischen Autos von Ferrari, ein 400 Superamerica aus den frühen sechziger Jahren (Karosserie von Pininfarina, 4-Liter-V12-Motor, Höchstgeschwindigkeit etwa 250 km/h). Von diesem Auto wurden zwischen 1961 und 1964 ungefähr 45 Exemplare gebaut, von denen keines mit den anderen genau übereinstimmte. *(Foto Car and Driver)*

Der ehrfurchtgebietende GTO, Inbegriff eines Ferrari-Sportwagens. Von diesen 3-Liter-Sportwagen, die zu den begehrtesten Automobilen auf der ganzen Welt zählen, wurden 39 Exemplare gebaut – inzwischen werden sie z. T. für über 10 Millionen Dollar gehandelt. *(Foto Car and Driver)*

Ferraris sorgen überall für Aufsehen – hier ein 250LM mit Mittelmotor (Stückzahl: 35) im Jahre 1965 in New York. *(Foto Car and Driver)*

Niki Lauda und Clay Regazzoni posieren bei der Vorstellung der neuen Rennwagen Ende 1975 für ein Foto mit dem 312-T2-Grand-Prix-Rennwagen, einem der ästhetisch gelungensten Ferrari-Grand-Prix-Autos aller Zeiten, mit dem Lauda freilich 1976 in Monza schwer verunglückte. *(Foto Car and Driver)*

Ferrari in seinem kahlen Büro, 1983. *(Foto Larry Griffin)*

Der nach Ferraris Sohn benannte Dino 246, anstelle des klassischen V12ers mit einem V6-Motor bestückt und wegen des fehlenden Firmenemblems mit dem aufsteigenden Pferd von Puristen gelegentlich als »nicht reinrassig« bemängelt. Zwischen 1969 und 1974 wurden nicht weniger als 4000 Exemplare dieses wendigen kleinen Sportwagens gebaut. *(Foto Car and Driver)*

Mit diesem 365GTB/4 »Daytona«, dessen Höchstgeschwindigkeit bei über 270 km/h liegt, gewann Dan Gurney das zweite Langstreckenrennen quer über den nordamerikanischen Kontinent von New York nach Los Angeles; als erster brauchte er für diese Strecke weniger als 36 Stunden. *(Foto Car and Driver)*

vorweisen. Brooks gewann auf den superschnellen Rundkursen von Reims und der Berliner AVUS, wo es eher auf PS-Stärke als auf das bessere Fahrverhalten ankam. Bereits in Reims hatte Behra das Team verlassen, nachdem er Romolo Tavoni niedergeschlagen hatte. Der aggressive Franzose war maßlos frustriert wegen der komplizierten Teampolitik und wegen der endlosen Auseinandersetzungen um die Frage, wer denn nun die Nummer eins sei (mit Sicherheit Brooks, auch wenn er dazu nie offiziell bestimmt worden war). Behra war hervorragend gefahren, er hatte den Rundenrekord zweimal gebrochen – und dann konnte er nach einem Kolbenfresser in der 29. Runde nicht mehr weiterfahren. An diesem unerträglich heißen Tag mußte er seine Wut und Erschöpfung einfach abreagieren, indem er Tavoni, dem Teammanager, eine harte Rechte verpaßte. Einem Superstar wie Fangio oder Ascari wäre ein derart ungebührliches Benehmen verziehen worden, aber auf Behra konnte man durchaus verzichten, und darum wurde er gefeuert. Ein paar Wochen später kam er auf der AVUS ums Leben, als sein Porsche aus der 43 Grad engen Nordkurve flog und Behra gegen einen Fahnenmast geschleudert wurde.

Es war eine schlimme Zeit für Tavoni. Ständig bekam er Ärger, nicht nur mit aufsässigen Fahrern wie Behra, sondern auch mit schlechtgelaunten Ingenieuren, mürrischen Mechanikern, die wegen jeder Kleinigkeit streikten, und natürlich mit Ferrari selbst, der immer wieder lautstark Erfolge von ihm verlangte. Selten wurden diese Auseinandersetzungen in gesitteter Form hinter geschlossenen Türen beigelegt. Eines Tages mußten Passanten in der Via Abetone entsetzt mit ansehen, wie sich zwei Männer vor den Fabriktoren gegenseitig anbrüllten und einander mit Steinen bewarfen, wenn gerade keine Autos vorbeifuhren. Es waren Ferrari und Tavoni!

Trotz dieser endlosen Zänkereien und der ständigen vernichtenden Niederlagen, die ihnen die verachteten englischen *garagisti* beibrachten, konnte sich Brooks irgendwie noch so weit konzentrieren, daß er beim Kampf um die Weltmeisterschaft noch ganz vorn mit dabei war – bis zum ersten Großen Preis von Amerika nach dem Krieg, der auf dem Flughafenrundkurs von Sebring gegen Ende der Saison ausgetragen wurde. Leider wurde er dort beim Start von seinem Teamgefährten Trips gerammt, und darum suchte er die Boxen auf, um den Schaden untersuchen zu lassen. Nach einer Aufholjagd aus der fünfzehnten Position wurde er immerhin noch Dritter. Doch damit belegte er in der Weltmeisterschaft »nur« Platz zwei hinter dem Australier Jack Brabham, der den Titel für Cooper gewann. Natürlich fiel die italienische Presse über Brooks her, weil er nicht mit dem beschädigten Auto weitergekämpft hatte.

Der einzige Lichtblick in dieser ansonsten trostlosen Saison war Chitis erfolgreicher 1,5-Liter-V6-Formel-2-Wagen. Ihm schien die Zukunft zu gehören. 1958 hatte die FIA nämlich ohne Vorwarnung verkündet, daß die Formel-1-Motoren in der Saison 1961 von 2,5 Liter auf 1,5 Liter Hubraum verkleinert werden müßten. Und damit würde der von Chiti entwickelte Wagen genau im richtigen Moment kommen – vorausgesetzt, der Boß würde endlich mit seinem ewigen Spruch vom »Ochsen, der den Wagen zieht« aufhören und die Konstruktion eines Rennwagens mit einem richtigen Mittel- oder Heckmotor vorantreiben.

Doch zunächst einmal begannen die verrückten sechziger Jahre damit, daß sich Enzo Ferrari bis zur Weißglut ärgern mußte. Seine Autos wurden gnadenlos von den Coopers und Lotus' geschlagen. Brooks und Gurney hatten das Team verlassen, das nun aus Hill, Allison, Trips und einem wilden Draufgänger bestand: dem Belgier Willy Mairesse, einem verschlossenen, schlanken Mann, der geradezu den Tod herauszufordern schien. »Wild Willy« Mairesse war das genaue Gegenteil seines sanftmütigen Landsmannes Olivier Gendebien – er war vor allem bekannt wegen seiner zahlreichen schweren Unfälle, bis er sich schließlich im September 1969 in Ostende mit einer Überdosis Schlaftabletten das Leben nahm.

Wieder einmal brachte der Dino-Motor mit den vier obenliegenden Nockenwellen jede Menge Leistung (etwa 280 PS bei 8500 U/min), aber gegen die leichteren, eleganteren englischen Autos hatten die kopflastigen, ungeschlachten Maschinen einfach keine Chance. Beim ersten wichtigen Rennen, dem Großen Preis von Monaco, hatte Allison während des Trainings einen bösen Unfall. Wie die meisten damaligen Rennfahrer fuhr auch Allison ohne Sicherheitsgurt, und als sein Auto gegen irgendeine Kante stieß, flog er einfach hinaus. Er erlitt Kopf- und Gesichtsverletzungen und fiel für die ganze Saison aus.

Die Sensation in Monaco war das lang erwartete, hoffnungslos überfällige Debüt des Ferrari 246 mit Mittelmotor, der von Ginther gefahren wurde. Das Auto war zuvor schon in Modena getestet worden, und zwar von Hill und Testfahrer Martino Severi (der im

Autodrom von Modena unschlagbar war, aber sonst viel zu langsam). Es ließ sich recht gut fahren und arbeitete zuverlässig, bis Ginther in einer späteren Phase des Rennens Probleme mit dem Getriebe hatte und mit Mühe und Not Sechster wurde. Hill fuhr hervorragend mit seinem älteren Modell und belegte immerhin den dritten Platz – hinter Moss auf einem Lotus 18 und Bruce McLaren auf Cooper.

Ein paar Wochen später gab es aus Le Mans Erfreuliches zu berichten: Gendebien und der französische Journalist Paul Frère gewannen das 24-Stunden-Rennen auf einem Tipo 250TR. Ein gleicher Wagen des NART-Teams wurde Zweiter. Dieser Sieg glich die Niederlage gegen Aston Martin im Vorjahr wieder aus. Damals hatten Roy Salvadori und Carroll Shelby gewonnen – letzterer schickte sich gerade an, seine verwegenen Cobras zu bauen, mit denen er eines Tages einer der bedeutendsten Rivalen der Scuderia werden sollte.

Die übrige Formel-1-Saison war eine schiere Katastrophe. Die englischen Autos waren unschlagbar, und das Team erwies sich einen Bärendienst, indem man Mairesse beim Großen Preis von Belgien in Spa einsetzte – mit Sicherheit der gefährlichste der großen europäischen Rundkurse. Ausnahmsweise einmal war Willys schlampiger Fahrstil nicht daran schuld, daß er sich mit dem Engländer Chris Bristow verhedderte, als sie mit aufheulenden Motoren in die fürchterliche hängende Rechtskurve bei Burnenville fuhren. Bristows Cooper kam von der Strecke ab und segelte durch eine Absperrung – Bristow war sofort tot. Gegen Ende des Rennens kam Alan Stacey, eine weitere englische Hoffnung, ums Leben, als sein Auto auf der Masta-Geraden außer Kontrolle geriet, vielleicht weil dem Fahrer ein Vogel ins Gesicht geknallt war. Der beste Ferrari, mit Phil Hill am Steuer, lag auf dem vierten Platz, mit einer Runde Rückstand.

Beim Großen Preis von Frankreich fielen alle drei Ferraris – mit Hill, Trips und Mairesse am Steuer – aus. Dann belegten Hill und Trips beim Großen Preis von England mit großem Abstand die Plätze fünf und sechs. In Portugal gab es wieder einen Totalausfall, aber beim Großen Preis von Deutschland kam wieder Hoffnung auf, da an diesem Rennen nur Formel-2-Autos teilnehmen durften. Porsche schlug sich in dieser Klasse hervorragend, und darum schlossen die Deutschen willkürlich die britischen Formel-1-Teams aus, die überall nach Belieben siegen konnten. Die Italiener beschlossen, diesem Beispiel zu folgen, gingen aber noch etwas raffinierter vor. Der ACI (Automobilclub von Italien) kündigte an, der Große Preis von Italien in Monza würde aus einer Kombination von Autodrom und Straßenkurs bestehen. Natürlich protestierten die Teams von Cooper und Lotus heftig gegen diese Entscheidung. Sie nahmen Anstoß an den überhöhten Kurven des Autodroms, die so holprig waren, daß die Radaufhängungen ihrer zerbrechlichen Maschinen beschädigt werden konnten. Die Rechnung der Italiener ging auf. In der Gewißheit, daß die unebenen Betonkurven den robusten alten Ferraris nichts ausmachen würden, hatten sie gehofft, die Engländer würden zu Hause bleiben und damit den einheimischen Favoriten den Sieg überlassen. Doch dann hätten auch die Ferraris ihre Teilnahme beinahe zurückgezogen. Der Commendatore hatte sich mit den Organisatoren von Monza über bestimmte Vereinbarungen für das Team nicht einigen können und drohte auszusteigen. Aber dann konnte man ihn wieder besänftigen, und die veralteten 246er, die hier vermutlich ihr letztes Rennen fuhren, qualifizierten sich – mit Hill, Ginther und Mairesse am Steuer – für die ersten drei Startplätze. Während des Rennens zogen sie in geordneter Formation ihre Runden und ließen sich durch die paar Privatfahrer nicht aus der Ruhe bringen, die so dreist waren, sich an dem Wettbewerb zu beteiligen. Hill gewann spielend. Im Grunde war das ein wertloser Sieg, aber die *tifosi* gerieten darüber völlig aus dem Häuschen.

Während die Leistungen der Scuderia Ferrari in der Formel 1 in der Erinnerung vieler als wahrer Triumph gefeiert werden, sollte man doch nicht vergessen, daß sich das Team nach den beiden Ascari zu verdankenden Erfolgsjahren 1952 und 1953 in einem fürchterlichen Tief befand. Wenn man einmal das Jahr 1956 ausklammert, als Ferrari mit Fangio und den von Jano konstruierten Lancia-D50ern antrat, hatten Ferraris eigene Autos in sieben Saisons nur acht Rennen gewonnen: 1954 zwei, 1955 eines, 1957 keines, 1958 und 1959 je zwei sowie dieser eine wertlose Sieg 1960. Seit 1954 hatte Ferrari Le Mans und Sebring jeweils dreimal gewonnen, zweimal die Mille Miglia, fünfmal die 1000 Kilometer von Buenos Aires sowie zahlreiche andere wichtige Sportwagenrennen, wodurch das Image der Marke kräftig aufpoliert wurde. Aber in vielen Fällen waren diese Siege gegen schwache Gegner erzielt worden, und meist mußten sich die knallroten Autos aus Maranello ganz schön anstrengen, wenn sie gegen die großen Werksteams wie Mercedes-Benz, Jaguar, Lancia und Aston Martin bestehen wollten.

Im Laufe der Jahre verdankte Ferrari viele seiner Erfolge nicht einer hervorragenden Technik oder taktischem Geschick, sondern seiner unerschütterlichen Beharrlichkeit, an Rennen teilzunehmen, seiner unbedingten Bereitschaft, an den Start zu gehen, auch wenn die Chancen noch so schlecht standen, und im Rennen so schnell wie möglich zu fahren. Teilweise stand dahinter sein unbeirrbarer Stolz, aber nicht immer erwies sich seine Sturheit als Vorteil. Seine Weigerung, sich mit der neuen Technologie der englischen Maschinen ernsthaft auseinanderzusetzen, kam ihn mit Sicherheit teuer zu stehen. Wenn er auf Männer wie Hawthorn, Chiti, Hill, Rocchi und andere gehört hätte, die ihm dringend nahelegten, seine vorsintflutlichen Vorurteile aufzugeben, wäre er noch viel erfolgreicher gewesen. Aber bevor es endlich zu einer Veränderung kam, mußten ihm nicht nur seine leitenden Mitarbeiter ständig in den Ohren liegen, sondern er hatte auch erst mal in drei langen Saisons schmerzhafte Niederlagen einstecken müssen.

Als sich das Jahr 1960 seinem Ende näherte, hatte Ferrari den oft gebrauchten Titel »Commendatore« abgelegt und zog es fortan vor, von denen, die es nicht wagten, ihn einfach Ferrari oder – seltener – Enzo zu nennen, mit »Ingegnere« (Ingenieur) angesprochen zu werden. Der neue Titel war ihm im April von der Universität Bologna verliehen worden, und über diesen Dr. Ing. h. c. war er zu Recht stolz, auch wenn er in Wahrheit technisch unbegabt war und niemals, wie es Männer wie Chiti und Rocchi ausdrückten, »einen Strich gezeichnet hat«.

Allmählich und behutsam wurde der fünfzehnjährige Piero Lardi aus seinem Schattendasein herausgeholt. Inzwischen kannten den jungen Mann, der das kräftige Kinn und die Größe seines Vaters geerbt hatte, Männer wie Tavoni, Gerolamo Gardini (der kaufmännische Direktor des Unternehmens), Bazzi und Chinetti, die alle schon zu Lina Lardi nach Castelvetro mitgekommen waren. Schon bald wußte der engere Kreis um Ferrari von der Existenz dieses zweiten Sohnes, obwohl niemand eine Ahnung davon hatte, wie weit er schließlich auf die Angelegenheiten der Fabrik Einfluß nehmen würde. Andere wurden überhaupt nicht davon in Kenntnis gesetzt, wer dieser Junge war. Beim Großen Preis von Italien im Jahre 1961 erblickte Gaetano Florini, zuständig für den Kundenverkauf von Rennwagen, Piero in dem Schwarm von Leuten, die um seinen Vater herumstanden. Weil er ihn für einen *tifosi* hielt, der sich vorgedrängelt hatte, um ein Autogramm zu bekommen, wollte Florini den Jungen mit einem Tritt in den Hintern wegscheuchen. In seiner Panik zog der arme Pepino Verdelli den Verkaufsleiter beiseite und enthüllte ihm die schockierende Wahrheit. Auf diese merkwürdige Weise bekam die Belegschaft Wind von der Existenz Piero Lardis, und seit den frühen sechziger Jahren war er ein bekannter neuer Fixstern am Firmament von Ferrari.

Als die Prototypen der neuen, von Chiti konstruierten Grand-Prix-Autos Tipo 156 mit Mittelmotor für 1961 fertiggestellt wurden, begann sich Laura Ferrari plötzlich auf eine seltsam beunruhigende Weise in die Geschäfte einzumischen. Nicht nur die Herkunft dieser Frau, sondern auch ihr unvermittelter Drang, sich in den frühen sechziger Jahren geschäftlich zu betätigen, bleibt ein Rätsel. Jahrelang hatte sie im Schatten gestanden, hatte zwar offensichtlich starken Einfluß auf Ferraris Privatleben wie auf seine Geschäfte, aber in gesellschaftlicher wie sexueller Hinsicht hatte ihr Leben nichts mit dem seinen zu tun.

Zweifellos ging es mit Laura Ferraris Geisteszustand in späteren Jahren ziemlich bergab, doch nichts deutet darauf hin, daß ihr Betätigungsdrang in dieser Zeit auf irgendwelchen ernsthaften emotionalen Schwierigkeiten beruhte. Wir wissen jedenfalls, daß sie nun auch zu Rennen fuhr, wobei entweder Tavoni oder Chiti ihren Chauffeur spielen mußten. Den beiden hat das sicher nicht viel Spaß gemacht. Für Laura waren diese Fahrten auch so etwas wie Besichtigungstouren, denn während sich ihre Chauffeure verzweifelt bemühten, rechtzeitig zum Rennen zu kommen, ließ sie sie bei allen möglichen Kirchen, Kathedralen, Klöstern und anderen Sehenswürdigkeiten anhalten. Laura hatte immer eine Aktentasche voller Geld dabei – mit ungezählten Millionen von Lire –, auch wenn sie niemals etwas selbst bezahlte; und wenn ihr etwas in den Läden hinunterfiel und zerbrach (was häufiger vorkam), überließ sie es ihrem Gefolge, die Kosten zu übernehmen. Bei den Rennen allerdings saß sie still in einer Ecke der Boxen, wobei sie meist das klassische Schwarz der italienischen Madonnen trug.

Sie fuhr sogar mindestens einmal nach Amerika, zum 12-Stunden-Rennen von Sebring, und einige Biographen haben behauptet, Ferrari habe Laura zu diesen Reisen ermutigt, damit er in Ruhe seine Affären mit Fiamma und anderen Frauen haben konnte. Dazu gehörten auch eine eifrige Dame aus Paris, die ihn öfter besuchte, sowie die Frau eines reichen Kunden aus Chartre, die in einem riesigen Château lebte. Mir kommt das eher unwahrscheinlich vor. Seit Jahren war er vor ihren Augen hinter anderen Frauen her gewesen – warum also sollte er sie plötzlich in ferne Länder schicken, um sich seiner Lieblingstätigkeit ungestört widmen zu können? Laura Garello Ferrari war zumindest eine argwöhnische, leidgeprüfte Frau, und zweifellos wäre sie nicht auf einen so vordergründigen Trick hereingefallen.

Laura ging inzwischen auf die Sechzig zu und hatte sich seit ihrer Verlobungszeit vor vierzig Jahren niemals ernsthaft für Automobile interessiert. Es mußte also einen zwingenden Grund dafür geben, daß sie nun ihr angenehmes, geruhsames Leben am Largo Garibaldi 11 aufgab und mit dem desinteressierten und ausgesprochen feindseligen Rennteam in der Welt herumzog. Aber niemand, selbst die Männer nicht, die es schließlich leid waren, daß sie sich ständig einmischte, hat jemals eine vernünftige Erklärung für dieses sonderbare Verhalten gefunden.

Nach vorherrschender Meinung hielt Laura für ihren Mann Augen und Ohren offen, denn Ferraris Reich war inzwischen so groß geworden, daß selbst sein gut funktionierender Spitzeldienst nicht alles richtig mitbekam. Auch wenn ihre Ehe nicht mehr funktionierte, bestand zwischen Enzo und Laura Ferrari doch eine feste Partnerschaft, mit dem gemeinsamen Ziel, das Unternehmen zu erhalten. Inzwischen war es 1960 zu einer Aktiengesellschaft umgewandelt worden, der Società Esercizio Fabbriche Automobili e Corse Ferrari, kurz SEFAC, bei der Enzo und Laura Ferrari die Hauptanteilseigner waren. Möglicherweise war diese finanzielle Beteiligung der Grund dafür, daß sie wissen wollte, wie das Unternehmen wirklich funktionierte, was ihr ihr Mann wohl kaum erklärt hätte. Wir wissen, daß sie den Radfahrern und Speichellekkern, von denen Ferrari umgeben war, nicht über den Weg traute, und sie hat auch die Intrigen und Machenschaften im Werk von Maranello scharf kritisiert. Eine Reihe von neuen Leuten, darunter vor allem der rundliche, überschwengliche und seine Meinungen selbstbewußt vertretende Toskaner Chiti (man nannte ihn einen »Toscanaccio«, einen typischen Toskaner), waren dabei, Zutritt zum Innersten der Macht zu bekommen, und möglicherweise waren Enzo und Laura von dieser neuen, radikal modernen Generation beunruhigt, auch wenn das reine Spekulation ist.

Laura war nicht das einzige weibliche Mitglied in Ferraris Familie, das sich in seine täglichen Angelegenheiten einmischte, wenngleich seine Mutter Adalgisa nichts mit den Geschäften zu tun hatte. Jeden Morgen besuchte er sie und war ganz gehorsamer Sohn in Gegenwart dieser kleinen, starrsinnigen Frau, die ihn oft wie einen rotznäsigen kleinen Jungen herunterputzte. Wenn es besonders hoch herging, konnte man sie schreien hören: »Der falsche Sohn ist so früh gestorben!« Wir wissen nicht, ob dies vielleicht nicht nur der bissige Humor einer Achtzigjährigen war; Tatsache ist jedenfalls, daß sie ihrem Sohn bis zu dem Tag, an dem sie starb, eng verbunden blieb. Wie ihre Schwiegertochter war sie eine hartherzige Frau, die sich von niemandem etwas vormachen ließ und die, trotz derartiger Tiraden, stets zu ihrem Sohn stand.

Doch zurück zu Laura, deren Verhalten in jenen Jahren uns noch immer Rätsel aufgibt. Von Zeitzeugen erfährt man nur Widersprüchliches. Einige schildern sie als einen verrückten Vogel – sie habe Trinkgelder von Restauranttischen mitgehen lassen und Ware in Lebensmittelläden gemopst. Angeblich sei an diesem ständigen Verfall die Syphilis schuld gewesen, und zweifellos ließ Lauras Geist schwer nach, genauso wie sie immer schlechter gehen konnte, als sie in den Siebzigern war. Andererseits behaupten viele Leute, sie sei von Ferraris Gefolgsleuten verleumdet worden und im Grunde eine intelligente, wohlerzogene, aufmerksame, wenn auch leidgeprüfte Frau und für das Unternehmen von großem Nutzen gewesen. Luigi Chinetti sen. ist nicht davon abzubringen, daß sie das Opfer einer grausamen Verleumdungskampagne gewesen sei und daß sie sogar trotz dieser schlechten Behandlung stets zu ihrem Mann gehalten habe. »Und ich liebe doch Ferrari noch immer«, soll sie sich in den frühen sechziger Jahren beklagt haben, als es in ihrem Privatleben besonders drunter und drüber ging.

Anscheinend mochte Ferrari Kinder. Er erkundigte sich bei seinen leitenden Angestellten stets nach dem Befinden ihrer Kinder, und in den frühen sechziger Jahren organisierte er einen Jugendclub, der auch heute noch Zulauf findet. Hier traf sich an jedem Montag ein kleiner Kreis von Fans, die mit dem großen Mann über alles diskutierten, was mit Autos zu tun hatte. Im Laufe der Jahre ließ Ferrari großzügige Spenden an das Krankenhaus in Modena wie an das Mario-Negri-Institut in Mailand fließen, vor allem für die Behandlung von Muskeldystrophie.

Während nichts darauf hindeutete, daß es in seinem Privatleben ruhiger zuging (er war auch gar nicht daran interessiert), konnte

Ferrari zumindest hoffen, daß sich sein Team an der Formel-1-Front wieder stabilisieren würde. Chiti, Rocchi und ein neuer Ingenieur namens Mauro Forghieri machten mit dem neuen Tipo-156-Grand-Prix-Auto große Fortschritte. Zu guter Letzt sollte es nun doch einen Mittelmotor haben. Das Fahrgestell war ein ziemlich grober Nachbau der leichtgewichtigen Rohrrahmen, die die Engländer entwickelt hatten; auch die Einzelaufhängung mit Schraubenfedern hatte man bei ihnen abgeschaut. Der Vorteil des Tipo 156 war, wie bei so vielen klassischen Ferraris, der starke Motor. Chiti und seine Leute hatten tatsächlich zwei Motoren geschaffen, beides V6er, aber mit unterschiedlichem Winkel zwischen den beiden Zylinderreihen. Die frühere Version war eine Variante des alten 2,5-Liter-65°-Blocks, während Chiti und Rocchi einen neuen 120°-V6 entwickelten, dessen Schwerpunkt tiefer lag und der auch für das neue Fahrgestell besser geeignet war. Beide Motoren produzierten genügend Leistung, um die Engländer abzuhängen, die zu wenig Kapital hatten und zu spät dran waren und darum die neuen 1,5-Liter-V8-Motoren von Coventry-Climax nicht vor der nächsten Saison bekommen würden. Außerdem war das Formel-1-Auto von Porsche zu schwer und leistete zu wenig, so daß das Team mit dem aufsteigenden Pferd für 1961 offenbar freie Bahn hatte. Was für rosige Aussichten also, wenn man an die kläglichen Ergebnisse früherer Jahre dachte!

Die neuen Konstruktionen waren atemberaubend. Die schnittige Karosserie hatte vorn zwei verwegene Ansaugöffnungen (das hatte es früher schon einmal bei einem speziellen Maserati 250F gegeben, der für den amerikanischen Sportwagenfahrer Temple Buell gebaut worden war), nur bei den Rädern hatte sich Ferrari geweigert, mit der Tradition zu brechen – auch der 156er hatte noch Borrani-Speichenräder.

Zunächst wollte er mit einem nichtitalienischen Team antreten. Wieder gab es keine Nummer eins, auch wenn Phil Hill und Wolfgang von Trips als die beiden Spitzenfahrer galten. Zum Team gehörten noch Willy Mairesse sowie Richie Ginther, der von seinem Kumpel Hill in die Firmenpolitik eingeweiht worden war. Weil eine Gruppe wohlhabender Sportfreunde am Fehlen eines Italieners Anstoß nahm, gründete sie ein Konsortium, die Scuderia Sant'Ambrosio, die junge Talente heranbilden und einen 156er für den 25jährigen Mailänder Giancarlo Baghetti bei ausgewählten Wettbewerben sozusagen »mieten« wollte. So kam auch Baghetti ins Team.

Seine Jungfernfahrt absolvierte der 156er beim Großen Preis von Syrakus, einem unbedeutenden Rennen in der sizilianischen Küstenstadt. Baghetti und Ginther wurden pro forma gemeldet, auch wenn Ginther wegen eines Schadens an seinem Auto nicht mitfuhr. Aber dann gelang es dem Grünschnabel Baghetti, der ganz auf die urwüchsige Kraft des V6 vertraute, die wiederholten Angriffe von Dan Gurneys Porsche abzuwehren und das Rennen zu gewinnen. So kam es zu einem überraschend erfolgreichen Debüt für Auto und Fahrer – ein gutes Omen also für die bevorstehende Saison.

Bis zum tragischen Finale war 1961 ein Jahr, in dem Ferrari fast durchweg triumphierte. Hill und Gendebien gewannen in Le Mans in glänzender Manier, und der englische Privatfahrer und Ingenieur Mike Parkes (der sich als Sportwagenfahrer in Maranello nachdrücklich zu empfehlen begann) belegte zusammen mit Mairesse den zweiten Platz. Laura war bei diesem großen Augenblick dabei; allerdings gab es keine andere ernsthafte Werkskonkurrenz als die Porsches mit ihrem kleinen Hubraum. Auch in der Formel 1 hatte das Team freie Bahn, weil die Engländer mit ihren schwachen 1,5-Liter-Climax-Vierzylindermotoren die 156er nur von hinten sahen. Allerdings legte Moss in Monaco eine seiner meisterhaften Fahrten hin und gewann auf dem kleinen Lotus 18 von Rob Walker, wobei Ginther ein überraschendes Können bewies und ihn während des gesamten Rennens in zweiter Position hart bedrängte.

Trips gewann den Großen Preis von Holland in Zandvoort, bei dem sich Hill und der Schotte Jim Clark auf einem zierlichen Lotus 21 einen erbitterten Kampf lieferten, den Hill schließlich für sich entschied und Zweiter wurde. In Spa wirkte sich der gewaltige 30-PS-Vorsprung des Ferraris aus: Hill siegte vor Trips, Ginther wurde Dritter und Gendebien – auf einem 156er in belgischem Gelb – Vierter. Baghetti gewann auf dem schnellen Dreiecksstraßenkurs bei Reims, als er Gurney noch kurz vor der Zielflagge abfing, nachdem die beiden Spitzenfahrer seines Teams ausgefallen waren. Dafür konnten dann die drei Spitzenferraris mit Trips, Hill und Ginther beim Großen Preis von England in Aintree einen Dreifachsieg landen. Der Kampf um die Weltmeisterschaft war zu einem spannenden Duell zwischen Trips, dem vornehm-gelassenen Deutschen, und Hill, dem leicht reizbaren, emotionalen und absolut engagierten Amerikaner geworden. Wer von ihnen den Großen Preis von Italien – wie üblich in Monza – gewann, der würde den Titel erringen. Enzo Ferrari war geradezu ausgelassen, als er traditionellerweise am Samstag vor dem Rennen beim Training erschien, doch da er wieder wie stets nach Hause fuhr, erlebte er die Katastrophe nicht mit, die sich beim Rennen ereignen sollte.

Das Team hatte fünf Autos gemeldet: als Werksteam die drei Maschinen von Trips, Hill und Ginther und außerdem noch die beiden Autos für Baghetti und Ricardo Rodriguez, der inzwischen 19 war und vor Ehrgeiz brannte. Gegen diese Phalanx hatte das begabte englische Team mit seinen kleinen Vierzylinderautos von Lotus und Cooper keine Chance. Es versprach wieder einmal ein Ferrari-Benefizrennen zu werden, das zusätzliche Spannung aus dem internen Duell zwischen den beiden WM-Aspiranten bezog.

Um die Motoren für die lange, aus einem Straßenkurs und dem holprigen Oval des Autodroms bestehende Rennstrecke zu schonen, waren die Ferraris mit einer hohen Hinterachsübersetzung versehen, so daß sie nur sehr langsam von der Startlinie wegkamen. Daher konnte der verwegene Clark die lindgrüne Nase seines Lotus gleich nach dem Start zwischen die Ferraris schieben. In der zweiten Runde flitzten Trips und Clark die Gerade hinter den Boxen hinunter und steuerten nebeneinander auf die 180-Grad-Rechtskurve, die sogenannte Parabolica, zu. Bei etwa 190 km/h bremsten sie scharf ab, und dabei geriet die spitze Schnauze des Ferraris von Trips in die Flanke von Clarks Lotus, so daß ihre Reifen touchierten. Durch diesen Aufprall wurde der Ferrari quer über die Piste geschleudert, und während er sich um seine eigene Achse drehte, raste er über eine Böschung in eine dicht gedrängte Zuschauermenge, die hinter einem Maschendrahtzaun stand. Mit voller Wucht stürzte das Auto auf die Menschen, der unglückliche Fahrer knallte auf die harte Betonpiste, und dann lag das Fahrzeug mit den Rädern nach oben neben der Fahrbahn.

Dieses schreckliche Unglück war so plötzlich passiert, daß die anderen Rennwagen donnernd weiterfuhren, während ein paar Meter daneben fünfzehn Menschen, einschließlich Trips, tot dalagen und weitere Dutzende verletzt waren. Wieder einmal war ein Ferrari zur tödlichen Waffe geworden.

Phil Hill fuhr einem bitteren Sieg entgegen und gewann diese Weltmeisterschaft, die so tragisch überschattet war. Aus einer jener unberechenbaren Launen der italienischen Justiz heraus wurde Clark wegen Totschlags angeklagt. Wie vor ihm schon Ferrari und Ascari wurde auch er der Sündenbock, der für das gewissenlose Handeln der Rennveranstalter büßen sollte, die es zugelassen hatten, daß unschuldige Menschen das Rennen von einer absolut ungesicherten Stelle am Rand des Rundkurses aus verfolgten. Wenn jemand wegen strafbarer Handlungen hätte zur Rechenschaft gezogen werden sollen, dann wären es die Leute gewesen, die das Rennen organisiert hatten. Am Ende war alles nur eine traurige Schmierenkomödie. Wie in den vorangegangenen Fällen mußte sich die Justizbehörde erst einmal gehörig in Szene setzen, aber nach einiger Zeit wurden alle Anklagepunkte gegen Clark fallengelassen.

Wieder einmal gab es ein großes Geschrei in der Presse, auch der Vatikan wollte da nicht zurückstehen. Ferrari ging in Deckung und heuchelte tiefe Trauer über seinen gefallenen Fahrer. Der Legende nach mochte er Trips mehr als Hill, was vielleicht sogar stimmte, aber was hieß das schon – im Grunde bedeuteten ihm die Männer, die seine Autos fuhren, nicht viel.

Während die Saison doch so hoffnungsvoll begonnen hatte, wurde Ferrari nun wieder einmal in eine der schwärzesten Phasen seines Lebens gestürzt. Und ausgerechnet da fand die berüchtigte »Palastrevolution« statt, der schließlich nicht weniger als acht Männer in Schlüsselpositionen zum Opfer fielen, darunter der Rennmanager Romolo Tavoni, der Chefkonstrukteur Carlo Chiti, das Finanzgenie Ermano Della Casa sowie einige weitere wichtige Leute wie der Verkaufsleiter Federico Giberti und der Ingenieur Giotto Bizzarini. Die wahren Gründe für diese Kündigungswelle sind nicht bekannt, auch wenn die Protagonisten selbst eine Reihe von öffentlichen Erklärungen abgegeben haben. Im allgemeinen wird behauptet, Lauras Einmischung in den Rennbetrieb habe zu diesen Unstimmigkeiten geführt, aber das scheint auf den ersten Blick doch allzusehr vereinfacht zu sein – es sei denn, Lauras Verhalten war noch bizarrer, als ihre Anhänger es wahrhaben wollen. Gewiß schikanierte sie Chiti und Tavoni, die unterwegs für ihr Wohlergehen zu sorgen hatten. Aber wenn sie sich nicht ausgiebig in die finanziellen Angelegenheiten des Unternehmens, also Della Casas Domäne, oder in den Verkauf eingemischt hat, für den Giberti zuständig war, dann waren die Ursachen für diesen Aufruhr doch eher komplexer.

Vielleicht ging es dabei vor allem um die Kontrolle über das Unternehmen, das gerade rapide expandierte. Um diese Zeit beschäftigte es schon fast 500 Mitarbeiter, und 1961 wurden bereits 441 Pkws produziert sowie etwa zwei Dutzend Formel-1-, Formel-

2- und Sportrennwagen für die großen Langstrecken- und Bergrennen. Ferrari war ein Workaholic, der sich auch an Wochenenden nicht frei nahm und keinen Urlaub machte (angeblich hat er sogar am Ostersonntag und an Weihnachten gearbeitet), und natürlich erwartete er das gleiche auch von seinen leitenden Angestellten.

Wenn es um seine Fabrik ging, kannte Enzo Ferraris Größenwahn kaum Grenzen. Er war eifersüchtig auf alles und jeden, das oder der seiner Macht im Weg stand oder sich vor ihn ins Rampenlicht schob. Männern wie Bazzi und Rocchi war er zugetan, weil sie ihm still und treu ergeben waren und sich damit zufriedengaben, im Schatten des großen Mannes zu arbeiten. Doch Männer, die aus diesem Schatten heraustraten: Tavoni und Chiti sowie alle Fahrer neigten dazu, sein Image zu überstrahlen und die allgemeine Aufmerksamkeit von ihm und seinen Automobilen abzulenken. Gleichwohl benötigte er hervorragende Manager, Konstrukteure und unerschrockene Rennfahrer, die sein Ansehen verstärken und den Einflußbereich seines Unternehmens erweitern würden. Doch wer zu viel Erfolg hatte, stellte eine Gefahr dar und wurde überflüssig. Ferrari war nicht bereit, mit einem anderen gemeinsam im Rampenlicht zu stehen, und um sich noch mehr ins rechte Licht zu setzen, begann er ab 1961, eine Reihe inoffizieller Memoiren zu veröffentlichen.

Ferrari-Fans haben viel Wind um seine Fähigkeiten als Schriftsteller und Journalist gemacht. Für sie ist das 1962 veröffentlichte Werk *Le mie gioie terribili* (Meine schrecklichen Freuden) ein hervorragendes Beispiel für sein Talent als Autor. Ferrari verfügte sicher über die Gabe, sich im klassischen, ziemlich bombastischen Prosastil der italienischen Literatur des 19. Jahrhunderts auszudrücken, aber es ist doch sehr die Frage, ob er überhaupt Zeit und Lust hatte, ein ganzes Buch zu schreiben. *Le mie gioie terribili,* das zwei Jahre später in einer überarbeiteten Fassung unter dem lapidaren Titel *Due anni dopo* (Zwei Jahre danach) erschien, war eine raffinierte Selbstdarstellung, die oft gerade durch das, was er ausließ, viel über den Autor enthüllte. So überging er fast völlig Chinetti – einen Mann immerhin, dem er fast die Hälfte seiner Pkw-Verkäufe verdankte – ebenso wie die Gebrüder Maserati, die Orsis und andere Konkurrenten. Colombo kam sehr viel besser weg, während Ferrari seine Abneigung gegenüber so alten Widersachern wie Ricart und Fangio unverblümt artikulierte. Über seine eigene eher bescheidene Karriere als Rennfahrer ging er hinweg, während er sich alle Mühe gab, das Bild des braven kleinen Handwerkers zu zeichnen, der sich als verfolgte Unschuld gegen eine feindselige, gefühllose Welt zu behaupten hatte.

All das stammte natürlich nicht aus Ferraris Feder, sondern eher aus der eines Ghostwriters namens Gianni Roghi. Der seinerzeit bekannte Mailänder Journalist verbrachte ein Jahr an Ferraris Seite, machte sich Notizen und hielt mit Sicherheit alle möglichen Begebenheiten im genauen Wortlaut seines Auftraggebers fest. Das Honorar für seine Arbeit bestand nicht in Lire, sondern in einem neuen schnellen Ferrari-250GT-Coupé. Wie es das Schicksal wollte, hatte Roghi kaum Gelegenheit, damit zu fahren. Zwei Jahre später ging er nach Afrika, um für eine Story über die afrikanische Tierwelt zu recherchieren, und dabei wurde er von einem Einzelgängerelefanten getötet. Interessanterweise haben alle Fahrer, die die Weltmeisterschaft für Ferrari gewannen – Ascari, Fangio, Hawthorn, Hill, später Surtees, Lauda und Scheckter –, das Team kurz nach dem Titelgewinn verlassen. Nur Hawthorn und Scheckter, die sich beide für immer vom Rennsport zurückzogen, gingen unter halbwegs erfreulichen Umständen. Ende 1961 war das Verhältnis zwischen Phil Hill und dem Werk nachhaltig gestört, und nicht wenige Leute haben darauf hingewiesen, daß der Kalifornier von Ferrari niemals auch nur ein Wort des Dankes, geschweige denn eine offizielle Anerkennung für seine Leistung zu hören bekam, nachdem er die Weltmeisterschaft gewonnen hatte.

Man muß also annehmen, daß die große Kündigungswelle, bei der auch Tavoni, Chiti, Della Casa und Giberti (die beiden letzten kamen später) ausschieden, eine große Ego-Schlacht war, zu der es vielleicht teilweise durch Lauras für Unruhe sorgende Anwesenheit gekommen war, aber wohl auch durch Ferraris Entscheidung, in seinem rasch wachsenden Unternehmen die Macht zu zentralisieren und zu konsolidieren. Am Ende hatten die Dissidenten keine andere Wahl, als zu gehen, sehr zum Entsetzen der italienischen Rennsportgemeinde. Ferrari ging aus dieser Schlacht zwar übel zerzaust, aber ungebrochen hervor.

Er mußte sich ja auch nur des beachtlichen Reservoirs an Talenten bedienen, die es in der Fabrik gab. Er berief seine jüngeren Mitarbeiter zu sich. »Die Generäle sind wir los«, sagte er zu ihnen. »Jetzt müßt ihr Unteroffiziere das Kommando übernehmen.« Ohne Umschweife beförderte er zwei junge Männer, Mauro Forghieri und Angelo Bellei, beides studierte Ingenieure, zu Chitis

Nachfolgern. Letzten Endes sollte Bellei echte Straßenfahrzeuge konzipieren, die sich grundlegend von den nur geringfügig modifizierten, nicht getunten Rennwagen unterschieden, die bislang als Pkws verkauft worden waren, während Forghieri Chitis Konstruktionen für den Rennbereich weiterentwickeln sollte. Zunächst einmal mußten sie mit Veteranen wie Franco Rocchi, Walter Salvarani und natürlich mit Bazzi zusammenarbeiten, bevor sie für ihren Bereich voll verantwortlich sein durften. Forghieri und Bellei blieben dem Unternehmen über viele Jahre hinweg erhalten und erwiesen sich als ergebene und geschätzte Angestellte, wobei vor allem Forghieri in der Öffentlichkeit bekannt wurde – und damit wieder eine Gefahr für Ferrari darstellte.

Als Forghieri befördert wurde, war er erst 26, aber seine Verbindung zur Firma Ferrari reichte bis in die Tage seiner Kindheit in Modena zurück. Sein Vater Reclus (dessen Vater wiederum so etwas wie ein sozialistischer Dissident war und mit seiner Familie an der Côte d'Azur lebte – daher der französische Name) war ein Modellbauer und hatte bei Ferrari schon in der alten Scuderia gearbeitet, als die Alfa-Romeo-158er in den späten dreißiger Jahren gebaut wurden. Und Reclus Forghieri hatte seinem Sohn Mauro 1960 eine Stelle in der Firma besorgt, als dieser sein Studium an der Universität von Bologna mit dem Titel eines Diplomingenieurs abgeschlossen hatte.

Dank der Beförderung von Forghieri und der Einstellung eines neuen Teammanagers, des reichen und eigenwilligen Eugenio Dragoni, der eigentlich ein Parfümhersteller in Mailand war, gelang es Ferrari mit erstaunlichem Erfolg, seine Truppen nach der sogenannten Revolution wieder auf Vordermann zu bringen. Aber wieder einmal war sein Rennteam dezimiert. Trips war tot, und Ferrari war – völlig zu Unrecht – der Ansicht, daß Phil Hill seinen Siegeswillen verloren hatte. Dann warf auch Richie Ginther das Handtuch. Der Kalifornier hatte bei seinen wenigen Grand-Prix-Rennen echtes Talent bewiesen und war ein ausgesprochen einfühlsamer Testfahrer. Aber wie so viele andere hatte er sich von seiner eigenen Begeisterung dazu verleiten lassen, für ein lächerlich mageres Einkommen im Team mitzufahren. Und dabei hatte er nicht einmal einen festen Platz im Formel-1-Team – laut seinem Vertrag war er sozusagen Mädchen für alles und konnte jederzeit bei allen möglichen Gelegenheiten eingesetzt werden, ohne daß er wirklich eine Rolle im Rennbetrieb spielte.

Das Formel-1-Team mußte also wieder einmal neu formiert werden, mit diesen temperamentvollen, anspruchsvollen, extremen Individualisten. Wenn Ferrari eine Möglichkeit gesehen hätte, seine Automobile von einfachen, namenlosen Bauern fahren zu lassen, hätte er das mit Sicherheit sofort getan. Denn dann hätte er sich die endlosen Verhandlungen, die ständigen Streicheleinheiten und Diskussionen erspart, die einzig und allein jenen Männern galten, die meist nur an ihren persönlichen Gewinn und Ruhm dachten und nicht an die Marke und den Mann, der dahintersteckte.

An der Spitze des Teams von 1962 sollte Phil Hill stehen, dem diese Ehre vor allem deshalb zuteil wurde, weil er der Älteste war, weniger weil Ferrari so sehr von ihm begeistert war. Das Team bestand aus Willy Mairesse, Olivier Gendebien, Giancarlo Baghetti und Ricardo Rodriguez, dazu kam noch der 26jährige Werkstattbesitzer und Formula-Junior-Star Lorenzo Bandini aus Florenz. Er war auf Drängen von Dragoni ins Team aufgenommen worden, der es sich nicht hatte nehmen lassen, den feurigen jungen Mann persönlich als Nachfolger von Ascari, Castellotti und Musso aufzubauen. Auch wenn Hills Können zuweilen unterschätzt worden ist, so ist man doch allgemein der Meinung, daß dies nicht gerade eine besonders starke Truppe von Fahrern gewesen ist. Hill und Gendebien waren natürlich hervorragende Ausdauerfahrer und taten sich besonders in Le Mans hervor, während Rodriguez und Mairesse bekannt dafür waren, daß sie irrsinnig schnelle Runden fahren konnten, aber versagten, wenn es darauf ankam, mit Köpfchen zu fahren. Es war fraglich, ob sich Baghetti langfristig für den Rennsport engagieren würde; auf jeden Fall aber hatte er die Fachleute mit seinen Leistungen in der vorigen Saison überrascht.

Schlimmer freilich war, daß Forghieri an Chitis Fahrgestellen erhebliche Mängel entdeckte. Unter den schnittigen Karosserien waren die 156er veraltete Maschinen, zumindest was die viel zu dünnen und elastischen Rohrrahmen betraf, an denen sich so gut wie nichts geändert hatte, seit Ascari und Villoresi vor einem Jahrzehnt für Ferrari gefahren waren. Wenn man von den kraftvollen Motoren absah, die zwanzig Prozent mehr PS als die überholten englischen Climax-Motoren im Vorjahr geleistet hatten, waren die Autos entschieden zu primitiv, und Forghieri rechnete damit, daß sie noch gewaltig modifiziert werden mußten, wenn sie es mit den überraschend wiedererstarkten Briten aufnehmen wollten.

Der Mann, den Enzo Ferrari am liebsten in seinem Team gehabt hätte, war zweifellos der Superstar Stirling Moss. Die beiden waren sich während der Saison 1961 ein wenig nähergekommen, als Moss bei einigen Sportwagenrennen das kurze 250GT-Berlinetta-Coupé seines Sponsors Rob Walker (in dessen Hausfarbe – Dunkelblau – lackiert) gefahren hatte. Moss war längst nicht mehr so entschieden dagegen, für die Scuderia zu fahren, und hatte großen Respekt für Ferrari übrig, der sich so hartnäckig und zielstrebig dem Rennsport widmete. Stirling Moss war ein Rennfahrer reinsten Geblüts, und auf diesem Niveau, das Ferrari bei vielen seiner Fahrer vermißte, kamen sich die beiden auf fast natürliche Weise näher. Ferrari machte kein Geheimnis daraus, daß er sich für den Engländer interessierte, was freilich die Moral in seinem Team auch nicht gerade verbesserte. Es wurde nur noch schlimmer, als Moss nach Maranello kam und die beiden sich lange beim Essen an Ferraris Tisch im Cavallino unterhielten. In der Fabrik ging das Gerücht um, daß ein 156er mit dem neuen 185 PS starken 120°-V6 nach England geliefert werden sollte – natürlich in Walker-Blau. Und mit Sicherheit würde er von Moss gefahren werden. Leider kam es nie dazu. Stirling Moss wurde schwer verletzt, als sein Lotus-Climax V8 am Ostermontag 1962 in Goodwood verunglückte, und damit war seine glanzvolle Karriere in der Formel 1 beendet. Wie sich herausstellen sollte, hätte vermutlich selbst sein überragendes Talent Ferrari nicht viel genutzt. Dank der neuen Climax-V8-Motoren waren die neuen englischen Autos einfach unglaublich gut. Das vielgelobte Team mit dem aufsteigenden Pferd mußte 1962 im Grand-Prix-Zirkus wiederholt empfindliche Niederlagen hinnehmen und konnte kein einziges Rennen wirklich gewinnen, auch wenn Hill und Gendebien in Le Mans erneut gegen eine schwache Konkurrenz siegten.

Nach den triumphalen Erfolgen im Vorjahr war die Enttäuschung über das klägliche Abschneiden in der Saison 1962 geradezu überwältigend. Ferrari dachte gar nicht daran, die Verantwortung dafür zu übernehmen, daß er so veraltete Autos ins Rennen geschickt hatte, und schob den Schwarzen Peter seinen glücklosen Fahrern zu. Er ließ den nie besonders taktvollen Dragoni gegen Hill und Baghetti vom Leder ziehen, während der Mailänder sich weiterhin für Bandini stark machte. Ferrari beklagte sich darüber, daß Hill seit dem Unfall von Trips keinen Mumm mehr habe – aber wenn es dem Amerikaner schon an Begeisterung fehlte, dann wegen des endlosen Gemeckers und der ständigen Intrigen in der

Fabrik. Ausgelaugt und frustriert stieg er am Ende der Saison 1962 aus und ging zu dem vom Pech verfolgten ATS-Team, das von dem 24jährigen Conte Giovanni Volpi und den beiden Industriellen Jaime Ortiz Patino und Georgie Billi aufgestellt worden war.

Die beiden ehemaligen Ferrari-Mitarbeiter Tavoni und Chiti waren die wichtigsten Leute im ATS-Rennbetrieb (ursprünglich Società per Azioni Automobili Turismo Sport Serenissima genannt), der bei seinem ersten öffentlichen Auftreten großes Aufsehen erregte. Aber das Unternehmen war von Anfang an zum Scheitern verurteilt. Schon bald überwarf sich Volpi mit seinen Partnern und schied aus. Chitis V8-Einspritzmotor war stark genug, aber sein Fahrgestell war nur eine aufgewärmte Version seiner mittelmäßigen Konstruktionen für Ferrari. Nach Volpis Ausscheiden aber war das Team hoffnungslos unterkapitalisiert und eigentlich für jeden, der damit zu tun hatte, eine schreckliche Belastung.

Ironie des Schicksals: Die Frau, die vielleicht den großen Umsturz im Jahre 1961 ausgelöst hatte – sofern das Hineinreden von Laura Garello Ferrari wirklich in erster Linie zur Kündigung von Tavoni, Chiti und den anderen sowie zur Gründung des unglücklichen ATS-Teams geführt hatte – spielte fortan keine Rolle mehr. Sie verließ die Szene genauso plötzlich, wie sie darin aufgetaucht war. Nachdem sie zwei Saisons lang halbwegs regelmäßig bei den Rennen dabeigewesen war, zog sich Laura gewissermaßen vom Rennsport zurück und verbrachte fortan den Sommer wieder in der Villa in Viserba.

Dennoch wurde das Leben für Enzo Ferrari, während sie weg war, keineswegs geruhsamer. Im Gegenteil. In der italienischen Wirtschaft wie in der Politik des Landes ging es drunter und drüber. Seit 1945 betrug die Amtszeit der ständig wechselnden Regierungen im Durchschnitt jeweils zehn Monate. Die konservativen Christdemokraten hatten eine leichte Mehrheit, konnten sich aber nur durch immer wieder neue Bündnisse mit den Sozialisten, den Rechten und kleineren Splitterparteien an der Macht halten. Die Kommunisten, die sich zwar nach dem Einmarsch in Ungarn aus der Moskauer Hegemonie gelöst hatten, waren nach wie vor ein gewaltiger, unberechenbarer Machtfaktor in der Poebene. Innerhalb der Gewerkschaften übten sie großen Einfluß aus. Wie in den anderen Industriebetrieben von Modena kam es auch in der Ferrari-Fabrik häufig zu Streiks und Arbeitsniederlegungen. Zwar gab es kaum Generalstreiks, doch legten bestimmte Gruppen von

Beschäftigten regelmäßig die Arbeit nieder, manchmal nur für ein paar Stunden; auch damit brachten sie jedoch den Arbeitsrhythmus und die Terminplanung der Fabrik gehörig durcheinander.

Lag es an der unsicheren politischen Lage? An der enttäuschenden Rennsaison? An seinem Alter? Wir wissen es nicht. Vielleicht führte ja auch all dies zusammen dazu, daß Enzo Ferrari 1962 mit dem Gedanken zu spielen begann, sein Unternehmen zu verkaufen. Die ersten ernsthaften Interessenten kamen aus dem fernen Texas. Die sagenhaft reichen Ölmagnaten John Mecom sen. und John Mecom jr. waren seit 1957 Stammkunden bei Ferrari. Sie waren an riesigen Ölfeldern im Nahen Osten beteiligt und hielten sich immer wieder für längere Zeit in Europa auf. Nach zahlreichen vorangegangenen Besuchen in Maranello begannen die beiden Mecoms nun mit Ferrari über den Kauf der Fabrik zu verhandeln. Man hatte sich zwar nie auf den Preis einigen können, aber er lag wohl irgendwo zwischen 20 und 25 Millionen Dollar. Dieses Geschäft wurde zwar weder abgeschlossen noch auch nur in der Öffentlichkeit bekannt, aber John Mecom jr. erinnert sich, daß die Verkaufsgespräche schon sehr weit gediehen waren, als ein weiterer Interessent auftrat. Und der hatte so viel Geld, daß die Mecoms es für sinnlos hielten, noch weiter zu verhandeln, und ausstiegen.

Der neue Mitspieler, der die Mecoms und ihre Millionen aus dem Spiel warf, war nicht irgendein anderer sportbegeisterter Millionär, sondern das zweitgrößte Automobilunternehmen der Welt. Im Juni 1963 kündigte die Ford Motor Company das schon seit langem bestehende Abkommen des amerikanischen Automobilherstellerverbands, nicht am Rennsport teilzunehmen, und erklärte, sie würde nun groß in den Rennsport einsteigen. Ford hatte nach eingehenden Untersuchungen einen wachsenden Markt bei der amerikanischen Jugend ausgemacht sowie einen starken potentiellen Bedarf an Hochleistungsautos, der einmal so erfolgreiche Typen wie den legendären Mustang hervorbringen sollte. Die neue Kampagne stand unter dem Motto »Absolute Leistung«. Allerdings war bei Ford von sich aus niemand darauf aus gewesen, die Firma Ferrari zu erwerben. Doch im Februar 1963 hatte man durch das deutsche Tochterunternehmen, die Ford-Werke AG in Köln, erfahren, der deutsche Generalkonsul in Mailand habe darauf hingewiesen, daß ein kleiner spezialisierter Automobilbauer in Italien eine Art Partnerschaft mit einer der großen Autofirmen eingehen wolle. Nachforschungen ergaben dann, daß es sich bei diesem Unternehmen um Ferrari handelte.

Lee Iacocca erkannte das Potential, das ein solcher Kauf der Ford Motor Company einbringen würde. Ihm ging es ausschließlich ums Prestige. Zuvor hatte er schon einmal mit dem Gedanken gespielt, eventuell Rolls-Royce zu kaufen, um die damals noch stattliche Führung von General Motors auf dem amerikanischen Markt für hochwertige Autos zu konterkarieren. Der Kauf von Ferrari, den Ford aus der Portokasse hätte bezahlen können, war also eine ideale Alternative.

Mitte April 1963 traf ein ganzes Heer von Ingenieuren, Buchhaltern und Managern in Maranello ein. Sie führten eine umfassende Inventur in der Fabrik durch, in der auch noch die letzte Schraube und der kleinste Barren Aluminiumlegierung in der Gießerei berücksichtigt waren. Allein schon die Bestandsaufnahme der Immobilien, über die das wunderbare kleine Automobilunternehmen am Fuße der Apenninen verfügte, müßte Detroit beeindruckt haben. An der Via Abetone lagen die Büros. Nach Osten hin erstreckte sich eine lange, zwei Stockwerke hohe offene Werkshalle. Darin waren die Rennwagen diagonal in offenen Arbeitsbuchten aufgereiht, und die geschicktesten Mechaniker kümmerten sich um diese Autos. Der Boden war rot gefliest und wie alle Arbeitsräume der Fabrik tadellos sauber. Am Ende der kathedralenähnlichen Rennwerkstatt lagen die Konstruktionsbüros und die Ateliers der technischen Zeichner. Die Rückseite des dreieckigen Gebäudekomplexes war mit Abstand der größte Flügel, in dem die Gießerei und die Montagebänder untergebracht waren. Auf der anderen Straßenseite war das Ristorante Cavallino, und in Richtung Formigine befand sich die große, dreistöckige Villa, die Ferrari und wichtigen Gästen zur Verfügung stand. In Modena gab es die alte Scuderia, die inzwischen durch einen häßlichen Ziegelbau erweitert worden war, in dem die Verkaufs- und Auslieferungsräume sowie Ferraris Stadtbüro untergebracht waren.

In seiner umfassenden Geschichte der Rennsportabteilung von Ford *(The Dust and the Glory)* hat Leo Levine diese versuchte Übernahme von Ferrari ausführlich dargestellt. Demzufolge war dies die einzige vollständige und genaue Bestandsaufnahme, die jemals vom Inventar der Ferrari-Fabrik gemacht worden war und die sich in den Archiven der Ford Motor Company befindet. Die Buchhalter konnten nachweisen, daß die Firma immerhin einen –

wenn auch geringfügigen – Profit abwarf und daß es die angeblichen Zuschüsse von Fiat und vom italienischen Automobilclub nicht länger benötigte, um in den schwarzen Zahlen zu bleiben.

Der Kaufpreis sollte etwa 18 Millionen Dollar betragen (und das war überraschend weniger, als die Mecoms offenbar zu zahlen bereit waren), und dafür bekäme Ford sämtliche Rechte am Namen Ferrari sowie an allen Warenzeichen, allen Patenten und an davon abgeleiteten technischen Entwicklungen, außerdem neunzig Prozent des Aktienkapitals der SEFAC, die sich im Besitz von Ferrari und seinen Familienangehörigen ersten Grades befand. Der Name des Unternehmens sollte in Ford-Ferrari geändert werden, wobei das Signet mit dem aufsteigenden Pferd als Teil des neuen Firmenlogos beibehalten werden würde. Ferrari sollte zum Vizepräsidenten ernannt werden. Ihm würde weiterhin der Rennbetrieb gehören – seine erste und einzige Liebe! –, und zwar zu neunzig Prozent, während die verbleibenden zehn Prozent an Ford gehen würden. Eine Klausel sah vor, daß Ferrari Autos für die unterschiedlichsten sportlichen Veranstaltungen bauen sollte und sich dabei nach den Wünschen der Ford-Zentrale in Dearborn zu richten hätte, und das hieß, daß es fortan die traditionelle Beschränkung auf Formel-1-Wettbewerbe und Langstreckenrennen nicht mehr geben würde.

Als Donald Frey, ein stellvertretender Ford-Abteilungsleiter, nach Modena kam, gingen die Verhandlungen ohne ernsthafte Probleme weiter. Es war Anfang Mai, einer der wenigen Monate im Jahr, in denen es in Modena warm, klar und relativ trocken war. Frey war Anfang Vierzig, er trug eine Brille, und hinter seinem engelhaft unschuldigen Gesicht verbarg sich ein knallharter, laserscharfer Verstand. Er sprach gebrochen italienisch, was Ferrari beeindruckte, und die beiden Männer kamen zumindest nach außen hin ziemlich gut miteinander aus.

Die Verhandlungen zogen sich in die Länge, während Anwälte aus Italien, Amerika und der Schweiz (wo Ferrari eine Unternehmensholding und mehrere Bankkonten besaß) ganze Stapel von Papieren zur Unterzeichnung vorbereiteten. Frey, der später eine Professur an der Northwestern University in Evanston, Illinois, innehatte, erinnert sich daran, daß Ferrari stundenlang Ford- und Ferrari-Logos aufs Papier gekritzelt und versucht habe, beide zu einem einzigen Signet zu verbinden. Er hatte nichts dagegen, den Pkw-Zweig seines Unternehmens zu verkaufen. Man hatte sich auf den Preis geeinigt, der Rest war Sache der Juristen. Der Rennbetrieb war natürlich etwas ganz anderes. Darüber hatte man bei einem Abendessen im Ristorante Al Tucano – neben Ferraris Stadthaus gegenüber dem Hotel Real-Fini – diskutiert, sich aber noch nicht auf einen konkreten Abschluß einigen können.

In der dritten Maiwoche beschäftigte der mögliche Verkauf von Ferrari an Ford die ganze Nation. Die Presse tönte, dies käme dem Verlust eines Heiligtums wie der Sixtinischen Kapelle gleich, und Repräsentanten von Fiat, Lancia und Alfa Romeo lagen bereits auf der Lauer. Es wurde kolportiert, daß Ferrari vertraglich verpflichtet sei, für jede Ausgabe über 10 000 Dollar erst die Erlaubnis der Ford-Zentrale in Dearborn einzuholen – laut Frey absoluter Blödsinn. Und schnell war man mit dem Bild bei der Hand vom amerikanischen Goliath, der den edlen David aus Maranello in den Orkus schicken wolle. Aber im Grunde ging es nur außerhalb der Fabriktore so hoch her. Dahinter herrschte relative Ruhe, und zwar einfach deshalb, weil die wirklich entscheidenden Punkte, die das Rennteam betrafen, noch gar nicht angesprochen waren. Und mit Sicherheit lagen genau hier Ferraris Prioritäten.

An einem sonnigen Samstagmorgen kam Frey wieder nach Maranello. Er hatte schon lange sein Quartier in Modena aufgegeben und das eintönige, schwere Essen in der Stadt nicht mehr vertragen, und darum pendelte er täglich zwischen der Fabrik und dem luxuriösen Hotel Principe e Savoia in Mailand hin und her. Wie gewöhnlich wurden ihre Konferenzen in Ferraris bizarrem Büro abgehalten, in dem das schaurig-düstere Porträt von Dino hinter Frey an der Wand hing. An diesem Tag wollten sie über das Schicksal der Scuderia und ihres Rennsportprogramms verhandeln – ohne Anwälte und Berater, nur unter vier Augen.

Ferrari eröffnete das Gespräch mit einer Frage, in der das Kernproblem der neuen Organisation angesprochen wurde. »Dottore Ingegnere« – so pflegte er Frey anzureden –, »wenn ich mit meinen Autos beim Indianapolis-Rennen starten möchte, und Sie sind dagegen, daß wir in Indianapolis starten – dürfen wir dann fahren, oder dürfen wir nicht fahren?«

»Ihr dürft nicht fahren«, erwiderte Frey ohne zu zögern.

Ferrari richtete sich steif auf seinem Stuhl auf und schwieg einen Augenblick lang. Dann erhob er sich und musterte Frey mit einem eisigen Blick. »Es hat mich gefreut, Sie kennenzulernen«, sagte er, und Frey war sofort klar, daß damit die Verhandlungen beendet waren. Ferrari würde es unter gar keinen Umständen der Ford Motor Company überlassen, über seinen Rennbetrieb zu bestimmen. Mit den normalen Autos konnten sie tun und lassen, was sie wollten, aber die Rennabteilung würde auch weiterhin ihm total unterstehen – oder der Verkauf würde nicht zustande kommen. Umgekehrt konnte allerdings auch Ford nicht damit einverstanden sein, daß es in ihrer Organisationsstruktur einen absolut unabhängigen Unternehmer gab. Damit hatte sich eine unüberbrückbare Kluft aufgetan. Man ging rasch auseinander, und am nächsten Tag kehrte Frey nach Dearborn zurück. Nach diesen langen Verhandlungswochen brachte er nichts weiter nach Hause als ein signiertes Exemplar von Ferraris inoffizieller Autobiographie »Meine schrecklichen Freuden« und ein paar Zentimeter mehr um seine Taille. Als er Henry Ford II – einem Mann, der einen so eisernen Willen wie Ferrari, aber ungleich mehr Macht hatte – Bericht erstattet hatte, bemerkte der Herrscher über eines der größten Automobilimperien der Welt: »Okay, dann werden wir ihm mal Feuer unterm Hintern machen.« Das war das Startsignal für eines der teuersten und umfangreichsten Rennsportprogramme der Geschichte. Sein Ziel war es, Le Mans und die anderen wichtigen Langstreckenrennen zu gewinnen – und als Zugabe den Mann in Maranello zu vernichten, der ihr Angebot abgelehnt hatte.

Nun spielte für kurze Zeit eine Gruppe wohlhabender kalifornischer Geschäftsleute und Sportwagenfans mit dem Gedanken, das Unternehmen Ferrari zu kaufen, das ja noch immer zum Verkauf stand. Einer der wichtigsten Partner war Chick Vandergriff, der hochangesehene Inhaber von Hollywood Sports Cars und einer der prominentesten Ferrari-Händler von Amerika. Er erinnert sich, daß der Preis inzwischen auf etwa sieben Millionen Dollar gefallen war, aber dann wurden die Vorverhandlungen abrupt abgebrochen, als Fiat Ferrari verstärkt finanziell zu unterstützen begann. Damit ist allerdings auch bewiesen, daß Enzo Ferrari sein Unternehmen Mitte der sechziger Jahre definitiv zum Verkauf angeboten hat – und daß der Preis immer weiter nach unten ging.

Einer der ersten, der vom Abbruch der Verhandlungen zwischen Ferrari und Ford erfuhr, war Ferraris Rivale Carroll Shelby. Der großgewachsene, wortkarge Texaner, der seine Rennkarriere nach dem Sieg in Le Mans im Jahre 1959 wegen Herzbeschwerden abbrechen mußte, hatte Ferrari seit den frühen fünfziger Jahren nicht gemocht, was freilich auf Gegenseitigkeit beruhte. Nun waren sie drauf und dran, auf der Rennstrecke aufeinander loszugehen.

Ende 1961 hatte Shelby General Motors einen Vorschlag gemacht. AC Cars Ltd. im englischen Surrey stellte einen hübschen Roadster mit einer Aluminiumkarosserie her, den sogenannten ACE, in den der kleine Motorblock des Chevrolet V8 perfekt passen würde. Shelby bezeichnete diesen Hybriden als das ideale Auto für den größer werdenden amerikanischen Sportwagenmarkt, aber bei General Motors wollte man sich nicht für diesen Vorschlag erwärmen. Er wandte sich an Ford, und aus Dearborn bekam er dann gleich große 4,6-Liter-V8-Motoren. Damit war der Cobra geboren, und dank der Geldspritzen von Ford zog das Shelby-American-Team nicht nur aus, um Rennen auf heimischem Grund, sondern auch in Europa zu gewinnen, wo es seine Autos mit den besten *gran-turismo*-Ferraris aufnehmen würden.

1962 hatte die FIA eine Markenweltmeisterschaft für große Tourenwagen eingeführt, eine eigene Rennklasse also, zu der nur Autos zugelassen waren, von denen mindestens hundert Stück produziert wurden. Am 24. Februar 1962 hatte Ferrari den berühmten 250GTO eingeführt. Dieser schnittige Wagen, von dem 39 Stück gebaut wurden, galt als ausgebaute Version des früheren 250GT und entsprach damit, wie Ferrari behauptete, der Stückzahlvorschrift. Der GTO war der letzte Rennwagen mit Frontmotor, den die Fabrik baute; von vielen wurde er als der perfekteste Straßenwagen von Ferrari bezeichnet. Aber als er an jenem Wintertag 1962 vorgestellt wurde, diente er nur einem einzigen Zweck: die neue Tourenwagenmeisterschaft zu gewinnen und dabei die neuen Cobras abzuhängen. Kurzfristig sollte ihm das noch gelingen, aber schon 1964 waren die herrlichen Coupés aus Kalifornien, vor allem wenn sie von Experten wie Dan Gurney gefahren wurden, erheblich schneller und jederzeit in der Lage, die Meisterschaft den roten Wagen wegzuschnappen.

Inzwischen aber ging es auch in Enzo Ferraris privater Umgebung ausgesprochen dramatisch zu. Der junge Piero Lardi hatte sich an der Europaschule von Modena eingeschrieben, wo er bei einer blonden Engländerin namens Brenda Vernor Englisch lernte. Brenda hatte ursprünglich eigentlich nur Urlaub in der oberitalienischen Stadt machen wollen und blieb dann aber für immer: Sie verliebte sich in den flotten Mike Parkes, der sich als Rennfahrer im Langstreckenfahrerteam von Ferrari immer besser machte und zugleich ein hervorragender Entwicklungsingenieur war. Brenda Vernor hatte daraufhin die Stelle an der Europaschule angenommen, um sich ihren Lebensunterhalt zu verdienen. Später sollte sie dann eine von Ferraris Privatsekretärinnen und eine der bekanntesten Persönlichkeiten in der Fabrik werden. Wann Laura Ferrari von Pieros Existenz erfuhr, läßt sich nur mutmaßen, aber da Ferraris Mutter von dem Jungen bereits wußte, bevor sie 1965 starb, kann man das eigentlich auch von Laura annehmen. Wir wissen allerdings aus zuverlässiger Quelle, daß Piero 1963 einmal in Ferraris Büro hineinplatzte, als Laura ihm gerade am Schreibtisch gegenübersaß. Er machte sofort wieder kehrt, aber Laura soll ihn nicht erkannt haben.

Damals war Fiamma Breschi aus Bologna weggezogen und hatte eine Boutique in Florenz eröffnet, wo sie mehrere Jahre blieb. Dennoch fehlte es Ferrari auch weiterhin nicht an weiblicher Gesellschaft, und noch viele Jahre lang verbrachte er seine Schäferstündchen in Castelvetro und im Grand Hotel wie im Real-Fini.

Die Saison 1963 begann sehr gut, mit einem weiteren, spielend herausgefahrenen Sieg in Le Mans, wo allerdings praktisch jede echte Konkurrenz fehlte – keines der großen Werksteams war vertreten, abgesehen von Porsche, die aber nur in den Klassen für Autos mit kleinerem Hubraum antraten. Als Lorenzo Bandini und Lodovico Scarfiotti auf einem der neuen 250P mit dem V12-Mittelmotor gewannen, spielten die Italiener verrückt. Es war ein totaler Sieg für die ganze Nation: italienische Fahrer in italienischen Autos – die Ferraris belegten die ersten sechs Plätze! Den Italienern hätten nur Teamgefährte Mairesse und sein neuer Kopilot, der Engländer John Surtees, gefährlich werden können. Ihr 250P hatte (mit Surtees am Steuer) einen neuen Rundenrekord aufgestellt, nachdem sie fünfzehn Stunden lang geführt hatten und zwei ganze Runden vor den späteren Siegern gelegen hatten. Ein schlampiger Boxenstopp – bei der SEFAC nichts Ungewöhnliches – führte dann dazu, daß das Auto unterwegs in Flammen aufging. Mairesse mußte abspringen, während das Fahrzeug noch rollte. Wegen seiner Armverletzung schied er daraufhin für den größten Teil der Saison aus.

In Maranello freuten sich fast alle, daß Surtees zum Team zugestoßen war – außer Dragoni, der die meisten Ausländer nicht mochte, und Parkes, der seinen aus der Arbeiterklasse aufgestiegenen Landsmann schnitt. Aber Surtees war einer der ganz Großen des Rennsports. Er hatte bereits die Motorradweltmeisterschaft für MV-Augusta gewonnen und war in Italien sehr beliebt, wofür er sich auf seine Art revanchierte.

An der Spitze des Formel-1-Teams von Ferrari hätten eigentlich zwei Männer stehen sollen: Surtees und der inzwischen verletzte Mairesse. Sie sollten wieder mit den alten 156ern fahren, die Forghieri ein wenig modifiziert hatte, während er und Bellei bereits an den Entwürfen für zwei neue Motoren arbeiteten: einen V8 mit vier obenliegenden Nockenwellen und einen Zwölfzylinder-Boxermotor. Die '63er-Modelle hatten steifere Rahmen, einen einzigen konventionellen Lufteinlaß und Magnesiumräder statt der ansprechenden, aber schwereren Borrani-Speichenräder. Doch auch mit einer Bosch-Kraftstoffeinspritzanlage war der Motor zu schwach im Vergleich zu den neueren, stärkeren Climax- und BRM-V8-Motoren. Auch das Fahrgestell war veraltet, wenn man es einmal mit den leichteren und starreren selbsttragenden Karosserien der Engländer, den sogenannten Monocoques, verglich. Es sah ganz nach einer langen Saison aus.

Aber dank dem Mann, den sie nun schon »Big John« nannten (nicht wegen seiner Statur, sondern wegen seines Mutes), kam allmählich wieder neues Leben in die alten V6-Motoren. In enger Abstimmung mit Forghieri und den Bosch-Leuten kam Surtees den davoneilenden Briten langsam, aber sicher näher, allen voran dem blendend fahrenden Clark mit seinem neuen Lotus 25, der so schlank wie ein Bleistift war. Bandini war für ein Jahr an das italienische Centro-Sud-Team ausgeliehen worden, so daß das Arbeitsklima nicht mehr durch Dragonis ewigen Chauvinismus vergiftet wurde. Der verletzte Mairesse wurde vorübergehend durch den Sportwagenspezialisten Scarfiotti ersetzt, bis er wieder so weit fit war, daß er am Großen Preis von Deutschland auf dem Nürburgring teilnehmen konnte. Hier errang Surtees den einzigen Sieg in der Formel 1 für das Ferrari-Team in der Saison 1963, wobei er auch noch einen neuen Rundenrekord aufstellte. Man hatte also in Maranello allen Grund zur Freude, war dies doch der erste Sieg, den man seit dem so tragisch verlaufenen Großen Preis von Italien vor zwei Jahren feiern durfte. Leider beendete Mairesse seine Karriere, als Big John bereits dem Sieg auf dem Nürburgring entgegenfuhr. Schon in der zweiten Runde überzog der wilde Willy vor dem gefährlichen Buckel am Flugplatz und kam von der Strecke ab, wobei er einen Sanitätsposten tötete und seinen Arm so fürchterlich zertrümmerte, daß er nie wieder einen Grand-Prix-Ferrari fahren konnte.

Ein paar Wochen später gewann Surtees ein nicht zur Weltmeisterschaft zählendes Rennen im italienischen Enna, wo Bandini ihm auf einem privat gemeldeten BRM so hart zusetzte, daß er wieder ins Team zurückgeholt wurde. Diese aufeinanderfolgenden Siege waren ein kleiner Trost für die Pechsträhne, die das Team dann bis zum Ende der Saison begleitete – auch beim so wichtigen Großen Preis von Italien, wo Surtees und Bandini wegen technischen Versagens aufgeben mußten. Aber da Belleis neuer V8 mit der vierfachen Nockenwelle fast fertig war, konnte man der Formel-1-Saison von 1964 mehr als optimistisch entgegensehen.

Grund zur Freude bot auch der boomende Automarkt. Nicht zuletzt der Begeisterung der Amerikaner war es zu verdanken, daß 1963 immerhin schon 598 Personenwagen produziert wurden; und die Planung für 1964 ging weit über diese Stückzahl hinaus. Aber während die Schöpfungen von Pininfarina und Scaglietti in den späten fünfziger und frühen sechziger Jahren noch herrliche kinetische Skulpturen gewesen waren, verloren die Designer von Pininfarina Mitte der sechziger Jahre allmählich jedes ästhetische Maß. Die Karosserien wurden wulstig und besaßen bei manchen Modellen absurd lange Nasen. Da gab es plötzlich Doppelscheinwerfer, übertrieben gestaltete Dächer und Seitenzierbleche, und einige dieser Modelle – die 330GT, 365GT 2+2 und 275GTB aus den späten sechziger und frühen siebziger Jahren – waren so häßlich, daß sie für Chinetti und andere Händler fast unverkäuflich waren. Außerdem waren die Autos schlecht verarbeitet. Das prestigeträchtige Logo mit dem aufspringenden Pferd stand zwar für prachtvolle Motoren, aber die Fahrgestelle bestanden aus simplen Rohrrahmen, und einzelne Komponenten waren oft billig und taugten nicht viel. Die Karosserien rosteten leicht und wurden undicht, und nicht einmal die besten Mechaniker kamen hinter die Logik der Elektrik, die offenbar bei jedem einzelnen Auto individuell installiert worden war. Die Achillesferse aber war die Kupplung, und die Chinettis hatten noch Glück, daß sie nicht mit einer hohen Schadensersatzforderung belegt wurden, weil einer Frau der Fuß abgerissen wurde, als die Kupplung platzte. Irgendwie gelang es ihnen, einen Rechtsstreit zu vermeiden, indem sie das Auto ersetzten und die beschädigte Maschine an einen anderen ahnungslosen Kunden verkauften.

Die Autos waren auch ziemlich unangenehm zu fahren – außer bei kurzen und lauten, aber herrlichen Spritztouren auf freier Strecke –, so daß ein Bologneser Traktorenhersteller, Ferruccio Lamborghini, angeblich aus Ärger über einen Ferrari, den er gekauft hatte, 1962 seinen eigenen *gran-turismo*-Wagen zu bauen begann. Er stellte ein Ingenieurteam unter der Leitung des ehemaligen Ferrari-Mitarbeiters Giotto Bizzarini zusammen, das ein V12-Superauto bauen sollte – natürlich viel besser verarbeitet und zuverlässiger als die Produkte der Konkurrenz in Modena. Heraus kam ein prächtiger 3,5-Liter-Zwölfzylinder mit 24 Ventilen, der auf dem Reißbrett des Mannes entstanden war, der einmal als Projektingenieur am berühmten Ferrari GTO mitgearbeitet hatte. Sehr zu Ferraris Mißvergnügen stellte Lamborghini sein erstes komplettes Auto beim Genfer Autosalon 1964 aus. Während der froschäugige 350GT alles andere als ein ästhetischer Triumph war, startete Lamborghini eine beachtliche Modellreihe von zweisitzigen Tourenwagen, die mit Ferrari in puncto Verarbeitung und Leistung durchaus konkurrieren konnten. Allerdings war Lamborghini nicht am Rennsport interessiert, und seine Maschinen traten nie gegen die Ferraris auf der Rennstrecke an.

Aber Enzo Ferrari mußte die Konkurrenz viel mehr fürchten als Ferruccio Lamborghini. Nachdem er der Ford Motor Company einen Korb gegeben hatte, begann er bald, die ganze Macht des Automobilgiganten zu spüren. Es sprach sich bis nach Modena herum, daß Iacocca und Konsorten in den Vereinigten Staaten und in Großbritannien ein Team von glänzenden Ingenieuren und erfahrenen Rennfahrern zusammengestellt hatten, die es mit seinen besten Sportrennwagen in Le Mans und bei möglichst vielen wichtigen internationalen Straßenrennen aufnehmen sollten. Seit der gewaltigen Kampagne von Mercedes-Benz in den Jahren 1954 und 1955 hatte er es nicht mehr mit einer so massiven Konkurrenz zu tun gehabt. Mit Sicherheit würde man den betagten GTO, der inzwischen auch schon von den Cobra-Coupés geschlagen wurde, gründlich überholen müssen, wenn man die Weltmeisterschaft in der *gran-turismo*-Klasse verteidigen wollte.

Während man bei den Formel-1-Autos für 1964 gut vorankam, wobei Belleis kleiner V8 die wichtigste Waffe in der bevorstehenden Schlacht gegen die Engländer sein würde, mußte man sich ernsthaft Gedanken darüber machen, wie man die Barbaren aus Amerika mit ihren primitiven, aber wirkungsvollen Pkw-V8-

Motoren abwehren konnte. Man entschied sich dafür, ein *gran-turismo*-Auto mit einem Mittelmotor zu bauen: einem der bewährten V12er von Colombo, der zwar grundlegend überholt war, aber im Prinzip dem Triebwerk glich, das der legendäre Konstrukteur bereits vor zwanzig Jahren gebaut hatte. Das Auto sollte die Bezeichnung 250LM (für Le Mans) bekommen. Nach den internationalen Regeln hätten davon 100 Stück produziert werden müssen, bevor es für Tourenwagenwettbewerbe zugelassen wurde. Doch das war ein hoffnungsloses Unterfangen, denn die handgefertigten Autos kosteten 1964 immerhin schon stolze 90000 D-Mark.

Aber Ferrari wollte es wissen. Die jahrelangen gerichtlichen Auseinandersetzungen wegen des Unglücks bei der Mille Miglia von 1957 waren endlich abgeschlossen – mit einem vorhersehbaren Freispruch, der absolut in Ordnung ging. Mit den Agnellis von Fiat hatte es bereits informelle Kontakte gegeben, und mehrere gemeinsame Vorhaben, durch die man an das dringend benötigte Kapital herankommen würde, waren schon in der Mache. Im April reichte Ferrari für die 250LM einen förmlichen Antrag beim Zulassungskomitee der Internationalen Sportkommission der FIA ein. Aber da er zugeben mußte, daß es von diesem Typ nur zehn fertige Autos gab, wurde er abgewiesen und aufgefordert, im Juli einen neuen Antrag zu stellen. Da Ferrari die Zeit davonlief, bat er gute Freunde im italienischen Automobilclub, die Kommission unter Druck zu setzen. Bekanntlich war das Zulassungsverfahren oft eine reine Farce, und in vielen Fällen wurden die Anforderungen für die entsprechenden Stückzahlen umgangen (wie beim GTO) oder schlicht ignoriert. Ferrari stellte also im Juli erneut einen Antrag, und diesmal kam aus Paris eigens eine Delegation, um sich von der Richtigkeit seiner Angaben zu überzeugen. Sie fanden sieben fertige 250LM vor, die gerade ausgeliefert werden sollten, weitere sieben befanden sich gerade auf den Montagebändern, bei vier halbfertigen Autos fehlten noch Motor und Getriebe, schließlich gab es noch vier nackte Fahrgestelle. Weitere vier 250LM wurden gerade gebaut, und sechs Karosserien kamen gerade von Scaglietti. Insgesamt 37 Maschinen also. Wieder wurde er kategorisch abgewiesen. Am Ende drohte er wütend damit, daß sein Grand-Prix-Team beim Großen Preis der USA und beim letzten Rennen in Mexiko in den Farben der Vereinigten Staaten von Amerika starten würde.

Paradoxerweise hätte dies bedeutet, daß seine Autos – wenn

auch nur für kurze Zeit – in den Farben jener Nation fahren würden, deren berühmtestes Automobilunternehmen gerade eine gigantische Kampagne startete, um ihm die Krone des Rennsports zu entreißen. Nicht allein wurden Shelbys Cobras immer stärker, nun setzte ihm auch noch die Ford Motor Company mit einem brandneuen Prototypen zu und wollte es mit dem starken Mittelmotorauto 275P aufnehmen, das unbestritten der schnellste Sportrennwagen der Welt war. In den neu errichteten Werkstätten von Ford Advanced Vehicles im englischen Slough waren der ehemalige Teammanager von Aston Martin, John Wyer, die Konstrukteure Roy Lunn und Eric Broadley sowie der geniale Mechaniker Phil Remington schon im April 1964 soweit, ihre Tests mit einem neuen Auto abschließen zu können, das sie GT40 nannten (weil es nur 40 Inches, also gut einen Meter hoch war). Das schnittige, flachnasige Mittelmotorcoupé wurde von einer modifizierten Version des serienmäßigen 4,6-Liter-Ford-Motors angetrieben – technisch lagen da schon Welten zwischen diesem Auto und den Meisterwerken aus Maranello. Nach mittelmäßigen Testergebnissen und einem technischen Versagen beim 1000-Kilometer-Rennen am Nürburgring meldete Ford drei von diesen eleganten kleinen Maschinen für Le Mans.

Ferrari konterte mit nicht weniger als sechs 275P – vier aus der Fabrik und je einer von Chinettis NART-Team und vom britischen Importeur Maranello Concessionaires. Surtees, der mit Bandini zusammen ein Team bildete, fuhr die schnellste Trainingszeit: einen erstaunlichen Schnitt von 218,2 km/h auf diesem engen, ausgesprochen gefährlichen 13,45 Kilometer langen Netz von normalerweise öffentlichen Straßen. Aber die Fords blieben dran. Gefahren wurden sie von Phil Hill und Bruce McLaren, dem Franzosen Jo Schlesser und dem Engländer »Dickie« Atwood sowie den Amerikanern Masten Gregory und Richie Ginther. Als die Qualifikation abgeschlossen war, waren die dreizehn schnellsten Autos Ferraris und Fords.

Damals wurde das 24-Stunden-Rennen noch mit dem sogenannten »Le-Mans-Start« eröffnet: Die Teilnehmer sprinteten über die Fahrbahn zu ihren Autos, sprangen hinein, starteten die Motoren und rasten davon. Das Marathonrennen begann an diesem warmen Juninachmittag um vier Uhr, und wie erwartet lagen drei rote Ferraris nach der ersten Runde vor dem Feld. An vierter Stelle lag Ginthers blau-weißer GT40. Als das Feld auf die 5,5 Kilometer lange Hunaudières-Gerade ausschwärmte, schoß Ginther an den drei Ferraris von Rodriguez, Jo Bonnier und Surtees vorbei und übernahm die Führung. Später berichtete Ginther, daß er ein merkwürdig leichtes Gefühl am Steuer gehabt habe, als die vorbeirasenden Bäume am Straßenrand durch die Windschutzscheibe nur noch wie eine verwischte grüne Fläche aussahen. Er riskierte einen raschen Blick auf den Drehzahlmesser. Die Nadel zitterte bei 7200 U / min. Somit konnte sich Ginther leicht ausrechnen, daß er über 330 km / h fuhr!

Während der ersten anderthalb Stunden konnte er die Führung behaupten, bevor er sie wegen eines langsamen Boxenstopps Surtees überlassen mußte. Schließlich mußten Ginther / Gregory und Hill / McLaren wegen eines Schadens am Colotti-Getriebe (das ironischerweise in Modena von einem ehemaligen Ferrari-Angestellten hergestellt worden war) ausscheiden – aber erst nachdem Phil Hill die schnellste Runde im Rennen gefahren war und die GT40er ihr gewaltiges Potential zur Schau gestellt hatten.

Am Ende aber ging das Rennen an Ferrari – ein Dreifachsieg mit dem Franzosen Jean Guichet und Nino Vaccarella an der Spitze. Gleichwohl ging auch Ford nicht leer aus: Dan Gurney und Bob Bondurant wurden Vierte auf ihrem Shelby Cobra. Damit gewannen sie in der Grand-Tourisme-Klasse und schlugen die GTOs überzeugend.

Trotz der immer deutlicher sich abzeichnenden Gefahr, die dem Ferrari-Team von Ford drohte, schnitt es während dieses Sommers in der Formel 1 überraschend gut ab. Auf dem neuen V8-Auto gewann Surtees überlegen die Großen Preise von Deutschland, Österreich und Italien. Aber Ferrari machte tatsächlich seine Drohung war, und als das Team im Oktober beim Großen Preis der USA in Watkins Glen antrat, waren die Autos blau und weiß lackiert und von Chinettis NART gemeldet worden. Mit seinen Bemühungen, die FIA und den ACI zu nötigen, den 250LM als *gran-turismo*-Auto zuzulassen, war Ferrari gescheitert. Aber dann gab es doch noch einen bescheidenen Triumph für ihn: Er brachte die Veranstalter von Monza dazu, das geplante Langstreckenrennen am Ende der Saison wieder abzusagen – denn wahrscheinlich wären dabei die GTOs vor heimischer Kulisse von den Cobras geschlagen worden.

Und dann brachten die letzten beiden Grand-Prix-Rennen der Saison in Nordamerika doch noch ein Happy-End. Während der

Lotus von Jim Clark und der BRM von Graham Hill im Lauf des Jahres den Ton angaben, hatte Surtees dank seines Mutes und seiner Cleverness sich während der ganzen langen Saison ganz vorn im WM-Klassement behaupten können. So genügte ihm denn ein zweiter Platz hinter Graham Hill in Watkins Glen, daß er gemeinsam mit dem Engländer in der Weltmeisterschaftswertung klar führte, als sich der Grand-Prix-Zirkus erneut am 25. Oktober in Mexico City versammelte. Surtees fuhr seinen vertrauten V8, während Bandini den wesentlich verbesserten V12 bekam. Pedro Rodriguez schließlich, der zum Gedächtnis für seinen Bruder Ricardo fuhr, der auf der gleichen Strecke vor zwei Jahren ums Leben gekommen war, erhielt einen der älteren V6.

Zu Beginn des Rennens setzte sich Clark, wie schon so oft in dieser Saison, einfach vom gesamten Feld ab. Gurney lag mit seinem Brabham an zweiter Stelle, während sich Graham Hill an Bandini vorbei auf die dritte Position vorschob. Surtees hatte einen schlechten Start erwischt und begann quer durchs Feld mit seiner Verfolgungsjagd auf die führenden Autos. In der 31. Runde überzog Bandini seinen Ferrari, als er in die einzige Haarnadelkurve der Strecke segelte, und stieß mit Hills BRM zusammen. Dadurch wurde die Auspuffanlage des Engländers beschädigt, und er mußte die Boxen ansteuern. Nun schien Clark der sichere Sieger zu sein, aber in der letzten Runde fiel sein Öldruck rapide, und damit war auch der surrende kleine Climax aus dem Rennen. Gurney lag jetzt an erster Stelle, Bandini dicht hinter ihm. Aber plötzlich entdeckte das Ferrari-Boxenteam, daß Surtees, der gerade an dritter Stelle lag, als Zweiter im Schlußklassement Graham Hill die Weltmeisterschaft gerade noch wegschnappen könnte – mit einem Punkt Vorsprung! Bandini reagierte auch sofort auf die wilden Signale und fuhr entsprechend langsam, so daß Big John sich noch den zweiten Platz und damit den Titel holen konnte. Es war ein glücklicher Sieg, auch wenn John Surtees ein würdiger Weltmeister war. Im Laufe der langen Saison hatte Graham Hill alles in allem besser abgeschnitten, aber so waren nun einmal die Regeln – und Ferrari bekam die Siegeslorbeeren.

Nach drei Jahren war der Weltmeistertitel wieder nach Maranello zurückgeholt worden, und John Surtees wurde fast so etwas wie ein Nationalheld, wenn dies ein Nichtitaliener je sein konnte. Ferrari schien diesen schon langsam ergrauenden, ziemlich sensiblen, aber ausgesprochen wettkampfstarken 31jährigen Engländer wirklich zu mögen. Die beiden Männer verbrachten außerhalb des Rennbetriebs viel Zeit miteinander. Surtees war einer der wenigen Auserwählten, die Zutritt zu der ganz privaten Villa am Meer bei Viserba bekamen, wo man bis in die Nacht über Renntaktiken und künftige Automodelle diskutierte. Sie saßen ausgiebig beim Mittagessen im Cavallino, wo Ferrari gern Drinks servieren ließ, die nach ihrem Alkoholgehalt »Formel 1«, »Formel 2« und »Formel 3« hießen. Surtees, der auf seine Kondition bedacht war und wenig trank, nahm immer die leichteste Formel-3-Mixtur, worüber sich Ferrari stets amüsierte. Diese enge Beziehung frustrierte natürlich Dragoni, der seinen Protegé Bandini weiterhin zu fördern versuchte. Aber die ganze Aufmerksamkeit galt nun einmal dem neuen Champion, und Bandini, dem Dragonis übertriebene Bemühungen eher peinlich waren, stand ganz im Schatten des Stars.

Es überraschte darum auch niemanden, daß das unangenehme Zwischenspiel wegen der Zulassung des 250LM nach Surtees' Sieg schnell vergessen war, und als die Vorbereitungen für die Saison 1965 begannen, war klar, daß die Ferraris wieder in den Nationalfarben starten würden. Die Zukunft erschien in rosigem Licht, auch wenn die gewaltigen Kräfte, die an so fernen Orten wie Dearborn im US-Staat Michigan und in englischen Städten wie Cheshunt in der Grafschaft Hertfordshire (wo die Lotus Car Ltd. angesiedelt war) gegen die SEFAC mobilisiert wurden, eine noch nie dagewesene Herausforderung für das Ansehen von Ferrari darstellten. Vor allem aber würden sie ein für allemal Schluß machen mit dem Mythos der Unbesiegbarkeit, für den sich – zu Recht oder Unrecht – Ferrari und die immer größer werdende Schar seiner Gläubigen so sehr ins Zeug gelegt hatten.

16

Die Verbindung zwischen Enzo Ferrari und Sergio Scaglietti beruhte auf einer gemeinsamen Herkunft und der Leidenschaft für schnelle, sinnliche Automobile. Scaglietti war ein Mittvierziger und kannte Ferrari seit den dreißiger Jahren, als er als Halbwüchsiger verbogene Alfa-Romeo-Kotflügel in Ferraris alter Scuderia-Werkstatt wieder ausgerichtet hatte. Außerdem kam auch er aus Modena, und wenn die beiden Männer unter sich waren, unterhielten sie sich nur im breiten Dialekt ihrer Heimatstadt, der gelegentlich für Toskaner und Römer aus der Oberschicht nicht mehr verständlich war. Nach dem Krieg hatte Scaglietti seine eigene kleine *carrozzeria* in der Nähe des Hauptbahnhofs von Modena eingerichtet, und später war er in ein besseres Viertel an der Via Emilia am östlichen Stadtrand umgezogen. Auch wenn er keine richtige Ausbildung genossen hatte, war er doch ein Vollbluthandwerker mit einem instinktiv sicheren Sinn für Maß und Proportion. Aus seinen Werkstätten stammten solche klassisch gestalteten Automobile wie der Testarossa, der 250GT Spider California sowie seine beiden Meisterwerke: die 250GT Berlinetta mit kurzem Radstand und der GTO.

Auch wenn die meisten Ferrari-Karosserien von Pininfarina im fernen Turin gestaltet wurden, so stand doch dieser Mann mit seinen knotigen Handwerkerhänden und seinem Hausverstand Ferrari in seiner ganzen Lebensart am nächsten. Jeden Samstag wurde Scaglietti von dem Mann angerufen, den er stets Ingegnere nannte. »Na, Scaglietti, was hast du denn heute vor?« lautete die Standardfrage. Und darauf erfolgte immer die gleiche Antwort: Er habe nichts Besonderes vor, erwiderte Scaglietti, und dann verabredete man sich zum Essen. Was sich wie ein spontanes Verhalten ausnahm, war in Wirklichkeit eine Routine, die über zwanzig Jahre bestand, bis es mit Ferraris Gesundheit Mitte der achtziger Jahre nicht mehr zum besten stand.

Doch als der Winter sich 1965 seinem Ende näherte und die neue Saison bevorstand, hatte Ferrari andere Sorgen als Essensverabredungen. Der V8 und der Zwölfzylinder-Boxermotor der 158er mußten für das letzte Jahr der 1,5-Liter-Formel genügen. Für 1966 schrieben die neuen Regeln dann ohnehin gebläselose Motoren von maximal drei Litern bzw. Kompressormotoren von maximal 1,5 Litern Hubraum vor. Das bedeutete, daß eine komplette neue Familie von Motoren und Fahrgestellen gebaut werden mußte. Doch damit nicht genug: Ford würde bei den Langstreckenrennen noch mehr auftrumpfen, und darum mußten neue Sportwagen gebaut werden, wenn man Le Mans weiterhin beherrschen und die Markenweltmeisterschaft wieder gewinnen wollte.

Außerdem gab es bei den Serienwagen neue Konkurrenz. Auf dem hochpreisigen *gran-turismo*-Markt war Porsche seit der Einführung seiner 911er-Serie ein ernst zu nehmender Mitbewerber geworden. Auch Jaguar verkaufte seine schnittigen XKE-Coupés und -Roadster hervorragend. Selbst Lamborghini und die vor sich hindümpelnde alte Firma Maserati nahmen dem aufsteigenden Pferd Marktanteile in der Oberklasse weg. Da die Produkte aus diesem Unternehmensbereich so wichtig für die sichere Finanzierung des Rennprogramms waren, konnte jeder Rückgang bei den Verkäufen ernste Konsequenzen haben.

Und schließlich begnügte sich Ford auch nicht damit, Ferrari nur bei den wichtigen Ausdauerrennen Konkurrenz zu machen. Da die neue Drei-Liter-Formel vor der Tür stand, steckte Ford Geld in die Firma Cosworth Engineering Ltd., ein Maschinenbauunternehmen, das von dem begabten Ingenieurduo Frank Costin und Keith Duckworth gegründet worden war. Es hieß, daß sie an einem ganz neuen kompakten V8 mit vier Nockenwellen arbeiteten. Und BRM baute einen wahnsinnig komplizierten, aber starken Sechzehnzylinder, der ebenfalls gefährlich werden konnte. Kurz – der Wettbewerb, der sich in den letzten Jahren verschärft hatte, drohte geradezu gnadenlos zu werden.

Im aufregenden Auf und Ab der Rennsportgeschichte von Ferrari muß die Saison 1965 als eine beinahe absolute Katastrophe gelten.

Selbst Le Mans war fast ein Debakel, da die Werkswagen bei diesem brutalen, aberwitzig schnellen Marathon schon früh ausschieden, gefolgt freilich auch von den besten Fords. Das Team aus Dearborn war zwar mit verbesserten Konstruktionen angetreten, aber einmal mehr waren sie als Neulinge auf der großen Strecke im Nachteil, und zum zweitenmal in Folge wurde das Duell von Ferrari entschieden. Doch nicht ein offiziell von der SEFAC gemeldetes Auto siegte, sondern ein ziemlich heruntergekommener 250LM aus Chinettis NART-Team, mit dem niemand gerechnet hatte. Auch die beiden Fahrer galten als eher schwach, da sie eher für ihre wilden Sprints bekannt waren, während ihnen die Disziplin fehlte, um lange Wettbewerbe wie Le Mans erfolgreich bestehen zu können.

Immerhin hatte Masten Gregory schon mehr Erfahrung bei Langstreckenrennen als der junge österreichische Heißsporn Jochen Rindt, der auf Formel-2- und Formel-3-Autos mit freistehenden Rädern bei kurzen wilden Rennen über sechzig, siebzig Kilometer auf sich aufmerksam gemacht hatte. Gregory war seit mehr als zehn Jahren bei den großen europäischen Straßenrennen dabei, aber er hatte nur ein paar gute Ergebnisse und nur ganz wenig Siege vorzuweisen. Diesem Team also und ihrem alten Schlachtroß von Auto gab niemand eine Chance, Le Mans zu gewinnen.

Aber nach dem frühen Ausscheiden der Fords befand sich Gregory bereits an vierter Stelle, als er an die Boxen zum ersten Tankstopp und Fahrerwechsel fuhr. Niemand, auch Rindt nicht, hätte geglaubt, daß der alte Wagen so lange durchhalten, geschweige denn ganz vorn dabeisein würde. Als sich Gregory in den Boxen nach Rindt umsah, entdeckte er ihn – in Straßenkleidung! Ein Mechaniker ging gelassen auf das Auto zu, öffnete die Motorhaube und deutete routiniert an, daß irgend etwas nicht in Ordnung und damit das Rennen gelaufen sei. Jeder freute sich schon auf ein anständiges Abendessen und wollte sich früh hinlegen. Aber nicht Gregory. Wütend sprang er aus dem Auto, herrschte Rindt an, er solle gefälligst seinen Overall anziehen und weiterfahren. Widerwillig gehorchte der Österreicher, und Gregory war überzeugt, daß er den Motor aus reiner Bosheit zuschanden fahren würde. Aber es lief gut bei Rindt, und immer näher kam er an die führenden Autos heran, die angeschlagen schienen. Surtees, der mit Scarfiotti ein Team bildete, mühte sich mit den versagenden Bremsen ab, als die Nacht über die riesige Rennstrecke hereinbrach. Nur die bunten Lampions und die zahlreichen Lagerfeuer im Innenraum wiesen den Fahrern den Weg, als sie mit über 300 km/h durch die Dunkelheit rasten. Bandinis 275P2 und der 365P2 von Rodriguez/Vaccarella waren kaputt. In der Finsternis überholte Gregory das Cobra-Coupé von Dan Gurney, und für ein paar Runden lieferten sich die beiden einen erbitterten Zweikampf, ehe der Cobra, der an dritter Stelle lag, unter der Belastung zusammenbrach. Rindt und Gregory fuhren forsch weiter, überzeugt, daß die alte Maschine zwar niemals über die ganze Distanz gehen würde, aber doch so plaziert wäre, daß sie in allen Ehren ausscheiden würden.

Als der Morgen dämmerte, waren sie auf das führende Team aufgerückt. Nur ein weiterer 250LM mit den belgischen Privatfahrern Pierre Dumay und Taf Gosselin konnte mit ihnen mithalten. Am Mittag hatten Gregory und Rindt den Sieg vor Augen – nur noch vier Stunden! Aber sie hatten Angst, daß sich ihre forcierte Fahrweise in den Anfangsphasen des Rennens nun rächen würde. Ihre übermüdete Phantasie gaukelte ihnen ein Klirren und Rasseln im Innern des leckgeschlagenen, völlig überforderten Motors vor. Mit Sicherheit würden sie nun die Quittung für ihr Rasen bekommen – kurz vor dem Ziel.

Das NART-Auto fuhr mit Goodyear-Reifen, während die Belgier Reifen von Dunlop aufgezogen hatten, der Reifenfirma, bei der Ferrari in der Formel 1 unter Vertrag stand. Um dreizehn Uhr platzte am belgischen Ferrari auf der Mulsanne-Geraden ein Hinterreifen, und herumfliegende Gummiteile zerfetzten den Heckspoiler. Als sich der Wagen um die Strecke zu den Boxen quälte, gingen entscheidende Minuten verloren. Jetzt schien Rindt und Gregory der Sieg sicher. In dieser Phase bot Eugenio Dragoni den Chinettis einen Handel an. Wie sich Luigi Chinetti jr. erinnert, habe Dragoni erklärt, daß Dunlop schließlich mit der Fabrik einen Vertrag hätte und es darum im Interesse aller wäre, wenn die Belgier gewinnen würden und nicht das NART-Auto mit den Goodyear-Reifen. Dragonis Vorschlag lautete schlicht und einfach: Laßt die Belgier gewinnen, und ihr bekommt für die nächste Lieferung neuer Kundenfahrzeuge einen großzügigen Rabatt. Ein verlockendes Angebot, das ihnen Tausende von Dollars Extraprofit bringen würde. Doch dagegen stand das Prestige, Le Mans zu gewinnen. Chinetti lehnte Dragonis Angebot ab, und damit vertiefte sich der Riß in seiner Beziehung zu der Marke, der er so treu gedient hatte. Und so rollte der falsche Wagen mit den falschen Fahrern auf den falschen Reifen zur Siegerehrung beim bedeutendsten Langstrekkenrennen der Welt. Wieder hatte ein Ferrari gewonnen, aber über diesen Sieg konnte man sich in Maranello nicht so wie sonst freuen.

Vielleicht war Enzo Ferrari über das Ergebnis enttäuscht. Henry Ford II. jedenfalls war wütend. Als Don Frey dem Boß Bericht erstattete, zuckte Ford die Schultern und meinte: »Na, die haben Ihnen aber ganz schön den Hintern versohlt.« Frey erlaubte sich zu bemerken, daß ein Sieg durchaus drin gewesen sei, aber nicht bei dem derzeit so knappen Etat. »Habe ich jemals über Geld gesprochen?« blaffte Ford zurück. Und damit wurden sofort die nötigen Millionen locker gemacht, um Ferrari an die Wand zu spielen. Das bedeutete gleichzeitig auch das Ende von Ferraris Vorherrschaft in Le Mans. Als Gregory und Rindt an diesem Frühsommertag des Jahres 1965 über die Ziellinie stotterten, war das der letzte Sieg eines Ferrari in Le Mans – ja mehr noch: Damit endete überhaupt die langjährige Überlegenheit des aufsteigenden Pferdes bei internationalen Langstreckenrennen.

Adalgisa Bisbini Ferrari starb 1965, als sie sich an einem hartgekochten Ei verschluckte. Sie hatte eine wichtige Rolle in Enzo Ferraris Leben gespielt, und ihr letzter Wille war es, daß er eine wichtige Entscheidung traf. Sie hatte über Piero Lardis Existenz genau Bescheid gewußt, auch wenn wir nicht wissen, wann sie hinter dieses Geheimnis kam. Wir wissen nur, daß sie auf der Anerkennung des Jungen bestand, und dieser Forderung verlieh sie noch durch die Drohung Nachdruck, wenn Enzo damit nicht einverstanden sei, würde sie Piero in ihrem Testament direkt berücksichtigen. Sie vereinbarten, daß Piero als Sohn legal anerkannt werden solle, aber erst nach Lauras Tod. Mit Sicherheit war Piero damals schon eine bekannte Erscheinung in Modena, und Laura Ferrari war deswegen außer sich und sehr verletzt. Sobald sie den großen, breitschultrigen jungen Mann irgendwo auf dem Fabrikgelände zu Gesicht bekam, beschimpfte sie ihn gleich als »Bastard!«, und Piero versuchte ihr um jeden Preis aus dem Weg zu gehen, während er eine Reihe von undefinierbaren Jobs durchlief. Aber Ferrari ließ sich auch von Lauras Zorn nicht davon abhalten, zu seinem Wort zu stehen, nachdem er seine Mutter zur letzten Ruhe in der Familiengruft von San Cataldo gebettet hatte.

Die Verhandlungen mit Ford hatten zwar zu nichts geführt, doch Ferraris Position auf dem amerikanischen Markt wurde nun immer stärker – freilich auf Kosten Chinettis. Hatte dieser in den fünfziger Jahren noch als alleiniger Repräsentant in den USA fungieren dürfen, so wurde sein Status nun beinahe täglich zurückgeschraubt. Ganz offensichtlich standen die alten Verbindungen zwischen Ferrari und Chinetti, die trotz aller Streitigkeiten und Unbedachtheiten unzertrennlich schienen, nun vor einer enormen Belastungsprobe. Stück für Stück wurde den Chinettis das Terrain beschnitten; immer mehr wurde der alte Freund und Pionier in Ferraris Augen und Strategien zu einem durchschnittlichen Autoverkäufer in einem fernen, fremden Land. Denn inzwischen waren Ferrari und seine Autos in Amerika zu einem Mythos geworden, der immer verrücktere Formen annahm. Und so war der Meister nicht mehr auf die guten Dienste Chinettis angewiesen. Seine Kunden jenseits des großen Teichs himmelten ihn zwar als herrischen, aber liebenswerten Handwerker und Künstler an, der mit asketischer Hingabe an seinen geliebten Wagen arbeitete. Daß er allerdings in den letzten Jahren nicht nur einmal, sondern mehrfach bereit gewesen war, den ganzen Pkw-Bereich einfach abzustoßen, wußten diese Aficionados natürlich nicht.

1965 war mit Fiat vereinbart worden, gemeinsam einen Zweiliter-V6-Motor mit vier Nockenwellen für die Serienwagenproduktion zu bauen. Das von Franco Rocchi konstruierte Triebwerk wurde in zwei »Dinos« eingebaut: ein von Pininfarina gestyltes Mittelmotorcoupé, das zu den schönsten Autos aller Zeiten gehört, und einen weniger erfolgreichen Zweisitzer mit Frontmotor. Der Dino 206, bei dem der Motor hinter dem Fahrer lag, wurde als Ferrari verkauft, obwohl der Motor von Fiat und die Karosserie von Pininfarina hergestellt worden war. Der Wagen mit dem Frontmotor hingegen, der sogenannte Fiat Dino, lief ohne das Ferrari-Label, auch wenn der Motor als Ferrari-Konstruktion verbucht wurde. In erster Linie war das ein Fiat-Projekt, wobei Ferrari sehr dafür war, daß als Motor ein Dreiliter-Zwölfzylinder-Boxer verwendet werden sollte, wie er auch für die Formel 1 entwickelt wurde. Aber das würde die Herstellung verteuern, und außerdem wäre dieser Wagen viel zu schnell und zu exotisch gewesen, als daß er mit der Marketingphilosophie von Fiat vereinbar gewesen wäre. Daß die Pläne von Fiat, weniger die von Ferrari bei diesem Auto zum Zuge kamen, ist ein Beweis dafür, daß die Agnellis und ihr riesiger Konzern auf dem besten Weg waren, in Maranello enormen Einfluß auszuüben, was letztlich zu einer totalen Übernahme führen sollte. Einige Leute, die Ferrari nahestanden, behaupten, dies sei genau das gewesen, was er sich schon immer gewünscht habe, und er habe die Mecoms und Ford nur als Köder benutzt, um Fiat an den Verhandlungstisch zu bekommen.

Der 35jährige John Frankenheimer war damals einer der Topregisseure von Hollywood und hatte in den vergangenen drei Jahren die auch von der Kritik gefeierten Kassenschlager *Der Gefangene von Alcatraz, Botschafter der Angst* und *Sieben Tage im Mai* gedreht. Frankenheimer, ein begeisterter Autofan, hatte eine ehrgeizige Idee: Er wollte einen aufwendigen Film über Formel-1-Rennen machen, mit dem Titel *Grand Prix.* Er sollte während der Rennsaisons 1965 und 1966 an verschiedenen Schauplätzen in ganz Europa gedreht werden, und Frankenheimer fuhr auch nach Maranello, um Ferrari für die Mitarbeit zu gewinnen. Der erfahrene italienische Schauspieler Adolfo Celi sollte eine Rolle spielen, für die eindeutig Ferrari das Vorbild war, und darum war der Segen des Ingegnere erwünscht, wenn nicht sogar dringend erforderlich.

Ferrari war sofort dagegen. Er würde die Filmleute unter keinen Umständen unterstützen, auch wenn ihn Frankenheimer noch so dringend darum bat. Erst als der Regisseur im Herbst wiederkam und Ferrari einen 45-Minuten-Film über den Grand Prix von Monaco vorführte, wurde der Ingegnere zugänglicher.

Ferrari erkannte, daß Frankenheimer den Rennsport genau und engagiert zu filmen verstand, und erst da ließ er durchblicken, daß er vielleicht bereit wäre, mitzuwirken. Frankenheimer sprach fließend französisch, und so gelang es ihm bei einigen ausgedehnten Mittagessen im Cavallino, Ferrari davon zu überzeugen, daß seine Autos und der Rennsport auf der Leinwand positiv dargestellt werden würden. Am Ende wurde dem Amerikaner gestattet, mehrere Szenen in der Fabrik zu drehen. Im breit dargestellten letzten Rennen des Films kommt einer der Stars, Yves Montand, in Monza ums Leben – eindeutig in einem Ferrari. Ferrari hatte nichts dagegen, daß ein Fahrer beim Rennen umkam, aber er bestand mit aller Entschiedenheit darauf, daß keines seiner Autos gegen irgendeinen Konkurrenten verlor. Er segnete schließlich den Film nicht nur ab, sondern fuhr sogar für mehrere Tage nach Monza, als die letzten Szenen gedreht wurden. Mit Sicherheit war er vom Aufwand und Glamour der millionenschweren Produktion fasziniert.

Der Film *Grand Prix* hatte indirekt auch zur Folge, daß Ferrari künftig mit der Firestone Tire & Rubber Company zusammenarbeitete. Die Reifenfirma kämpfte mit ihrem Lokalrivalen in Akron, Goodyear, gerade um die Marktführerschaft im amerikanischen Rennsport. Die berühmten »Reifenkriege« der sechziger Jahre verschlangen Hunderte von Dollarmillionen und spielten sich auf vier Kontinenten ab, als sich die beiden Industriegiganten auf den Rennstrecken der Welt ein Kopf-an-Kopf-Rennen lieferten. In der Saison 1966 beispielsweise fuhren die von der SEFAC gemeldeten Autos Firestone-Reifen, die im englischen Zweigwerk Brentford hergestellt worden waren. Aber da bei amerikanischen Wettbewerben keine Regenreifen eingesetzt wurden und Firestone auch keine im Programm hatte, mußte diese Sorte von Rennreifen weiterhin von Dunlop geliefert werden, bis die Firma in Akron ihre eigenen Regenreifen entwickelt hatte.

Das von Ferrari selbst gestaltete und gepflegte Image des einsamen Visionärs, der sich – gebeutelt, aber ungebrochen – gegen derart gigantische Mächte wie die Ford Motor Company behauptete, ließ die Wellen der Sympathie hochgehen. Es war ihm gelungen, die Vorstellung in die Welt zu setzen, daß seine Fabrik nur ein kleiner Gebäudekomplex sei, in dem eifrige Handwerker exquisite Maschinen aus exotischen Metallen per Handarbeit herstellten. Besucher erwarteten in Maranello schmutzige Hallen vorzufinden, in denen Modeneser wie Renaissancebildhauer im Schweiße ihres Angesichts schufteten. Statt dessen betraten sie eine ganz und gar moderne Fabrik, die großzügig ausgestattet war und in der nahezu tausend Arbeitskräfte mit der Serienproduktion von über 650 Autos pro Jahr voll beschäftigt waren und gleichzeitig einen großen Rennsportbetrieb in Gang hielten. Verglichen mit einem Gegenspieler wie Ford war Ferrari nur ein Zwerg, aber im Unterschied zu den britischen *garagisti,* die ihn in den letzten fünf Jahren regelmäßig geschlagen hatten, nahm er sich wie Gulliver aus, den eine Bande von Liliputanern aufs Kreuz gelegt hatte.

Es bedurfte freilich schon mehr als solcher Mythen, um das Team 1965 gut über die Runden kommen zu lassen. Jimmy Clark, der wortkarge Schotte, beherrschte den Formel-1-Zirkus mit seinem geschmeidigen Lotus 33 und hatte sich die Weltmeisterschaft bereits mitten in der Saison gesichert. Surtees – oder »Shirtsleeves« (»Hemdsärmel«), wie ihn seine britischen Kollegen nannten – blieb nichts anderes übrig, als dem populären Clark hinterherzufahren. Nachdem er beim ersten Rennen des Jahres in Südafrika noch Zweiter geworden war, ging es mit Surtees immer weiter bergab. Technisches Versagen, schlechte Fahrwerksabstimmung und zu schwache Motorleistung – Big John war einfach während des ganzen Jahres vom Pech verfolgt. Zu allem Übel setzte ihm auch noch der übertrieben chauvinistische Dragoni zu, der sich bei Ferrari und der Presse lieb Kind machte, um seinen Günstling Bandini zu fördern. Und Michael Parkes, der Surtees wegen seiner technischen Fähigkeiten verachtete, von seiner Herkunft aus der Arbeiterklasse ganz zu schweigen, machte ihm ganz offen seinen Platz im Formel-1-Team streitig. Wieder einmal tat Ferrari nichts, um Ruhe ins Fahrerlager zu bringen. Für ihn war Disharmonie die Mutter des Erfolgs, und dieser mörderische Machtkampf würde nur zu mehr Siegen auf der Rennstrecke führen.

Aber das war natürlich nicht der Fall. Surtees war mit Abstand der begabteste Fahrer im Team, und auch wenn sich Dragoni noch so sehr anstrengte, Bandini die besten Autos zu besorgen, und Parkes seine intrigantischen Spielchen trieb – Big John war als einziger in der Lage, an den leichteren, beweglicheren englischen Maschinen von Lotus, BRM und Brabham dranzubleiben. Doch abgesehen von einem schwer erkämpften dritten Platz beim Großen Preis von England, scheiterte der Spitzenfahrer der Scuderia in dieser Saison kläglich. Und Ende September war sie für ihn gelaufen, als er einen schweren Unfall in Mosport Park bei Toronto hatte – am Steuer seines eigenen Lola-Chevrolet-Can-Am-Sportwagens. Weil Ferrari nicht an den Can-Am-Wettbewerben teilnehmen wollte, machte Surtees als Privatfahrer mit seinem englischen Wagen bei dieser populären neuen nordamerikanischen Serie mit. Nach dem Unfall wurde er schwerverletzt in ein Krankenhaus von Toronto eingeliefert. Damals hatte er noch ein sehr enges Verhältnis zu Enzo Ferrari; deshalb übernahm die Fabrik nicht nur die Arzt- und Krankenhauskosten, obwohl er nicht mit einem ihrer Autos an dem Rennen teilgenommen hatte, sondern der Boß erkundigte sich auch während seiner Rekonvaleszenzzeit telefonisch danach, wie es seinem kompliziert gebrochenen Bein gehe. Im Spaß schlug Ferrari sogar vor, für seinen Star ein Auto mit Automatikgetriebe zu bauen, wenn er in der nächsten Saison wieder zurückkehre.

Tatsächlich waren wichtige Veränderungen für 1966 im Gange. Die Grand-Prix-Formel wurde von 1,5 auf drei Liter für gebläselose Motoren angehoben, und da Ferrari nun schon seit fast fünfzehn Jahren starke Dreiliter-Sportwagenmotoren baute, ging man davon aus, daß die Scuderia das Große Los gezogen habe, zumal man bei Ford-Cosworth mit dem neuen V8 ein Jahr im Rückstand lag und Teams wie Cooper gezwungen waren, auf den zehn Jahre alten V12 von Maserati zurückzugreifen. Jack Brabhams Betrieb konnte nichts weiter tun, als einen veralteten V8-Pkw-Motor von Oldsmobile zu modifizieren, während die BRM-Ingenieure an einer wahnsinnig komplizierten H16-Konfiguration herumbastelten, die beinahe so viele bewegliche Teile enthielt wie eine Schweizer Präzisionsuhr.

Ferrari schien in der Tat freie Bahn zu haben, auch wenn hinter den Gesundheitszustand seines Starfahrers noch ein Fragezeichen gesetzt werden mußte.

Angelo Bellei wurde aus der Rennabteilung abgezogen und ausschließlich mit der Konstruktion der Straßenfahrzeuge betraut. Damit war der geniale, wenn auch etwas sprunghafte Forghieri allein für den Bau der neuen Autos in der Dreiliterklasse verantwortlich. Da enormes Kapital in die Entwicklung des neuen Vierliter-P3-Sportwagens gesteckt wurde, mit dem man gegen Ford in Le Mans und anderswo antreten wollte, blieb Forghieri gar nichts anderes übrig, als beim Formel-1-Auto zu sparen. Und da ihm das Geld und die Leute für den Bau eines neuen Motors fehlten, modifizierte er mutig den veralteten, schweren und unförmigen 3,3-Liter-V12, der eigentlich für die Sportwagen entwickelt worden war und in direkter Linie auf die Konstruktion von Colombo zurückging, mit der das Unternehmen vor zwanzig Jahren begonnen hatte.

Im Frühjahr 1966 wurde ein früher Prototyp des Tipo 312 zum Autodrom von Modena transportiert. Surtees humpelte zwar noch ein wenig, aber er wollte die neue Maschine testen. Bei diesem Test war auch ein kleinerer und leichterer 2,5-Liter-V6-Einsitzer dabei, der bei der Tasmanien-Serie in Neuseeland und Australien eingesetzt werden sollte. Der Probelauf erbrachte ein schockierendes Ergebnis: Das kleine, untermotorisierte Tasmanien-Auto war auf dem verkürzten Rundkurs von Modena um 2,5 Sekunden pro Runde schneller. Der größere V12 war eine plumpe, schwer zu manövrierende, hecklastige, schwerfällige Promenadenmischung, die nach Surtees' spontaner Meinung selbst gegen den schwächsten englischen Gegner keine Chance hatte. Das war der Anfang vom Ende von John Surtees' Verbindung zu Ferrari – und damit begann zugleich das Team in ein schreckliches Tief zu geraten.

Nachdem sich herausgestellt hatte, daß der V6 der schnellere von den beiden Wagen war, kam es zu einer internen Auseinandersetzung darüber, ob sich Bandini oder Surtees mit dem mißratenen V12 zu begnügen hätte. Als Teamführer mußte schließlich Surtees in den sauren Apfel beißen, handelte es sich doch um den Prototyp für die Formel 1; und der Ehrencodex des Teams verlangte nun einmal, daß die Nummer eins auch am Steuer dieses Autos saß. Im übrigen wurden ja auch die Straßenfahrzeuge von Ferrari von V12ern angetrieben, und darum war es einfach wichtig, daß Ferraris langjährige Markenphilosophie, die nun einmal auf diesem Motorentyp basierte, so oft wie möglich unter Beweis gestellt wurde. Also mußte sich Surtees mit dieser schwerfälligen Maschine abquälen, während Bandini mühelos tänzelnd seine Runden drehte – und das mit einem Auto, das theoretisch als nicht wettbewerbsfähig galt, in Wahrheit aber fast genauso stark wie der 312 war und ein hervorragendes Fahrverhalten aufwies. Kein Wunder, daß Dragoni noch lauter die Fähigkeiten seines Mannes hinausposaunte, der Surtees sogar mit einem kleineren Auto abhängen könne, während Parkes weiterhin Ferrari und Dragoni wegen eines Platzes im Formel-1-Team in den Ohren lag. Dann machte sich auch noch die italienische Presse, zu der Dragoni ein ausgezeichnetes Verhältnis hatte, für Bandini stark – man solle ihn doch an Stelle des verletzten und verunsicherten Surtees zur Nummer eins erklären. Und schließlich fütterten Forghieri und seine Ingenieure Ferrari mit übertrieben optimistischen Angaben über Pferdestärken und Testergebnisse. Kurz, bei Ferrari wurde eine Innenpolitik wie bei den Medicis betrieben. Der Druck wurde geradezu unerträglich, so daß irgendwann einmal jemand die Nerven verlieren mußte. Und das war nach Lage der Dinge John Surtees.

Er hatte in überlegener Manier auf dem von Regen überfluteten Rundkurs von Spa gewonnen, wo nicht weniger als sieben Autos bereits in der ersten Runde nach einem Zusammenstoß ausschieden – einschließlich aller drei BRMs –, als sie im hinteren Abschnitt des riesigen Kurses in eine Gewitterbö gerieten. Doch bevor Surtees sich endgültig durchsetzen konnte, hatte er sich noch mit dem mutigen Rindt und dessen hochfrisiertem, übergewichtigem Cooper-Maserati einen harten Kampf geliefert. Schließlich mußte er sich sogar noch von Dragoni vorwerfen lassen, nicht über die ganze Distanz gegen eine so schwache Konkurrenz geführt zu haben. Das vertiefte natürlich die Kluft zwischen den beiden Männern. Endgültig platzte die Bombe eine Woche später in Le Mans, als Ferraris neue 330P3-Sportwagen überraschend auf die superstarken Siebenliter-Mk-II-GTs von Ford trafen, die von einem angloamerikanischen Eliteteam von Fahrern, Ingenieuren, Teammanagern und Mechanikern ins Rennen geschickt wurden. Das Trio der starken Ferrari-P3er (mit ihren wunderbar abgerundeten Karosserien aus dem Modeneser Atelier von Piero Drogo) wurde gefahren von Surtees und Parkes im ersten und Bandini mit dem französischen Langstreckenas Jean Guichet im zweiten Wagen. Der dritte Wagen war von Chinettis NART-Rennbetrieb gemeldet worden und sollte von Rodriguez und Richie Ginther gesteuert werden, der nach seinem Ausscheiden aus dem Ferrari-Team wieder ganz oben war, als er den Großen Preis von Mexiko am Ende der Saison 1965 gewonnen hatte.

Als Surtees in Le Mans eintraf, teilte man ihm mit, daß Lodovico Scarfiotti ihm und Parkes als dritter »Reservefahrer« zugeteilt worden sei – womit man Surtees stillschweigend zu verstehen gab, daß Maranello ihn nicht für fit genug hielt, die ganze Distanz mit nur einem Kopiloten durchzustehen. Dieser Affront war der letzte Tropfen, der das Faß zum Überlaufen brachte. Surtees verlangte, daß Scarfiotti wieder gestrichen werden sollte, aber Dragoni – und dann auch Ferrari – lehnte dies rundweg ab. Beleidigt packte Big John seine Sachen und fuhr nach England. Wieder hatte ein Weltmeister Ferraris Reich im Zorn verlassen. Er wurde sofort von Cooper-Maserati übernommen und stellte schließlich sein eigenes Formel-1-Team zusammen, allerdings nur mit mäßigem Erfolg.

Trotz aller internen Querelen ließ Ferrari einen für ihn so typischen »Nachruf« auf Surtees veröffentlichen, in dem er sein tiefes Bedauern über diesen Verlust ausdrückte und seinem ehemaligen Fahrer alles Gute wünschte. Nach außen hin sah es so aus, als habe ihn der Commendatore sogar noch zum Dank mit einem Erster-Klasse-Flugticket nach London heimgeschickt. Aber der Schein trog natürlich. Im Laufe der Saison kam John Frankenheimer noch einmal nach Monza, um eine Szene für seinen Film *Grand Prix* zu drehen. Ferrari wollte bei den Dreharbeiten zuschauen. Auf einmal tauchte auch Surtees auf und wollte mit seinem Cooper-Maserati ein paar Testrunden drehen. Frankenheimer war einverstanden, aber Ferrari weigerte sich nicht nur, mit seinem ehemaligen Star zu sprechen, sondern er war vor allem strikt dagegen, daß der in seiner Gegenwart auch nur eine Testrunde absolvierte.

Nach John Surtees' Abgang aus Modena kam es zu einem fürchterlichen Ehekrach bei den Ferraris. Bis dahin war es Enzo Ferrari gelungen, seine Beziehungen zu Laura und zu seiner Geliebten Lina Lardi geschickt in der Balance zu halten. Dieses delikate Verhältnis drohte natürlich immer, ins Chaos umzuschlagen. Und manchmal kam es auch zum offenen Krieg, so zum Beispiel, als Big John die Stadt verließ. Ferrari hatte für ihn eine Wohnung an dem angenehm von Bäumen gesäumten Viale Vittorio Veneto gemietet. Am Tag seiner Abreise nach England nun rief Ferrari eine alte Freundin an (die Frau eines Journalisten, den er seit vielen Jahren kannte) und bat sie, sich von Surtees den Wohnungsschlüssel aushändigen zu lassen und ihn Laura zu geben. So jedenfalls glaubte sie ihn verstanden zu haben. Also nahm sie den Schlüssel von Surtees entgegen und fuhr ordnungsgemäß nach Maranello, wo sie Laura beim Mittagessen im Cavallino antraf. Als sie ihr den Schlüssel übergab, erstarrte Lauras Gesicht zu einer zornigen Grimasse. Ein paar Stunden später erhielt die Vermittlerin dann einen Anruf von Ferrari, in dem dieser sie wüst beschimpfte.

Als leicht erregbare Modeneserin, die Ferraris Eigenheiten genau kannte und sich von ihm nichts gefallen ließ, schrie sie zurück. Und so stellte sich bei diesem hysterischen Schlagabtausch durchs Telefon erst ganz allmählich heraus, worum es eigentlich ging: Ferrari hatte gewollt, daß seine Bekannte den Schlüssel nicht an Laura, sondern an Lina weitergab, denn er hatte vorgehabt, Lina und Piero in der von Surtees geräumten Wohnung unterzubringen. Als nun Laura den Schlüssel bekam, verstand sie genau, was hier vorging, und fiel wie eine angeschossene bengalische Tigerin über Ferrari her. Es war eben riskant, wenn man in Modena zwei Haushalte so dicht beieinander haben wollte.

Der Verlust von Big John war gewiß ein schwerer Schlag, aber Zweifel sind doch angebracht, ob selbst Surtees mit seinem ganzen Können die böse Niederlage hätte verhindern können, die das Team in Le Mans einstecken mußte. Die riesigen Fords beherrschten das Rennen und belegten zum Entzücken von Henry Ford II., der sich das Spektakel nicht entgehen ließ, mühelos die ersten drei Plätze. Der erste Ferrari, der mit einem Abstand von Hunderten von Kilometern Achter wurde, war ein von den beiden Engländern Piers Courage und Roy Pike privat gemeldeter 275GTB. Die Fords mit ihren gewaltigen, eigentlich für Stock-Car-Rennen entwickelten Motoren waren den 330P3ern in jeder Hinsicht überlegen, und unerschütterlich loyale Ferrari-Fans begannen schon zu jammern, daß nun der kleine Betrieb in Maranello von den Giganten aus Amerika überrollt werde. Doch damit wollten sie sich nur über die Tatsache hinwegmogeln, daß der Gigant aus Maranello, der jahrelang das Schwergewicht bei der Formel 1 gewesen war, nun auch noch von Jack Brabham und seinem Repco V8 gedemütigt worden war, einer mit einem bescheidenen Etat finanzierten Rennversion, in die der bereits erwähnte Oldsmobile-Motorblock eingebaut war, den General Motors vor sechs Jahren konstruiert hatte.

Im Grunde gab es nur eine Entschuldigung, daß ein so beachtlicher Rennbetrieb wie Ferrari mit seinem Heer von fähigen und engagierten Ingenieuren ausgerechnet bei seinem »Heimspiel« in Le Mans auch von den kleinen britischen Formel-1-Teams geschlagen worden war: den latenten Konservatismus des Bosses samt der lähmenden Atmosphäre, die sein Führungsstil verbreitete.

Das Formel-1-Team gewann nur noch ein Grand-Prix-Rennen in der Saison 1966. Allerdings verdankte Scarfiotti seinen Sieg beim Großen Preis von Italien der Tatsache, daß die meisten seiner Gegner technischem Versagen zum Opfer fielen. Die *tifosi* allerdings gerieten schier aus dem Häuschen – wie bei jedem Sieg von Ferrari in Monza. Aber diesmal kam noch etwas anderes hinzu: Scarfiotti war der erste Italiener, der dieses Rennen in einem italienischen Auto gewonnen hatte, seit dieses 1952 dem unvergessenen Alberto Ascari zum letztenmal gelungen war. Derartige Augenblicke waren beinahe so etwas wie religiöse Erweckungserlebnisse für die Rennsportfans der Nation. Dennoch mußte es eigentlich jedem klar sein – außer vielleicht denen, die sich hinter den Mauern des Werks in Maranello Illusionen machten –, daß diese Freude nur von kurzer Dauer sein würde. Die Engländer waren im Kommen, und zwar sowohl mit ihrem kräftig finanzierten Ford-Lotus als auch mit dem neuen phantastischen DFV-Ford-Cosworth-V8 – einem Motor, mit dem mehr wichtige Formel-1-Rennen (und Indianapolis-Autorennen in Amerika) gewonnen wurden als mit irgendeinem anderen Renntriebwerk in der Geschichte des Rennsports. Dank diesem äußerst kompakten Motor, demgegenüber sich die V12er von Ferrari wie Lkw-Dieselmotoren ausnahmen, konnten Männer wie Jackie Stewart, Jim Clark, Graham Hill und Denis Hulme später eine so dominierende Rolle im Rennsport spielen, auch wenn Ferrari sein Bestes gab, um dies zu verhindern.

Dragonis leidenschaftliches Taktieren begann sich nun sogar

schädlich für Ferrari auszuwirken. Mit Sicherheit hatte das Team unter dem Weggang von Surtees gelitten. Er war von Parkes ersetzt worden, der sich hinsichtlich seiner Fähigkeiten als Formel-1-Fahrer Illusionen gemacht hatte. Parkes war ein ganz tüchtiger Sportwagenfahrer, aber diese hochkomplizierten, anspruchsvollen Einsitzer überforderten ihn einfach. Auch Scarfiotti, ebenfalls ein guter Sportwagenfahrer, fehlte das überragende Können, um bei Grand-Prix-Wettbewerben mithalten zu können. Der einzige legitime Klassefahrer war Lorenzo Bandini, aber die Rolle des italienischen Hoffnungsträgers belastete ihn doch allzusehr, zumal dieser im Grunde ganz anständige und unkomplizierte Mann gezwungen wurde, Leistung auf einem Niveau zu zeigen, das weit über seinen emotionalen und physischen Möglichkeiten lag. Und daran war nicht zuletzt Dragoni schuld, dessen übertriebener Nationalismus Surtees in die Flucht geschlagen hatte. Nun gab es nur noch ein Team, das zwar hochmotiviert war, dessen Fahrer aber lediglich über bescheidene Talente verfügten.

Also mußte Dragoni gehen. Seine aggressive Persönlichkeit hatte die ganze Organisation durcheinandergebracht, und im November war es dann soweit. Dazu kam es zum Teil auch wegen Enzo Ferraris intensiver Beschäftigung mit der Presse. Seine allmorgendliche Zeitungslektüre wurde immer ausgedehnter und ging immer mehr ins Detail. Sorgfältig notierte er sich versteckte oder offene Kritik am Unternehmen, und dann übte er Vergeltung. Ernst zu nehmende Beleidiger wurden per Telefon lauthals bedroht oder bekamen ein paar hintergründige Zeilen, die dunkle Drohungen enthielten. Harmlosere Kritiken wurden ordnungsgemäß notiert, um später bei Pressekonferenzen wieder herangezogen zu werden, zu denen Ferrari mit einem umfangreichen Dossier über jeden anwesenden Journalisten erschien. Andererseits mußte natürlich ein Weg gefunden werden, um das frustrierte Geheul der Medien zum Schweigen zu bringen. Schließlich hatte man sie ja in der Erwartung bestärkt, daß die hochgelobten Ferrari V12er die Weltmeisterschaft von 1966 spielend gewinnen und die frechen Eindringlinge von Ford in Le Mans aus dem Feld schlagen würden. Doch als es statt dessen nur noch bittere, demütigende Niederlagen gab, ging das Geschrei in der Presse erst richtig los. Jeden Morgen arbeiteten Ferrari und sein Assistent Franco Gozzi ihre roten Bleistifte auf, um die wütenden Attacken dieser undankbaren Kreaturen zu markieren, die für die wichtigen Sportzeitungen und -zeitschriften Italiens schrieben.

Und dann kam Ferrari eine Idee: Wenn er einen seiner Widersacher in den Medien als Teammanager einstellen würde, könnte das vielleicht die Kritiker zum Schweigen bringen. Und wenn diese Meckerfritzen schon unbedingt jede technische Neuerung bemäkeln und über jede strategische Entscheidung nachtarocken wollten, warum sollte dann nicht einer von ihnen eine Zeitlang an vorderster Front stehen?

Franco Lini kannte Enzo Ferrari, seit er als junger Journalist im Jahre 1949 begonnen hatte, über das Team in *Auto Italiano* zu schreiben. Inzwischen war er zum führenden Motorsportjournalisten der Nation aufgestiegen. Im November 1966 berichtete Lini gerade aus Portugal über die Rallye Costa del Sol, als ihm in seinem Hotel eine Telefonnotiz ausgehändigt wurde. Sie lautete schlicht: »Gozzi anrufen.« Franco Lini hatte schon Dutzende von derartigen Notizen bekommen. Gewöhnlich ging es dabei um eine Beschwerde über irgend etwas – meist haarsträubend Triviales –, was er über Ferrari geschrieben hate. Lini vermutete hinter dieser Notiz nur eine weitere Nörgelei und vergaß sie. Als er wieder in Rom war, bekam er erneut einen Anruf aus Modena. Diesmal war Ferrari selbst am Apparat. »Sie müssen sofort nach Modena kommen. Nehmen Sie den Nachtzug«, verlangte er. Neugierig, aber keineswegs eingeschüchtert fuhr Lini nach Modena, wo er am frühen Morgen bei der alten Scuderia eintraf. Mit Sicherheit stimmte hier irgend etwas nicht. Ferrari war unrasiert, sein Haar durchwühlt. Offenbar hatte er nicht gut geschlafen.

Als sie im Büro waren, schloß Ferrari die Tür ab. Franco Lini war kein großer Mann, und einen Augenblick lang dachte er, daß Ferrari vielleicht die ständigen Attacken der Presse leid sei und ihn umbringen wolle. Ferrari ging um den Schreibtisch herum und ließ sich auf seinen Stuhl fallen. »Was verdienen Sie im Monat?« fragte er unvermittelt. Lini sagte es ihm. Es war ein anständiges Einkommen, von dem er gut leben konnte. »Dragoni ist weg. Sie müssen Teammanager werden«, erklärte Ferrari rundheraus. Und dann bot er ihm ein um fünfzig Prozent höheres Gehalt plus weitere Vergünstigungen an. Zunächst lehnte Lini ab – er habe überhaupt keine Erfahrungen für diesen Job vorzuweisen. Aber Ferrari blieb stur. Den ganzen Nachmittag gingen die Verhandlungen im Cavallino weiter. Doch Franco Lini kehrte nach Hause zurück, ohne sich endgültig entschieden zu haben. Schließlich wurden sie sich per Telex einig. Linis Berufung wurde im Fernsehen gemeldet. Es handelte sich um einen Zweijahresvertrag, der vorsah, daß Lini das chaotische Team wieder auf Vordermann bringen sollte.

Forghieri schuftete mit Rocchi und seinen Leuten Tag und Nacht, um die schwerfälligen 312er zu verbessern. Die neue Dreiliter-Formel hatte dem Rennsport nur gutgetan. Ferrari hatte es nun mit sechs wichtigen Teams zu tun, die alle über hervorragende Autos verfügten. Die so leicht zu fahrenden Brabhams, mit denen Jack Brabham im Vorjahr seine dritte Weltmeisterschaft errungen hatte, würden weiter verbessert werden. Dan Gurney, der von Goodyear bezahlt wurde, würde mit einem neuen Eagle mit einem starken V12 antreten, und Honda hatte John Surtees als Fahrer verpflichtet. BRM hatte einen neuen V12 in der Mache, der den kuriosen H16 ablösen sollte, während der Cooper-Maserati als zuverlässig galt, auch wenn er nicht der Schnellste war. Und dann wartete auch schon der Lotus 49 mit dem neuen Ford-Cosworth-V8, über den viel gemunkelt wurde, auf seinen Auftritt, auch wenn es erst in der zweiten Hälfte der Saison soweit sein sollte.

Mit Sicherheit brauchte Lini einen weiteren Spitzenfahrer. Bandini gab sich große Mühe, und wenn er in Bestform war, konnte er durchaus vor dem ganzen Feld fahren. Aber Parkes war seiner Aufgabe einfach nicht gewachsen, auch wenn er noch so motiviert war. Außerdem war er ein großer Mann, über einsachtzig, und das hieß, daß für sein langes Gestell ein spezielles Chassis mit langem Radstand gebaut werden mußte. Damit aber waren zusätzliche Ausgaben verbunden – ausgerechnet in einer Phase, da durch den Wettbewerbsdruck an der Grand-Prix-Front und seitens der Sportwagen von Ford der Etat voll ausgeschöpft war. Außerdem ging es der italienischen Wirtschaft nicht gut. Im Norden gab es ständig Streiks, und die Arbeiterschaft wurde immer aufsässiger. Ferrari wurde 1966 durch wiederholte Arbeitsniederlegungen lahmgelegt, und für den bevorstehenden Sommer wurden weitere Unruhen erwartet, da die schwüle Luft selbst die friedlichsten Gemüter erhitzte.

Derzeit waren die besten Profis – Clark, Gurney, Hill, Surtees, Stewart, Hulme und Brabham – bei anderen Teams unter Vertrag und standen nicht zur Verfügung. Deshalb hatte Franco Lini ein Auge auf den 23jährigen Neuseeländer Chris Amon geworfen. Der Sohn eines wohlhabenden Schafzüchters hatte sich vier Jahre lang in Europa herumgetrieben und galt als Playboy, aber auch als schneller Fahrer in schnellen Autos. Zur Zeit nahm er gerade mit

Bruce McLaren an der nordamerikanischen Can-Am-Serie teil, wo er durch seine Kontakte zu Firestone und Shell erfuhr, daß Ferrari an ihm interessiert sei. Chris Amon, ein zierlicher Mann mit schläfrigen Augen, war kaum der Prototyp des vor Selbstbewußtsein strotzenden Macho-Rennfahrers, aber er war doch überaus begabt und damit für das dezimierte Maranello-Team ein attraktiver Kandidat. Er flog nach Modena, traf sich mit Ferrari und wurde für die Saison 1967 unter Vertrag genommen. Da Amon von den Interna und der miserablen Gehaltsstruktur der Scuderia keine Ahnung hatte, begnügte er sich damit, ohne festes Einkommen und für fünfzig Prozent der Preisgelder zu fahren. Wieder einmal hatte der Commendatore einen ehrgeizigen jungen Mann trickreich dazu verleiten können, sein Leben für das Privileg zu riskieren, für den letzten »Großkonstrukteur« fahren zu dürfen. Eine fragwürdige Ehre.

Die Saison begann mit einem überwältigenden Erfolg beim 24-Stunden-Sportwagenrennen von Daytona. In einem frühen Zweikampf rieben sich die Fords und der von General Motors finanzierte Chaparral des Texaners Jim Hall (gefahren von dem wiedererstarkten Phil Hill) gegenseitig auf, und damit war die Bahn frei für einen überlegenen Sieg von Ferrari. Mühelos gewannen Amon und Bandini auf ihrem neuen 330P4 vor Mike Parkes und Scarfiotti auf einer identischen Maschine. Die Überlegenheit der Ferraris unterstrichen Pedro Rodriguez und Jean Guichet, die mit ihrem älteren NART-P3/4 noch Dritte wurden. Wieder einmal kam es dann zur entscheidenden Prüfung in Le Mans, wo Ferrari mit den beiden P4ern antrat, die sich vor sechs Monaten in Daytona so wirkungsvoll in Szene gesetzt hatten. Aber diesmal bekamen sie die ganze Macht von Ford zu spüren, allen voran durch das Superteam von Dan Gurney und seinem Partner A. J. Foyt, die erst vor zwei Wochen das 500-Meilen-Rennen von Indianapolis gewonnen hatten. Gurney war von den beiden mit Abstand der bessere Straßenrennfahrer und ging das Rennen in einem vernünftigen Tempo an, wobei er die Ferraris in Schach hielt und zugleich das ziemlich anfällige Getriebe des großen neuen Ford-Mk-IV-GT schonte. Dies sollte das letzte wichtige Aufeinandertreffen der beiden Teams sein, und bis eineinhalb Stunden vor Schluß hatten Parkes/Scarfiotti tapfer mitgehalten. Doch dann mußten sie sich geschlagen geben und wurden hinter Gurney und Foyt Zweite.

Das war nicht nur das Ende des klassischen Duells zwischen

Ford und Ferrari in Le Mans, sondern auch das der riesigen Maschinen, die fast 400 km / h schnell waren und damit die Konfrontation erst so richtig aufgeheizt hatten. Die FIA war wegen dieser unglaublichen Geschwindigkeiten aufs höchste beunruhigt und erließ für die Ausdauerrennen 1968 ein neues Reglement. Danach lag das Hubraumlimit von Rennmotoren der Prototypen bei drei Litern und von Motoren der Serienwagen mit begrenzter Stückzahl bei fünf Litern. Während die Fords mehrere Jahre lang für John Wyers Mirage-Team fuhren (zunächst mit Fünfliter-Motoren, später mit Dreiliter-Ford-Cosworth-Motoren), entwickelte Ferrari Dreiliter-Maschinen, und damit war die heroische Schlacht vorbei, die vor fünf Jahren begonnen hatte, als Donald Frey Maranello verließ.

Nach zwei Rennen in England zu Beginn der Saison, die nicht zur Weltmeisterschaft zählten, fand das erste große Ereignis im Formel-1-Kalender 1967 am 7. Mai in Monaco statt. Amon und Bandini traten mit 312ern an, für die Franco Rocchi Zylinderköpfe mit drei Ventilen konstruiert hatte. Die Autos waren schlanker und stromlinienförmiger, und Forghieri hatte gründlich an den Radaufhängungen und Bremsen gearbeitet. (Der junge Ingenieur war auch alleinverantwortlich für den gleichzeitig entwickelten 330-P4-Sportwagen, womit sein kleines Ingenieursteam hoffnungslos überfordert war.) Bandini sollte der Führende im Team sein, und mit Sicherheit verspürte er den gleichen ungeheuren Druck wie seinerzeit Luigi Musso und Eugenio Castellotti. Für einen italienischen Fahrer, der bislang in der Scuderia nur eine sekundäre Rolle gespielt hatte, war es eine ganz neue Erfahrung, nun die Nummer eins zu sein. Auf einmal schien ganz Italien von ihm gewaltige Leistungen zu erwarten, als ob dem besten italienischen Auto und dem besten italienischen Fahrer angesichts einer Schar von Heiden plötzlich überirdische Kräfte zugewachsen wären. Wir wissen nicht, wie weit sich diese Belastung auf Bandini auswirkte. Immerhin bewies er beim Training von Monaco eine außergewöhnliche Entschlossenheit und qualifizierte sich an zweiter Stelle, während Amon nicht über den dreizehnten Platz hinauskam. Der Italiener hatte einen glänzenden Start und führte in der ersten Runde vor Denis Hulme auf Brabham, ehe er auf den vierten Platz zurückfiel, nachdem Stewart, Surtees und Gurney an ihm vorbeigezogen waren. Doch dann fielen Gurneys Eagle und Stewarts BRM wegen technischen Versagens aus. Bandini überholte Surtees erneut, um sich hinter Hulme an die zweite Stelle zu schieben, und fuhr das Rennen seines Lebens. Er blieb auch in dieser Position, als das Rennen in die letzten Runden ging. Doch als Bandini durch die Schikane fegte, aus der es schon Ascari 1955 ins Hafenbecken getragen hatte, unterlief ihm ein Fahrfehler. Der Ferrari streifte eine Absperrung, flog über einige Strohballen und blieb schließlich kopfüber mitten auf der Strecke liegen. Aus den leck geschlagenen Treibstofftanks ergoß sich Benzin auf die rotglühenden Auspuffrohre, und der Wagen ging sofort in Fammen auf. Ehe sich die Rettungsmannschaften (die nicht einmal feuersichere Kleidung trugen) durch die Zuschauer nach vorn kämpfen und die Flammen erstikken konnten, war Bandini schon schrecklich verbrannt. Hulme fuhr an dem rauchenden Wrack vorbei und einem freudlosen Sieg entgegen, während Amon am Ende Dritter wurde.

Bandini wurde sofort mit schwersten Verbrennungen ins Krankenhaus gefahren, wo er nach ein paar Tagen seinen Verletzungen erlag. Wieder einmal trug Italien Trauer. Und wieder einmal fiel man über Ferrari und den Rennsport her. Vorwürfe wurden laut, daß Bandinis Auto nicht sicher genug gewesen sei – ein Sarg voller Benzin. Das war natürlich Unsinn. Damals war die Unterbringung des explosiven Kraftstoffs in Rennwagen zwar noch längst nicht technisch ausgereift, aber zweifellos hatte man bei Bandini die derzeit modernste Tanktechnik angewendet. Denn Enzo Ferrari baute im allgemeinen Rennwagen, die stärker und sicherer waren, als es eigentlich erforderlich gewesen wäre.

Genau einen Monat später erlebte das Team eine Katastrophe von ganz anderer Art. Beim Großen Preis der Niederlande traten Clark und Graham Hill mit dem vielgefürchteten Lotus 49 und seinem starken neuen Ford-Cosworth-V8-Motor an. Clark, der damals in Paris lebte, um nicht die hohen englischen Steuern zahlen zu müssen, sah die glatte grün-gelbe Maschine zum erstenmal, als er ins Fahrerlager von Zandvoort kam. Hill, sein schneidiger Teamgefährte, hatte das starke, aber ziemlich komplizierte Auto bereits ausgiebig getestet. Ford England hatte bei Cosworth Engineering über eine Million Mark in den Bau des Motors investiert und vielleicht noch einmal die gleiche Summe bei Colin Chapmans Firma Lotus Cars in die Entwicklung des neuartigen Fahrgestells. Die Maschinen waren schockierend schnell, sobald sie von der Startlinie losschossen. Hill gewann die erste Startposition relativ leicht, während der mit dem hochtourigen Motor noch nicht vertraute Clark aus der achten Position starten mußte. Aber nachdem Hill bereits in der zehnten Runde des Rennens wegen Motorschadens ausgeschieden war, begann sich Clark allmählich in seinem neuen Auto wohl zu fühlen und übernahm die Führung. Er gewann spielend und wurde im Ziel von Dutzenden leitender Ford-Angestellter umringt, die mit ängstlichen Erwartungen über den Kanal gekommen waren, um das Debüt ihres neuen Wunderkindes mitzuerleben. Die Ferraris von Amon, Parkes und Scarfiotti landeten auf dem vierten, fünften und sechsten Platz und waren während der gesamten Veranstaltung nichts weiter als Statisten.

Für Franco Lini war es klar, daß seinem Team ein echter Spitzenfahrer fehlte, von dem Neuling Amon einmal abgesehen – auch wenn man in Maranello im allgemeinen der Ansicht war, die Autos seien doch so gut, daß jeder damit gewinnen könne. Diese lächerliche Behauptung kursierte in zwei verschiedenen Versionen – je nachdem wie das Team abschnitt: Wenn es gewann, waren die Fahrer natürlich nur die Bauern im Spiel, während Niederlagen stets den faulen, feigen und ungeschickten Männern in den Fahrersitzen in die Schuhe geschoben wurden. Für solchen Unsinn war Lini ein viel zu pragmatischer Mann. Er erkannte, daß Parkes und Scarfiotti mit den starken, aber schwer zu fahrenden 312ern nicht richtig zurechtkamen, und sah sich nach neuen Leuten um. Drei Männer fielen ihm dabei besonders auf: Jacky Ickx, der Sohn eines bekannten belgischen Motorjournalisten, war bislang ganz ausgezeichnet bei Formel-3- und Formel-2-Rennen gefahren und wies ein großartiges Potential auf. Der junge Schotte Jackie Stewart schien als Fahrer fast so etwas wie eine Kopie des großen Clark zu sein. Der Dritte war ein forscher Sandbahnfahrer und Indianapolis-Star aus Amerika: Mario Andretti. Dieses Trio – insbesondere Andretti – besaß die draufgängerische Verwegenheit, die Ferrari an seinen Fahrern so schätzte. Andretti, Italiener von Geburt und in der Nähe von Triest aufgewachsen, ehe er mit seiner Familie nach Amerika auswanderte, war mit 27 Jahren ein kommender Star im amerikanischen Rennsport und schien genau der richtige Kandidat für Ferrari zu sein. Aber zur Zeit war er total engagiert in Wettbewerben à la Indianapolis, und wegen seines Terminplans in Amerika hatte er nur ein begrenztes Interesse an der Formel 1. Ickx wie Andretti fuhren später wirklich für Ferrari und errangen bedeutende Siege, aber keiner von beiden war so etwas wie eine Reinkarnation von Tazio Nuvolari, der noch immer durch die Träume des alten Mannes geisterte. Stewart hingegen, ein vorsichtiger Mann ohne Illusionen, kam nach Maranello; und was er dort sah, gefiel ihm nicht. Er blieb lieber bei dem Engländer Ken Tyrrell, dessen kleines Team eine Reihe hervorragender Maschinen hervorbrachte, die dem Starfahrer zu drei Weltmeisterschaftstiteln verhalfen.

Auch wenn sich Chris Amon noch so sehr anstrengte, so gelang ihm doch kein einziger Grand-Prix-Sieg bei Ferrari – im übrigen auch bei keinem anderen Team. Kein Spitzenfahrer in der Geschichte des Rennsports hat mehr Pech gehabt als er. Unter seinesgleichen galt der sympathische Neuseeländer als einer der absoluten Topleute, doch jedesmal wenn er bei einem Rennen eine Zeitlang geführt hatte, mußte er bald wegen irgendeines technischen Versagens ausscheiden: Einmal riß der Gaszug, dann platzten Kühlwasserleitungen oder Benzinpumpen brachen. Drei Saisons lang schuftete er sich für Ferrari ab, ohne einen einzigen Sieg nach Hause zu fahren.

Und dann mußte er bald auch noch ganz allein die Verantwortung für das Grand-Prix-Programm des Ferrari-Teams tragen, denn bereits in seinem zweiten Rennen, beim Großen Preis von Belgien, passierte es: In der ersten Runde des Rennens um den gefürchteten Rundkurs von Spa rutschte Parkes auf einer Ölspur aus, die Jackie Stewarts H16-BRM hinterlassen hatte, und flog aus der schnellen Linkskurve bei Blanchimont. Amon, der dicht hinter ihm fuhr, mußte entsetzt mit ansehen, wie Parkes' Wagen eine Böschung hinaufschoß, sich dabei um seine Längsachse drehte und den stämmigen Fahrer wie eine Puppe auf das Geläuf schleuderte. Amon fuhr weiter und war überzeugt, daß Parkes tot sei. Wie gelähmt spulte er Runde um Runde ab und wurde am Ende Dritter. Auch Scarfiotti hatte den Unfall mitbekommen und verlor sofort den Mut. Benommen absolvierte er das Rennen und wurde mit großem Abstand Elfter. Doch Mike Parkes überlebte, trug indes eine schwere Fußverletzung davon, die seine kurze, ungute Formel-1-Karriere beendete. Er nahm später wieder an Sportwagenrennen teil und blieb bei Ferrari als sehr geschätzter Ingenieur und Testfahrer, bis er bei einem Verkehrsunfall auf dem Weg nach Turin starb. Auch Scarfiotti nahm nach diesem Erlebnis in Spa nicht mehr an Grand-Prix-Rennen teil, und so blieb nur noch Amon übrig. (Leider starb der arme Scarfiotti ein Jahr später beim Training für ein unbedeutendes Bergrennen.)

Mitten in dieser katastrophalen Saison von 1967 bekam Amon deshalb Verstärkung durch einen Engländer namens Roger Bailey, den man vom *gran-turismo*-Rennteam von Ford abgeworben hatte. Bailey war ein hochbegabter Renntechniker und sollte Amon als persönlicher Mechaniker unterstützen; außerdem konnte er ihm als Landsmann unter all diesen Italienern den Rücken stärken. Er war ein bärbeißiger Mann, der einen einzigartigen Instinkt für Hochleistungsmaschinen besaß und sich schnell in Maranello eingewöhnte, obwohl er kein Wort Italienisch sprach. Heute lebt er als prominentes Mitglied der Indianapolis-Renngemeinde in Amerika, aber noch immer erinnert er sich mit Vergnügen und großer Begeisterung an jene Zeit bei Ferrari: Jeden Morgen war er mit seinem kleinen Motorrad auf der Via Abetone zur Arbeit gefahren, den scharfen Geruch der Insektizide aus den neben der Straße gelegenen Weinfeldern und Obstplantagen in der Nase; und mittags hatte er im Cavallino ausgiebig mit Piero Lardi gegessen, wobei der junge Mann ständig nach Laura Ausschau hielt, damit er ihr nicht unverhofft über den Weg lief. Damals wurden die Rennmechaniker oft in der Währung des Preisgeldes vom letzten Rennen entlohnt – die hohen Bankspesen für den Umtausch gingen dabei natürlich zu ihren Lasten. Einer, der bei fast allen Rennen dabei war, Franco Gozzi, hatte sich um alles zu kümmern, was nicht unmittelbar mit dem Rennen zu tun hatte; ja er kochte sogar riesige Portionen Pasta für Bailey und die übrige Mannschaft im Fahrerlager. Trotz all dem Druck und der Brüllerei und der wahnsinnigen Eile, in der die Autos ständig modifiziert werden mußten, um mehr Geschwindigkeit herauszuholen, ging es damals nach Baileys Erinnerungen im Rennsport noch sehr einfach und locker zu – eine kameradschaftliche Atmosphäre, die inzwischen längst vom stahlharten, humorlosen Professionalismus abgelöst worden ist.

Bailey litt mit Amon wegen dessen ständigem Pech in der Formel 1 und reiste mit ihm in der Welt herum – ständig auf der Suche nach Erfolg. Dieser kam endlich auch im Winter 1968/69 in Neuseeland und Australien. Die Tasmanien-Rennen, an denen sich die meisten Grand-Prix-Stars der Welt beteiligten, wurden von 2,5-Liter-Rennwagen mit serienmäßig produzierten Motoren ausgetragen. Ferrari ließ spezielle Versionen für Amon und den Neuling Derek Bell bauen, einen fröhlichen, vielversprechenden Engländer, der später mit Porsche bei Langstreckenrennen berühmt wurde. Chris Amon gewann die Tasmanien-Serie spielend. »Das war ein sehr prestigeträchtiger Sieg für die Fabrik in dieser ausgesprochen mageren Saison«, erinnert sich Bailey. »Als wir nach Modena zurückkamen, gaben sie ein Fest für uns. Ferrari schenkte mir eine Uhr mit dem aufsteigenden Pferd auf dem Zifferblatt. Chris bekam überhaupt nichts!«

Damals wurde Ferrari berühmt wegen der geradezu chaplinesken Arbeitsweise in seiner Box. Die ganze Welt lachte darüber, wie chaotisch zum Beispiel bei Ferrari ein Reifenwechsel ablief oder ein simples Auftanken. »Es war einfach nicht zu fassen«, sagt Bailey. »Ich erinnere mich noch gut an das erste Sportwagenrennen, bei dem ich zur Boxenmannschaft gehörte. Wir hatten uns vorher genau abgesprochen. Jeder Mechaniker bekam seinen Aufgabenbereich zugeteilt: das rechte Vorderrad, auftanken, linkes Vorderrad usw. Ganz detailliert. Forghieri hatte alles perfekt vorbereitet. Ich war für das Auswechseln des rechten Hinterrads zuständig. Während des Rennens kam das Auto mit quietschenden Reifen herein. Ich sprang über die Abgrenzung und sah, wie fünf andere Mechaniker versuchten, das rechte Hinterrad abzumontieren!« Und 1969 in Sebring tankte Bailey gerade den 312P von Chris Amon und Mario Andretti auf, als Mario während eines schnellen Fahrerwechsels die Tür aufmachte und dabei den Benzinschlauch aus dem Tank riß, so daß sich etliche Liter Benzin ins Cockpit ergossen. Als Amon seine Runden drehte, schwappte der Kraftstoff um seine Füße, als ob er sich an Bord eines leck geschlagenen Ruderbootes befände.

Zu diesen unmöglichen Zuständen kam es mit Sicherheit teilweise auch deshalb, weil Ferrari darauf bestand, überall gleichzeitig zu sein, zumindest in Gedanken. Seinerzeit trat die Scuderia in der Formel 1 und der Formel 2 an, bei der Tasmanien-Serie, bei den Can-Am, bei wichtigen Langstreckenrennen für Sportwagen und bei den europäischen Bergmeisterschaften. Franco Lini versuchte Ferrari klarzumachen, daß Forghieri und seine Leute einfach überfordert waren. Mit allem Nachdruck wies er darauf hin, daß das Team für derart vielfältige Aufgaben finanziell wie personell zu schlecht ausgestattet sei. Aber Lini war ein Rufer in der Wüste. Sein Pragmatismus hatte gegen Ferraris Stolz, seinen Traditionalismus und sein Pathos keine Chance. Bestärkt wurde der Commendatore darin von vielen seiner Leute, die von Anfang an dabeiwaren, als ein einzelner Motor und ein schlichtes Fahrgestell noch für die verschiedensten Zwecke zusammengebaut und umgebaut werden konnten. Und bestimmt würde der vielgepriesenen Gießerei und genialen Männern wie Rocchi und Forghieri schon etwas einfallen, daß sie es mit den popligen *garagisti* aufnehmen konnten.

Doch am Ende der Saison 1968 hatte sich längst herausgestellt, daß Ferraris alter V12-Motor gegenüber dem DFV-»Cossie« hoffnungslos ins Hintertreffen geraten war. Der englische Motor war nicht nur stärker, sondern auch leichter und kompakter, was der Fahrweise zugute kam. Forghieri tat, was er konnte. Beim Großen Preis von Belgien beispielsweise montierte er einen beweglichen Spoiler auf die Rennwagen, und damit war Ferrari das erste Formel-1-Team, das ein derartiges Hilfsmittel einsetzte (obwohl es vom amerikanischen Chaparral-Team schon mehrere Jahre lang verwendet worden war). Aber das war nur ein Tropfen auf den heißen Stein.

1968 kam Ickx zum Team und gewann den Großen Preis von Frankreich, während Amon weiterhin vom Pech verfolgt wurde. Dann kam es auch noch zu Spannungen zwischen den beiden, weil der ziemlich eigenbrötlerische Belgier Testfahrten nicht mochte und es Amon überließ, die meisten Probeläufe in Modena und Monza zu absolvieren. Es war ein großer Nachteil für das Team, daß es keinen richtigen Windkanal und keine echte Teststrecke hatte. Zum Testen der superschnellen Rennwagen war das Autodrom am Rande der Stadt einfach zu sehr veraltet, und Monza war zu weit weg. Es gab zwar schon Pläne, den alten Rundkurs im nahen Imola zu modernisieren, aber bis es soweit war, vergingen noch mehrere Jahre. Ferrari besaß genügend landwirtschaftlichen Grund jenseits der Via Abetone, auf dem er eine private Teststrecke hätte errichten lassen können, aber bei dem rasanten Fortschritt in der Autotechnik Ende der sechziger Jahre und bei einem derart begrenzten Etat gab es doch Vordringlicheres zu tun.

Im Geschäftsjahr 1968/69 gingen die Autoverkäufe um über hundert Stück zurück (von 729 auf 619), und damit geriet das Unternehmen noch mehr in die roten Zahlen. An diesem Rückgang war in erster Linie der amerikanische Markt schuld, auf dem mittlerweile fast die Hälfte der Pkws abgesetzt wurde. Der US-Kongreß war gerade dabei, strenge Abgaswerte und Sicherheitsvorschriften festzulegen, und damit würden die Herstellungskosten erneut steigen. Ferrari war derzeit ein Mittelstandsunternehmen, das bei einer stabilen Wirtschaftslage und auf einem konstanten Markt durchaus Gewinne erwirtschaften konnte, dem aber das Kapital für eine dringend erforderliche Expansion fehlte. Und kompliziert wurde das Ganze noch dadurch, daß Ferrari hartnäckig darauf bestand, an den verschiedensten Wettbewerbsfronten anzutreten, obwohl Männer wie Franco Lini ihm dringend nahelegten, sich nur auf die Formel 1 zu beschränken, damit sein kleiner, aber engagierter Ingenieursstab sein Bestes geben konnte.

Enzo Ferrari war inzwischen so etwas wie ein Gefangener seines von ihm selbst so kunstvoll gestalteten öffentlichen Images geworden: eine Ikone, ein Paterfamilias für eine Nation, die so sehr nach internationaler Anerkennung hungerte. Als europäische Macht wurde Italien einfach nicht ernst genommen. Angesichts seiner chaotischen Regierungen, seiner unsicheren Wirtschaftslage, seiner schändlichen Mafia, seiner zunehmend aufsässigen politischen Linken und der erschütternden Armut in den südlichen Regionen war das »Wirtschaftswunder« nach dem Krieg längst in Vergessenheit geraten. Auf kleine Triumphe, wie sie die Scuderia Ferrari bot, war die so sehr von Sieg und Ruhm besessene Bevölkerung daher leidenschaftlich fixiert. Aber wie bei allen Massenvergnügungen war auch hier das Publikum sehr wankelmütig. Die grölenden *tifosi*, die Jahr für Jahr zum italienischen Grand Prix strömten und riesige gelbrote Ferrari-Flaggen schwenkten wie französische Revolutionäre bei der Erstürmung der Bastille, konnten über einen Sieg der Scuderia in delirierende Begeisterung ausbrechen. Aber bei einer Niederlage gab es nur Zorn und Frustration. Sobald sich das Glück wendete, feuerte die Presse brutale Breitseiten ab. Bei den wichtigen Organen – der *Gazzetta dello Sport, L'Unità, Il Giorno* – gab es ein Heer von Motorjournalisten, deren vordringliche Aufgabe es war, täglich über das Wohl und Wehe der Scuderia zu berichten. In so erfolgreichen Saisons wie 1964 waren diese Berichte überschwenglich begeistert und voller Pathos, und die Siege des Teams wurden hymnisch gefeiert. Aber in mageren Jahren wie 1967, 1968 und 1969, als es nur einen einzigen Grand-Prix-Sieg zu verzeichnen gab, verwandelte sich die Presse in ein Wolfsrudel, das vor den Toren der Fabrik ein wüstes Geheul anstimmte. Dann brodelte die Gerüchteküche, absurde Geschichten wurden als Wahrheit ausgegeben, und was sich in der Scuderia abspielte, verkam zu den Machenschaften einer durch und durch verlogenen, sensationslüsternen Trivialschnulze.

Ferrari, inzwischen siebzig und ganz von seiner selbststilisierten Rolle besessen, wurde von diesen Attacken völlig in Anspruch genommen. Jede Story wurde peinlich genau studiert, und Richtigstellungen und Rachedrohungen waren ihm wichtiger als die Arbeiten von Forghieri und seinen Ingenieuren. Er saß jetzt immer länger mit Gozzi zusammen und arbeitete mit ihm Gegendarstellungen aus, die ständig überarbeitet, ausgefeilt, analysiert und kritisch betrachtet wurden, als handle es sich um päpstliche Bullen oder Kriegserklärungen. Gozzi schrieb die erste Fassung und legte sie dann Ferrari vor, der sorgfältige Anmerkungen mit seinem gewohnten violetten Tintenbleistift machte. Dann wurde das Ganze von Valerio Stradi, Ferraris langjährigem Privatsekretär, abgeschrieben. Anschließend wurden andere leitende Mitarbeiter hinzugezogen, und die Pressemitteilung wurde immer wieder überarbeitet. So benötigte man für eine Routinemeldung, etwa daß sich am Zeitplan für die Vorstellung eines neuen Modells etwas geändert habe, oft mehrere Tage, bis sie an die Presse hinausging.

Nur ein Protagonist im reißerischen Ferrari-Drama wurde dem Publikum vorenthalten: Piero. Seinerzeit wußte die Presse zwar über alles Bescheid, aber sie behielt dieses Wissen für sich – entweder weil man Angst vor Ferrari hatte oder weil man nach einer uralten Gepflogenheit Familienangelegenheiten als »Privatsache« behandelte. Damals war Piero 23, ein großer junger Mann mit dunklen Gesichtszügen und großen, nachdenklichen Augen. Er wurde von seinem Vater großzügig mit Geld versorgt und konnte außerhalb der Fabrik ein einigermaßen normales Leben führen. Am 10. Februar 1968 fuhr er nach Cesena bei Forli und heiratete Floriana Nalin. Nachdem sie wieder in Modena waren, gründeten sie einen eigenen Hausstand, und ein Jahr später kam ihr einziges Kind, eine Tochter namens Antonella, zur Welt, Enzo Ferraris einziges Enkelkind.

Während ihn Enthüllungen über Piero maßlos erregt und bei seinen Verhandlungen mit Fiat empfindlich gestört hätten, bekam er seinen endlosen Kleinkrieg mit der Presse allmählich in den Griff, ganz gleich, ob sich die Journalisten auf ihn einschossen oder ihn zum Helden des Tages erklärten. Auch wenn er jedes politische Engagement ablehnte und sich sogar weigerte, nach Rom zu fahren – eine Stadt, die er verachtete –, war Ferrari doch eine wichtige öffentliche Persönlichkeit geworden und hatte großen Einfluß in Modena und Umgebung. Da die Orsis bei Maserati nichts mehr zu sagen hatten, das inzwischen zu Citroën gehörte, war Enzo Ferrari nun der Autokönig der Stadt. Wenn ihm überhaupt jemand den Titel der prominentesten Persönlichkeit von Modena streitig machen konnte, dann vermutlich Giorgio Fini. Die Familie Fini, die ursprünglich nur einen kleinen Wurstladen gehabt hatte, herrschte nun über ein riesiges Lebensmittelimperium, zu dem auch eine Kette von Autobahnraststätten und eine Firma für Küchengeräte gehörten sowie das nobelste Restaurant von Modena und das alte Hotel Real (nun Real-Fini) gegenüber Ferraris Haus. Und dann gab es noch einen Modeneser, dessen Name über den Dunstkreis der alten Stadt hinaus berühmt wurde – einen strahlenden Operntenor, bekannt und verehrt auf der ganzen Welt: Luciano Pavarotti.

Enzo Ferrari blieb beiden Männern herzlich verbunden, auch als sie ihm seinen Ruhm und seine Größe streitig machten. Er und Giorgio Fini waren zu »Rittern der Industrie« ernannt worden, ein Ehrentitel, der erfolgreichen italienischen Geschäftsleuten verliehen wurde; und Ferrari begann den jüngeren Fini – der den Commendatore noch als junger Mann im Restaurant der Familie bedient hatte – wie seinesgleichen zu behandeln. Als Dottore Fini eine schwierige Herzoperation im texanischen Houston überstanden hatte, erhielt er von Ferrari ein Telegramm, das nur aus einem Wort bestand: »*Forza!*« – »Kämpfe!«

Auch als prominente Persönlichkeit behielt Ferrari seine tägliche Routine bei. Allerdings ließ er sich von Pepino auf Nebenstraßen zur Arbeit fahren, um den Trauben von Fans zu entkommen, die ihn vor dem Haupteingang der Fabrik erwarteten. Seine Mahlzeiten nahm er nur in seinem privaten Hinterzimmer des Cavallino ein oder an ähnlich abgeschirmten Tischen in seinen Lieblingslokalen von Modena wie dem Fini, dem Oreste oder dem Bianca, wo er oft mit Geschäftspartnern speiste, die nichts mit dem Rennsport zu tun hatten, wie Benzi oder der behinderte, aber geniale Giacomo Coughi, der sich um seine finanziellen und juristischen Angelegenheiten kümmerte. Außer Laura und Lina gab es weiterhin andere Frauen in seinem Leben – auch als Fiamma Breschi daraus verschwunden war. Er war einfach von Frauen besessen, und mit zunehmendem Alter unterhielt er sich immer lieber über sie als über Automobile. Aber bei beiden Themen war ihm das Reden über den Erfolg wichtiger als der Erfolg selbst. Hätte er sie sonst so sehr verachtet? Er war gewiß ein unersättlicher Liebhaber, aber seine Gefühle gegenüber Frauen waren bestenfalls oberflächlich. Und auch sein Verhältnis gegenüber Autos, das von seinen Verehrern für eine tiefe, immerwährende Leidenschaft gehalten wurde, ist nicht weniger suspekt. Autos waren für ihn ein Mittel zum Zweck, sie dienten der Erhöhung seiner Persönlichkeit und verstärkten ein Ego, das vermutlich hinter allen Posen und Tiraden ziemlich schwach war. Oder wie es einer seiner engsten persönlichen Mitarbeiter formulierte: »Nur drei Dinge zählten wirklich für Enzo Ferrari: Prominenz, Besitz und Prestige. Alles andere war nur Schau.«

Audienzen wurden nur einigen wenigen Auserwählten gewährt, aber selbst so bedeutende Stammkunden wie den Schah von Persien ließ man warten, bevor er das karge Heiligtum von Ferraris Fabrikbüro betreten durfte. Dort gab er witzige Geschichten und ebenso blumige wie vage philosophische Bemerkungen vor einer Reihe von reichen Kunden, Geschäftsleuten und Journalisten zum besten, wobei letztere zuweilen nach Maranello gerufen und wegen irgendeines beleidigenden Artikels über das Unternehmen heruntergeputzt wurden. Auf seinem riesigen Schreibtisch war nie auch nur ein Blatt Papier zu sehen. Die Schubladen hingegen waren der reinste Souvenirladen. Wer was daraus bekam, hing ganz vom Rang des Besuchers ab. Weniger bedeutende Menschen bekamen Schlüsselanhänger oder Anstecknadeln mit dem aufsteigenden Pferd – ein Symbol, das Ferrari gern als Warenzeichen gehabt hätte, bis sich herausstellte, daß die Rechte daran bei der Stadt Stuttgart lagen. Menschen von mittlerem Rang erhielten hübsche Seidentücher, die gleichfalls das *Cavallino Rampante* zierte; und nur den ausgesprochenen Würdenträgern wurde ein signiertes Exemplar der neuesten Ausgabe der immer wieder überarbeiteten und nachgedruckten Autobiographie überreicht, die ursprünglich einmal unter dem Titel »Meine schrecklichen Freuden« erschienen war.

Diese Souvenirsammlung mußte auch für kleinere Bestechungen herhalten. Eines Morgens wurde Roger Bailey gestoppt, als er mit überhöhter Geschwindigkeit durch das Dorf Formigine, ein paar Kilometer nördlich auf der Via Abetone, mit Chris Amons Fiat 500 zur Arbeit fuhr. Später wurde Bailey in Ferraris Büro gerufen, wo er sich zwei ärgerlichen Polizisten aus Formigine gegenübersah, die ihn bis zur Fabrik verfolgt hatten. Nach viel Geschrei brach Ferrari die Auseinandersetzung ab, indem er sagte: »Roger Bailey ist ein geschätzter Mechaniker für unseren großen Fahrer Chris Amon.

Wenn Sie ihn belangen, muß Chris Amon dafür büßen, und dafür müssen wiederum ich und die Scuderia Ferrari büßen. Und das darf nicht sein.« Ferrari übergab ihnen dann eine Sammlung von Schlüsselringen, Anstecknadeln und anderem Schnickschnack, der unter der Hand vermutlich für eine Menge Geld verkauft werden konnte. Und damit war die Angelegenheit erledigt.

Vor lauter Frustration, daß er gegen diesen starrsinnigen Egoismus und Traditionalismus nichts ausrichten konnte, kündigte Franco Lini Ende 1968 und kehrte wieder in den Journalismus zurück. Doch als die schwarzen sechziger Jahre sich dem Ende entgegenneigten, machte sich Ferrari daran, sich und sein unter Druck geratenes Unternehmen einer einschneidenden Erneuerung zu unterziehen – und das in einem Alter, da sich die meisten Menschen längst aufs Altenteil zurückgezogen haben.

Seit der 1965 zwischen Ferrari und Fiat getroffenen Vereinbarung, den Dino-Motor und seine verschiedenen Versionen gemeinsam zu bauen, war vorgesehen, daß die beiden Firmen eines Tages eine engere Verbindung eingehen sollten. Man gestand sich vernünftigerweise ein, daß die SEFAC in eine Sackgasse geraten war. Kräftige Kapitalspritzen waren erforderlich, wenn das Unternehmen weiterhin Luxusautos produzieren wollte – für einen Markt, auf dem Porsche, Mercedes-Benz, Jaguar, Lamborghini und BMW neuerdings verstärkt auftrumpften. Und hinter all diesen Unternehmen stand viel mehr Kapital als hinter der kleinen Firma in Maranello. Ob Ferrari das nun paßte oder nicht: Die normalen Autos waren die Basis für seinen geliebten Rennbetrieb. Ohne den Gewinn aus dem Verkauf der prächtigen, aber relativ billig gebauten Kundenfahrzeuge (nach Schätzungen etwa zweihundert Prozent netto) konnte der Formel-1-Betrieb – geschweige denn die Sportwagenwettbewerbe – einfach nicht finanziert werden.

Damals war Fiat der mächtigste Industriekonzern Italiens und ein wichtiger Wirtschaftsfaktor in Europa. Dank ihrer hervorragenden Beziehungen zur Regierung hatte die Familie Agnelli ein Preisgefüge geschaffen, demgegenüber Importautos in Italien maßlos überteuert waren. Damit hatte Fiat im Automobilgeschäft quasi ein nationales Monopol. Aber ohne eine heimische Konkurrenz fehlten die entsprechenden Anreize, Qualität und Technik zu verbessern, und auf dem Exportmarkt nahmen sich die Fiat-Produkte bemerkenswert schwach aus. So hatte man beispielsweise wiederholt versucht, Fiats in die USA zu verkaufen, war damit aber wegen der minderwertigen Qualität gescheitert. Fiat hatte international eindeutig Probleme mit seinem Image, und das mußte korrigiert werden, wenn man die Verkaufszahlen auf den wettbewerbsstarken Märkten der Europäischen Gemeinschaft erhöhen wollte. Und was war dazu besser geeignet als das Prestige und der Mythos des berühmten aufsteigenden Pferdes aus Maranello? Oder anders herum formuliert: Was konnte Enzo Ferrari Besseres passieren, als sich künftig nur noch um seinen Rennbetrieb kümmern zu müssen und dafür dem majestätischen Giovanni Agnelli mit der weißen Mähne und seiner ultrareichen Fiat SpA tief in die Taschen greifen zu können?

Wir wissen nicht, wann genau und wie die Verhandlungen begannen. Man nimmt aber an, daß es 1967/68 zwischen Ferrari und Agnelli inoffizielle Gespräche über eine Allianz gegeben hat und daß die juristischen Details schließlich im Frühsommer 1969 festgelegt wurden. Aufgrund der Erfahrungen, die Ford mit Ferrari gemacht hatte, und im Lichte der späteren Kommentare von Agnelli kann man sich allerdings gut vorstellen, daß Enzo Ferrari die Kontrolle über sein Unternehmen nicht kampflos abgegeben hat. Er war ein Selfmademan und voller Stolz, und er dachte gar nicht daran, sich wie Jonas vom Wal schlucken zu lassen. Nach den Maßstäben der Industrie war sein Unternehmen zwar nur eine winzige Einheit, aber vom Prestige her ein wahrer Gigant – ein Haus der Haute Couture für Automobile, das Coco Chanel, Cartier, Gucci oder Christian Dior näherstand als dem rauchenden, dampfenden und alles zermalmenden Industriemonolithen Fiat.

Diese Allianz war auf gegensätzlichen Bedürfnissen aufgebaut. Für Ferrari war es die einfachste Lösung, aus seinem rückläufigen Geschäft noch Kapital zu schlagen; aber für Agnelli, diesen Turiner Patrizier, war es wie ein kühner Vorstoß in die staubige Provinz, um sich dort von einem aufgeblasenen Kleinbürger jene beiden höchsten Güter zu holen: Status und Ansehen. Und die bekam er denn auch in Modena, für schätzungsweise sieben Milliarden Lire – erheblich weniger, als die Mecoms oder Ford geboten hatten, auch wenn Fiat zunächst nur die Hälfte des Unternehmens dafür bekam. Dieser Deal war für Ferrari so interessant, daß er sogar nach Turin fuhr, um den endgültigen Vertrag zu unterzeichnen, obwohl er seit Jahrzehnten nicht mehr in dieser Stadt gewesen war.

Am 21. Juni 1969 wurde die Allianz in einer hintergründigen Meldung von Fiat bekanntgegeben: »Als Ergebnis der Gespräche zwischen dem Präsidenten der Fiat, Dr. Giovanni Agnelli, und Dr. Enzo Ferrari wurde in der Absicht, in erster Linie die Kontinuität und die Weiterentwicklung bei der Ferrari Automobili zu sichern, beschlossen, daß die bereits bestehende technische Zusammenarbeit innerhalb dieses Jahres in eine paritätische Beteiligung Fiats an Ferrari umgewandelt wird.« Diese Erklärung wurde kurz nach einer von Ferraris ermüdenden Beteuerungen abgegeben, er würde sich nach dem Großen Preis von Italien im September vom Rennsport zurückziehen. Mit Sicherheit war dieses ohnehin schon fast bedeutungslose Versprechen durch die Verbindung mit Fiat überholt, denn nun ergaben sich ja ganz neue, glänzende Aussichten. Aber der alte Mann wollte auch Rache nehmen. In seiner Biographie deutet Gino Rancati Ferraris damaligen Geisteszustand an, wenn er rückblickend auf die Verkaufsverhandlungen mit Fiat schreibt: »Ferrari bereitete... eine Abrechnung vor, die die Schmach von 1918, als Fiat den jungen Mann nicht hatte einstellen wollen, von ihm nehmen sollte.« Mit Sicherheit hatte Enzo Ferrari aber sicher längst vergessen, daß er als junger Mann vor rund fünfzig Jahren von Fiat abgewiesen worden war. Und sicher hatte er auch nicht diesen Stachel ein halbes Jahrhundert lang bewahrt, um nun – auf seine eigene komplizierte Art – die Sache ad acta zu legen. Oder etwa doch?

Auf jeden Fall war es ein phantastisches Geschäft. Für Milliarden von Lire erhielt Fiat vierzig Prozent aller Ferrari-Aktien. Enzo Ferrari behielt 49 Prozent, die nach seinem Tod auch an Fiat gehen würden. Sein alter Kollege Pininfarina bekam ein Prozent, und Piero Lardi, der junge Mann, der noch immer nicht aus dem Schatten der Familie getreten war, zehn Prozent. In gewisser Hinsicht glich die Vereinbarung der, auf die sich Ferrari seinerzeit fast mit Ford verständigt hätte: Ferrari behielt die absolute Kontrolle über den Rennbetrieb, während Fiat den Pkw-Bereich übernahm.

Anders als es die Legenden um Enzo Ferrari und seine späteren Straßenlimousinen – etwa den 308GTB/GTS, den 328GTB/GTS Boxer, den 512 BB Boxer oder den 400i Automatic – wahrhaben wollen, hatte er fast so gut wie nichts mehr mit ihrer Erschaffung zu tun. Das letzte Auto, das man mit Recht als echten Ferrari bezeichnen könnte, war der 365GTB4 Daytona. Die darauffolgenden Autos waren tatsächlich eher Fiats in begrenzter Stückzahl – oder

Ferraris in Serienproduktion – als Ferraris im klassischen Sinne, also im Grunde nur modifizierte Rennwagen. Und in der frühen Planungsphase nach dem Zustandekommen der Allianz zwischen Fiat und Ferrari hatte das Agnelli-Management ja noch ernsthaft in Betracht gezogen, die Ferrari-Produktion auf das Stückzahlniveau von Jaguar zu heben, also etwa 20000 Autos im Jahr zu produzieren. Aber dann entschied man sich doch mit Rücksicht auf den Investitionsrahmen, das Marketing und anderes mehr dafür, den Output in Maranello nur geringfügig zu steigern. 1971 hatte die Produktion die 1000-Stück-Marke überschritten, am Ende des Jahrzehnts wurden über 2000 Autos produziert. Und 1988, in Enzo Ferraris Todesjahr also, wurden insgesamt 4001 Autos hergestellt – eine ganz schöne Menge mehr als die bescheidenen 619 Maschinen, die in dem Jahr produziert wurden, als der Vertrag mit Fiat perfekt gemacht wurde.

Ein neues Zeitalter dämmerte herauf im kleinen Maranello. Die Leute von Fiat konnten mit den Straßenfahrzeugen tun, was sie wollten, und Enzo Ferrari machte das überhaupt nichts mehr aus. Im Innersten hatte er ja schon immer nur Verachtung für die Statussklaven übrig gehabt, die diese Autos kauften. Aber seine Leidenschaft für den Rennsport war ungebrochen, und mit dem Geld von Fiat im Hintergrund war er bereit zu einer Gegenattacke gegen Lotus, Ford, Porsche, BRM und all die anderen Emporkömmlinge, genauso wie gegen die Schakale in der italienischen Presse. Und erst das würde der wahre Tag der Rache sein!

[Siehe auch Anmerkungen zum 16. Kapitel, S. 440.]

17

Mit den Fiat-Milliarden konnte es Enzo Ferrari nun all denen zeigen, die sich in den vergangenen drei Jahren über ihn lustig gemacht hatten. Neue Motoren und Fahrgestelle sollten für die Formel-1- und die Sportwagen gebaut werden. Und außerdem war Fiat bereit, eine neue Modellpalette von superstarken Straßenautos zu finanzieren, mit deren Hilfe man den Markt wieder zurückerobern wollte. Alles in allem also konnte er dem Jahr 1970 – und damit auch seinem 72. Geburtstag – mit berechtigter Hoffnung auf Erneuerung entgegensehen.

Zunächst aber stieg Chris Amon, wie üblich vom Pech verfolgt, am Vorabend dieser Renaissance aus. Forghieri hatte einen neuen starken Dreiliter-Zwölfzylinder-Boxermotor entwickelt, den Chris im Sommer 1969 in Modena getestet hatte. Die frühen Versionen waren ausgesprochene Versager – wichtige Teile gingen kaputt, und der Motor verlor Öl wie ein nasser Schwamm. Darüber war Amon so deprimiert, daß er, der eine neue Pechsträhne auf sich zukommen sah, zum englischen March-Team überwechselte, das mit den überragenden Cosworth-Motoren ausgerüstet war.

Dafür kehrte nach einjähriger Abwesenheit der schlanke, dunkelhaarige Ickx zurück, der fast ein wenig feminin wirkte und doch das Herz eines Löwen hatte. Mit ihm kam auch ein hart und entschlossen fahrender Schweizer aus dem Tessin ins Team: Gianclaudio »Clay« Regazzoni. Er hatte in der Formel 2 angefangen und sich dort den Ruf eines etwas rüpelhaften Rennfahrers erworben. Man hatte ihn für den Tod des Engländers Chris Lambert sowie für eine ganze Reihe anderer »Zusammenstöße« verantwortlich gemacht, und darum war er besonders bei der englischen Presse schlecht angeschrieben. Das Image eines brutalen Rowdys wurde noch durch seine groben Gesichtszüge und seinen dunklen Schnauzbart verstärkt. Außerdem gehörte noch ein 28jähriger Römer namens Ignazio Giunti zum Team, ein begabter Fahrer, den viele für einen potentiellen Weltmeister hielten, der aber schon ein Jahr später beim 1000-Kilometer-Rennen von Buenos Aires am Steuer eines Ferrari-312PB-Sportrennwagens ums Leben kam. So erhielt der sympathische junge Mann niemals die Chance, jenes Können zu demonstrieren, das jeder ihm zutraute.

Erst nach Amons Weggang gelang es Forghieri und seinen Ingenieuren, sämtliche Fehler und Schwächen des Zwölfzylinder-Boxer-Flachmotors zu beseitigen, und am Ende des Jahres konnten sie den neuen 312B-Formel-1-Wagen präsentieren – eine ungemein schnittige, langnasige Rennmaschine mit einem dreiteiligen Spoiler über den Hinterrädern. Bei diesem Auto verbanden sich auf verblüffende Weise Form und Funktion: ein hervorragendes Beispiel für das geniale Talent der Italiener, einer simplen Metallröhre auf vier fetten Rennreifen auch noch einen Schuß Glamour zu verleihen. Diesem Auto, das es in den verschiedensten modifizierten Versionen gab, verdankten Ickx und Regazzoni 1970 eine Reihe wichtiger Siege beim Großen Preis von Italien in Monza.

Da sich die Leute von Fiat jetzt um die tägliche Routine bei der Konstruktion, beim Bau und Verkauf der Straßenautos kümmerten, war Ferrari nun eine Aufgabe abgenommen, die ihn nie interessiert hatte. Für ihn waren die Kundenfahrzeuge immer nur ein Mittel zum Zweck gewesen, und je älter er wurde, desto mehr verachtete er die verschwenderischen Neureichen und die hohlköpfigen Aristokraten, die sich mit ihren dicken Brieftaschen die höheren Weihen seiner Luxusautomobile erkaufen wollten.

In die Fabrik in Maranello wurden nun Millionen investiert, um die Montagebänder und die Gießerei zu modernisieren, die Produktionsflächen zu vergrößern und die riesige Fiorano-Teststrecke auf dem Gelände der alten Obstplantage jenseits der Via Abetone zu bauen. Dieser Rundkurs, um den man Fernsehkameras und telemetrische Geräte installierte, war die modernste Teststrecke der Welt und ersparte dem Rennteam die bisher üblichen und äußerst umständlichen Fahrten nach Monza oder ins Autodrom von Modena. Außerdem wurde die Carrozzeria Scaglietti nach und nach in das Unternehmen eingegliedert, und Mitte der siebziger

Jahre konnte sie ihren eigenen riesigen neuen Gebäudekomplex am Stadtrand an der Via Emilia beziehen. In der SEFAC waren die idyllischen alten Zeiten nun ein für allemal vorbei. Sie war auf dem besten Weg, ein weiterer moderner Ableger von Fiat zu werden, dem nur noch ein Abglanz der Tradition und des Images der alten Scuderia verblieb.

Aber innerhalb des Rennbetriebs hatte sich nicht viel geändert. Die alte Garde unter Enzo Ferrari funktionierte noch immer in einer Mischung aus Panik, Einschüchterung und masochistischem Engagement. Mit dem Bau des erfolgreichen 312er-Zwölfzylinder-Flachmotors war nun auch Forghieri ein Star geworden. Unter dem zuweilen unmenschlichen Druck in der Scuderia Ferrari konnte er eine geradezu atemberaubende Arbeitswut entwickeln. Beim Team war er überaus beliebt, auch wenn ihn Laura Ferrari für einen taktierenden Speichellecker hielt. Aber in der Hitze des Gefechts konnte sich der emotionale, intensive und total in seiner Arbeit aufgehende Chefingenieur schier zerreißen.

1972 gab es zwei entscheidende Neuerungen: Zum einen wurde der Schweizer Peter Schetty, der als Bergfahrer im Ferrari-Team begonnen hatte, zum Teammanager berufen – ein Mann, der seine Arbeit weitaus weniger theatralisch verrichtete als Forghieri. Und zum anderen wurden die Fahrer nun auch ordentlich bezahlt. Seit Alfa Romeo wieder in den Sportwagenrennsport eingestiegen war, blieb Ferrari kaum etwas anderes übrig, als so gut wie sein alter Rivale in Turin zu zahlen. Endlich also wurden die Männer angemessen für das »Privileg« entschädigt, daß sie für die berühmte Scuderia fahren durften.

1973 zog sich Ferrari dann aus dem Sportwagenrennsport zurück – also den Bergrennen, der Tasmanien-Serie, den Can-Am-Rennen usw. –, der ihm viel zu viel Geld und Kraft gekostet hatte, die er besser in den Grand-Prix-Rennbetrieb gesteckt hätte. Die eleganten kleinen 312PBs und die größeren, stärkeren 512-Coupés wurden für immer ausrangiert, wobei sie entweder ausgeschlachtet und verschrottet oder an Privatfahrer verkauft wurden. So erwarb beispielsweise der amerikanische Unternehmer Roger Penske 1971 ein 512S-Coupé für 28000 Dollar, also etwas über 100000 DM.

Penske war der Inbegriff eines Rennsportgeschäftsmannes, der den Sport als Startbasis für ein rasch expandierendes Imperium benutzte, zu dem unter anderem Autohandelsunternehmen, Reifenvertriebsfirmen, Lkw-Verleihunternehmen und Produktionsstätten für Dieselmotoren gehörten. Er hatte den Ferrari nur deshalb gekauft, weil er damit rechnete, daß er sowie sein Ingenieur und Fahrer Mark Donohue damit gewinnen würden. Er war also das genaue Gegenteil des blauäugigen Aficionados. So wurde er nach Abschluß seiner Verhandlungen mit Gaetano Florini zu einer Audienz bei Ferrari gebeten. Doch Penske verabschiedete sich eilig, weil er sein Flugzeug in Mailand erwischen müsse, womit er die gesamte Belegschaft verblüffte und den großen Mann gegen sich aufbrachte. Audienzen bei Ferrari wurden schließlich nicht so leicht gewährt, und sie abzulehnen wäre etwa dem Versäumen einer persönlichen Audienz beim Papst gleichgekommen. Kein Wunder also, daß die weitere Zusammenarbeit zwischen der Fabrik und Penske einfach nicht funktionieren wollte. Wie so viele andere Kunden mußte auch Penske schockiert feststellen, daß das angeblich neue Auto miserabel verarbeitet und nicht im entferntesten für Rennen getunt war.

Daraufhin zerlegten Penske und Donohue ihren Ferrari und ersetzten und überarbeiteten jede Menge Teile am Fahrgestell und an der Aufhängung. Der V12-Motor wurde zu den Fachleuten von Traco Engineering in Kalifornien gebracht, die die ziemlich lässig gehandhabten Fertigungstoleranzen entschieden verbesserten und weitere 40 PS herausholten. Dieses Auto war vermutlich der am besten abgestimmte und damit auch der schnellste Ferrari-Sportwagen, der je ins Rennen geschickt wurde. Als Forghieri das Auto beim 24-Stunden-Rennen von Daytona inspizierte – wo es schneller als die leichteren und flinkeren 312Ps war, die vom Werk gemeldet waren –, bezeichnete er es als den besten Ferrari-Rennwagen, den er je gesehen habe. Er nahm allerdings nur an vier Rennen teil, wobei er dreimal die erste Startposition gewann. Aber damals begann Porsche fast alle wichtigen Ausdauerrennen zu beherrschen (ein Grund für Ferraris Rückzug), und trotz seiner beachtlichen Kraft hatte Penskes 512M dann keine Chance mehr gegen die superschnellen 917-Coupés aus Stuttgart, die praktisch alle Rekorde in Le Mans, Daytona und überall, wo sie sonst noch auftraten, brachen.

Trotz der Kapitalspritzen von Fiat und der Reduzierung seiner rennsportlichen Aktivitäten änderte sich im Leben von Enzo Ferrari nicht viel. Ein Tag verlief wie der andere und begann wie seit so vielen Jahren schon mit dem Gang zum Friseur, einer Fahrt zu Dinos Grab und einer morgendlichen Sitzung im Büro in Modena, bevor es zur Fabrik hinausging. Laura und er lebten nun allein in dem riesigen Haus. Sie bewohnten nur ein paar düstere, ziemlich schäbige Zimmer mit schmuddeligen grünen Tapeten und staubigen, verschossenen Möbeln, die seit Jahrzehnten nicht mehr repariert und poliert worden waren. Das riesige Gebäude war ein wahres Mausoleum der Vergangenheit, und in zahlreichen, unbewohnten Zimmern stapelten sich die Trophäen (vermutlich auch der seit langem verloren geglaubte Vanderbilt Cup, eine 1936 von Cartier geschaffene riesige Silberschüssel, in der Nuvolari Platz hatte!), Bücher, Fotografien und sogar Schachteln mit Rolex-Uhren, wie ein Besucher verriet. »Es war dort wie in einem Grab«, sagte ein enger Bekannter der Familie, der regelmäßig in das Haus am Largo Garibaldi 11 kam.

Als Laura Ferrari in ihren frühen Siebzigern war, wurde ihr Verhalten immer bizarrer. Eines Tages begegnete sie auf der Via Emilia einer alten Bekannten. Sie verlangte von ihr, daß sie ihr ihr Kleid geben solle, und beklagte sich darüber, daß Enzo ihr kein Geld für Kleider gäbe. Dabei war diese Frau einen Kopf kleiner und hatte zwei Kleidergrößen mehr als Ferraris Frau. Andererseits hat ein Mann, der sie von ihren Sommeraufenthalten in Viserba her kannte, behauptet, an der Adria habe sie sich ganz normal benommen. Jedenfalls können sich die Leute, die Laura Ferrari gekannt haben, noch immer nicht über ihren Geisteszustand einigen. Allem Anschein nach, also nach den Aussagen von Augenzeugen, war sie wohl eine Frau, deren Persönlichkeit großen Schwankungen ausgesetzt war und sich immer mehr von der Normalität entfernte, je älter sie wurde.

Mitte der siebziger Jahre wurde sie sehr gebrechlich und verbrachte viel Zeit im Bett. Wohlwollende Biographen haben ihre Krankheit als »Dystrophie der Beine« bezeichnet, ein Krankheitsbild, das die Medizin nicht kennt. Zweifellos hatte sie im fortgeschrittenen Alter Bewegungsschwierigkeiten, und man darf durchaus darüber spekulieren, ob dies nicht vielleicht die Folgesymptome einer chronischen Syphilis waren.

Jahrzehntelang sind Enzo Ferrari und das wachsende Heer seiner Höflinge und Speichellecker nicht müde geworden zu behaupten, daß auf den Autos der Scuderia nur für Produkte geworben würde, die direkt mit dem Rennsport zu tun hatten. Seit 1966, als sich auf den zusammengenieteten Rümpfen der Formel-1-Autos keine anderen Aufkleber als das berühmte aufsteigende Pferd von

Maranello befanden, hatten rennsportferne Sponsoren jedoch eine immer wichtigere Rolle zu spielen begonnen. 1973 etwa machte der 312B3 von Ickx deutlich sichtbar Werbung für Goodyear (zu dieser Reifenfirma war man wieder zurückgekehrt, nachdem Firestone im Vorjahr pleite gewesen war), Magnetzünder von Marelli, Bremsbeläge von Ferodo, Champion-Zündkerzen, Shell, Uhren von Heuer und mehrere andere Lieferanten. Das Sponsoring hatte sich zu einem Multimillionen-Dollargeschäft entwickelt, und ein harter Konkurrenzkampf entspann sich zwischen Kraftstoff-, Reifen- und Zündkerzenfirmen, die alle ihre Produkte von wichtigen Teams wie Ferrari zur Schau gestellt haben wollten. Auch Tabakkonzerne wie Rothmans, R. J. Reynolds und Philip Morris waren dahintergekommen, daß Autorennen ein extrem effektives Medium für Werbung und Promotion darstellten, und steckten Mitte der siebziger Jahre Millionen in den Sport. Angesichts dieser gewaltigen Kapitalspritzen konnte sich Enzo Ferrari immer mehr darüber ereifern, daß die Autos seiner Scuderia »rein« blieben und sich nicht mit den häßlichen, ausländischen Logos von Zigaretten, Toilettenartikeln, Kondomen oder Finanzierungsunternehmen besudeln würden, die nun die glänzenden Karosserien der Konkurrenz zu zieren begannen.

Aber wie schon so oft vertrat Enzo Ferrari auch in dieser Angelegenheit öffentlich einen anderen Standpunkt als privat. Und wie immer ging es auch diesmal nicht um Moral, sondern um Geld. Damals bemühte sich Philip Morris Europa gerade sehr darum, die Zigarettenmarke Marlboro an prominenter Stelle im Rennsport zu positionieren, und man verhandelte mit Ferrari ernsthaft über ein exklusives Sponsoring seines Teams. Und das wäre nun wirklich absolut unvereinbar mit Ferraris lauthals vertretenem Standpunkt gewesen, er würde sich nur von Firmen sponsern lassen, die unmittelbar mit dem Rennsport zu tun hätten. Es wäre auch tatsächlich beinahe zu einem Vertragsabschluß gekommen. Aleardo Buzzi, derzeit Präsident von Marlboro Europa, hat in den frühen siebziger Jahren an einer Reihe von Konferenzen teilgenommen, bei denen das hundertprozentige Sponsoring des Ferrari-Teams durch Marlboro diskutiert wurde. Man habe kurz vor dem Vertragsabschluß gestanden, als Buzzis Boß erklärt habe, daß die Sponsorengelder wegen irgendwelcher firmeninterner finanztechnischer Probleme in Lire ausbezahlt werden sollten. Ferrari aber wollte entweder Dollars oder Schweizer Franken haben. Natürlich sollte das Geld auf Bankkonten in Monaco oder Genf oder in beiden Städten überwiesen werden. Als die Marlboro-Leute aber nicht von ihrem Angebot abrücken wollten, nur in Lire zu zahlen, stand Ferrari auf, sah auf seine Uhr und erklärte: »Meine Herren, meine Frau ist sehr krank. Ich muß jetzt zu ihr. Damit ist unsere Besprechung beendet.« Wie es Donald Frey von Ford schon vor einem Jahrzehnt erlebt hatte, verließ er die Sitzung, ohne die Verhandlungen wiederaufzunehmen. Und es sollte noch ein weiteres Jahrzehnt dauern, ehe für Marlboro auf den Motorhauben der Grand-Prix-Autos von Ferrari geworben wurde, aber selbst dann nur unter einem Vorwand: nicht die Autos, sondern die Fahrer würden von der Zigarettenfirma gesponsert.

Nach der Saison 1970, als Ickx die Weltmeisterschaft mit einem denkbar knappen Rückstand Jochen Rindt überlassen mußte (der vor dem Großen Preis von Italien in Monza bei einem Trainingslauf tödlich verunglückt war, aber bereits genügend Punkte gesammelt hatte, um den Titel posthum zugesprochen zu bekommen), ging es mit den Fahrern, den 312Bs und dem Mann, der diese Autos gebaut hatte, ständig bergab. Mauro Forghieri hatte zwar die Hinterradaufhängung für die Saison 1971 überarbeitet, aber nach einigen Anfangserfolgen für Ickx, Regazzoni und Mario Andretti – der gelegentlich als dritter Mann mitfuhr, wenn es sein amerikanischer Terminplan erlaubte – fielen die Autos immer weiter im Feld zurück. Am meisten beklagten sich die Fahrer über das komplizierte Fahrverhalten, aber je mehr Forghieri an der Aufhängung, an der Gewichtsverteilung und an der Aerodynamik herumbastelte, desto langsamer wurden die Autos; die Fahrer wurden immer frustrierter, das Geschrei der italienischen Fans und der Presse immer lauter.

Während die großartige Teststrecke von Fiorano gerade rechtzeitig vor der Saison 1972 eröffnet werden konnte, erwies sich der Rennwagen der zweiten Generation, der 312B2, nach allem, was man hört, technisch als ausgesprochener Rückschritt. Wenn Ickx und Andretti wählen durften, entschieden sie sich immer für den älteren B1, auch wenn der gutmütige Regazzoni, ein *cabezón* der alten Schule, beide Typen gleich dynamisch fuhr. Abgesehen von einem Doppelsieg auf dem Nürburgring erlebte das Team während der ganzen Saison nichts als Ausfälle wegen technischen Versagens, Unfälle und deutliche Niederlagen. Ein völlig frustrierter Ferrari gab Forghieri die ganze Schuld, der sich nun wirklich fast zerrissen hatte, um die ungebärdigen Maschinen optimal abzustimmen. Dabei verfügten sie über genügend PS – fast 30 mehr als die unschlagbaren Cosworths –, aber ihr unberechenbares Verhalten auf der Rennstrecke machte diesen Vorteil praktisch wieder zunichte. Mitten in der Saison wurde Forghieri abgesetzt und sollte im Werk spezielle technische Projekte übernehmen. Die Abstimmung der Autos wurde Sandro Colombo übertragen, einem jungen Ingenieur, der vor kurzem von Innocenti gekommen war. Und ausgerechnet dieser Neuling (der mit dem großen Gioacchino nicht verwandt war) wagte es, radikale Maßnahmen zu ergreifen: Unter anderem erteilte er der in England ansässigen Firma TC Prototypes von John Thompson den Auftrag, drei Spezialfahrgestelle anzufertigen. Für die konservativen Italiener grenzte das an Ketzerei, glaubten sie doch immer noch an den Mythos, daß Ferrari trotz aller Fehlschläge zumindest ein rein italienisches Unternehmen sei. Aber nun fuhren die roten Autos auf amerikanischen Reifen, der Kraftstoff wurde ihnen durch deutsche Einspritzpumpen zugeführt, und ihre belgischen, Schweizer und amerikanischen Fahrer saßen in Röhren aus Metall und Kunststoffen, die in England hergestellt waren. Wo sollte all das noch hinführen?

Zunächst jedenfalls kam es 1973 zu einer Reihe von vernichtenden Niederlagen. Regazzoni hatte ein offensichtlich besseres Angebot des BRM-Teams akzeptiert, das nun von dem lächerlichen, erzkonservativen Lord Louis (»Big Lou«) Stanley und seiner sagenhaft reichen Frau geleitet wurde. Sein Teamgefährte sollte dort ein spindeldürrer Österreicher mit vorstehenden Zähnen namens Niki Lauda sein. Er entstammte einer wohlhabenden Wiener Familie und hatte sich einen Haufen Geld geliehen, um sich bei einer Reihe von Rennbetrieben einzukaufen und das Gewerbe zu lernen. Nur langsam machte er Fortschritte, und in das stets unter Geldmangel leidende BRM-Team wurde er nur als dritter Fahrer aufgenommen. Doch noch ehe das Jahr um war, fuhr dieser stahlharte, absolut engagierte Vierundzwanzigjährige erheblich schneller als seine Teamgefährten, und damit zog er Enzo Ferraris Aufmerksamkeit auf sich.

Als nämlich eine Niederlage die andere jagte, wurde den Fiat-Bossen in Turin – und selbst dem Commendatore – klar, daß radikale Maßnahmen ergriffen werden müßten, wenn das Team in der bevorstehenden Saison 1974 nicht nur seine Ehre, sondern auch seinen Handelswert für Fiat zurückgewinnen wollte. Denn

Ickx und sein kleiner Teamgefährte Arturo Merzario hatten 1973 nichts als Pech gehabt oder allenfalls unter ferner liefen abgeschnitten. Beide mußten am Ende der Saison gehen. Ickx war ein guter Fahrer und fuhr sicher mit der richtigen Einstellung, aber bei einem modernen Grand-Prix-Auto mit seinen komplizierten, immer wieder neu zu justierenden Aufhängungen und Spoilern hatte auch ein noch so guter Fahrer keine Chance, wenn das Fahrgestell nicht in Ordnung war. Früher konnten Superstars wie Moss, Fangio oder Nuvolari auch ein zweitklassiges Auto schlicht durch ihr geniales Können beherrschen. Aber im Zeitalter der ultramodernen Technik kam es zu achtzig Prozent auf das Auto an und nur zu zwanzig Prozent auf den Fahrer.

Also mußte Colombo die Rennabteilung verlassen, und der quasi strafversetzte Forghieri bekam wieder seinen alten Posten. Mit der aberwitzigen Energie, die nur er aufbrachte, arbeitete er beinahe rund um die Uhr, um die 312er zu modifizieren und zu verbessern – inzwischen war es bereits die Version B3. Auch sonst änderte sich einiges für das Team. Shell Oil, der niederländische Erdölgigant, der Ferrari seit den frühen Tagen der Scuderia unterstützt hatte, zog sich zurück – nicht etwa, weil man mit Ferrari unzufrieden gewesen wäre, sondern mit dem Geschäftsverlauf in Italien insgesamt. Shell Italiana verkaufte seine Anteile an das heimische Unternehmen Agip. Als Teil dieses massiven Markttransfers übernahm Agip das Sponsoring von Italiens höchst geehrtem Rennteam. Die wichtigsten Veränderungen aber waren personeller Art. Man konnte nicht nur den begabten jungen Niki Lauda gewinnen, sondern auch Luca di Montezemolo, einen patrizierhaften Anwalt, der mit den Agnellis verwandt war. Luca, wie er in Rennsportkreisen bald genannt wurde, war angeblich als Teammanager vom Schlag eines Tavoni, Ugolini und Dragoni eingestellt worden. Aber er hatte ungleich mehr Macht und am Ende einen viel positiveren Einfluß auf die Führung des Teams. Letzten Endes war Montezemolo mit sehr weitreichenden Kompetenzen ausgestattet. Auch wenn er den 74jährigen Titelträger, zumindest in der Öffentlichkeit, absolut respektierte, hatte Luca die Montezemolo zweifellos sehr hohe Karten in der Hand und insgeheim innerhalb der Rennorganisation mehr als jeder andere neben Ferrari zu sagen. Er war die stabilisierende Kraft, die das Team gerade am dringendsten brauchte.

Im Zentrum der Erneuerung bei Ferrari aber stand Niki Lauda, eine Persönlichkeit, die Maranello mehr Glanz verschaffte als alle anderen Fahrer seit John Surtees. Lauda war der erste aus jener neuen Rennfahrergeneration, die Ferrari die Stirn boten. Bis dahin hatte er sich darauf verlassen können, daß junge Männer für ihn aus schierer sportlicher Leidenschaft fuhren und ihr Leben aus Ruhmsucht und zur Selbstbestätigung riskierten. Aber nun erlebte der Sport einen ganz neuen Typus. Jackie Stewart war der Prototyp: ein analytisch denkender Schotte, der genau abzuwägen wußte, ob sich ein Risiko lohnte oder nicht, und dann entsprechend fuhr. Und Lauda war ihm darin sehr ähnlich. Er war nicht gerade arm (nur wenige mittellose Männer haben jemals in der Formel 1 reüssiert, da sie es sich einfach nicht leisten konnten, diesen teuren Sport überhaupt erst einmal zu erlernen), und er war ein absoluter Profi. Er fuhr ausschließlich fürs Geld und war eiskalt bereit, bis an die äußerste Grenze zu fahren – aber nur wenn alles stimmte, wenn alle Verträge unterzeichnet und alle Schecks ordnungsgemäß hinterlegt waren. Wie Stewart war auch er für den Rennsport hochmotiviert und genauso mutig wie jeder, der sich einmal in den engen Sitz eines Rennwagens gezwängt hat – und doch hatte er allen anderen Rennfahrern etwas voraus: Niki Lauda dachte nicht im Traum daran, sein Leben für irgendeine schimärische Mission aufs Spiel zu setzen, geschweige denn das Ego einer alten Ikone in einer staubigen norditalienischen Stadt zufriedenzustellen.

Wie bei so vielen Fahrerkandidaten wurde auch Laudas Ankunft in Maranello geheimgehalten. Die Paparazzi der italienischen Motorpresse hatten ihr ständiges Quartier im Cavallino aufgeschlagen und lungerten um die Werkstore herum, und sobald sie Niki Lauda hier entdeckt hätten, hätten sie es auch gleich der ganzen Nation hinausposaunt. Da man sich das ersparen wollte, wurde Lauda von Montezemolo an der Autobahnausfahrt Modena West abgeholt und direkt nach Fiorano geleitet. Dort drehte der forsche, selbstbewußte Österreicher ein paar Testrunden auf dem derzeit eingesetzten Formel-1-Auto der 312er-Serie. Später wurde er zu einer Audienz beim »Alten« empfangen, wie Ferrari nun von allen genannt wurde – hinter seinem Rücken natürlich. Dabei waren auch Forghieri und Piero Lardi zugegen, der als Laudas Dolmetscher fungierte, denn der Österreicher sprach englisch. Ferrari fragte ihn, wie ihm das Auto gefallen habe. Lauda erwiderte unverblümt, daß es Pfusch sei. Eine unmöglich zu fahrende Maschine, die schwer untersteuere. Piero hielt die Luft an und geriet in Panik. »Das dürfen Sie nicht sagen«, erklärte er Lauda. Schließlich hatte es noch niemand gewagt, vor Ferrari offen Kritik an seinen Autos zu üben.

So bat Lauda Piero Lardi, seine Antwort neu zu formulieren – er solle einfach sagen, daß die Vorderradaufhängung verbessert werden müsse. Ferrari wandte sich daraufhin an Forghieri und fragte ihn, wie lange es dauern würde, um die von Lauda vorgeschlagenen Veränderungen auszuführen. Etwa eine Woche, erwiderte der Ingenieur. Ferrari wandte sich wieder an Lauda. »Wenn Sie nächste Woche um diese Zeit nicht eine ganze Sekunde schneller sind, dann sind Sie draußen.« Diese Geschichte, die Lauda in seiner freimütigen Autobiographie zum besten gegeben hat, hatte ein Happy-End. Eine Woche später konnte Lauda dank Forghieris Verbesserungen in Fiorano über eine Sekunde schneller fahren und bekam den Job. Er war das genaue Gegenteil seines Teamgefährten Regazzoni, der nach einem Abstecher zu BRM wieder zurückgekommen und ein Fahrer der alten Schule war: ein urwüchsiger Mann, der ganz dem Image des lebensfrohen, extrovertierten und knallhart fahrenden internationalen Rennsportstars entsprach. Während Lauda kühl und reserviert war, ließ Regazzoni seinen Gefühlen freien Lauf und war darum bei den *tifosi* sehr beliebt. Lauda hielt sich fit und führte ein einfaches Leben, Regazzoni hingegen aalte sich in seinem Ruhm und war ein ausgesprochener Playboy. Sie unterschieden sich auch physisch. Niki war schlank und hager, hatte kühle blaue Augen, und um seine Lippen spielte stets ein schiefes, ironisches Lächeln. Clay Regazzoni war ein stämmiger Mann mit einem offenen Gesicht, dessen Mund sich unter dem dicken schwarzen Schnauzbart immer zu einem breiten Grinsen verzog. Sie standen sich nie nahe, kamen aber als Teamgefährten gut miteinander aus, vielleicht weil sie in ihrem persönlichen Stil so verschieden waren und weil ihre jeweilige Rolle nie in Frage gestellt wurde – wobei Lauda eindeutig die erklärte Nummer eins war.

Eigentlich waren das ideale Voraussetzungen: Forghieri brachte wieder frischen Wind in die Konstruktionsabteilung, der geniale Lauda saß am Steuer seiner wesentlich verbesserten Autos, und Luca die Montezemolo wirkte sich unter all den Intriganten und Ränkeschmieden, von denen es im Werk nur so wimmelte, als ausgesprochen stabilisierender Faktor aus. Und da sie sich ja nun nicht mehr um Sportwagenrennen kümmern mußten, konnten sich diese drei fähigen Männer ausschließlich auf ein einziges Ziel konzentrieren: die Formel 1 zu beherrschen. Man könnte also fast meinen, daß Enzo Ferrari sich jetzt aus allem heraushielt, aber das war natürlich nicht der Fall. Er war nach wie vor außerordentlich engagiert, traf in allen Zweifelsfällen die endgültige Entscheidung und hatte natürlich das letzte Wort, wenn es um die Auswahl der Fahrer, die Verhandlungen mit Sponsoren und der FIA sowie um die Abgabe öffentlicher Erklärungen ging. Seine alljährlichen Pressekonferenzen, auf denen inzwischen schon traditionellerweise die neuen Formel-1-Autos präsentiert wurden, entwickelten sich nachgerade zu Massenveranstaltungen. Hunderte von Journalisten aus aller Welt kamen in Maranello zusammen, um die große Schau mitzuerleben: die endlos langen Reden, mit denen Ferrari den Anwesenden das Neueste vom Tage mitteilte, aktuelle Siege und Errungenschaften feierte oder vergangener Ruhmestaten gedachte sowie in oft brillanter rhetorischer Manier alte und neue Gegner bloßstellte und schmähte. Während die alten Hofnarren immer mehr durch eine Reihe von fähigen Profis ersetzt wurden, blieb Ferrari – ob mit oder ohne Kleider – der Kaiser, der die Huldigungen der Menge beglückt entgegennahm. Allerdings sollte sich herausstellen, daß die Lakaien, die so lange die Geschicke der Scuderia und ihre Traditionen beeinflußt hatten, sich noch lange nicht geschlagen gaben und sich auch schon bald wieder zu Wort melden würden.

Lauda hatte 1974 eine gute Saison. Er gewann den Großen Preis von Spanien in Jamara bei Madrid und den Großen Preis der Niederlande in Zandvoort. Beim englischen Grand Prix lag er in Führung, als ihm ein Reifen platzte, und dann hatte er zwei Unfälle: zunächst in der ersten Runde beim Großen Preis von Deutschland auf dem Nürburgring (Sieger wurde sein Teamgefährte Regazzoni) und, erneut ohne ernsthafte Schäden, im kanadischen Mosport. Alles in allem war es eine Übergangssaison, die zu großen Hoffnungen für die Zukunft berechtigte. Luca di Montezemolo hatte seinen mäßigenden Einfluß wunderbar geltend gemacht, indem er die Rivalitäten innerhalb der Organisation dämpfte und ausnahmsweise mit Ferrari selbst sachlich und objektiv umging. Nur darum konnte der »Alte«, dessen Instinkte immer noch sehr fein waren, vernünftige Entscheidungen treffen, die auf Tatsachen beruhten, nicht auf den Wunschvorstellungen sogenannter Freunde, die nur um ihre Anstellung bangten.

Zu dieser Zeit verlor Enzo Ferrari einen weiteren langjährigen Vertrauten: seinen Chauffeur Pepino Verdelli. 1975 wurde der kleine Mann krank, starb und hinterließ eine Lücke in Ferraris Leben, die nie wieder geschlossen wurde. Seit Mitte der zwanziger Jahre war Pepino an seiner Seite gewesen, sozusagen vom Morgen bis zum Abend seines Lebens. In all diesen Jahren hatte er Ferrari frühmorgens abgeholt und war so lange auf Abruf bereit, bis die nächtlichen Abenteuer des Bosses beendet waren. Keiner wußte so gut über Enzo Ferraris Privatleben Bescheid wie Pepino Verdelli, und dieses Vertrauen hat er nie gebrochen. Er hat bis an sein Lebensende geschwiegen und sich damit begnügt, im Schatten seines Herrn zu stehen. Und doch konnte er es ihm trotz seiner Loyalität nicht immer recht machen. So erinnert sich ein alter Bekannter von Ferrari an ein nächtliches Essen im Oreste in der Altstadt von Modena. Wie sonst auch hatte Verdelli allein an einem anderen Tisch gegessen und war dann wieder hinausgegangen, um neben der Fiat-Limousine auf seinen Herrn und Meister zu warten. Als Ferrari ausgiebig gezecht hatte und aus dem Restaurant hinaustorkelte, war Pepino nicht gleich zur Stelle, weil er sich selbst kurz erleichtern mußte. »Dieser verdammte Pepe«, knurrte Ferrari böse, »er ist nie da, wenn man ihn braucht.«

Während des Winters 1974/75 arbeiteten Forghieri und seine Leute mit vollem Einsatz an einem Rennwagen, der sein Meisterwerk werden sollte und vielleicht der anspruchsvollste Formel-1-Ferrari aller Zeiten war. Sein kraftvoller Zwölfzylinder-Boxermotor war nun soweit verbessert worden, daß er verläßliche 440 PS produzierte, und das waren fast 100 PS mehr als bei dem ersten Dreiliter-Zwölfzylinder-Formel-1-Motor, der zehn Jahre zuvor eingeführt worden war. Vor allem war das Fahrverhalten total verbessert worden, dank einer neuen Aufhängung und dank der Entwicklung eines neuen Fünfganggetriebes, das quer hinter dem Motor eingebaut worden war. Diese Konfiguration war nicht nur kompakter, sondern verlagerte auch den Schwerpunkt nach unten, wodurch das gefährliche Untersteuern ausgeschaltet wurde – all das entsprach genau Laudas präzisem Fahrstil. Das neue Auto erhielt die Bezeichnung 312T (wie *trasversale* – die querliegende Anordnung des Getriebes), und mit seiner abgerundeten, ziemlich bulligen Karosserie sah es neben seinen spindeldürren englischen Konkurrenten unglaublich dynamisch aus. Zum erstenmal waren die Autos 1975 nicht komplett rot lackiert, denn der hoch aufragende Lufteinlaß hinter dem Kopf des Fahrers (der letzte Schrei damals, bis ihn die FIA 1977 verbot), der die Autos ein wenig wie kleine U-Boote aussehen ließ, war weiß, mit roten und grünen Streifen. Diese italienischen Nationalfarben schockierten die Presse und die Aficionados denn doch etwas, die dem Ferrari-Rot geradezu Ewigkeitswert beimaßen. Zweifellos war diese Neuerung auf Weisung von Fiat eingeführt worden, die das Image italienischer Technik unbedingt über die Landesgrenzen hinaustragen wollten.

Nach einigen Anlaufschwierigkeiten zu Beginn der Saison funktionierte der 312T in Monaco unter Lauda perfekt, so daß dieser das Rennen vom Start bis ins Ziel beherrschen konnte. Dank dem Fiat-Kapital und Montezemolos Disziplin waren die Testverfahren verstärkt worden, was wiederum zur Folge hatte, daß erheblich besser eingestellte Autos ins Rennen geschickt wurden. Alles in allem verließ im Spätfrühling 1975 ein erheblich verschlanktes, bescheideneres Rennteam Maranello, und fast augenblicklich schlug sich das in den Ergebnissen nieder. Eine Woche später gewann Lauda erneut im belgischen Zolder (der so herrliche wie gefährliche Rundkurs von Spa war schließlich 1970 aus dem Programm genommen worden, bis er sicherer gemacht werden konnte), dann in Andersdorp und noch einmal beim Großen Preis von Frankreich in Le Castellet. Am Nürburgring erlebte er schließlich eine Niederlage, als ein Reifen platzte. Doch konnte er sich schließlich die Weltmeisterschaft – die erste für Ferrari seit 1964 – sichern, als er in Monza Dritter wurde, wo der beliebte Regazzoni seine Fans mit einem sicheren Sieg begeisterte. Lauda krönte die Saison durch einen letzten Sieg in Watkins Glen, aber erst nachdem Regazzoni disqualifiziert worden war – er hatte in der Endphase des Rennens den noch amtierenden Weltmeister Emerson Fittipaldi allzu offenkundig behindert.

Diese Saison hatte das Ferrari-Team also auf beeindruckende Weise beherrscht. So viele Siege in einer geradezu beruhigend regelmäßigen Folge hatte es seit 1961 nicht mehr gegeben, als Phil Hill und Wolfgang von Trips die geschwächte britische Konkurrenz vernichtend geschlagen hatten. Ganz Italien feierte diesen Triumph. Maranello war wieder auf der Landkarte zu finden, Enzo Ferrari wurde erneut heiliggesprochen. Der Rennsport hatte die nationale Ehre wiederhergestellt.

Und die Aussichten für 1976 schienen sogar noch glänzender zu sein. Forghieri hatte weiterhin unermüdlich am 312T gearbeitet, und nun holte er sogar rund 500 PS heraus – 20 PS mehr, als die optimal getunten Cosworths aufwiesen. Dieser Ferrari war zwar geringfügig schwerer als seine Kontrahenten, aber mit seinem ordentlichen Fahrverhalten, noch dazu mit einem überlegenen Lauda am Steuer, schien er hervorragend geeignet, auch die besten Gegner zu schlagen. Hinzu kam, daß der zu dieser Zeit beständigste Fahrer, der zweimalige Weltmeister Emerson Fittipaldi, das McLaren-Team verlassen hatte, um sein eigenes Team auf die Beine zu stellen, das von einem riesigen brasilianischen Kaffeekartell unterstützt wurde. Sein Platz wurde nun von James Hunt eingenommen, einem forschen jungen englischen Rennfahrer, der seine Gegner längst nicht mehr durch rücksichtsloses Spurwechseln schnitt und ausbremste (daher sein früherer Spitzname »Hunt the Shunt«), sondern dabei war, sich am Steuer des neuen McLaren M23 zu einem Weltklassefahrer zu mausern. Das einzige, was die großartigen Aussichten auf die kommende Saison trübte, war der Weggang von Montezemolo. Luca, der ruhende Pol im Rennbetrieb, kehrte ins Topmanagement von Fiat zurück, blieb allerdings auch dort noch eng mit dem Ferrari-Team verbunden. Sein Nachfolger war ein hochgewachsener Herr namens Daniel Audetto, der zuvor Manager des Lancia-Rallye-Teams gewesen war, aber auch beste Beziehungen zur Agnelli-Dynastie hatte. Wie Montezemolo war auch Audetto offiziell von Fiat abgestellt worden, aber sein Managementstil war viel legerer und stärker auf die internen Intrigen des Werks abgestimmt als der seines Vorgängers.

Audetto und Lauda waren grundverschieden in ihrer Wesensart wie in ihrem Lebensstil. Der Italiener gehörte zur Schickeria und genoß den Glamour der Formel 1, während Lauda in der Rennsaison ein geradezu mönchisches Leben führte. Im Vergleich zu Montezemolo erschien Lauda der neue Mann leichtfertig und chaotisch. Das traf zwar kaum zu, aber die Differenzen zwischen den beiden Männern sollten schon bald das empfindliche Gleichgewicht zerstören, um das sich Montezemolo in Maranello so erfolgreich bemüht hatte, und dem Team ein neues Tief bescheren.

Dabei fing die neue Saison eigentlich ganz gut an: Lauda gewann den brasilianischen Grand Prix in Interlagos und war auch in Südafrika erfolgreich. In Long Beach war Regazzoni in hervorragender Form und siegte vor Lauda, aber bereits da war klar, daß nur Hunt im neuen McLaren eine echte Chance hatte, Lauda daran zu hindern, den Weltmeistertitel zum zweitenmal in Folge zu holen.

Ende April kehrte Lauda auf sein riesiges neues Seegrundstück bei Salzburg zurück, um sich ein paar Tage vor dem Großen Preis von Spanien in Jamara zu entspannen. Dabei stürzte er mit einem schweren Rasenmäher so unglücklich, daß er sich zwei Rippen brach. Doch in Jamara war er wieder voll dabei, mußte sich aber dann doch Hunt geschlagen geben, als die Schmerzen in seiner Brust unerträglich wurden. Jeder wußte zwar, daß Niki Lauda ein zäher Bursche war und nicht so schnell aufgab, aber in Maranello glaubte man ihm doch klarmachen zu müssen, daß es einfach nicht anginge, während der Rennsaison mit einem Rasenmäher herumzukurven.

Lauda zeigte es allen, indem er in Zolder und in Monte Carlo gewann, aber der verwegene Brite blieb ihm nach Punkten dicht auf den Fersen. Dank dem Geld von Marlboro, das durchaus auch nach Maranello hätte fließen können, war das McLaren-Team nun ein professioneller Rennbetrieb der Spitzenklasse, auf den das Schimpfwort *garagista,* das der »Alte« so gern gebrauchte, längst nicht mehr zutraf. Hunt siegte noch zweimal, beim Großen Preis von Frankreich und in Brands Hatch, und dann zog der Grand-Prix-Zirkus weiter zum berüchtigten Nürburgring, wo im August der Große Preis von Deutschland ausgetragen wurde. Lauda hatte am Ring noch nie Glück gehabt, und bei einem Unfall am Steuer eines BRM hatte er sich 1973 bereits ein Handgelenk gebrochen. Er war einer der ersten und entschiedensten Kritiker des Nürburgrings. Wie der inzwischen zurückgetretene Jackie Stewart protestierte Lauda energisch, die alte Rennstrecke könne nicht auf ihrer gesamten Länge von den Rettungsmannschaften effektiv genug überwacht werden, wodurch die Fahrer zusätzlich gefährdet seien. Die gesamte Strecke war zwar inzwischen mit eisernen Leitplanken versehen worden, und an vielen Punkten waren zahlreiche Feuerwehr- und Rettungstrupps postiert, aber mit Sicherheit würde es nicht mehr lange dauern, bis sich die neue Generation von Rennfahrern, mit ihren superschnellen Autos, weigern würde, weiterhin auf diesem anspruchsvollsten Rundkurs der Welt zu fahren. Es gab auch noch andere Gründe, denen zufolge die alte Strecke aus dem internationalen Rennkalender gestrichen werden sollte – nicht zuletzt die Kosten und Komplikationen bei der Aufstellung von Fernsehkameras auf der gesamten Streckenlänge: ein Aspekt, der zunehmend die finanzielle Seite des Rennsports beherrschte.

Als der Renntag begann, war Regen angesagt worden. Teammanager und Fahrer zerbrachen sich die Köpfe darüber, ob sie zunächst normale Schönwetterreifen oder die speziell für nasse Fahrbahnen konstruierten Regenreifen aufziehen sollten. Wie viele seiner Konkurrenten startete auch Lauda auf Regenreifen, nur um bereits in der ersten Runde zu entdecken, daß der hintere Teil des riesigen Kurses trocken war und daß der Himmel aufklarte. Er fuhr an die Boxen, ließ sich neue Reifen aufziehen und kehrte mit großem Rückstand ins Rennen zurück. Damit ging er ein Risiko ein, denn der Asphalt war noch immer feucht und teilweise von Pfützen übersät, aber das hinderte den draufgängerischen Österreicher nicht daran, voll zu fahren und zu einer wahnwitzigen Aufholjagd anzusetzen. Als er mit Höchstgeschwindigkeit in die weit geschwungene Linkskurve vor der engen Rechtskurve am Bergwerk hineinfuhr, zog der Ferrari erst nach links, schoß dann quer über die Fahrbahn, durchbrach eine Leitplanke und prallte gegen eine Mauer. Die Wucht des Aufpralls zerfetzte die Treibstofftanks und riß Lauda den Schutzhelm vom Kopf. Der 312T kreiselte wie wild die abschüssige Strecke hinunter, und als er endlich zum Stehen kam, ging er in Flammen auf. Der Surtees des Amerikaners Brett Lunger stieß noch mit dem brennenden Auto zusammen. Drei Fahrer, die Lauda noch kurz zuvor überholt hatte: Lunger, der Engländer Guy Edwards und Arturo Merzario, hielten an der Unfallstelle an und rannten zusammen mit einem Streckenwärter zu Laudas Ferrari. Dem mutigen Einsatz dieser vier Männer hatte es der Österreicher zu verdanken, daß er nicht völlig verbrannte. Der Weltmeister konnte bewußtlos und mit schweren Verbrennungen aus dem schwelenden Wrack geborgen werden.

Lauda hatte sehr viel Rauch und die giftigen Dämpfe des brennenden Fiberglases eingeatmet. Sein Gesicht war entsetzlich verbrannt, und man befürchtete, daß auch seine Lungen tödliche Verbrennungen erlitten hatten. Er kam in einem Krankenhaus zu sich, als ihm ein Priester gerade die Letzte Ölung gab. Drei Tage lang rechnete die Rennsportwelt mit der Nachricht, daß der Champion seinen Verletzungen erlegen sei. Dann war es mit der Ruhe vorbei, die schon so ungewohnt lange in Maranello geherrscht hatte. Aus allen Medien war zu erfahren, daß Lauda wegen eines technischen Versagens verunglückt sei, und diese Behauptung wurde offenbar durch den unscharfen Amateurfilm eines Zuschauers bestätigt. Aus diesem Film schien eindeutig hervorzugehen, daß der Ferrari nach *links* zog, bevor er verunglückte. Wenn Lauda einfach die

Kontrolle verloren hätte, dann hätte sein Auto logischerweise in einer Linkskurve nach rechts ausbrechen müssen. Aber als Lauda soweit war, daß er sich den Film selbst ansehen konnte, entdeckte er nichts weiter, als daß das Heck ruckartig herumschwenkte, bevor er mit über 190 km/h gegen eine unnachgiebige Mauer schoß.

Ferrari regte sich furchtbar über die Unterstellung auf, daß sein Auto an diesem Unfall schuld sei oder daß Lauda wegen seiner schwachen Bauweise beinahe verbrannt wäre. Man muß es immer wieder betonen: Ferraris waren und sind so stark und stabil gebaut, wie es nach dem neuesten Stand der Technik möglich ist. Vor lauter Groll zog er sich wieder einmal vom Rennsport zurück. Wie sonst nahm man auch das nicht weiter ernst, obwohl beim Großen Preis von Österreich keine Ferraris antraten. Aber zwei Wochen später war Regazzoni beim niederländischen Grand Prix schon wieder am Start.

Doch da brodelte die Gerüchteküche der europäischen Rennsportszene schon, und über Lauda kursierten die abenteuerlichsten, makabersten Meldungen. Die Regenbogenpresse erging sich in reißerischen Geschichten darüber, daß sein ganzes Gesicht verbrannt sei und daß es Jahre dauern würde, ehe der unglückliche Fahrer dank der plastischen Gesichtschirurgie sich überhaupt wieder ans Licht der Öffentlichkeit wagen, geschweige denn ein Rennauto besteigen könne. Selbst die sachlichsten Berichterstatter bezweifelten, daß Lauda jemals wieder an einem Rennen würde teilnehmen können – auf keinen Fall jedenfalls vor dem Ende dieser Saison. Darum kann man sich lebhaft vorstellen, wie schockiert die Presse gewesen sein muß, als sich Lauda kraft seines eisernen Willens schnell soweit erholt hatte, daß er Ferrari mitteilen konnte, er wolle am Großen Preis von Italien am 12. September teilnehmen – nur sechs Wochen nach seinem beinahe tödlichen Unfall. Wollte er damit beweisen, daß der Geist über das schwache Fleisch triumphieren könne? Falls Ferrari irgendwelche Vorbehalte gegen die voreilige Rückkehr des Österreichers geäußert haben sollte, dann hat Lauda offenbar nichts davon mitbekommen (auch wenn Ferrari später andeutete, er habe erklärt, daß er Laudas Rückkehr als verfrüht empfunden habe).

Jedenfalls fuhr Niki Lauda in Monza. Sein Kopf war dick bandagiert, und seine Wunden näßten noch immer. Sein Helm und sein Anzug waren extra gepolstert, um seine langsam verheilende, überempfindliche Haut zu schützen. Die meisten Beobachter empfanden dies eher als eine peinliche Zurschaustellung, die zu nichts führen würde. Aber das war es wohl kaum. Lauda war durch und durch Profi, der seinen Weltmeistertitel gegen seinen Herausforderer James Hunt um jeden Preis verteidigen wollte – auch wenn er dabei draufgehen würde. Dafür war er bereit, schlimmste Schmerzen zu ertragen und das Risiko weiterer Verletzungen in Kauf zu nehmen. Das war kein Exhibitionismus, sondern das unsichtbare Drama, das sich zwischen Laudas Hirn und der Haut, die es umhüllte, abspielte.

Das Ferrari-Team meldete einen weiteren Fahrer für den italienischen Grand Prix, einen mürrischen, ausgesprochen mißtrauischen Argentinier namens Carlos Reutemann. »Lele«, wie er von den anderen Fahrern genannt wurde, hatte vor kurzem das Brabham-Team verlassen und wurde nach geheimgehaltenen Verhandlungen aufgebaut, um Regazzoni am Ende der Saison zu ersetzen. Außerdem herrschte im Werk die Meinung vor, daß auch Laudas Karriere beendet sei, so daß Reutemann für 1977 praktisch ein Platz im Team sicher war, auch wenn keiner der beiden unter Vertrag stehenden Fahrer von diesem Arrangement wußte. Bei der Akquisition von Reutemann hatte Luca di Montezemolo seine geschickte Hand im Spiel gehabt, und von diesem Tag an hatte Regazzoni, der sechs Saisons lang für die Scuderia loyal gefahren war, keine Chance mehr.

Hunt verbesserte seinen Punktestand in Monza mit einem überzeugenden Sieg, während sich Lauda unter großen Schmerzen und mit einem schlecht abgestimmten Auto nur mühsam als Achter ins Ziel rettete. Regazzoni fuhr mit seinem alten Schwung und kämpfte sich auf den sechsten Platz vor. Einen Monat später gewann Hunt in Watkins Glen im Staat New York erneut, aber einem weitaus stärkeren Lauda gelang immerhin schon ein dritter Platz. Die Weltmeisterschaft würde also zwischen diesen beiden Männern erst beim letzten Rennen der Saison entschieden werden: beim Grand Prix von Japan auf dem weitläufigen Kurs am heiligen Berg Fudschijama. Erneut stimmte die italienische Presse ein großes Geschrei an. Sie beklagten sich darüber, daß Lauda zu früh zurückgekehrt sei und daß seine Anwesenheit das Team verunsichert hätte. Und das wiederum hätte ja bereits zu einer Reihe von schlechten Ergebnissen geführt. Damit ignorierte man geflissentlich, daß das McLaren-Team ausgesprochen stark war, während das Testprogramm in Maranello nach dem Weggang von Montezemolo weniger effektiv geworden war.

Lauda war zweifellos nicht in Bestform, als er nach Japan flog. In der Saisonpause würde er ausgiebige chirurgische Operationen über sich ergehen lassen müssen, damit sein zerstörtes Gesicht wiederhergestellt wurde. Doch die unmittelbarste Herausforderung stellte der überaus dynamische Hunt dar, der vor dem entscheidenden Lauf um die Weltmeisterschaft nur noch drei Punkte hinter ihm lag. Das Rennen fand bei entsetzlichem Wetter statt. Über der Strecke hingen ganz tief finstere Wolken, aus denen es in Strömen goß. Es gab nur wenige Teilnehmer der Grand-Prix-Schlachten, die sich an einen noch schlimmeren Tag erinnern konnten, an dem ein Rennen gestartet werden sollte. Drei Männer würden dieses Rennen unter sich ausmachen: Hunt in der ersten Startposition, Mario Andretti in der zweiten und Lauda, um den Bruchteil einer Sekunde dahinter, auf dem dritten Startplatz. Die Flagge fiel, das Feld schlitterte in diese Waschküche hinein, und das Spritzwasser sprühte in hohen Fächern auf, als sich die Autos der ersten Kurve näherten. Schon hätte es Lauda beinahe in die Absperrung gefegt. Zwei Runden später hielt er an. Es war einfach zuviel für ihn. Selbst für diesen überaus mutigen Mann gab es Grenzen: Das endlose Gezeter und Gemunkel der Presse, die Intrigen im Werk und die schmerzhaften Behandlungen durch seine Ärzte hatten ihn einfach zermürbt – und nun fuhr er einfach an den Rand der Rennstrecke. Da Lauda nie ein Blatt vor den Mund nahm, lehnte er Forghieris Angebot ab, sein Ausscheiden auf ein Versagen des Autos zu schieben. Offenherzig und übertrieben aufrichtig, wie er nun einmal war, erklärte Lauda vor der Presse, er sei ausgestiegen, weil es unter diesen Bedingungen einfach zuviel für ihn gewesen sei. Und wenn sie diese Erklärung angesichts seiner Verletzungen und im Hinblick auf sein Comeback nicht akzeptieren könnten, dann sei das wohl kaum sein Problem.

Hunt stand dieses Regenrennen durch und erreichte am Ende mehr rutschend als fahrend den dritten Platz. Und damit wurde er mit einem Punkt Vorsprung auf Lauda Weltmeister. In Italien gingen wieder einmal die Wogen hoch. Lauda rief Ferrari vom Tokioter Flughafen aus an und erzählte ihm, was passiert war. Der Alte sagte wenig, und Lauda wußte, daß ihm nicht gefiel, was er da hörte. Kein Fahrer, ganz gleich, in welcher Lage er sich befand, durfte je einen perfekt funktionierenden Ferrari einfach auf die

Seite fahren; und der Österreicher begriff, daß er von diesem Augenblick an in Maranello in Ungnade gefallen war.

Ferrari stellte Lauda öffentlich bloß, indem er scheinheilig dessen Entscheidung von Fuji lobte, aber gleichzeitig an Laudas Verstand zweifelte, schon so kurz nach seinem Unfall bereits in Monza wieder zum Rennsport zurückgekehrt zu sein. Das war natürlich ein gefundenes Fressen für die italienische Presse, die sofort darüber meckerte, daß Lauda den Rhythmus des Teams gestört habe, als er unbedingt beim Großen Preis von Italien mitfahren wollte. Was für ein Akt extremer Selbstbezogenheit, jaulte man nun, der letztlich dazu geführt habe, daß Ferrari und die Nation die Weltmeisterschaft verloren. Das Werk gewann zwar die sogenannte Markenweltmeisterschaft, indem es auf mehr Punkte als jedes andere Team kam, aber was bedeutete dieser Titel schon, verglichen mit der überaus publicityträchtigen Krönung des besten Fahrers.

Eine Woche nach dem Rennen in Japan hielt Ferrari eine seiner berühmten Pressekonferenzen ab. Auf dieser Veranstaltung drängten sich Journalisten aus ganz Europa, die alle diese Komödie nicht versäumen wollten. Wie immer spielte der Alte die Hauptrolle – erst witzig und dann plötzlich ärgerlich, mal war er ausfallend, und dann gab er sich wieder bescheiden. Als ihn einer der Anwesenden mit Commendatore ansprach, bellte Ferrari zurück: »Schauen Sie, ich bin kein Commendatore – ich möchte lieber Ferrari genannt werden. Wenn ich zum Friseur gehe und werde dort mit Commendatore angesprochen, habe ich nichts dagegen, weil es da viele Commendatori gibt, aber wenn sie mich Ferrari nennen, dann ist das was anderes, verstanden? Und wenn Sie mich Enzo nennen wollen, werde ich die Augen zumachen und mir vorstellen, daß Sie ein hübsches Mädchen sind, und dann werde ich mich noch wohler fühlen.« Das waren die Sprüche, derentwegen solche Sitzungen so berühmt geworden waren. Zu Beginn dieser Pressekonferenz nun wurde er über Laudas Ausscheiden in Fuji befragt und ob er sich an einen ähnlichen Vorfall erinnern könne. »Ja, da gab es mal einen Fahrer«, sagte er nachdenklich. »Sein Name war Enzo Ferrari. Sie werden mir das nicht glauben, weil Sie noch so jung sind. Ich sollte am Grand Prix in Lyon teilnehmen, wo ich das vierte Auto bekam. Seinerzeit war ich mit den Nerven herunter, aber ich hatte den Mut, mir zu sagen: ›Ich habe den Kurs probiert, ich bin heimgegangen und muß wieder hin – aber ich schaff's einfach nicht.‹ Als ich über diesen Zusammenbruch hinweggekommen war, kehrte ich wieder zum Rennsport zurück. Das war 1924. Denken Sie bitte daran, daß ich 1898 geboren bin und daß ich 1918 zweimal an der Brust operiert wurde. Ich habe viel durchgemacht, aber Gott hat mich nicht im Stich gelassen. Als mein Dino geboren wurde, mußte ich mich wie Lauda fragen – soll ich wieder Rennen fahren? Ich beschloß aufzuhören. Lauda beschloß weiterzufahren. Ich stand bei ihm im Wort – selbst wenn Ferrari dadurch geschädigt werden sollte.«

Aus diesem Potpourri von Sentimentalitäten, Verdrehungen und nichtssagenden Schlußfolgerungen sollten die versammelten Journalisten nun ihrerseits den Schluß ziehen, daß Ferrari Laudas Entscheidung guthieß, das Auto aus dem Rennen zu nehmen. Aber im engsten Kreis der Entscheidungsträger – also Audetto, Piero Lardi, Forghieri, Franco Rocchi, Franco Gozzi und andere – begriff man, daß Niki Lauda in den Augen des Bosses eine unverzeihliche Sünde begangen hatte. Auch Lauda wußte das natürlich, und als scharfsinnigem Pragmatiker war ihm klar, daß ihm seine Sünden in Maranello nie vergeben werden würden.

Als man die Enttäuschungen von 1976 überwunden hatte, wurde Carlos Reutemann der neue Goldjunge von Ferrari, auch wenn es für jeden Insider auf der Hand lag, daß Lauda ihn nach Belieben abhängen konnte. Der loyale Regazzoni mußte gehen, ohne daß er je eine vernünftige Auskunft über seine Missetaten bekommen hätte – außer daß er lieber für sich selbst als für das Team fuhr (wobei man natürlich geflissentlich seine umstrittenen Blockaden und seine brutale Fahrweise ignorierte, womit er schon oft Teamgefährten geholfen hatte).

Wegen der Animositäten und der Uneinigkeit im Team stand über der Saison 1977 von Anfang an ein Unstern. Zunächst bot Ferrari Lauda die Position des Teammanagers an, weil er glaubte, ihn dadurch gelegentlich als Ersatzfahrer einsetzen und gleichzeitig von konkurrierenden Teams fernhalten zu können, falls er ernsthaft daran dachte, wieder selbst Rennen zu fahren. Allerdings bedachte der »Alte« dabei nicht, daß Lauda nichts von seiner Entschlossenheit eingebüßt hatte und zumindest unbedingt beweisen wollte, daß er wieder mit einem Ferrari gewinnen konnte, selbst wenn die Autos (312T2er) im Grunde unverändert waren – wenn man einmal davon absah, daß auf der Karosserie nun auch große Fiat-Logos prangten. Reutemann wurde zur Nummer eins im

Team ernannt, aber Lauda zeigte dem Argentinier von Anfang an offen seine ganze Verachtung. Als er einmal von einem Journalisten gefragt wurde, ob er Reutemann für einen Teamgefährten oder für einen Rivalen halte, rümpfte Lauda die Nase: »Weder noch.«

Auch im Management gab es Veränderungen. Audetto war nicht länger Teammanager. Einige, und dazu gehörte auch Lauda, behaupteten, daß er gefeuert worden sei; andere erklärten, daß er innerhalb des Fiat-Konzerns nur versetzt worden sei und das Rallye-Team betreuen solle. Jedenfalls wurde er durch einen anderen langjährigen Spezi von Ferrari ersetzt: Roberto Nosetto. Dieser war seit zwanzig Jahren in der Scuderia und überaus loyal – allerdings wurde seine Treue noch von seinem irrsinnig komischen Aberglauben hinsichtlich der Farbe Grün übertroffen. Nosetto kleidete sich gern von Kopf bis Fuß grün ein, und dieser Farbenfetischismus kollidierte nicht nur mit der Ferrari-Hausfarbe, sondern machte ihn auch zur Zielscheibe endloser Witze im Team. Außerdem war er auf die Zahl Sieben fixiert, vor der er eine so große Angst hatte, daß er sich weigerte, einen Leihwagen zu nehmen, wenn eine Sieben auf dem Nummernschild auftauchte.

Wie immer war die Stimmung im Team äußerst angespannt. Forghieri stand unter enormem Druck, weil er den inzwischen veralteten Zwölfzylinder-Boxermotor verbessern sollte, der allerdings kaum noch eine Chance gegen den immer besser gewordenen Cosworth hatte. Darüber hinaus hatte Colin Chapman als einer der ersten eine ganz neue Technik kreiert, den sogenannten »ground effect«: die Verbesserung der Bodenhaftung durch Unterdruckansaugung. Bereits vor mehreren Jahren hatten Ingenieure von General Motors in einen Chaparral-Can-Am-Sportwagen eine Reihe von motorgetriebenen Ventilatoren eingebaut, die das Auto buchstäblich auf der Fahrbahn festsaugten. Chapman erkannte schnell die Vorteile dieser Technik für die Bodenhaftung und baute umgekehrte Tragflügel in die Seitenflächen seines Lotus 78, wodurch ein passiver aerodynamischer Unterdruck entstand. An seinem neuen Auto gab es zwar noch Kinderkrankheiten, aber ein Jahr später baute Chapman den revolutionären Lotus 79, mit dem Mario Andretti Weltmeister wurde und der ein für allemal die technischen Grundlagen von Rennmaschinen veränderte. Zunächst aber wurde dieser neue Trend von Ferrari ignoriert, weil er immer noch überzeugt war, daß überlegene Motorleistung allemal besser sei als überlegene Bodenhaftung; und Forghieri und seinen Leuten – die noch immer keinen Windkanal hatten – blieb nichts anderes übrig, als den alten Boxer aufzufrisieren und aufs Beste zu hoffen.

Womit sie nicht gerechnet hatten: Daß sich Lauda nicht nur total erholt hatte, sondern auch gleich das zweite Rennen der Saison in Südafrika gewann (Reutemann hatte zuvor in Brasilien gesiegt), sechs zweite Plätze und noch einmal zwei glatte Siege für sich verbuchen konnte und damit die Hand nach seinem zweiten Weltmeistertitel ausstreckte. Beim niederländischen Grand Prix, also nach etwa zwei Dritteln der Saison, hatte Lauda auch die letzten Zweifler in Italien davon überzeugt, daß er wieder im Vollbesitz seiner Kräfte war. Aber nun war die Zeit für ihn gekommen, Rache zu nehmen. Heimlich unterschrieb er einen Vertrag bei Bernie Ecclestone, dem gewieften und ehrgeizigen ehemaligen Autoverkäufer aus dem Londoner Eastend, der nun der Teammanager von Brabham war. Und für dieses Team würde Lauda 1978 fahren – ohne daß Ferrari von diesen Plänen wußte.

Aber es dauerte natürlich nicht lange, und schon signalisierte Ferraris feingesponnenes Informationsnetz nach Maranello, daß mit Lauda und Ecclestone etwas im Busch sei.

Ferrari tobte, er beschimpfte Lauda, wenn sich die beiden bei Tests trafen, und bedrohte jeden, der es wagte, das Team ohne seinen Segen zu verlassen. Laudas Freund und persönlicher Mechaniker Ermanno Cuoghi, der die aus sechs Mechanikern bestehende Mannschaft leitete, die Laudas Auto betreute, seit er im Team war, dachte ebenfalls gerade über einen Wechsel zu Brabham nach, als der Grand-Prix-Zirkus nach Watkins Glen weiterzog. Dort wurde Cuoghi mitten in der Nacht von Ferrari angerufen. Würde er beim Team bleiben? wurde Cuoghi gefragt. Der Mechaniker erklärte, er wolle erst noch mit seiner Frau darüber sprechen, wenn er wieder in Italien sei. Doch Ferrari wollte sich nicht länger hinhalten lassen und feuerte ihn auf der Stelle. Als Lauda am nächsten Morgen zur Rennstrecke kam, war sein alter Freund in Tränen aufgelöst.

Lauda fuhr in Watkins Glen vorsichtig einen vierten Platz heraus und sicherte sich damit seinen zweiten Weltmeistertitel. Aber niemand wollte sich so recht darüber freuen. Nosetto, wie immer ganz in Grün, nahm den neuen Champion kaum zur Kenntnis, und die Feier nach dem Rennen verlief still und angespannt. Lauda war wütend über die Behandlung von Cuoghi und reiste nach Toronto ab, wo er zwei Tage lang in seinem Hotelzimmer für niemanden zu sprechen war. Dann schickte er Ferrari ein Telegramm, in dem er mit knappen Worten erklärte, aus gesundheitlichen Gründen würde er an den letzten beiden Rennen des Jahres in Mosport bei Ontario und in Japan nicht mehr teilnehmen.

Der Österreicher hatte etwas Unvorstellbares getan. Er hatte dem mächtigsten Mann im Rennsport die Stirn geboten und ihn mitsamt seinen roten Automobilen im Augenblick des Triumphs verlassen. Diese Demütigung war unerträglich. Ferrari traf fast der Schlag angesichts dieser unglaublichen Frechheit des coolen Profis. Vor der Presse regte er sich über die schlechten Manieren des Österreichers und seinen unverhohlenen Verrat auf, aber es half ihm wenig. Jahrzehntelang hatte er seine Fahrer wie Bauern auf dem Schachbrett behandelt, und nun hatte jemand den Spieß umgedreht. Es würden noch einige Jahre vergehen müssen, ehe der große Mann diesen Schlag ins Gesicht vergeben oder vergessen würde.

Aber wie immer standen auch jetzt ganze Heerscharen begeisterter junger Männer Schlange, um Laudas Platz einzunehmen. Ja, schon bevor er seinen schockierenden Abschied nahm, war bereits ein dritter Fahrer als Ersatzmann für den Großen Preis von Kanada unter Vertrag genommen worden. Schon vor ein paar Jahren war James Hunt einem kleinen, quirligen Frankokanadier bei einem unbedeutenden Formula-Atlantic-Rennen in Quebec begegnet. Er war ganz begeistert von der Schnelligkeit dieses 25jährigen gewesen, und als er wieder in Europa war, holte er ihn zu einem Test beim McLaren-Team. Der Junge mit dem frischen Gesicht, der wie ein Halbwüchsiger aussah, hieß Gilles Villeneuve. Doch McLaren wollte ihn nicht haben, und so gab ihm Ferrari in Laudas Abwesenheit in Mosport eine Chance. Er fuhr wie der Teufel, doch dann flog er von der Strecke – was ihm noch öfter passieren sollte. Aber er war ein Tiger, ein klassischer *garibaldino,* und Enzo Ferrari wußte sofort, daß dieser Mann aus dem fernen Quebec das Zeug hatte, nicht nur die Erinnerung an Niki Lauda zu tilgen, sondern auch den Vergleich mit Giganten von einst wie Nuvolari und Ascari heraufzubeschwören. Und Ferrari wünschte sich nichts sehnlicher als eine derartige Wiedergeburt.

18

Für Enzo Ferrari war das Jahr 1978 ein Jahr des Todes und der Wiedergeburt. Der temperamentvolle, begeisterungsfähige Gilles Villeneuve kam ins Team – doch am 27. Januar starb Laura. 55 Jahre waren sie miteinander verheiratet gewesen. Am Ende war er nach diesem Verlust betrübt und erschöpft, denn schon lange war diese Ehe für ihn eher ein friedliches Arrangement als eine Verbindung aus Liebe gewesen. Gewiß hatte Laura mehr mit dem Unternehmen zu tun gehabt, als sich das ein Außenstehender vorstellen konnte. Die beiden waren Liebende gewesen, Partner, Gegenspieler, Mitverschworene, Gefährten, Feinde, Rivalen und kampfbereite Teamgefährten in diesem fünf Jahrzehnte währenden Kampf, der sie beide aus der anonymen Masse der italienischen Unterschicht geholt und sie zu Persönlichkeiten von hohem nationalen Ansehen gemacht hatte. Ferrari war stets sehr daran gelegen gewesen, daß sie sein »privates Reich« nicht verließ, und wenn man einmal von ihrem eigenartigen Abstecher in die Rennsportszene Anfang der sechziger Jahre absieht, hatte sie sich immer im Hintergrund gehalten und sich damit begnügt, im engen Dunstkreis der Fabrik und der Umgebung von Modena zu agieren.

Laura Domenica Garello Ferrari starb, wie sie gelebt hatte – so mysteriös, wie es ihr Gesundheitszustand und die wahre Beziehung zu ihrem Mann gewesen waren. Wir wissen nicht, woran sie im Alter von 78 Jahren starb – ein paar Wochen bevor Enzo Ferrari traurig seinen 80. Geburtstag beging –, auch wenn man in Kreisen, die der Familie nahestanden, noch immer von chronischer Syphilis munkelte. Bekannt ist immerhin, daß ihr das Gehen in den letzten Jahren große Mühe bereitet hatte. Das war übrigens auch bei Ferrari selbst der Fall, obwohl bei ihm der Mangel an Bewegung schlicht seinem hohen Alter sowie der Tatsache zuzuschreiben war, daß er sich in den vergangenen vierzig Jahren kaum andere gymnastische Übungen zugemutet hatte, als seine große Gestalt in Autositze fallen zu lassen oder sich daraus zu erheben. Laura wurde in dem großen Familienmausoleum auf dem Friedhof von San Cataldo bestattet, in einer Gruft gegenüber dem kreisförmigen Raum mit Marmorwänden, in dem Enzos Mutter, sein Vater und sein Bruder ruhten, und nur durch eine einzige leere Grabstätte von ihrem Sohn Dino getrennt.

Eine Zeitlang lebte Ferrari nun allein in dem riesigen Haus am Largo Garibaldi. Man sprach davon, daß eines Tages Piero mit seiner Frau Floriana und seiner Tochter Antonella sowie Lina Lardi zu ihm ziehen würden, wenn die Formalitäten der gesetzlichen Anerkennung Piero Lardis erledigt wären. Aber es sollten noch mehrere Jahre vergehen, bevor man das für schicklich hielt. Bis dahin aber lebte er in fast völliger Zurückgezogenheit, die allenfalls von stillen Mahlzeiten mit Freunden, geschäftlichen Besprechungen und den Zerstreuungen, die der Rennbetrieb bot, unterbrochen wurde. Gerade mit dem Rennsport wollte Enzo Ferrari unbedingt in Verbindung bleiben. Mit seinem neuen Fahrer Dino Tagliazucchi (der heute Pförtner an der Fiorano-Teststrecke ist) verbrachte er viele Wochenenden in Viserba, wo er in ständigem telefonischem Kontakt zum Rennteam stand.

Der neue Teammanager *(direttore sportivo)* Marco Piccinini war ein gewandter, aalglatter Diener seines Herrn, der so etwas wie der Talleyrand des Unternehmens wurde und wegen seiner Frömmigkeit den Spitznamen »Monsignore« erhielt. Am Wochenende hing er während der wichtigen Grand-Prix-Rennen meistens am Telefon. Beobachter erinnern sich daran, daß sich die Ferrari-Boxen bei den frühen Straßenrennen im kalifornischen Long Beach stets in der Nähe des alten, vergammelten Breakers Hotels befanden und daß sich Piccinini in der Lobby in einer öffentlichen Telefonzelle häuslich einrichtete und seinen Boß immer über den neuesten Stand auf dem laufenden hielt. Diese Unterhaltungen fanden nur während des Trainings und während der Qualifikationsrennen statt, aber nicht während der Rennen selbst. Die konnte Ferrari im Fernsehen verfolgen, das die meisten Grand-Prix-Wettbewerbe weltweit übertrug. Meist sah er sich die Rennen allein an, und nur gelegentlich durfte ihm ein bestimmter Mitarbeiter Gesellschaft leisten. Dieser erinnert sich daran, daß Ferrari dabei nie irgendwelche Gefühle zeigte, ganz gleich, wie es für seine Autos lief. »Ferrari saß einfach da, still und unbeweglich, und zeigte keinerlei Reaktionen – weder bei einem Sieg noch bei einer Niederlage.«

Er hatte eine ganz bestimmte Einstellung gegenüber dem Rennsport, an der sich nie etwas änderte. Der Wettbewerb selbst bedeutete ihm im Grunde nichts. Ihn reizten nur die Planung und die Vorbereitung, der Bau der Maschinen, der Umgang mit den Menschen, die das Team bildeten, und die endlosen Rangeleien mit der Presse, den Promotern und Sponsoren. Für Enzo Ferrari war das Rennen im Grunde gelaufen, sobald die Motoren gestartet und die Autos von der Startlinie losgeschossen waren. Von da an lag es nur noch an seinen Fahrern, für ihn gab es nichts weiter zu tun, als sich bequem in seinem Sessel zurückzulehnen und das Rennen seinen Lauf nehmen zu lassen – entweder in dem luxuriös eingerichteten ehemaligen Bauernhaus an der Fiorano-Teststrecke, in dem vor allem wichtige Gäste untergebracht waren oder Konferenzen abgehalten wurden, oder im Strandhaus bei Viserba. Vom Augenblick des Starts an war er einfach machtlos, und das war wohl der eigentliche Grund, warum er den Rennen nie persönlich beiwohnte.

Aber dieses Verhalten war nur bis zu einem gewissen Punkt sinnvoll. Zweifellos hätte er als Leiter der Scuderia davon profitiert, wenn er bei den Rennen dabeigewesen wäre. Er hätte sich dann mit eigenen Augen davon überzeugen können, wie sich seine Fahrer und seine Mannschaft verhielten, statt sich nur auf die Augen und Ohren von Männern wie Forghieri und Piccinini verlassen zu müssen. Nur Montezemolo hatte es gewagt, mit ihm absolut offen und frei zu reden, und das hatte dem Betrieb zweifellos nur gutgetan. Nun aber war Piccinini der Verbindungsmann zwischen dem Alten und der Rennstrecke, und wieder bekam Ferrari nicht die Wahrheit zu hören, sondern nur das, was er hören wollte. Gute wie schlechte Ergebnisse wurden oft frisiert, einfach um die Ruhe in Maranello nicht zu stören. Als frommer Katholik hatte Piccinini gute Beziehungen zum Vatikan wie zur Hochfinanz. Angeblich lag Ferraris Privatvermögen größtenteils bei der Bank seines Vaters in Monaco, und darum war der Einfluß des jungen Mannes bei weitem nicht so groß wie der von Montezemolo, der den Fiat-Konzern hinter sich hatte. Es hieß, Piccinini, ein frustrierter Fahrer und Rennautobauer, habe seinen Job bei der Scuderia nur dank der finanziellen Verbindungen seiner Familie zu Ferrari bekommen. Ferrari, der nach außen hin nie ein besonders religiöser Mensch war, zog mit einigen seiner alten Spezis Piccinini gern wegen seiner Frömmigkeit auf, indem sie zotige Witze über die Kirche rissen und im allgemeinen seinen Glauben verunglimpften. Als geborener Diplomat konnte Piccinini diese Anzüglichkeiten spielend wegstecken und tapfer weitermachen. Während des großen Schismas aber, das in den frühen achtziger Jahren durch die Formel-1-Gemeinschaft ging, leistete Marco Piccinini Ferrari als Nuntius unschätzbare Dienste.

Seit Maranello von Fiat finanziert wurde, konnte man in allen Bereichen expandieren. 1978 wurde ein riesiger Anbau am nördlichen Trakt der Fabrik fertiggestellt, der an einer neuen Straße, der Via Musso, lag. Es gab auch bereits Entwicklungspläne, die den Umzug der gesamten Rennsportabteilung *(gestione sportiva)* in ein neues großes Domizil westlich vom Cavallino vorsahen, das seinerseits total renoviert und umgebaut wurde. Seit Fiat 1970 das Ferrari-Werk erworben hatte, war dieses fast doppelt so groß geworden, und Mitte der achtziger Jahre erstreckte es sich über eine Fläche, die etwa sechsmal so groß war wie die der kleinen Fabrik, die mitten im Zweiten Weltkrieg gegründet worden war.

Fiat setzte nun alles daran, um Ferrari zu seiner internationalen »Image«-Maschine zu machen, und darum nahm der Konzern immer mehr Einfluß auf den kleinen Betrieb. Aber noch war Ferrari unbeschränkter Herrscher über die Rennabteilung. Da er jede Lira zweimal umdrehte, gab er dem Drängen Forghieris und anderer nicht nach, die unbedingt einen Windkanal in Maranello haben wollten. Bevor eine derartige Einrichtung endlich gebaut wurde, mußten sämtliche aerodynamischen Studien – die immer wichtiger wurden – bei Pininfarina im fernen Turin durchgeführt werden. Außerdem hatten die Ingenieure festgestellt, daß die Fiorano-Teststrecke zu kurz war und daß hier eine Hochgeschwindigkeitskurve fehlte, auf der man den neuen »ground effect« am besten erforschen konnte. Zur Erweiterung der Strecke hätte angrenzender Grundbesitz hinzuerworben werden müssen, doch Ferrari weigerte sich, dafür sein Geld auszugeben. Also mußte sich das Team weiterhin mit dieser veralteten Anlage begnügen oder für entsprechende Tests zur größeren Strecke von Imola fahren, wie man es früher schon gemacht hatte. Ferraris Weigerung, zusätzliches Land zu kaufen, hatte überraschend unangenehme Folgen:

Entlang der Via Abetone entstanden mehrere Keramikfabriken, und ständig wurde der Staub aus ihren Brennöfen auf die Fiorano-Teststrecke getrieben, so daß die Fahrbahn vor Hochgeschwindigkeitsfahrten erst gefegt werden mußte.

Während Ferraris Verstand noch so gut wie immer funktionierte, war seinem Körper das Alter doch deutlich anzusehen. Seine Beine machten nicht mehr so recht mit, er verlor Gewicht, und seine einst so runden Backen begannen nun hohl zu werden, so daß sein Gesicht von seiner großen römischen Nase immer mehr beherrscht wurde. Auch wenn seine Augen immer tiefer in ihre Höhlen einsanken, konnten sie doch noch immer unter der üppigen elfenbeinfarbenen Haarmähne funkeln, die straff aus seiner Stirn nach hinten gekämmt war – und doch zeigte sich darin auch schon eine Mattigkeit, die man zu Beginn des Jahrzehnts noch nicht an ihm bemerkt hatte. Er war nun so etwas wie ein italienischer Nationalheiliger geworden, dessen Automobile zum großen Showbusiness auf fünf Kontinenten gehörten. Im Rennsport stellte er einen gewaltigen Machtfaktor dar, und bei allen internationalen Beratungen über das Reglement oder langfristige Strategien wurde keine Entscheidung ohne seinen Segen verabschiedet. Denn sobald die Scuderia Ferrari beschloß, ein Grand-Prix-Rennen zu boykottieren, wurden fünfzig Prozent weniger Eintrittskarten verkauft.

Das Sammeln seiner Automobile wurde gleichsam so etwas wie eine Religion. Ein treffendes Beispiel dafür ist der Franzose Pierre Bardinon, dessen 150 Hektar großer Besitz bei Aubusson, 380 Kilometer südlich von Paris, in ein wahres Ferrari-Heiligtum umgewandelt wurde – mit einer drei Kilometer langen Rennstrecke, einem Museum, das eine unschätzbare Sammlung von Ferraris beherbergt, und einer Restaurier- und Reparaturwerkstatt, die ein Team von Fachmechanikern beschäftigt. Während für viele seiner Besucher die Bewunderung für seine Automobile geradezu fetischistisch war, genoß Bardinon immerhin das einzigartige Privileg, eine Reihe von seltenen Modellen bei der Fabrik erwerben zu dürfen. Doch trotz aller Verehrung, die man Ferrari erwies, dachte dieser nicht im geringsten daran, die Bardinon-Sammlung einmal zu besichtigen; und erst ein paar Jahre vor seinem Tod begann er eine eigene Sammlung anzulegen. Selbst mit Achtzig dienten ihm die Ruhmestaten der Vergangenheit nur dazu, von einer noch glorreicheren Zukunft zu träumen. Und 1978 ruhten diese Träume mit Sicherheit auf dem überragenden Können des quirlig temperamentvollen Gilles Villeneuve. Wenn irgendein Mann so etwas wie eine Wiedergeburt von Tazio Nuvolari war, dann dieser ehemalige Snowmobil-Rennfahrer aus Quebec. Gewiß, er verunglückte ziemlich häufig, vor allem in seiner ersten Saison. In seinem Übereifer zerstörte er eine ganze Reihe teurer Maschinen, und manchmal war Ferrari darüber so wütend, daß er sich einen Augenblick lang überlegte, ihn zu feuern. Doch seiner Vitalität, seiner Loyalität und vor allem seiner bestechend schnellen Fahrweise verdankte er es, daß er bleiben durfte. Mit Sicherheit war Gilles Villeneuve der letzte große Günstling von Enzo Ferrari, der neben Nuvolari, Guy Moll, Peter Collins, Stirling Moss und anderen in sein privates Pantheon unsterblicher Fahrer aufgenommen wurde.

Die Saison 1978 war jedoch eine Katastrophe. Reutemann, der in einem Rennauto niemals absolut glücklich war, fühlte sich sichtlich unwohl, als ihm Villeneuve an den Fersen klebte. Und Piccinini war in seiner ersten Saison noch zu neu im Geschäft, um die Situation in den Griff zu bekommen. Immerhin gelang es Villeneuve, die Ehre dieses schwachen Teams in seiner Heimatstadt Montreal zu retten, als er den Großen Preis von Kanada auf dem schwierigen Kurs der Ile Notre Dame gewann. Damit sicherte er sich nicht nur einen Platz im Team für die kommende Saison, sondern er wurde von seinen Landsleuten auch sofort zum Helden erklärt. Reutemann hingegen steuerte auf seinen Abgang zu. Er hatte sich lauthals über Forghieris neues 312T3-Fahrgestell beschwert und besonders die mangelnde Bodenhaftung angekreidet, die den Ferrari gegenüber den englischen Autos mit ihrem neuen »ground effect« deutlich in Nachteil brachte. Aber der große Zwölfzylinder-Boxermotor, der nun schon seine neunte Saison erlebte, war für die neue Technik einfach ungeeignet, und neue Motoren waren erst in der Planung. Nur: Ein Fahrer, der sich über sein Auto beklagte, hatte in Maranello nichts verloren, und darum war klar, daß sich der Argentinier nicht mehr lange halten würde.

Einer der Hauptkandidaten für das Team war ein verschlossener Südafrikaner namens Jody Scheckter. Nach mehreren ausgezeichneten Saisons beim Privatteam von Walter Wolf war er seinen Ruf als schneller, aber allzu häufig verunglückender Neuling losgeworden. Scheckter war bekannt als Einzelgänger, als absolut engagierter Fahrer, der seine Zeit nicht damit verschwendete, der Presse oder den Sponsoren schönzutun oder sich sonst für irgendwelche PR-Aktionen einspannen zu lassen. Nach seinem Rückzug aus dem

Rennsport hat er einmal erklärt, das hätte ihn nur von seiner wichtigsten Aufgabe abgelenkt, nämlich Rennen zu gewinnen, und er hätte eigentlich nicht unhöflich sein wollen. Aber in seiner besten Zeit galt Scheckter allgemein als rücksichtslos offener, eigenbrötlerischer, knallharter Profi.

Wie üblich traten die Ferrari-Leute in aller Heimlichkeit an ihn heran. Und wie Lauda wurde auch er unter strengster Geheimhaltung ins Werk von Maranello eingeschleust: Er wurde an derselben Autobahnausfahrt abgeholt und durch die Hintertür zu Ferrari geleitet. Weder er noch sein neuer Boß hielten viel von langen Vorreden, und darum war die Unterhaltung nur kurz und kam sofort auf den Punkt. »Wieviel wollen Sie?« fragte Ferrari. »Ich bin noch zu jung, um über Geld zu sprechen«, sagte Scheckter wie aus der Pistole geschossen zu Piccinini, der als Dolmetscher fungierte. Mit dieser schlagfertigen Antwort hatte Ferrari nicht gerechnet, und sofort war ihm klar, daß sich dieser Fahrer nicht vom Ferrari-Mythos ins Bockshorn jagen lassen würde. Natürlich war Scheckter durchaus bereit, über Geld zu sprechen, und so gerieten die beiden Männer bald lebhaft wegen der Honorare und Vergünstigungen ins Feilschen. Die Zeiten waren längst vorbei, daß Ferrari einen Fahrer mit der »Ehre«, für die Scuderia fahren zu dürfen, einseifen konnte. Wenn er Spitzenfahrer einstellen wollte, ging es nur ums Geld.

Und Scheckter verlangte viel. Wie zu erwarten, war Ferraris Angebot bescheiden. Der Südafrikaner forderte und bekam ein sechsstelliges Honorar, das er als »sehr konkurrenzfähig« bezeichnete, verglichen mit dem, was andere Topteams zahlten. Nur als es ums Preisgeld ging, gerieten die Verhandlungen ins Stocken. Jody verlangte zwanzig Prozent von der gesamten Preisgeldbörse, Ferrari bot ihm nur zehn Prozent an. Das ging eine Weile hin und her, bis Scheckter merkte, daß der »Alte« genau wußte, wieviel bei der Formel 1 bezahlt wurde und daß kein Fahrer zwanzig Prozent bekam. Er gab nach und akzeptierte zehn Prozent. Dann probierte Ferrari einen letzten Trick. Scheckter wollte in Dollars bezahlt werden. Ferrari war damit einverstanden, bot ihm aber kanadische Dollars an, die etwa zwanzig Prozent weniger wert waren als US-Dollars. Scheckter wurde wieder bockig, Ferrari gab nach, und endlich konnte der Vertrag unterzeichnet werden.

Konventionell denkende Motorjournalisten befürchteten, daß der knallharte Scheckter, der bubihafte Villeneuve und der temperamentvolle, machiavellistische Ferrari eine höchst brisante, unverträgliche Mischung ergeben würden. Doch genau das Gegenteil war der Fall. Die beiden Fahrer kamen gut miteinander aus, vielleicht weil ihre jeweilige Einstellung gegenüber dem Rennsport sich total von der des anderen unterschied. Und Enzo Ferrari schien sogar an dieser allgemeinen Harmonie sehr interessiert zu sein, denn er konnte gelassen zusehen, wie die beiden die Saison 1979 beherrschten. Dank Forghieris erheblich verbessertem 312T4, der nun eine ausgezeichnete Bodenhaftung aufwies und noch mehr PS bei geringerem Drehmoment brachte (wofür die Ferraris berühmt waren), gewannen die beiden Fahrer immer wieder. Scheckter wurde Weltmeister, indem er eine ganze Reihe von Spitzenergebnissen erzielte und dreimal glatt siegte. Auch Villeneuve gewann drei Grand-Prix-Rennen (sowie ein nicht zur Weltmeisterschaft zählendes Rennen in England), hatte aber nicht so viele Spitzenplazierungen wie sein Teamgefährte. Scheckter hatte sich den Titel durchaus verdient, aber er verdankte ihn nicht zuletzt der beeindruckenden Zuverlässigkeit seines Ferrari. Bei den siebzehn Rennen der Saison kam er nur zweimal nicht durchs Ziel, und das lag nicht an seinem Auto – einmal mußte er wegen einer Kollision mit einem anderen Auto, das andere Mal wegen eines Reifenplatzers ausscheiden.

Scheckter beherrschte auch den Großen Preis von Italien, bei dem er mit Villeneuve einen Doppelsieg erzielte und die *tifosi* völlig aus dem Häuschen brachte, als er sich bereits hier in Monza seine erste Weltmeisterschaft sicherte – es war zugleich die letzte, die Enzo Ferrari für sein Team erleben durfte. Es war eine überaus sportliche Geste, daß Villeneuve brav hinter seinem Partner auf den zweiten Platz fuhr und ihm nie die Führung streitig machte, auch wenn viele in den Boxen sicher waren, daß ihm der Junge ein großartiges Duell geliefert hätte, wenn er nur gewollt hätte. Und allein für diese Geste gewann der Frankokanadier für immer Ferraris Dankbarkeit und Zuneigung.

Der Legende nach war Villeneuve ein engagiertes Mitglied des Ferrari-Teams und damit im Grunde seines Herzens ein Italiener gewesen. Doch das sei durchaus nicht der Fall gewesen, hat Scheckter einmal erklärt. »Im Grunde mochte Gilles Italien nicht so sehr«, erinnerte sich der Südafrikaner. »Darum hat er auch in Monaco gelebt und ließ sich zu den Tests und Besprechungen per Hubschrauber einfliegen. Ich dagegen habe die Italiener und ihre

Lebensart immer gemocht. Gilles und ich wollten uns aus den ganzen Intrigen im Werk heraushalten, obwohl das beinahe unmöglich war. Forghieri konnte ein Verrückter sein, aber er war genial, und wir haben ständig miteinander diskutiert. Nur in Gegenwart des Alten hat man sich eigentlich nie wohl fühlen können. Ich wollte darum ganz professionell sein. Ich war da, um Rennen zu gewinnen. Sonst nichts. Ich nehme an, das war der Unterschied zwischen mir und Gilles. Er wollte die schnellste Runde fahren – ich wollte das Rennen gewinnen.

Enzo Ferrari war schon ein ganz besonderer Mann. Man mußte einfach Respekt vor ihm haben. Bei seinen Fahrern ging es ihm nur ums Geschäft. Nachdem ich die Weltmeisterschaft gewonnen hatte, sagte er gar nichts. Es kamen auch keine Briefe, keine Anrufe. Nichts. Ein paar Wochen später sah ich ihn in Fiorano. Er ging dicht hinter mir, winkte mir zu und sagte: ›He, Champion.‹ Das war alles, was ich von ihm je über den Titel zu hören bekam. Am Ende der Saison gab es das übliche Jahresbankett, und ein paar von uns – Mechaniker, Testfahrer, Ingenieure usw. – bekamen irgendeine Trophäe. Ich kriegte ein aufsteigendes Pferd aus Silber auf einem kleinen hölzernen Sockel. Eines der Beine war abgebrochen und wieder angelötet worden.«

Scheckter und Villeneuve blieben auch 1980 beim Team, aber da geriet der Grand-Prix-Rennsport in derartige Turbulenzen, daß die Intrigen in Maranello verglichen damit geradezu harmlos waren. Im Grunde hatte sich schon seit fast zehn Jahren einiges zusammengebraut, das heißt, seit das Sponsoring größere Ausmaße angenommen hatte und lukrative Fernsehverträge abgeschlossen wurden. Natürlich ging es, wen wundert's, um Geld, viel Geld. Die jungen Löwen des Rennsports – und das waren hauptsächlich die unabhängigen britischen Teams wie McLaren, Brabham, Lotus und Williams, die sich ohne eine große Automobilfirma im Rücken ganz nach vorn gearbeitet hatten – wollten mehr Mitsprache in den heiligen, aber ziemlich muffigen Hallen der von den Franzosen beherrschten Fédération Internationale de l'Automobile haben. Die FIA, vertreten durch die FISA (Fédération Internationale Sportive de l'Automobile), ihren Unterausschuß, der im internationalen Rennsport das Sagen hatte, war ein durch und durch traditionalistischer Club, der mit der neuen Welt des Fernsehens und des kommerziellen Sponsoring nichts gemein haben wollte. Die FISA wiederum war mit den alten Granden des Sports im Bunde, den klassischen europäischen Automobilherstellern wie Porsche, Mercedes-Benz, Peugeot, Renault, Alfa Romeo und natürlich Ferrari, der seit jeher Autos für Rennen und Rallyes gebaut hatte, die von der FIA genehmigt waren. Das alte Establishment war also unter sich geblieben – bis die britischen Emporkömmlinge ihre FOCA (für Formula One Constructors Association) gründeten. Ihr Vorsitzender war der smarte Bernie Ecclestone, der sich beim Rennsport seine Sporen verdient hatte und dem nun das Brabham-Team gehörte. Und Ecclestone trat dafür ein, daß das Reglement mehr der Praxis angeglichen wurde, er war für Kostensenkungen, höhere Preisgelder und eine stärkere Präsenz der Teams bei den Beratungen der FISA.

Die Franzosen und ihre Lobby in der FIA konterten damit, daß sie einen wichtigtuerischen Landsmann namens Jean Marie Balestre beriefen, der die Ehre des internationalen Gremiums verteidigen sollte. Daraus entwickelte sich ein Kampf der Granden gegen die *garagisti,* der fünf Jahre lang wüten sollte, bis man endlich miteinander Frieden schloß. Balestre war ein aberwitziger Mensch, der gern aufgeblasene Erklärungen absonderte und Geldbußen wegen angeblicher Beleidigungen auferlegte. Seine Feigheit war geradezu grotesk, und die Motorpresse machte sich darüber dauernd lustig. Die Italiener nannten ihn den »irren Papst«. Doch plötzlich war es kein Spaß mehr: Eine italienische Zeitschrift veröffentlichte Fotos von ihm, auf denen er eine deutsche Uniform zu tragen schien. In dem Bericht wurde ihm vorgeworfen, er habe im Zweiten Weltkrieg als Funktionär der Vichy-Regierung mit den Deutschen kollaboriert. Dann kam heraus, daß Balestre einige Zeit im Gefängnis gesessen hatte – angeblich, wie er behauptete, weil er von den Deutschen als Spion der Resistance geschnappt worden war. Seine Kritiker hingegen erklärten, er sei von den Deutschen nur deshalb eingesperrt worden, weil sie dahinterkamen, daß er sie bestahl. Der Streit dauerte einige Jahre, ohne daß man schlüssige Beweise beibringen konnte, um Balestre von seinem hohen Roß zu holen.

Die beiden Verbände konnten sich über alle möglichen Themen nicht einigen, wobei viele allzusehr ins technische Detail gingen und sich über Turbolader, wassergekühlte Bremsen, verstellbare Aufhängungen, Ground-effect-Tunnel und dergleichen in die Haare gerieten. Damit aber wurde nur das eigentliche Thema verstellt: Wer sollte künftig bei den Formel-1-Rennen das Sagen haben

– die Teams oder das überalterte Establishment in Paris? In derartigen Kämpfen war Ferrari ein Meister. Er und sein Abgesandter Piccinini hatten hohe Trümpfe in der Hand. Der angesehene englische Motorjournalist Nigel Roebuck hat in seiner Kolumne in der vielgelesenen englischen Zeitschrift *Autosport* enthüllt, daß nach einer Untersuchung aus den frühen achtziger Jahren etwa dreißig Prozent aller Zuschauer bei einem Grand-Prix-Rennen ausschließlich wegen der Ferraris gekommen waren. Wegen derart eindeutiger finanzieller Aspekte versuchten beide Seiten in diesen endlosen, geisttötenden Auseinandersetzungen über Reglements und Strategien Enzo Ferrari für sich zu gewinnen. Zumeist vertrat er den Standpunkt des FISA-Establishments – aus Gründen der Tradition, der gemeinsamen Wurzeln der französischen und der italienischen Kultur und aus einer allgemeinen Abneigung gegen die englischen Emporkömmlinge, die die Mehrheit der Opposition darstellten. Und doch gelang es ihm und Piccinini, sich aus allem geschickt herauszuhalten, wobei sie die Macht und den Einfluß des Namens Ferrari dafür geltend machten, beide Seiten so zu steuern, wie es der Scuderia am besten paßte. Er hatte nun schon Hunderte von derart kleinlichen Diskussionen hinter sich gebracht, und immer waren darin auch die überaus selbstbewußten Persönlichkeiten aufgetreten, die es zu dieser äußersten sportlichen Herausforderung hinzog; aber er war nicht gewillt, daß sein geliebter Grand-Prix-Rennsport in diesen erbittert geführten Auseinandersetzungen vor die Hunde ging. Einerseits agierte er als unparteiischer Schiedsrichter im Kampf zwischen FISA und FOCA, ein unnahbarer Patriarch, der sich die Rangeleien zweier unbedeutender Angehöriger seines Clans gelassen ansieht – doch andererseits nutzte er jeden Fehler oder Ausrutscher auf beiden Seiten zu seinem Vorteil.

Jedem war klar, daß moderne Formel-1-Autos zu schnell wurden. Dank der neuen Ground-effect-Technik konnten die Kurven bei absurd hohen Geschwindigkeiten genommen werden. Während man früher vor normalen Kurven abbremsen mußte, nahm man sie nun mit Vollgas. Einige Teams entwickelten sogar 1,5-Liter-Turbolader, die es auf unglaublich hohe, wenn auch nicht immer ganz verläßliche PS-Zahlen brachten. Im unteren Karosseriebereich der Autos wurden sogenannte Schürzen montiert, die für einen engeren Verbund der negativen Flügelprofile sorgten, die nun das Fahrgestell bildeten. Diese Bauteile wurden verboten, und das sorgte für einen gewaltigen Aufruhr. Ein Minimum an Bodenfreiheit wurde zur Auflage gemacht, und das führte dann zu verstellbaren Aufhängungen, die im Rennbetrieb abgesenkt bzw. für die Inspektion in den Boxen angehoben werden konnten. Wieder gab es Ärger. Endlos wurde zwischen den beiden Verbänden über wassergekühlte Bremsen, Wassereinspritzanlagen, bewegliche Tragflächen, Beschränkung der Tankkapazität gerangelt. Rennen wurden boykottiert, und in den teuren Wohnwagen, die den verschiedenen Teams als mobile Organisationsbüros dienten, ging es hoch her. Bei all diesen Diskussionen war Piccinini stets dabei, wobei er zwar im allgemeinen auf der Seite des FISA-Establishments stand, aber stets zu Verhandlungen mit Ecclestone und seinen Dissidenten bereit war.

Während bei diesen endlosen Plänkeleien im Grunde nur um Details im Reglement gestritten wurde, ging es in Wahrheit darum, wer bei der Formel 1 das Sagen hatte und damit über die Millionen der Sponsoren und der Fernsehgesellschaften bestimmen konnte. Enzo Ferrari war sich darüber völlig im klaren und sorgte dafür, daß er auf der richtigen Seite stand, ganz gleich, wer am Ende recht behielt. Während er weiterhin darauf beharrte, daß seine Autos von Sponsoren »unabhängig« wären, die nichts mit der Autoindustrie direkt zu tun hätten, erschienen nach und nach die Logos von Marlboro-Zigaretten, Olivetti-Büromaschinen und Longines-Uhren auf den Karosserien. Das wurde einfach als Sponsoring für die Fahrer, nicht für das Team ausgegeben, obwohl die Scuderia natürlich eine großzügige Provision auf die sechsstelligen Honorare kassierte, die die Markenfirmen zahlten. Dollars, Francs, englische Pfund und Lire flossen nun reichlich in den Rennsport. Selbst ein so geschäftstüchtiger Mann wie Ferrari, der sich freilich jahrzehntelang mit den eher bescheidenen Zuschüssen von Shell, Pirelli und Konsorten hatte begnügen müssen, mußte von diesem neuen Reichtum einfach überwältigt sein. Mitte der achtziger Jahre lagen die Sponsorengelder für jedes einzelne Auto der großen Teams bei über fünf Millionen Dollar und die Gehälter der Fahrer bei über einer Million Dollar im Jahr. Selbst Ferrari, der in dieser Hinsicht noch immer ein wenig hinter den führenden Teams zurücklag, mußte über eine halbe Million Dollar an Vorschüssen berappen, wenn er Männer wie Scheckter und Villeneuve in seine Dienste nehmen wollte.

Während die Scuderia dank dem Duo Scheckter / Villeneuve eine

Phase relativer Ruhe erlebte, wurde Ferrari durch einen Vorfall zutiefst erschüttert, der nicht in der rauhen Welt des Rennsports passierte. Im Oktober 1979 drangen ein paar unglaublich verkommene Subjekte in die Krypta auf dem Friedhof von San Cataldo ein und versuchten den Leichnam von Dino Ferrari zu entwenden. Die Verbrecher hatten den metallenen Sarg schon fast geöffnet, als sie gestört wurden und flüchteten, bevor sie ihr makabres Vorhaben ausführen konnten. Sie ließen mehrere Plastiktüten zurück, was darauf hindeutete, daß sie die sterblichen Überreste stehlen und dafür von dem verzweifelten Vater Lösegeld erpressen wollten. Leider wurden diese perversen Grabschänder nie gefaßt, und Ferrari hielt gegenüber der Presse dicht. Immerhin ließ er den Eingang zum Mausoleum mit schweren schmiedeeisernen Türen versehen. In der letzten Fassung seiner Memoiren, die drei Jahre danach veröffentlicht wurde, hat er dazu angemerkt: »Ich kann mir einfach nicht vorstellen, daß der Preis, den man dafür zu zahlen hat, bekannt und berühmt zu sein – und den ich in jedem Abschnitt meines Lebens immer wieder brav gezahlt habe –, daß dieser Preis auch die Zerstörung und Schändung des Grabes mit einschließt, in dem ich vor nun 26 Jahren meinen Sohn Dino begrub. Ich fühle mich alleingelassen nach all diesen Ereignissen, als sei ich selbst schuld, noch am Leben zu sein. Manchmal denke ich, der Schmerz sei nichts anderes als ein erbittertes Festklammern am Leben im Angesicht der Zerbrechlichkeit unserer Existenz.«

Doch nun kehrte Leben in das große Haus am Largo Garibaldi 11 ein, auch wenn Dutzende von Räumen über dem inzwischen (aber nur vorübergehend) eingegangenen Restaurant Al Tucano weiterhin leer standen. In Enzo Ferraris alter Heimatstadt hatte sich überhaupt viel verändert. Modena hatte nun 150 000 Einwohner, und es wurden täglich mehr. 1975 hatte die Familie Fini für ihr Hotel ein paar Kilometer östlich an der Via Emilia ein neues Gebäude errichtet, und in das alte Real-Fini war nun eine Bank eingezogen. Auch das Grand Hotel, einst Schauplatz zahlreicher Orgien, beherbergte nun eine Bank, nachdem Alejandro De Tomaso das neue Canalgrande in der mittelalterlichen Altstadt von Modena eröffnet hatte. Das Herrenhaus der Orsis gab es nicht mehr, und die ursprüngliche Scuderia im Viale Trento e Trieste sollte in ein Parkhaus aus Beton umgebaut werden – sicher die Zerstörung eines wichtigen Industriedenkmals. Piero hatte mit Frau und Tochter eine große Wohnung in Ferraris Haus bezogen, auch Lina lebte hier in einer eigenen Wohnung. Inzwischen war Piero als Ferraris Sohn gesetzlich anerkannt worden. Ferrari hatte sich 1975 das erstemal öffentlich zu ihm bekannt, als er ihn in einer Pressemitteilung »einen jungen Mann, der eng mit mir verwandt ist«, nannte. Getreu dem Versprechen, das er seiner Mutter gegeben hatte, leitete Enzo Ferrari nach Lauras Tod das offizielle Adoptionsverfahren ein, und zwei Jahre später nahm Piero den Namen Piero Lardi Ferrari an. Sein Aufgabenkreis im Rennteam weitete sich aus, und als eine Art leitender Mitarbeiter von Piccinini war er für die Beziehungen zu den Fahrern, für die Reisearrangements, die Verhandlungen mit einzelnen Rennorganisatoren und anderes mehr zuständig. Außerdem war er Mitglied in einem Gremium leitender Angestellter, dem Forghieri, Piccinini, Ermano Della Casa, Franco Gozzi, Ferraris Privatsekretär Valerio Stradi sowie eine Handvoll von technischen Fachleuten angehörten.

Auch wenn dem Team der amtierende Weltmeister und ein Fahrer angehörten, der weithin als der begabteste Rennfahrer seit Jahren galt, war die Formel-1-Saison 1980 wieder einmal eine absolute Katastrophe für Ferrari. Die von den Engländern entwickelte Ground-effect-Technik hatte alle PS-Vorteile, die das Team vielleicht gehabt hätte, mehr als wettgemacht, und in den vierzehn Rennen der Saison fuhren Scheckter und Villeneuve nur drei mäßige fünfte Plätze heraus – sonst gab es nur zahlreiche Ausfälle wegen technischen Versagens.

Und es kam sogar noch schlimmer: In Long Beach raste Ferrari-Veteran Clay Regazzoni mit seinem Auto bei über 240 km/h in eine Betonabsperrung und wurde für immer von der Taille abwärts gelähmt. Doch der Schweizer ließ sich dadurch nicht entmutigen, und nach einer jahrelangen Behandlung beherrschte er schließlich seinen Mercedes mit Handgas fast so gut wie vor dem Unfall. Als er das erstemal im Rollstuhl dem Werk in Maranello einen Besuch abstattete, soll ihn Ferrari angeblich gleich gefragt haben: »Wie steht's mit der Liebe?«

Scheckter, der nun schon zehn Jahre an der Grand-Prix-Front gekämpft hatte, war inzwischen so ausgelaugt, daß er mitten in der Saison ankündigte, er werde nach dem letzten Rennen in Watkins Glen aufhören. Er trennte sich auf friedlichem Weg von Ferrari – was von allen Weltmeistern der Scuderia außer ihm nur noch Hawthorn gelungen war.

Nach Scheckters Weggang wurde das Team um Villeneuve 1981

durch den Franzosen Didier Pironi verstärkt, einen rundgesichtigen jungen Mann, der einer wohlhabenden Familie entstammte und als arrogant verschrien war. Er protestierte zwar gegen diese Unterstellung und erklärte, er sei nur scheu, aber das half ihm bei der Motorsportpresse und bei seinen Rennfahrerkollegen nur wenig. Forghieri und sein Konstruktionsteam hatten einen ausgezeichneten 1,5-Liter-Turbomotor gebaut, und der Neuling Harvey Postlethwaite – der im Sommer 1981 nach Maranello gekommen war – brachte ein Fahrgestell heraus, mit dem Ferrari nach dem finsteren Mittelalter der Ganzmetall-Monocoques in die Neuzeit der Verbundkunststoffe einsteigen würde. Postlethwaite, ein hagerer, steifer, aber hervorragend ausgebildeter Ingenieur, hatte zuvor bei den Teams von March, Wolf, Fittipaldi und Hesketh als Konstrukteur von Aufhängungen, aerodynamischen Vorrichtungen und Carbonfiberfahrgestellen gearbeitet. Eigentlich sollte er Forghieri entlasten, damit dieser aus dem neuen 126C-Turbomotor ein perfektes Triebwerk machen konnte, während der Engländer das Team auf den neuesten Stand der Technik bei der Straßenlage wie beim Bremsverhalten bringen würde. Postlethwaite war der erste einer Reihe von »Anglos«, die in die ansonsten rein italienische Konstruktionsabteilung aufgenommen wurden. Er bekam rasch mit, daß es bei Ferrari ganz besonders zuging. Er fand einen großen Stab von kompetenten Mitarbeitern vor, die alle mit hervorragenden Computern ausgestattet waren. In der Rennabteilung arbeiteten allein 200 Spezialisten, allesamt Formel-1-Veteranen und – zumindest nach außen hin – dem führenden Mann ergeben, den sie einfach den Alten nannten. Aber zu seiner Enttäuschung mußte Postlethwaite erfahren, daß man nicht vorhatte, einen Windkanal zu bauen oder die Fiorano-Teststrecke zu verlängern.

Vor allem aber stellte der Engländer fest, daß er innerhalb der Konstruktionsabteilung Neuland betrat. »Ferrari interessierte sich einfach nicht für Fahrgestelle, Aerodynamik oder Bremsen. Er lebte noch in der Vergangenheit und war vollkommen von großen PS-Zahlen besessen – auf Kosten aller anderen Komponenten«, erinnert sich Postlethwaite. Als Ferrari von den Anfangserfolgen der BMW-Ingenieure mit einer Turboladerversion ihres Vierzylinder-Formel-1-Motors erfuhr, bestand er darauf, daß auch Forghieri ein derartiges Triebwerk entwickeln sollte. »Er hatte gehört, daß die BMW-Ingenieure 1100 PS auf dem Dynamometer herausgeholt hätten, während es unser V6 nur auf etwa 800 PS brachte, und wollte unbedingt, daß wir uns gleich an die Arbeit machten. Wir mußten ihm klarmachen, daß wir auf diesem Weg nicht weiterkämen, weil der Erfolg von BMW auf einem Dosiersystem bei der Kraftstoffeinspritzung beruhte, aber davon wollte er nichts wissen.«

Postlethwaite und Forghieri lagen sich sofort in den Haaren. In Rennsportkreisen sprach man davon, daß die FISA erwäge, den Hubraum von Turbomotoren von 1500 auf 1200 Kubikzentimeter zu verringern, und bei dieser kleineren Konfiguration schien der Vierzylinder Sinn zu machen. Also begann man mit der Arbeit am 154C – und dieses Vorhaben sollte die ausgezeichneten Leistungen von Mauro Forghieri schmälern und einige Jahre später zu seinem Ausscheiden aus der Firma führen, der er mit so großer Loyalität und Begeisterung gedient hatte. Forghieri glaubte, daß der Vierzylinder funktionieren würde, zumal wenn man die 1200-Kubikzentimeter-Turbo-Formel in Kraft setzte. Postlethwaite und ein paar seiner Freunde und Kollegen, zu denen auch Piero Lardi gehörte, waren dagegen überzeugt, daß der Vierzylinder technisch nicht viel hergeben würde. Dazu kam noch, daß Forghieri Lardi nicht besonders schätzte – für ihn war er ein »netter Junge, aber ein Trottel«. Ferrari machte kein Hehl aus seiner Abneigung gegenüber Forghieri, weil der Ruhm seines Staringenieurs seinen eigenen zu überstrahlen drohte. Forghieri konterte damit, daß Ferrari in technischer Hinsicht »seit zehn Jahren tot« sei und inzwischen nur noch in der Vergangenheit lebe – er könne sich genau an die Ereignisse von 1925 erinnern, aber nicht mehr an das, was 1975 passiert sei. Doch Ferraris Gedächtnis war durchaus noch erstaunlich. Immer wieder unterbrach der Boß wichtige Konferenzen seines Ingenieurstabs, weil er sich daran erinnerte, daß ein bestimmtes Konstruktionsdetail bereits vor Jahren oder gar Jahrzehnten schon einmal erprobt worden sei. Dann wurde ein Assistent in das riesige Werksarchiv geschickt, und nach einer Weile kam er mit detaillierten Konstruktionsplänen von Lampredi, Colombo oder Rocchi wieder, die belegten, daß der Boß recht hatte.

Während der neue 126C Turbo-V6 zu großen Hoffnungen berechtigte, verlor Forghieri zusehends an Schwung. Seit 1960 hatte er zuweilen mit aberwitzigem Eifer für das Team geschuftet, und nun, als er 45 war, begannen ihn die endlosen Intrigen und Machtkämpfe im Betrieb zu zermürben. Er würde sich auch weiterhin einsetzen, aber er war immer weniger motiviert, nur noch zum Ruhm des aufsteigenden Pferdes von Maranello zu arbeiten. Im privaten Kreis nörgelte er bald nur noch an seinem Boß herum, dem er seit zwanzig Jahren diente – er sei »ein guter Geschäftsmann, aber als Mensch eine Null«.

Das aus Villeneuve und Pironi bestehende neue Team schien gut aufeinander eingespielt zu sein, auch wenn die beiden Männer den beiden entgegengesetzten Enden des sozialen Spektrums angehörten. Villeneuve war ein schlichter, unprätentiöser Typ, offen und unkompliziert, und seine neue Berühmtheit schien ihn überhaupt nicht verändert zu haben. Pironi dagegen war unnahbar, distanziert und seltsam entrückt in seiner herrenhaften Auffassung vom Rennsport. Villeneuve war zweifellos der Schnellere, auch wenn Pironi im Training nie sehr weit hinter ihm lag. Auch wenn der neue Motor Villeneuves unnachgiebigem Fahrstil zuweilen nicht gewachsen war, gelangen dem Frankokanadier doch beachtliche Siege in Monaco und beim Großen Preis von Spanien in Jamara, während er in England, Österreich und in den Niederlanden jeweils nach Zusammenstößen ausfiel. Sein Ungestüm wurde immer wieder kritisiert. Viele beklagten es, daß ihn sein Mangel an Disziplin daran hindern würde, konstante Siege herauszufahren. Aber Ferrari hielt mit wachsender Begeisterung zu ihm und verglich ihn immer wieder mit einem seiner Lieblingsfahrer: Guy Moll. Die beiden nannte er gern *spudorati* – unverschämte Draufgänger.

Zu Beginn der Saison von 1982 bekamen der forsche Villeneuve und der nüchtern abwägende Pironi neue 126C2er, die Postlethwaite in Wabenbauweise aus Kunststoff konstruiert hatte und die in Belgien hergestellt worden waren, weil Ferrari nicht über eine moderne Kunstharzgießerei verfügte, die für derart komplizierte Fahrgestellkonstruktionen benötigt wurde. Der Engländer hatte ursprünglich sogar einen noch moderneren Kohlefaserverbundstoff verwenden wollen, dann aber hatte er erkannt, daß die technischen Möglichkeiten (und das Denken) bei Ferrari so veraltet waren, daß ein derartiger technologischer Sprung nie nachvollzogen worden wäre. Also hatte er sich für ein konservativeres Verfahren entschieden – freilich mit dem Hintergedanken, eines Tages nur noch ganz moderne Techniken anzuwenden, sobald das übrige Konstruktionsteam mithalten würde. Währenddessen hatte Forghieri ausgiebig am Beschleunigungsverhalten des V6-Turbotriebwerks gearbeitet, und man erwartete, daß die Motoren mit den starken, aber unzuverlässigen Renaults, den führenden Turboladern, gleichziehen oder sie sogar übertreffen würden.

Nachdem Ferrari drei Jahre lang mit den ganz neuen Renngürtelreifen von Michelin nur mittelmäßige Ergebnisse erzielt hatte, kehrte man wieder zu Goodyear zurück. Leo Mehl, der Rennleiter des Reifengiganten aus Akron, kannte Ferrari seit 1974, als seine Firma zum erstenmal mit dem Team zusammengearbeitet hatte. Er denkt an diese fünf Jahre dauernde Geschäftsbeziehung gern zurück: »Ferrari war immer sehr loyal. Er war für uns das zuverlässigste Mitglied im Grand-Prix-Zirkus und entsprach – zumindest nach meiner Erfahrung – überhaupt nicht seinem schlechten Image. Anders als so viele andere Teams, die unsere Reifen verwendeten, war er leicht zufriedenzustellen. Ich erinnere mich noch gut an ein Rennen, bei dem unsere neuen Gürtelreifen total versagt hatten. Die Ferraris starteten aus der ersten Reihe, dann fielen sie wegen unserer Reifen zurück und hatten auf den Ausgang des Rennens keinen Einfluß mehr. Als ich ihm ein paar Tage später in Maranello über den Weg lief, rechnete ich damit, Ärger zu bekommen. Aber er lächelte und sagte: ›Ich weiß, daß Sie einen schweren Tag gehabt haben.‹ Ich gab ihm ziemlich verlegen recht. Dann erklärte er: ›Sie sollten das so sehen: Bis jetzt haben Ihre Reifen in dieser Saison bei zwei Rennen mit der Konkurrenz mithalten können, sechsmal waren sie ihr überlegen und zweimal unterlegen. In dieser Zeit waren meine Autos viermal gleich gut, zweimal überlegen und sechsmal unterlegen. Also seid ihr besser als wir.‹ Ferrari kostet Goodyear zwar mehr als andere Teams, aber es hat uns auch viel mehr genutzt.«

Beim Großen Preis von Südafrika hatte das Team technische Probleme. Dann hatte Pironi bei einem Testrennen in Le Castellet einen schweren Unfall: Sein Auto schleuderte in einen Zuschauerbereich, der zu diesem Zeitpunkt Gott sei Dank leer war. Pironi kam mit einem Bluterguß am Knie davon. Beim Großen Preis von Brasilien lag Villeneuve in Führung, bis er in einer Kurve im Duell mit dem Brasilianer Nelson Piquet überzog und hinausflog. Pironi, der noch immer Schmerzen hatte, trudelte am Ende des Feldes durchs Ziel. In Long Beach hatte der Franzose erneut einen Unfall, während Villeneuve immerhin Dritter wurde. Enzo Ferrari, der das Rennen zu Hause in Italien am Bildschirm verfolgte, war mit Sicherheit irritiert, daß dieses Rennen ausgerechnet von Niki Lauda gewonnen wurde, der beim britischen McLaren-Team sein

Comeback im Rennsport feierte und wieder zu seiner alten Form zurückgefunden zu haben schien.

Die Schlacht zwischen FISA und FOCA tobte ungebrochen weiter. Ohne die neuen Turbolader versuchten die englischen Dissidenten alle möglichen Tricks, um mit ihren inzwischen leistungsschwächeren Cosworths konkurrenzfähig zu bleiben. Die Bremsen wurden mit Wasser gekühlt, aber das war natürlich nur ein raffinierter Einfall, um das Rennen mit weniger als dem vorgeschriebenen Mindestgewicht bestreiten zu können. Die Wagen – von Williams, Brabham usw. – wurden nämlich beim Start gewogen und entsprachen mit ihren vollen Wassertanks natürlich den Vorschriften. Aber sobald die grüne Flagge fiel, wurde das Wasser abgelassen, und damit wurden die Autos leichter und schneller. Nach einer Reihe von Protesten wegen dieser unlauteren Bremsen wurden Nelson Piquet, der Sieger beim brasilianischen Grand Prix, sowie der Zweite, Keke Rosberg, von der FISA disqualifiziert. Das führte zu einem Boykott von zehn FOCA-Teams für den bevorstehenden Großen Preis von San Marino, der in Imola stattfinden sollte. Als das Rennwochenende begann, waren die Fronten zwischen den *grandi costruttori* und den *assemblatori* (den britischen »Seifenkisten«-Bauern oder der alten *garagista*-Bande), wie Ferrari die beiden Kontrahenten nannte, völlig verhärtet.

Für Enzo Ferrari war es schon seit langem eine liebgewordene Gewohnheit, auf der Autostrada zu den Test- und Qualifikationsrennen zu fahren, die vor den großen Rennen in Monza und Imola stattfanden – der Rundkurs von Imola war übrigens inzwischen nach seinem schon vor so vielen Jahren verstorbenen Sohn Dino benannt worden. Vermutlich hat er ihn in diesem Jahr (1982) zum letztenmal besucht und danach die nähere Umgebung von Modena kaum noch verlassen.

Da nur die FISA-Mitglieder antraten, während die lästigen Briten auf ihrer kleinen Insel schmollten, konnten sich die *tifosi*, die ihre Kehlen gut mit dem örtlichen *frizzante* geölt hatten, bestens auf den ersten möglichen Sieg eines Ferrari in dieser Saison einstimmen. Gilles Villeneuve war inzwischen der Lokalmatator geworden, denn er hatte vor zwei Jahren einen fürchterlichen Unfall in der Haarnadelkurve bei Tosa überlebt. Dabei hatte es den Ferrari förmlich in zwei Teile zerrissen, und während das rauchende Wrack mitten auf der Strecke liegenblieb, war der Fahrer darin wie durch ein Wunder unverletzt geblieben.

Die beiden Renault-Turbos – schnell, aber anfällig wie immer – waren aus der ersten Reihe gestartet, aber während des Rennens fielen die blitzenden gelb-schwarzen Wagen von René Arnoux und Alain Prost aus, und so konnten die beiden Ferraris ungefährdet ihre Runden drehen. Unter dem tosenden Jubel der Fans führte Villeneuve vor Pironi um ein paar Wagenlängen. Es war ein ungeschriebenes Gesetz, daß in derartigen Situationen Teamgefährten ihre Positionen beibehalten sollten, da ein Zweikampf nur beide Autos gefährden konnte. Als das Rennen in die letzten Runden ging, startete Pironi mehrere Attacken, um die Führung zu übernehmen, aber Villeneuve konterte und eroberte sich die Führung zurück – der Franzose wollte das Publikum wohl nur unterhalten, weil das Rennen ansonsten ziemlich langweilig verlaufen war. Aber in der letzten Runde schloß Pironi noch einmal zu Villeneuve auf. Als sie durch die Tosa-Kurve schleuderten, bremste ihn Pironi aus und drängte sich rüde an die führende Position. Und diesmal wollte er seinen Teamgefährten nicht mehr vorbeilassen, sondern jagte mit voller Kraft durch den kurvenreichen hinteren Streckenabschnitt, wo er einfach nicht überholt werden konnte, dem Sieg entgegen.

Villeneuve tobte. Finster und schockiert schweigend stand er auf dem Siegespodest, und weigerte sich, mit seinem Teamgefährten zu sprechen. Forghieri und anderen gegenüber beklagte er sich später darüber – er habe Pironi einfach durchgelassen, weil er geglaubt habe, er würde üblicherweise wieder auf den zweiten Platz zurückfallen. Als aalglatter Diplomat wollte Piccinini der Presse weismachen, das Team habe für derartige Situationen keine speziellen Weisungen bekommen und Pironi sei absolut im Recht gewesen, als er Villeneuve überholt habe. Darüber war Forghieri, der es besser wußte, so wütend, daß er den römischen *direttore sportivo* indirekt für die Tragödie verantwortlich machte, die sich dreizehn Tage später ereignen sollte.

Pironi verteidigte sich damit, daß er jedem, der es hören wollte, erklärte, er habe das für ein offenes Rennen gehalten und nur die günstige Situation genutzt, um seinen Teamgefährten zu überholen. Das war natürlich absoluter Blödsinn, und zahlreiche Angehörige der Scuderia, darunter Piero Lardi und Forghieri, beharrten darauf, es habe durchaus feste Absprachen gegeben, nach denen Teamgefährten in den letzten Runden ihre Positionen halten sollten. Sie verwiesen auf das Verhalten von Villeneuve und Peter Collins in ähnlichen Situationen, so daß Scheckter und Juan Manuel Fangio ungefährdet hatten siegen können. Wie auch immer – auf jeden Fall war es mit dem guten Einvernehmen zwischen den beiden Fahrern ein für allemal vorbei, und das führte wiederum zu einer Reihe von Ereignissen, die – zumindest symbolisch – die Auflösung des gesamten Ferrari-Formel-1-Betriebs noch zu Enzo Ferraris Lebzeiten initiierten.

In den beiden Wochen zwischen Imola und dem Großen Preis von Belgien in Zolder schwelten die Unstimmigkeiten zwischen Villeneuve und Pironi weiter. Der Kanadier kochte vor Wut, während der Franzose keine Reue erkennen ließ. Während des Trainings um den schwierigen, kurvenreichen Rundkurs zwischen den sandigen, von Kiefernwäldern bedeckten Hügeln nördlich von Lüttich versuchten die beiden, um jeden Preis schneller als der andere zu sein. Während des letzten Qualifikationslaufs, der über die Startpositionen entschied, war Pironi in einer Runde eine Zehntelsekunde schneller als Villeneuve in seiner besten Runde. Da er sich von seinem Rivalen in der Qualifikation einfach nicht ausstechen lassen wollte, schoß Villeneuve aus den Boxen, um eine letzte entscheidende Rundenzeit vorzulegen. Im hinteren Teil des Kurses überholte er den Deutschen Jochen Mass, als die beiden gerade in eine Kurve hineinrasten. Stürmisch wie immer versuchte dieser »schamlos verwegene« junge Mann an dem langsameren Fahrer vorbeizukommen. Dabei rollte das linke Vorderrad des Ferrari über das rechte Hinterrad von Mass' March 821, und dann schoß die rote Maschine, sich mehrmals überschlagend, von der Strecke. Der Ferrari bohrte sich mit der Nase voran in den sandigen Seitenstreifen, und Villeneuve war sofort tot. Während sich das Fahrzeug überschlug, wurde es förmlich in Stücke gerissen und der tote Fahrer zu Boden geschleudert. Die Welt des Rennsports war zutiefst erschüttert. Der Tod des begabtesten, auf ganz natürliche Weise charismatischen und populärsten Fahrers seiner Zeit hat mit Sicherheit auch den eisenharten Alten in Maranello berührt. Romantiker haben behauptet, Ferrari habe Gilles Villeneuve geliebt, aber das ist zweifellos übertrieben. Er hatte einfach zu viele ehrgeizige junge Männer hinter dem Steuer eines Rennwagens sterben sehen, als daß er ihrem Charme erlegen wäre. Er wußte nur zu gut um die »Zerbrechlichkeit unserer Existenz«, wie er es formuliert hat, als daß er sich gefühlsmäßig auf jemanden eingelassen hätte, der sein Leben in einem seiner Automobile riskierte. Öffentlich hatte er zwar mehrmals erklärt, er habe Villeneuve »geliebt«, aber das war nur eine klassische rhetorische Übertreibung, und mehrere Mitarbeiter, darunter Forghieri, haben behauptet, im privaten Kreis habe ihm der Verlust seines Stars wenig Kummer bereitet – außer daß er sich darüber Sorgen machte, ob Pironi wohl jemals in seine Schuhe schlüpfen und die Weltmeisterschaft gewinnen könnte.

Als das öffentliche Wehklagen verebbt und der Kritik an Postlethwaites Fahrgestell – das bei dem Unfall zerfetzt worden war – der Wind aus den Segeln genommen war, schien Pironi tatsächlich auf den Titelgewinn zuzusteuern. Zum Gedenken an seinen Teamgefährten wurde sein Auto aus dem Rennen von Zolder zurückgezogen, aber zwei Wochen später fuhr er schon wieder einen glänzenden zweiten Platz in Monaco heraus. In Detroit wurde er Dritter, bevor es nach Montreal weiterging, wo der Kurs auf der Ile Notre Dame zu Ehren des toten Lokalmatadoren umbenannt worden war. Ferrari war zwar auf der Suche nach einem zweiten Fahrer, der Villeneuves Platz einnehmen sollte. Aber bis der richtige Kandidat gefunden wurde, mußte Pironi die Ehre des Teams allein verteidigen. Dabei kam es zu einer Reihe von Unfällen, die auch die Karriere des Franzosen beendeten. In Montreal ging ihm der Motor auf der Startlinie aus, als die grüne Flagge fiel, und dann wurde sein Ferrari von hinten von dem Osella des ehrgeizigen Neulings Riccardo Paletti gerammt. Während der unglückliche Italiener bei dieser Kollision ums Leben kam, blieb Pironi unverletzt und ging mit einem Ersatzwagen noch ins Rennen. Mit diesem nicht getunten und ungetesteten Auto wurde er sogar noch Neunter. Eine Woche später war Pironi während eines Testlaufs im südfranzösischen Le Castellet erneut in einen Unfall verwickelt. Und wieder kam er mit dem Schrecken davon, nachdem ein Querlenker gebrochen und das Auto bei dem anschließenden Aufprall zerstört worden war.

Seinerzeit wurde der erfahrene französische Rennfahrer Patrick Tambay unter Vertrag genommen und sollte Villeneuves Platz einnehmen. Wegen seiner tadellosen Manieren hielt man Tambay für den idealen Teamgefährten, der den ichbezogenen Pironi nicht gefährden würde, der nun beste Chancen auf den Weltmeistertitel hatte. Außerdem war Tambay ein kompetenter Testfahrer, der bereit war, leere Rennstrecken wie Fiorano oder Le Castellet stundenlang zu umrunden und dabei mit neuen Motor- und Fahrgestellkonfigurationen zu experimentieren. Unter den Chauvinisten in der italienischen Presse kam es natürlich zu einem Aufstand, als die Wahl auf ihn gefallen war. Warum schon wieder ein Franzose, geiferten sie, und nicht ein Italiener wie Michele Alboreto, Riccardo Patrese oder Elio De Angelis? Ferrari, der sich so leicht über die Presse aufregen konnte, hielt dagegen, daß Tambay der beste Mann sei, den er bekommen könne, und außerdem wäre an dieser Entscheidung nicht mehr zu rütteln. Es war klar, was er damit sagen wollte, und das verstanden auch die italienischen Journalisten nur zu gut: Die Autos – diese zinnoberroten Boliden der Scuderia – transportierten die Ehre der Nation, nicht die vergänglichen Fahrer, die in ihren Cockpits saßen.

Die neue Kombination schien gut zu funktionieren. Da ihn sein Teamkollege nie gefährdete, gewann Pironi den Großen Preis der Niederlande, während Tambay mit seinem bockigen Motor mühsam den achten Platz erreichte. Beim englischen Grand Prix wurden die beiden Zweiter und Dritter, fielen dann aber in Le Castellet auf den dritten und vierten Platz zurück, als sie von den Renault Turbos unter den hervorragenden Fahrern Alain Prost und René Arnoux vernichtend geschlagen wurden. Während sich Pironi nun eine glänzende Ausgangsposition für den Titelgewinn geschaffen hatte, schoß sich die italienische Presse noch mehr auf ihn ein. Nach Villeneuves Tod hatte seine Popularität schwer gelitten, und nun ließ man kein gutes Haar an ihm, weil er nicht entschieden genug fahre und sich einfach nur mit guten Ergebnissen begnüge, um sein Punktekonto aufzupolstern, statt auf Sieg zu fahren. Doch Pironi war ein stolzer Mann, der dazu neigte, derartige Angriffe auf seine Ehre zu verinnerlichen. Als er nach Hockenheim kam, um am Großen Preis von Deutschland teilzunehmen, wollte er allen beweisen, daß er es auf der Rennstrecke an Schnelligkeit und Mut mit jedem aufnehmen konnte.

Am Tag vor dem Rennen regnete es in ganz Süddeutschland in Strömen. Die große, gefährliche, von Wäldern gesäumte Strecke war voller Pfützen, die Sicht stark beeinträchtigt. Dennoch wollte Pironi unbedingt voll ausfahren, obwohl er sich doch am Vortag immerhin schon die erste Startposition gesichert hatte. Als er eine der langen Geraden auf dem Hockenheimring entlangraste, tauchte plötzlich Prosts Renault vor ihm aus dem Dämmerlicht auf, und ehe Pironi ausweichen konnte, fuhr er auch schon auf ihn auf. Das erinnerte auf eine merkwürdige Art an Villeneuves Unfall, auch wenn diesmal der Wagen von Pironi zuerst mit dem Heck aufprallte, was ihm vielleicht das Leben gerettet hat. Endlich kam der Ferrari schlingernd zum Stehen. Seine Nase war abgerissen, und der Fahrer hatte sich beide Beine fürchterlich gebrochen.

Pironi wurde sofort ins Krankenhaus gebracht, wo er sich langsam und mühselig wieder erholte. Doch er sollte nie wieder in einem Formel-1-Auto sitzen. Dafür probierte er es mit seetüchtigen Rennbooten – und in einer dieser monströsen Maschinen kam er 1987 vor der Isle of Wight ums Leben. Als man Ferrari von dem Unfall am Hockenheimring unterrichtete, soll er nur gesagt haben: »*Adieu, mondiale*« – »Lebwohl, Weltmeisterschaft!«

Natürlich konnte er die wahre Bedeutung seiner Bemerkung nicht im entferntesten ahnen, denn nach dem Ausscheiden von Pironi hat nie wieder ein Ferrari-Fahrer zu seinen Lebzeiten ernsthaft um die Weltmeisterschaft gekämpft. Immerhin erlebte er zwar noch die Teilnahme seiner Autos an weiteren 78 Grand-Prix-Rennen, aber dabei gab es nur fünf Siege und dreizehn zweite Plätze. Andere Teams, besonders eines von den verhaßten englischen *garagisti:* McLaren, beherrschten die Veranstaltungen so souverän wie niemand sonst seit den großen Zeiten von Mercedes-Benz. Bei den verbleibenden Rennen der Saison 1982 verteidigte Patrick Tambay die Ehre der Ferraris allein – nur bei den letzten beiden Rennen wurde er von dem amerikanischen Helden Mario Andretti unterstützt. 1983 bestand das Team aus Tambay und einem weiteren Franzosen, dem aggressiven René Arnoux. Es war eine durchaus hoffnungsvolle Saison, denn die beiden gewannen immerhin vier Rennen. Tambays psychologisch wichtiger Sieg beim Großen Preis von San Marino in Imola – wo ein Jahr zuvor das Drama zwischen Villeneuve und Pironi begonnen hatte – versetzte die *tifosi* wieder in Hochstimmung. Arnoux, der ansonsten eine äußerst wechselvolle Karriere hatte, fuhr eine glänzende Siegesserie in Kanada, Deutschland und den Niederlanden heraus. Diesen überragenden Erfolg konnte der zurückhaltende Tambay einfach nicht verkraften, und darum mußte er 1984 dem populären italienischen Star Michele Alboreto Platz machen – eine Berufung, die den Beifall der nationalen Presse und der Millionen Anhänger des Teams fand. Leider hatte Ferrari nach der Entlassung von Tambay nunmehr nur noch zwei unbegabte Testfahrer – und das ausgerechnet in einer Zeit, als buchstäblich für jede Runde in einem Rennen zuvor Tausende von Testkilometern zurückgelegt werden mußten. Genau diese Entwicklungsarbeit aber war Tambays Stärke gewesen, während sich Arnoux und Alboreto dabei schwertaten und diese Schufterei eigentlich nicht mochten.

Für viele ist Tambays Entlassung ein Zeichen dafür, daß es mit Ferraris Urteilsvermögen auch nicht mehr soweit her war. Er hatte immer weniger mit den Alltagsgeschäften zu tun und verließ sich immer mehr auf die Augen und Ohren seines Mittelsmannes Piccinini. Dennoch blieb er der Mittelpunkt des Teams; er entschied letztlich allein über jedes Detail der Unternehmenspolitik und war für die Außenwelt eine geradezu mystische Galionsfigur. Wenn er jeden Tag die Fabrik betrat, wohnten diesem Ereignis all die Gläubigen bei, die eigens nach Maranello gekommen waren, um einen Blick auf den großen Mann zu erhaschen. Akademiker, Politiker und selbstsichere Industriebosse säumten die Via Abetone wie fromme Pilger – und sie alle waren einzig und allein in der Hoffnung gekommen, einen Mann zu sehen, der für die Naiven und Leichtgläubigen gleichsam ein Gott geworden war. Und dann fuhr er an ihnen vorbei, neben seinem Fahrer sitzend, und belohnte sie mit einem huldvollen Winken, während sich in seinem Gesicht mit der undurchsichtigen Sonnenbrille nichts regte. Für die Schar der Wartenden aber war das wie ein Geschenk des Himmels.

In der Fabrik mit ihrer geschäftigen Betriebsamkeit spielten sich nach wie vor die aberwitzigen Intrigen und Machtkämpfe ab. Piccinini war in den Krieg zwischen der FOCA und der FISA entsandt worden, der inzwischen derart verheerende Ausmaße angenommen hatte, daß beide Seiten einen Waffenstillstand herbeisehnten. Der Monsignore war hier in seinem Element und bei den Konferenzen in ganz Europa eine der auffälligsten Erscheinungen – selbst im Sommer trug er seinen langen, blauen, zweireihigen Wollmantel. Geschickt nahm er für beide Seiten Partei und machte Ferrari gleichzeitig zum Verbündeten von Ecclestone und Balestre. Jemand, der tief in diese Auseinandersetzungen involviert war, erinnert sich: »Piccinini war ein ungewöhnlicher Mann. Er war gleichzeitig jedermanns Freund. Jeder war parteiisch, aber nur Piccinini und Ferrari gelang das Kunststück, beiden Parteien zur selben Zeit anzugehören.«

Wie immer gab es in der Rennsportabteilung erbitterte Auseinandersetzungen. Forghieri machte kein Hehl daraus, daß er Piccinini verachtete, und kam mit Postlethwaite einfach nicht klar, der ihm natürlich seine Position als oberster Chef der technischen Abteilung streitig machte. Piero Lardi Ferrari wartete im Hintergrund auf seine Stunde und war mit Sicherheit der Mann, der enormen Einfluß auf das Unternehmen gewinnen würde, wenn sein Vater plötzlich sterben sollte oder sich wegen seiner inzwischen doch ein wenig angeschlagenen Gesundheit zurückziehen mußte. Und dennoch hatte der Ingegnere, der einstige Commendatore, noch immer alles im Griff. An seinem 85. Geburtstag wurden ihm weitere Titel und Ehren zuteil, und auf seinem Schreibtisch häuften sich die Geschenke, Auszeichnungen und gespreizten Glückwunschschreiben. Längst galt er als der international angesehene Patriarch des Rennsports, aber das bedeutete ihm nichts, wenn er an die deprimierende Entwicklung seiner Rennautos dachte. Auf sie konzentrierte er sich voll und ganz mit einer noch immer laserscharfen Intensität, und nach wie vor konnte er einen enormen Druck auf seine Gefolgsleute ausüben, die es mit den immer stärker werdenden englischen Herausforderern aufnehmen sollten.

1984 gewann das Team nur ein einziges Rennen: Alboreto siegte in Belgien, während Arnoux bestenfalls ein unberechenbarer Fahrer war. Der neue Star im Formel-1-Zirkus aber war der TAG McLaren – ein englisches Fahrgestell mit einem von Porsche konstruierten Motor, finanziert von einem megareichen Saudi. Der Motor war ein Musterbeispiel für eine hochentwickelte neue Technik, die sowohl für beeindruckende Leistung sorgte als auch für einen wirtschaftlichen Treibstoffverbrauch. Einer neuen Vereinbarung zwischen den beiden zerstrittenen Verbänden FISA und FOCA zufolge durften bei einem Rennen maximal 220 Liter Benzin verbraucht werden, wodurch ausgefallene Kraftstoff-Überwachungssysteme erforderlich wurden, mit deren Hilfe man ein Maximum an Leistung bei minimalem Treibstoffverbrauch erzielen konnte. Daß ein von Porsche konstruierter Motor diesen Anforderungen am besten entsprach, mußte Ferrari besonders wurmen. Die Stuttgarter Firma hatte das aufsteigende Pferd längst bei den internationalen Langstreckenrennen abgelöst, und für viele Fachleute waren Hochleistungsautos wie der 911 Turbo und der 928 den Ferrari-Straßenautos technisch und qualitativ, wenn nicht sogar von ihrer absoluten Leistung her überlegen. Und ausgerechnet in dieser Situation waren die Spannungen zwischen Forghieri und Piero Lardi Ferrari unerträglich geworden. Der Jüngere war inzwischen zum Generalmanager des Teams ernannt worden und mehrmals mit dem total engagierten, gefühlsbetonten Forghieri aneinandergeraten. Der Ingenieur lehnte einen Mann ab, den er für einen Dilettanten hielt. Der Konflikt gewann an Schärfe, weil sich Piero immer häufiger in seinem eleganten Haus in Cortina d'Ampezzo aufhielt. Ende 1984 wurde der Ingenieur zum Direktor eines neu eingerichteten Forschungsbüros *(ufficio ricerche studi avanzati)* »befördert«, wo er sich den Kopf über exotische futuristische Konstruktionen zerbrechen sollte, während Postlethwaite – ein enger Freund von Piero – die technische Leitung der Formel-1-Abteilung übernahm. Für den stolzen Forghieri war dies ein unverzeihlicher Schlag ins Gesicht.

1985 wurde es sogar noch schlimmer. In dieser Saison waren nicht nur die TAG Porsche schneller, sondern auch Honda betrat mit dem britischen Williams-Team die Formel-1-Szene. Das japanische Unternehmen, das bei seinem ersten Abstecher in den Grand-Prix-Rennsport Mitte der sechziger Jahre wenig Erfolg gehabt hatte, trumpfte nun gewaltig auf. Der neue V12, dessen Entwicklung und Einführung Honda sich angeblich über 300 Millionen Dollar kosten ließ, war unglaublich stark und wesentlich zuverlässiger als alles, was aus Maranello kam. Arnoux durfte gerade noch ein Rennen fahren, ehe er zugunsten eines emsigen Schweden namens Stefan Johansson kaltgestellt wurde. Alboreto gelang es immerhin, die Grand-Prix-Rennen von Kanada und Deutschland zu gewinnen (letzteres übrigens auf einem verkürzten und entschärften Nürburgring, der sofort den Spitznamen »der Ring der Grünen« bekam), doch dann ging es mit ihm bergab. Bei 34 Formel-1-Wettbewerben in Folge erzielte er keinen einzigen Sieg.

1986 mühten sich Alboreto und Johansson vergeblich ab. Völlig frustriert suchte Ferrari aus diesem Tief herauszukommen, und er schockierte die Welt des Rennsports, als er den hochangesehenen englischen Konstrukteur John Barnard einstellte. Dieser ausgesprochen wortkarge Maschinenbauingenieur hatte zum erstenmal auf sich aufmerksam gemacht, als er den Chaparral baute, der das 500-Meilen-Rennen von Indianapolis im Jahre 1980 gewann; und dann hatte er die großartigen TAG Porsche-McLaren geschaffen. Zweifellos war Barnard einer der kreativsten Rennsportingenieure überhaupt; möglicherweise konnte er nun dem angeschlagenen Ferrari-Team wieder auf die Beine helfen. Aber Barnard wies zunächst die Einladungen zurück, die er von Piccinini und anderen Ferrari-Leuten bekam – er weigerte sich einfach, wegen Maranello England zu verlassen. Doch dann geschah etwas Außergewöhnliches, das von Enzo Ferrari persönlich abgesegnet worden sein mußte: Barnard bekam die unbeschränkte Vollmacht, ein Ferrari-Konstruktionsbüro in der Nähe seines Hauses südwestlich von London einzurichten. Es war schon ein kluges Wortspiel, das neue Unternehmen GTO (Guildford Technical Office) zu nennen. In allen Zeitungen war zu lesen, daß Barnard für seine Bemühungen 500 000 Dollar im Jahr bekam – plus großzügiger Betriebsspesen.

Dieser Schritt war nur ein Glied in einer ganzen Kette skandalöser Machenschaften, die schließlich das langjährige Arbeitsverhältnis zwischen Mauro Forghieri und Enzo Ferrari beendeten. Der Mann, der mehr geniale Konstruktionen und mehr siegreiche Autos geschaffen hatte als jeder andere Leiter der technischen Abteilung, verließ das Werk, das für ihn im Laufe von mehr als einem Vierteljahrhundert zur zweiten Heimat geworden war. Forghieri, noch keine Fünfzig und voller Energie, wurde sogleich von Lamborghini eingestellt, um einen neuen Motor für diese Firma zu entwickeln, die inzwischen von Chrysler übernommen worden war und nun darauf brannte, wieder in die Formel 1 einzusteigen. So arbeitete also Forghieri nun zusammen mit einem anderen alten Ferrari-Mitarbeiter, Daniel Audetto, in diesem hervorragend ausgestatteten Unternehmen, das in den Gebäuden einer ehemaligen Messingbettenfabrik auf einem Industriegelände am östlichen Stadtrand von Modena untergebracht war.

Auch Postlethwaite ärgerte sich über Barnards Berufung. Im Grunde war er durch die Einstellung des Engländers degradiert worden, und damit waren wieder einmal Machtkämpfe im Unternehmen ausgebrochen. Piero Lardi Ferrari hatte ein gutes Verhältnis zu Postlethwaite entwickelt und war gegen die Berufung von Barnard gewesen – wie übrigens auch der Fahrer Michele Alboreto, von dem der originelle Vergleich stammt, ein Chefkonstrukteur im fernen England sei wie ein Arzt, der eine Gehirnoperation per Telefon vornehmen würde.

Eine von Barnards ersten Taten war es, die Einstellung eines bereits in Angriff genommenen Vorhabens zu empfehlen: die Entwicklung eines Indianapolis-Autos. Wieder einmal war Ferrari auf das berühmte 500-Meilen-Rennen fixiert, und es gab bereits Pläne für ein neues Fahrgestell sowie für einen Motor, die beide speziell auf diesen Wettbewerb abgestimmt waren. Aber Barnard erkannte natürlich, daß das Formel-1-Programm derart durcheinandergeraten war, daß sich jede Diversifizierung katastrophal darauf auswirken würde. Er konnte sich durchsetzen, und damit war Ferraris letzte Chance vertan, bei diesem einen wichtigen Rennen einen Triumph zu feiern, das er nie gewonnen hatte. Aber gegen seine ehemaligen Teamgefährten konnte Barnard – wie auch andere – kaum etwas ausrichten: McLaren verfügte nicht nur über die großartigen Honda-Motoren, sondern auch über die beiden besten Fahrer, die es derzeit gab: den gewitzten Alain Prost und seinen jungen, impulsiven, launenhaften und merkwürdig komplizierten brasilianischen Partner Ayrton Senna. Die beiden waren einfach unschlagbar, und so konnten, obwohl Barnard sein Bestes gab, seine Autos zu Beginn der Saison 1987 mit den McLaren-Hondas einfach nicht mithalten. In San Marino und Monte Carlo belegte Alboreto wenigstens noch, trotz einigem Rückstand, zwei dritte Plätze, aber danach geriet das Team in Panik wegen wiederholt auftretender Schäden am Motor, am Getriebe oder an der Aufhängung. Piero Lardi Ferrari und Postlethwaite versuchten eine Palastrevolte: Im Juni stellten sie den französischen Aerodynamikexperten Jean Claude Migeot ein, der beim Bau eines neuen Formel-1-Ferraris mithelfen sollte, bei dem Postlethwaites neueste Ideen von einem Kunststoffchassis und einer neuen Aufhängung umgesetzt werden sollten. Barnard schien sich hoffnungslos in Pläne für ein elektronisch gesteuertes Schaltgetriebe verrannt zu haben, und das Team wurstelte einfach vor sich hin. Der von Piero angezettelte Aufstand weckte neue Hoffnungen, bis Ferrari selbst das Komplott aufdeckte. Es kam zu einem schweren Streit zwischen Vater und Sohn. Gerüchten in der Rennwerkstatt zufolge hat es dabei sogar Tätlichkeiten gegeben. Jedenfalls verlor Piero seinen Job als Teamchef und wurde auf einen nicht genau definierten Posten abgeschoben, bei dem er wenig zu sagen hatte. Postlethwaite wurde gefeuert, und damit endete auch Migeots kurzes Engagement. Fortan war das Verhältnis zwischen Vater und Sohn gespannt und renkte sich auch nie wieder ganz ein.

Ferrari war nun völlig isoliert. Seine Affäre mit Lina Lardi hatte sich schon längst abgekühlt, und Pieros Frau und Tochter hatten ihm ohnehin nie besonders nahegestanden. Als nun der *ferragosto* begann, war er ganz allein in dem großen Haus am Largo Garibaldi 11. Modena war verlassen. Seine Stammlokale waren leer oder geschlossen. Und die paar Freunde, die er noch hatte, waren in die Berge oder ans Meer gefahren. So hörte man ihn schluchzend seinen Fahrer Dino Tagliazucchi anflehen: »Bitte laß mich nicht allein!« Der große Mann, dem Achtung immer wichtiger gewesen war als Liebe, mußte nun für diese zynische Wahl büßen.

1987 war der jahrelange Streit zwischen der FISA und der FOCA endlich durch ein großes Übereinkommen beigelegt worden. Nominell hatte nun Jean Marie Balestre das Sagen, aber der kleine Engländer Bernie Ecclestone war die Macht hinter dem Thron und führte den aufgeblasenen Franzosen wie eine ausgesprochen unbeholfene Puppe. Ferrari und Piccinini hatten ihre Karten meisterhaft ausgespielt und sich aus dem Streit herausgehalten. Nach außen hin waren sie mit allen Betroffenen gut Freund, im Innersten aber mit dem alten Pariser Establishment und seiner neuen Führung verbunden. Die Turboladermotoren der technischen Zauberkünstler bei Honda und Porsche leisteten inzwischen über 1000 PS, und schon diskutierte man darüber, ob man sie nicht durch weniger starke, preiswertere und zuverlässigere Triebwerke ohne Aufladung ersetzen sollte. Die FISA hatte vorgeschlagen, nichtaufgeladene 3,5-Liter-Motoren einzuführen, wobei es eine einjährige Auslaufphase für die Turbomotoren geben sollte. Eine derartige Übergangsphase wäre natürlich eine kostspielige Angelegenheit, und darum hatten eine Reihe kleiner FOCA-Teams, die viel Geld in die Turbotechnik investiert hatten, schwere Bedenken gegen eine derart radikale Veränderung. Wieder einmal also drohte es zu einer Spaltung zu kommen. Und wieder schauten die Ferrari-Leute gelassen zu. Man kam in Paris zusammen und diskutierte über die ganze Angelegenheit, und zwar in erster Linie aus der Sicht der kleineren Konstrukteure. Auch Vertreter von Ferrari waren dabei, um sich der Sache anzunehmen. Am selben Tag trafen sich Balestre und Ecclestone mit Enzo Ferrari im alten Bauernhaus an der Fiorano-Teststrecke. Sie einigten sich darauf, daß die 3,5-Liter-Formel eingeführt werden sollte. Der Patriarch hatte seinen Segen erteilt und damit basta – die Verhandlungen in Paris waren nichts weiter als sinnlose Rhetorik.

Die Saison von 1987 endete zumindest mit einem Hoffnungsschimmer. Johansson hatte im Team dem lebendigen, gutmütigen Österreicher Gerhard Berger Platz machen müssen, der sich dafür im Herbst mit zwei Siegen im japanischen Suzuka und im australischen Adelaide (wo Alboreto Zweiter wurde) bedankte. Die ganze Aufregung über das englische Zwischenspiel mit Barnard und Postlethwaite schien sich gelegt zu haben, und schon erging sich die italienische Presse wieder in hymnischen Tönen über die

Möglichkeit, die verhaßten Honda-McLarens in der Saison des Jahres 1988 zu schlagen.

Während Enzo Ferrari auch weiterhin mit dem Tagesgeschäft im Pkw-Bereich nichts zu tun haben wollte, ließen ihn doch die enthusiastischen Kritiken nicht ruhen, die Porsches phantastischer 959 bekam – ein allradgetriebenes Auto mit zwei Turboladern, das über 300 km/h schnell war und das sein berühmtes Spitzenmodell, den Testarossa, spielend abhängen konnte.

Prompt reagierte er darauf mit der Entwicklung des ebenfalls mit zwei Turboladern versehenen F40 (zur Feier des 40. Jahrestages der Scuderia), einem über 300 km/h schnellen Coupé mit einem hohen Heckspoiler, das im Inneren so karg wie ein Rennwagen ausgestattet war. Ferrari war von diesem Auto so begeistert, daß er gegenüber einem Freund während eines Probelaufs der Prototypen in Fiorano bemerkte: »Das Auto ist so schnell, daß du dir in die Hosen machst.«

Zweifellos hat er einen wesentlichen Beitrag bei der Entwicklung des F40 geleistet. Auf diesem Halbrennauto beruhte auch Ferraris Ruf, Hersteller der schnellsten Straßenautos der Welt zu sein (was Porsche- und Lamborghini-Fans sicher bestreiten würden, aber der F40 war und ist nun einmal in jeder Hinsicht einer der stärksten Kandidaten in dieser exklusiven Klasse). Und noch einmal mischte sich Ferrari in den Pkw-Bereich ein, diesmal freilich in negativem Sinn. 1987, im selben Jahr also, da der F40 offiziell eingeführt wurde, war das Fiat-Management drauf und dran, einen viertürigen Ferrari zu konzipieren, und zwar auf der Basis des luxuriösen V12-400i-Coupés mit Automatikgetriebe. Ferrari war entschieden gegen diesen Plan, seine Rennkonstruktionen zu zahmen, viertürigen Stadtwagen zu kastrieren. Er protestierte so heftig dagegen, daß das ganze Projekt fallengelassen wurde.

Am 18. Februar 1988 beging Enzo Ferrari seinen 90. Geburtstag, und so fand aus diesem Anlaß in einem festlich geschmückten Abschnitt der neuesten Montagehalle im Maranello-Werk eine gigantische Feier statt, für die das Cavallino die Speisen und Getränke lieferte. Insgesamt waren 1770 Gäste eingeladen. Ferrari saß an einem Ecktisch, zusammen mit Piero, Marco Piccinini, Franco Gozzi, Ermano Della Casa und dem Generalmanager des Ferrari-Werks, einem Fiat-Mann namens Gianni Razelli. Erwartungsgemäß gab es bei diesem luxuriösen Fest einheimische Gerichte und Weine. Die Halle war mit einem roten Teppich ausgelegt, und die

Dachträger waren mit weiß-roten Bändern verkleidet. Die Tische waren ganz in Gelb gedeckt, der Farbe von Ferraris Heimatstadt. Als Dessert gab es zwölf riesige Torten, die mit dem Ferrari-Emblem verziert waren. Nur vor dem Alten stand eine besondere Torte, geschmückt mit der ursprünglichen, dreieckigen Version des Wappens mit dem *Cavallino Rampante* aus den frühen dreißiger Jahren. In der Mitte stand eine einzelne Kerze.

Das war schon ein ganz besonderer Anlaß, denn ansonsten zog sich Enzo Ferrari immer mehr zurück und ließ sich nur noch selten in der Öffentlichkeit sehen. Seine Beine versagten ihm den Dienst, und Reisen waren ihm fast nicht mehr möglich. Das große Haus am Largo Garibaldi 11 war nun wie ein Mausoleum, da Piero, seine Frau Floriana, seine halbwüchsige Tochter Antonella und seine Mutter Lina oft nicht da waren. Während sich Vater und Sohn in der Öffentlichkeit ganz familiär gaben, blieb die Kluft zwischen beiden weiterhin bestehen; und abgesehen von geschäftlichen Anlässen wurden sie nur selten zusammen gesehen.

Noch immer lag Ferrari das Wohl und Wehe des Rennteams besonders am Herzen. Berger und Alboreto waren auch 1988 dabei, aber die McLaren-Honda MP 4/4 blieben weiterhin eine Klasse für sich. Sie waren der Konkurrenz nicht nur dank ihrer Motoren und Fahrgestelle überlegen, sondern das von Marlboro großzügig unterstützte Team erfreute sich auch noch immer der Dienste von Prost und Senna, obwohl die beiden offen miteinander verfeindet waren – was sie freilich nicht daran hinderte, die Saison 1988 so zu beherrschen, wie sie es schon im Vorjahr getan hatten. Zwischen dem Eröffnungslauf im April in Brasilien und dem Großen Preis von Ungarn am 7. August gewannen sie zehn Rennen in Folge. Immerhin war Berger in Brasilien und Monaco jeweils Zweiter geworden, aber nur weil die Hondas wegen technischen Versagens ausschieden. Ansonsten waren die Ferraris auf die undankbaren Plätze zwei und drei hinter den rot-weißen Maschinen verwiesen worden.

Ein Hauch von Verzweiflung lag über Maranello. Der Alte war nun überaus gebrechlich geworden. Er konnte sich nicht mehr ohne Hilfe bewegen, und es hieß, daß seine Nieren versagten. Aber noch mehr schienen ihn die Niederlagen auf der Rennstrecke mitzunehmen. Modena, eine blühende Stadt, die zu den reichsten von ganz Italien zählte, war nun immer weniger auf den Ferrari-Mythos fixiert. Andere Geschäftszweige, Firmen, die Keramik,

Werkzeugmaschinen, Lebensmittel und Textilien produzierten, machten dem berühmten Unternehmen in Maranello den Rang streitig. Und an der alten Via Abetone, wo einst die roten Autos im Morgengrauen mit 290 km/h in Richtung Formigine gerast waren, standen nun lauter neue Fabriken, und Lastwagen blokkierten immer wieder den Verkehr. Aus dem staubigen italienischen Provinznest war ein geschäftiges Handelszentrum geworden. Neue Apartmenthochhäuser waren um das Autodrom errichtet worden, das nun in einen Park umgewandelt wurde. Nur der Kontrollturm war von den Bulldozern verschont geblieben. Und die verehrte Geburtsstätte des Ferrari-Mythos, die ursprüngliche Scuderia-Ferrari-Werkstatt am Viale Trento e Trieste, wurde nun doch abgerissen, um einem häßlichen Parkhaus aus Beton Platz zu machen, in dem auch das neue Stadtbüro des Rennteams untergebracht werden sollte. Historiker wie Automobilfans verurteilten zwar den Abriß des alten Gebäudes und erklärten es zu einem Denkmal der italienischen Automobilindustrie, aber die Abbrucharbeiten gingen trotzdem weiter. Viele versuchten dafür den gefühllosen Piero verantwortlich zu machen, aber Enzo selbst hatte seinen Segen dazu gegeben.

In Maranello machte die Errichtung eines Ferrari-Museums, die wegen der Unentschlossenheit des Firmengründers so lange hinausgeschoben worden war, allmählich Fortschritte. An der neuen Via Dino Ferrari war auch bereits ein Grundstück geräumt worden, aber noch hatte man mit den Bauarbeiten nicht begonnen, und die Sammlung bestand erst aus ein paar Autos. Immerhin hatte man eine Replik des ersten Tipo 125 angefertigt, und Valerio Stradi hatte zu den Ferrari-Clubs in aller Welt (insgesamt 478!) Kontakt aufgenommen und hoffte nun, mehr von den frühen Modellen zu bekommen. Aber auf dem Markt für gebrauchte Ferraris herrschte die reinste Goldrauschstimmung. GTOs wurden für sage und schreibe fünf Millionen Dollar pro Exemplar gehandelt, wobei bereits darüber spekuliert wurde, daß sich nach dem Tod des Patriarchen der Preis verdreifachen würde. Andere bestens erhaltene Modelle aus den fünfziger und sechziger Jahren wurden häufig für eine Million Dollar und mehr verkauft, und damit wurden natürlich Ankäufe für ein Museum unglaublich kostspielig. Vor allem aber gab es kaum noch alte Rennautos; Dutzende waren in den Schuppen hinter der Fabrik untergestellt und rosteten vor sich hin oder wurden in ihre Einzelteile zerlegt. Ferrari hatte eine

Modeneser Firma mit dem Bau des Museums beauftragt, forderte aber seine Anzahlung von rund 400000 D-Mark wieder zurück, als nach einigen Monaten das Gebäude noch immer nicht errichtet worden war. Der Bauunternehmer erklärte, daß er die Fertigbauteile für das Bauwerk anderswo herstelle und daß es darum auf der Baustelle allem Augenschein nach nicht vorangehe. Über diesem Streit verzögerte sich natürlich die Errichtung jenes Museums noch weiter, das nach Meinung vieler Ferrari-Fans schon dreißig Jahre früher hätte geschaffen werden sollen.

Ferrari empfing nun keine Besucher mehr, abgesehen von seinen engsten Mitarbeitern, die ihm nun die meisten Tagesgeschäfte im Team und im Werk abgenommen hatten: sein langjähriger treu ergebener *consigliere* Franco Gozzi; die Fiat-Manager Cesare Romiti, Piero Fusaro und Gianni Razelli, Piero, der nun darauf vorbereitet wurde, die Unternehmensleitung im Pkw-Bereich zu übernehmen; der neue Teammanager Cesare Fiorio, der zuvor die Rallye-Abteilung von Fiat geleitet hatte; Luca di Montezemolo, der auch weiterhin dem Ferrari-Team verbunden blieb; und natürlich der allgegenwärtige Marco Piccinini. Als der Frühling allmählich in den drückend schwülen Sommer überging, verbrachte der Alte immer mehr Zeit im Bett.

Und darum konnte er auch den einzigen Besucher nicht empfangen, der in Italien bekannter war als er: Auf seiner Reise durch die Po-Ebene legte Papst Johannes Paul II. auch bei der Fabrik in Maranello einen Halt ein. Diese Visite war von Don Galasso Andreoli arrangiert worden, einem katholischen Priester aus dem nahegelegenen Dorf Baggiovara, der nicht nur ein guter Freund Ferraris war, sondern auch der Seelenhirte der Metallarbeitergewerkschaft von Modena. Ferrari, den man in den letzten Jahren ironisch den »Papst des Nordens« nannte, hatte zahlreiche Freunde beim Klerus, darunter den »Fliegenden Priester« Don Sergio Mantovani, der in den späten fünfziger und frühen sechziger Jahren selbst in einem Ferrari bei Rennen mitfuhr – mit einem Rosenkranz zwischen den Zähnen! Eine weitere interessante Erscheinung beim Besuch des Papstes war der Priester der Gemeinde Maranello, Don Erio Belloi, der seit 1983 die Glocken seiner Kirche läuten ließ, wann immer es einen Ferrari-Sieg zu feiern gab.

An jenem herrlichen Sonnentag, an dem Johannes Paul II. das Werk aufsuchte, war Ferrari ans Bett gefesselt und konnte seinen berühmten Gast nicht begrüßen. Als sein Stellvertreter führte Piero den Papst durchs Werk und drehte mit ihm in einem der blitzenden neuen Sportcoupés auf der Fiorano-Teststrecke eine Runde. Der Papst segnete zum Dank die beiden Rennautos, die am Großen Preis von Kanada teilnehmen sollten (und dann im Rennen ausfielen).

Natürlich war es eine Enttäuschung, daß Ferrari selbst nicht zugegen sein konnte; aber seine Abwesenheit machte nur um so deutlicher, wie ernsthaft seine Gesundheit beeinträchtigt war. Immerhin sprach Johannes Paul II. mit ihm übers Telefon. Der Inhalt dieser Unterredung wird für immer ein Geheimnis bleiben, aber es ist anzunehmen, daß Ferrari dabei auch wieder in den Schoß der katholischen Kirche aufgenommen wurde. Man vermutet auch, daß der Papst Ferrari die Beichte abnahm. Der alte Modeneser, der vor so vielen Jahren bedauert hatte, daß ihm die »Gabe des Glaubens« fehle, bekannte nun reumütig seine Sünden in der elektronischen Gegenwart des Heiligen Vaters.

Und dann kam auch noch Luigi Chinetti. Er fuhr regelmäßig von Paris nach Modena, um seinen Sohn zu besuchen, der in einer kleinen Werkstatt am Stadtrand mehrere maßgeschneiderte Ferraris zusammenbaute. Als er eines Nachmittags Anfang August im Maranello-Werk geschäftlich zu tun hatte, bat er darum, seinen alten Freund sehen zu dürfen. Man teilte Chinetti mit, Ferrari sei zu krank und könne niemanden empfangen.

Er wollte gerade aufbrechen und zum Fini-Hotel zurückfahren, als ein Anruf kam: Er solle bleiben, Ferrari wolle ihn sehen. Stumm wartete Chinetti ab, bis sich die Bürotür auftat und ein kleines Gefolge von Männern herauskam. Mitten unter ihnen befand sich Ferrari, den zwei starke junge Männer an den Ellbogen stützten. Offensichtlich konnte er nicht allein gehen. Chinetti sah noch einmal das graue Gesicht, dem er bei seinem ersten Besuch im Jahre 1946 gegenübergesessen hatte. Es war müde, abgespannt, kein Lächeln zeigte sich darin. Die Augen wurden von der Sonnenbrille verdeckt, die seit zwanzig Jahren Teil seiner Persönlichkeit geworden war. Luigi Chinetti, der noch immer bei eiserner Gesundheit war, sah seinem alten Freund und Widersacher entgegen, der nun geschlagen war, weil seine Gliedmaßen ihm den Dienst verweigerten. Plötzlich war Chinetti von dem Bedürfnis überwältigt, alles zu vergessen, was einst geschehen war, und er ging auf ihn zu. »Darf ich dich umarmen?« fragte er spontan. Schweigend breitete Enzo Ferrari seine Arme aus, und dann umarmten die beiden Männer einander, und vielleicht versuchten sie dabei das Leben festzuhalten, das ihnen entglitt. Doch rasch wurden die Tränen weggewischt, die ihnen in die Augen gestiegen waren, und dann spielte nur noch das Geschäft eine Rolle. Es ging um einen alten Formel-2-Ferrari.

Chinetti war bereit, das Automobil dem geplanten Museum als Leihgabe zur Verfügung zu stellen. Er war sich durchaus darüber im klaren, wie unersättlich die Ferrari-Sammler in aller Welt waren und daß das fragliche Auto vielleicht eine Million Dollar oder mehr wert war. Aber seinem alten Freund machte er ein faires Angebot: 40000 Dollar sollten vier karitativen Einrichtungen gespendet werden, einschließlich der Kinder der Armen von Maranello – einer Stadt, in der wie in Modena die Kommunisten regierten und in der es keine private Wohltätigkeitsorganisation gab. Ferrari bockte – er wollte nur 30000 Dollar zahlen, keinen Cent mehr. Chinetti konnte sich ein Lächeln nicht verkneifen. Dieser alte Mann war nun schon neunzig und würde wohl bald sterben, aber noch immer war er imstande, ja geradezu darauf erpicht, um ein paar Dollars zu feilschen. Der alte Gauner, dessen Vermögen Chinetti auf mindestens 40 Millionen Dollar schätzte, wollte auch noch an seiner letzten Lira festhalten. Immer ging es ums Handeln. Typisch Ferrari; und zum letztenmal machte Chinetti bei diesem Gefeilsche mit, das das Leben in Italien so lebenswert machte. Am Ende einigten sie sich natürlich, und dann gingen die beiden Männer auseinander, die sich vielleicht noch nie so nahe gewesen waren wie gerade eben.

Es war ein friedlicher Tod, der ihm am frühen Sonntagmorgen des 7. August 1988 im großen Haus am Largo Garibaldi 11 beschieden war. Unbestätigten Berichten zufolge wachten Piero und Floriana an seinem Sterbebett. Nirgendwo ist vermerkt, daß er die Letzte Ölung empfing.

Don Galasso Andreoli gewährte sie ihm, und er leitete auch die kleine Begräbnisfeier, der nur die nächsten Angehörigen beiwohnten. Die Welt erwartete zwar, daß ihn eine riesige Trauergemeinde auf seinem letzten Gang begleiten würde, aber das war nicht der Fall. Vielleicht war es sein letzter Wunsch gewesen, oder sein Sohn hatte es für angemessen erachtet, jedenfalls wurde Enzo Ferraris Tod erst bekanntgegeben, als er bereits neben seinem Vater in der Krypta auf dem Friedhof von San Cataldo bestattet worden war. Dreißig Tage nach seinem Tod wurde im gewaltigen Dom von Modena dann eine Trauermesse abgehalten; unter den zahlreichen Trauergästen befanden sich dort auch viele Würdenträger und Prominente, darunter auch Fiat-Erbe Gianni Agnelli.

Es war vorüber; sein Leben, das fast zeitgleich mit der Geschichte des Rennsports begonnen hatte, war auf eine beinahe enttäuschend undramatische Weise zu Ende gegangen. Seit Monaten hatte sich seine Gesundheit ständig verschlechtert, und das Ende war abzusehen gewesen. Während sein Verstand bis zum letzten Atemzug hellwach geblieben war, hatte sein mächtiger Körper schon seit langem unter der Last der Jahre nachgegeben.

Die Zeitungskommentatoren in aller Welt suchten nach Worten, die dem gerecht wurden, was Enzo Ferrari bedeutet hatte. Viele bemühten sich, ihn als Automobilpionier darzustellen; doch das war er nicht. Andere nannten ihn einen großen Rennfahrer und Ingenieur, doch das war er nicht. Er war genau das, was er immer wieder von sich gesagt hatte: ein Antreiber von Männern. Und bis zu dem Tag, an dem er starb, blieb er seinem Credo treu.

Wenn es etwas gab, was diesen Mann besonders auszeichnete, dann war es seine unbeugsame Beharrlichkeit, mit der er sich wild entschlossen nur einer einzigen Sache widmete: Autorennen mit Autos zu gewinnen, die seinen Namen trugen. Und seit 1930, also nahezu sechzig Jahre lang, war kaum ein Tag vergangen, an dem er nicht an diese eine Sache dachte. Mit dieser Hingabe fand er nicht seinesgleichen, zumindest nicht in der Welt des Rennsports. Da war er seinen Mitstreitern turmhoch überlegen.

Nur zwei Tage nach seinem Begräbnis gab die Fiat SpA öffentlich bekannt, daß man die Option wahrnehmen und die restlichen vierzig Prozent der noch ausstehenden Anteile an Ferrari erwerben würde. Piero Lardi Ferrari würden weiterhin zehn Prozent bleiben. Man wollte die Produktion steigern, das Unternehmen stabilisieren und die letzten Reste der alten handwerklichen Produktionsformen beseitigen. Selbst die Reinrassigkeit der berühmten Motoren, die einst Herz und Seele der alten Scuderia gewesen waren, war nun dahin: Sie sollten künftig serienmäßig hergestellt werden; einige sollten in Bologna vom Motorradhersteller Ducati zusammengebaut und anschließend nach Maranello transportiert werden. Von nun an würde Ferrari nur noch irgendeine Autofabrik sein.

Drei Wochen nach Enzo Ferraris Begräbnis kamen die Formel-1-

Teams wieder in Monza zum Großen Preis von Italien zusammen. Die McLaren-Hondas waren noch immer unschlagbar, während die Ferraris von Berger und Alboreto gerade vom belgischen Grand Prix auf dem umgebauten Rundkurs von Spa kamen, wo sie wieder einmal ausgefallen waren. Selbst die zahllosen fanatischen Ferrari-Claqueure in Monza rechneten mit einer weiteren Niederlage, als das Rennen begann. Aber dann fiel Prost wegen technischer Probleme aus, und Senna ging mit großem Abstand in Führung. Berger und Alboreto, die stets in seinem Schlepptau lagen, würden wohl nur Zweiter und Dritter werden. Doch dann wollte der impulsive Brasilianer den französischen Nachzügler Jean Louis Schlesser an einer schwierigen Stelle überrunden, wobei die Reifen der beiden Autos touchierten. Senna kam von der Strecke ab. Und nun ging Berger in Führung und gewann vor Alboreto! Was für ein bewegender, genialer, wundersamer Ferrari-Sieg auf geweihtem heimischem Grund! Nach der Ziellinie ging Berger in einem wogenden Meer von roten, gelben und schwarzen Fahnen und begeistert jubelnden *tifosi* unter. Auf einem Spruchband stand: »Ferrari, wir folgten dir im Leben, nun folgen wir dir im Tod.« Im Überschwang des Sieges verkündete Marco Piccinini eine neue Ferrari-Ära. In diesem einen kurzen, berauschenden Augenblick in Monza waren die brodelnden Massen absolut davon überzeugt, eine Wiederauferstehung miterlebt zu haben. Für das Honda-Team, das in dieser Saison nie gefährdet, geschweige denn geschlagen worden war, mußte dieser Ferrari-Sieg eine gewisse Bedrohung darstellen – selbst wenn es auch in den kommenden beiden Jahren den Rennsport überlegen beherrschte. Vielleicht hatte Piccinini mit seiner Vision von einer neuen Ära ja recht; aber selbst dann würde es sich nur um eine unbedeutende Neuauflage der alten Ära handeln. Denn Enzo Ferrari, der letzte der großen Titanen des Rennsports, war für immer dahingegangen. Niemand würde seine Stelle einnehmen.

Anmerkungen

ANMERKUNGEN ZUM DRITTEN KAPITEL

Das Autodrom von Monza

Das *Autodromo Nazionale di Monza,* entworfen von dem Architekten Alfredo Rosselli, war eine technische Meisterleistung. Ursprünglich bestand es aus einem gewaltigen 4,5 km langen, in den Kurven überhöhten Oval und einem 5,5 km langen Straßenrundkurs mit einer Reihe von sehr schnellen, nicht überhöhten Kurven. Für wichtige Grand-Prix-Rennen konnten die beiden Anlagen zu einer riesigen, superschnellen Rennstrecke von 10 km Länge verbunden werden. Im Laufe der Jahre wurden einige Veränderungen vorgenommen, indem man verschiedene Streckenabschnitte wegließ, um die Rundengeschwindigkeiten entweder zu reduzieren oder zu erhöhen – je nachdem, welche Autotypen an den Rennen teilnahmen. Auch heute noch ist Monza eine der zwei oder drei schwierigsten und prestigeträchtigsten Rennstrecken der Welt. Offiziell wurde sie am 3. September 1922 eröffnet, wobei das Rennen von Fiat-As Pietro Bordino gewonnen wurde. Hier testete Enzo Ferrari verschiedene Alfa Romeos, nahm aber selbst nie an einem richtigen Rennen teil.

Die Formel 2

Enzo Ferrari geriet in den Bannkreis des Grand-Prix-Rennsports im sogenannten Goldenen Zeitalter des Automobilrennsports von 1922 bis 1925 (eines von vielen »Goldenen Zeitaltern« – das hängt ganz von der jeweiligen Einstellung und Begeisterung ab). Damals wurde vom Automobile Club de France, der seinerzeit den internationalen Rennsport unter Kontrolle hatte, eine einfache Formel für die an Grand-Prix-Rennen teilnehmenden Autos festgelegt: Kein Motor durfte mehr als 2 Liter Hubraum haben und kein Auto weniger als 650 Kilogramm wiegen. Nach dieser Formel bauten wichtige Hersteller in England, Frankreich, Italien, Deutschland, Spanien und den USA die ersten echten leichtgewichtigen Hochleistungsrennwagen. Mit einer Ausstattung, wie sie zuerst von dem Schweizer Ingenieur Ernest Henry für Peugeot im Jahre 1912 entwickelt worden war – zwei obenliegende Nockenwellen, die vier Ventile pro Zylinder steuerten (was auch heute noch als optimal gilt) –, traten die Autos von Mercedes, Fiat, Miller, Duesenberg, Sunbeam, Ballot, Bugatti, um nur einige der unvergessenen Markennamen zu erwähnen, gegen Rennwagen mit einer neuen Vorrichtung an: dem Kompressor, der im Ersten Weltkrieg für Flugzeugmotoren entwickelt worden war. Diese Kompressoren tauchten etwa gleichzeitig in Amerika und Europa auf und erhöhten die Leistung der 2-Liter-Motoren auf bis zu 140 PS, bei erzielten Geschwindigkeiten von über 220 km/h. Eine weitere Leistungssteigerung wurde durch hydraulische Bremsen an allen vier Rädern ermöglicht, die erstmals 1921 die Brüder Fred und August Duesenberg einführten. Man experimentierte bereits mit stromlinienförmigen Karosserien: mit abgerundeten Nasen, schlanken Konturen und langgezogenen Hecks. Vorsintflutlich blieben nur die Radaufhängungen: Die von den Pferdedroschken übernommenen Blattfedern und Starrachsen gab es bereits seit der Jahrhundertwende. In vielerlei Hinsicht hat diese Überbetonung der PS-Leistung, samt der Vernachlässigung der Fahreigenschaften und der Straßenlage, Enzo Ferraris Einstellung zu Rennautos sein ganzes Leben lang geprägt.

Thema Sicherheit

Wenn man die Sicherheitsvorkehrungen kennt, die Rennfahrer heutzutage treffen, scheint es ein Wunder zu sein, daß in jener verrückten, wilden Zeit, als Enzo Ferrari noch selbst Rennen fuhr, überhaupt jemand mit dem Leben davonkam. Sturzhelme gab es zwar schon bei Motorradrennen; sie galten aber im Automobilrennsport nicht nur als unangenehm warm, sondern auch als unmännlich – erst Mitte der dreißiger Jahre wurden sie akzeptiert, als sie in den USA und in England eingeführt wurden. Allerdings weigerten sich die großen europäischen Grand-Prix-Fahrer noch bis in die frühen fünfziger Jahre, sie zu tragen. Sicherheitsgurte waren gänzlich unbekannt, da man seinerzeit der Ansicht war, man könne einen Unfall am besten überleben, wenn man aus dem Wagen geschleudert werde. Diese Theorie mag einiges für sich gehabt haben, wenn man bedenkt, daß die großen Kraftstofftanks ungeschützt waren und leicht zu Bruch gingen und daß die Cockpits weder verstärkt waren noch irgendwelche Überrollbügel besaßen. Auch die Bekleidung der Fahrer bot bei einem Unfall keine Sicherheit – immerhin trugen einige Fahrer Lederjacken, um ihre Haut zu schützen, wenn sie über die Straße schlitterten. Die meisten trugen Leinenoveralls, die vor allem modisch zu sein hatten und Schmutz und Schmiere von ihrer Unterwäsche fernhalten sollten. Wenn man schließlich bedenkt, daß nicht nur die Fahrer schlecht geschützt und die Autos alles andere als bruchsicher waren, sondern daß auch die Rennstrecken nicht mit Absperrungen versehen, sondern von Bäumen, Gräben, Mauern, Kilometersteinen, Schluchten und Häusern gesäumt waren und hin und wieder von frei herumlaufendem Vieh überquert wurden – dann allerdings grenzt die relativ niedrige Zahl der Todesopfer wirklich ans Wunderbare.

Die Produktion von Alfa Romeo

Wer glaubt, daß Alfra Romeo ein riesiger Automobilkonzern war, als Enzo Ferrari für die Firma als Rennfahrer, Vertreter oder Teammanager tätig war, wird von Borgeson eines Besseren belehrt: In den beiden Jahrzehnten vor dem Zweiten

Weltkrieg, von 1920 bis 1939 also, betrug die jährliche Produktion durchschnittlich nur 473 Autos – und in vielen Fällen handelte es sich dabei nur um die nackten Fahrgestelle, die von Karosseriebauern außerhalb des Werks weiterbearbeitet wurden. Nur einmal, nämlich 1925, stellte das Unternehmen mehr als 1000 Einheiten im Jahr her: genau 1115 Sportwagen. Damals wurden nur sechs von den berühmten P2-Rennwagen gebaut, und die meisten wurden in den dreißiger Jahren von Privatfahrern erworben. Als die Produktion auf Flugzeugmotoren und Militärfahrzeuge umgestellt worden war, wurden 1936 nur noch zehn Automobile fertiggestellt. Heute ist Alfa Romeo eine Tochter des riesigen quasi-staatlichen Konsortiums unter der Leitung von Fiat und produziert jährlich Hunderttausende von kleinen und mittelgroßen Limousinen.

ANMERKUNGEN ZUM VIERTEN KAPITEL

Die Rennformel

Während die Sportwagenrennen der zwanziger und dreißiger Jahre im Prinzip nach einer Formula Libre ausgetragen wurden (oder wie es die amerikanischen Stock-Car-Rennfahrer später nannten: »Fahr mit dem, was du mitgebracht hast«), galten bei den damaligen Grand-Prix-Rennen strenge Regeln, die von der AIACR (Association Internationale des Automobile Clubs Reconnus) aufgestellt worden waren. Diese von den Franzosen beherrschte Vereinigung nationaler Automobilklubs hatte sich nach dem ersten offiziellen Grand Prix gebildet: dem Großen Preis von Frankreich im Jahre 1906, der vom Automobile Club de France organisiert worden war. Bis heute hat das leitende Gremium für den internationalen Automobilrennsport seinen Sitz in Paris. Als die Zwei-Liter-Autos der frühen zwanziger Jahre (z.B. der Alfa Romeo P2) immer schneller wurden, reduzierte die AIACR für die Saisons 1926 und 1927 den Hubraum auf 1,5 Liter. Diese Entscheidung fand indes keine Gegenliebe bei Herstellerfirmen wie Delage, Fiat, Bugatti und Alfa Romeo, und die Teilnehmerzahlen gingen zurück. Daraufhin führten die Doyens des Sports eine Freie Formel (Formula Libre) für 1928 ein, nach der Motoren jeder Größe erlaubt waren, das Gesamtgewicht jedoch auf zwischen 550 und 750 Kilogramm begrenzt wurde. Noch immer waren zweisitzige Karosserien vorgeschrieben. Paradoxerweise waren Einsitzer in Amerika zwischen 1923 und 1930 erlaubt, bis 1930 die sogenannte herstellerseitige »Junk Formula« eingeführt wurde, um die Kosten zu reduzieren, und man erneut einen Bordmechaniker vorschrieb. Doch damit war nichts weiter gewonnen, als daß ein hilfloser Beifahrer der Gefahr ausgesetzt wurde, verletzt oder getötet zu werden. Zur gleichen Zeit, da der Bordmechaniker in Indianapolis wiedereingeführt wurde, nahm ihn die AIACR aus den Rennautos heraus. Dennoch war bis 1932 die zweisitzige Karosserie vorgeschrieben, auch wenn eigentlich kein Beifahrer mehr darin saß. Seit jeher sind die Rennbestimmungen – vor allem die von den Franzosen aufgestellten – sehr kompliziert, sie stecken voller grotesker Widersprüche und sind nicht selten eher aus den Forderungen der am Wettbewerb beteiligten Firmen als aus den obskuren Dekreten von Paris hervorgegangen. Verrückterweise ordnete die AIACR 1931 an, daß alle Grand-Prix-Rennen mindestens zehn Stunden dauern sollten.

Und das während einer Wirtschaftskrise! (Der Gerechtigkeit halber muß erwähnt werden, daß der Vorschlag für eine derart absurde Renndauer ursprünglich nicht von den Franzosen, sondern von Vincenzo Florio ausgegangen war.) Bis 1934 ging es in Europa drunter und drüber, schließlich einigte man sich auf eine Formel, die sinnvoll zu sein schien. Danach war das sogenannte Trockengewicht der Autos auf maximal 750 Kilogramm begrenzt – also ohne Fahrer, Ersatzreifen, Kraftstoff und andere Flüssigkeiten. Damit wollte man die Autos langsamer machen, denn seinerzeit ging man davon aus, daß in derart leichte Automobile kein großer Motor eingebaut werden könnte. Aber den Deutschen – und in einigen Fällen auch Alfa Romeo und der Scuderia Ferrari – gelang es, von den Regeln zu profitieren: Sie konstruierten und bauten einige der schnellsten Rennautos aller Zeiten.

Maserati

In den späten zwanziger sowie in den dreißiger Jahren stellten die Officine Alfieri Maserati SpA in der Welt des Automobilsports einen ernster zu nehmenden Faktor dar als alle Unternehmungen, mit denen Enzo Ferrari seinerzeit zu tun hatte. Die Brüder Carlo, Bindo, Alfieri, Ettore und Ernesto Maserati stammten aus Bologna und waren in der Autoindustrie seit der Jahrhundertwende tätig. Carlo, der Älteste, der 1911 starb, war für Fiat und Bianchi Rennen gefahren, während Bindo und Alfieri bei Isotta-Fraschini beschäftigt waren. Im Ersten Weltkrieg stellten die beiden Brüder Zündkerzen unter ihrem Familiennamen her. Mitte der zwanziger Jahre konstruierte und baute Alfieri mehrere Rennwagen für Diatto, darunter auch ein Grand-Prix-Auto mit einem Achtzylinder-Reihenmotor. Als Diatto sich 1926 vom Rennsport zurückzog, übernahmen die Brüder die Rennautos und begannen, überarbeitete und verbesserte Modelle davon in ihrer kleinen Familienwerkstatt in der Nähe des Ponte Vecchio in Bologna herzustellen. Das noch heute gebräuchliche Logo ihres Unternehmens war der Dreizack des Neptun – das Symbol ihrer Heimatstadt.

Der unbestritten führende Kopf unter den Brüdern war Alfieri, ein angenehmer, allseits beliebter Mann mit hervorragendem technischen Sachverstand. Anfang 1932 verunglückte er bei Messina und starb im Alter von 44 Jahren auf dem Operationstisch. Das war ein verheerender Schlag für die Firma, die jährlich nie mehr als eine Handvoll Einsitzer und Sportwagen herstellte. Die anderen Brüder waren durchaus fleißig und begabt, doch ihnen fehlte Alfieris Geschäftssinn, um das Unternehmen ausbauen zu können, so daß sie sich auf den kleinen Maschinensaal beschränkten und darin weiterhin ein paar exzellente Automobile produzierten sowie ihr bescheidenes Zündkerzengeschäft betrieben.

Schätzungsweise waren vor 1957, als der erste serienmäßig produzierte 3500GT zum Verkauf angeboten wurde, nicht mehr als 130 »Straßen-Maseratis« gebaut worden. Bereits 1936 war die Produktion auf gerade noch neun Autos zurückgegangen, und ein Jahr später verkauften die drei übriggebliebenen Brüder Bindo, Ernesto und Ettore die Mehrheitsanteile am Unternehmen an die Familie Orsi aus Modena. Adolfo Orsi, der Senior, und sein Sohn Omer schlossen mit den Brüdern einen auf zehn Jahre begrenzten Managementvertrag, und danach gründeten die Maseratis die Firma OSCA (Officina Specializzata Costruzione Automobili) in ihrer Heimatstadt Bologna. Diese Hochleistungsautos errangen beachtliche Erfolge in den Klassen mit kleinerem Hubraum, bis die betagten Brüder 1967 an

MV-Agusta verkauften. Inzwischen waren die Orsis als Konkurrenten von Ferrari weiterhin aktiv gewesen, bis sie Ende 1957 aus der Formel 1 ausstiegen, weil ihre Geschäfte in Argentinien nicht mehr so gut liefen.

Unter der Ägide der Orsis erlangte das Unternehmen Maserati den Ruf, ein angenehmerer, friedlicherer Arbeitsplatz zu sein als die von Intrigen beherrschte Ferrari-Fabrik im nahegelegenen Maranello. In den frühen sechziger Jahren begann Maserati, Tourenwagen mit großem Hubraum und ein paar Sportrennwagen zu bauen. Doch das ursprüngliche Flair des Unternehmens war längst hoffnungslos verblaßt. 1966 gingen die Orsis eine Partnerschaft mit Citroën ein, und 1975 kam das Aus, als der Argentinier Alejandro De Tomaso die Firma übernahm, der bei der Übernahme von bankrotten Unternehmen wie der Motorradhersteller Benelli und Moto Guzzi sowie des Kleinwagenproduzenten Innocenti bereits erhebliches Geschick bewiesen hatte. Freilich kamen dabei auch so katastrophale Folgen heraus wie der Maserati BiTurbo und ein unseliges Kooperationsabkommen mit Chrysler – bis schließlich die letzten Rudimente der stolzen Firma 1989 vom Fiat-Imperium geschluckt wurden. Maserati wird das Los so vieler einst ehrwürdiger Marken teilen und nur noch als Firmenschild auf einer Reihe steriler Pkws zu finden sein – oder sich vielleicht sogar – Ironie des Schicksals! – eines Tages bestimmte Komponenten mit seinem Erzrivalen aus glorreichen Tagen: mit Ferrari, teilen müssen.

ANMERKUNGEN ZUM FÜNFTEN KAPITEL

Der Skandal von Tripolis

Viele Darstellungen des italienischen Automobilrennsports in den dreißiger Jahren übergehen geflissentlich die Skandale von 1933 und 1934, aber diese grotesken Schmierenkomödien haben sich zweifellos tatsächlich ereignet. Selbst Historiker, die von diesen Vorfällen Notiz nehmen, hüten sich oft, mit dem Finger auf Stars wie Nuvolari, Varzi oder Giovanni Canestrini zu zeigen – doch auch sie waren fraglos darin verwickelt. Hans Tanner, der sich jahrelang bester Kontakte zu den Koryphäen des italienischen Rennsports erfreute, hat das Thema ausgiebig recherchiert und sich detailliertes Hintergrundmaterial für eine Story beschafft, die 1965 in der Mai-Nummer von *Car and Driver* veröffentlicht worden ist. Auch Chris Nixon ist in seinem Buch *The Silver Arrows* (Osprey Publishing, 1986) auf einige Details dieser Vorfälle eingegangen. Für eine Beteiligung von Enzo Ferrari gibt es, wie gesagt, nur einige Indizien, aber es wäre doch höchst unwahrscheinlich, wenn ein Mann wie er, der sich täglich so intensiv mit den Vorgängen im italienischen Rennsport befaßte (und darüber total informiert war) und dessen beste Fahrer zu den Mitverschwörern gehörten, nicht in den Plan eingeweiht gewesen wäre. 1985 hat Chris Nixon einmal die Einkünfte der damaligen wichtigen italienischen Fahrer berechnet, und zwar auf der Basis einer Schätzung der Bank von England, derzufolge die italienische Lira – eine extrem instabile Währung in den dreißiger Jahren – einen Wechselkurs von 93,75 für ein englisches Pfund besaß (was etwa zwanzig Reichsmark entsprach). Danach entsprachen Varzis Einkünfte von 975 000 Lire im Jahr 1934 (die höchsten unter den italienischen Stars) umgerechnet etwa 1,8 Millionen D-Mark im Jahre 1985. Selbst nach den heutigen überzogenen Maßstäben war das kein schlechtes Einkommen. Diese Summe wurde

1935 in der *Gazzetta dello Sport* veröffentlicht – allerdings sind darin nicht die Gewinne enthalten, die Varzi beim Großen Preis von Tripolis nebenbei kassierte, so daß der mürrische Italiener in jener Saison zweifellos insgesamt über 2 Millionen verdient hatte.

Der Tipo B Monoposto

Diese ausgezeichnete Konstruktion von Vittorio Jano war eigentlich vom älteren 8C-2300 abgeleitet. Es war das erste echte einsitzige Grand-Prix-Auto in Europa. Angetrieben wurde es von einem 2,6-Liter-Achtzylinder-Reihenmotor mit doppelter obenliegender Nockenwelle. Der Motorblock bestand genaugenommen aus zwei Blöcken zu je vier Zylindern, die in der Mitte verbunden waren, wobei die Nockenwellen, die Ölpumpe und die beiden Roots-Kompressoren von einem gemeinsamen zentralen Getriebezug gesteuert wurden. Die Motorleistung soll bis zu 215 PS bei 5600 U / min betragen haben, was von einigen Historikern als ziemliche Übertreibung angesehen wird. Realistischer scheinen wohl etwa 180 PS gewesen zu sein.

Was dieses Auto so einzigartig machte, waren die beiden Antriebswellen, die in einem Winkel von 30 Grad vom Motor nach hinten verliefen und mit dem jeweiligen Hinterrad über ein Kegelzahnradgetriebe verbunden waren. Jano entschied sich für diese Konstruktion, um die ungefederte Masse zu verkleinern – nicht um den Schwerpunkt tiefer zu legen, wie manche spekuliert haben. Bei diesem System ging zwar viel Kraft durch Reibungsverlust verloren, so daß es nie von anderen übernommen wurde, aber es wirkte sich doch auf das Fahrverhalten sehr vorteilhaft aus. Der P3 galt als sehr leichtes Auto, das nichts übelnahm. »Das ist ja wie ein Fahrrad«, erklärte Louis Chiron nach seiner ersten Fahrt, nachdem er lange Zeit in primitiveren Bugattis gefahren war. Nach dem Aufstieg der deutschen Teams im Jahre 1934 wurde der Tipo B P3 mit einem auf 2,9 Liter aufgebohrten Motor ausgestattet, aber zu dieser Zeit war das Auto bereits hoffnungslos unterlegen. Die erhöhte Leistung und das stärkere Drehmoment belasteten das Getriebe noch mehr, und Ende 1935 tauchte das Auto bei keinem der wichtigen Rennen mehr auf. Gleichwohl gilt es als eines der am besten konstruierten Autos seiner Zeit – ein Zeichen für Janos überragende Kreativität.

ANMERKUNGEN ZUM SECHSTEN KAPITEL

Tazio Nuvolari

Auch wenn man in Biographien über Tazio Nuvolari immer wieder lesen kann, daß sich in seiner Karriere geniale Siege mit den aberwitzigsten Unfällen abwechselten, ist das doch in dieser groben Vereinfachung reiner Unsinn. Er war ein komplizierter Mensch, sprunghaft und natürlich ein Egozentriker (doch welcher wahrhaft große Rennfahrer hat sich schon durch Bescheidenheit ausgezeichnet), aber überraschend diszipliniert. Sein Fahrstil, zu dem auch genau kontrollierte Powerslides zählten, war originell und höchst unorthodox. Für den Laien sah es so aus, als ob er das Auto mißbrauchte, aber die Anzahl der Rennen, in denen Nuvolari das Ziel erreichte, ist doch sehr beeindruckend, zumal wenn man bedenkt, welche miserablen Autos er oft fahren mußte, von seiner temperamentvollen Fahrweise ganz zu schweigen. Doch wäre er nicht ein so hervorragender Fahrer gewesen, hätte er nie die 24 Stunden von Le Mans (zusammen mit Raymond Sommer) im Jahre 1933 sowie die Mille Miglia in den Jahren 1930 und 1933 gewinnen können. Diese klassischen Langstreckenwettbewerbe erforderten große Selbstbeherrschung und Geduld, wenn die Fahrer mit den mechanisch sehr anfälligen Autos der dreißiger Jahre ins Ziel kommen wollten. Nuvolari war so etwas wie ein wandelnder Kleiderständer und trug gelegentlich entweder eine rote oder eine blaue lederne Fliegerkappe, eine Lederweste, einen Rollkragenpullover und manchmal – wie bei seinem Rekordlauf mit dem *bimotore* – zwei von den üblichen weißen Leinenoveralls übereinander. Erst nachdem er 1938 zum Auto-Union-Team übergewechselt war, trug er die bereits erwähnte Schildpattbrosche von D'Annunzio auf seinem Rennanzug und waren auf seiner Hemdbrust rechts seine Initialen eingestickt.

Der Ferrari-Alfa Romeo bimotore

Ferrari und Bazzi war klar, daß die *bimotore* wegen ihres Gewichts und ihres entsetzlichen Reifenverschleißes bald aufs Abstellgleis geraten würden. Besonders die Reifen waren eine nicht zu beseitigende Achillesferse, und so wurden die beiden Autos gleich nach Nuvolaris 320-km/h-Lauf verkauft. Chirons Auto wurde verschrottet; der Historiker Doug Nye meint, Nuvolaris Auto sei an den britischen Privatfahrer Arthur Dobson verkauft worden, nachdem Ferrari zwei kleinere und weniger starke 2,9-Liter-Alfa-Motoren eingebaut habe. Dobson teilte sich das Fahrzeug mit Chris Staniland, dem Cheftestpiloten bei Fairey Aviation, nahm damit an dem 500-Kilometer-Rennen des British Racing Drivers Club teil und erzielte später über 210 km/h auf dem überhöhten Geschwindigkeitskurs von Brooklands. Dann wechselte das Auto ein paarmal den Besitzer, und am Ende wurde der Motor in seine zwei Teile zerlegt, wobei der hintere Motor in einen anderen englischen Wagen montiert wurde. Das ausgeschlachtete Auto landete schließlich in Neuseeland und wurde dort mit einem GMC-Lkw-Motor versehen. Inzwischen soll das großartige alte Rennauto von einem neuseeländischen Autofan wieder restauriert worden sein. Die 320 km/h des *bimotore* waren zwar durchaus beachtlich, doch um diese Geschwindigkeit zu erreichen, waren immerhin zwei Alfa-Motoren erforderlich, die es auf insgesamt 6,3 Liter Hubraum brachten. Bereits sieben Jahre zuvor hatte der geniale Kalifornier Frank Lockhart einen kleinen stromlinienförmigen Wagen mit Hinterradantrieb konstruiert, der von einem Dreiliter-V16-Motor (zwei Miller-Achtzylinder auf einem herkömmlichen Kurbelgehäuse) angetrieben wurde und es auf der Sandpiste von Ormond Beach auf über 360 km/h brachte – also 40 km/h schneller war, und das mit einem Motor, der nicht einmal halb so groß wie der des *bimotore* war. Leider schlitzte sich Lockhart später einen Reifen an einer Muschelschale auf, so daß er mit seinem Stutz Black Hawk tödlich verunglückte, bevor sein Rekord offiziell feststand. Man hat geschätzt, daß das Auto unter den richtigen Bedingungen an die 500 km/h hätte erreichen können – also fast 160 km/h über dem damals bestehenden Streckengeschwindigkeitsrekord.

Niemand weiß genau, mit wieviel Geld die Nationalsozialisten während der dreißiger Jahre die Teams von Mercedes-Benz und Auto Union unterstützt haben. 1947 hat eine Einheit des britischen Geheimdienstes einen Bericht zu diesem Thema erarbeitet (»Untersuchung zur Entwicklung der deutschen Grand-Prix-Rennautos zwischen 1934 und 1939, einschließlich einer Beschreibung des Weltrekordfahrzeugs von Mercedes«, von Cameron C. Earl, Technical Information and Document Unit, British Intelligence Objectives Sub-Committee, vom 22. April 1947), in dem es heißt: »Der Nazi-Partei war es durchaus bewußt, welche Rolle Autorennen dabei spielen konnten, ein internationales Renommee aufzubauen, daß die deutschen Ingenieure technisch überlegen seien. Hitler erkannte den potentiellen Wert, den Autorennen für Deutschland besaßen, und war bereit, Firmen, die erfolgreiche Grand-Prix-Autos bauten, dafür jährlich einen Zuschuß von 500 000 Reichsmark [41 600 £] zu bewilligen. Dieser Zuschuß deckte zwar bei weitem nicht die Produktionskosten wie die Kosten für den Unterhalt eines Grand-Prix-Teams ab, doch die betroffenen Firmen bekamen als zusätzlichen Anreiz attraktive Rüstungsverträge.« Chris Nixon hat dazu bemerkt, daß Cameron Earl bei seinen Recherchen auch Wilhelm Werner, den ehemaligen Technischen Direktor von Auto Union, befragt hat und dabei erfuhr, daß das Unternehmen für den Rennsport etwa 2,5 Millionen jährlich ausgegeben habe, also weit mehr, als der Staat zuschoß. Nach Nixons Rechnung belief sich dieser Zuschuß auf jeweils 322 500 Reichsmark jährlich für Auto Union und Mercedes-Benz. Der ausgezeichnete Historiker und Autor Karl Ludvigsen hatte bei der Arbeit an seinem Buch *The Mercedes-Benz Racing Cars* (Bond Parkhurst Books, 1971) Zugang zu den Vorkriegsakten der Mercedes-Benz-Rennabteilung und dabei festgestellt, daß das Verkehrsministerium jährlich 450 000 Reichsmark an den Hersteller eines Grand-Prix-Rennautos zahlen sollte plus entsprechende Bonuszahlungen von 20 000, 10 000 und 5000 Reichsmark für erste, zweite und dritte Plätze. Wie hoch auch immer dieser Zuschuß wirklich war – und darüber wird man zweifellos noch lange diskutieren –, Tatsache ist jedenfalls, daß Auto Union wie Mercedes-Benz viel Geld für ihre Rennabteilungen ausgaben und dafür auch entsprechend mit enormen Rüstungsverträgen belohnt wurden und beste Kontakte zur Partei hatten.

Während die einzelnen Mitglieder der Rennteams in der Öffentlichkeit mit dem Hitlergruß grüßten und sich von der Partei hofieren ließen, hatten sie privat ganz unterschiedliche Ansichten über das Regime. Rudolf Caracciola beispielsweise weigerte sich, der Partei beizutreten, und lebte seit 1937 in Lugano in der Schweiz. Im Krieg sperrte man ihm seine Bezüge und verbreitete gerüchteweise, er sei kein echter Deutscher, sondern ein Grieche oder Italiener (obwohl seine Familie seit 400 Jahren im rheinischen Remagen lebte). Andererseits galt der verwegene blonde Bernd Rosemeyer als teutonisches Idol und wurde kurz vor seinem Tod Anfang 1938 zum SS-Ehrenobersturmführer ernannt. Andere Fahrer wie Hans Stuck und Hermann Lang waren im Prinzip Ehrenoffiziere des NSKK, aber das war ein völlig bedeutungsloser Rang. Es ist bekannt, daß Rosemeyer und andere Fahrer, darunter auch Neubauer, sich bei privaten Geselligkeiten über Hitlers rhetorische Posen lustig machten, und nach dem Krieg behaupteten die überlebenden Rennsportgrößen (wie viele ihrer Landsleute), mit Politik nichts im Sinn gehabt zu haben. Für die Teams gab es bei allem nationalistischen Eifer keine Probleme, wenn sie Ausländer anwerben wollten, und so befanden sich darunter auch Italiener wie Fagioli, Varzi und Nuvolari ebenso wie der glänzende Engländer Dick Seaman, aber der harte Kern des Teams bestand doch aus Deutschen. Ferdinand Porsche, der geistige Vater der Auto-Union-Rennwagen (und des Volkswagens, der Porsche-Sportwagen und einer Reihe von Militärfahrzeugen der Wehrmacht), wurde von den Franzosen nach dem Krieg für zwei Jahre als Kriegsverbrecher eingesperrt, obwohl einige Historiker in dieser Inhaftierung eine Vergeltung für die Haftstrafe sehen, die der Automogul Louis Renault als Kollaborateur der Deutschen verbüßen mußte.

Es war eine Ironie des Schicksals, daß ausgerechnet Manfred von Brauchitsch, der Inbegriff des deutschen Rennfahrers, in Ostdeutschland landete, wo er viele Jahre in fürstlichem, ausgesprochen unkommunistischem Glanz lebte. René Dreyfus schließlich war als Fahrer für die deutschen Teams zwar mehr als qualifiziert, wurde aber abgelehnt, weil sein Vater Jude war und seine Familie mit dem berühmten soldatischen Märtyrer Hauptmann Alfred Dreyfus verwandt war. Auch Stuck hatte Probleme, weil seine Frau Paula einen jüdischen Großvater hatte – Hitler schaltete sich sogar selbst ein, um sie zu retten.

ANMERKUNGEN ZUM NEUNTEN KAPITEL

Wie viele Autos hat Ferrari am Anfang hergestellt?

Da die Ferrari-Archive (angenommen, es gibt überhaupt welche) auch für den anerkanntesten und seriösesten Automobilhistoriker nicht zugänglich sind, läßt sich die genaue Anzahl der Autos, die die Firma in den ersten Jahren hergestellt hat, nur schwer bestimmen.

Das ausgezeichnete Werk *Tipo 166: The Original Sports Ferrari*, herausgegeben von Tito Anselmi, Lorenzo Boscarelli und Gianni Rogliatti (Libreria dell'Automobile, 1984) enthält vermutlich die vollständigste Liste von Ferrari-Straßenwagen (nicht die Rennwagen), die zwischen 1947 und 1950 gebaut wurden. Die Autoren weisen darauf hin, daß sie – wie andere Historiker auch – die Unterlagen der Firma nicht einsehen durften und sich darum durch die Registraturen von italienischen Provinzzulassungsstellen und Automobilclubs durcharbeiten mußten. Da viele der frühen Autos neue Karosserien bekamen, manchmal sogar zwei-, dreimal, läßt sich die Zahl der tatsächlich gebauten Autos nicht genau angeben. Manche Historiker haben schlankweg behauptet, 1947 seien drei Autos gebaut worden, wohingegen Anselmi und seine Mitherausgeber erklären, daß die genaue Zahl unbekannt sei – vermutlich gab es nicht mehr als fünf Fahrgestelle. Enzo Ferrari fummelte und frisierte ständig an seinen Erzeugnissen herum, er verlegte einen Motor von einem Wagen in einen anderen, tauschte die Getriebe aus, modifizierte Rennautos zu Straßenwagen und umgekehrt. Nach den besten Schätzungen wurden von 1947 bis 1950 – also in den ersten vier Jahren, in denen die Fabrik Autos herstellte – *insgesamt* nicht mehr als 90 Einheiten gebaut, und zwar Rennautos und Straßenwagen, einschließlich einzelner Prototypen.

Ferrari kontra Maserati

Da die beiden Firmen so erbittert gegeneinander kämpften und 1947/48 neue Sportwagen für Wettbewerbe bauten, ist es ganz interessant, einmal die beiden Autos miteinander zu vergleichen. Der Maserati A6GCS wurde zwar zum erstenmal im September 1947 ins Rennen geschickt, während der 166SC nicht vor dem Frühjahr 1948 eingeführt wurde. Aber der Ferrari war nichts weiter als eine verbesserte Version der 125er und 159er aus dem Vorjahr, so daß er durchaus dem Maserati gegenübergestellt werden kann.

	FERRARI 166SC	MASERATI A6GCS
MOTOR	60 Grad V12, eine obenliegende Nockenwelle	Reihen-Sechszylinder, eine obenliegende Nockenwelle
HUBRAUM	1995,02 ccm	1978,7 ccm
KOMPRESSIONS-VERHÄLTNIS	8:1	11:1
VERGASER	3 Weber 32DCF	3 Weber 36DO4
MAX. LEISTUNG	125 PS bei 7000 U/min	130 PS bei 6000 U/min
RADSTAND	250 cm	235 cm
GEWICHT	680 kg	670 kg
GETRIEBE	5-Gang-Handschaltung	4-Gang-Handschaltung
HÖCHST-GESCHWINDIGKEIT	180 km/h	185 km/h

Beide Autos hatten zweisitzige, schwingungsgedämpfte Aluminiumkarosserien, die auf gleichartigen ovalen Rohrrahmenkonstruktionen montiert waren. Beide hatten hydraulisch betriebene Trommelbremsen an allen vier Rädern. Beim Maserati waren die Vorderräder einzeln an Zentralspringfedern aufgehängt – auch beim Ferrari waren die Vorderräder einzeln an einer Querblattfeder aufgehängt. Bei beiden Autos waren die Hinterräder an der Starrachse mit Blattfedern aufgehängt. Der Ferrari war vermutlich das stärkere Auto, während der Maserati ein bißchen sauberer im Fahrverhalten war. Beide Autos hatten ständig Probleme mit dem Getriebe, was teilweise daran lag, daß in den ersten paar Jahren nach dem Krieg in Italien qualitativ hochwertige Legierungen knapp waren. Beide Rennautos wurden auch zu einer Modellreihe von Tourenwagen mit Spezialkarosserien umgerüstet: Ferrari bezog sie von der Carrozzeria Touring, die Maseratis von Pinin Farina. Rein technisch gesehen waren beide Autos etwa gleichwertig, allerdings war der 166 weitaus erfolgreicher als der A6: Der entscheidende Unterschied lag in der Zuverlässigkeit des 166, der wichtige Siege in Le Mans und bei der Mille Miglia herausfuhr. Während sich Ferrari einzig und allein der Herstellung von Automobilen widmete, entschieden sich die Orsis etwa zur gleichen Zeit dafür, die Bereiche Werkzeugmaschinen und Elektrolieferwagen auszubauen – zweifellos geriet dabei die kontinuierliche Entwicklung der Modellreihe A6 ins Hintertreffen.

ANMERKUNGEN ZUM ZEHNTEN KAPITEL

Die Verbindung zu Farina

In der Ferrari-Saga spielen drei verschiedene Angehörige der Familie Farina eine Rolle. Einen herausragenden Part in den frühen Jahren hatte Dr. Giuseppe »Nino« Farina, dieser harte, temperamentvolle Turiner, der so engagiert für die Scuderia und für Alfa Romeo vor und nach dem Zweiten Weltkrieg fuhr und 1950 der erste Weltmeister wurde. Er war der Sohn des älteren der beiden Brüder, welche die 1896 gegründete ehrwürdige und angesehene Wagenbaufirma Stabilimenti Farina in Turin betrieben. Ninos Onkel Giovan Battista Farina trennte sich 1930 von dem Familienunternehmen und gründete die berühmte Carrozzeria Pininfarina, die im Lauf der Jahre so viele herrliche Karosserien für Ferrari entwarf und baute. »Pinin« oder der »kleine« Farina nannte seine neue Karosseriebaufirma zuerst Pinin Farina, schließlich zog er 1958 seinen Namen wie den seiner Firma zu dem einzigen Wort Pininfarina zusammen. Damals übernahm sein Sohn Sergio Pininfarina das riesige Design- und Karosseriebauunternehmen in Turin. In den Anfangsjahren baute Stabilimenti Farina eine Handvoll von Kundenfahrzeugen auf 166er und 212er Fahrgestelle, aber verglichen mit den anderen Farinas: Nino, Pinin und Sergio, spielte diese Firma nur eine unbedeutende Rolle.

Die frühe Pkw-Produktion

Während die Carrozzeria Touring rund 100 der frühesten Ferrari-Karosserien, darunter auch etwa 36 der legendären Barchettas, gebaut hat, haben zahlreiche andere hervorragende italienische Karosseriebauer – die beiden Farinas, Vignale, Ghia, Bertone, Scaglietti, Zagato, um nur die wichtigsten zu nennen – einige atemberaubende Karosserien für die Ferrari-Fahrgestelle geschaffen. Das italienische Design der fünfziger Jahre hat vielleicht die stilistisch faszinierendsten, sinnlichsten und schönsten Autos der Geschichte hervorgebracht. Enzo Ferrari konnte zwar diese Kreativität nicht ausschließlich für sich verbuchen (die Karosserieschneider fertigten ihre herrlichen Blechkleider auch noch für Dutzende von anderen Marken), aber seine V12-Sportwagen haben mit ihrem aufwühlenden Sound und ihrer überragenden Leistung die Designer mit Sicherheit zu Höchstleistungen angespornt. Diese Sportwagen waren meist mit nichtabgestimmten Rennmotoren und Fahrgestellen ausgestattet, die der Nutzung auf Straßen angepaßt waren: etwas breitere Rahmen, weichere Aufhängungen, weniger harte Bremsen usw. – und sie bekamen in Turin und Mailand wunderschöne Karosserien. Es waren temperamentvolle und auf den Straßen schwer zu fahrende Autos, die heutzutage eher als automobile Skulpturen gelten, denn als Musterbeispiele für vernünftige, zuverlässige und nützliche Straßenverkehrsmittel. Den Historikern fällt es schwer, exakte Angaben über die Anzahl der von dem Unternehmen tatsächlich gebauten und verkauften Exemplare zu machen. In vielen Fällen wurden die Fahrgestelle wiederholt mit neuen Karosserien versehen, sei es aus einer Laune des neuen Besitzers heraus oder weil es nach Unfällen erforderlich war. Außerdem hat Ferrari oft Sportrennwagen zu Straßenautos umgebaut, was die Situation noch komplizierter macht. Am ehesten treffen für die ersten Jahre die folgenden Schätzungen zu, die sich nur auf die Kundenfahrzeuge beziehen: 1948 – 5 Autos; 1949 – 21; 1950 –

26; 1951 – 33. In den fünfziger Jahren stieg zwar die Pkw-Produktion langsam an, aber erst 1957 wurden zum erstenmal über 100 Autos in einem einzigen Jahr hergestellt: Genau 113 Stück verließen damals das Werk in Maranello.

Wichtig zu wissen ist vor allem, daß Ferrari in dieser klassischen Zeit vor der Fusion mit Fiat drei verschiedene Typen von Autos gebaut hat: reine einsitzige Formel-1- und Formel-2-Rennwagen; leichtgewichtige offene und geschlossene zweisitzige Sportrennwagen; und Tourensportwagen für Privatkunden, auf der Basis der für die Rennfahrzeuge entwickelten Motoren und Fahrgestelle. Wer die exakten Produktionszahlen dieser frühen Autos ermitteln will, muß mit einer ziemlichen Konfusion rechnen, denn die Autos wurden oft auf verschiedene Weise genutzt (z. B. bei Rennen wie als Straßenfahrzeuge), ehe sie verkauft oder zerstört wurden oder für immer verlorengingen.

ANMERKUNGEN ZUM ELFTEN KAPITEL

Die Straßenautos von Ferrari

Bis 1990 sind etwa 55000 Ferraris für den normalen Straßenverkehr gebaut worden, die meisten davon in den beiden Jahrzehnten seit der Übernahme des Unternehmens durch Fiat. Davor waren die Straßenautos nicht viel mehr als schwächer abgestimmte, in begrenzter Zahl produzierte und mit speziell angefertigten Karosserien versehene Versionen der Ferrari-Rennautos. Bis zu den späten sechziger Jahren waren die Motoren hauptsächlich Varianten der ursprünglich von Colombo und Lampredi konstruierten »langen« und »kurzen« V12er. Namhafte Automobilhistoriker haben sich ausführlich mit der Dokumentation dieser Autos beschäftigt, und es gibt dazu eine ganze Reihe von Büchern. Da wir uns hier in erster Linie mit dem Menschen Enzo Ferrari befassen, würde es zu weit gehen, jedes einzelne jemals produzierte Kundenfahrzeug detailliert vorzustellen – vor allem da Ferrari bei seinen Autos nur zwei Dinge interessierten: wie sie zu seinem Ansehen beitragen und letztlich seine Kassen füllen könnten.

Insider haben immer wieder darauf hingewiesen, daß Ferrari die Straßenfahrzeuge des Unternehmens nach 1980 desinteressiert abhakte und für die Männer und Frauen, die sie kauften, nichts weiter als Verachtung übrig hatte. Nichtsdestotrotz behalten die Autos ihren ungeheuren Wert und ihre mystische Aura, besonders diejenigen, die vor der Übernahme durch Fiat mit den klassischen V12-Motoren ausgestattet wurden. Wer sich für detaillierte Darstellungen der Ferrari-Straßenautos interessiert, sei auf die folgende Bücherliste verwiesen. Darüber hinaus gibt es natürlich zahlreiche weitere Bücher, die sich mit einzelnen Modellen befassen.

Hans Tanner und Doug Nye, *Ferrari* (Haynes Publishing Group, 1985).

Pete Lyons, *Ferrari: The Man and His Machines* (Publications International, 1989).

Angelo Tito Anselmi, *Tipo 166: The Original Sports Ferrari* (Haynes Publishing Group, 1984).

Gianni Rogliatti, *Ferrari and Pininfarina* (Ferrari Story, 1989).

Ferrari: Catalogue Raisonné 1946–1986, herausgegeben von Augusto Costantino unter Mitwirkung von Luigi Orsini (Automobilia, 1987).

Warren W. Fitzgerald und Richard F. Merritt, *Ferrari: The Sports and Gran Turismo Cars* (Bond Publishing Company, 1979).
Ferrari: The Man, the Machines, herausgegeben von Stan Grayson (Automobile Quarterly Publications, 1975).

ANMERKUNGEN ZUM ZWÖLFTEN KAPITEL

Lampredi und Colombo

Zweifellos haben die frühen Konstruktionen von Gioacchino Colombo und Aurelio Lampredi für die technische Dynamik gesorgt, auf der Ferraris Ruf basiert. Doch beide Männer haben dem Unternehmen verbittert den Rücken gekehrt, und zwar nicht nur weil sie von Ferrari so schlecht behandelt wurden, sondern weil man auch ihre Leistungen in Frage gestellt hatte. Noch Jahre später zogen sie in der Sportpresse und in Interviews übereinander her, waren allerdings zu diskret, um Ferrari selbst offen zu kritisieren. Nachdem Colombo den 250F und den starken 450S Sportwagen für Maserati konstruiert hatte, erhielt er im Oktober 1953 von Bugatti den Auftrag, den einzigartigen Grand-Prix-Wagen vom Typ 251 zu entwerfen, der mit einem querliegenden Achtzylinder-Reihenmotor ausgestattet war. Dieses Auto sowie ein kleinerer Sportwagen und ein Vierliter-Militärfahrzeug waren alle nicht erfolgreich. 1956 ging er nach Turin, um für Carlo Abarth zu arbeiten, für den er eine starke 750-ccm-Version (mit zwei Nockenwellen) des kleinen Fiat-600-Motors entwickelte. Das führte zu einer langjährigen Tätigkeit für die Motorradfirma MV, und anschließend arbeitete er als unabhängiger beratender Konstrukteur. In seinen letzten Berufsjahren befaßte sich Colombo mit Elektrofahrzeugen, Schaltgetrieben und Kraftstoffeinspritzanlagen. Er starb 1987. – Lampredi war von 1955 bis 1977 Direktor für den Bereich Motortechnik bei Fiat. In dieser Zeit hat er die meisten wichtigen Pkw-Motoren für Fiat und für Lancia konstruiert, nachdem dieses ehrwürdige Unternehmen 1969 vom Fiat-Konzern übernommen worden war. Von 1972 bis 1982 arbeitete Lampredi auch für Abarth und entwarf die Rennmotoren der auf Fiat-Typen basierenden Rallye-Wagen, die die Rallye-Weltmeisterschaft 1977, 1978 und 1980 gewannen. Nachdem er bei Fiat ausgeschieden war, war Lampredi weiterhin als Berater und als Dozent am Turiner Polytechnikum tätig. Als er 1989 starb, erwies man ihm als einem der angesehensten italienischen technischen Titanen die letzte Ehre.

Man kann durchaus behaupten, daß Lampredi für Enzo Ferrari mehr getan hat als Colombo (sieht man einmal von dessen Vorkriegs-Alfa-Romeo 158 ab) – aber in Ferraris wiederholt überarbeiteten Erinnerungen kommt er doch ziemlich kurz weg. In *Meine schrecklichen Freuden,* der offenherzigsten Version, tut Ferrari Lampredi nur mit zwei Hinweisen ab. Hier der ausführlichere: »Aurelio Lampredi, der nun bei Fiat ist, hat bei mir sieben Jahre gearbeitet. Er war zweifellos der tüchtigste Ingenieur und Konstrukteur, den Ferrari je gehabt hat. Nachdem er zunächst am 1,5-Liter-Zwölfzylinder mitgearbeitet hatte, schuf er als erster den Dreiliter, dann den 3750 ccm, dann den Vierliter, danach den 4200 ccm, den 4,5-Liter und den 4900 ccm – lauter Zwölfzylindermotoren. Als nächstes widmete er sich dem Vierzylinder-Zweiliter, dem Dreiliter, dem 3,5-Liter; danach brachte er einen Sechszylinder-Reihenmotor und schließlich einen Zweizylinder-2,5-Liter-Motor heraus.« Natürlich übergeht Ferrari geflissentlich die Tatsache, daß das

Unternehmen dieser Ingenieursleistung auch die erste Weltmeisterschaft sowie den Tipo 500 verdankt, der bis zu den McLaren-Hondas in den späten achtziger Jahren die Grand-Prix-Wettbewerbe wie kein anderes Auto beherrscht hat. Colombo kommt in Ferraris Memoiren besser weg – vielleicht weil er ihn an seine alte Verbindung zu Jano erinnerte und weil er im Unterschied zu Lampredi das Unternehmen verließ, als es nicht in einer Krise steckte. Er nennt ihn »meinen alten Freund«, in dessen Fähigkeiten er sein »Vertrauen« setzt und den er als »Vater« des Zwölfzylinders bezeichnet. Wenn man allerdings an den gewaltigen Beitrag denkt, den beide Männer für die Entstehung des Ferrari-Mythos geleistet haben, dann vermißt man in Ferraris schriftlichen Äußerungen die Anerkennung, die beide verdient haben. Trotz allem, was beide unterschied, muß man einfach feststellen, daß es ohne Lampredi und Colombo keine Ferraris gegeben hätte.

Die Vierzylinder-Grand-Prix-Autos

Es bleibt ein Geheimnis, wie und warum sich Lampredi nach dem einfachen, zweckmäßigen Tipo 500 mit dem 2,5-Liter-625er, dem 553er und dem 555er so sehr verrannt hat. Der 625er war im Grunde ein Tipo 500 mit einer überarbeiteten, leicht vergrößerten 2,5-Liter-Version des alten Zweiliter-Vierzylinder-Motors. Der Motor brachte es auf etwa 245 PS, und die Autos mit ihren alten Fahrgestellen waren berechenbar, wenn auch ein wenig untermotorisiert. Lampredis Tipo 553 Squalo (Haifisch) war niedriger und breiter, und die Kraftstofftanks waren zur Senkung des Schwerpunkts seitlich am Fahrgestell montiert. Das Auto war leicht (ungefähr 590 Kilogramm) und sprach sehr gut an. Aber in den Händen von alten Hasen wie Farina war es bockig und verzieh keine Fahrfehler. Es war nicht so beliebt wie der weniger komplizierte Tipo 625. Andererseits war Gonzales gelegentlich sehr zufrieden mit dem neueren Auto und fuhr damit einige ausgezeichnete Rennen. Insgesamt aber wurde der Squalo von den meisten Fahrern abgelehnt, und wenn sie die Möglichkeit hatten, entschieden sie sich für den 625er. In dieser Zeit experimentierte man mit mehreren Varianten von Vierzylindermotoren in einer Reihe von Fahrgestellen, was schließlich zum Tipo 555 Supersqualo führte, einem ähnlichen Auto mit einem modifizierten, steiferen Fahrgestell aus kleineren Rohrelementen. Diese Autos neigten zum Untersteuern und waren äußerst unzuverlässig – sie gehörten zwar seinerzeit zu den auffälligsten Grand-Prix-Autos, waren aber den schnelleren, besser zu fahrenden und ungleich besser abgestimmten Rennwagen von Mercedes-Benz weit unterlegen, die in der Saison 1955 stets vor ihnen lagen. Im Laufe der Jahre stellte das Ferrari-Werk eine Reihe von Automobilen her, sowohl für die Straße als auch für die Rennstrecken, die ziemlich daneben waren, am meisten die Einsitzer, die Aurelio Lampredi schließlich den Job kosteten und ihn bei Enzo Ferrari in Ungnade brachten. Aber war er allein daran schuld? Der Chef zögerte nie, sich der erfolgreichen Autos zu rühmen, die das Werk in Maranello verließen – aber inwieweit war er an den katastrophalen Squalos beteiligt? Natürlich schaute er Lampredi nicht ständig wohlwollend zu, als der sich beeilte, die Vierzylindermotoren fertigzustellen. Ferrari mußte schließlich den allgemeinen Kurs absegnen, den Lampredi fuhr, und darum trug er dafür auch wesentlich die Verantwortung. Allerdings war das Geld damals knapp, und vielleicht hatte er keine andere Wahl. Möglicherweise überstiegen die Kosten für die Entwicklung eines V8, wie er von Lancia verwendet wurde, oder eines Achtzylinder-Reihenmotors à la Mercedes-Benz den Finanzrahmen seines Unternehmens. Er war vielleicht gezwungen, die Vierzylinder von Lampredi zu akzeptieren, ob er sie mochte oder nicht. Am Ende lag es wohl gar nicht in erster Linie an den eigenen Autos, sondern am gewaltigen Einsatz von Mercedes, daß sie zum Scheitern verurteilt waren. Wurden die Vierzylinder nämlich von Gonzales und Hawthorn gefahren, konnten sie sich durchaus mit den Maserati 250F messen, und wären sie nicht so hart rangenommen worden, um mit den Mercedes-Benz W196 mitzuhalten, hätten sie wahrscheinlich als ganz anständige Autos gegolten. Außerdem hat die Tatsache, daß Vittorio Jano – ein Mann, den Ferrari seit 35 Jahren kannte und respektierte – aus dem Nichts heraus mit dem Lancia D50 ein besseres Auto als Lampredi geschaffen hatte, zweifellos Ferraris Zorn und Enttäuschung gegenüber dem jüngeren Mann noch mehr genährt.

ANMERKUNGEN ZUM SECHZEHNTEN KAPITEL

Ford kontra Ferrari

Die Auseinandersetzung zwischen diesen beiden Automobilgiganten war seinerzeit als ein ungleicher Kampf à la David und Goliath dargestellt worden, aber das ist kaum korrekt. Während die Ford Motor Company mit Sicherheit weit mehr Geld in dieses Duell investieren konnte, verfügte Ferrari über ungleich mehr Rennerfahrung und über eine straffer geführte und zugleich flexible Rennsportabteilung. Einen so gewaltigen Konzern wie Ford dazu zu bringen, sich für ein so kleines Projekt wie die Konstruktion eines speziell für Le Mans ausgelegten Rennautos zu engagieren, war schwieriger, als man vielleicht denkt. Andererseits konnte Enzo Ferrari auf drei Jahrzehnte Erfahrung zurückblicken und eine kleine, durch Rennen gestählte Truppe vorweisen, die sozusagen Gewehr bei Fuß stand. Das zahlte sich für ihn allerdings nur mit einem leichten WM-Sieg 1964 aus, obwohl die P3er und P4er aus Maranello durchaus starke Autos waren. Hätte sich Ferrari aber genauso für aerodynamische Details und fürs Fahrverhalten interessiert wie Ford, hätte er auch in der Folge gewinnen können. Denn genaugenommen verdankte Ford seine Siege so alten amerikanischen Rennställen wie Shelby American und Holman-Moody ebenso wie einer ganzen Reihe von britischen Rennsportprofis, die alle als Subunternehmer für die Ford Motor Company auftraten. Einen besonderen Beitrag leistete der Shelby-Ingenieur Phil Remington, der ein besonderes Verfahren entwickelte, mit dem man die rotglühenden Scheibenbremsen der schweren Fords in weniger als einer Minute bei einem Routineboxenstopp wechseln konnte. Aber das machte eben den Unterschied aus – z. B. auch solche Details, daß Ford in der Lage war, eine Boeing 707 zu chartern, um am Abend vor dem Rennen von 1966 Ersatzwindschutzscheiben von Amerika nach Europa zu transportieren. Fest steht allerdings auch, daß Ferrari dank der finanziellen Unterstützung seitens Fiat, Shell, Dunlop, Firestone usw. keineswegs der Ärmste der Armen war, wie seine Anhänger behauptet haben. Mit einer besseren Planung, einem bißchen Glück und einem menschlicheren Management – man durfte beispielsweise Surtees nicht wegen irgendwelcher Petitessen einfach ziehen lassen – hätte die Scuderia das Duell durchaus unentschieden gestalten können. Am Ende aber führte der hervorragende Mk IV von Dan Gurney und A. J. Foyt, mit dem diese beiden ausgezeichneten Fahrer 1967 in Le Mans siegten, zum technischen Erfolg in diesem letzten großen Duell zweier Unternehmen bei einem Langstreckenrennen.

Porsche und Ferrari

Es ist zwar nicht die Absicht dieses Buches gewesen, über alle Rennkriege, in die Ferrari verwickelt war, getreulich zu berichten, aber dennoch soll eines nicht unerwähnt bleiben: Sobald Ford die Rennsportszene verließ, betrat Porsche sie als ein in allem ebenbürtiger Rivale der Scuderia. Das Porsche 917 Coupé mit seinem 4,5-Liter-Zwölfzylinder-Boxermotor, wie er auch von Ferrari seit Mitte der sechziger Jahre eingesetzt wurde, war bei den Ausdauerrennen kaum zu schlagen. Ferrari konterte zwar mit der 512er Modellreihe, aber diese Autos hatten gegen die großen Wagen aus Stuttgart einfach keine Chance. In den frühen sechziger Jahren hatte Ferrari auch die kleinen 312PB mit Dreiliter-Zwölfzylinder-Boxermotoren entwickelt gehabt. Aber damals war er gerade dabei, sich aus den Sportwagenwettbewerben zurückzuziehen. Wäre er dabeigeblieben, hätte er es mit so starken Gegnern wie Porsche und dem französischen Raumfahrtunternehmen Matra aufnehmen müssen. Das spricht einmal mehr für die Theorie, daß die meisten Erfolge von Ferrari bei Ausdauerrennen immer dann erzielt wurden, wenn die Konkurrenz der wichtigen Hersteller fehlte. Als Ford, Porsche und andere die ganze Kraft ihrer Technik in die Waagschale warfen, hatte das Unternehmen in Maranello große Schwierigkeiten, mitzuhalten. Darum traf Ferrari in der Tat eine kluge Entscheidung, als er seit 1973 an diesen Wettbewerben nicht mehr teilnahm und sich ganz auf die Formel 1 konzentrierte.

Literaturhinweise

Über Enzo Ferrari und seine Autos ist unendlich viel geschrieben worden. Die meisten dieser Bücher, Artikel, Broschüren, technischen Abhandlungen usw. greifen allerdings im wesentlichen auf die Recherchen von so hervorragenden Motorjournalisten und Rennsporthistorikern zurück wie den Italienern Luigi Orsini, Piero Carsucci und Gianni Rogliati, den Engländern Doug Nye, Alan Henry, Denis Jenkinson und L. J. K. Setright sowie den Amerikanern Jonathan Thompson, Dean Batchelor, Stan Nowak, Karl Ludvigsen und Pete Lyons. Diese Autoren haben sich freilich in erster Linie mit der Klassifikation und Beschreibung der verschiedenen Ferrari-Automobile und der Statistik der zahlreichen Rennen beschäftigt, an denen Ferrari teilgenommen hat.

Dagegen gibt es nur wenige seriöse Darstellungen von Ferraris Privatleben. Viele Journalisten fühlten sich Ferrari gewissermaßen verpflichtet, weil sie Probefahrten machen durften, Zugang zum Werksarchiv bekamen, an Besichtigungen teilnehmen konnten, Interviews bekamen usw., und darum haben sich zu seinen Lebzeiten nur wenige Autoren mit ihm kritisch auseinandergesetzt. Ferrari war aufs äußerste um sein öffentliches Image besorgt und duldete keine Abweichung von seiner autorisierten Biographie. Darum wurde so gut wie nichts über die »private Seite« dieses Mannes geschrieben, außer daß man gelegentlich anmerkte, er sei sehr eigenwillig, manipuliere andere Menschen oder verhalte sich gegenüber der Konkurrenz hart oder gar rücksichtslos. Die italienische Sportpresse übte zwar oft Kritik an seinen Rennautos und an der Berufung seiner Fahrer, nahm ihn aber nur selten persönlich aufs Korn. Während den meisten Presseleuten die Existenz seiner Geliebten und seines unehelichen Sohnes seit Mitte der sechziger Jahre bekannt war, dauerte es noch etwa zehn Jahre, bevor man auch nur ein Wort über Piero verlor. Erst als Niki Lauda ihn in seiner ersten, 1977 veröffentlichten Autobiographie erwähnte, erfuhr eine breitere Öffentlichkeit von Ferraris illegitimem Sohn.

Nur wenige Bücher beschäftigen sich mit Enzo Ferraris Privatleben, allen voran Gino Rancatis *Enzo Ferrari. Il Commendatore* (1989), ein höfliches und ausgesprochen umsichtiges persönliches Erinnerungsbuch. Mit Ferraris Kindheit und Jugend sowie mit seiner kurzen Karriere als Rennfahrer befassen sich ausführlich Giulio Schmidt in *Roaring Races* (1988) und Valerio Moretti in *Enzo Ferrari,*

Pilota (1987). Beide Bücher sind wichtige Quellen, auch wenn sie über Ferraris Leistungen als Rennfahrer unterschiedlicher Auffassung sind. Vor seinem Tod hat Gioacchino Colombo in *Origins of the Ferrari Legend* (1985) über die Entstehung der frühen Ferrari-Autos Rechenschaft abgelegt. Allerdings spielt Colombo in diesem ausgezeichneten Bericht die Fehde zwischen sich und Lampredi sowie seine eigene letzte Auseinandersetzung mit Ferrari ein wenig herunter. *Chiti Grand Prix* (1987) von Carlo Chiti und Piero Casucci enthält eine Menge persönlicher Erinnerungen an Ferrari, doch auch Chiti beschönigt seine Rolle bei der großen Meuterei von 1962. Die schöne Darstellung des Ferrari-Werks im Sonderheft der Zeitschrift *Automobile Quarterly* mit dem Titel *Ferrari: The Man, the Machines* (1975), herausgegeben von Stan Grayson, enthält eine Reihe von ausgezeichneten Beiträgen, allen voran die beiden wunderbaren Porträts von Griffith Borgeson, auch wenn durch neuere Darstellungen einige der darin enthaltenen Details überholt sind. Niki Lauda, der Ferrari im Unfrieden verließ, hat in seinen beiden Memoirenbüchern *Protokoll* und *Meine Story* (1985) ein paar sehr wenig schmeichelhafte Ansichten zum besten gegeben. In diesen beiden Büchern wurde zum erstenmal die weniger angenehme Seite von Enzo Ferrari dargestellt. Derek Bell, der in den späten sechziger und frühen siebziger Jahren für kurze Zeit im Werksteam mitfuhr, erzählt in seiner (gemeinsam mit Alan Henry verfaßten) Autobiographie *My Racing Life* (1988) ein paar Anekdoten. Eine Reihe von persönlichen Gesprächen mit einigen älteren Angestellten von Ferrari sind in Angelo Tito Anselmis hervorragender Darstellung der ersten serienmäßig produzierten Ferraris, *Tipo 166* (1984) wiedergegeben. Natürlich muß man in diesem Zusammenhang auch Ferraris eigene autobiographische Arbeiten (also die verschiedenen Fassungen von *Le Mie Gioie Terribili*) erwähnen, doch sollte man sie, wie gesagt, nicht unkritisch lesen. (Die erste Auflage erschien 1962 bei Casa Editrice Licinio Capelli in Bologna, überarbeitete Fassungen folgten 1964, 1970 und 1974. Die letzte Fassung trug den Titel *Ferrari 80*.)

Die Geschichte der Ferrari-Automobile ist von einer Reihe von Autoren dargestellt worden, aber das mit Sicherheit ergiebigste Werk ist das ursprünglich von Hans Tanner geschriebene Buch *Ferrari* (1959), das zuletzt (1985) von Doug Nye fachlich überarbeitet worden ist. Als Überblick über die Entwicklung des Unternehmens, und zwar sowohl im Pkw-Bereich wie in der Rennsportabteilung, war dieses Buch für mich eine der wichtigsten Quellen. Die Grand-Prix-Geschichte des Hauses Ferrari ist allerdings am besten von Alan Henry in *Ferrari: The Grand Prix Cars, 1948–89* (1989) dargestellt worden. Dieses meisterhaft geschriebene Buch enthält auch eine Fülle von Anekdoten und ist ein Meilenstein in der Darstellung der Geschichte des Autos. Als Einführung gut geeignet ist Peter Lyons' Buch *Ferrari: The Man and His Machines* (1989).

Speziell zur Ferrari-Renngeschichte sind zu empfehlen: *La Ferrari alla Mille Miglia* (1987) von Giannino Marzotto und *Conte Maggi's Mille Miglia* (1988) von Peter Miller, ganz besonders aber Luigi Orsini, *The Scuderia Ferrari* (1979), mit vorzüglichen Fotos aus der Sammlung von Franco Zagari.

Auch mehrere wichtige Bücher über Konkurrenzunternehmen sind wegen des Materials über Ferrari lesenswert, vor allem die mustergültige Maserati-Firmengeschichte von Luigi Orsini und Franco Zagari: *Maserati: A Complete History from 1926 to the Present* (1980). Zu den Rennsport-Unternehmungen von Mercedes-Benz in den dreißiger und fünfziger Jahren sollte man Chris Nixons *Racing the Silver Arrows* (1986), Karl Ludvigsens *The Mercedes-Benz Racing Cars* (1971) und den Fotoband von George Monkhouse, *Mercedes-Benz Grand Prix Racing, 1934 – 1955*, heranziehen. Die Rennanstrengungen von Ford wurden 1968 mustergültig in Leo Levines Buch *The Dust and the Glory* dargestellt.

Daneben gibt es natürlich noch weitere Publikationen über die Entwicklung der Scuderia, über einzelne Automodelle ebenso wie über berühmte Fahrer wie Nuvolari, Rosemeyer, Fangio etc., ausgezeichnete Bildbände und Enzyklopädien, auch über allgemeine Fragen und Themen des Autorennsports, die ich für mein Buch zu Rate gezogen habe. Unerschöpfliche Quellen sind schließlich noch Zeitschriften wie *Cavallino, Ferrari World* und der *Ferrari Owners Club Newsletter,* die sich ausschließlich – und leidenschaftlich engagiert – mit ihrem einzigen Thema befassen: Ferrari und seinen Autos.

Danksagung

Ohne die freundlich gewährte Hilfe der im folgenden aufgeführten Personen hätte dieses Buch nicht geschrieben werden können.

Mein ganz besonderer Dank gilt fünf Männern, die mich bei meiner Arbeit so großartig unterstützt haben:

Bernard Cahier, Luigi Chinetti jr., Mauro Forghieri, Ray Hutton und Franco Lini.

Danken möchte ich auch folgenden Freunden und Kollegen:

Jesse Alexander, Richard Anderson, Frank Arciero, Daniel Audetto, Roger Bailey, Bill Baker, Derek Bell, Giberto Bertoni, Bob Bondurant, Tony Brooks, Dr. Stephen Brown, Aleardo Buzzi, Leopoldo Canetoli, Luigi Chinetti sen., Gabriella Coltrin, David E. Davis jr., René Dreyfus, Dott. Giorgio Fini, John Fitch, Gaetano Florini, Lewis Franck, John Frankenheimer, Professor Donald Frey, Olivier Gendebien, Richie Ginther (†), Franco Gozzi, Larry Griffin, Augusto Guardaldi, Dan Gurney, Phil Hill, William Jeanes, Denis Jenkinson, James Kimberley, Louise Collins King, Michael Kranefuss, Frank Lubke, Karl Ludvigsen, Conte Gianni Lurani, Peter Lyons, John Mecom jr., Leo Mehl, Kimberly Meredith, Dr. Michael Miller, Eduardo Moglia, Don Sergio Montavani, Craig Morningstar, Stirling Moss, Stan Nowak, Alfredo Pedretti, Earl Perry jr., Fillipo Pola, Chris Pook, Harvey Postlethwaite, Chuck Queener, Brian Redman, Franco Rocchi, Gianni Rogliatti, Peter Sachs, Jody Scheckter, Steve Shelton, Dr. Nick Stowe, John Surtees, Romolo Tavoni, Nello Ugolini, Chick Vandergriff, Cris Vandergriff, Jacques Vaucher, Brenda Vernor, Dott. Corneli Verweij, Luigi Villoresi, Jean Pierre Weber, John Weitz, H.A. »Humpy« Wheeler, Kirk F. White und Eoin Young.

Register

A

B

C

D

E

F

M

N

O

P

R

T

U

V

W

Z